# DIZIONARIO
## FILIPPINO- ITALIANO
## ITALIANO - FILIPPINO

a cura di
*Divina Gracia Prudente*

ISTITUTO GEOGRAFICO
DeAGOSTINI

*Realizzazione editoriale e grafica:* Lettura sas - Milano
di Eduardo Rosenfeld
*con la consulenza lessicografica dello* studio Lemmari
di Donata Schiannini

Catalogo 141148
ISBN88-415-8871-3


Stampato in Italia
Officine Grafiche De Agostini, Novara - 2001

## GUIDA ALLA CONSULTAZIONE DEL DIZIONARIO
## GUIA PARA CONSULTAR O DICIONÁRIO

**di-tiyàk** *agg* ambiguo, indefinito, indeterminato. — *entrata, in grassetto*
**dito** *avv* qua, qui, da queste parti ◊ **dito at doòn** qua e là. — *traduzione*
**di-tuloytuloy** *agg* discontinuo.
**di-tumatalab** *agg* inefficace, infettivo. — *definizione grammaticale*
**di-tunay** *agg/s* irreale, finzione.
**di-tuwid** *agg* storto.
**di-tùwiràn** *agg* indiretto.
**di-umààgos** *v* ristagnare.
**diwà** *s* (*fig*) succo. — *accezioni particolari*
**di-wastô** *agg* scorretto ◊ sproporzionato. — *limite d'uso di significato*
**diwata** *sf* fata.
**diyabetiko** *agg* diabetico.
**diyabetis** *s* diabete.
**diyablo** *s* diavolo.
**diyagnosis** *s* diagnosi.
**diyagonal** *agg* diagonale.
**diyagrama** *s* diagramma.
**diyagwar** *s* giaguaro.
**diyak** *s* (*carte*) fante ◊ cric. — *definizione o accezione*
**diyaket** *s* giacca, giubbotto ◊ **diyaket laban sa bala** giubbotto antiproiettile; **diyaket na gawâ sa balahibo ng patu** piumino (*indumento*); **diyaket na panghangin** giacca a vento. — *fraseologia*
**diyalekto** *s* dialetto.
**diyalisis** *s* dialisi.
**diyalogo** *s* dialogo.

# ABBREVIAZIONI

| | |
|---|---|
| **aeron** | aeronautica |
| **agg** | aggettivo |
| **agr** | agricoltura |
| **amm** | amministrazione |
| **anat** | anatomia |
| **arch** | architettura |
| **astr** | astronomia, astrologia |
| **avv** | avverbio |
| **biol** | biologia |
| **bot** | botanica |
| **bur** | burocratico |
| **card** | cardinale |
| **chim** | chimica |
| **chir** | chirurgia |
| **cine** | cinema |
| **comm** | commercio |
| **compl** | complemento |
| **cong** | congiunzione |
| **cuc** | cucina, culinario |
| **dir** | diritto |
| **dimostr** | dimostrativo |
| **eccl** | ecclesiastico |
| **econ** | economia |
| **elettr** | elettricità |
| **escl** | esclamazione |
| **f** | femminile |
| **fam** | familiare |
| **ferr** | ferrovia, ferroviario |
| **fig** | figurato |
| **fin** | finanza, finanziario |
| **fot** | fotografia |
| **geogr** | geografia |
| **geol** | geologia |
| **geom** | geometria |
| **gerg** | gergale |
| **giur** | giurisprudenza |
| **gramm** | grammatica |
| **indef** | indefinito |
| **inform** | informatica |
| **inter** | interiezione |
| **interr** | interrogativo |
| **inv** | invariabile |
| **lett** | letteratura |
| **ling** | linguistica |
| **m** | maschile |
| **mar** | marina |
| **mat** | matematica |
| **mecc** | meccanica |
| **med** | medicina |
| **mil** | militare |
| **min** | mineralogia |
| **mus** | musica |
| **num** | numero, numerale |
| **ogg** | oggetto |
| **ott** | ottica |
| **peg** | peggiorativo |
| **pers** | personale |
| **pl** | plurale |
| **pol** | politica |
| **poss** | possessivo |
| **prep** | preposizione |

| | | | |
|---|---|---|---|
| **pron** | pronome | **sogg** | soggetto |
| **rel** | relativo | **sup** | superlativo |
| **relig** | religione | **teat** | teatro, teatrale |
| **rifl** | riflessivo | **tecn** | tecnica |
| **s** | sostantivo | **teol** | teologia |
| **scol** | scolastico | **tip** | tipografia |
| **sf** | sostantivo femminile | **TV** | televisione |
| **sing** | singolare | **v** | verbo |
| **sm** | sostantivo maschile | **zool** | zoologia |

# LA PRONUNCIA FILIPPINA

L'alfabeto filippino: A B K D E G H I L M N NG O P R S T U W Y

Oltre a queste vi sono le lettere C F J Q V X Z, che non fanno parte dell'alfabeto filippino ma sono prese in prestito dalle lingue occidentali. Il filippino (o tagalog) è molto influenzato dalle lingue spagnola e inglese, che ha soppiantato lo spagnolo come lingua di comunicazione internazionale. Nel vocabolario, infatti, sono riconoscibili numerosi termini mutuati da queste lingue, ma con una grafia adattata all'alfabeto latino in uso nel paese.
Per agevolare il lettore, in questo dizionario non si è tenuto conto dell'ordine alfabetico filippino, quindi la lettera "k" si troverà di seguito alla lettera "i".

VOCALI
In filippino le vocali si pronunciano come in italiano.

CONSONANTI
In filippino le consonanti si pronunciano come in italiano, tranne:

**k** è gutturale come in "cara";
**g** è sempre gutturale;
**h** si pronuncia aspirata;
**ng** davanti alle vocali "e" e "i" si pronuncia "aog" palatale; davanti alle vocali "a", "o" e "u" diventa nasale; se seguita da consonante o in finale di parola, si pronuncia come nella parola "gong";
**s** si pronuncia sorda come in "sole";
**w** si pronuncia come la lettere "u", ma davanti alle vocali ha un suono semivocalico;
**y** semivocalica, come in "ieri".

## NUMERALI — BILANG

*Numeri cardinali - Bilang patakaran*

| | | |
|---|---|---|
| 1 | uno | isá |
| 2 | due | dalawá |
| 3 | tre | tatló |
| 4 | quattro | apat |
| 5 | cinque | limá |
| 6 | sei | anim |
| 7 | sette | pitó |
| 8 | otto | waló |
| 9 | nove | siyám |
| 10 | dieci | sampû |
| 11 | undici | labing-isá |
| 12 | dodici | labindalawá |
| 13 | tredici | labintatló |
| 14 | quattordici | labing-apat |
| 15 | quindici | labinglimá |
| 16 | sedici | labing-anim |
| 17 | diciassette | labinpitó |
| 18 | diciotto | labing-waló |
| 19 | diciannove | labinsiyám |
| 20 | venti | dalawampû |
| 21 | ventuno | dalawampú't-isá |
| 30 | trenta | tatlumpû |
| 40 | quaranta | apatnapû |
| 50 | cinquanta | limampû |
| 60 | sessanta | animnapû |
| 70 | settanta | pitumpû |
| 80 | ottanta | walumpû |
| 90 | novanta | siyamnapû |
| 100 | cento | isáng-daán/sandaán |
| 101 | centouno | sándaá't isá |
| 110 | centodieci | sándaá't sampû |
| 200 | duecento | dalawáng daán |

| | | |
|---|---|---|
| 300 | trecento | tatlung daán |
| 400 | quattrocento | apat na raán |
| 500 | cinquecento | limáng daán |
| 600 | seicento | anim na raán |
| 700 | settecento | pitung daán |
| 800 | ottocento | walung daán |
| 900 | novecento | siyám na raán |
| 1 000 | mille | isáng libo |
| 2 000 | duemila | dalawáng libo |
| 10 000 | dieceimila | sampung libo |
| 20 000 | ventimila | daláwampung libo |
| 100 000 | centomila | isáng daáng libo |
| 1 000 000 | un milione | isáng angaw/isáng milyon |
| 1 000 000 000 | un miliardo | libong angaw |

*Numeri ordinali – Bilang panunuran*

| | | |
|---|---|---|
| 1° | primo | una |
| 2° | secondo | ikalawá |
| 3° | terzo | ikatatló |
| 4° | quarto | ikaapat |
| 5° | quinto | ikalimá |
| 6° | sesto | ikaanim |
| 7° | settimo | ikapitó |
| 8° | ottavo | ikawaló |
| 9° | nono | ikasiyám |
| 10° | decimo | ikasampû |
| 11° | undicesimo | ikalabing-isá |
| 12° | dodicesimo | ikalabing-dalawá |
| 13° | tredicesimo | ikalabintatló |
| 14° | quattordicesimo | ikalabing-apat |
| 15° | quindicesimo | ikalabinlimá |
| 16° | sedicesimo | ikalabing-anim |
| 17° | diciassettesimo | ikalabimpitó |
| 18° | diciottesimo | ikalabing-waló |
| 19° | diciannovesimo | ikalabinsiyám |

| | | |
|---|---|---|
| 20° | ventesimo | ikadaláwámpû |
| 21° | ventunesimo | ikadalawampu'tisá |
| 30° | trentesimo | ikatatlumpû |
| 40° | quarantesimo | ikaapatnapû |
| 50° | cinquantesimo | ikalimampû |
| 60° | sessantesimo | ikaanimnapû |
| 70° | settantesimo | ikapitumpû |
| 80° | ottantesimo | ikawalumpû |
| 90° | novantesimo | ikasiyamnapû |
| 100° | centesimo | ikasandaán |
| 101° | centunesimo | ikasandaán at isá |
| 200° | duecentesimo | ikadalawang daán |
| 300° | trecentesimo | ikatatlung daán |
| 400° | quattrocentesimo | ikaapat na raán |
| 500° | cinquecentesimo | ikalimang daán |
| 600° | seicentesimo | ikaanim na raán |
| 700° | settecentesimo | ikapitung daán |
| 800° | ottocentesimo | ikawalung daán |
| 900° | novecentesimo | ikasiyám na raán |
| 1 000° | millesimo | ikasanlibo |
| 1 001° | milleunesimo | ikasanlibo't isá |
| 1 100° | millecentesimo | ikasanlibo't sandaán |
| 2 000° | duemillesimo | ikadalawáng libo |
| 20 000° | ventimillesimo | ikadalawampung libo |
| 100 000° | centomillesimo | ikasandaáng libo |
| 1 000 000° | milionesimo | ikasáng-angaw |
| 1 000 000 000° | miliardesimo | ikasanlibong-angaw |

# PESI E MISURE - TIMBANG AT SUKAT

*Misure di Lunghezza - Sukat Pahaba*

| | | |
|---|---|---|
| mm | millimetro | milimetro |
| cm | centimetro | sentimetro |
| dm | decimetro | dsimetro |
| m | metro | metro |
| km | chilometro | kilometro |
| | miglio | milya |
| | pollice | pulgada |
| | piede | talampakan |

*Misure di Superficie - Sukat Lapag*

| | | |
|---|---|---|
| $mm^2$ | millimetro quadrato | milimetro parisukat |
| $cm^2$ | centrimetro quadrato | sentimetrong parisukat |
| $dm^2$ | decimetro quadrato | desimetrong parisukat |
| $m^2$ | metro quadrato | metro kuwadrado/ metrong parisukat |
| $km^2$ | chilometro quadrato | kuwadrado kilometro/ kilometrong parisukat |

*Misure di Volume - Sukat Bigat*

| | | |
|---|---|---|
| $mm^3$ | millimetro cubo | melimetro kubo |
| $cm^3$ | centimetro cubo | sentimetro kubo |
| $dm^3$ | decimetro cubo | desimetro kubo |
| $m^3$ | metro cubo | metro kubo |
| $km^3$ | chilometro cubo | kilometro kubo |

*Misure di Capacità - Sukat Kapasidad*

| | | |
|---|---|---|
| ml | millilitro | melilitro |
| cl | centilitro | sentilitro |
| dl | decilitro | desilitro |
| l | litro | litor |
| hl | ettolitro | sandaang litro |

*Pesi - Bigat*

| | | |
|---|---|---|
| mg | milligrammo | miligramo |
| cg | centigrammo | sentigramo |
| dg | decigrammo | dekagramo |
| g | grammo | gramo |
| kg | chilogrammo | kilogramo |
| q | quintale | kintal |
| t | tonnellata | tonelada |

| *Settimana* | *Linggò* | *Mesi* | *Buwàn* |
|---|---|---|---|
| lunedì | lunes | gennaio | enero |
| martedì | martes | febbraio | pebrero |
| mercoledì | miyerkoles | marzo | marso |
| giovedì | huwebes | aprile | abril |
| venerdì | beyernes/ biyernes | maggio | mayo |
| | | giugno | hunyo |
| sabato | sabado | luglio | hulyo |
| domenica | linggo | agosto | agosto |
| | | settembre | setyembre |
| | | ottobre | oktubre |
| | | novembre | nobyembre |
| | | dicembre | disyembre |

## AGGETTIVI DERIVATI DANOMI GEOGRAFICI

africano *aprikano*
albanese *albanyan*
algerino *algeryano*
angolano *angolyano*
arabo *arabo*
argentino *argentino*
austriaco *austriyan*

belga *belga*
bosniaco *bosniyako*
brasiliano *brasilyano*
britannico *britaniko*
bulgaro *bulgariyan*

canadese *kanadiyan*
ceco *tsek*
cinese *tsino/tsina*
coreano *koryano*
croato *krowato*

danese *danese*

egiziano *edyipsian*

filippino *pilipino*
finlandese *pinlandes*
francese *pransés*

giapponese *haponés*
greco *greko*

hawaiano *hawayano*

indiano *indiyano*
inglese *inglés*
irlandese *irlandès*
islandese *islandés*
israeliano *israelyano*
italiano *italyano*
iugoslavo *yugoslabo*

libico *libiko*
lussemburghese *lussemburgès*

macedone *masedonyan*
malesiano *malesyan*
marocchino *marokin*
messicano *mehikano*
mozambicano *mozambikano*
norvegese *norwidiyan*

olandese *ulandés*

polacco *polako*
portoghese *puertogese*

rumeno *rumanyan*
russo *ruso*

scozzese *eskosesa*
slovacco *eslobako*

| | | | |
|---|---|---|---|
| sloveno | *slobinyan* | tedesco | *aleman* |
| spagnolo | *espanyol* | tunisino | *tunis* |
| statunitense | *amerikano* | turco | *turko* |
| svedese | *sweko/sweka* | | |
| svizzero | *swiso* | ungherese | *ungaryan* |

# PILIPINO - ITALYANO

# FILIPPINO - ITALIANO

# A

**abâ** *agg* umile, miserabile.
**abakà** *s* canapa.
**abakada** *s* alfabeto.
**abala** *agg* occupato ◊ *s* fastidio.
**abalà** *agg* distratto ◊ indaffarato ◊ *v* trafficare; essere alle prese con qualcosa.
**abalahin** *v* distrarre ◊ dare noia.
**abàng** *s* osservatore ◊ guardiano.
**abángan** *s* fermata, luogo per aspettare.
**abante!** *inter* avanti!.
**abay** *s* testimone di matrimonio.
**abelyano** *s* nocciola.
**abenida** *s* viale.
**aberyà** *s* avaria.
**abestrùs** *s* struzzo.
**abeto** *s* abete.
**abilidàd** *s* capacità.
**abò** *s* cenere, scoria.
**abòk-batò** *s* fossile.
**abono** *s* concime.
**aborsiyòn** *s* (*provocato*) aborto.
**abot** *agg* arrivato ◊ ottenuto.
**abot-tanâw** *s* orizzonte.
**abrigo** *s* soprabito.
**abril** *s* aprile.
**abrilata** *s* apriscatole.
**abrutin** *v rifl* rifare.
**abstinénsiyà** *s* crisi d'astinenza.
**absuwelto** *agg* assolto.
**abù** *s* frassino.
**abubot** *s* cianfrusaglia; soprammobile.
**abugado** *s* avvocato, procuratore, legale ◊ **abugado ng goyerno** Procuratore della repubblica; **abugadong tagapagtanggòl** difensore.
**abugasiyà** *s* giurisprudenza.
**àbuhan** *s* portacenere.
**abuhin** *agg* grigio.
**abukado** *s* avocado.
**abuno** *agg* fertilizzante.
**aburidò** *agg* irriquieto.
**abuso** *s* abuso.
**abutan** *v* raggiungere ◊ sorpassare ◊ **abutin ang bilang** raggiungere il quorum.
**abyadòr** *s* pilota, aviatore.
**akademya** *s* accademia.
**akala** *s* impressione ◊ **ang kanyang akala** può immaginarselo.

**akawnt** *s* conto ◊ **mag-bukas ng akawnt sa banko** aprire un conto in banca; **akawnt sa bangko** conto corrente.
**akawntant** *s* ragioniere.
**akawnting** *agg* contabile ◊ *s* contabilità, ragioneria.
**akayin** *v* (*fig*)guidare.
**akdâ** *s* scrittura ◊ **sariling akdâ** scrittura privata.
**akin** *pron poss* mio ◊ **ang mga akin** i miei; **mahalaga sa akin** mi importa.
**akitin** *v* attirare, attrarre; sedurre ◊ dissuadere ◊ **akiting huwag gawing ang isang bagay** smuovere (*fig*).
**aklat** *s* libro ◊ **likod ng aklat** costa (di un libro); **paglulunsad ng aklat** presentazione (di un libro).
**aklatan** *s* biblioteca; libreria.
**akmà** *agg* congruo, idoneo.
**akò** *pron pers* io, me, mi ◊ **ako na ang bahala** lo faccio io; **ako ay nagagalak makilala ka** lieto di conoscerla; **ako ay nahihilò** mi gira la testa.
**akorde** *s* corde ◊ **akorde ng boses** corde vocali.
**akordiyon** *s* fisarmonica.
**akriliko** *s* acrilico.
**akropoli** *s* acropoli.
**aksayà** *s* (*econ*)perdita.
**akseleradòr** *s* acceleratore.
**aksidente** *s* sinistro, incidente ◊ **aksidenteng mortal** incidente mortale.
**akuhin** *v* scrollarsi di dosso qualcosa.
**akústikà** *s* acustica.
**akwaryum** *s* acquario.
**adhikâ** *s* ambizione, desiderio.
**adik** *agg* drogato ◊ *s* dipendente ◊ **adik sa masasamang gamot** tossicodipendente.
**adulto** *agg* adulto.
**adwana** *s* dogana.
**adyenda** *s* rubrica telefonica.
**adyòs!** *inter* addio!.
**aga** *avv* presto.
**agaàs** *s* fruscio.
**agàd** *avv* tra breve.
**agahan** *s* prima colazione.
**agapan** *v* mettere le mani avanti, prevenire.
**agas** *s* aborto (provocato).
**agawan** *v* prendere con forza.
**agaw-buhay** *agg* tra la vita e la morte.
**agaw-liwanag** *s* penombra.
**agaw-tulog** *s* dormiveglia.
**aghàm** *s* scienza.
**agilà** *s* aquila.
**agimat** *s* portafortuna ◊ **agimat na hugis sungay** cornetto.
**aginaldo** *s* regalo di natale.
**agnas** *s* aborto (spontaneo).
**agnasin** *v* corrodere.
**agopunktyor** *s* agopuntura.
**agos** *agg* corrente (d'acqua) ◊ *s* affluenza, flusso ◊ corrente ◊ corso ◊ portata (di corso d'acqua) ◊ **agos sa looban** influsso.
**agosto** *s* agosto.

**agrabyado** *agg* offeso.
**agrimensòr** *s* geometra.
**aguhilya** *s* forcina.
**aguhuan** *s* pineta.
**agwat** *s* lontananza ◊ spazio.
**ahas** *s* biscia, rettile, serpe, serpente.
**ahènsiyà** *s* agenzia.
**ahente** *s* agente ◊ **ahente ng lupain** agente immobiliare; **ahente ng sapi** agente di borsa; **ahente ng turismo** agenzia turistica.
**ahitin** *v* depilare ◊ radere, sbarbare ◊ **ahitin ng hustò** radere al suolo.
**AIDS** *s* Aids.
**air-con** *s* condizionatore.
**airone** *s* airone.
**alaala** *s* ricordo, memoria ◊ **para sa ala-ala** per ricordo.
**alagaan** *v* curare; badare; tutelare ◊ **alagaan ang may-sakìt** assistere un malato.
**alagad** *s* discepolo ◊ **alagad ng batas** pubblica sicurezza; **paglilingkòd ng alagad ng batas** servizi di sicurezza.
**alagang-hayop** *s* bestiame.
**alagang-manok** *s* pollame.
**àlahàs** *s* gioiello, monile.
**àlahasàn** *s* gioielleria, oreficeria.
**alahero** *s* gioielliere.
**alak** *s* vino ◊ **alak na mabula** vino frizzante; **bagong alak** vino novello; **alak na pangkain** vino da tavola; **alak pangkain** vino da pasto; **alak na di gaaonong pula** vino rosato.
**alakdàn** *s* scorpione.
**alalahanin** *v* ricordare ◊ tenere presente qualcosa ◊ **alalahanin ang isang tao** pensare a qualcuno; **alalahanin mo** mi raccomando.
**alalayan** *v* (*fig*)sorreggere.
**alam** *v* sapere ◊ **dî-alam** non avere la più pallida idea; **may alam** essere a conoscenza di qualcosa.
**alamàt** *s* leggenda, folclore, mito.
**alambrè** *s* (*inform*) file.
**alamin** *v* conoscere, sapere ◊ **alamin sa memorya** sapere a memorya.
**álamò** *s* pioppo.
**alanganin** *agg* non sicuro, incerto.
**alas** *s* asso.
**alay** *s* dono.
**albularyo** *s* erborista.
**album** *s* album.
**alembong** *sf* (*donna*)civetta.
**alerdyi** *s* allergia.
**algodòn** *s* ovatta.
**alhébrà** *s* algebra.
**alibadbàd** *s* nausea.
**alibadbárin** *agg* nauseante.
**alibìs** *s* versante.
**aligasaw** *s* puzza.
**alikabòk** *s* polvere ◊ **alisin ang alikabòk** spolverare.
**alilà** *agg/s* servo.
**alimangò** *s* granchio.
**alimasag** *s* granchio.

**alìn** *pron rel* quale.
**alindog** *s* (*fig*)magia.
**alingasaw** *s* tanfo.
**alingawngàw** *s* eco.
**alinlangan** *s* dubbio.
**alinman** *agg indef* alcuno; qualche, qualsiasi, qualunque ◊ ne.
**alinsangan** *s* afa.
**alipato** *s* scintilla.
**alipin** *s* meschino ◊ schiavo ◊ servitù.
**alipungà** *s* puzza dei piedi.
**alisàn** *v* svuotare, vuotare ◊ **alisan ang laman** svuotare,vuotare.
**alisin** *v* evacuare ◊ eliminare, togliere ◊ **alisin ang alikabòk** spolverare; **alisin sa pagkakaimpakè** disfare le valigie; **alisin ang nakabara** sturare; **alisin ang benda** sfasciare; **alisin ang bisagra** scardinare; **alisin ang kulay** stingere; **alisin ang lason** disintossicare; **alisin ang pinagkainan** sparecchiare la tavola; **alisin ang mantsa** smacchiare; **alisin ang maskara** smascherare; **alisin ang sebo o mantika** sgrassare; **alisin ang sinulid** sfilare; **alisin ang takip** sturare; **alisin ang tali** snodare; **alisin ang tapòn** stappare.
**alisto** *agg* (*di mente*)pronto.
**alitàn** *s* lite ◊ feudo.
**alitaptap** *s* lucciola.
**alituntunin** *s* regola.
**aliwàn** *s* intrattenimento.
**aliwin** *v* confortare, consolare.
**alkalde** *s* sindaco.
**alkampòr** *s* canfora.
**alkansiyà** *s* salvadanaio.
**alkitràn** *s* catrame, pece.
**alkohòl** *s* alcol.
**almendra** *s* mandorla.
**almohadòn** *s* cuscinetto ◊ piumino.
**almoranas** *s* emorroidi.
**almusàl** *s* colazione.
**alòg** *s* scossa.
**alòk** *s* (*del venditore*)offerta.
**alon** *s* onda.
**alpombra** *s* tappeto.
**alsahin** *v* levare.
**alta-presyòn** *s* ipertensione.
**altar** *s* altare.
**alulòd** *s* grondaia.
**aluminyo** *s* alluminio.
**alún-alòn** *agg* ondulato.
**alyas** *s* detto, alias ◊ **Luigi alyas Gino** Luigi, detto Gino.
**amag** *s* muffa.
**amagin** *v* ammuffire.
**amaìn** *s* patrigno.
**amatyùr** *agg* dilettante.
**ambulansiya** *s* lettiga ◊ ambulanza.
**amerikana** *s* doppiopetto.
**amerikano** *s* yankee.
**amin** *agg poss* nostro.
**aminin** *v* ammettere, riconoscere.
**amnestiyà** *s* (*giur*) grazia, amnistia.
**amo** *s* padrone.
**amòy** *s* odore, essenza ◊ **amoy biyoleta** profuma di viole; **malansang amoy** zaffata.

**amplipayer** *s* amplificatore.
**ampora** *s* anfora.
**amuin** *v* lenire.
**amuyin** *v* annusare, fiutare, odorare.
**anak** *s* figlio ◊ **anak na lalaki** figlio maschio; **malapit na kamag-anak** parente stretto.
**anak-araw** *s* albino.
**analgesik** *agg* analgesico.
**anarkiko** *agg* anarchico.
**anarkiyà** *s* anarchia.
**anatomiya** *s* anatomia.
**andamyò** *s* impalcatura ◊ patibolo.
**andana** *s* (*teatro, stadio*) gradinata.
**ander-pas** *s* sottopassaggio, sottopasso.
**anestesyà** *s* anestesia ◊ **anestesya na hindi malakas** anestesia locale.
**ang** *art det* il, lo, la ◊ **ang nakaligtas** sopravvissuto, superstite.
**angatin** *v* (*fig*)sollevare.
**anghel** *s* angelo.
**angkàs** *s* (*fig*)strappo ◊ autostop.
**angkat** *s* (*fig*)rialzo.
**angkop** *agg* adatto.
**angkora** *s* àncora.
**ani** *s* raccolto ◊ **ani ng ubas** vendemmia.
**anibersaryo** *s* anniversario.
**anihin** *v* cogliere, raccogliere.
**anilyo** *s* anulare.
**anino** *s* ombra.
**anis** *s* finocchio.
**anit** *s* cuoio capelluto.
**ano** *pron iterr* cosa ◊ **ano ang iniisip mo?** cosa ti frulla per la testa?; **ano ang meron** che cosa c'è?; **ano pa ba!** *inter* altroché; **ano sa palagay mo?** che te ne pare?.
**antabayanan** *v* tenere d'occhio.
**antàrtikò** *agg* antartico.
**antàs** *s* grado.
**antelope** *s* antilope.
**antena** *s* antenna.
**antibayotiko** *s* antibiotico.
**antigo** *agg* antico.
**anting-anting** *s* feticcio.
**antipara** *s* occhiali da vista.
**antipatiko** *agg* antipatico.
**antipatiyà** *s* antipatia.
**antolohiyà** *s* antologia.
**anunsiyò** *s* bando di concorso ◊ inserzione ◊ pubblicità.
**anyô** *s* (*fig*)risvolto, aspetto.
**apa** *s* cono gelato ◊ **apang-sorbetes** cono gelato.
**aparadòr** *s* (*mobile*) dispensa ◊ armadio, guardaroba ◊ **apradorna nakadikit sa dingding** armadio a muro.
**aparatista** *s* operatore.
**apartmen** *s* appartamento.
**apat** *agg* quattro ◊ **apat ang paa** a quattro zampe; **apat na ibayo** quadruplo.
**ápatàn** *s* quartetto.
**apelyido** *s* cognome.
**apendisitis** *s* appendicite.
**apò** *s* (*di nonni*)nipote.
**apog** *s* calce, calcinaccio.

**aporo** *s* fodera.
**apostolo** *s* apostolo.
**apoy** *s* fiamma, fuoco ◊ **pampatay ng apoy** estintore.
**apresko** *s* affresco.
**aprikano** *agg/s* africano.
**aprobado** *agg* omologato.
**apuyàn** *s* focolare.
**arabàl** *s* hinterland, sobborgo.
**aral** *s* lezione ◊ scritto, studio ◊ **araling-pambahay** compito (scolastico).
**arándano** *s* mirtillo.
**aransèl** *s* dazo.
**aranya** *s* lampadario.
**araw** *agg* diurno ◊ *s* giorno, giornata ◊ sole ◊ **araw ng pagtratrabaho** giornata lavorativa; **nagkamalî ng araw** sbagliare giorno; **noong isang araw** l'altro ieri; **ngayòng araw** oggi; **paglubòg ng araw** tramonto; **pagpapainit sa araw** solfeggio; **sa isang araw** dopodomani; **sa loob ng ilang araw** nel giro di qualche giorno; **salamìng pang-araw** occhiali da sole; **tiket pangaraw-araw** bigliettogiornaliero; **unanag araw ng tag-init** solstizio d'estate; **unang araw ng tag-lamig** solstizio d'inverno.
**araw-araw** *agg* giornaliero, quotidiano ◊ **manggagawang pang-araw-araw** lavoratore giornaliero; **pang-gastos araw-araw** diaria.
**ardilya** *s* scoiattolo.
**aregluhan** *s* negoziato.
**arena** *s* arena.
**arenola** *s* vaso da notte, padella.
**ari** *s* genitali ◊ **may ari** appartenere(*fig*).
**arí-ariàn** *s* patrimonio, beni immobili, ricchezza.
**ariin** *v* padroneggiare, possedere ◊ impadronirsi.
**aris** *s* (*astr*)Ariete.
**aritmétikà** *s* aritmetica.
**arka** *s* arca.
**arkada** *s* portico.
**arkilahin** *v* ingaggiare.
**arkiyolohiya** *s* archeologia.
**arkila** *s* charter.
**arkitektura** *s* architettura.
**arko** *s* arco.
**armas** *s* arma.
**armistisyo** *s* armistizio.
**armonya** *s* armonia.
**arnese** *s* strumento.
**aroskaldo** *s* zuppa di riso e pollo.
**arpilèr** *s* spillo.
**arteryà** *s* arteria.
**artichoke** *s* carciofo.
**artipisyal** *agg* artificiale ◊ **lawang artipisyal** vivaio.
**artista** *s* attore, artista; mimo ◊ divo.
**asak** *agg* in voga, di moda.
**asal** *s* maniera, comportamento, modo.
**asarin** *v* prendere in giro.
**asaròl** *s* piccozza, zappa.
**asarulin** *v* zappare.
**asawa** *s* coniuge ◊ **asawang babae** moglie; **asawang lalaki**

marito; **manugang na babae** nuora.

**asaytunas** *s* oliva.

**aselerador** *s* acceleratore.

**asero** *s* acciaio.

**aseton** *s* acetone.

**asiatiko** *agg* asiatico.

**asido** *s* acido.

**asilo** *s* asilo.

**asim** *s* acidità ◊ **asim ng sikmura** acidità di stomaco.

**asìn** *s* salsedine, sale ◊ **asing baybay** sale marino; **asing meniral** sale minerale; **asing pampaligo** sali da bagno.

**asinan** *v* salare.

**asiwà** *agg* goffo, impacciato.

**asmà** *s* asma.

**asno** *s* asino.

**aso** *s* cane ◊ **bantay na aso** cane da guardia; **mabangis na aso** sciacallo; **pastol na aso** cane pastore.

**asoge** *s* mercurio.

**asotea** *s* terrazza.

**aspaltado** *agg* asfaltato.

**aspalto** *s* asfalto, pece.

**asparagus** *s* asparago.

**aspilè** *s* spilla di sicurezza, da balia.

**aspilèr** *s* spilla.

**aspirin** *s* aspirina, cachet.

**astrey** *s* portacenere.

**astrolohiya** *s* astrologia.

**astronawt** *s* astronauta.

**astronomiya** *s* astronomia.

**asukal** *s* zuccherino, zucchero ◊ **asukal na pula** zucchero di canna; **asukal na pulbos** zucchero a velo.

**asukalan** *s* zuccheriera.

**asul** *agg* celeste, azzurro, blu.

**asunsiyòn** *s* festa dell'Assunzione ◊ **araw ng asunsiyòn** *s* ferragosto.

**asupre** *s* zolfo.

**at** *cong* e ◊ **at saka** oltretutto.

**atake** *s* infarto, colpo, attacco ◊ **atake sa puso** attacco di cuore.

**atàs** *s* ingiunzione, ordine ◊ **atas pangmasa** ordine pubblico.

**atay** *s* fegato.

**ate** *s* sorella ◊ **ang pitong mag-ate** le sette sorelle.

**ateista** *agg* ateo.

**atik** *s* mansarda; soffitta, solaio.

**atin** *agg poss* nostro.

**atlantiko** *agg* atlantico.

**atlas** *s* atlante.

**atomika** *agg* atomico.

**atomo** *s* atomo ◊ **paghahati ng atomo** scissione dell'atomo.

**atràs** *s* retromarcia.

**atraso** *s* ritardo ◊ (*fig*) debito.

**atsara** *agg* sottaceto ◊ *s* salamoia.

**atubili** *s* indecisione ◊ renitenza ◊ scrupolo.

**australyano** *agg* australiano.

**autograp** *s* autografo.

**autopis** *s* autopsia.

**awà** *s* compassione, misericordia ◊ **may awa** avere misericordia.

**awàs** *s* ritenuta ◊ **awasan hanggang sero** tagliare a zero.

**awasin** *v* detrarre,scalare.

**away** *s* litigio, putiferio, rissa.
**awdisyòn** *s* provino.
**awditibo** *s* (*telefono*)cornetta.
**awditoryum** *s* esposizione, salone.
**awdiyo-bisuwal** *agg* audiovisivo.
**awit** *s* canto.
**awitin** *s* canzone ◊ **awitin ng mga negro** musica nera.
**awtoridàd** *s* autorità.
**awtorisasyòn** *s* autorizzazione.
**ay** *v* essere.
**ayan!** *inter* ecco!.
**ayaw** *agg* controvoglia ◊ **ayaw makinig** non sentire ragioni.
**ayawan** *v* bocciare, rifiutare.
**ayon sa** *prep* secondo ◊ **ayon sa prinsipiyò** questione di principio.
**ayos** *agg* (*fig*) legittimo ◊ **ayos ng buhok** capigliatura, pettinatura.
**aysbèrg** *s* iceberg.
**aysing** *s* glassa.
**ayunan** *v* favorire.
**ayusin** *v* riordinare, sistemare ◊ rifare; riparare, sanare ◊ (*cine*) montare ◊ (*fig*) imbastire ◊ disporre ◊ instaurare ◊ ritoccare ◊ **ayusing mag-isa** sbrigarsela; **ayusing mulî** ricucire (*fig*).

# B

**babà** *s* mento.
**babae** *sf* donna, femmina.
**babàg** *s* putiferio ◊ mischia ◊ relitto.
**babagtingan** *s* laringe.
**babalà** *s* ammonizione ◊ previsione ◊ preavviso; allarme ◊ segnaletica ◊ **magbigay ng babala** dare l'allarme.
**babaláan** *v* ammonire.
**babaran** *v* inzuppare.
**babelgam** *s* cicca.
**baboon** *s* babbuino.
**babòr** *s* oblò.
**baboy** *agg* porco ◊ *s* porco, maiale, suino.
**baboyramo** *s* cinghiale.
**baka** *s* bue, bovino, manzo; mucca.
**bakal** *s* ferro ◊ **bakal na hinde kinakalawang** acciaio inossidabile; **pang bakal** metalmeccanico.
**bakalàw** *s* baccalà, merluzzo ◊ **tuyong bakalaw** stoccafisso.
**bakante** *agg* (*persona*) disponibile ◊ vuoto.
**bakàs** *s* pista, traccia, scia ◊ **bakas ng daliri** impronte digitali.
**bakasin** *v* ricalcare.
**bakasyon** *s* ferie, vacanza ◊ **bakasyon sa probinsiya** agriturismo.
**bakasyónan** *s* villaggio vacanze, villaggio turistico ◊ villeggiatura.
**bakit** *avv* (*interr*) perché, come mai.
**baklà** *sm* (*volg, omosessuale*) finocchio.
**bakod** *s* rete, recinto, steccato ◊ **bakod na rehas-rehas** cancellata.
**bakulaw** *s* gorilla, scimpanzè.

**bakuna** *agg* vaccino.
**bakuran** *s* aia ◊ **bakuran ng simbahan** sagrato.
**bakyâ** *s* zoccolo.
**bakyum-kleaner** *s* aspirapolvere.
**badoy** *agg* kitsch.
**badyet** *s* bilancio.
**bag** *s* borsa ◊ **bag na hugis timbâ** borsa a secchiello; **bag na maliit at ikinakabit sa biwang** marsupio.
**bagâ** *s* brace.
**bagà** *s* polmone.
**bagabag** *s* sgomento.
**bagabagin** *v* sgomentare.
**bagahe** *s* bagaglio, valigia ◊ **alisin sa pagkakaimpakè** disfare le valigie.
**bagamàn** *prep* malgrado.
**bagamundo** *agg* vagabondo.
**bagàng** *s* molare.
**bagay** *s* cosa, roba, articolo; materia ◊ **lumang bagay** comprare di seconda mano; **kalokohang bagay** roba da matti.
**bagbagin** *v* sfondare.
**bagina** *s* vagina.
**baging** *s* rampicante.
**bago** *agg* fresco, moderno, nuovo ◊ *avv* prima, innanzi ◊ **bago ang lahat** prima di tutto, innanzitutto; **bago mahuli ang lahat** prima che sia tardi; **bagong bagay** novità; **bagong-bago** nuovo di zecca; **bagong-taon** Capodanno.
**bagon** *s* bagagliaio.
**bagsàk** *s* bancarotta.
**bagsìk** *s* grinta.
**bagtasin** *agg* trasversale.
**baguhan** *agg* novello ◊ *s* principiante, apprendista.
**baguhin** *v* cambiare, modificare, rinnovare ◊ convertire ◊ ripensare ◊ alterare ◊ (*fig*) deviare ◊ travisare ◊ **baguhin ang petsa** aggiornare.
**bagyò** *s* bufera, tormenta;tifone.
**bahà** *s* alluvione, inondazione, piena.
**bahaghari'** *s* arcobaleno.
**bahagî** *s* (*mat*) segmento, calotta, parte, porzione ◊ (*anat*) organo ◊ (*mecc*) organo, componente ◊ **ang nagkaloob ang mga bahagi ng katawan** donatore di organi.
**bahagyà** *agg* lieve ◊ meschino ◊ *s* malapena.
**baháin** *v* allagare, dilagare.
**bahay** *s* casa ◊ **bahay ng putaktì** vespaio; **bahay sa bundok** rifugio di montagna; **bahay sa probinsiya** casino; **magpalit ng bahay** cambiare casa; **yari sa bahay** fatto in casa.
**bahay-ampunan** *s* orfanotrofio ◊ casa di cura.
**bahay-bata** *s* utero.
**bahay-kalakal** *s* impresa.
**bahay-kubo** *s* baita, capanna.
**bahay-langgam** *s* formicolio.
**bahay-pukyutan** *s* alveare.
**bahay-sugalan** *s* casa da gioco.
**bahò** *s* cattivo odore,puzza.
**baho** *s* contrabbasso.
**baikì** *s* orecchioni.

**baitàng** *s* gradinata; gradino.
**bala** *s* pallottola, proiettile ◊ (*fam*) videocassetta.
**balabal** *s* cappa, mantello; scialle.
**balag** *s* pergola ◊ **serye ng balag** pergolato.
**balagat** *s* clavicola.
**balahibo** *s* pelo ◊ **balahibo ng mink** pelliccia di visone; **balahibo ng hayop** mantello (di animale); **mangilabot ang balahibo** avere la pelle d'oca.
**balakang** *s* anca;bacino.
**balakin** *v* progettare.
**balaklaòt** *s* maestrale.
**balakubak** *s* forfora.
**balang** *s* cicala.
**balangkàs** *s* (*descrizione*) profilo ◊ (*occhiali*)montatura.
**balani** *s* magnetismo.
**balanìhin** *v* incantare.
**balanse** *s* pareggio.
**balarilà** *s* grammatica.
**bàlat** *s* (*macchia sulla pelle*) voglia.
**balat** *s* pelle; cute, cuoio ◊ buccia, scorza ◊ copertina ◊ crosta ◊ **balat ng dalnghita** scorza di limone; **balat ng baboy** cotenna.
**balatàn** *v* pelare, sbucciare.
**balatkayô** *s* (*travestimento*) maschera.
**balbàl** *s* gergo.
**balbas** *s* barba.
**bálbulà** *s* valvola.
**baldado** *agg/s* disabile, handicappato.
**baldahin** *v* storpiare.
**baldè** *s* secchio.
**baldosa** *s* mattonella.
**balena** *s* balena.
**bali** *s* frattura.
**bálibòl** *s* pallavolo.
**bálido** *agg* valido.
**balighò** *agg* assurdo.
**baligtad** *agg* rovescio.
**baligtarin** *v* invertire, rovesciare.
**balihandâ** *sf* prostituta.
**baliin** *v* rompere, spezzare.
**balik-aral** *s* (*lezione*)ripetizione.
**balikat** *s* spalla, spalliera.
**balik-eksamen** *s* esami di riparazione.
**balík-sinag** *agg* riflesso.
**baliktad** *agg* contrario, inverso.
**baliktarin** *v* (*fig*) sbilanciare ◊ capovolgere.
**balikwas** *s* soppressalto.
**balintatàw** *s* pupilla, iride.
**balintuna** *agg* ironico.
**balisà** *agg* ansioso ◊ oppresso.
**balita** *s* notizia ◊ notiziario, telecronaca, telegiornale ◊ **balita sa radyo** giornale radio, radiocronaca; **masamang balita** cronaca nera.
**baliw** *agg* squilibrato, pazzo, matto.
**baliwasan** *s* canna da pesca.
**balkòn** *s* balconata.
**balkonahe** *s* veranda.
**ballet** *s* balletto.
**balòn** *s* pozzo.
**balot** *s* confezione.

**balota** *s* ballottaggio.
**balsà** *s* zattera, moscone ◊ **balsang panligtas** zattera di salvataggio.
**balse** *s* valzer.
**baluktot** *agg* (*fig*)contorto.
**baluktutin** *v* flettere, inarcare.
**balùn** *s* palloncino.
**balutan** *s* (*comm*) lotto ◊ malloppo; pacco.
**balutin** *v* incartare, avvolgere, impacchettare.
**balyena** *s* orca.
**bamper** *s* paraurti.
**bampiro** *s* vampiro.
**banak** *s* triglia.
**banakal** *s* corteccia.
**banàl** *agg* benedetto, divino ◊ futile ◊ **banal na kasulatan** sacra scrittura.
**banatin** *v* tendere.
**banda** *s* (*mus*)complesso, banda.
**bandalismo** *s* vandalismo.
**bandang** *prep* (*tempo*)verso.
**bandeha** *s* vassoio.
**bandeyera** *s* tricolore.
**bangaw** *s* moscone.
**bang-bàng** *s* fognatura.
**banggâ** *s* impatto, urto.
**banggaan** *s* scontro, tamponamento.
**banggain** *v* urtare.
**banggìt** *s* menzione.
**banggitin** *v* nominare, citare, menzionare.
**bangìn** *s* voragine, burrone, precipizio.
**bangkà** *s* barca, scialuppa ◊ **bangkang de-bapor** battello; **bangkang de-motor** barca a motore; **bangkang de-pedal** pedalò; **bangkang-mabilis** motoscafo; **bangkang may layag** barca a vela; **bangkang pangisda** barca da pesca; **bangkang panligtas** scialuppa di salvataggio; **bangkang-tawiran** traghetto.
**bangkày** *s* salma, cadavere ◊ **bangkay ng patay na hayop** carcassa.
**bangkito** *s* sgabello.
**bangko** *s* banca, cassa di risparmio, istituto di credito ◊ **akawnt sa bangko** conto corrente.
**bangkô** *s* panca; panchina.
**bangò** *s* aroma.
**bangs** *s* frangia.
**bangtày-laruan** *s* guardacaccia.
**bangungot** *s* incubo.
**banìg** *s* stuoia.
**banilya** *s* vaniglia.
**bankay** *s* salma ◊ **magsunog ng bankay** cremare.
**bankero** *agg* bancario.
**banlawan** *v* risciacquare.
**bansâ** *s* nazione, paese, patria.
**bansî** *s* flauto.
**bantâ** *s* minaccia.
**bantày** *s* secondino, guardia ◊ **bantay sa likòd** retroguardia.
**bantáyan** *v* guardare, vigilare.
**bantáy-baybày** *s* guardacoste.
**bantáy-gubat** *s* guardia forestale.

**bantayog** *s* monumento.
**bantáy-pintô** *s* portinaia ◊ **bahay ng bantay-pintô** portineria.
**bantòg** *agg* illustre.
**bantòt** *s* puzza.
**bantulòt** *agg* riluttante.
**banyagà** *agg* straniero.
**banyera** *s* tinozza.
**banyo** *s* servizio, bagno ◊ **bata-de-banyo** accappatoio.
**baòg** *agg* brullo, sterile.
**baòn** *s* incastro.
**baon** *s* vettovaglie (*pl*).
**bapòr** *s* imbarcazione, piroscafo ◊ **bapòr pangkalakal** marina mercantile; **bapòrbaporpang-karera** barca da regata; **lulanan ng bapòr** naviglio.
**bara** *s* ingorgo.
**barà** *agg* ingordo ◊ *s* (*med*) occlusione ◊ **alisin ang nakabara** sturare.
**baradero** *sm* arsenale, cantiere ◊ **baraderong-pandagat** cantiere navale.
**baraha** *s* (*da gioco*)carta.
**barahin** *v* strozzare, intasare, ostruire.
**barakilan** *s* trave.
**barandilyà** *s* ringhiera ◊ **bahay na may barandilya** casa di ringhiera.
**baras** *s* asta, bacchetta.
**baratilyo** *s* occasione, svendita.
**barbero** *s* barbiere.
**barbikyù** *s* spiedino ◊ **panuhog sa barbikyù** spiedo.
**barbwayr** *s* filo spinato.
**barena** *s* trapano.
**bárikàn** *s* bar ◊ **barikan na pang-gabì** locale notturno.
**barìl** *s* arma da fuoco, pistola, fucile.
**barilan** *s* sparatoria.
**bariles** *s* botte, barile, bidone.
**barilin** *v* fucilare, sparare.
**barisentro** *s* baricentro.
**barkò** *s* natante, nave ◊ **barkòng may layag** veliero; **barkòng pampasahero** nave passeggeri; **barkòng pangangalakal** nave mercantile; **barkòng pangisdâ** peschereccio.
**barnis** *s* lacca.
**barometro** *s* barometro.
**barone** *s* barone.
**barracks** *s* caserma.
**barya** *s* moneta, spiccioli.
**baryo** *s* villaggio.
**basà** *v* inzuppare.
**basàg** *agg* infranto, rotto.
**basagin** *v* fracassare.
**basahan** *s* pezza.
**basahin** *v* annacquare; bagnare, inumidire.
**basàng-basà** *agg* fradicio.
**basilin** *s* vaselina.
**basilyo** *s* basilico.
**basket** *s* canestro, cesto, paniere.
**básketbòl** *s* pallacanestro.
**basko** *agg* basco.
**baso** *s* bicchiere.
**bastardo** *agg* bastardo.
**bastòn** *s* staffetta ◊ bastone.

**baston** *s* stampatello.
**bastòs** *agg* cafone, maleducato, rude, sguaiato ◊ *s* sgarbo.
**basura** *s* immondizia, rifiuto ◊ **sunugin ang basura** smaltire rifiuti; **tapunan ng basura** discarica (di rifiuti).
**básurahàn** *s* pattumiera, spazzatura.
**basurero** *s* nettezza urbana ◊ netturbino ◊ rigattiere.
**bat** *s* (*sport*)mazza.
**batà** *agg* giovane, minore, novello,piccolo ◊ *s* bambino ◊ **mas bata** minore età.
**batáng-isip** *agg* immaturo.
**batang-lalaki** *sm* fante, ragazzo.
**batang oso** *s* Orsa minore.
**batàs** *s* legge, norma,atto, statuto ◊ **alinsunod sa batas** lecito; **ayon sa batas** a norma di legge, nei modi di legge; **batas pangpenal** diritto penale; **batasang-bansâ** parlamentare; **batas-militar** legge marziale; **iutos ang batas** dettar legge; **paglilingkòd ng alagad ng batas** servizi di sicurezza; **paglilinkòd pang-masa** servizio pubblico; **taong hinahanap ng batas** latitante.
**batay** *agg* basato, secondo ◊ **batay sa prinsipiyò** per principio.
**batayan** *s* base, fondamenta ◊ **batayan ng kagalingan** quoziente d'intelligenza.
**baterya** *s* pila, batteria.
**bati** *s* complimento ◊ saluto.
**batid** *agg* consapevole.
**batidòr** *s* frullatore.
**batihìn** *v* sbattere, frullare.
**batiin** *v* augurare ◊ complimentarsi, congratularsi ◊ salutare ◊ **batiin ng magandang-gabi** dare la buonasera; **batiin ng magandang-umaga** dare il buongiorno; **batiin ng mahimbing na pagtulog** dare la buonanotte; **batiin ng maligayang kaarawan** augurare buon compleanno.
**batik** *s* chiazza.
**batilin** *v* frustrare.
**batis** *s* ruscello.
**batô** *s* roccia; sasso; scoglio ◊ (*med*)calcolo ◊ rene ◊ rognone.
**bato-balani** *s* calamita.
**batok** *s* nuca.
**batugan** *agg* pigro; sfaccendato ◊ *s* fannullone.
**batuhan** *s* scogliera.
**batutà** *s* manganello; randello.
**batyâ** *s* vasca.
**batyo** *s* watt.
**baùl** *s* fusto, baule.
**bautisteryo** *s* battistero.
**bawàk** *s* gru.
**bawal** *agg* proibito, vietato ◊ *s* divieto, tabù ◊ **bawal dumaan** divieto di transito; **bawal mag-ober-teyk** divieto di sorpasso; **bawal magparada** sosta vietata; **bawal pumarada** divieto di sosta; **bawal mamaril, bawal mangaso** divieto di caccia; **bawal manigarilyo** vietato fumare; **bawal na**

salita questa parola e tabu; **bawal pumasok** divieto di accesso; **bawal pumasok sa direksiyòn na iyon** senso vietato.
**bawalan** *v* privarsi di qualcosa.
**bawang** *s* aglio.
**bawàs** *agg* ridotto.
**bawasan** *v* scontare, ribassare, ridurre ◊ sottrarre ◊ restringere.
**bawat** *agg* ciascuno, ogni ◊ **bawat araw** al giorno.
**bawiin** *v* ritirare, disdire.
**bawíin** *v* recuperare.
**bayad** *s* abbonamento ◊ mercenario ◊ retribuzione ◊ **bayad pinsala** indennizzo, riparazione; **bayad sa sakuna** risarcimento; **pagsaulî ng bayad** rimborso; **taasan ang bayad** dilazionare un pagamento.
**bayan** *s* cittadina ◊ stato.
**bayani** *s* eroe, patriota.
**bayaran** *v* pagare, saldare; rendere;estinguere; liquidare; sborsare ◊ (*colpa, condanna*) scontare ◊ **bayaran ulî** ripagare.
**bayarin** *s* bolletta.
**bayaw** *sm* cognato.
**baybay** *agg* costiero.
**baybay-dagat** *s* costa, costiera, riva, riviera ◊ (*mar*)bordo.
**baybayin** *s* litorale.
**bays-bersa** *avv* viceversa.
**baywang** *s* (*cintura*)vita.
**bede** *s* bidet.
**beet** *s* barbabietola.
**beisbord** *s* battiscopa, zoccolo.
**bekon** *s* pancetta.
**belanse** *agg* saldo.
**belansè** *s* conguaglio.
**belèn** *s* presepio.
**belo** *s* velo.
**benda** *s* fascia ◊ **alisin ang benda** sfasciare.
**bendahan** *v* fasciare.
**bendahe** *s* benda.
**bendisyòn** *s* benedizione.
**bendisyunàn** *v* benedire,impartire la benedizione.
**bentilador** *s* ventilatore.
**bentosa** *s* ventosa.
**bentrikolo** *s* ventricolo.
**benus** *s* venere.
**berde** *agg* verde.
**berdugo** *s* boia, sicario.
**berhaws** *s* birreria.
**bermut** *s* vermut.
**berry** *s* bacca.
**bértebrà** *s* vertebra.
**bestido** *s* tonaca, saio.
**beterano** *sm* reduce.
**beto** *s* veto.
**bibig** *s* labbro; bocca.
**bibliyà** *s* bibbia.
**bidyo** *s* video.
**bidyo-geym** *s* videogioco.
**bidyo-kamera** *s* videocamera.
**bidyo-rekorder** *s* videoregistratore.
**bidyu-teyp** *s* videocassetta.
**bifstik** *s* bistecca.
**bigas** *s* riso.
**bigat** *s* peso ◊ **ang bigat!** quanto pesa!.
**bigay** *agg* dato.

**bighanì** *s* incantesimo.
**bigkàsin** *v* pronunciare ◊ **bigkasin ang hatol** pronunciare una sentenza.
**bigkis** *s* cinghia ◊ fagotto.
**biglà** *agg* di scatto, improvviso ◊ tutto d'un fiato ◊ **bigla na lang** tutto a un tratto.
**bigláan** *agg* repentino,di punto in bianco.
**biglaìn** *v* sorprendere.
**bigláng-kilos** *s* scatto.
**bigláng-paglalakbay** *s* incursione.
**bigláng-suklab** *s* vampata.
**bigô** *agg* deluso ◊ fallito.
**bigote** *s* basetta ◊ baffo.
**bigtiin** *v* impiccare.
**biguin** *v* mandare in fumo.
**bigyan** *v* dare ◊ **bigyan ng kagamitan** dotare.
**bigyang-kasíyàhan** *v* soddisfare.
**bigyang-liwanga** *v* (*fig*) sottolineare.
**bigyang-lugod** *v* contentare.
**bigyang-wakas** *v* abolire.
**bihag-sagòt** *s* ostaggio.
**bihasa** *agg* (*fig*)navigato.
**bihirà** *agg* raro ◊ **bihira ang tao** essere in quattro gatti.
**bihisàn** *s* spogliatoio.
**biik** *s* maialino di latte.
**bikas** *s* portamento.
**bikì** *avv* gattoni.
**bikini** *s* bikini, duepezzi.
**bíktimà** *s* preda, vittima.
**bikunya** *s* vigogna.
**bilang** *s* cifra, numero, quantitativo ◊ **bilang patakaran** di regola ◊ **panwakas na bilang** finale.
**bilanggo** *s* detenuto, galeotto, prigioniero ◊ **ang bilanggo ng habang-buhay** ergastolano.
**bilangguan** *s* galera, gattabuia, carcere, prigione, penitenziario.
**bilangin** *v* contare.
**bilhin** *v* comprare ◊ **bilhin ulit** riacquistare.
**bilihan** *s* negozio ◊ **bilihan ng kotse** concessionario; **bilihan ng lumang bagay** antiquario; **bilihan ng mga kagamitan sa eskuwela** cartoleria; **bilihan ng sapatos** negozio di calzature; **bilihan ng tiket** biglietteria, botteghino.
**bilihin** *s* compera ◊ **pangunahing bilihin** articoli di prima necessità.
**bilis** *s* (*fig*) raffica ◊ potenza ◊ velocità.
**bilisan** *v* smaltire ◊ accelerare ◊ **bilisan ang lakad** allungare il passo.
**bilog** *agg* circolare, rotondo, tondo ◊ *s* anello, cerchio, girone; sfera ◊ **bilog ng katena** anello della catena.
**bilóg-habà** *agg* ovale.
**bilya** *s* villa.
**bilyàr** *s* biliardo.
**binagabag** *v* sgomentare.
**binagbag** *v* sfondare.
**binago** *agg* riformato ◊ *v* modificare; rinnovare.

**binalian** *v* spezzare.
**binaliktad** *v* rovesciare.
**binaluktot** *v* flettere, inarcare.
**binangga** *v* urtare.
**binara** *v* intasare, ostruire.
**binasà** *v* inumidire.
**binasag** *v* fracassare.
**binatà** *agg* scapolo.
**binata** *sm* giovane ◊ *agg* celibe.
**binatì** *s* frullato.
**binatilyo** *sm* giovanotto.
**binatin** *v* tirare.
**binawásan** *v* ridurre.
**binendahan** *v* fasciare.
**binggo** *s* tombola.
**bingî** *agg/s* sordo (*anche fig*),non udente.
**bingít-pipi** *s* sordomuto.
**binhi** *s* embrione, feto.
**binibinì** *s* signorina.
**binigkàs** *v* pronunciare.
**biniglà** *v* sorprendere.
**binigyang-siglà** *v* ispirare.
**biniyak** *v* spaccare.
**bintana** *s* finestra ◊ sportello ◊ **bintanang maliit** finestrino.
**bintî** *s* polpaccio, cosciotto.
**binugbog** *v* picchiare.
**binuhat** *v* sollevare.
**binukod** *v* isolare.
**binuksan** *v* spalancare.
**binusòg** *v* saziare.
**binya** *sf* vigna.
**binyàg** *s* battesimo ◊ **pangalan sa binyag** nome di battesimo.
**binyágan** *v* battezzare.
**binyeta** *s* vignetta.
**bipstik** *s* bistecca ◊ **bipstik na di gaanong lutò** bistecca al sangue.
**birhèn** *agg* vergine ◊ *s* Madonna, Vergine ◊ **ang Birhèn kasama ang mga anghel** la Vergine con gli angeli.
**birô** *s* barzelletta; scherzo ◊ **birô lamang** per scherzo.
**birus** *s* virus.
**bisà** *s* validità; effetto; visto.
**bisagra** *s* cardine ◊ **alisin ang bisagra** scardinare.
**bisantino** *agg* bizantino.
**bisero** *s* puledro.
**bisig** *s* membro.
**bisikleta** *s* bicicletta, ciclo, cyclette.
**bisirong-dagat** *s* foca.
**bisita** *s* invitato, visitatore, ospite.
**bisitahin** *v* andare a trovare qualcuno.
**biskuwit** *s* biscotto ◊ **biskuwit na malambot** savoiardo; **biskuwit-apa** wafer.
**bisperas** *s* vigilia ◊ **bisperas ng bagoong taon** veglione di San Silvestro; **bisperas ng pasko** vigilia di Natale.
**bistori** *s* bisturi.
**bisyesto** *agg* bisestile.
**bisyo** *s* vezzo.
**bisyò** *s* vizio.
**bitàg** *s* tranello, trappola.
**bitàk** *s* crepa, crepaccio ◊ spiraglio.
**bitamina** *s* vitamina; ricostituente.

**bitas** *s* (*abbigliamento*) spacco.
**biterano** *agg* veterano.
**biterinaryo** *s* veterinario.
**bitinin** *v* dire le cose a metà.
**bitiwan** *v* lasciare, mollare ◊ sferrare.
**bitsuwelas** *s* fagiolino.
**bituìn** *s* stella, astro ◊ **bituing polar** stella polare; **mahulog na bituìn** stella cadente.
**bituka** *s* budello, intestino.
**biwang** *s* fianco.
**biyahè** *s* (*fig*)percorso.
**biyak** *s* spacco.
**biyakìn** *v* spaccare.
**biyanan** *s* suoceri ◊ **biyanang babae** suocera; **biyanang lalaki** suocero.
**biyayà** *s* (*relig*)grazia.
**biyernes** *s* venerdì.
**biyolohiyà** *s* biologia.
**biyoteknolohiyà** *s* biotecnologia.
**biyudo** *s* vedovo.
**biyula** *s* (*mus*)viola.
**biyulin** *s* violino.
**biyulinista** *s* violinista.
**biyuliselinista** *s* violoncellista.
**biyulonselo** *s* violoncello.
**blad-tayp** *s* gruppo sanguigno.
**blak-awt** *s* black out.
**bleyd** *s* lametta.
**blinbing** *s* chi fa il doppio gioco.
**blinker** *s* lampeggiatore.
**bloke** *s* blocco.
**blusa** *s* camicetta; corpetto.
**bobo** *agg* interdetto ◊ cervello da gallina.
**boda-de-plata** *s* nozze d'argento.
**bodega** *s* (*locale*) dispensa ◊ capannone, magazzino ◊ **bodega ng alak** enoteca; **bodega sa atik** solaio; **bodega sa ilalim na lupa** cantina, scantinato.
**bodka** *s* vodka.
**boka-inséndiyò** *s* idrante.
**boksing** *s* boxe, pugilato.
**boksingero** *s* pugile.
**bola** *s* palla, pallone ◊ **bola ng boling** boccia; **maglaro ng bola** palleggiare; **pagsanggâ sa bola** parata.
**bola-bola** *s* polpetta.
**bolpen** *s* penna ◊ **tinta ng bolpen** inchiostro.
**bolt** *s* volt.
**bolta** *s* volta.
**boltahe** *s* voltaggio.
**bomba** *s* (*bicicletta*) pompa ◊ bomba, ordigno ◊ **bomba ng langìs** distributore di benzina; **bombang atomika** bomba atomica.
**bombero** *s* pompiere.
**bombilya** *s* lampadina, luce.
**bombola** *s* bombola.
**borà** *s* vipera.
**borgese** *agg* borghese.
**borlas** *s* frangia ◊ tassello.
**boses** *s* voce.
**botanikà** *s* botanica.
**botante** *s* elettore.
**botas** *s* scarpone; stivale ◊ **botas pang iski** scarponi da sci.
**botè** *s* bottiglia ◊ **pambukas ng bote** apribottiglie.

**botika** *s* farmacia ◊ **botikang bukas sa gabi** farmacia di turno.
**boto** *s* (*politico*)voto.
**botones** *s* bottone.
**boy** *sm* garzone.
**boya** *s* (*mar*)boa, galleggiante.
**bra** *s* reggiseno.
**brano** *s* brano.
**bras** *s* spazzola.
**braso** *s* braccio, arto.
**brilyante** *s* diamante.
**brongkitis** *s* bronchite.
**bronko** *s* bronco.
**brotsa** *s* pennello ◊ **brotsang pang-ahit** pennello da barba.
**brotse** *s* spilla.
**bruha** *sf* strega ◊ **bruhang mabait sa pista ng tatlong hari** befana.
**brutal** *agg* brutale.
**bubis** *s* pube.
**bubog** *s* briciola di pane ◊ **bubog ng tinapay** pane grattugiato.
**bubòng** *s* tetto.
**bubongan** *s* tettoia.
**bubuli** *s* ramarro.
**budhi** *s* coscienza.
**budismo** *s* buddismo.
**budista** *agg* buddista.
**bufalo** *s* bufalo.
**bugaw** *s* (*di prostitute*) protettore.
**bugbugìn** *v* picchiare pestare ◊ **bugbugin ng husto** picchiare a sangue.
**bugnutin** *agg* irascibile, nervoso, permaloso.
**bugsô** *s* torrente ◊ **bugsô ng hangin** folata.
**bugtong** *s* unico, single ◊ **bugtong na anak** figlio unico.
**buhangin** *s* sabbia ◊ macigno.
**buhatin** *v* alzare, sollevare.
**buhawì** *s* uragano.
**buhay** *agg* vivace, animato, vivo ◊ *s* esistenza, vita ◊ **may taning ang buhay** malato terminale.
**buhayin** *v* animare, ravvivare, suscitare.
**buhok** *s* chioma.
**buhòl** *s* garbuglio, groviglio, nodo.
**bukal** *s* fonte ◊ **paliguang bukal** terme.
**bukana** *s* foce.
**bukàs** *agg* aperto.
**bukas** *avv* domani ◊ **botikang bukas sa gabì** farmacia di turno; **bukas ng umaga** domattina; **magkikita ko siya bukas** lo vedo domani; **mula ngayon at bukas** dall'oggi al domani.
**bukid** *s* cascina.
**buklòd** *s* legame, vincolo.
**bukò** *s* (*bot*)gemma.
**bukò** *s* nocca.
**bukod** *agg* esente.
**buksan** *v* accendere ◊ aprire ◊ **buksan ang ilaw** accendere la luce.
**buksengero** *s* pugile ◊ **magaling na buksengero** pugile professionista.
**bukungbukong** *s* caviglia.

**bulà** *s* bolla ◊ schiuma.
**bulag** *agg* cieco.
**bulagin** *v* accecare.
**bulak** *s* cotone.
**bulaklak** *s* fiore ◊ **bulaklak ng kahèl** fiori d'arancio.
**bulaklakin** *agg* floreale ◊ *s* fioretto.
**bulalakaw** *s* meteora.
**bulate** *s* lombrico; verme solitario.
**buldoser** *s* ruspa.
**bulgar** *agg* volgare.
**bulilit** *s* (*pesce*)sgombro ◊ nano.
**bulitin** *s* bollettino.
**bulkàn** *s* vulcano ◊ **buhay na bulkan** vulcano attivo; **pagbuga ng bulkan** vulcano in eruzione.
**bulòk** *agg* marcio, putrefatto, *s* carie, tartaro ◊ **bulok na patay (sa tao), bulok na hayop** carogna; **bulok ng ipin** placca dentaria.
**bulòng** *s* mormorio.
**bulsà** *s* tasca.
**buluhan** *s* ortica.
**bulukin** *agg* deperibile.
**bulutong-tubig** *s* vaiolo; varicella.
**bulwagan** *s* anticamera ◊ sala, salone ◊ **bulwagang-sayawan** sala da ballo.
**bulwak** *s* zampillo.
**bumabâ** *v* scendere ◊ **bumaba sa bundok** scendere a valle.
**bumagsak** *v* (*fig*) naufragare, piovere ◊ precipitare ◊ **bumagsak ng biglâ** colare a picco.
**bumagsìk** *v rifl* inferocirsi.
**bumahà** *v* inondare.
**bumait** *agg* (*fig*) addolcire.
**bumalanì** *v* incantare.
**bumaligtàd** *v* ribaltare.
**bumalik** *v* ristabilire ◊ ritornare, tornare ◊ **bumalik sa bahay** tornare a casa, rientrare; **bumalik sa kúlúngan** tornare all'ovile.
**bumangga** *s* sbandata ◊ *v* schiantare.
**bumatà** *v* ringiovanire.
**bumatak** *v* virare.
**bumawì** *v* ritrarre.
**bumili** *v* acquistare, prendere ◊ **bumili sa mababang presyo** comprare a buon mercato; **bumili ng sekonda-mano** comprare di seconda mano; **bumili ng subasta** comprare all'asta.
**bumulong** *v* bisbigliare, mormorare.
**bumulwàk** *v* scaturire.
**bumuò** *v* comporre ◊ costituire.
**bundòk** *s* montagna, monte ◊ **bundok na yelong lutang** ghiacciaio.
**bungà** *agg* conseguente ◊ *s* frutto (*anche fig*) ◊ risultato ◊ **bunga ng igos** fico.
**bungangà** *s* bocca ◊ **bunganga ng bulkan** cratere.
**bungguan** *s* scontro.
**bungkalin** *v* coltivare.
**bungkos** *s* fascina ◊ ciuffo.
**bungò** *s* cranio, teschio.
**buntis** *agg* incinta ◊ *v* aspettare un bambino.

**bunton** *s* cumulo, montagna (*fig*), pila.
**buntot** *s* coda.
**bunutin** *v* (*fig*) strappare, estirpare, estrarre, sradicare.
**buô** *agg* (*detratto*) netto ◊ globale, totale ◊ intatto, integrale ◊ solido.
**buó-buò** *s* grumo.
**buòd** *s* entità ◊ sintesi, estratto.
**buong-gilid** *sm* perimetro.
**buóng-lugòd** *avv* volentieri.
**buóng-timbàng** *s* peso netto.
**burahin** *v* cancellare.
**burarâ** *agg* sciatto.
**burdà** *s* ricamo.
**buriko** *s* pony.
**buro** *s* somaro.
**buròl** *s* collina, colle.
**burukrasya** *s* burocrazia.
**burukratiko** *agg* burocratico.
**bus** *s* corriera, autobus, pullman ◊ **bus-de-koryente** filovia.
**busàl** *s* museruola.
**busalsàl** *agg* sciatto.
**busina** *s* clacson.
**buslò** *s* canestro.
**busòg** *agg* sazio.
**busógìn** *v* saziare.
**butangero** *s* gangster.
**butas** *s* buca, cavità,scavo, buco, foro ◊ **butas ng bilyar** buca del biliardo; **butas ng ilòng** narice; **butas sa oson** buco nell'ozono; **napakaliît na butas** poro.
**butasan** *v* bucare, forare, perforare ◊ **butasin ang gulong** forare un pneumatico.
**butiki** *s* lucertola.
**butil** *s* chicco, seme ◊ **butil ng betsuwelas** fava; **butil ng bisuwelas** fagiolo; **butil ng pino** pinolo; **butil para sa ibon** (*bot*)miglio.
**butlig** *s* verruca.
**butò** *s* osso; nocciolo ◊ **butò ng braso** omero; **butò ng bukung-bukong** malleolo; **butò ng mga daliri** falange; **butò sa dibdib** sterno; **butò sa puwitan** osso sacro; **buto't laman** in carne e ossa; **nabaliian ng buto** avere le ossa rotte; **utak sa butò** midollo.
**butòn** *s* pulsante.
**butong-hita** *s* femore.
**buuìn** *v* (*fig*) ricostruire ◊ consistere ◊ totalizzare.
**buwan** *s* luna ◊ mese ◊ **pang anim na buwan** semestre; **tuwing apat na buwan** quadrimestre.
**buwanan** *agg* mensile.
**buwaya** *s* alligatore, coccodrillo.
**buwìg** *s* (*fig*)mazzo, fascio.
**buwis** *s* imposta, tassa, contributo ◊ **buwis na babayaran** a tasso fisso; **buwis na maaring mabago** tasso variabile; **buwis ng manggagawa** contributi previdenziali; **buwis ng sasakyan** tassa di circolazione; **tagatanggap ng buwis** esattoria.
**buwisit** *agg* maledetto ◊ molesto ◊ (*fig*) carogna ◊ *s* iella ◊ **buwisit!** alla malora!.
**buwisitin** *v* rompere le scatole.
**buwitre** *s* avvoltoio.

## C

**camomille** *s* camomilla.
**capucino** *s* (*caffè con latte*) cappuccino.
**carabiniere** *sm* carabiniere.
**caravan** *s* carovana.
**carbohydrate** *s* carboidrato.
**cartilage** *s* cartilagine.
**casino** *s* casinò.
**cassette** *s* (*magnetica, musica, film*)cassetta.
**channel** *s* canale.
**charter-flight** *s* volo charter.
**check-in** *s* check in.
**copressed-air** *s* aria compressa.
**credit-card** *s* carta di credito.
**cypress tree** *s* cipresso.

## D

**daàn** *s* (*strada*) corsia, corso ◊ rotta ◊ **krus na daan** crocevia; **daan na paikot** circonvallazione; **daang-hílig** salita; **disgrasiya sa daan** incidente stradale; **harangan ang daan** ingombrare il passaggio; **harang sa daan** posto di blocco; **ibahin ang direksiyon ng daan** dirottare; **lubak-lubak na daan** strada dissestata; **malubak na daan** strada accidentata; **paliko-likong daan** tornante; **sitwasyòn ng trapik sa daan** viabilità; **tulay sa daan** passaggio a livello.
**daanan** *s* traversa, vicolo; imbocco.
**daanin** *v* percorrere.
**dabing** *s* doppiaggio.
**dado** *s* dado.
**dagâ** *s* ratto, topo ◊ **puting daga** criceto.
**dagang-gubat** *s* marmotta.
**dagat** *s* mare ◊ **babaw ng dagat** bassa marea; **dagat na maalon** mare grosso; **pagkahilo sa dagat** mal di mare.
**dagdag** *agg* extra ◊ *s* aggiunta, incremento.
**dagdagan** *v* aggiungere ◊ allungare.
**daglàt** *s* abbreviazione.
**dagok** *s* colpo.
**dagtâ** *s* resina.
**dagundong** *s* rombo.
**dahan-dahan** *avv* adagio.
**dahàs** *s* violenza, teppismo.
**dahil** *cong* perché, poiché ◊ **dahil dito** di conseguenza; **dahil nga** giacché; **dahil sa** per (*prep*); **dahil sa isang bagay** a scapito di qualcosa; **dahil sa iyo** per merito tuo.
**dahilàn** *s* (*fig*) sorgente ◊ alibi; ragione, motivo, pretesto, scusa.
**dahilig** *s* china, pendenza.
**dahon** *s* foglia ◊ **dahon na may apat na dahon** quadrifoglio.
**dahon-metàl** *s* lastra.
**daigdìg** *s* mondo.
**daìng** *s* gemito, lamento.
**dakilà** *agg* divino ◊ magnifico; leggendario ◊ *s* eroina ◊ grandezza; nobiltà.

**dakmalìn** *v* impugnare.
**dako** *prep* verso.
**dakòt** *s* (*fig*)pugno.
**dakpin** *v* fermare.
**dalaga** *agg* nubile; vergine ◊ **dalagang-ina** ragazza madre.
**dalamhàti** *s* angoscia, patema ◊ **dalamhatì ng puso** patema d'animo.
**dalampasigan** *s* spiaggia, lido.
**dalandan** *s* arancia.
**dalanghita** *s* mandarino.
**dalàs** *s* frequenza.
**dalawang-wika** *agg* bilingue.
**dalawin** *v* andare a trovare qualcuno.
**dalhìn** *v* condurre, portare, recare.
**dali!** *inter* dai.
**daliri** *s* dito.
**dalisay** *agg* (*petrolio*)raffinato.
**dalisayin** *v* (*industria*)raffinare.
**dalisdis** *s* (*discesa*)china.
**dalubhasà** *agg* esperto, pratico ◊ *s* esperto, perito, specialista ◊ mago (*fig*).
**daluhong** *s* aggressione.
**daluy** *s* flusso.
**daluyong** *s* ondata.
**dam** *s* diga.
**dama** *s* (*gioco*)dama.
**damahàn** *s* scacchiera.
**dambana** *s* altare.
**damdamin** *s* commozione, emozione; sentimento ◊ tatto ◊ fiuto ◊ **silakbò ng damdamin** passione.
**damìt** *s* abbigliamento, abito, indumento, vestito ◊ **damit-amerikano** completo (da uomo); **damit-pampaligo** costume da bagno; **damit-panggabi** abito da sera; **damit-pangsisid** muta (da sub); **damit-pantulog** camicia da notte; **pagpaparada ng mga usong damit** sfilata di moda.
**damitan** *v* (*indumenti*)coprire.
**damò** *s* erba.
**dampa** *s* cabina.
**dampâ** *s* tugurio.
**damputin** *v* raccogliere.
**damuhàn** *s* prateria, prato.
**damùng-dagat** *s* alga.
**danasin** *v* subire.
**danaw** *s* pool.
**dangàl** *s* reputazione.
**dangkàl** *s* palmo.
**daong** *s* prora.
**dapat-sundin** *agg* autorevole.
**dapugan** *s* camino.
**daràk** *s* crusca.
**dasàl** *s* preghiera.
**daspan** *s* paletta.
**datapuwa't** *cong* eppure.
**dati** *prep* ex ◊ **pagbablik sa dati** restauro.
**datig** *s* filone.
**dàtilès** *s* dattero ◊ **datilès ng baybay** dattero (di mare).
**datingan** *s* (*aeroporto ecc.*) arrivo.
**datong** *s* (*gerg, denaro*) grana, quattrino.
**dáúngan** *s* porto, molo, scalo.
**dausdòs** *s* frana.
**dayà** *s* beffa; frode, raggiro, inganno; trabocchetto.

**dayain** *v* barare, imbrogliare, truffare.
**dayami** *s* paglia; fieno.
**dayap** *s* limone.
**days** *s* (*gioco*)dado.
**dayuhan** *s agg* straniero, forestiero, immigrato, emigrante.
**dayukdòk** *agg* famelico ◊ rapace.
**dean** *s* (*università*)preside.
**de-ilo** *s* biancheria, lino.
**dekano** *s* (*incarico*)cattedra.
**dekapeynated** *s* caffè decaffeinato.
**deklarasyòn** *s* dichiarazione ◊ **deklarasyòn ng buwis sa kita** dichiarazione dei redditi; **deklarasyòn ng digmaan** dichiarazione di guerra; **deklarasyòn ng kinikita** dichiarazione dei redditi.
**deklibe** *s* passerella.
**dekorasyòn** *s* (*arch*) decorazione.
**dekstros** *s* flebo, fleboclisi.
**de-lata** *s* cibo in scatola ◊ **gatas na de-lata** latte a lunga conservazione; **de-latang pagkain** cibi in scatola.
**delikado** *agg* rischioso.
**delingkuwente** *s* delinquente.
**delta** *s* delta.
**deltaplano** *s* deltaplano.
**demanda** *s* capo d'accusa.
**demokrasyà** *s* democrazia ◊ **demokrasiyang pang masa** socialdemocratico.
**demokratiko** *agg* democratico.
**demonyo** *s* demonio.
**demostrasyòn** *s* manifestazione di piazza ◊ **demostrasyòng pangtutol** manifestazione di protesta.
**dentista** *s* dentista, odontoiatra.
**deodorant** *s* deodorante.
**departamento** *s* dipartimento ◊ **departimentong pangkalusugan** ufficio d'igiene.
**depekto** *s* imperfezione.
**depensa** *s* (*sport*)difesa.
**dèpisit** *s* disavanzo, deficit.
**deportasyòn** *s* deportazione.
**deposito** *s* deposito ◊ (*denaro*) deposito, giacimento ◊ acconto, caparra; versamento ◊ **depòsito ng tubig** cisterna; **deposito ng bagahe** deposito bagagli.
**derby** *s* derby.
**deretso** *agg* diretto, diritto ◊ (*fig*) ottuso.
**dermatitis** *s* dermatite.
**dermatologist** *s* dermatologo.
**desbentahe** *s* svantaggio.
**desel** *agg* turbodiesel.
**despenser** *s* distributore automatico, bancomat.
**destinasyòn** *s* destinazione.
**destino** *s* destino.
**destiyero** *s* esilio.
**detalye** *s* dettaglio.
**determinado** *agg* determinato.
**di-akmâ** *agg* (*fig*)stonato.
**di-alam** *agg* sconosciuto ◊ inconsapevole.
**di-angkòp** *agg* inetto ◊ disadattato.
**di-armado** *agg* inerme.

**di-bagay** *agg* improprio.
**di-batìd** *agg* inconscio.
**dibdìb** *s* busto ◊ costato ◊ petto, seno ◊ **dibdib ng manok** petto di pollo.
**dibersiyòn** *s* intrattenimento.
**di-bilansè** *v* sbilanciare.
**dibinidàd** *s* divinità.
**dibino** *agg* divino.
**dibisyòn** *s* divisione, reparto.
**dibuho** *s* design.
**di-damdamin** *v* sdrammatizzare.
**didatika** *s* didattica.
**di-disiplinado** *agg* indisciplinato.
**di-eksakto** *agg* vago, impreciso.
**di-esperto** *agg* inesperto.
**di-ganàp** *agg* imperfetto, incompleto.
**dighay** *s* rutto.
**digital** *agg* digitale.
**digmaan** *s* battaglia, combattimento, guerra ◊ **digmaang pangrehiyòn** conflitto regionale.
**di-hadlangan** *v* sbloccare.
**di-hiyàng** *agg* allergico.
**di-iakmâ** *v* (*fig*)stonare.
**di-importante** *agg* irrilevante.
**diin** *s* accento.
**di-inaákala** *agg* imprevisto.
**di-inaásahan** *agg* inaspettato, imprevedibile ◊ *s* contrattempo ◊ svista ◊ **di-inaasahang mangyari sa eksena** colpo di scena.
**diinan** *v* (*fig*) premere, stringere.
**di-interesado** *agg* disinteressato.
**di-ipabatid** *v* scomunicare.
**di-ipinapayo** *agg* sconsigliare.
**di-kailanmàn** *avv* mai.
**di-kalawangin** *agg* inossidabile.
**di-kanais-nais** *agg* spiacevole.
**di-kapangyayari** *s* impossibilità.
**di-kapanipaniwala** *agg* fantastico, favoloso, incredibile.
**di-karaniwan** *agg* curioso.
**di-karapatdapat** *agg* indegno ◊ ingiusto.
**di-kasali** *agg* escluso.
**di-kauri** *agg* distinto.
**di-kilala** *agg* anonimo; ignoto, sconosciuto.
**di-kontento** *agg* scarso ◊ insoddisfatto.
**di-koryente** *agg* elettrico.
**diksiyunaryo** *s* dizionario ◊ **diksiyunaryo ng sariling-wika** dizionario monolingue; **diksiyunaryo para ng dalawang wika** dizionario bilingue.
**diktà** *s* dettato.
**diktador** *agg/s* dittatore.
**di-kumbidado** *agg* intruso.
**di-kusà** *agg* involontario.
**dila** *s* lingua ◊ **nasa dulo ng dila** avere sulla punta della lingua.
**dilaan** *v* leccare.
**di-langô** *agg* sobrio.
**dilàw** *agg* giallo.
**diligan** *v* annaffiare.
**dilis** *s* acciuga; alice.
**di-maabòt** *agg* (*fig*) inaccessibile.
**di-maamoy** *agg* irrespirabile.
**di-maàno** *s* assuefazione.

**di-maari** *agg* impossibile.
**di-maayos** *agg* disorganizzato ◊ irreparabile ◊ dissestato.
**di-mababago** *agg* fisso; inalterabile ◊ irremovibile.
**di-mabura** *agg* indelebile.
**di-mabuti** *agg* malo.
**di-madismaya** *v* disilludere.
**di-magágámit** *agg* impraticabile ◊ inutilizzabile.
**di-magaya** *agg* inimitabile.
**di-maginhawa** *agg* scomodo.
**di-magkásundô** *agg* incompatibile.
**di-magkaugnay** *agg* sconnesso.
**di-máhahalatâ** *agg* impercettibile.
**di-mahahàti** *agg* indivisibile.
**di-mahalagà** *agg* (*importanza*) minore.
**di-mahalaga** *agg* impertinente.
**di-maíísip** *agg* impensabile.
**di-maiiwasan** *agg* immancabile ◊ ineluttabile, inevitabile.
**di-maimikin** *agg* essere di poche parole.
**di-maimungkahì** *agg* improponibile.
**di-maipalíliwanag** *agg* indefinibile.
**di-maisasagawà** *agg* inagibile.
**di-makakaano** *agg* innocuo.
**di-makakamtan** *agg* irrealizzabile.
**di-makakasamà** *agg* inoffensivo.
**di-makalkulà** *agg* incalcolabile.
**di-makapasuk** *agg* impenetrabile.
**di-makatarungan** *s* ingiustizia.
**di-makatwiran** *agg* irrazionale.
**di-makayanan** *agg* insostenibile.
**di-makilala** *agg* irriconoscibile.
**di-makulay** *agg* infelice,povero.
**di-malilimutan** *agg* indimenticabile.
**di-malilipat** *agg* irremovibile.
**di-malinaw** *agg* vago, largo.
**di-maliwanag** *agg* equivoco.
**di-malusog** *agg* fuori forma, giù di forma.
**di-mamabatà** *agg* intollerabile.
**di-mánggagawa** *agg* visionario.
**di-mangyari** *agg* improbabile.
**di-mangyayayri** *agg* irrealizzabile.
**di-mapaghihiwalày** *agg* inseparabile.
**di-mapagkakámalan** *agg* inconfondibile.
**di-mapaglikhâ** *agg* povero di fantasia.
**di-mapakali** *agg* irrequieto.
**di-mapalagay** *agg* disagiato.
**di-mapanganib** *agg* sicuro.
**di-mapantayan** *agg* impareggiabile, insuperabile.
**di-mapapatawad** *agg* imperdonabile.
**di-mapayapà** *agg* implacabile.
**di-maraànan** *agg* invalicabile.
**di-maratìng** *agg* inaccessibile.
**di-marumì** *agg* incontaminato.

**di-masakìt** *agg* indolore.
**di-masawatâ** *agg* sfrenato.
**di-masayà** *agg* infelice, scontento.
**di-masukat** *agg* smisurato.
**di-masustansiya** *s* (*alimento*) magro.
**di-matalabàn** *agg* immune.
**di-matalinghagà** *agg* (*arte*) informale.
**di-matalino** *agg* (*che rende poco*)povero.
**di-matangihan** *agg* irresistibile.
**di-matapos** *agg* inconcludente.
**di-mataròk** *agg* indecifrabile.
**di-matatàg** *agg* instabile.
**di-matatanggap** *agg* inaccettabile, inammissibile.
**di-matiis** *agg* insopportabile.
**di-maunawaan** *agg* incomprensibile.
**di-mawari** *agg* indescrivibile.
**din** *avv* altrettanto, pure.
**di-naaabòt** *agg* irraggiungibile.
**di-nababagò** *agg* immutabile.
**di-nababaluktot** *agg* inflessibile.
**di-nababasàg** *agg* infrangibile.
**di-nagbabago** *agg* costante, regolare; monotono ◊ immutato.
**di-nagkakámalî** *agg* impeccabile.
**di-nagpaparayà** *agg* intollerante.
**dinahan-dahan** *v* rallentare.
**di-nakakatuwa** *agg* sgradevole.
**di-nakikita** *agg* invisibile.
**dinalà** *v* recare.
**di-naman** *avv* affatto.
**dinamihan** *v* propagare.
**dinamika** *agg* dinamica.
**dinamiko** *agg* dinamico.
**dinamita** *s* dinamite.
**dinamo** *s* dinamo.
**dinampot** *v* raccogliere.
**dinamtan ulit** *v* (*fig*)rivestire.
**di-napapagòd** *agg* infaticabile.
**di-nasaktàn** *agg* illeso, incolume ◊ indolente.
**di-nasásalàt** *agg* impalpabile.
**di-nasisira** *agg* indistruttibile.
**dinastiya** *s* dinastia.
**di-nasugatan** *agg* indenne.
**di-natatagusan** *agg* impermeabile.
**di-natatalò** *agg* imbattibile, invincibile, infallibile.
**di-natítigatig** *agg* impassibile.
**di-nawawasto** *agg* incorreggibile.
**dingdìng** *s* parete,muro.
**dinggin** *v* ascoltare, sentire ◊ **dinggin ang payo** accettare un consiglio.
**diniìn** *v* pigiare.
**dinilaan** *v* leccare.
**dininig** *v* sentire.
**dinosaryo** *s* dinosauro.
**di-nunawàan** *v* fraintendere.
**dinurog** *v* sbriciolare.
**di-paggalàw** *s* immobilità, inattività.
**di-pagkakaisa** *s* controversia, discordia.

**di-pagkàkapantày** *s* disuguaglianza.
**di-pagkakasundò** *s* contrasto, disaccordo.
**di-pagkakatulog** *s* insonnia.
**di-pagkasigurado** *s* incertezza.
**di-pagkìlos** *s* inerzia.
**di-pagpaparayà** *s* intolleranza.
**di-pagsunod** *s* trasgressione.
**di-pagtanggap** *s* rigetto.
**di-pagtitiwala** *s* diffidenza.
**di-panahon** *agg* bassa stagione.
**di-pangkaraniwan** *agg* ineccepibile ◊ insolito, bizzarro ◊ *s* curiosità.
**di-pantày** *agg* impari ◊ irregolare.
**di-paris** *agg* dispari.
**diperado** *agg* disperato.
**diperènsiyà** *s* (*mat*) differenza ◊ tara.
**di-pinahihintulot** *agg* illecito.
**di-pinakikinabangan** *agg* improduttivo.
**di-pinapansin** *avv* sottogamba.
**diploma** *s* licenza, diploma.
**diplomasiya** *s* diplomazia.
**di-pormàl** *agg* informale.
**di-puro** *agg* impuro.
**direksiyòn** *s* direzione, senso, orientamento ◊ (*teatro*) regia ◊ recapito.
**direktòr** *s* regista.
**diretso** *avv* diritto.
**diri** *s* schifo.
**di-sanay** *agg* inesperto ◊ *v* disabituare.
**di-sangayon** *agg* dissidente ◊ sfavorevole ◊ *v* dissentire, non essere del parere.
**di-sapat** *agg* inadeguato, insufficiente.
**di-sapilitan** *agg* facoltativo.
**dischette** *s* dischetto.
**disente** *agg* decente, decoroso.
**disenteriyà** *s* dissenteria.
**disenyo** *s* disegno, design.
**di-seryoso** *agg* (*fig*) leggero ◊ *s* leggerezza.
**disgrasiyà** *s* disgrazia, accidente ◊ **disgrasiya sa daan** incidente stradale.
**disididong-disidido** *avv* decisamente.
**di-sigurado** *agg* improbabile ◊ remoto ◊ incerto, titubante ◊ *s* insicurezza ◊ *v* (*fig*) ondeggiare ◊ **disiguradong panahon** tempo variabile.
**disimal** *agg* decimale.
**disimpektahin** *v* disinfettare.
**disimpektante** *agg* disinfettante.
**di-sinabihan** *agg* inaspettato, senza preavviso.
**di-sinasadyà** *agg* casuale, fortuito.
**disiplina** *s* disciplina.
**disiplinado** *agg* disciplinato.
**disk** *s* disco.
**diskarga** *s* discarica.
**disko** *s* (*mus*)disco.
**diskohan** *s* discoteca.
**dispatsahan** *s* (*vendita illegale*) spaccio.

**disperado** *agg* disperato.
**disperasyòn** *s* disperazione.
**distansiyà** *s* distanza ◊ percorso.
**distornilyadòr** *s* cacciavite.
**distornilyuhi** *v* svitare.
**distreto** *s* distretto.
**di-sumunod** *v* trasgredire.
**dis-waser** *s* lavastoviglie.
**disyembre** *s* dicembre.
**disyerto** *s* deserto.
**di-tagosan** *agg* ermetico.
**di-talaban** *agg* impenetrabile.
**ditalye** *s* particolare.
**di-tama** *agg* iniquo.
**di-tapat** *agg* disonesto, sleale.
**di-tapos** *agg* incompiuto ◊ sconclusionato.
**di-tinátagusàn** *agg* impervio.
**di-tiyàk** *agg* ambiguo, indefinito, indeterminato.
**dito** *avv* qua, qui, da queste parti ◊ **dito at doòn** qua e là.
**di-tuloytuloy** *agg* discontinuo.
**di-tumatalab** *agg* inefficace, infettivo.
**di-tunay** *agg/s* irreale, finzione.
**di-tuwid** *agg* storto.
**di-tùwiràn** *agg* indiretto.
**di-umààgos** *v* ristagnare.
**diwà** *s* (*fig*)succo.
**di-wastô** *agg* scorretto ◊ sproporzionato.
**diwata** *sf* fata.
**diyabetiko** *agg* diabetico.
**diyabetis** *s* diabete.
**diyablo** *s* diavolo.
**diyagnosis** *s* diagnosi.
**diyagonal** *agg* diagonale.
**diyagrama** *s* diagramma.
**diyagwar** *s* giaguaro.
**diyak** *s* (*carte*)fante ◊ cric.
**diyaket** *s* giacca, giubbotto ◊ **diyaket laban sa bala** giubbotto antiproiettile; **diyaket na gawâ sa balahibo ng patu** piumino (*indumento*); **diyaket na panghangin** giacca a vento.
**diyalekto** *s* dialetto.
**diyalisis** *s* dialisi.
**diyalogo** *s* dialogo.
**diyàmetrò** *s* diametro.
**diyank** *s* rottame.
**diyaprama** *s* (*anat*)diaframma.
**diyariya** *s* diarrea.
**diyaryo** *s* gazzetta, giornale.
**diyeta** *s* dieta ◊ regime.
**diyos** *s* dio ◊ **lapastanganin ang Diyos** bestemmiare.
**diyosa** *sf* dea.
**diyòsesis** *s* diocesi.
**do** *s* (*mus*)do.
**doblè** *agg/s* doppio, controfigura, doppione.
**dobléhin** *v* doppiare.
**dóblihìn** *v* raddoppiare.
**doktor** *s* dottore, medico ◊ **doktor ng ainga, lalamunan at ilong** otorinolaringoiatra; **doktor ng bayan** medico condotto; **doktor ng mata** oculista; **doktor ng matatanda** geriatra; **doktor sa puso** cardiologo.
**dokumentaryo** *s* documentario.
**dokumento** *s* pratica.

**dolpin** *s* delfino.
**dominyo** *s* dominio.
**don** *s* don.
**doòn** *avv* là, lì ◊ giù di lì.
**doriko** *agg* dorico.
**dosena** *s* decina; dozzina.
**dote** *s* (*sposa*)corredo, dote.
**dragon** *s* drago.
**drama** *s* (*fig*)dramma.
**dramatiko** *agg* drammatico.
**dray-klen** *s* lavasecco, lavaggio a secco.
**droga** *s/agg* droga,stupefacente.
**dropper** *s* contagocce.
**drowing** *s* disegno.
**dugô** *s* sangue ◊ **ang nagkaloob ang dugò** donatore di sangue; **pagsasalin ng dugo** trasfusione di sangue; **presyòn ng dugò** pressione arteriosa; **ukol sa dugô** sanguigno (*agg*).
**dugoan** *agg* insanguinato.
**dugtòng** *s* giuntura ◊ (*fig*)filone.
**duguan** *agg* sanguinario.
**duhat** *s* mora.
**duke** *s* duca.
**dukhâ** *agg* bisognoso, povero ◊ **dukhang-dukhâ** indigente.
**dukutin** *v* rapire.
**dulà** *s* dramma.
**dulìng** *agg* strabico.
**dulò** *s* cima, estremità, polo; punta.
**duluhan** *s* desinenza ◊ **dulutan ng problema** recar danno.
**dumaan** *v* (*strada*) imboccare, transitare ◊ **dumaan mulî** ripassare.
**dumahing** *v* starnutire.
**dumaing** *v* lamentarsi.
**dumalaw** *v* visitare.
**dumalò** *v* partecipare.
**dumaloy** *v* scorrere.
**dumaluhong** *v* aggredire.
**dumami** *v* propagare.
**dumanak** *v* sfociare.
**dumaòng** *v* ormeggiare.
**dumaraàn** *s* passante.
**dumaskúl-daskòl** *v* pasticciare.
**dumating** *s* venuta ◊ *v* arrivare, sopraggiungere, venire.
**dumayal** *s* comporre un numero telefonico.
**dumayo** *v* emigrare.
**dumeretso** *v* tirare diritto.
**dumì** *s* sporcizia ◊ letamaio ◊ porcheria ◊ incesto.
**dumighay** *v* ruttare.
**dumihan** *v* contaminare, inquinare ◊ imbrattare.
**dumikit** *v* stringere.
**dumilim** *v* (*fig*)rabbuiarsi.
**dumpling** *s* gnocco.
**dumulas** *v* scivolare, slittare.
**dumurâ** *v* sputare.
**dumuwal** *v* vomitare, rimettere.
**duna** *s* duna.
**dungis** *s* (*fig*)macchia, tara.
**dungisan** *v* (*fig*) infangare, macchiare.
**duplikado** *s* duplicato.
**durâ** *s* sputo.
**durò** *s* pungiglione.
**durugin** *v* frantumare, sbriciolare ◊ stritolare.

**duwàg** *agg* pusillanime, vigliacco, vile.
**duwal** *s* conato di vomito.
**duwelo** *s* duello.
**duwendè** *s* gnomo.
**duweto** *s* duo.
**duyan** *s* sedia a dondolo; amaca, altalena; culla.
**dyaging** *s* jogging.
**dyak** *s* jack.
**dyersi** *s* jersey.
**dyet** *s* jet.
**dyimnàstikò** *s* ginnastica.
**dyimnasyum** *s* palestra.
**dyip** *s* jeep, fuoristrada.

# E

**ebanghelista** *s* evangelista.
**ebanghelyo** *s* vangelo.
**ebano** *s* ebano.
**ebolosiyòn** *s* evoluzione.
**edad** *s* età.
**edisyòn** *s* edizione.
**edukado** *agg* raffinato, distinto ◊ colto.
**edukasyòn** *s* educazione.
**edyolohiya** *s* ideologia.
**eh paano** *avv* eccome.
**ehersisyo** *s* allenamento.
**ekatomba** *s* ecatombe.
**ekilibriò** *s* equilibrio.
**ekilibristà** *s* equilibrista.
**eklipse** *s* eclissi.
**ekolohiya** *s* ecologia.
**ekonomiya** *s* economia.
**ekosistema** *s* ecosistema.
**eksakto** *agg* preciso ◊ **eksaktong bayad** cifra tonda.
**eksamen** *s* esame ◊ **eksamen pagkatapos ng hayskol (NCEE)** esame di maturità; **entrans-eksaminesyòn** esame d'ammissione.
**eksema** *s* eczema.
**eksena** *s* scena, sequenza ◊ **di-inaasahang mangyari sa eksena** colpo di scena; **lumabas sa eksena** uscire di scena; **nagiisang eksena** atto unico; **pangunahing eksena** scena madre.
**eksersays** *s* esercizio fisico, moto.
**eksibisyòn** *s* rassegna, esposizione, mostra; fiera.
**ekskursiyòn** *s* escursione, gita.
**eksperto** *agg/s* competente ◊ elaboratore.
**eksplosyòn** *s* esplosione.
**eksprès** *agg* espresso, rapido.
**eks-rey** *s* radiografia ◊ **eks-rey ng suso** mammografia.
**ékwadòr** *s* equatore.
**ekwalayser** *s* equalizzatore.
**ekwenoks** *s* equinozio.
**elebeytor** *s* ascensore ◊ **elebeytor para sa mga kagamitan** montacarichi.
**elegante** *agg* elegante.
**eleksiyon** *agg* elettorale ◊ *s* elezioni politiche, elezione.
**elektrisista** *s* elettricista.
**elektroensefalogram** *s* elettroencefalogramma.

**elektrokardiogram** *s* elettrocardiogramma.
**elektronik** *s* elettronica.
**elektroniko** *agg* elettronico.
**elepante** *s* elefante.
**élisè** *s* elica.
**embahada** *s* ambasciata.
**embahadòr** *sm* ambasciatore.
**embahadòra** *sf* ambasciatrice.
**embargo** *s* embargo.
**embolismo** *s* embolia.
**emisaryo** *s* emissario.
**emisperyo** *s* emisfero.
**èmpasis** *s* enfasi.
**emperadòr** *sm* imperatore.
**emperatris** *sf* imperatrice.
**empleado** *agg* addetto ◊ *s* lavoratore dipendente, impiegato.
**emulsiyòn** *s* emulsione.
**enamel** *s* smalto.
**enerhiya** *s* energia ◊ **enerhiya ng araw** energia solare.
**enero** *s* gennaio.
**engranahè** *s* (*automezzo*) marcia, ingranaggio.
**ensalada** *s* insalata.
**ensayo** *s* (*spettacolo*) prova, saggio.
**ensiklopedya** *s* enciclopedia.
**entablado** *s* (*teatro*) poltrona ◊ palco, palcoscenico.
**entrepanyo** *s* pannello ◊ **entrepanyo para sa init** pannello solare.
**epelepsi** *s* epilessia.
**epidemiya** *s* epidemia.
**epron** *s* grembiule.
**eronawtika** *s* aeronautica.
**eruplano** *s* aereo, aeroplano, velivolo ◊ **eruplano ng bayan** aereo di linea; **eruplanong pang turista** aereo da turismo; **eruplanong pantubig** idrovolante.
**esagon** *s* esagono.
**eskats-teyp** *s* nastro adesivo.
**eskinita** *s* viottolo.
**eskultòr** *s* scultore.
**eskultóra** *s* (*arte*)scultura.
**eskuwélahan** *s* scuola ◊ **eskuwélahan ng elementarya** scuola elementare; **eskuwélahang pangbokaysyonal** scuola professionale; **eskuwélahang pang-hayiskol** scuola media superiore.
**esmeraldo** *s* smeraldo.
**esopago** *s* esofago.
**espada** *s* spada.
**espadahàn** *s* scherma.
**espagîti** *s* spaghetti.
**espaliyera** *s* (*fiori*)spalliera.
**espatula** *s* spatola.
**espeho** *s* specchio.
**esperimento** *s* esperimento.
**esperma** *s* spermatozoo.
**espesyàl** *s* leccornia ◊ **espesiyal epek** effetti speciali; **espesyal oper** vendita promozionale.
**espesyalidàd** *s* specialità ◊ **espesyalidad na pagkain** la specialità della casa.
**espinaka** *s* spinaci.
**espíritù** *s* spirito.
**espírituwàl** *agg* spirituale.
**espisipiko** *agg* specifico.

**esponente** *s* esponente.
**espongha** *s* spugna.
**espulòn** *s* sperone.
**espulsiyòn** *s* espulsione.
**estadístika** *s* statistica.
**estado** *s* stato ◊ **estado sibil** stato civile.
**estambre** *s* gomitolo.
**estandarte** *s* palio.
**ester-eg** *s* uovo di Pasqua.
**esteryo** *s* stereo.
**esteward** *sm* steward.
**estewardess** *sf* assistente di volo, hostess.
**estradisyòn** *s* estradizione.
**estribo** *s* staffa.
**estudyante** *s* allievo, alunno, studente.
**etere** *s* etere.
**eteroseksuwal** *agg* eterosessuale.
**etikà** *s* etica.
**etikèta** *s* cartellino.
**etsetera** *avv* eccetera.
**eutanasyà** *s* eutanasia.
**extra** *prep* extra.

# G

**gaano** *pron interr* quanto.
**gabay** *s* guida ◊ **gabay sa pagtanda** essere il bastone della vecchiaia.
**gabì** *s* notte ◊ serata ◊ **barikan na pang-gabì** locale notturno; **batiin ng magandang-gabi** dare la buonasera; **botikang bukas sa gabì** farmacia di turno; **magpalipas ng gabì** pernottare; **mamayang gabi** stasera; **ngayong gabì** stanotte; **pagtitipon sa gabì** serata di festa.
**gabinete** *s* consiglio di amministrazione ◊ **gabinete ng mga ministro** consiglio dei ministri.
**gabyon** *s* forca.
**gabyota** *s* gabbiano.
**gagambà** *s* ragno.
**gago** *agg* imbecille ◊ testa di legno.
**gahak** *s* spiraglio.
**gala** *s* gala.
**galamày** *s* tentacolo.
**galante** *agg* galante.
**galasyà** *s* galassia.
**galaw** *s* (*gioco*)mossa ◊ moto.
**galawìn** *v* muovere, smuovere ◊ **galawin ang pag-aari ng iba** toccare gli interessi di qualcuno.
**galeriya** *s* galleria d'arte.
**galing** *v* provenire da ◊ **galing ako sa Paris** vengo da Parigi; **galing sa gulay** vegetale; **galing sa ibang bansa** esotico; **mga produktong galing sa gatas** latticino.
**galit** *agg* arrabbiato, furibondo, indignato ◊ *s* collera, ira ◊ **galit na galit** essere fuori di sé; **palamigin ang galit** smaltire la rabbia.
**galitin** *v* irritare, provocare, innervosire; scatenare.
**galòs** *s* escoriazione, graffio.
**galugarin** *v* esplorare.
**galusan** *v* graffiare.

**gambala** *agg* importuno.
**gambalain** *v* disturbare, importunare, molestare.
**gamit** *s* utilità, impiego ◊ **gamit-pambahay** elettrodomestico; **gamit-panghukay** cesello; **maraming gamit** multifunzionale; **tagagawa ng babasaging gamit** vasellame.
**gamitin** *v* impiegare, adoperare, iusare, utilizzare, ricorrere ◊ **gamitin tapos itapon** usa e getta.
**gamma** *s* gamma.
**gamòt** *agg* medicinale ◊ *s* medicina, cura, terapia, trattamento ◊ **gamòt galing sa bukal na mainit** cure termali; **gamòt laban sa pagbubuntis** contraccettivo; **gamòt na pampatulog** sonnifero; **gamòt na pangpahinahon** tranquillante.
**gampanàn** *v* (*teatro*) rappresentare ◊ *v* svolgere.
**gamusa** *s* camoscio.
**gamutin** *v* (*med*) curare, medicare, sanare.
**gana** *s* appetito ◊ **pagkawalang gana** inappetenza.
**ganap** *agg* assoluto ◊ **ganap na gulang** (*fig*) maturità; **ganap na pangkasalukuyan** attualità.
**ganbalà** *s* inconveniente.
**ganitò** *agg indef* tale ◊ **tinatawag ng ganito** cosiddetto.
**gansâ** *s* oca.
**gantihan** *v* contraccambiare.
**gantimpalà** *s* premiazione, premio ◊ ricompensa; compenso ◊ **mangakò ng gantimpala** promettere una ricompensa.
**gantimpalàhan** *v* premiare; ricompensare.
**gantsilyo** *s* uncinetto.
**ganyan** *avv* così.
**gapasin** *v* falciare, mietere.
**garahe** *s* rimessa, garage ◊ **garahe ng eruplano** portaerei.
**garantiyà** *s* garanzia.
**garantiyahan** *v* assicurare.
**garapal** *agg* avere la faccia di bronzo.
**garapon** *s* (*barattolo*) vaso, barattolo.
**gárisòn** *s* presidio.
**gas** *s* gas ◊ **gas ng bayan** gas di città.
**gasa** *s* garza.
**gasahain** *v* violentare.
**gasela** *s* gazzella.
**gasket** *s* (*tecn*)guarnizione.
**gasolina** *s* carburante.
**gasolinahan** *s* benzinaio ◊ stazione di servizio.
**gastadòr** *s* avere le mani bucate.
**gastos** *s* spesa ◊ **gastos pangbayan** spesa pubblica; **huwag mag-alala sa gastos** non badare a spese; **pang-gastos araw-araw** diaria; **pagsaulî ng gastos** rimborso spese.
**gastrik** *agg* gastrico.
**gastritis** *s* gastrite.
**gatas** *s* latte ◊ **di-kurtadong gatas** latte parzialmente scremato; **gatas gawâ sa soy** latte di soia;

**gatas na kondensado** latte condensato; **gatas na pulbos** latte in polvere; **kurtadong gatas** latte scremato; **mga prodoktong galing sa gatas** latticino.
**gatasan** *v* mungere.
**gatgàt** *s* tacca.
**gatilyo** *s* grilletto.
**gato** *s* morsa, vice.
**gatya** *s* zampogna.
**gawâ** *s* creazione ◊ lavorazione ◊ prestazione; atto ◊ opera ◊ **gawaan ng suweter** maglieria; **gawâ-gawâ** messa in scena.
**gáwain** *s* mestiere.
**gawain** *sf* faccenda ◊ azione ◊ fabbricazione ◊ operazione ◊ vicenda ◊ **gawaing-bahay** le faccende domestiche; **gawaing pansarili** fai da te; **takdang gawain** incarico.
**gawâ-sa** *agg* fatto di ◊ **gawâ-sa bakal** metallico; **gawa-sa ensalada** in insalata; **gawâ-sa gintô** in oro, d'oro; **gawâ-sa kamay** fatto a mano; **gawâ-sa pabrika** prefabbricato.
**gawi** *s* tendenza, corrente, consuetudine.
**gawin** *v* fare, eseguire, compiere; fabbricare; praticare; agire ◊ **gawin ang iyong makakaya!** fare del proprio meglio; **gawin ang lahat** fare l'impossibile; **gawin mo ang lahat ng iyong makakaya** mettercela tutta; **gawin ang makakayanan** cercare di fare; **gawin ang imposiblè** fare l'impossibile; **gawin ang tungkulin** fare il proprio dovere; **gawin lahat ng klase ng kalokohan** farne di tutti i colori; **gawin mulî** rifare.
**gayahin** *v* rifare, imitare.
**gayd** *s* guida ◊ **gayd pang-lakbay** operatore turistico.
**gayuma** *s* (*fig*)incantesimo.
**gayunman** *avv* comunque ◊ *cong* tuttavia.
**gel** *s* gel.
**gene** *s* gene.
**generator** *s* generatore ◊ **generatorng koryente** centrale elettrica.
**gera** *s* guerra ◊ **gera sibil** guerra civile.
**gerdel** *s* giarrettiera, panciera.
**gerilya** *s* guerriglia.
**gibain** *v* demolire, buttar giù un edificio.
**gilagid** *s* gengiva.
**gilid** *s* cerchione ◊ (*strada, burrone*) ciglio, bordo ◊ lembo, margine, orlo.
**gilid** *s* lato.
**gilingàn** *s* mola, strumento per tritare ◊ **gilingan ng langìs** oleificio.
**gilingin** *v* macinare.
**gilitin** *v* fendere.
**giliw** *s* delizia.
**gin** *s* gin.
**ginalaw** *v* muovere.
**ginampanàn** *v* svolgere.
**ginanàp** *v* avere luogo,svolgersi.
**ginang** *sf* dama, signora.

**ginàw** *s* gelo ◊ **matingding ginaw** gelone.
**ginawâ** *v rifl* farsi.
**ginhawa** *s* sollievo.
**giniginaw** *v* battere i denti.
**giniling** *s* trita ◊ **giniling na karnè** carne trita.
**ginilit** *v* fendere.
**ginisang-karnè** *s* stufato.
**ginising** *v* svegliare.
**ginitlà** *v* sbalordire.
**ginoò** *agg/s* egregio, signore.
**gintô** *s* oro.
**ginulat** *v* spaventarsi.
**ginusòt** *v* spettinare.
**girero** *s* guerriero.
**girimpulà** *s* girandola.
**gisantes** *s* cece ◊ pisello.
**gising** *agg* sveglio.
**gisingin** *v* (*fig*)riscuotere.
**gitara** *s* chitarra.
**gitlaìn** *v* sbalordire.
**gitnà** *agg* medio.
**gitnâ** *s* (*luogo centrale*)mezzo.
**giwâ** *s* (*fin*)azione.
**giyà** *s* guida.
**gladyola** *s* gladiolo.
**glanda** *s* ghianda.
**glàndulà** *s* ghiandola ◊ linfa.
**globo** *s* mappamondo.
**globulos** *s* globulo.
**glukosa** *s* glucosio.
**gnu** *s* gnu.
**gobyerno** *s* governo.
**gol** *s* gol.
**golf** *s* golf.
**golondrina** *s* rondine.
**goma** *s* gomma ◊ **nabutasan ng goma** avere una gomma a terra; **taga-ayos ng goma** gommista.
**gora** *s* cuffia; berretto.
**gòtikò** *agg* gotico.
**graba** *s* ghiaia.
**grabe** *agg* grave ◊ maligno ◊ **grabeng tumòr** tumore maligno.
**grado** *s* (*scol*)voto.
**grafito** *s* graffito.
**granada** *s* melagrana; melograno.
**granite** *s* granito.
**gràpikò** *agg* grafico.
**grapiko** *s* (*disegnatore*)grafico.
**grasahan** *v* lubrificare, ingrassare.
**grasyà** *s* (*relig*)grazia.
**grawn** *s* (*elettr*)terra.
**gripo** *s* chiusa, rubinetto.
**grisino** *s* grissino.
**groseri** *s* drogheria.
**grua** *s* gru.
**grupo** *s* comitiva, gruppo ◊ mandria ◊ **grupo ng mansasayaw** corpo di ballo.
**gubat** *s* giungla.
**guhit** *s* riga; linea, retta, tratto ◊ lista ◊ (*tennis*) corda ◊ **guhit na magkapantay** parallelo; **guhit sa giliran** linea.
**guhit-balangkàs** *s* contorno.
**guhit-larawan** *s* (*descrizione*) quadro.
**guhò** *s* rovina, macerie (*pl*).
**guhuin** *v* (*edifici*)abbattere.
**gulàt** *agg* (*fig*) paralizzato ◊ *s* sorpresa, shock.

**gulatin** *v* spaventare.
**gulay** *s* verdura, ortaggio, vegetale ◊ **magsasaka ng gulay** ortolano; **taniman ng gulay** orto.
**gulò** *s* rissa ◊ scompiglio, trambusto; chiasso ◊ guaio ◊ fiasco.
**gulòng** *s* gomma, ruota, pneumatico; rotella ◊ **rayos ng gulong** raggio (della ruota).
**gulpihin** *v* bastonare.
**gulugòd** *s* colonna vertebrale, spina dorsale.
**guluhin** *v* scombussolare, sconvolgere, stravolgere.
**gulúng-gulò** *avv* (*fig*)sottosopra.
**gumagalàw** *agg* mobile.
**gumagapang** *agg* rampicante.
**gumalâ** *s* zonzo.
**gumalaw** *v* circolare.
**gumaling** *v* guarire ◊ (*fig*) recuperare.
**gumamit** *v* fare uso ◊ **gumamit ng masamang gamot** fare uso di droga.
**gumanàp** *v* rappresentare, recitare.
**gumanti** *v* ricambiare ◊ vendicare ◊ **gumanti sa kabutihan** sdebitarsi.
**gumaod** *s* (*remare*)voga.
**gumapang** *v* (*fig*)strisciare.
**gumastos** *v* spendere.
**gumawâ** *v* creare, sviluppare, produrre ◊ commettere ◊ operare ◊ procreare.
**gumiik** *v* trebbiare.
**gumilid** *v* scostare.
**gumising** *v* svegliare ◊ **gumising ng madaling-araw** svegliarsi all'alba.
**gumiwang** *v* vacillare.
**gumuhò** *v* crollare, franare.
**gumulò** *v* turbare.
**gumulong** *v* rotolare.
**guni-guni** *s* fantasia, allucinazione.
**gunting** *s* forbice.
**gupitan** *v* spuntare.
**gupitin** *v* ritagliare.
**gurò** *s* istruttore, insegnante ◊ **gurò ng wikang-pambansa** insegnante madrelingua.
**guròng-lalaki** *sm* maestro.
**gusali** *agg* murario ◊ *s* edificio, palazzo, stabile ◊ edilizia ◊ **gusaling tukud langit** grattacielo; **kompaniyang gumagawa ng mga gusali** edile.
**gusòt** *agg* spettinato ◊ *s* grinza.
**gusòtin** *v* spettinare.
**gustò** *s* volere, piacere ◊ **may gustò** aver voglia; **gusto mo pa ng iba?** vuole altro?; **gusto mo?** vuol favorire?; **gusto ng kapè** mi piace il caffè.
**gustú-gustò** *agg* ricercato ◊ morire dalla voglia.
**gustuhin** *v* volere.
**gutom** *s* fame ◊ **mamatay sa gutom** morire di fame; **pinalubag gutom** sfamarsi.
**guwantes** *s* guanto ◊ **guwantes ng gawa sa balat** guanti di pelle.
**guwardiya** *s* guardia, scorta.
**guyà** *s* vitello.

# H

**haba** *s* lunghezza.
**habàg** *s* commiserazione.
**habana** *s* savana.
**habang** *prep* durante ◊ *avv* intanto ◊ *cong* mentre ◊ **habang ikaw ay** intanto che.
**habang-buhay** *agg* eterno, per tutta la vita ◊ **habang-buhay na pagkabilanggo** ergastolo.
**hablà** *s* querela.
**habulin** *v* inseguire, rincorrere.
**hadlang** *s* barriera, ostacolo; impaccio ◊ **hadlangan ang paglilitis** istruire un processo.
**hadlángan** *v* impedire, intralciare, ostacolare ◊ (*fig*)incepparsi.
**hagdàn** *s* scala a pioli.
**hagdanan** *s* scala, scalinata.
**hagdanin** *v* scalare.
**hagod** *s* pennellata, tratto.
**hakà** *s* nozione.
**haka-hakà** *agg* immaginario.
**hakbang** *s* scala, passo.
**hakbangin** *s* misura, provvedimento.
**halagà** *s* costo, prezzo, tariffa; cifra ◊ importanza, valore ◊ **bigyan ng halaga** dare importanza; **nakakahilong halaga** cifra da capogiro; **pagbaba ng halaga** svalutazione; **pababain ang halaga** svalutare; **pagka-walang halaga** invalidità.
**halakhakan** *s* risata.
**halalan** *s* urna ◊ votazione ◊ **presintong halalan** seggio elettorale.
**halaman** *s* pianta ◊ **paglilipat ng halaman** trapianto.
**halata** *agg* logico, evidente, che balza agli occhi.
**haligî** *s* pertica ◊ colonna ◊ (*fig*) muro,pilastro.
**halik** *s* bacio.
**halikan** *v* baciare.
**halimaw** *s* belva, mostro.
**halimbawa** *agg* campionario.
**halimbawà** *s* esempio ◊ **maging halimbawa** dare l'esempio.
**halina** *s* fascino, grazia.
**halo** *inter* ciao.
**halò** *s* miscela ◊ **may halò** misto.
**haló-halo** *s* (*fig*) zuppa,minestrone ◊ **haló-halong gamit ng kotse** autovettura per uso promiscuo.
**halos** *avv* circa, quasi ◊ **halos handâ na** essere a buon punto.
**haltàk** *s* sobbalzo.
**haluin** *v* girare, mescolare, mischiare.
**halungkatin** *v* frugare.
**hamak** *agg* striminzito, umile.
**hambà** *s* stipite.
**hambòg** *agg* spavaldo, vanitoso.
**hàmburgèr** *s* hamburger.
**hamìt** *s* provocazione.
**hamòg** *s* rugiada ◊ **hamòg na yelo** brina; glassa.
**hamòn** *s* prosciutto ◊ **hamòn na lutò** prosciutto cotto; **hamòng dilutò** prosciutto crudo.
**hamon** *s* sfida.

**hampas** *s* a botta calda.
**hampasin** *v* ribattere.
**hampaslupà** *agg* vagabondo.
**hamunin** *v* gettare la spugna ◊ sfidare.
**hanapbuhay** *s* lavoro, occupazione, impiego, mestiere.
**hanap-hanapin** *v* rimpiangere.
**hanapin** *v* cercare, trovare ◊ tracciare ◊ **hanapin ulìt** ricercare.
**hanay** *s* fila, schiera ◊ **magkahay-hanay na bahay** case a schiera.
**hanbag** *s* borsa; borsellino; bagaglio a mano.
**handâ** *agg* pronto ◊ intenzionato, disposto ◊ **handâ sa lahat** disposto a tutto.
**handaan** *s* festa, ricevimento.
**handòg** *s* dono.
**hangaan** *v* ammirare, apprezzare.
**hangàd** *s* desiderio ◊ movente.
**hangàl** *agg* insensato.
**hangarin** *s* ambizione; intenzione ◊ (*fig*)porto.
**hanggahan** *s* termine.
**hanggan** *avv* fino ◊ *cong* finché ◊ **hanggan doòn** fin lì; **hanggang dito** fin qui; **hanggan sa gilid** pieno fino all'orlo; **hangganan ng tulin ng kotse** limite di velocità; **hanggang doon** (*spazio*) fino; **hanggang kailan man** per sempre; **hanggang ngayon** finora, tuttora; **hanggang sa** fino a che; **hanggang sa hulì** fino all'ultimo; **hanggang sa huling patak** fino all'ultima goccia; **hanggang saan** fin dove.
**hangganan** *s* confine, frontiera ◊ (*fig*)tetto ◊ massimo, limite.
**hangin** *s* aria, brezza, vento ◊ **hangin mula sa silangan** tramontana; **hangin na mainit** scirocco.
**hangò** *s* oriundo.
**hantungan** *s* mira, fine.
**hapawin** *v* sfiorare.
**hàplos** *s* carezza.
**haplusin** *v* accarezzare.
**hapon** *s* pomeriggio.
**hapuin** *v* sfinire.
**hapunan** *s* cena.
**harabe** *s* sciroppo.
**harang** *s* transenna, sbarra ◊ ingorgo ◊ **harang sa daan** posto di blocco.
**harangan** *v* tagliare la strada ◊ (*fig*) sconfinare ◊ ingombrare ◊ **harangan ang daan** ingombrare il passaggio.
**harangin** *v* bloccare, sbarrare ◊ **harangin ang kalsada** sbarrare la strada.
**harapan** *agg/s* anteriore (*agg*), facciata (*sf*) ◊ *avv* davanti.
**harap-harapan** *agg* faccia a faccia.
**harapin** *v* affrontare, fronteggiare.
**harding** *s* giardino ◊ **harding pampubliko** giardino pubblico; **harding pangsoolohiya** giardino zoologico.
**hardwer** *s* ferramenta.

**harì** *sm* re ◊ **palasyo ng hari** reggia; **palasyo ng hari at reyna** palazzo reale.
**harina** *s* farina ◊ **harinang dilaw** farina gialla.
**hasahin** *v* appuntire, temperare.
**hásikan** *s* semina.
**hasinto** *s* giacinto.
**hasmin** *s* gelsomino.
**hatakin** *v* strisciare.
**hati** *agg* diviso ◊ *s* spartito.
**hatì** *agg* mezzo.
**hati-hatiin** *v* dividere,ripartire.
**hatiin** *v* dimezzare ◊ **hatiin ng apat na bahagi** squartare.
**hating-gabi** *s* mezzanotte.
**hatkeyk** *s* frittella.
**hatol** *s* condanna, sentenza.
**hatulan** *v* condannare, giustiziare, giudicare.
**hawáan** *v* diffondere, trasmettere ◊ contagiare, infettare.
**hawak** *s* stretta ◊ **hawak kamay** mano a mano.
**háwakàn** *s* maniglia, manopola ◊ manetta.
**hawakan** *v* detenere ◊ prendere ◊ reggere, tenere ◊ maneggiare.
**hawlà** *s* gabbia.
**hay naku!** *inter* uffa.
**hay skul** *s* liceo, ginnasio.
**hayàg** *s* spicco.
**hayagan** *agg* esplicito.
**hayblad** *agg* iperteso.
**hay-hil** *s* tacchi a spillo.
**hayop** *agg/s* animale ◊ **hayop na may apat na paa** quadrupede; **hayop na nagngangatngat** roditore; **bangkay ng patay na hayop** carcassa; **bangkay ng patay na hayop** carcassa; **kukò ng hayop** artiglio; **paa ng hayop** zampa; **pagkatay ng hayop** vivisezione; **tirahan ng mababagkis nahayop** covo.
**haywey** *s* autostrada.
**hebreyo** *s* ebreo.
**hele** *s* ninna nanna.
**Heleniko** *agg* ellenico.
**helikopter** *s* elicottero.
**helmet** *s* casco; elmetto.
**helo** *inter* (*al telefono*)pronto.
**helohiya** *s* geologia.
**hemorahiya** *s* emorragia.
**heneràl** *s* generale.
**henestra** *s* ginestra.
**henyo** *s* genio, ingegno.
**hepardo** *s* ghepardo.
**hepatitis** *s* epatite ◊ **hepatitis na bayral** epatite virale.
**hepe** *s* capo ◊ **hepe ng pulìs** questore.
**heranyo** *s* geranio.
**heringgilya** *s* siringa.
**heriyàtrikà** *s* geriatria.
**herwina** *s* (*droga*)eroina.
**heter** *s* stufa, termosifone; riscaldamento.
**heyograpia** *s* geografia.
**heyograpika** *agg* geografico.
**heyometriko** *agg* geometrico.
**hibàng** *agg* pazzesco ◊ squilibrato.
**hibilyà** *s* fibbia.

**hiblà** *s* fibra.
**hidroelèktrikò** *agg* idroelettrico.
**hidrogen** *s* idrogeno.
**hidrokarburo** *s* idrocarburo.
**hidropil** *agg* idrofilo.
**higaan** *s* sdraio.
**higad** *s* bruco.
**higante** *agg* gigante.
**higing** *s* ronzio.
**higit** *prep* oltre; sopra.
**higop** *s* sorso.
**higpitàn** *v* stringere.
**higupin** *v* sorbire.
**hihip** *s* corrente, raffica; soffio, spiffero.
**hikàb** *s* sbadiglio.
**hikahòs** *agg* indigente.
**hikaw** *s* orecchino.
**hikayat** *s* recluta.
**hikayatin** *v* influenzare; persuadere ◊ **hikayatin ang isang tao para sa isang bagay** persuadere qualcuno di qualcosa.
**hilagà** *s/agg* nord, settentrione, nordico, boreale.
**hilahin** *v* trascinare, rimorchiare, trainare ◊ **hilain mulî** ritirare.
**hilantsà** *s* (*fig*)tessuto.
**hilàw** *agg* acerbo, crudo, immaturo.
**hilbanahin** *v* imbastire.
**hilera** *s* serie.
**hilig** *s* predisposizione, tendenza, vocazione ◊ **hilig sa kalúgúrang pangkatawan** sensualità.
**hiling** *s* domanda.
**hilingin** *v* domandare.
**hilis** *s* declinazione ◊ declino.
**hilò** *agg* intontito ◊ **hilo sa dagat** mal di mare.
**hilo** *s* vertigine, capogiro, giramento.
**hiluhin** *v* intontire, stordire.
**himagsikan** *s* ribellione, rivolta, rivoluzione.
**himatayin** *v* (*fig*) crollare ◊ svenire.
**himig** *s* melodia ◊ colonna sonora.
**himmo** *s* inno.
**himpilan** *s* quartiere ◊ stazione ◊ **himpilan ng eruplano** air terminal; **himpilan ng hukbong panghimpapawid** base aerea; **himpilan ng pulis** stazione di polizia; **punong-himpilan** quartier generale.
**himurin** *v* lambire.
**hinaan** *v* moderare.
**hinabi** *agg* tessile.
**hinagîs** *v* volare.
**hinahon** *s* pazienza.
**hinalà** *agg* sospetto ◊ *s* presentimento.
**hinalo** *v* girare, mescolare.
**hinanakìt** *s* risentimento.
**hinánanap-hanap** *agg* ricercato.
**hinanap** *v* trovare.
**hinatak** *v* trascinare.
**hinati** *v* (*fig*)spaccare.
**hinatulan** *agg* condannato.
**hinawaan** *v* infettare.
**hinawakan** *v* reggere, tenere.
**hindî** *avv* no, non ◊ **hindî ayon sa**

**pagmimilitar** obiettore di coscienza; **hindî kasalanan lahat** non avere tutti i torti; **hindî kasali sa aking plano** non rientra nei miei piani; **hindî ko akalaing totoo** non mi pare vero; **hindî ko alam** non avere idea; **hindî ko na kaya** non ne posso più; **hindî kumain** essere a digiuno; **hindî kumain** saltare i pasti; **hindî kuripot** essere di manica larga; **hindî makalimutan** legarselo al dito; **hindî makapaniwala** non credere ai propri occhi; **hindî makatayo ng nag-iisa** a gambe levate; **hindî makatulog** non chiudere occhio; **hindî pa dumarating** non è ancora arrivato; **pagsisira ng hindî iyo** vandalo.
**hindi-ah!** *inter* macché.
**hindî-sinásadyâ** *avv* incidentalmente.
**hindù** *agg* indù.
**hindúismo** *s* induismo.
**hinekòlogò** *s* ginecologo.
**hinete** *s* fantino.
**hingin** *v* esigere, pretendere ◊ **hingin ulî** richiedere.
**hiniga** *v* stendere.
**hinihingalngal** *v* ansimare.
**hinihingì** *s* pretesa.
**hiningà** *s* alito, fiato, respiro.
**hinipo** *v* toccare.
**hinirang** *agg* nominato ◊ **hinirang embahador** fu nominato ambasciatore.
**hiniwa** *s* affettato.
**hiniyà** *v rifl* umiliarsi.
**hinlalakì** *s* pollice ◊ **hinlalaki ng paa** alluce.
**hinliliìt** *s* mignolo.
**hinòg** *agg* maturo.
**hintayin** *v* aspettare.
**hintuan** *s* fermata ◊ posto di blocco.
**hintuin** *v* interrompere.
**hintuturò** *s* indice.
**hinubaràn** *v rifl* spogliarsi.
**hinubug** *v* formare.
**hinugasan** *v rifl* lavarsi.
**hinugis** *v* figurare.
**hinuhà** *s* ipotesi.
**hipag** *sf* cognata.
**hiphipan** *v* soffiare.
**hipnosis** *s* ipnosi.
**hipo** *s* tocco, tatto.
**hipòkondriyàk** *agg* ipocondriaco.
**hipon** *s* gamberetto.
**hipopotamo** *s* ippopotamo.
**hipuin** *v* accarezzare; toccare; tastare ◊ **hipuin ng kamay** toccare con mano.
**hiràm** *s* prestito.
**hirang** *s* preferenza.
**hirangin** *v* nominare.
**hirap** *s* tormento.
**hirapa** *s* giraffa.
**hiro postàl** *s* vaglia.
**hità** *s* coscia.
**hitano** *s* zingaro, gitano.
**hiwa** *s* fetta.
**hiwà** *s* incisione.
**hiwagà** *s* mistero.
**hiwá-hiwalay** *s* rinfusa.

**hiwain** *v* fendere.
**hiyâ** *s* pudore.
**hiyain** *v* imbarazzare, mortificare, umiliare.
**hiyàs** *s* gemma.
**hiyàw** *s* grido.
**hiyena** *s* iena.
**ho** *pron pers* (*di cortesia*)lei.
**hokè** *s* hockey.
**holokawsto** *s* olocausto.
**homeyopatiko** *agg* omeopatico.
**homeyopatiya** *s* omeopatia.
**honey-moon** *s* luna di miele.
**hormon** *s* ormone.
**hospisyo** *s* ospizio.
**hòy!** *inter* ciao.
**hubàd** *agg* nudo ◊ *s* nudo ◊ **hubo't hubad** spogliarsi di tutto; **taong mahilig maghubad** nudista.
**hubaran** *s* (*per spogliarsi*) cabina.
**hubaràn** *v* (*fig*)spogliare.
**hubileyo** *s* giubileo.
**hubò** *agg* (*fig*)scarno.
**hubog** *s* forma.
**hubugin** *v* formare.
**hudyàt** *sm* segnale, allarme ◊ **hudyat laban sa magnanakaw** allarme antifurto; **hudyat ng kampana** campanello d'allarme; **hudyat pangkalsada** segnale stradale.
**hudyò** *s* semita.
**hugasan** *v* lavare, sciacquare ◊ **hugasan ang kamay** lavarsi le mani.
**hugis** *s* configurazione, figura ◊ **hugis ng mukha** sagoma.
**hugis-balisungsòng** *s* pigna.
**hugisin** *v* (*fig*)modellare.
**hugis-parihabâ** *agg* rettangolare.
**hugpòng** *s* raccordo.
**hugutin** *v* estrarre.
**hukay** *s* fossa, scavo.
**hukayin** *v* (*minerali*) estrarre, scavare.
**hukbò** *s* esercito.
**hukbòng-pandagat** *s* marina.
**hukluban** *agg* decrepito.
**hukòm** *s* pretore.
**hukúman** *s* corte; pretura; tribunale ◊ **hukuman sa paglilitis** palazzo di giustizia; **hukumang pandaigdigan** tribunale internazionale; **hukumang pangpenal** tribunale penale.
**hulà** *s* pronostico.
**hulaan** *v* tirare a indovinare, indovinare.
**hulì** *avv* tardi ◊ *s* arretrato, ultimo ◊ **huling araw ng taon** l'ultimo dell'anno; **huling pagkakataon** l'ultima spiaggia; **huling uso** all'ultima moda.
**hulihàn** *s* coda ◊ posteriore.
**hulihin** *v* arrestare, catturare ◊ **hulihin ulit** ripescare.
**hulmà** *s* stampo.
**hulog** *s* fermento ◊ rata.
**hulog-bigàt** *s* gravità.
**hulugan** *s* a rate, rateale (*agg*) ◊ **bayaran ng hulugan** pagare a rate; **ipagbilî ng hulugan** vendere a rate.

**hulyo** *s* luglio.
**humagibis** *v* andare veloce, volare.
**humagulhol** *v* stridere ◊ ululare.
**humahapo** *agg* trafelato.
**humalahak** *v* ridere ◊ **humalahak ng malakas** scoppiare a ridere.
**humalimhìm** *v* rimuginare.
**humalinghing** *v rifl* lagnarsi.
**humanay** *v rifl* schierarsi.
**humandâ** *v* tenersi pronto.
**humapit** *v* contrarre.
**humarap** *v* affacciarsi.
**humiga** *v* distendere, giacere, stendere ◊ **humiga ulit** (*fig*) riversare.
**humigit-kumulang** *agg* approssimativo ◊ *avv* pressappoco.
**humikayat** *v* indurre.
**humilik** *v* russare.
**humina** *s* cedimento.
**huminahon** *v* moderare, rasserenare.
**humingà** *v* fiatare, respirare.
**humingal** *s* rantolo ◊ *v* affannarsi.
**humingì** *v* chiedere ◊ **humingi ng bakasyon** chiedere un'aspettativa; **humingi ng paumanhin** chiedere scusa; **humingi ng payo** interpellare; **humingi ng permiso** (*mil*) congedare; **humingi ng tulong** invocare aiuto.
**humintò** *v* sostare.
**humiyàw** *v* gridare.
**humuging** *v* ronzare.
**humukay** *v* vangare.
**humuni** *v* pigolare.
**hungkàg** *agg* cavo.
**hunyangò** *s* camaleonte.
**hunyo** *s* giugno.
**hurado** *s* giurato.
**hurnal** *s* rata.
**hurnò** *s* forno.
**husgaàn** *v* giudicare.
**husgado** *s* giudice.
**hustò** *agg* adeguato ◊ *avv* appena.
**huthutàn** *v* (*fig*)spennare.
**huwad** *agg* contraffatto, falso.
**huwag** *avv* non ◊ **huwag buksan ang bunganga** non aprire bocca; **huwag mag-abalang gumawa ng kahit na ano** non muovere un dito; **huwag mag-alala sa gastos** non badare a spese; **huwag magsantosantuhan** non essere uno stinco di santo; **huwag mahiya** non fare complimenti.
**hùwàran** *agg/s* esemplare, criterio, standard ◊ **húwarang magaaral** allievo modello; **húwarang paaralan** scuola modello.
**huwarin** *v* falsificare.
**huwebes** *s* giovedì.
**huwes** *s* magistrato; giudice.
**huweteng** *s* (*gioco*)lotto.

# I

**iabòt** *v* porgere ◊ **iabòt ang kamay** allungare le mani.
**iakma** *v* adattare ◊ combaciare.

**ialay** *v* (*fig*)consacrare, donare.
**i-angkàs** *v* dare un passaggio.
**iangkop** *v* adattare, adeguare.
**iayos** *v* impostare, predisporre.
**iba** *agg indef* altro.
**ibabà** *avv* giù ◊ **diyan sa ibaba** laggiù.
**ibabâ** *prep* (*inferiorità*) sotto ◊ *v* posare.
**ibaba** *v* abbassare, calare ◊ scaricare.
**ibabad** *v* inzuppare, macerare.
**ibagsak** *v* (*scuola*) rimandare ◊ fare cadere ◊ **ibagsak ang gobyerno** rovesciare il governo.
**ibahin** *v* modificare, cambiare, variare ◊ **ibahin ang direksiyon ng daan** dirottare.
**iba-iba** *agg* differenziato, vario ◊ *s* varietà.
**ibalik** *v* riportare, rendere, rinviare, rimettere, restituire ◊ **ibalik sa dati** restaurare; **ibalik sa dating kalagayan** ristrutturare; **ibalik sa tagapagpadala** restituire al mittente.
**ibaling** *v* voltare.
**ibalita** *v* (*programmi radio-TV*) trasmettere.
**ibalsama** *v* imbalsamare.
**ibaòn** *v* sotterrare.
**ibatay** *v* basare.
**ibato** *v* scagliare.
**ibeto** *v* mettere il veto.
**ibig** *v* volere ◊ **ibig sabihin** voler dire.
**ibigay** *v* dare ◊ **ibigay ang kahilingan** presentare domanda; **ibigay ang suklî** dare il resto; **ibigay mulî** ridare.
**ibinabâ** *v* scaricare.
**ibinalabal** *agg* imbacuccato.
**ibinalik** *v* rendere.
**ibinaling** *v* voltare.
**ibinangga** *v* schiantare.
**ibinuhos** *v* versare.
**ibinulaslas** *v* sfogare.
**ibitay** *v* impiccare.
**ibitin** *v* pendere ◊ sospendere.
**iblakmeyl** *v* ricattare.
**ibon** *s* uccello, volatile ◊ **malas na ibon** uccello del malaugurio; **tamaan ng isang batu ang dalawang ibon** prendere due piccioni con una fava.
**ibong-itim** *s* merlo.
**iboto** *v* eleggere.
**ibuhol** *v* annodare.
**ibuhos** *v* rovesciare, versare ◊ **ibuhos lahat ang panahon** darsi anima e corpo.
**ibuka** *v* divaricare.
**ibukas** *v* spalancare.
**ibukod** *v* esentare; escludere; isolare.
**ibulalas** *v* sfogare.
**ibulsà** *v* intascare.
**ibungyag** *v* rivelare, svelare.
**ibunsòd** *v* varare.
**ibunyag** *v* diffondere, rivelare.
**ibusòn** *v* imbucare.
**ibutones** *v* abbottonare.
**idebelop** *v* (*fot*)sviluppare.
**idemanda** *v* fare causa a qualcuno.

**ideport** *v* deportare.
**idesterado** *v* esiliare.
**ideya** *s* idea, trovata; spunto.
**idiìn** *v* pigiare, premere, torchiare ◊ **idiin sa** fare leva su qualcosa.
**idikit** *v* incollare.
**idiktà** *v* dettare ◊ **idikta ang mga kondisyon** dettare le condizioni.
**idlip** *s* (*fam*)nanna.
**idolò** *s* idolo.
**idyoma** *s* idioma.
**idyota** *agg* idiota.
**igalang** *v* osservare, rispettare ◊ **igalang ang kasunduhan** onorare un impegno.
**igàt** *s* anguilla.
**igayd** *v* (*fig*)incanalare.
**igilid** *v* scostare.
**igisà** *v*saltare, rosolare, soffriggere.
**igitnà** *v* centrare.
**igos** *s* fico.
**ihablà** *v* denunciare, fare causa a qualcuno.
**ihagis** *v* gettare, tirare ◊ proiettare ◊ **ihagis ang angkora** gettare l'ancora.
**ihambing** *v* confrontare, paragonare.
**ihanay** *v* schierare.
**ihanda** *v* apparecchiare, preparare.
**ihasà** *v* inasprire.
**ihatid** *v* fare strada ◊ accompagnare ◊ **ihatid ulî** ricondurre.
**ihaw-ihawan** *s* rosticceria.
**ihele** *v* cullare.
**ihì** *s* urina.
**ihiwalày** *v* staccare.
**ihudyàt** *v* segnalare.
**ihugis** *v* figurare.
**i-insiyur** *v* (*contro rischi*) assicurare.
**iiskuwlipay** *v* squalificare.
**ikaapat** *s* quarta.
**ikabesa** *v* memorizzare, imparare a memoria.
**ikabit** *v* collegare.
**ikadalawà** *agg* secondo ◊ **ikadalawang-baitang** (*scuola*)seconda.
**ikadena** *v* incatenare.
**ikàibà** *v* differenziare, diversificare.
**ikalat** *v* (*fig*) infestare, disseminare ◊ stendere, cospargere, spandere.
**ika-lima** *s* quinta.
**ikalòg** *v* scuotere.
**ikanal** *v* incanalare.
**ikasal** *v* sposare ◊ **ikasal sa huwes** sposarsi per procura.
**ikatalays** *v* catalizzare.
**ikatatlò** *s* terziario.
**ikaw** *pron pers* tu, te.
**ikawit** *v* agganciare.
**ikinakatakot** *v* temere.
**ikinalat** *v* spargere, spandere.
**ikinalulungkot** *v* compiangere ◊ **ikinalulùngkot ko** mi dispiace.
**ikinulong** *v* rinchiudere.
**ikiràn** *s* fuso.
**iklian** *v* accorciare.
**iklos-ap** *v* (*fot, cine*)inquadrare.
**iknock-out** *v* mandare al tappeto.
**ikot** *s* giro.

**iks-rey** *s* (*radiografia*) lastra, raggi X.
**ikulong** *v* incatenare (*fig*); incarcerare, rinchiudere ◊ **ikulong sa kulungan** mettere in gabbia.
**ikutàn** *s* perno.
**ikutin** *v* rivolgere.
**ikuwadro** *v* incorniciare.
**ilaàn** *v* consacrare, destinare ◊ (*fig*)sacrificare.
**ilabas** *v* sporgere, metter fuori ◊ **ilabas ang katotohanan** vuotare il sacco; **ilabas ang kinikimkim** sputare il rospo; **ilabas sa adwana** sdoganare; **ilabas sa hurnò** sfornare.
**ilado** *agg* surgelato.
**ilagà** *v* lessare.
**ilagay** *v* applicare ◊ collocare, mettere, situare ◊ **ilagay ang kambiyò sa neyutral** mettere in folle; **ilagay ang mga detalye** immagazzinare dati; **ilagay ang pasta** buttare la pasta; **ilagay ang sarili sa sitwasyòn ng iba** mettersi nei panni di qualcuno; **ilagay sa alanganin** mettere in forse; **ilagay ulit** rimettere.
**ilagpak** *v* bocciare.
**ilakip** *v* accludere, allegare; includere.
**ilalim** *avv* giù ◊ *prep* sotto ◊ *s* fondo ◊ **bodega sa ilalim na lupa** cantina, scantinato; **dito sa ilalim** quaggiù; **ilalim ng dagat** fondale; **ilalim ng lupa** sottoterra; **ilalim ng tubig** letto (di corso d'acqua); **mula sa tuktuk sa ilalim** da cima a fondo.
**ilàn** *agg indef* qualche, quanti ◊ **ilan ang imbitado!** quanti ospiti ci sono!; **ilan ang lugarna natitira?** quanti ospiti ci sono?; **ilan tayo?** quanti siamo?.
**ilantàd** *v* mettere in risalto.
**ilapàg** *v* porre, riporre, posare.
**ilarawan** *v* dipingere, raffigurare, rappresentare.
**ilathalà** *v* pubblicare.
**ilaw** *s* faro, lanterna,luce, fanale ◊ **ilaw na halogen** lampada alogena; **ilaw na nakakasilaw** faro; **ilaw ng kalsada** illuminazione stradale; **ilaw pang-ulap** faro antinebbia; **ilaw pansignal** freccia (dell'automobile); **ilaw sa likuran** controluce; **ilaw sa poste** lampione; **ilaw sa unahan ng kotse** faro anabbagliante; **nakasilaw na ilaw** fari abbaglianti.
**ilawàn** *s* lampada, lume.
**ilayo** *v* dividere ◊ allontanare, sviare.
**iliban** *v* fare eccezione.
**ilibìng** *v* seppellire.
**iligpit** *v* mettere a posto ◊ **iligpit ang pinagkainan** sparecchiare.
**iligtàs** *v* mettere in salvo ◊ (*fig*) sottrarre ◊ (*relig*) salvare ◊ **iligtas ang buhay ng isang tao** salvare la vita a qualcuno; **iligtas ang sarili sa anumang sala** lavarsene le mani.
**ilihétimò** *agg* illegittimo.

**ilihim** *v* sotterrare, nascondere.
**ilikò** *v* curvare.
**ililim** *v* stare al coperto.
**ilipat** *v* (*fig*) muovere ◊ (*meccanismo*)scaricare ◊ passare, spostare.
**ilista** *v* registrare, annotare ◊ elencare.
**ilog** *s* fiume ◊ **tabing ilog** riva, lungofiume.
**ilòng** *s* naso.
**ilubòg** *v* immergere; sommergere.
**ilusyòn** *s* illusione.
**ilusyònista** *s* illusionista.
**imareneyt** *v* macerare.
**imbentaryo** *s* inventario.
**imbento** *s* invenzione.
**imbentòr** *s* inventore.
**imbestigador** *s* investigatore.
**imbestigasyòn** *s* indagine.
**imbî** *agg* ignobile.
**imbistigasyon** *s* inchiesta.
**imbitahin** *v* invitare.
**imbitasyòn** *s* invito.
**imbudo** *s* imbuto.
**imburnàl** *s* fogna.
**iminungkahì** *v* proporre.
**imontada** *v* assemblare, montare.
**imoràl** *agg* immorale ◊ carnale ◊ **imoral na gawain** malcostume.
**impanteriyà** *s* fanteria.
**impatsò** *s* indigestione.
**impeksiyòn** *s* infezione.
**impero** *s* impero.
**imperyal** *agg* imperiale.
**impiyerno** *s* inferno.
**implasto** *s* impiastro.
**implasyòn** *s* inflazione.
**impluwénsiyà** *s* influenza.
**impormasiyòn** *s* avviso, informazione ◊ **para sa iba pang impormasiyòn** per ulteriori informazioni; **tanungan ng impormasyòn** ufficio informazioni.
**importante** *agg* importante, fondamentale, rilevante ◊ **importanteng tao** pezzo grosso.
**imporyum** *s* emporio.
**imposiblè** *agg* impossibile.
**impostòr** *s* impostore.
**impresaryo** *s* impresario.
**imungkahì** *v* proporre ◊ soggiungere ◊ **imungkahì ulit** riproporre.
**inaantok** *agg* aver sonno ◊ **inaantok ng lubos** morire dal sonno.
**inaàsahan** *agg* prevedibile, scontato ◊ *s* aspettativa.
**inahin** *s* gallina, chioccia.
**inahíng-baboy** *s* scrofa.
**inahit** *v rifl* radersi, rasarsi.
**inalis** *v* levare, privare, togliere ◊ **inalis ang kulay** stingere; **inalis ang sinulid** sfilare; **inalis ang tali** snodare.
**inalisàn** *v rifl* (*fig*) spogliarsi ◊ **inalisan ng laman** vuotare; **inalisan ng takìp** scoprire.
**inaliw** *agg* consolare, relativo al consolato.
**inamag** *agg* ammuffito.
**inampalàn** *s* giuria ◊ *agg* giurato.
**inanakan** *v* (*fig*)propagare.
**inangat** *v* (*fig*)sollevare.
**inàpo** *agg* discendente.

**inayos** *v* regolare, predisporre; sistemare.
**indayog** *s* ritmo.
**indian** *agg* indiano ◊ **tintang indiano** inchiostro di china.
**indiyano** *s* pellerossa.
**indùstriyà** *s* industria.
**industriyàl** *agg* industriale.
**ineksiyon** *s* iniezione.
**ineksiyunan** *v* iniettare.
**inergomino** *s* energumeno.
**ineskuwatan** *agg* occupato.
**ingatan** *v* risparmiare, conservare ◊ **ingatan ng hustò** maneggiare con cura.
**ingay** *s* casino, rumore ◊ **nakaririnding ingay** frastuono.
**inggit** *s* invidia ◊ **mamatay sa inggit** crepare dall'invidia.
**inggitero** *agg* invidioso.
**ingrata** *agg* ingrato.
**inhenyeria** *s* ingegneria.
**inhenyero** *s* ingegnere.
**inihagis** *v* proiettare.
**inihandâ** *v* preparare.
**inihaw** *agg* arrosto ◊ *s* girarrosto ◊ **inihaw na kastanyas** caldarrosta; **inihaw na manok** pollo arrosto.
**inihiwalay** *v* separare.
**iniksiyòn** *s* iniezione ◊ **iniksiyòn sa ugat** per via endovenosa.
**inilaan** *agg* (*fig*)sacrificato.
**inilagay** *v* rimettere, situare.
**inilapàg** *v* porre.
**inilipat** *v* trasferire.
**iningatan** *agg* conservato.
**ininis** *v* (*fig*)seccare, irritare.
**inipit** *v* (*fig*)incastrare.
**inipitan** *v rifl* rimpinzarsi.
**inìs** *agg* stufo.
**inisin** *v* scocciare, esasperare, irritare.
**inisyal** *s* iniziale, sigla.
**init** *s* calore.
**initáng-tubig** *s* scaldabagno.
**iniwan** *v* lasciare.
**iniwasan** *v* scansare.
**inn** *s* locanda.
**inosente** *agg* innocente.
**inpormatika** *s* informatica.
**inpormatiko** *agg* informatico.
**inpra-red** *agg* infrarosso.
**insekto** *s* insetto.
**insiyurans** *s* polizza.
**insolasyòn** *s* insolazione.
**inspektòr** *s* controllore, ispettore ◊ **inspektòr ng eruplano** controllore di volo; **inspektòr ng pulis** ispettore di polizia.
**inspirasyòn** *s* inspirazione.
**instinto** *s* istinto.
**institusiyòn** *s* istituzione.
**instruksiyon** *s* istruzione.
**insulador** *s* isolante.
**insulto** *s* insulto, oltraggio.
**insultuhin** *v* insultare.
**integralismo** *s* integralismo.
**intensib-ker** *s* terapia intensiva.
**interès** *s* interesse ◊ **interes na tumataas** interessi scalari.
**intern** *agg* (*numero telefonico*) interno.
**internasyonàl** *agg* internazionale.

**Internet** *s* Internet ◊ **magsurf sa internet** navigare su Internet.
**intindihin** *v* capire, comprendere, intendere ◊ **intindihin agad** capire al volo; **intindihin agad** cogliere la palla al balzo.
**intolerante** *s* intollerante.
**intriga** *s* intrigo.
**inulit** *v* ripetere.
**inúmin** *s* vivanda ◊ bevanda, bibita ◊ **inuming gawa sa yelong duròg** granita; **inuming may acid** gassosa.
**inumin** *v* bere ◊ **inumin sa bunganga** per via orale.
**inunat** *v rifl* distendersi, spiegarsi.
**inyo** *agg poss* vostro.
**ioben** *v* infornare.
**ipà** *s* semola.
**ipaabot** *v* recapitare.
**ipaalam** *v* avvertire, informare, mettere al corrente.
**ipabatid** *v* informare, avvisare.
**ipadala** *v* avviare ◊ consegnare, inoltrare, inviare, spedire ◊ **ipadala ng liham** inviare per posta; **ipadala sa email** inviare per e-mail; **ipadala sa fax** inviare per fax; **ipadala ulî** rimandare; **ipadala ulit** riconsegnare.
**ipagbawal** *v* proibire, vietare ◊ **bawal ang pumasok** proibire di entrare.
**ipagbili** *v* vendere, cedere, svendere ◊ **ipagbili ulî** rivendere; **ipagbiling parang gintô** vendere a peso d'oro.
**ipagbinta** *v* (*comm*) smaltire, vendere.
**ipagdiwang** *v* celebrare ◊ **ipagdiwang ang kaarawan** compiere gli anni; **ipagdiwang ang isang tao** bere alla salute di qualcuno.
**ipaghigantì** *v* vendicare.
**ipagkailâ** *v* negare.
**ipagkaitan** *v* privare.
**ipagkalat** *v* mettere in piazza.
**ipagkaloob** *v* cedere ◊ concedere ◊ (*sangue, organi*)donare.
**ipagkatiwala** *v* affidare, incaricare ◊ raccomandare.
**ipaglaro** *v* mettere in gioco.
**ipagmalakì** *v* vantare.
**ipagmarangyâ** *v* sfoggiare.
**ipagpalagay** *v* considerare, dedurre, supporre.
**ipagpaliban** *v* posticipare, rimandare, rinviare ◊ temporeggiare.
**ipagpatuloy** *v* mandare avanti ◊ **ipagpatuloy ang negosyo** mandare avanti la baracca.
**ipagpaumanhin** *v* scusare.
**ipagsabi** *v* rivelare, riferire.
**ipagtanggòl** *v* proteggere.
**ipahalata** *v* mettere in evidenza.
**ipahayag** *v* dichiarare, annunciare ◊ mandare in onda.
**ipahid** *v* spalmare, passare, stendere.
**ipahiram** *v* imprestare.
**ipahiwatig** *v* accennare ◊ trasmettere.
**ipainit** *v* scaldare.
**ipakahulugàn** *v* interpretare.

**ipakatawàn** *v* delegare.
**ipakilalà** *v* (*personaggio, prodotto*) lanciare ◊ caratterizzare ◊ presentare.
**ipakita** *v* presentare, mostrare, manifestare, mettere in mostra ◊ mandare in onda.
**ipako** *v* crocifiggere, inchiodare.
**ipakonpayn** *v* (*persone*) ricoverare.
**ipalabas** *v* (*cine*) proiettare ◊ (*spettacolo*) presentare ◊ **ipalabas ulit** replicare.
**ipalagay** *s* sottinteso.
**ipalaglàg** *v* abortire.
**ipalahat** *v* generalizzare.
**ipalihim** *v* (*fig*)oscurare.
**ipaliwanag** *v* spiegare.
**ipaluwàg** *v* liberalizzare.
**ipamahagi** *v* dispensare.
**ipamigay** *v* distribuire ◊ esalare.
**ipangako** *v* promettere.
**ipanganàk** *v* nascere, venire al mondo.
**ipantay** *v* allineare.
**iparada** *s* parcheggio.
**ipareho** *v* uguagliare.
**ipasok** *v* fare entrare, introdurre ◊ **ipasok sa ospital** ricoverare in ospedale.
**ipasuri** *v* sottoporre.
**ipatag** *v* piallare ◊ planare.
**ipatong** *v* appoggiare ◊ sovrapporre.
**ipatsè** *v* ingessare.
**ipaubayà** *v rifl* rassegnarsi.
**ipauna** *v* anticipare, premettere.
**ipawalang-bisa** *v* annullare,cancellare, abrogare.
**ipawalang-sala** *v* scagionare.
**ipilit** *v* premere, insistere ◊ fissare, tenere a mente.
**ipinaalaman** *agg* informato.
**ipinadalà** *v* inoltrare.
**ipinagmalakì** *v rifl* vantarsi.
**ipinahintulot** *agg* consentito.
**ipinakilala** *v rifl* presentarsi.
**ipinakita** *v rifl* mostrarsi.
**ipinangalakal** *v* dare in gestione.
**ipinatalâ** *v rifl* immatricolarsi.
**ipinulupot** *v rifl* raggomitolarsi.
**ipirmi** *v* fissare.
**ipis** *s* scarafaggio.
**ipitan** *v* pinzare ◊ **ipitan ulit** rimpinzare.
**ipitin** *v* incastrare.
**ipo-ipo** *s* ciclone; turbine ◊ gorgo.
**ipokrita** *agg* ipocrita.
**ipokus** *v* mettere a fuoco, focalizzare.
**ipon** *s* risparmio.
**ipreserba** *v* (*cibo*)conservare.
**ipribado** *v* privatizzare.
**iproklama** *v* proclamare.
**ipromot** *s* (*disco*) lancio ◊ *v* promuovere.
**ipsikanalisi** *s* psicanalisi.
**ipsikanalista** *s* psicanalista.
**ipukòl** *v* lanciare.
**ipulupot** *v* raggomitolare.
**ipunin** *v* collezionare, raccogliere ◊ riservare.
**ipuwesto** *v* (*macchine*) impostare.

**irekord** *v* (*inform*) salvare ◊ registrare ◊ **irekord ulit** riversare.
**iresponsablè** *s* incosciente, irresponsabile.
**isa** *art indet* uno ◊ **isa-isa** uno a uno; **isa-isa lang** una cosa per volta; **isa sa mga araw na ito** uno di questi giorni; **isa pa** ancora.
**isaalang-alang** *v* (*fig*)pesare.
**isaayos** *v* legittimare, essere in regola.
**isabit** *v* appendere.
**isabotelya** *v* imbottigliare.
**isadáng-lapàd** *s* sogliola.
**isagawâ** *v* programmare, mettere in pratica ◊ virare di bordo ◊ mettere in moto.
**isahimpapawid** *v* diffondere.
**isaibabaw** *v* sovrastare.
**isakatuparan** *v* realizzare.
**isakày** *v* trasportare.
**isaksàk** *v* piantare, conficcare.
**isalarawan** *v* illustrare.
**isalaysay** *v* narrare.
**isalegàl** *v* legittimare.
**isalin** *v* tradurre ◊ travasare.
**isalugar** *v* impostare, programmare un'attività.
**isáma** *v* incorporare, includere.
**isampay** *v* (*bucato*)stendere.
**isandal** *v* (*fig*)appoggiare.
**isàng** *pron* tale ◊ *s* tizio.
**isang beses** *agg* una volta ◊ **isang beses lamang** una volta per tutte.
**isang tao** *pron indef* qualcuno.
**isangkot** *v* coinvolgere.
**isanglà** *v* impegnare, ipotecare.
**isapalatúntunan** *v* (*radio, TV*) programmare.
**isapangalan** *v* intestare.
**isapanganib** *v* azzardare.
**isapelikula** *v* filmare, girare un film.
**isara** *v* chiudere, tappare; spegnere ◊ **isara ulî** richiudere.
**isauli** *v* rendere, restituire ◊ **isaulî ang bayad** rimborsare.
**isaulò** *v* memorizzare, imparare a memoria.
**isawsaw** *v* inzuppare.
**isdâ** *s* pesce ◊ (*astr*) Pesci ◊ **isdang hugis demonyo** razza; **isdang iskopiyon** scorfano.
**isdaàn** *agg* ittico ◊ *s* pescheria.
**iselyadòr** *v* sigillare.
**iseyb** *s* (*inform*)salvataggio.
**isilang** *v* venire al mondo, nascere.
**isilid** *v* immagazzinare.
**isina-anyô** *v rifl* incarnarsi.
**isinakày** *v* imbarcare.
**isinakripisyò** *agg* sacrificato.
**isinara** *v* spegnere ◊ **isinara ulî** richiudere.
**isingit** *v* infilare, inserire.
**isiningit** *v rifl* inserirsi.
**isinulat** *v rifl* iscriversi.
**isinuòt** *v* indossare,mettere.
**isinupot** *s* insaccato.
**isip** *s* mente, ragione; psiche; animo ◊ **ano ang ini-isip mo?** cosa ti frulla per la testa?; **lumilipad ang isip** soprappensiero; **magulò ang isip** avere grilli per la

testa; **manibagong isip** cambiare idea.
**isipin** *v* pensare, immaginare.
**iskándalò** *s* scandalo.
**iskaparate** *s* vetrina.
**iskarlatina** *s* scarlattina.
**iskawt** *s* scout.
**isketing** *s* pattinaggio.
**iskets** *s* pattino.
**iski** *s* sci ◊ **iski sa patag** sci di fondo; **iski sa tubig** sci nautico; **manlalaro ng iski** sciatore.
**iskolàrsip** *s* borsa.
**iskolyosis** *s* scoliosi.
**iskorpiyon** *s* scorpione.
**iskrip** *s* copione.
**iskrip-rayter** *s* cantautore.
**islam** *s* islam.
**islayd** *s* (*gioco*)scivolo.
**ismo** *s* istmo.
**isnak** *s* spuntino.
**ispiràsyòn** *s* ispirazione.
**ispiya** *s* spia, talpa.
**isport** *s* sport.
**isprey net** *s* lacca.
**ispring** *s* (*meccanica*) molletta, molla.
**ispumante** *s* spumante.
**istadyum** *s* stadio.
**istakà** *s* picchetto.
**istambre** *agg* filato.
**istante** *s* scaffale.
**istasyon** *s* stazione ◊ **istasyon ng pulìs** questura; **istasyon ng radyo** stazione radio.
**istatuwà** *s* statua.
**istèriko** *agg* isterico.
**isterilisahin** *v* sterilizzare.
**istik** *s* stecca ◊ stick.
**istilista** *s* stilista.
**istilo** *s* stile.
**istituto** *s* istituto ◊ **istitutong pagamutan** istituto di cura.
**istretser** *s* lettiga, barella.
**istrò** *s* cannuccia.
**istroberi** *s* fragola.
**istroler** *s* passeggino.
**istuko** *s* intonaco.
**isturbò** *s* inconveniente.
**isulat** *v* iscrivere ◊ redigere.
**isumbat** *v* rinfacciare.
**isumpa** *v* dannare.
**isuòt** *v* indossare, portare, calzare.
**isusi** *v* chiudere a chiave.
**itaàs** *prep/avv* su ◊ *v* alzare, issare ◊ **dito sa itaas** quassù; **diyan sa itaas** lassù.
**itabì** *v* conservare, risparmiare ◊ (*inform*)memorizzare, salvare.
**itaboy** *v* cacciare, scacciare.
**itago** *v* sotterrare, nascondere ◊ ospitare, custodire.
**itaguyod** *v* preservare ◊ promuovere.
**itakdâ** *v* stabilire.
**itakwil** *v* rinnegare.
**itála** *v* registrare, segnare.
**itali** *v* allacciare, legare ◊ **itali ang sintas ng sapatos** allacciarsi le scarpe; **muling italì** rilegare.
**italyano** *s* italiano.
**itama** *v* arrangiarsi.
**itanim** *v* impiantare ◊ **itamin ulit** trapiantare.

**itanong** *v* domandare.
**itaob** *v* rovesciare.
**itapon** *v* sbattere ◊ scartare, buttare, gettare.
**itatag** *v* fondare.
**itày** *s* papà.
**itaya** *v* giocare ◊ **itaya ang buhay** giocarsi la vita; **itaya ang trabaho** giocarsi la carriera.
**itayò** *v* erigere, innalzare ◊ impiantare ◊ istituire.
**itigil** *v* cessare.
**itiklop** *v* ripiegare.
**itim** *agg* scuro, negro, moro ◊ **itim na kahon** scatola nera; **itim ng pusit** nero di seppia.
**itinadhanà** *agg* pattuito.
**itinagò** *v* nascondere.
**itinakdâ** *v* stabilire.
**itininda** *v* spacciare.
**itinuwìd** *v* raddrizzare.
**itiwalag** *v* destituire.
**itlog** *s* uovo ◊ **itlog ng babae** ovulo; **itlog ng isda** caviale; **itlog-itlog ng lalaki** testicolo.
**itò** *agg dimostr* questo ◊ *avv* ecco ◊ **o ito na!** to'.
**itono** *v* (*mus*)accordare, intonare.
**itornilyo** *v* avvitare.
**itudlâ** *v* mirare.
**itulak** *v* respingere ◊ spingere.
**ituloy** *v* continuare.
**iturò** *v* indirizzare, indicare, puntare.
**itutok** *v* (*armi*)puntare.
**ituwid** *v* legittimare ◊ raddrizzare.
**iuslî** *v* risaltare.
**iutòs** *v* imporre, ordinare ◊ **iutos ang batas** dettar legge.
**iwagaywày** *v* sventolare.
**iwakàs** *v* terminare.
**iwalin** *v* recidere.
**iwan** *v* piantare, lasciare, abbandonare.
**iwanan** *v* lasciare, piantare in asso ◊ disertare.
**iwasan** *v* evitare, scansare, sfuggire ◊ **iwasan ang pagbayad ng buwis** evadere le imposte.
**iyàk** *s* pianto.
**iyò** *agg poss* tuo.
**iyòn** *agg dimostr* quello ◊ *agg rel* cui.

# K

**kaagàd** *agg* immediato ◊ *avv* immediatamente, subito.
**kaakit-akit** *agg* affascinante, attraente.
**kaalaman** *s* conoscenza ◊ *v* sapere.
**kaàliwan** *s* consolazione.
**kaanib** *s* seguace.
**kaarawan** *s* compleanno.
**kaasiman** *s* (*fig*)acidità.
**kaaway** *agg* nemico.
**kaayusàn** *s* ordine.
**kababaang-loòb** *s* umiltà.
**kababàhan** *s* inferiorità.
**kababalaghàn** *s* meraviglia, prodigio.
**kababayan** *agg/s* connazionale; concittadino.

**kabag** *s* congestione.
**kabagalan** *s* lentezza.
**kabaitan** *s* bontà; gentilezza.
**kabàl** *s* immunità ◊ **magbigay ng kabal** immunizzare.
**kabalighuan** *s* assurdità.
**kabaligtaran** *s* rovescio.
**kabalintunaan** *s* paradosso.
**kabalisáha** *s* (*fig*)tensione.
**kabaliwàn** *s* pazzia.
**kabalya** *agg* sgombro.
**kabalyas** *s* zaino.
**kabalyerisa** *s* scuderia.
**kaban** *s* cofano.
**kabanatà** *s* puntata; capitolo.
**kabaong** *s* bara, feretro.
**kabaret** *s* cabaret.
**kabastusan** *s* maleducazione.
**kabataan** *agg/s* adolescente ◊ *s* infanzia ◊ gioventù, giovinezza.
**kabatsoy** *s* rospo.
**kabayaràn** *s* importo ◊ pagamento; liquidazione; cottimo.
**kabayo** *s* cavallo ◊ trespolo ◊ **kabayong bulugan** stallone; **kabayong umu-ugoy** cavallo a dondolo.
**kabibi** *s* conchiglia; mollusco, crostaceo; guscio.
**kabighá-bighani** *agg* stupendo.
**kabiguàn** *s* disappunto ◊ insuccesso, fiasco; delusione.
**kabihasnan** *s* civiltà.
**kabila** *s* dorso ◊ **kabilang direksiyon** contromano.
**kabilugan** *s* circonferenza, circolo, giro ◊ **kabilugan ng buwan** luna piena ◊ **kabilugang-buwan** plenilunio.
**kabilyà** *s* barra.
**kabinete** *s* (*pol*)gabinetto.
**kabisada** *s* briglia ◊ mulattiera.
**kabiyàk** *s* consorte.
**kablè** *s* (*elettricità*)cavo.
**kabuluhàn** *s* parcella.
**kabundukan** *agg* montano ◊ *s* (*boscaglia*) macchia ◊ (*montagna*) rilievo.
**kabunyain** *s* (*raffinatezza*) distinzione.
**kabuti** *s* fungo.
**kabutihan** *s* beneficio; tutela.
**kabutihàn** *s* idoneità.
**kabuuàn** *agg* lordo, complessivo, sommario ◊ *s* somma, totale ◊ *avv* complessivamente.
**kadalasàn** *agg* di frequente.
**kadalian** *s* facilità.
**kadalisayan** *s* purezza.
**kadalubhasaan** *s* (*professionale*) qualifica ◊ (*med*)specialità.
**kadena** *s* catena.
**kadiliman** *s* oscurità.
**kadukhaân** *s* povertà.
**kaduwágan** *s* vigliaccheria.
**kadyat** *avv* subito.
**kaedàd** *agg* coetaneo.
**kagabi** *s* ieri sera.
**kagalakan** *s* gioia, piacere.
**kagalang-galang** *agg* onorevole, rispettabile, spettabile.
**kagalitan** *s* (*rimprovero*) richiamo ◊ *v* (*sgridare*)riprendere.
**kagamitan** *s* attrezzatura; utensi-

le, apparecchio ◊ corredo ◊ **kagamitan sa hapag-kainan** stoviglie; **kagamitang pansarili** effetti personali; **kagamitang-digmâ** munizioni; **magbigay ng kagamitan** attrezzare.
**kagandaan** *s* bellezza.
**kagandahang-asal** *s* cortesia.
**kagandahang-loob** *s* ospitalità ◊ favore.
**kagàt** *s* puntura; morso.
**kagatìn** *v* mordere; pungere ◊ sbranare.
**kagàwaran** *s* ministero.
**kagawian** *s* abitudine.
**kagaya** *avv* come ◊ **kagaya... ng** così... come; **kagaya-ng-dati** come al solito.
**kagilá-gilalàs** *agg* sensazionale.
**kagiliw-giliw** *agg* amabile.
**kaginhawaan** *s* comodità, conforto.
**kagipitan** *s* emergenza.
**kagubatan** *s* foresta, bosco ◊ sottobosco ◊ foresta pluviale.
**kaguluhan** *agg* inquietante.
**kaguluhàn** *s* disordine; baccano, disturbo; tumulto ◊ (*fig*)impiastro.
**kagusutan** *s* complessità.
**kaha** *s* carrozza ◊ cassa ◊ pacchetto ◊ **kaha ng sasakyan** carrozzeria.
**kahalagahàn** *s* importanza.
**kahalihalina** *agg* grazioso.
**kahali-halina** *agg* magico.
**kahalingàn** *s* passione.
**kahanga-hangà** *agg* meraviglioso.
**kahangalàn** *s* idiozia.
**kahanggà** *s* paraggi (*pl*).
**kahapon** *avv* ieri.
**kaharàp** *agg* presente ◊ *avv* dirimpetto.
**kaharìan** *s* reame, regno ◊ **kaharìan ng mga halaman** regno vegetale; **kaharìan ng mga hayop** regno animale.
**kahatian** *s* ammezzato.
**kahèl** *s* arancio.
**kahera** *s* cassiere.
**kahibangàn** *s* follia; mania.
**kahigpitan** *s* (*fig*)pressione.
**kahihiyan** *s* indignazione, vergogna; imbarazzo ◊ **isang kahihiyan** è una vergogna.
**kahiligàn** *s* mania.
**kahílíngan** *s* requisito.
**kahimá-himalâ** *agg* soprannaturale.
**kahinaan** *s* debolezza.
**kahiná-hinayang** *agg* increscioso.
**kahinhinàn** *s* modestia.
**kahinhunan** *s* tranquillità.
**kahirapan** *s* difficoltà; miseria, stento.
**kahit** *avv* neanche ◊ persino ◊ **kahit na** nemmeno, neppure; perfino, pure, anche; sebbene, malgrado, nonostante; **kahit na gusto ko hindi pupuwede** anche volendo, non potrei; **kahit paano** in qualche modo; **kahit sa anong halaga** a ogni costo; **kahit saan** dappertutto.
**kahita** *s* scrigno.

**kahon** *s* scatola ◊ cassetto.
**kahoy** *s* selva ◊ legno ◊ **pagpuputol ng mga kahoy** diboscamento; **pagpuputol ng mga kahoy** diboscamento.
**kahukuman** *s* magistratura.
**kahulihan** *agg* estremo.
**kahuli-huliàn** *agg* definitivo, ultimo.
**kahulugan** *s* senso, significato.
**kahumalingan** *s* (*fig*)pallino.
**kahusayan** *s* bravura, abilità.
**kahuwaran** *s* falsità.
**kaibahan** *s* distinzione.
**kaibigan** *agg* amico.
**kailaliman** *s* abisso; viscere.
**kailàn** *cong* quando ◊ **kailan lamang** di recente; **kailan pa** di quando in quando.
**kailangan** *agg* imperativo ◊ necessario, occorrente ◊ **kailangan ng** c'è bisogno di.
**kailanganin** *v* desiderare, mancare.
**kainan** *s* buffet; ristorante ◊ tinello ◊ **kainan ng sandwich** paninoteca; **kainan sa super-highway** autogrill; **kainan sa tren** carrozza ristorante.
**kaing-gulay** *agg* vegetariano.
**kaingin** *s* radura.
**kainitan** *s* tepore.
**kaisá-isà** *agg* unico.
**kaisipan** *s* umorismo,spirito.
**kaítaasan** *s* zenit.
**kakabìt** *s* infisso.
**kakaibà** *agg* strambo, strano.
**kakapalan** *s* densità; spessore.
**kakarag-karag** *agg* sgangherato.
**kakasalin** *v* sposare ◊ **babaing kakasalin** sposa.
**kakatuwâ** *agg* stravagante ◊ peculiare.
**kakauntì** *agg* poco ◊ **kakauntì ang tao** essere in quattro gatti; **kakauntì lang kami** eravamo in pochi.
**kakàw** *s* cacao ◊ **mantikilya ng kakaw** burro di cacao.
**kakawal** *s* camerata.
**kakayahan** *s* competenza, capacità, perizia ◊ facoltà, potere.
**kakayanàn** *s* merito.
**kakî** *s* cachi.
**kakilá-kilabot** *agg* orribile, tremendo.
**kakilala** *s* conoscente.
**kakisigan** *agg* virile ◊ elegante ◊ *s* eleganza.
**kaklase** *s* compagno.
**kaktel** *s* rinfresco.
**kakulangan** *s* carenza, insufficienza, deficit ◊ **kakulangan sa** in mancanza di.
**kalaban** *agg* ostile ◊ *s* concorrente.
**kalabasa** *s* zucca.
**kalabisan** *s* di troppo.
**kalabòg** *s* tonfo.
**kaladkad** *s* stascico.
**kalagan** *v* assolvere ◊ slegare.
**kalágayan** *s* situazione, stato.
**kalagiman** *s* desolazione.
**kalagím-lagìm** *agg* orrendo.

**kalagìn** *v* slacciare.
**kalahatan** *s* tutto.
**kalahatì** *s* metà ◊ **kalahating kutab** di mezza tacca.
**kalakaran** *s* routine.
**kalakihan** *agg* (*dimensioni*) massimo ◊ *s* enormità.
**kalaki-laki** *agg* imponente.
**kalalakihan** *s* maschilista.
**kalamangan** *s* vantaggio.
**kalamansi** *s* citronella.
**kalambre** *s* graffa.
**kalamigan** *s* freddezza.
**kalamnàn** *s* polpa ◊ muscolo.
**kalàn** *s* fornello.
**kalansag** *s* schermo.
**kalansay** *s* scheletro.
**kalap** *s* legname.
**kalapati** *s* piccione.
**kalapit** *s* vicinanza.
**kalasag** *s* (*simbolo*)scudo.
**kalasìn** *v* sciogliere, sbrogliare ◊ smontare.
**kalaswaàn** *s* porcheria.
**kalàt** *agg* diffuso.
**kalawakan** *agg* spaziale ◊ *s* immensità.
**kalawang** *s* ruggine.
**kalayaan** *s* indipendenza, libertà.
**kalaykày** *s* rastrello.
**kálayuan** *agg* ulteriore.
**kalbò** *agg* calvo.
**kalbuhin** *v* rapare, tosare.
**kalendayo** *s* calendario.
**kalesa** *s* carro.
**kalibre** *s* calibro.
**kaligaligan** *agg* inquietante.
**kaligayahan** *s* felicità ◊ **sobrang kaligayahan** euforia.
**kaligtasan** *s* salvezza; sicurezza.
**kalihamàn** *agg* corrispondente.
**kalihim** *sm* segretario ◊ **kalihim ng estado** Segreteria di stato.
**kalikasan** *s* natura.
**kaliksihan** *s* agilità.
**kalimitan** *prep* di solito.
**kalimlimàn** *s* nidiata.
**kalinawan** *s* chiarezza.
**kalingà** *s* provvidenza.
**kalingkingan** *s* mignolo.
**kalinisan** *s* igiene, nettezza ◊ **kalinisang-budhî** virtù.
**kalipunan** *s* confederazione, federazione.
**kalis** *s* calice.
**kalitawan** *s* risalto.
**kaliwâ** *s* sinistra ◊ **kaliwang panig** (*politica*)sinistra.
**kaliwanagan** *s* lucentezza.
**kaliwete** *agg* mancino.
**kalkolator** *s* calcolatore.
**kalkulahin** *v* calcolare.
**kalmà** *s* calma.
**kalmado** *agg* calmo ◊ **kalmado, hindi kalmado** mantenere, perdere la calma.
**kalmantè** *s* calmante.
**kalmot** *s* graffio.
**kalmutan** *v* graffiare.
**kalmutin** *v* graffiare.
**kalokohan** *s* sciocchezza, stupidaggine ◊ **kalokohang bagay** roba da matti; **kalokohan na mga palabas sa telebisyd** TVspazzatura.

**kaloóban** *s* temperamento.
**kaloriyà** *s* caloria ◊ **kunti ang kaloriya** ipocalorico.
**kàlsiyùm** *s* (*chim*)calcio.
**kaltàs** *agg* scontato.
**kaltasin** *v* dedurre; scontare; levare; scartare.
**kalugúd lugòd** *agg* piacevole, carino ◊ *inter* benvenuto.
**kalugùran** *s* contentezza.
**kalulùwà** *s* anima.
**kalumbayàn** *s* sconforto, malinconia, dispiacere.
**kalunos-lunos** *agg* patetico, tragico.
**kalupitan** *agg* disumano ◊ *s* crudeltà.
**kaluskòs** *s* fruscio.
**kalusugan** *s* benessere, salute.
**kalútasan** *s* soluzione.
**kaluwalhatian** *sf* gloria.
**kalye** *s* via, strada.
**kalyo** *s* callo.
**kalyos** *s* trippa.
**kama** *s* letto ◊ **kama na natitiklop** branda; **ayusin ang kama** rifare il letto, **kamang dabeldek** letto a castello; **kamang pang isa** letto singolo; **kamang pang magasawa** letto matrimoniale.
**kamág-anak** *s* parente.
**kamagòng** *s* mogano.
**kamáhálan** *s* maestà.
**kamakailan** *agg* recente ◊ **kamakailan lang** qualche giorno fa.
**kamakalawà** *agg* l'altro ieri.
**kamalasan** *s* cattiva sorte, malaugurio, sfortuna.
**kamaleòn** *s* camaleonte.
**kamalian** *s* difetto; errore.
**kamalig** *s* baracca ◊ granaio.
**kamandàg** *s* veleno.
**kamanghâ-manghâ** *agg* sorprendente.
**kamangmángàn** *s* ignoranza ◊ semplicità, ingenuità.
**kamao** *s* pugno.
**kamarote** *s* cabina, cuccetta.
**kamátayan** *s* morte.
**kamatis** *s* pomodoro.
**kamày** *s* mano ◊ **yaring kamay** artigianale.
**kambàl** *s* gemello ◊ (*astr*) Gemelli.
**kambing** *s* capra.
**kambing-gubat** *s* stambecco.
**kambiyò** *s* (*marcia*)folle.
**kamelyo** *s* cammello.
**kamera** *s* macchina fotografica ◊ **kamera pangtelibisyon** telecamera; **kamerang pampelikula** cinepresa.
**kamera-trik** *s* fotomontaggio.
**kamilya** *s* lettiga.
**kamiseta** *s* maglietta; camicia.
**kamot** *s* smagliatura ◊ unghiata.
**kampamento** *s* presidio.
**kampanà** *s* campana.
**kampanaryo** *s* campanile.
**kampanya** *s* campagna ◊ **kampanya para sa eleksiyon** campagna elettorale.
**kampeòn** *s* campione.

**kampeonado** *s* campionato, scudetto ◊ **kampeonado ng putbol** campionato di calcio; **kampeyonadong pandaigdigan** campionato mondiale.
**kamper** *s* roulotte.
**kampingan** *s* campeggio.
**kampo** *sm* accampamento, campo ◊ **kampo ng bowling** campo di bocce; **kampo ng mga bihag** campo di concentramento; **kampo ng mga sundalo** accampamento.
**kamtàn** *v* guadagnare; realizzare, conseguire.
**kamuhian** *v* detestare, disprezzare.
**kamukhâ** *v* assomigliare ◊ **kamukhâ ng tatay** è tutto suo padre.
**kamundóhan** *agg* mondano.
**kamut** *s* (*med*)smagliatura.
**kanadiyano** *s* canadese.
**kanàl** *s* canale, fossato, fosso.
**kanan** *agg* destro ◊ *s* destra ◊ **kanang kamay** (pugno) destro; **kanang panig** (*politica*) destra; **kanang-kamay ng isang tao** essere il braccio destro di qualcuno; **maging kanang kamay** fare da spalla a qualcuno.
**kánapèy** *s* tartina.
**kanaryo** *s* canarino.
**kandado** *s* lucchetto.
**kandela** *s* candela ◊ torchio.
**kandidato** *s* candidato.
**kanela** *s* cannella.
**kanggarù** *s* canguro.
**kanggrena** *s* cancrena.
**kanibàl** *s* cannibale.
**kanilà** *agg poss* loro.
**kanin** *s* (*cibo*)riso.
**kanina** *avv* poco fa ◊ **kaninang umaga** stamani.
**kanlungan** *s* rifugio.
**kanluran** *s* occidente, ovest, ponente.
**kanluranìn** *agg* occidentale.
**kansèr** *s* cancro.
**kansonsilyo** *s* (*uomo*)mutande.
**kantero** *s* muratore.
**kanteryà** *s* massoneria.
**kantidàd** *s* (*denaro*)somma.
**kantin** *s* mensa; refettorio.
**kanto** *s* (*angolo*)canto, spigolo.
**kanyà** *agg poss* suo ◊ **kanya-kanyang bayad** pagare alla romana; **kanyang kamahalan** Sua Eccellenza; **kanyang magulang** i suoi.
**kànyon** *s* canna, cannone.
**kapa** *s* manto.
**kapabayaan** *s* incuria.
**kapag** *cong* se.
**kapaguran** *s* fatica, stanchezza.
**kapaitan** *s* amarezza.
**kapakánan** *s* tutela.
**kapaki-pakinabang** *agg* conveniente, proficuo.
**kapal** *s* strato.
**kapalaran** *s* destino, sorte ◊ **masamang kapalaran** disavventura.
**kapaligiran** *s* atmosfera, ambiente.

**kapalit** *s* opzione ◊ sostituto, supplente.
**kapal-mukhà** *agg* faccia tosta.
**kapanahonàn** *agg* contemporaneo ◊ *s* alta stagione.
**kapangalan** *agg* omonimo.
**kapanganakan** *s* nascita.
**kapanglawàn** *s* solitudine.
**kapangyarihan** *s* dominio, potere.
**kapanig** *agg* partigiano.
**kapansanàn** *s* handicap ◊ **may kapansanan** handicappato, invalido.
**kapansín-pansìn** *agg* notevole.
**kapantayàn** *s* livello.
**kapareho** *s* coppia ◊ pari.
**kaparte** *s* quota.
**kapartido** *s* (*politica*)compagno.
**kapasidàd** *s* capienza, capacità.
**kapatagan** *agg* piano, pianura.
**kapatawaran** *s* assoluzione, condono.
**kapatid** *s* fratello, sorella ◊ **kapatid na lalaki sa labas** fratellastro.
**kapayapaan** *s* pace ◊ **pansamantalang kapayapaan** tregua.
**kapè** *s* caffè ◊ **kapè na may alak** caffè corretto; **kapè na may gatas** caffè macchiato; **kapèng matapang** caffè espresso; **kapèng walang kafena** decaffeinato.
**kapero** *s* cappero.
**kapighatiàn** *s* depressione.
**kapilya** *s* cappella.
**kapilyuhan** *s* dispetto.
**kapintasan** *s* imperfezione.
**kapinuhan** *s* delicatezza.
**kapirangot** *s* striscia.
**kapiraso** *s* segmento.
**kapisanan** *s* società.
**kapitàl** *agg* capitale ◊ *s* (*città*) capitale ◊ **kapital ng probinsiya** capoluogo.
**kapitalismo** *s* capitalismo.
**kapitá-pitagan** *s* reverendo.
**kapit-bahay** *s* vicino.
**kapitbayan** *s* retroterra.
**kapit-bayanan** *s* vicinato.
**kapitèl** *s* capitello.
**kapitolo** *s* capitolo.
**kapkapìn** *v* perquisire.
**kapòn** *s* cappone.
**kapootan** *s* ostilità.
**kapos** *agg* insufficiente ◊ *s* mancanza ◊ **kapos sa pera** asciutto,al verde.
**kapote** *s* impermeabile.
**kapreskohan** *s* freschezza, refrigerio.
**kaprikorn** *s* (*astr*)Capricorno.
**kàpsulà** *s* capsula.
**kapulungan** *s* convenzione.
**kapús-palad** *agg* sciagurato.
**kaputikan** *s* pozzanghera.
**kapwà-tao** *s* prossimo.
**karagatan** *s* oceano.
**karagdagan** *s* addizione, supplemento.
**karag-karag** *s* carcassa.
**karahasan** *s* foga.
**karamdaman** *s* (*med*) disfunzione,disturbo; malore.
**karamihan** *agg* maggioritario ◊ *s*

maggioranza ◊ **ang karamihan** la maggior parte.
**karampòt** *s* briciola.
**karanasàn** *s* esperienza.
**karangàlan** *s* dignità; onore, prestigio.
**karaniwan** *agg* banale; ordinario, usuale ◊ *s* semplicità ◊ **karaniwang araw** giorno feriale; **karaniwang tao** borghesia.
**karansan** *s* (*fig*)bagaglio.
**karapat-dapat** *agg* degno.
**karatig** *v* confinare.
**karatula** *s* insegna stradale, tabellone.
**karayom** *s* ago.
**karbòn** *s* carbone.
**karburadòr** *s* carburatore.
**kard** *s* scheda, tessera ◊ bancomat ◊ **kard ng pagbati** biglietto, partecipazione; **kard ng pagkikilala** tessera(di riconoscimento).
**kardinàl** *s* cardinale.
**kardiyologo** *s* cardiologo.
**kàrdyak** *agg* cardiaco.
**kardyoholiya** *s* cardiologia.
**kárerahàn** *s* pista; ippodromo ◊ **karerahan ng bapor** regata; **karerahan ng bisikleta** velodromo.
**kargà** *s* carica.
**kargador** *s* facchino.
**kargahan** *v* (*batteria*)scaricare.
**karibal** *agg* contendente, rivale, avversario.
**karibdiban** *s* torace.
**karinderya** *s* caffettiera ◊ trattoria, tavola calda.
**karit** *s* falce.
**karitela** *s* carretto.
**karitòn** *s* carrozzina; carrello ◊ **karitòn para sa bata** carrozzina.
**karnabàl** *s* carnevale.
**karne** *s* carne ◊ **karne ng baka** carne di manzo; **karne ng guya** fettina di vitello; **karne ng tupa** carne di agnello; **karneng gisado** spezzatino; **karneng pangkatay** carne da macello; **sarsang karne** ragù; **ginisang-karne** stufato; **giniling na karne** carne trita.
**karnehan** *s* macelleria.
**karnero** *s* montone.
**karnesyon** *s* garofano.
**karote** *s* carota.
**karotido** *s* carotide.
**karpa** *s* carpa.
**karpentero** *sm* falegname.
**karsada** *s* strada.
**kartèl** *s* cartellone, manifesto.
**kartero** *s* postino.
**kartòn** *s* cartone.
**kartòns** *s* cartoni animati.
**kartusiyana** *s* certosa.
**kartutso** *s* cartuccia.
**karumal-dumal** *agg* disgustoso.
**karunungan** *s* saggezza, sapienza.
**karwahe** *s* vagone ◊ **karwahe ng tren** carrozza(del treno).
**karyera** *s* carriera.
**kasabihàn** *s* motto.
**kasabwat** *agg* complice.
**kasaganahan** *s* abbondanza, ricchezza.

**kasakiman** *s* avidità.
**kasal** *s* matrimonio, nozze ◊ **pagbungyag ng kasal** pubblicazioni di matrimonio; **kasal sa huwes** matrimonio civile; **saksì sa kasal** testimone di nozze.
**kasalanan** *s* peccato.
**kasali** *agg* partecipante.
**kasalukuyan** *agg* attuale, vigente, presente ◊ *s* (*gramm*)presente.
**kasama** *agg* incluso ◊ *s* camerata, collega, compagno, partner ◊ **kasama ko siyang aalis** partirò con lei; **kasama lahat** tutto compreso; **kasama ni** insieme a, con.
**kasamaàn** *agg* malvagio.
**kasanayan** *s* capacità, portata ◊ efficienza ◊ familiarità, abitudine.
**kasangkapan** *s* apparato, corredo ◊ arnese, attrezzo, utensile ◊ **kasangkapan sa bahay** mobilia; **magbigay ng kasangkapan** corredare; **magtapon ng kasangkapan** smantellare.
**kasapì** *s* membro, componente.
**kasaporte** *s* cassaforte, cassetta di sicurezza.
**kasarian** *s* generalità ◊ sesso, organi sessuali.
**kasariwàan** *s* freschezza.
**kasàwian** *s* malanno ◊ **kasawiang-palad** disastro.
**kasaysayan** *s* cronaca, storia.
**kaserola** *s* casseruola, pentola.
**kasiguraduhan** *s* sicurezza, certezza.
**kasilyas** *s* gabinetto.
**kasimpléhan** *s* facilità, semplicità.
**kasindàk-sindàk** *agg* formidabile.
**kasinsinan** *s* consistenza.
**kasinungalingan** *s* falsità, menzogna, frottola.
**kasipagan** *s* iniziativa.
**kasipan** *s* convivente, compagno.
**kasiyahan** *s* allegria ◊ godimento.
**kasket** *s* cachet.
**kaso** *s* (*giur*)causa.
**kasosyo** *s* (*comm*)partner.
**kastanyas** *agg* marrone ◊ *s* castagna.
**kastilyo** *s* castello.
**kasúkasuan** *s* (*anat*) giuntura, articolazione.
**kasukàt** *agg* proporzionale.
**kasukdulan** *agg* massimo.
**kasuklamàn** *v* odiare.
**kasulatan** *s* documento.
**kasunduan** *s* compenso ◊ contratto ◊ intesa, patto, trattato ◊ **ayon sa kasunduan** a seconda del compenso; **ipawalangbisa ang kasunduan** annullare un contratto; **kasunduan ng kabayaran** ordine di pagamento; **kasunduan para sa kapayapaan** trattato di pace; **kasunduang pakasal** fidanzamento.
**kasunod** *agg* successivo, prossimo; progressivo ◊ **ang kasunod** di seguito.
**kasuutan** *s* tenuta, veste, costume ◊ **kasuutang pangehersisiyo** tuta

da ginnastica; **kasuutang pangehersisiyo** tuta.
**kasuwal** *agg* (*abbigliamento*) informale, casual.
**kataásan** *s* altitudine.
**kataás-taasan** *s* supremazia, primato.
**katad** *s* cuoio.
**katahimikan** *s* serenità ◊ silenzio.
**katakà-taka** *agg* eccentrico.
**katakot-takot** *agg* mostruoso.
**katakumba** *s* catacomba.
**katalays** *agg* catalizzato.
**katalinuhan** *s* risorsa; intelligenza.
**kataliwasan** *s* eccezione.
**katàlogò** *s* catalogo.
**katamaran** *s* pigrizia, ozio.
**katamisan** *s* dolcezza.
**katamtaman** *agg* giusto, regolare ◊ discreto; mite ◊ **katamtamang temperatura** temperatura ambiente.
**katanghalian** *s* meridiano.
**katangian** *s* qualità, stoffa (*fig*), pregio.
**katangi-tangi** *agg* eccezionale.
**katanúngàn** *s* quesito.
**katanyagan** *s* fama.
**katapangan** *s* (*morale*)valore.
**katapàt** *agg* opposto.
**katapatan** *s* fedeltà, lealtà, onestà.
**katapusan** *s* fine.
**kataro** *s* catarro.
**katarungan** *s* equità, giustizia.
**katàs** *s* essenza ◊ spremuta, succo, estratto ◊ **katas ng dalandan** spremuta d'arancia; **katas ng dayap** succo di limone; **katas ng prutas** succo di frutta.
**katatagan** *s* risoluzione, fermezza ◊ denominazione.
**katawagàn** *s* nomenclatura.
**katawàn** *s* carcassa ◊ (*anat*) tronco; fisico, corpo; corporatura ◊ **pag-ipon ng likido sa loòb ng katawan** secrezione; **ang nagkaloob ang mga bahagi ng katawan** donatore di organi.
**katawáng-pantangì** *s* (*gramm*) nome.
**katawanìn** *v* simboleggiare, rappresentare.
**katawá-tawà** *agg* ridicolo.
**katayin** *v* macellare, sgozzare.
**katedràl** *s* cattedrale, duomo.
**kategoriya** *s* categoria.
**katerba** *s* mucchio.
**kathang-isip** *s* fantascienza.
**katì** *s* prurito.
**katibayan** *s* prova, evidenza ◊ certificato ◊ **katibayan ng kapangankan** certificato di nascita.
**katigasan** *s* durezza.
**kati-kati** *s* rogna.
**katimbang** *s* proporzione.
**katindihan** *s* intensità.
**katinig** *s* consonante.
**katitikan** *s* verbale.
**katiting** *s* (*piccola quantità*) filo, pizzico, grano ◊ **katiting na buwan** uno spicchio di luna.

**kátiwala** *agg* incaricato.
**katiwala** *s* persona di fiducia.
**katiyakan** *s* assicurazione, accertamento.
**katiyákan** *agg* deciso, determinato.
**katòk** *s* colpo.
**katòlikò** *agg* cattolico.
**katotohanan** *s* realtà, vero.
**katre** *s* letto ◊ **sapin ng katre** lenzuolo.
**katulad** *avv* come, tale e quale ◊ **katulad natin** i nostri simili.
**katulinan** *s* rapidità.
**katulong** *s* lavoratore; collaboratore, assistente ◊ domestica.
**katumbas** *agg* equivalente ◊ **katumbas ng social welfare sa pilipinas** mutua.
**katumpákan** *agg* (*fig*) solido ◊ *s* convenienza ◊ perfezione.
**katunayan** *s* certificato ◊ prova ◊ realtà ◊ **katunayan ng doktor** certificato medico.
**katunggali** *s* controparte.
**katungkulan** *s* posizione ◊ (*lavoro*) posto, poltrona ◊ (*ministero*) portafoglio ◊ obbligazione.
**katusuhan** *s* furbizia.
**katutubò** *agg* proprio, caratteristico ◊ indigeno, nostrano, originario ◊ *s* etnia, nativo ◊ **iba't ibang katutubo** multietnico.
**katutubong-salita** *s* madrelingua.
**katutuhanan** *s* verità.
**katuwàan** *s* delizia.
**katuwaan** *s* divertimento.
**katuwiran** *s* giustificazione ◊ ragionamento.
**kaugalian** *s* usanza.
**kaugnayan** *agg* pertinente ◊ nesso ◊ **kaugnayang pang-diplomasiya** relazioni diplomatiche; **kaugnayang pang-kalakal** relazioni d'affari; **may kaugnayan** attinente, relativo ◊ **may kaugnayan kay** avere a che fare con qualcuno.
**káuná-unáhan** *agg* primitivo ◊ **kauna-unahang panahon** antichità.
**kaunlaran** *s* sviluppo, espansione.
**kauntî** *agg indef* poco, meno.
**kausap** *s* interlocutore.
**kawà** *s* marmitta ◊ nacchere.
**kawad** *s* (*telefono*) linea ◊ fune ◊ (*elettr*)conduttore.
**kawakasan** *s* finalità.
**kawalàn** *s* niente ◊ **kawalan ng kaya** incapacità; **kawalang halaga** non valere un soldo; **kawalang-asikaso** disattenzione; **kawalang-ayos** disfunzione; **kawalang-pagasa** disperare; **kawalang-tiwala** sfiducia.
**kawalì** *s* padella.
**kawan** *s* branco, gregge; stormo.
**káwang-gawâ** *s* beneficenza, carità.
**kawani** *s* impiegato ◊ aiutante ◊ tirapiedi ◊ **kawani ng direktor** aiuto regista; **kawani ng korte** cancelliere.

**kawastuàn** *s* correttezza, esattezza.
**kawawà** *agg* povero ◊ **kawawang tao** povero diavolo.
**kawayan** *s* bambù.
**kawikaàn** *s* idioma.
**kawil** *s* lenza.
**kawili-wili** *agg* interessante.
**kawit** *s* gancio, rampone, uncino.
**kay** *prep* della, dello.
**kaya** *avv* talmente ◊ **o kaya** anzi; o, oppure; ovvero, ossia.
**kayâ** *cong* allora ◊ cioè ◊ perciò ◊ **kayâ ngâ** quindi; insomma.
**kaya** *s* abilità.
**kayak** *s* canoa, kayak.
**kayamanan** *s* ricchezza, mezzi, tesoro.
**kayanin** *v* cavarsela, essere in grado di; sopportare ◊ **kayanin ang trabaho** far fronte agli impegni.
**kayarian** *s* struttura.
**kayo** *pron pers* voi, vi.
**kaysa** *cong* piuttosto ◊ **kaysa naman** piuttosto di; **kaysa sa** piuttosto che.
**kayumanggi** *agg* marrone.
**kayurin** *v* grattugiare, grattare, raschiare.
**kebel kar** *s* funivia.
**kendi** *s* caramella.
**kerpeyu** *s* coprifuoco.
**keso** *s* formaggio ◊ **kesong nagmula sa gatas** ricotta; **kesong-parmisan** parmigiano, grana.
**ketsap** *s* ketchup.
**keybel** *s* parabolica.
**keyk** *s* crostata, torta ◊ **keyk na di matamis** torta salata; **keyk na hugis-bilog** ciambella.
**kidlàt** *s* fulmine, lampo ◊ **kidlat at kulòg** saetta; **tamaan ng kidlat** fulminare.
**kidnaper** *s* rapitore.
**kikil** *s* lima.
**kilalà** *agg* familiare, conosciuto, noto, rinomato ◊ **kilala sa personal** conoscere di vista; **kilalang katangihan** notorieta.
**kilalanin** *v* identificare, ravvisare.
**kilatis** *s* carato.
**kilatisin** *v* (*fig*)inquadrare.
**kilay** *s* sopracciglio.
**kili-kili** *s* ascella.
**kilimutan** *v* dimenticare ◊ voltare pagina.
**kiling** *s* criniera ◊ pendio.
**kilitî** *s* solletico.
**kilo** *s* chilogrammo.
**kilometro** *s* chilometro.
**kilos** *s* mossa; contegno; gesto.
**kilusàn** *s* movimento.
**kilya** *s* chiglia.
**kimika** *s* chimica.
**kina** *prep* delle.
**kinabukasan** *agg* futuro ◊ *avv* indomani.
**kinagawian** *agg* consueto.
**kinain** *v* mangiare ◊ **kinain ko lahat** li ho mangiati.
**kinakailangan** *v* bisognare, dovere ◊ **kinakailangang pumunta** bisogna andare.

**kinakatawàn** *s* rappresentante.
**kinálábasan** *s* risultato, prodotto.
**kinalag** *v* slacciare.
**kinalàs** *v* sciogliere.
**kinalimutan** *v* scordare.
**kinalòg** *v* scuotere.
**kinatawàn** *s* delega ◊ (*persona*) portabagagli.
**kináugaliàn** *agg* solito.
**kinaumagahan** *s* all'indomani.
**kinderganten** *s* scuola materna, asilo infantile; asilo nido.
**kinikimkim** *v* avere rancore ◊ **may kinikimkim sa loob** avere il pelo sullo stomaco.
**kintsày** *s* prezzemolo.
**kinuha ulî** *v* riavere.
**kinuskos** *v* scrostare.
**kirmis** *s* kermesse.
**kirot** *s* dolore, fitta ◊ **kirot ng panganganak** doglie.
**kísamè** *s* soffitto.
**kisàp** *s* paraocchi ◊ **kisap-mata** in un batter d'occhio.
**kiskisin** *v* raccapezzarsi.
**kislap** *s* favilla.
**kit** *s* kit.
**kita** *s* utile, guadagno, profitto.
**kitang-kita** *agg* evidente.
**klabong-pakò** *s* chiodi di garofano.
**klarinet** *s* clarinetto.
**klase** *s* qualità ◊ ceto, classe ◊ **isang klase ng pisa** calzone; **paglikom ng iba't iabang klase** raccolta differenziata di rifiuti.
**klats** *s* frizione.
**klaustro** *s* chiostro.
**klemetino** *s* clementino.
**klero** *s* clero.
**klima** *s* tempo, clima.
**klinika** *s* clinica ◊ (*di un medico*) gabinetto.
**klip** *s* fermaglio, molletta, graffa.
**kloro** *s* cloro.
**klos-ap** *s* inquadratura.
**klub** *sm* club, circolo.
**koboy** *s* western.
**kobra** *s* cobra.
**kod** *s* prefisso.
**kodigò** *s* codice ◊ **kodigo penal** codice penale; **kodigo sibil** codice civile; **kodigong pang-buwis** codice fiscale; **kodigong lihim** codice segreto.
**kodisyòn** *s* condizione.
**kola** *s* colla.
**kolehiyo** *s* (*università*) facoltà ◊ collegio.
**koleksiyòn** *s* collezione.
**kolekta** *s* colletta ◊ incasso.
**kolera** *s* colera.
**kolesterol** *s* colesterolo.
**kolikò** *s* colica.
**kolirio** *s* collirio.
**kolitis** *s* colite.
**kolombo** *s* colomba.
**kolon** *s* acqua di colonia.
**kolonya** *s* colonia.
**kolord** *agg* colorato, a colori.
**koltura** *s* coltura.
**koma** *s* coma.
**komadrona** *s* ostetrica.

**komandante** *s* comandante.
**komandidà** *v* candidare.
**komando** *s* comando ◊ **komando militar** comando militare.
**kombo** *s* (*mus*)complesso.
**kombulsiyon** *s* convulsione.
**komedya** *s* commedia.
**komentaryo** *s* nota.
**komersiyo** *s* commercio.
**kometa** *s* cometa.
**komidor** *s* refettorio.
**komisaryo** *s* commissario.
**komisyon** *s* commissione.
**komisyòn** *s* provvigione.
**komò** *s* comodino.
**kompanyà** *s* azienda, ditta, società.
**kompartimento** *s* scompartimento.
**komperénsiyà** *s* conferenza.
**kompetésiyà** *s* concorrenza.
**kompeyuter** *s* computer.
**kompeyuterays** *agg* computerizzato.
**kompleks** *s* (*psichico*) complesso.
**komplementaryo** *agg* complementare.
**kompleto** *s* completo.
**komplicado** *agg* complicato.
**komplikasiyòn** *s* complicazione.
**komportablè** *s* agio.
**komporter** *s* trapunta.
**komposisyòn** *s* composizione.
**kompromiso** *s* compromesso.
**komunidàd** *s* comunità, società.
**komunyòn** *s* comunione.
**kondensado** *agg* condensato.
**kondisyonado** *agg* condizionato.
**kondo** *s* condominio.
**kondom** *s* preservativo, profilattico.
**konduktòr** *s* capotreno ◊ **konduktorng tren** ferroviere.
**kongkreto** *agg* concreto.
**kongratulasyòn!** complimenti!.
**kongreso** *s* congresso.
**kono** *s* cono.
**konpete** *s* confetto.
**konsagrahin** *v* santificare, consacrare.
**konsèhal** *s* assessore.
**konseho** *s* comitato, consiglio.
**konsentrado** *agg/s* concentrato.
**konsentrasyòn** *s* concentramento.
**konserbatoryo** *s* conservatorio.
**konsiderasyòn** *s* considerazione.
**konsiyènsiyà** *s* coscienza ◊ **marumi ang konsiyènsiya** avere la coscienza sporca.
**konsiyerto** *s* concerto.
**konstruksiyòn** *s* costruzione.
**konsulado** *s* consolato.
**konsultahin** *v* consultare.
**konsumo** *s* consumo.
**kontador** *s* contatore.
**kontak-lens** *s* lente a contatto.
**konte** *s* conte.
**kontento** *agg* contento.
**kontinente** *s* continente.
**kontra** *prep* contro ◊ *v* contrariare.
**kontrabando** *s* contrabbando.

**kontralto** *s* contralto.
**kontrasenyas** *s* parola d'ordine.
**kontrata** *s* contratto ◊ appalto.
**kontribusyòn** *s* contributo.
**kontrol** *s* (*mecc*)comando.
**konyak** *s* cognac.
**kooperatiba** *s* cooperativa.
**kopa** *s* coppa.
**koponàn** *s* équipe.
**kopya** *s* copia; replica.
**kopyahin** *v* copiare.
**koral** *s* corallo.
**kordero** *s* agnello.
**koreo** *s* posta.
**korespondente** *s* inviato, corrispondente.
**kork** *s* sughero.
**kornea** *s* cornea.
**korneta** *s* (*mus*)cornetta.
**koro** *s* ritornello.
**korona** *s* corona.
**koronahan** *v* incoronare.
**koronang bulaklak** *s* ghirlanda.
**koronèl** *s* colonnello.
**kòrpòral** *s* caporale.
**korporasiyon** *s* consorzio, corporazione, lega; ente.
**kortapluma** *s* temperino.
**korte** *s* corte.
**kortso** *s* sughero.
**koryandolo** *s* coriandolo.
**koryente** *s* energia elettrica, elettricità.
**koryograpia** *s* coreografia.
**kosmos** *s* cosmo.
**kostitusyon** *s* (*giur*)costituzione.
**kota** *s* (*mat*)tangente.
**kotonya** *s* cotogna.
**kotse** *s* vettura.
**kraften** *s* krapfen.
**kreder** *s* girello.
**krema** *s* crema, panna ◊ **krema na pang-ahit** crema da barba; **krema na pang-ahit** crema depilatoria, **krema sa mukha** crema per il viso; **kremang ginagamit pagkatapos mag-ahit** dopobarba; **kremang pang-araw** crema solare; **kremang-pampaitim** abbronzante.
**krimèn** *s* crimine, delitto, reato.
**kriminàl** *agg* criminale ◊ *s* malfattore, malvivente, criminale.
**kripta** *s* cripta.
**krisantimo** *s* crisantemo.
**krisis** *s* crisi ◊ **krisis ng gobyerno** crisi di governo.
**kristàl** *s* cristallo.
**kristiyanismo** *s* cristianesimo.
**kristiyano** *agg* cristiano.
**krokis** *s* (*disegno*)schizzo.
**kromosoma** *s* cromosoma.
**kronometro** *s* cronometro.
**krosing** *sm* attraversamento, bivio, incrocio.
**krudo** *s* gasolio, nafta.
**krus** *s* croce ◊ **krus na daan** crocevia.
**krusipiho** *s* crocifisso.
**kubà** *agg* gobbo ◊ **taong kuba** gobbo.
**kubeta** *s* toilette, water.
**kublian** *s* riparo.
**kubo** *s* cubo, dado.

**kubrekama** *s* copriletto.
**kubyerta** *s* (*mar*)coperta.
**kubyertos** *s* posata.
**kudyàpi** *s* lira.
**kuhanan** *s* posto di ritiro ◊ **kuhanan ng bagahe** ritiro bagagli.
**kukô** *s* unghia ◊ (*zool*) zoccolo ◊ **kukò ng hayop** artiglio.
**kukod** *s* zampone, stinco.
**kulam** *s* fattura, malocchio.
**kulambo** *s* zanzariera.
**kulang** *agg* insufficiente, scarso ◊ **kulang-kulang** deficiente.
**kulata** *s* (*di arma*)calcio.
**kulay** *s* colore, tinta, tono ◊ **alisin ang kulay** stingere; **kulay-berde** verde; **kulay-biyuleta** porpora; **kulay-lille** lilla; **kulay-murado** viola; **kulay-turkese** turchese; **maraming kulay** multicolore, variopinto; **sarisaring kulay** screziato, variegato.
**kulayan** *v* colorare, tingere.
**kuldoroy** *s* velluto a coste.
**kulektahin** *v* riscuotere.
**kuliglìg** *s* grillo.
**kuliling** *s* squillo.
**kùliplòr** *s* cavolfiore.
**kulisap insekto** *s* insetto.
**kulitin** *v* tempestare di domande.
**kulòg** *s* tuono.
**kulot** *s* (*capelli*) permanente ◊ *agg* crespo, riccio.
**kultura** *s* cultura ◊ **iba't ibang kultura** multiculturale.
**kulubot** *s* ruga.
**kulubótin** *agg* rinsecchito.
**kulugin** *v* scrollare.
**kulungàn** *s* gabbia, prigione ◊ **kulungan ng aso** canile; **kúlúngan ng tupa** ovile.
**kulungin** *v* impedire; sbarrare ◊ imprigionare.
**kulùpon** *s* falange.
**kumagat** *v* abboccare.
**kumáhig** *v* razzolare.
**kumain** *s* mangiare ◊ **kumain ng magaan** mangiare in bianco; **pagkatapos kumain** dopopranzo.
**kumakalog** *v* traballare.
**kumalampàg** *v* scalpitare.
**kumalàt** *v* (*fig*)dilagare.
**kumaliwa** *v* voltare a sinistra.
**kumaluskòs** *v* crepitare.
**kumanan** *v* voltare a destra.
**kumanta** *v* cantare ◊ **kumanta na walang saliw** cantare a orecchio.
**kumaskas** *v* andare a briglia sciolta.
**kumatawàn** *v* impersonare.
**kumathà** *v* parlare ◊ **kumatha ng walang paghahanda** parlare a braccio.
**kumatòk** *v* bussare.
**kumbento** *s* abbazia, convento.
**kumbinsihin** *v* convincere, persuadere.
**kumililing** *v* squillare.
**kumilimlim** *v* rabbuiarsi.
**kumiling** *v* inclinare.
**kumilos** *v* fungere ◊ muovere, manovrare ◊ comportare ◊ **kumilos ng wastò** darsi un contegno.

**kuminang** *v* brillare.
**kumislap** *v* luccicare.
**kumita** *v* ricavare, guadagnare.
**kumontra** *v* contrapporre.
**kumot** *s* coperta, plaid ◊ **kumot na gawâ sa balahibo ng pato** piumino.
**kumpàs** *s* (*mus*) battuta ◊ bussola ◊ compasso.
**kumpày** *s* foraggio.
**kumpil** *s* cresima.
**kumpiskahin** *v* confiscare.
**kumpòl** *s* gruppo ◊ mazzo.
**kumuha** *v* (*mangiare, bere*) prendere, procurare ◊ **kumuha mulî** riprendere.
**kumulang** *v* mancare.
**kumulòg** *v* tuonare.
**kunan** *v* (*fot*) scattare ◊ (*fot, cine, TV*) riprendere ◊ **kunan ng larawan** ritrarre; **kunan ng litrato** scattare.
**kundi** *avv* altrimenti ◊ **aalis ako kung hindi ka sasama** vieni, altrimenti me ne vado.
**kuneho** *s* coniglio.
**kung** *avv* talora ◊ *cong* purché; se; sia ◊ **kung halimbawa** per esempio; **kung hindî man** se non altro, **kung minsan** talvolta; **kung saan man** altrove; **kung sakali** al limite, eventualmente, semmai, nel qual caso, per caso, se mai.
**kunin** *v* ritirare, trarre; desumere; pigliare ◊ **kunin ulit** (*fig*) ripescare; **piliting kunin** estorcere.
**kunò** *s* (*fig*)solco.
**kunyàs** *s* zeppa.
**kupi** *s* ammaccatura.
**kupkópin** adottare ◊ salvare.
**kùpolà** *s* cupola.
**kupòn** *s* tagliando, buono, coupon.
**kura** *s* parroco.
**kúral** *s* porcile.
**kurales** *s* corallo.
**kurbata** *s* cravatta.
**kuripot** *agg* avaro, tirchio ◊ gretto.
**kurso** *s* (*lezioni*)corso, facoltà.
**kurtina** *s* (*da interno*)tenda.
**kuru-kurò** *s* discussione ◊ concetto ◊ opinione ◊ **kuru-kurò ng masa** l'opinione pubblica.
**kurut** *s* pizzico.
**kurutin** *v* pizzicare.
**kusà** *agg* spontaneo, volontario.
**kusang-loòb** *s* volontà.
**kusina** *s* cucina ◊ **pamunas ng kusina** carta da cucina.
**kusinero** *s* cuoco.
**kuskusin** *v* fregare; scrostare.
**kustoms** *agg* doganale.
**kusyente** *s* quoziente.
**kutà** *s* rocca.
**kutab** *s* tacca.
**kutaban** *v* intaccare.
**kuteks** *s* smalto per unghie.
**kutis** *s* carnagione, epidermide, pelle.
**kuto** *s* pidocchio.
**kutòb** *s* presentimento.
**kutòb-loòb** *s* intuito.
**kutsara** *s* cucchiaio.

**kutsarita** *s* cucchiaino.
**kutsilyo** *s* coltello.
**kutsòn** *s* materasso.
**kuwaderno** *s* quaderno.
**kuwadra** *s* stalla.
**kuwadrato** *agg* quadrato.
**kuwadro** *s* (*fot, cine*) piano ◊ cornice ◊ quadro.
**kuwadrohan** *v* inquadrare.
**kuwago** *s* civetta, gufo.
**kuwako** *s* piffero.
**kuwala** *s* koala.
**kuwalta** *s* denaro contante.
**kuwarantenas** *s* quarantena.
**kuwaresima** *s* quaresima.
**kuwarta** *s* quarta.
**kuwartèl** *s* caserma.
**kuwarteto** *s* (*mus*)quartetto.
**kuwarto** *s* camera, stanza, locale ◊ **kuwartong pang-ísahan** camera singola; **magreserba ng kuwarto sa otèl** prenotare una camera d'albergo.
**kuwarts** *s* quarzo.
**kuweba** *s* caverna, grotta.
**kuwelyo** *s* colletto; scollatura ◊ **kuwelyong hugis** collo a V; **malapad na kuwelyo** collo alto.
**kuwenta** *s* (*da pagare*) conto; calcolo.
**kuwento** *s* storia, racconto; trama ◊ **kuwentong pangpulis** romanzo poliziesco.
**kuwento-kuwentuhan** *s* (*cosa detta*)stupidaggine.
**kuwerdas** *s* (*mus*) corda ◊ (*orologio, meccanismo*)carica.
**kuwintàs** *s* collana, girocollo ◊ **kuwintas na bulaklak** ghirlanda.
**kuwit** *s* virgolette ◊ virgola.
**kuwitis** *s* razzo.
**kuwlata** *s* valuta, quattrino, soldo.
**kuyog** *s* sciame.
**kwis** *s* quiz.

# L

**la** *s* (*mus*)la.
**laba** *s* lava.
**lababo** *s* lavandino.
**labàg** *agg* illegale.
**labaha** *s* rasoio.
**labahan** *s* lavatoio.
**labahin** *s* bucato.
**laban** *avv* contro ◊ **laban sa apoy** antincendio; **laban sa bala** antiproiettile; **laban sa balakubak** antiforfora; **laban sa magnanakaw** antifurto; **laban sa sakit** antidolorifico.
**labanan** *s* lotta, conflitto ◊ incontro ◊ **labanan ng putbol** incontro di calcio.
**labanda** *s* lavanda ◊ **labanda gastrika** lavanda gastrica.
**labanderya** *s* lavanderia.
**labanòs** *s* ravanello.
**labas** *agg* esteriore ◊ *prep* fuori ◊ **labas pasok** viavai; **labas pasok ng bilibid** avanzo di galera.
**labasan** *s* scorciatoia ◊ uscita; svincolo ◊ **labasan ng gas** gas di

scarico; **labasan ng tubo** tubo di scappamento; **labasan pag may peligro** uscita di sicurezza; **labasan pang-emergensa** uscita d'emergenza.
**labatiba** *s* clistere.
**labay** *s* matassa.
**labi** *s* detrito ◊ labbro.
**labì** *s* relitto.
**labing-limà** *s* quindici ◊ **labing-limang minutos** quarto d'ora.
**labirinto** *s* labirinto.
**labis** *agg* superfluo ◊ esorbitante, troppo ◊ *s* eccesso ◊ **taong nagpapatubò ng labis** usuraio.
**labislabis** *avv* eccessivo, tanto.
**labis-labis** *s* cuccagna.
**laboratoryo** *s* laboratorio.
**laboy** *agg* randagio.
**labu-labo** *s* schermaglia.
**labuyò** *s* faraona.
**ladrilyo** *s* mattone.
**lagak** *s* versamento (di denaro).
**lagalàg** *agg* nomade ◊ **taong lagalag** nomade (*s*).
**laganap** *agg* risaputo.
**lagarì** *s* sega.
**lágariàn** *s* segheria.
**lagarihin** *v* segare.
**lagày** *s* bustarella.
**lagayan** *s* rimessa.
**lagda** *s* firma.
**lagdaan** *v* firmare, siglare.
**lager** *s* lager.
**lagim** *s* tenebre, morbo.
**laglàg** *s* aborto.
**lagnat** *s* temperatura, febbre.
**lagpàs** *avv* oltre.
**lagpasan** *v* superare.
**làgúsan** *s* galleria ◊ scorciatoia ◊ imbocco; sbocco.
**lagyan** *v* mettere ◊ **lagyan ng pamiyénta** pepare; **lagyan ng siper** zippare, **lagyang ng papel** tappezzare.
**lahàd** *s* relazione.
**lahat** *agg* tutto ◊ **lahat maliban sa isa** tutti eccetto uno; **nagkaloob ng lahat** donatore universale; **pagkatapos ng lahat** dopotutto.
**lahi** *s* etnia, razza ◊ **pagamahin ang dalawang lahi** mescolare, incrociare; **pagkamuhi sa ibang lahi** razzista; **pagsasalin lahi** generazione.
**lakad** *s* marcia, cammino.
**lakàs** *s* (*elettr*) resistenza ◊ energia, forza, potenza, vigore ◊ **lakas ng loob** forza d'animo; **lakàs-nukleàr** energia nucleare; **pagsamahin ang lakas** unire gli sforzi.
**lakasan** *v* alzare ◊ **lakasan ang boses** alzare la voce.
**lakì** *s* dimensione, grandezza, volume ◊ **laki ng tubig** marea.
**laktawàn** *v* tralasciare, saltare, omettere.
**lalagukan** *s* trachea.
**lálagyan** *s* portaoggetti ◊ **lalagyan ng bagahe** portabagagli; **lalagyan ng barya** portamonete; **lalagyan ng bata** marsupio per neonati; **lalagyan ng keyk** tortiera; **lalagyan ng langìs** oliera; **lala-**

gyan ng pangski portasci; lalagyan ng payong portaombrelli; lalagyan ng salamin portaocchiali; lalagyan ng sulat cassetta delle lettere.
**lalaki** *agg* maschio ◊ *s* uomo ◊ **anak na lalaki** figlio maschio; **asawang lalaki** marito; **biyanang lalaki** suocero; **kapatid na lalaki sa labas** fratellastro; **itlog-itlog ng lalaki** testicolo; **lalaki sa lalaki** da uomo a uomo; **lalaking kakasalin** sposo; **lalaking maginoò** gentiluomo; **lalaking tupa** ariete; **manugang na lalaki** genero; **sukat lalaki** a misura d'uomo.
**lalámunan** *s* gola, ugola.
**lalàng** *s* sotterfugio.
**lalàs** *s* (*abbigliamento*)spacco.
**lalaugan** *s* faringe.
**lalik** *s* tornio.
**lalim** *s* profondità.
**lama** *s* (*tibetano*)lama.
**lamad** *s* membrana.
**lamàn** *s* carne ◊ contenuto ◊ polpo.
**lamang** *avv* appena, soltanto ◊ *cong* appena.
**lamang-dagat** *s* frutti di mare.
**lamang-lupà** *s* tubero.
**lamàn-loob** *s* interiora, viscere, frattaglie.
**lamay** *s* veglia funebre.
**lamayan** *v* vegliare.
**lambàk** *s* vallata, valle.
**lambanog** *s* grappa.
**lambàt** *s* rete.
**lambing** *s* fusa.
**lamesa** *s* tavolino, tavolo ◊ **lamesa ng guro** cattedra.
**lamigin** *agg* freddoloso.
**lamok** *s* zanzara.
**lamon** *s* mangiata.
**lamonan** *s* scorpacciata.
**lamot** *s* muschio.
**lampara** *s* lampada, lume.
**lampàs** *avv* oltre ◊ **lampas sa taning** arretrato.
**lampasan** *v* superare, passare, sorpassare.
**lampin** *s* (*bambino*)pannolino.
**lamunin** *v* (*fig*)rodere.
**lana** *s* lana.
**lanaw** *s* laguna; stagno.
**landàs** *s* pista, sentiero, tragitto.
**langaw** *s* mosca; moscerino ◊ **pampatay ng langaw** moschicida.
**langgàm** *s* formica.
**langhapin** *v* aspirare, inalare, inspirare.
**langib** *s* (*ferita*)crosta.
**langìs** *s* benzina ◊ olio ◊ **bomba ng langìs** distributore (di benzina); **gilingan ng langìs** oleificio; **lalagyan ng langìs** oliera; **langìs na pang-araw** olio solare; **langìs ng palmera** olio di palma; **mina ng langìs** pozzo petrolifero; **pintur na gawâ sa langìs** pittura a olio; **preserb sa langìs** sott'olio.
**langísan** *v* oliare, ungere.
**langit** *s* cielo ◊ **langit na punò ng bituin** cielo pieno di stelle; **liwanag ng langit** lucernario.

**langkày** *s* grappolo.
**langoy** *s* nuoto ◊ **langoy na parang dolpin** nuoto a delfino.
**lansa** *s* lancia.
**lansagin** *v* scassinare.
**lansangan** *s* carreggiata, strada.
**lanseta** *s* lancetta.
**lansi** *s* (*sport*)finta.
**lantàd** *agg* scoperto.
**lantày** *agg* schietto.
**lantayin** *v* raffinare.
**lantsà** *s* fuoribordo.
**lapastangan** *s* traditore.
**lapastanginin** *v* profanare ◊ **lapastanganin ang Diyos** bestemmiare.
**lapày** *s* pancreas.
**lapì** *s* partito.
**lapidà** *s* lapide.
**lapilo** *s* lapillo.
**lapis** *s* matita.
**lapitan** *v* avvicinare ◊ rasentare.
**larangan** *s* (*fig*) sfera ◊ (*mil*) fronte.
**larawan** *s* stampa ◊ figura, immagine, ritratto.
**larawang-diwà** *s* immaginazione.
**larba** *s* larva.
**laringitis** *s* laringite.
**larô** *s* partita, gioco ◊ **laròng pangwakas** finale.
**laruàn** *sm* giocattolo ◊ campo da gioco ◊ **laruan ng putbol** campo da calcio; **laruan ng tenis** campo da tennis.
**lasa** *s* gusto, sapore.
**lasahan** *v* condire, gustare.
**lasanya** *s* lasagna ◊ **lasanyang luto sa oben** lasagne al forno.
**lasing** *agg* ubriaco ◊ *s* sbronza ◊ **lasing na lasing** ubriaco fradicio.
**làsíngan** *s* orgia.
**laso** *s* fiocco, nastro.
**lason** *s* veleno, sostanza tossica, tossina ◊ **alisin ang lason** disintossicare; **pag-tangal ng lason** disintossicazione.
**lastiko** *agg* elastico.
**lasunin** *v* avvelenare.
**lata** *s* latta, lattina.
**latag** *s* selciato.
**latak** *s* feccia ◊ fondo, sedimento.
**lathalà** *s* pubblicazione.
**lathalain** *s* articolo.
**latian** *s* palude.
**làtigo** *s* frusta.
**latitùd** *s* latitudine.
**laurel** *s* alloro.
**lawak** *s* larghezza ◊ superficie ◊ spazio (cosmico).
**laway** *s* saliva.
**lawin** *s* falco.
**layà** *s* (*mil*)licenza.
**layag** *s* vela.
**layang-layang** *s* rondine.
**layasan** *v* abbandonare, piantare in asso.
**laynman** *s* guardalinee.
**layon** *s* traguardo.
**layp-gard** *s* bagnino.
**layter** *s* accendino.
**layunin** *s* meta, obiettivo.
**lebedura** *s* lievito.

**lebra** *s* lebbra.
**leder** *s* leader.
**legàl** *agg* legittimo, legale.
**legalisahin** *v* legalizzare.
**legumbre** *s* legume.
**lehitimò** *agg* legittimo.
**lente** *s* lente ◊ (*fot*) obiettivo ◊ **lenteng-pampalaki** lente d'ingrandimento.
**lentehas** *s* lenticchia.
**leòn** *s* leone ◊ (*astr*)Leone.
**leopardo** *s* leopardo.
**liban** *agg* assente ◊ **liban sa** a eccezione di.
**libangan** *s* hobby, passatempo.
**libangin** *v* intrattenere ◊ sbizzarrirsi.
**liberàl** *s* liberale.
**libing** *s* funerale.
**libingan** *s* tomba, fossa ◊ tombino.
**libo** *s* migliaio ◊ **libo-libo** a migliaia.
**libra** *s* (*astr*)Bilancia.
**librè** *agg* gratuito ◊ *avv* gratis.
**librito** *s* libretto ◊ **libreto sa banko** conto in banca; **libreto ng opera** libretto d'opera; **libreto ng sasakyan** libretto di circolazione; **libretong pangkalusugan** libretto sanitario.
**libro** *s* libro ◊ **kompaniyang tagapahayag ng mga libro** casa editrice; **librong maliit** libro tascabile; **tagapahayag ng mga libro** editore.
**liempo** *s* pancetta.
**liga** *s* (*chimica*)legame, lega.
**ligalìg** *agg* restio.
**ligaligin** *v* inquietare, straziare.
**ligáw** *agg* selvatico ◊ sperduto.
**ligaw** *s* naufragio.
**ligawan** *v* corteggiare ◊ **ligawan ulit** riconquistare.
**ligò** *s* doccia.
**ligtàs** *agg* protetto,sicuro; salvo ◊ superstite ◊ *v* essere al sicuro ◊ **ligtas lahat maliban sa isa** tutti salvo uno; **ligtas sa panganib, peligrò** essere fuori pericolo.
**liham** *s* lettera.
**lihim** *agg* nascosto, sotterraneo ◊ clandestino ◊ confidenziale, segreto ◊ **lihim na kasunduan** accordo segreto.
**liig** *s* collo ◊ girocollo.
**likà** *agg* nativo.
**likàs** *agg* inerente, naturale, radicale ◊ **likas na talino** dono.
**likhà** *s* opera, lavoro ◊ **likhang pansinig** opera d'arte.
**likidò** *agg* liquido ◊ *s* fluido, liquido ◊ **pag-ipon ng likido sa loòb ng katawan** secrezione.
**likmuan** *s* poltrona.
**likô** *s* curva, svolta.
**likòd** *agg* dietro ◊ dorsale ◊ *s* retro; schiena, dorso ◊ **likod ng entablado** retroscena; **likod ng kamay** dorso della mano; **umbòk sa likòd** gobba.
**likom** *s* raccolta.
**likuin** *v* curvare.
**likuràn** *s* spalla ◊ sfondo.

**lila** *agg* lilla.
**lilo** *agg* perfido.
**limatik** *s* (*fig*)parassita.
**limbag** *s* stampa ◊ **bagong limbag** ristampa.
**limbangan** *s* tipografia.
**limestone** *s* calcare.
**limit** *s* frequenza.
**limonada** *s* limonata.
**limos** *s* elemosina.
**linabàg** *v* infrangere.
**linalaman** *s* (*spazio*)portata.
**linamnàm** *s* gusto.
**linang** *s* campo.
**linangàn** *s* istituto.
**linangisan** *v* ungere.
**linawin** *v* chiarire.
**lindol** *s* scossa di terremoto.
**linggo** *s* domenica.
**linggò** *s* settimana.
**língguhan** *agg* settimanale.
**língguhang-magasin** *s* settimanale, rivista.
**lingguwista** *s* poliglotta.
**lingid** *agg* illegale, nero ◊ incognito.
**linibang** *v rifl* intrattenersi.
**lininlang** *v rifl* ingannarsi.
**linisensiya** *v* licenziare.
**liniwanag** *v rifl* illuminarsi.
**liniwanagan** *v rifl* rischiararsi.
**linlang** *s* fregatura ◊ scambio.
**linlangin** *v* (*fam*) fregare, illudere, ingannare.
**linolyum** *s* linoleum.
**lintâ** *s* (*fig*)parassita, sanguisuga.
**lipà** *s* volo.
**lipido** *s* lipide.
**lipunan** *s* comizio.
**liquorice** *s* liquirizia.
**lira** *s* lira.
**liryo** *s* giglio.
**lisènsiyà** *s* licenza, patente ◊ **lisènsiya ng baril** porto d'armi; **lisènsiya ng pagmamaneho** patente di guida; **lisènsiya para sa pangangasò** licenza di caccia; **lisènsiya para sa pangingisda** licenza di pesca; **lisensiyadong may bayad** cassa integrazione.
**lisensiyahin** *v* licenziare.
**listahan** *s* lista, elenco, nota ◊ lista d'attesa ◊ **listahan ng mga taong may telépono** elenco telefonico; **listahan ng numero ng telepono** elenco telefonico; **listahan ng pamili** nota spese.
**litaw** *s* galla.
**litid** *s* legamento; tendine.
**litis** *s* inquisito.
**litisin** *v* inquisire, processare ◊ manipolare.
**litò** *agg* perplesso, sconcertato, spaesato.
**litratista** *s* fotografo.
**litrato** *s* fotografia, ritratto ◊ **litratong pang-identification card** fototessera.
**litratuhin** *v* fotografare.
**litsugas** *s* lattuga.
**lituhin** *v* confondere ◊ sconcertare.
**litùrhiyà** *s* liturgia.
**liwanag** *s* luce.

**liwanagin** *v* precisare.
**líwasan** *s* piazza.
**liyama** *s* (*zool*)lama.
**liyebre** *s* lepre.
**lobo** *s* lupo.
**lobus** *s* lobo.
**lof-bred** *s* pancarrè.
**lohikà** *s* logica.
**lokàl** *agg* domestico.
**loka-loka** *agg* (*fig*) incandescente.
**lokohin** *v* ingannare.
**loko-loko** *agg* sciocco; folle ◊ *s* asino (*fig*), ignorante.
**lokomotora** *agg* locomotore.
**lola** *sf* nonna ◊ **lola sa ama** nonna (paterna); **lola sa ina** nonna (materna).
**lolipap** *s* lecca lecca.
**lolo** *sm* nonno ◊ **lolo sa ama** nonno (paterno); **lolo sa ina** nonno (materno).
**longganisa** *s* salsiccia.
**longhitùd** *s* longitudine.
**loòb** *s* dentro ◊ **pag-ipon ng likido sa loob ng katawan** secrezione; **pahinain ang loòb** smontare.
**loòk** *s* baia, seno, golfo.
**loro** *s* pappagallo.
**losyòn** *s* lozione.
**loterya** *s* lotteria.
**loto** *s* lotto ◊ **lotong pang-putbol** totocalcio.
**luàd** *s* creta.
**lubak** *s* ristagno, pantano ◊ depressione ◊ **lubak-lubak na daan** strada dissestata.
**lubháng-kakatuwâ** *agg* grottesco.
**lubid** *s* corda, cavo; cordone.
**lubos** *avv* addirittura ◊ affatto, troppo ◊ **lubos na kagalakan** estasi; **lubos na pagkonsumo** consumismo.
**lubos-lubos** *agg* esuberante.
**lugar** *s* area; località, luogo; ghetto ◊ **lugar kung saan puwedeng manigarilyo** area fumatori; **lugar na iisang silid** monolocale; **libreng lugar** posto libero; **lugar na maaring tawírin sa ilog** guado; **lugar ng mga negosyo** centro commerciale; **lugar ng pinagmulan** luogo d'origine; **malawak na lugar** spiazzo; **makasaysayang lugar** centro storico; **magreserba ng lugar** prenotare un posto; **masamang lugar** circolo vizioso; **wala sa lugar** inopportuno, fuori luogo.
**lugar-tanggapan** *s* accettazione.
**lugi** *agg* (*econ*)fallito.
**lugihin** *v* mandare in fumo.
**luhà** *s* lacrima.
**luho** *s* lusso.
**lukemya** *s* leucémia.
**lukòb** *agg* convesso.
**luksò** *s* salto.
**luktòn** *s* cavalletta.
**lukuhin** *v* depistare, imbrogliare.
**luma** *agg* usato, di seconda mano.
**lumabàg** *v* contravvenire, infrangere, violare.
**lumaban** *v* combattere, lottare.

**lumabas** *v* sbucare, uscire ◊ **lumabas mulî** riuscire; **lumabas ng relis ng tren** deragliare; **lumabas para mamili** uscire a fare spese; **lumabas sa eksena** uscire di scena.
**lumabis** *v* eccedere.
**lumago** *v* crescere.
**lumagòs** *v* sboccare ◊ trafiggere.
**lumahok** *v* competere.
**lumakad** *v rifl* incamminarsi; camminare (*intr*) ◊ **lumakad ng matulin** camminare in fretta.
**lumakas** *v* (*fig*)rinforzare.
**lumaki** *v* crescere, alzare ◊ dilatare.
**lumalà** *v* aggravarsi.
**lumamig** *v* gelare.
**lumamon** *v* (*fig*) mangiare, divorare, ingozzare.
**lumampàs** *v* oltrepassare.
**lumamukos** *v* sgualcire.
**lumangoy** *v* nuotare ◊ **lumangoy na parang isdâ** nuotare come un pesce; **marunong lumangoy** saper nuotare.
**lumapàg** *v* atterrare.
**lumapit** *s* approccio.
**lumayag** *v* salpare.
**lumayas** *v* levare le tende, allontanarsi.
**lumayo** *v* (*fig*) distaccare, prendere le distanze.
**lumboy** *s* mora.
**lumiban** *v* mancare, non esserci.
**lumigid** *v* costeggiare.
**lumihis** *v* deviare.
**lumikhà** *v* coniare, creare.
**lumiko** *v* scantonare ◊ voltare l'angolo.
**lumilipàd** *agg* volante ◊ **lumilipad ang isip** soprappensiero.
**lumingon** *v* rivolgere.
**luminsàd** *v* slogare.
**lumipad** *v* decollare, volare ◊ **lumipad sa itaas** sorvolare.
**lumipas** *v* (*tempo*)passare.
**lumipat** *v* spostare, trasferire ◊ **lumipat ng bahay** traslocare.
**lumipos** *v* (*fig*)sommergere.
**lumisan** *v* evacuare.
**lumitaw** *v* venire fuori, venire a galla, emergere.
**lumiwanag** *v* schiarire.
**lumpò** *agg* paralizzato ◊ *s* mutilato ◊ **lumpò ng digmaan** mutilato di guerra.
**lumpuhìn** *v* paralizzare.
**lumubhà** *v* degenerare.
**lumubòg** *v* affondare, naufragare ◊ immergere ◊ tramontare.
**lumuhà** *v* lacrimare.
**lumuhòd** *v rifl* inginocchiarsi.
**lumuksò** *v* saltare.
**lumundàg** *v* saltare, fare un salto.
**lumusòt** *v* (*fig*)sboccare.
**lumustày** *v* scialacquare.
**lumutang** *v* galleggiare.
**lunas** *s* rimedio; ripiego ◊ **pangunang lunas** pronto soccorso.
**lunasan** *v* risanare ◊ rimediare.
**lunes** *s* lunedì.
**lungàw** *s* cava.
**lunggâ** *s* tana.

**lungos** *s* (*geog*) capo, promontorio.
**lunsòd** *s* città.
**luntian** *agg* verde.
**lunukin** *v* sorbire, inghiottire, ingoiare ◊ **lunukin ang mapait na bagay** ingoiare il rospo, **lunukin** buttar giù, mandare giù.
**lununin** *v* ingerire.
**lunurin** *v* annegare.
**lupà** *s* terra, suolo ◊ **suriin ang lupa** tastare il terreno.
**lupàin** *s* tenuta, podere, terreno ◊ **malawak na lupain** latifondo.
**lupî** *s* orlo.
**lupon** *s* commissione, comitato, gruppo ◊ **lupon ng patnugot** consiglio di amministrazione.
**lurayin** *v* devastare.
**lusak** *s* orzaiolo.
**lusawin** *v* sgelare.
**luslòs** *s* ernia.
**lusòng** *s* mortaio.
**lusubin** *v* invadere.
**lúsutan** *s* scappatoia, sbocco.
**lutàng** *agg/s* galleggiante.
**lutasin** *v* (*fig*) spianare, risolvere, togliersi un pensiero.
**lutay-lutay** *s* sconcio.
**lute** *s* liuto.
**lutò** *agg* cotto ◊ **luto na una** precotto.
**lutuin** *v* cuocere.
**luwà** *s* lago ◊ **luwang artipisyal** lago artificiale.
**luwad** *s* terracotta, argilla.
**luyà** *s* zenzero.

# M

**maabot** *agg* raggiungibile.
**maabòt** *v* ottenere.
**maadorno** *agg* barocco.
**maagâ** *avv* presto ◊ *agg* precoce, prematuro ◊ **maaga o tanghalì** presto o tardi; **maagang nagigising** mattiniero.
**maagap** *agg* rapido, pronto ◊ preventivo ◊ puntuale.
**maagos** *s* fiumana.
**maalab** *agg* fiammante ◊ **maalab na damdamin** passione.
**maalala** *v* richiamare (alla memoria), ricordare, venire in mente.
**maalalahanin** *agg* pensoso.
**maalamàt** *agg* mitico.
**maalibadbaràn** *v* nauseare.
**maaligamgàm** *agg* tiepido, temperato.
**maalikabok** *agg* impolverato, polveroso.
**maalinsangan** *agg* afoso ◊ **maalisawang hangin** aria pesante.
**maalon** *agg* mosso.
**maamo** *agg* mite, docile, mansueto.
**maanghàng** *agg* piccante.
**maantâ** *agg* rancido.
**maari** *agg* disposto ◊ potenziale, possibile ◊ **maaring isagawâ** praticabile.
**maari** *v* dovere, essere probabile ◊ **maaring bayaran** pagabile; **maaring bayaran sa loob ng**

**isang buwan** pagabile a trenta giorni; **maaring daanan** transitabile; **maaring di-mangyari** inverosimile; **maaring gawin** poter fare; **maaring ibabâ** reclinabile; **maaring kargahan ulî** ricaricabile; **maaring mangyari** eventuale, probabile; **maaring-mamaril, maaring-mangaso** riserva di caccia.

**maasal** *agg* (*fig*)raffinato.

**maasikaso** *agg* premuroso.

**maasim** *agg* acerbo, aspro ◊ **maasim ang mukhâ** storcere il naso; **maasim na prutas** agrume.

**maasin** *agg* salato, salmastro.

**maawà** *v* commuovere; compatire; impietosire.

**maawain** *agg* pietoso, misericordioso ◊ **maawang langit!** per carità!.

**mababâ** *agg* (*tonalità*) grave ◊ ordinario, basso, inferiore ◊ **mababang presyò** a buon mercato; **kalpating mababang-lipad** prostituta.

**mababanat** *s* elasticità.

**mababaw** *agg* superficiale.

**mabagabag** *v* sconvolgere (*anche fig*), agitare.

**mabagal** *agg* lungo, lento, tardo ◊ *avv* adagio ◊ **mabagal na tugtog** adagio (*mus*).

**mabagsik** *agg* (*fig*)selvaggio.

**mabahò** *agg* fetido, puzzolente ◊ *v* puzzare.

**mabait** *agg* gentile; buono, virtuoso ◊ **mabait na tao** persona alla mano.

**mabalahibò** *agg* ispido, peloso; pennuto.

**mabaliw** *v* impazzire, uscire di senno, dare di volta il cervello ◊ **mabaliw sa isang tao** andare pazzo per qualcuno; **mabaliw sa isang tao** prendersi una sbandata per qualcuno.

**mabangis** *agg* feroce, selvaggio, brutale.

**mabangò** *agg* aromatico; fragrante.

**mabasá-basâ** *agg* umido.

**mabato** *agg* roccioso.

**mabatubalani** *agg* magnetico.

**mabentahe** *agg* vantaggioso.

**mabigat** *agg* massiccio, carico, pesante.

**mabiglà** *v* rimanere a bocca aperta, cadere dalle nuvole; rimanere di ghiaccio.

**mabigô** *v* deludere, fallire ◊ (*fig*) naufragare.

**mabihasa** *v* abituarsi.

**mabilìs** *agg* svelto, rapido.

**mabilog** *agg* paffuto.

**mabisà** *agg* efficace, valido.

**mabisyo** *agg* vizioso.

**mabitàk** *v* crepare.

**mabugnutin** *v* essere di cattivo umore.

**mabuhangin** *agg* sabbioso.

**mabuhay** *v* campare, vivere ◊ **mabuhay!** evviva, viva, salute!, alla salute!; **mabuhay ulit** rinascere.

**mabuhòl** *agg* nodoso.
**mabulà** *agg* frizzante.
**mabulaklak** *agg* fiorente.
**mabulok** *v* imputridire, marcire, passare.
**mabutasan** *v* bucare ◊ **mabutasan ng gulong** bucare una gomma.
**mabuti** *s* bene ◊ **lalong mabuti** meglio; **mabuti ka pa!** beato te!; **mabuti nalang** fortunatamente, per fortuna; **suriing mabuti** scandire, scrutare.
**mabuwàl** *v* ruzzolare.
**madaing** *agg* flebile.
**màdaiti** *s* (*elettr*)contatto.
**madakila** *agg* grande, gran.
**madalâ** *s* (*geog*)gola.
**madalang** *v* (*tempo*)diradare.
**madalàs** *agg* frequente, spesso ◊ *avv* spesso.
**madaldal** *agg* loquace.
**madali** *agg* semplice, facile ◊ in fretta ◊ **madali't-sabi** in breve; **madaling gamitin** pratico; **madaling kapitan** suscettibile.
**màdalian** *s* istantanea.
**madalian** *s* urgenza.
**madaliìn** *v* sollecitare.
**madaling-araw** *s* alba.
**madaling-mapaniwala** *agg* ingenuo.
**madalíng-tablán** *agg* impressionabile.
**madaloy** *agg* fluido, scorrevole.
**madalubhasà** *agg* esperto.
**madalubhasa** *v* specializzarsi.
**madama** *v* intuire,fiutare.
**madikit** *agg* (*fig*) appiccicoso ◊ aderente.
**madilaw** *agg* giallastro.
**madilim** *agg* tenebroso, cupo, tetro.
**madiplomasiya** *agg* diplomatico.
**madiskubre** *v* rinvenire.
**madismayà** *v* demoralizzare.
**madlà** *s* gente, massa.
**madlâ** *s* pubblico.
**madrasta** *sf* matrigna.
**madre** *sf* madre ◊ suora.
**madugô** *agg* cruento, sanguinoso.
**madulas** *agg* scivoloso; sdrucciolevole.
**madumì** *agg* sporco.
**madumihan** *v rifl* sporcarsi.
**madungis** *agg* (*fig*)impuro.
**madyik** *s* magia.
**madyisyan** *s* mago.
**maestro** *s* docente.
**magâ** *agg* tumefatto ◊ *s* ascesso.
**mag-aalahàs** *s* orefice.
**magaan** *agg* leggero.
**mag-aantay** *v* stare sulle spine, aspettare.
**mag-aaràl** *s* studente, scolaro, allievo, liceale ◊ **umulit na mag-aaral** (studente) fuoricorso.
**mag-abono** *v* concimare.
**magagamit** *agg* disponibile.
**magahas** *agg* sfacciato.
**mag-ahit** *v* farsi la barba.
**mag-akalà** *v* presumere.
**mag-aksayà** *v* scialacquare.
**magalà** *agg* ambulante.

**mag-àlab** *v* (*fig*)bruciare.
**mag-alaga** *v* (*bestiame*) allevare.
**magalak** *v* gradire.
**mag-alalà** *v* stare in pensiero, preoccuparsi.
**magalang** *agg* cortese, rispettoso, garbato ◊ *s* garbo ◊ **magalang na pagbati** cordiali saluti.
**magalaw** *agg* malfermo, mosso.
**magalìng** *agg* ottimo, valente ◊ **magaling magnegosyo** intraprendente; **magaling magpuna** spirito di osservazione.
**mag-alinlangan** *v* dubitare, mettere in dubbio.
**mag-alipato** *v* scintillare.
**magalit** *v rifl* arrabbiarsi, infuriarsi, scaldarsi ◊ **magalit ng labis** imperversare; **magalit** perdere le staffe.
**magalitin** *agg* irascibile, rabbioso.
**mag-almusal** *v* fare colazione.
**mag-alòk** *v* offrire ◊ **mag-alòk ng kapè** offrire un caffè.
**mag-ampon** *v* adottare.
**maganà** *v* mangiare di gusto ◊ **maganang pagkain!** buon appetito!.
**maganahan** *v* prenderci gusto.
**mag-anàk** *v* (*fig*)propagare.
**maganda** *agg* bello, bel ◊ **magandang gabì** buona notte, buona sera; **magandang panahon** bel tempo; **magandang wakas** finire in bellezza, a lieto fine.
**magandang-kaugalian** *s* etica.
**magandang-taon** *s* annata.
**magandang-umaga** *inter* buongiorno.
**mag-angkàt** *v* importare.
**magani** *v* infondere.
**mag-antay** *s* stand-by.
**maganyô** *v* incarnare.
**magaporo** *v* foderare.
**magarà** *s* velleità.
**mag-aral** *v* studiare.
**magarangàl** *agg* burbero.
**mag-ararò** *v* arare, solcare.
**mag-asàl** *v* comportarsi.
**mag-asawa** *s* coppia; coniuge.
**magasin** *s* rivista.
**magaspàng** *agg* grossolano, rozzo, rugoso, ruvido.
**mag-asukal** *v* zuccherare.
**mag-atubili** *v* esitare.
**magawâ-gawâ** *v* inventare ◊ montare ◊ **magawâ-gawâ ng istorya** montare uno scandalo.
**mag-awat** *v* svezzare.
**mag-away** *v* attaccare lite, litigare.
**mag-ayuno** *v* digiunare.
**magbakasakali** *v* toccare ferro, fare scongiuri.
**magbakasyòn** *v* andare in vacanza, villeggiare.
**magbakuna** *v* vaccinare.
**magbalatkayô** *v* mascherare, camuffare, mimetizzare.
**magbalot** *v* confezionare, imballare.
**magbanggaan** *v* (*auto*) tamponare, scontrarsi ◊ sbandare.

**magbanghay** *v* coniugare.
**magbantâ** *v* minacciare.
**magbantay** *v* sorvegliare, fare la guardia.
**magbantò** *v* diluire.
**magbaratilyo** *v* contrattare.
**magbarena** *v* trapanare.
**magbarilan** *v* sparare ◊ **magbarilan sa harap ng mga tao** sparare sulla folla.
**magbasà** *v* leggere, decifrare.
**magbatî** *v* (*cuc*)montare.
**magbatian** *v* salutare.
**magbatugan** *v* oziare.
**magbayad** *v* abbonarsi.
**magbeè** *v* ragliare.
**magbigay** *v* emettere, immettere, rilasciare, offrire, somministrare.
**magbigayan** *v* compromettere.
**magbigáy-dìin** *v* (*mecc*) sollecitare.
**magbigáy-lugòd** *v* gratificare.
**magbigay-siglà** *v* ispirare.
**magbigti** *v rifl* impiccarsi.
**magbintang** *v* insinuare.
**magbirô** *v* scherzare, fare dello spirito.
**magbistáy** *v* setacciare.
**magbitiw** *v* (*fig*) sciogliere,ritirare, allontanare ◊ dare, rassegnare le dimissioni.
**magblinbing** *v* fare il doppio gioco.
**magbomba** *v* bombardare.
**magbotohàn** *v* votare.
**magbras** *v* spazzolare.
**magbubukid** *s* fattore.
**magbubulaklak** *s* fioraio.
**magbugà** *v* emettere.
**magbuklod** *v* unire ◊ **magbuklod sa kasal** unire in matrimonio, sposare.
**magbukod** *v* appartarsi.
**magbulaslas** *v* esclamare.
**magbulong** *v* sussurrare.
**magbungà** *v* fruttare, risultare, sfociare.
**magbunsòd** *v* incentivare ◊ varare ◊ **magbunsòd ng batas** varare una legge.
**magbuntong-hiningà** *v* sospirare.
**magbunutan** *v* sorteggiare.
**magbuò** *v* fecondare.
**magburdà** *v* ricamare.
**magbuwìs** *v* tassare.
**magdaàn** *v* passare, visitare.
**magdahilan** *v* (*fig*) sorgere ◊ presentare le scuse.
**magdalawang-isip** *v* ripensare.
**magdaldal** *v* parlare a ruota libera.
**magdaldalan** *v* chiacchierare.
**magdalisay** *v* distillare; purificare.
**magdamagan** *s* nottata.
**magdamdam** *v* rincrescere.
**magdamit** *v* vestire ◊ **magdamit ulit** rivestire (*fig*).
**magdasàl** *v* pregare.
**magdáung** *v* fare scalo.
**magdeklara** *v* deporre.
**mag-de-kwatro** *v* accavallare le gambe.

**magdemanda** *v* querelare, sporgere querela.
**magdemostrasyòn** *v* manifestare, scendere in piazza.
**magdepòsitò** *v* depositare.
**magdibersiyòn** *v* intrattenere.
**magdiborsiyo** *v* divorziare.
**magdibuho** *v* designare.
**magdigmaàn** *v* entrare in guerra.
**magdiktà** *v* dettare.
**magdiskargà** *v* sbarcare.
**magdiwang** *v* festeggiare.
**magdrama** *v* fare una scenata.
**magdroga** *v* drogare.
**magdrowing** *v* disegnare.
**magdudà** *v* dubitare, mettere una pulce nell'orecchio.
**magdudulot** *v* provocare.
**magdugô** *v* sanguinare.
**magdulot** *v* causare, produrre ◊ (*fig*)scaturire ◊ impartire.
**magdumì** *v* sporcare.
**magdusa** *v* penare.
**mag-eklipse** *v* eclissare.
**mag-eksersays** *v* fare esercizio, esercitarsi.
**mageksperimento** *v* sperimentare.
**mag-eksport** *v* esportare.
**mag-empanada** *v* impanare.
**mag-ensayo** *v* (*spettacolo*) provare ◊ riscaldare.
**mag-eskuwat** *v* occupare.
**mag-estambay** *v* bivaccare.
**magfax** *v* faxare.
**magformat** *v* formattare.
**mag-gagatàs** *s* lattaio.
**mag-gaod** *v* vogare.
**mag-gasolina** *v* (*benzina, gasolio*) fare rifornimento.
**maghabi** *v* tessere.
**maghabulan** *v* rincorrere.
**maghain** *v* apparecchiare.
**maghalumulog** *v* idratare.
**maghalungkat** *v* trafugare.
**maghanap** *v* (*fig*)scavare.
**maghandog** *v* dedicare.
**maghapunan** *v* cenare.
**magharì** *v* (*fig*) possedere ◊ regnare.
**magharina** *v* infarinare.
**maghati** *v* condividere, spartire, fare a metà.
**maghawakan** *v* tenere per mano.
**maghikàb** *v* sbadigliare.
**maghikayat** *v* reclutare.
**maghilamos** *v* rinfrescare.
**maghilom** *v* rimarginarsi.
**maghimagsik** *v* insorgere.
**maghimulmòl** *v* spennare.
**maghinanakit** *v* sentirsi offeso.
**maghirap** *v* soffrire ◊ traviare.
**maghiwalay** *v* dissociare, dividere, scindere, separare.
**maghubad** *v* spogliarsi, svestirsi.
**maghudyàt** *v* (*allarme*)suonare.
**mag huli** *s* cacciagione.
**maghulò** *v* dedurre.
**maghunos** *s* (*zool*)muta.
**mag-ikot** *v* fare un giro, fare una passeggiata.
**magiliw** *agg* accogliente, ospitale.
**mag-imbestigà** *v* indagare.
**mag-impake** *v* impaccare.

**mag-import** *v* importare.
**maginàw** *agg* gelido.
**maging** *v* divenire, diventare.
**mag-ingat** *v* fare attenzione.
**mag-ingay** *v* strepitare.
**maging-karápatdapat** *v* qualificare.
**maging-malungkot** *v* addolorare.
**maginhawa** *agg* comodo, confortevole.
**mag-init** *v* arrabbiarsi, infuriarsi ◊ **mag-init ang ulo** perdere la bussola.
**maginoò** *agg* distinto, fine, raffinato.
**mag-interes** *v* interessare.
**mag-ipon** *v* accumulare, risparmiare.
**magising** *v* destare, risvegliare.
**mag-isìp** *v* scervellarsi.
**mag-iskándalò** *v* scandalizzare, dare scandalo.
**mag-isket** *v* pattinare ◊ **mag isket sa yelo** pattinaggio su ghiaccio.
**mag-iski** *v* sciare.
**mag-ispiyà** *v* spiare.
**mag-ispring** *v* scattare.
**mag-isyu** *v* emanare.
**magiting** *agg* valoroso.
**mag-ítsa** *v* (*fig*)scagliare.
**magiwan** *v* rilasciare, lasciare ◊ **magiwan ng kasulatan** rilasciare una dichiarazione.
**magkaanak** *v* avere un bambino, dare alla luce.
**magkabagay** *agg* compatibile.
**magkabuhùl-buhòl** *v* aggrovigliare.
**magkagulo-gulò** *v* imbrogliare ◊ andare a rotoli.
**magkahalagà** *v* valere, costare.
**magkahawig** *v* rassomigliare.
**magkahulugàn** *v* significare.
**magkaisà** *agg* unito.
**magkaisa** *v* essere d'accordo, convenire.
**magkakambàl** *agg* gemello.
**magkakarnè** *s* macellaio.
**magkakaugnày** *agg* coerente.
**magkalamat** *v* incrinare.
**magkalaykay** *v* rastrellare.
**magkalipunpon** *v* affollare.
**magkamalî** *v* fallire, sbagliare, fare un passo falso ◊ (*fig*) zoppicare ◊ **magkamali ng malaki** sbagliare di grosso.
**magkámbiyò** *v* cambiare di marcia.
**magkampo** *v* campeggiare.
**magkamukhâ** *v* somigliare.
**magkanlòng** *v* rifugiarsi.
**magkanlumò** *v* sbigottire.
**magkano** *agg* quanto ◊ **magkano ang timbang?** quanto pesa?.
**magkapangalan** *s* pseudonimo.
**magkapareho** *agg* identico; pari.
**magkaratig** *agg* contiguo.
**magkasabay** *agg* simultaneo.
**magkasakìt** *v* star male, essere malandato, ammalarsi.
**magkasalà** *v* peccare.
**magkasalungàt** *agg* discordante.

**magkasalungàtan** *v* contrastare.
**magkasama** *avv* insieme.
**magkasama** *v* essere compreso, rientrare.
**magkasundò** *v* andare d'accordo ◊ trovare riscontro ◊ patteggiare.
**magkasunduan** *v* combinare ◊ venire incontro a qualcuno.
**magkatugòn** *v* corrispondere.
**magkatulad** *agg* omogeneo, simile, identico.
**magkatumbas** *v* corrispondere, equivalere.
**magkatuwaan** *v* divertire.
**magkimkim** *v* (*fig*) serbare, nutrire ◊ **magkimkim ng sama ng loòb** serbare, nutrire rancore.
**magkintàl** *s* infuso.
**magkita** *v* vedersi ◊ **magkikita ko siya bukas** lo vedo domani; **magkikita mo siya bukas ng gabi** la vidi ieri sera; **magkita ulî** rivedere.
**magkodigo** *v* codificare.
**magkonsentra** *v* concentrare.
**magkontribusyòn** *v* contribuire.
**magkontròl** *v* comandare.
**magkorèk** *v* correggere.
**magkukumpàs** *v* gesticolare.
**magkulang** *v* scarseggiare.
**magkulong** *v* rinchiudere ◊ **magkulong sa bahay** tapparsi in casa.
**magkulti** *v* conciare.
**magkumpàs** *v* gestire.
**magkunwarî** *v* far finta, fingere, simulare.
**magkuskòs** *v* sfregare, strofinare.
**magkuwentahan** *v* fare i conti, calcolare.
**magkuwento** *v* raccontare.
**magkuwentuhan** *v* chiacchierare, scambiare due chiacchiere.
**maglaàn** *v* munire ◊ spettare.
**maglado** *v* surgelare.
**maglaga** *v* stufare.
**maglagdâ** *v* sottoscrivere.
**maglàgus** *v* imboccare.
**maglahò** *v* sparire, scomparire, svanire.
**maglakad** *v* andare a piedi, camminare.
**maglakád-lakàd** *v* andare a passeggio, fare quattro passi, passeggiare.
**maglakbay** *v* mettersi in viaggio, viaggiare ◊ **maglakbay muli** ripercorrere.
**maglalà** *v* intrecciare.
**maglambing** *v* fare le fusa.
**maglangkàp** *v* incorporare.
**maglarawan** *v* (*fig*) rispecchiare ◊ descrivere.
**maglarawang-diwà** *v* immaginare.
**maglaro** *v* giocare,promuovere ◊ **maglaro ng putbol** calciare, giocare a calcio.
**maglasing** *v* ubriacarsi, alzare il gomito, bere come una spugna.
**maglaway** *v* sbavare.
**maglayàg** *v* navigare ◊ velare.
**mag-libang** *v rifl* divertirsi,

godere ◊ **mag-libang sa bakasyòn** godere le ferie; **maglibang sa buhay** fare la bella vita.
**maglibot** *v* fare un giro.
**magligpit** *v* mettere in ordine.
**magliksiyòn** *v* impartire lezioni, insegnare.
**maglilibrò** *s* libraio.
**maglilok** *v* scolpire.
**maglimbàg** *v* stampare.
**maglimi** *v* deliberare.
**maglingid** *v* dissimulare.
**maglinis** *v* pulire.
**maglinok** *v* incidere.
**maglipat** *v* trasbordare.
**magliwanag** *v* schiarire.
**magluksâ** *v* vestire a lutto.
**magluto** *v* cucinare.
**magluwàs** *v* esportare.
**magmadalî** *v* affrettarsi, spicciarsi, sbrigarsi.
**magmakaawà** *v* implorare.
**magmaktòl** *v* brontolare.
**magmalupit** *v* (*fig*)conciare.
**magmando** *v* comandare, disporre ◊ incutere.
**magmaneho** *v* condurre, guidare.
**magmarhin** *v* emarginare.
**magmartsa** *v* marciare.
**magmasà** *v* impastare.
**magmàskarà** *v* mascherare.
**magmataàs** *v* alzare la cresta.
**magmatuwìd** *v* patrocinare.
**mag-meh!** *v* belare.
**magmeryenda** *v* stuzzicare.
**magmeyk-ap** *v* truccare.
**magmonopolisà** *v* monopolizzare.
**magmulà** *v* discendere, derivare, partire (*fig*) ◊ **magmula sa** a partire da.
**magmulíng-tiwalà** *v* rassicurare.
**magmulta** *v* multare.
**magmultiplikasyòn** *v* moltiplicare.
**magmungkahi** *v* rivolgersi, ricorrere a.
**magmuni-muni** *agg* riflesso, speculare.
**magnakaw** *v* rubare, fregare, svaligiare.
**magnanakaw** *s* ladro, rapinatore ◊ **magnanakaw!** al ladro!.
**magnet** *s* calamita.
**magnilay-nilay** *v* contemplare, meditare; ponderare.
**magningnìng** *v* splendere.
**magnit** *s* (*lavoro a maglia*) maglia.
**magoberteyk** *v* superare.
**mag-oho** *v* dare del Lei.
**magorder** *v* ordinare (una consumazione).
**magpa-andar** *v* (*carburante*) alimentare.
**magpabawa** *v* attutire, smorzare.
**magpabawas** *v* ammortizzare.
**magpabaya** *v* lasciarsi andare.
**magpabuluan** *v* controbattere.
**magpadala** *v* mandare ◊ **magpadala ng tulong** mandare i rinforzi.

**magpadèr** *v* murare.
**magpadumi** *v* sporcarsi, conciare.
**magpahangin** *v* ventilare.
**magpahayag** *v* dichiarare, annunciare.
**magpahid** *v* spalmare.
**magpahina** *v* sfumare.
**magpahinahon** *v* temperare.
**magpahinga** *v* distendere, rilassare, riposare.
**magpahiràm** *v* prestare.
**magpaibabâ** *v* sottostare.
**magpaikot** *v* aggirare.
**magpain** *v* abboccare.
**magpainit** *v* riscaldare.
**magpaitim** *v* abbronzarsi ◊ **magpaitim sa beyutisenter** farsi la lampada.
**magpakabadoy** *v rifl* vestirsi male,conciarsi.
**magpakabanàl** *v* santificare.
**magpakabusog** *v* ingozzare.
**magpakabuti** *v* andare per il meglio.
**magpakadalubhasa** *v* specializzarsi.
**magpakahalagà** *v* valere.
**magpakahilig** *v* appassionarsi.
**magpaka-igi** *v* andare per il meglio.
**magpakamatay** *v* suicidarsi.
**magpakanà** *v* (*odio, rancore*) covare.
**magpakarami** *v* popolare.
**magpakaràngàl** *v* farsi onore.
**magpakasakìt** *v* sacrificare.
**magpakasal** *v* sposarsi ◊ **magpakasal sa huwes** sposarsi con rito civile.
**magpakasilbi** *v* rendersi utile.
**magpakasipag** *v* rimboccarsi le maniche.
**magpakita** *v* apparire, esibire, esporre.
**magpakitang-loob** *v* mostrare.
**magpakondisyon** *v* condizionare.
**magpakumbabà** *v* (*fig*) inchinarsi.
**magpala** *v* spalare.
**magpalabóy-laboy** *v* vagare.
**magpalagay** *v* assumere.
**magpalagay-bungà** *v* attribuire.
**magpalagò** *v* (*econ*)fruttare.
**magpalalàm** *v* ottenebrare.
**magpalamuti** *v* decorare.
**magpalaya** *v* emancipare.
**magpalayo** *agg* alienante.
**magpaligid** *v* circondare, abbracciare.
**magpaligsahan** *v* contendere, disputare.
**magpalipas** *v* trascorrere ◊ **magpalipas ng gabi** pernottare.
**magpalit** *v* convergere ◊ cambiare ◊ **magpalit ng bahay** cambiare casa.
**magpalitàn** *v* scambiare, barattare.
**magpaliwanag** *v* definire, spiegare, rispecchiare.
**magpalungkòt** *v* rattristare, deprimere.

**magpamulubi** *v* impoverire.
**magpanatili** *v* perpetuare.
**magpanggap** *v* spacciarsi, fingere ◊ **magpanggap na sundalo** spacciarsi per un militare.
**magpanimula** *v* istigare.
**magpaóspital** *v* (*ospedale*) ricoverare.
**magpapálìmos** *s* mendicante.
**magpapansìn** *v* farsi notare.
**magpaparasiyut** *s* paracadutista.
**magpapasô** *s* vasaio.
**magpapayat** *v* dimagrire.
**magparami** *v* riprodurre.
**magparatang** *v* accusare, recriminare.
**magparis** *s* paio.
**magpariseta** *v* prescrivere.
**magparolya** *v* perlustrare.
**magpasalamat** *v* ringraziare.
**magpasáma** *v* demoralizzare.
**magpasampalataya** *v* (*relig*) convertire.
**magpasaya** *v* felicitarsi.
**magpasiglà** *v* guarire, rimettersi.
**magpasilong** *v* proteggere, riparare.
**magpasiyà** *v* decidere.
**magpastol** *v* pascolare.
**magpasuray-suray** *v* barcollare.
**magpasusò** *v* allattare.
**magpatakas** *v* sbaragliare.
**magpatalâ** *v* immatricolare.
**magpatatu** *v* farsi tatuare.
**magpataw** *v* imporre.
**magpatawad** *v* perdonare.
**magpatayún-tayon** *v* oscillare.
**magpatibay** *v* provare, convalidare.
**magpatingin** *v* visitare ◊ **magpatingin sa doktor** rivolgersi a un medico.
**magpatong** *v* accavallare.
**magpatugtog** *v* suonare, eseguire ◊ **magpatugtog ng walang-tigil** suonare a distesa.
**magpatuloy** *v* procedere, proseguire.
**magpaumanhin** *v rifl* scusarsi.
**magpawalang-sala** *v* assolvere.
**magpawis** *v* sudare, traspirare.
**magpayaman** *v* arricchire.
**magpedàl** *v* pedalare.
**magpekè** *v* falsificare, truccare.
**magpenitensíyà** *v* fare penitenza.
**magpighati** *v* avvilire.
**magpigil** *v* frenare (*fig*), contenere ◊ astenersi.
**magpintà** *v* dipingere.
**magpintòr** *v* imbiancare.
**magpisan** *v* concordare, convergere.
**magpiyesta** *v* dare una festa, festeggiare.
**magplano** *v* escogitare, tramare, tessere (*fig*) ◊ programmare.
**magpos** *v* stare in posa, posare.
**magposer** *v* (*droga*)spacciare.
**magpreno** *v* frenare.
**magprito** *v* friggere.
**magpropaganda** *v* propagandare, fare propaganda.

**magpulupot** *v* serpeggiare.
**magpumilit** *v rifl* ostinarsi.
**magpunà** *v* commentare.
**magpungay** *v* esaltare.
**magpunlâ** *v* seminare.
**magpunyagî** *v* influire.
**magpuot** *v* (*fig*)riscaldare.
**magpuprutàs** *s* fruttivendolo.
**magpustahan** *v* scommettere.
**magputà** *v* prostituire.
**magpuyàt** *v* passare la notte in bianco, non chiudere occhio.
**magregalo** *v* regalare.
**magreklamo** *v* contestare, reclamare.
**magrekluta** *v* reclutare.
**magreport** *v* chiamare a rapporto.
**magreserba** *v* prenotare, riservare ◊ **magreserba ng kuwarto sa otèl** prenotare una camera d'albergo; **magreserba ng lugar** prenotare un posto.
**magrinunsiyà** *v* rinunciare.
**mag-ritayr** *v* andare in pensione.
**magsabansâ** *v* nazionalizzare.
**magsabi** *v* dire.
**magsaboy** *v* sguazzare.
**magsagwàn** *v* remare.
**magsakripisyò** *v* sacrificare.
**magsalamin** *v* specchiare.
**magsalà-salabat** *v* (*fig*) intrecciare.
**magsalaysay** *v* raccontare, esporre.
**magsalin** *v* riversare.
**magsalin-lahi** *v* generare.
**magsalità** *v* esprimere, parlare ◊ **magsalita ng mahinahon** parlare piano; **magsalita ng malakas** parlare ad alta voce; **magsalita ng malinaw** parlare chiaro; **magsalita ng maliwanag** parlare chiaro; **mahusay magsalita** eloquente; **sahalip na magsalita** invece di parlare.
**magsàlubungàn** *v rifl* imbattersi.
**magsalungguhit** *v* sottolineare.
**magsama-sama** *v rifl* riunirsi.
**magsanay** *v* far pratica ◊ **magsanay sa trabaho** far pratica di un mestiere.
**magsandata** *v* armare.
**magsapàlaran** *v* rischiare, correre un rischio.
**magsarà** *v* racchiudere.
**magsarili** *v* monopolizzare.
**magsasakà** *s* agricoltore,coltivatore, contadino.
**magsayà** *v* esultare, rallegrare.
**magsayang** *v* sperperarare, spendere ◊ **magsayang ng salita** spendere la parola.
**magselyo** *v* (*corrispondenza*) affrancare.
**magsermon** *v* predicare.
**magsibilisa** *v* civilizzare.
**magsignal** *v* dare il via ◊ **magsignal layt** lampeggiare.
**magsikap** *v* farsi le ossa ◊ **magsikap para sa isang tao** farsi in quattro per qualcuno.
**magsiklab** *v* (*fig*)bruciare.

**magsimangot** *v* mettere il muso, imbronciarsi.
**magsimot** *v* fare piazza pulita.
**magsimula** *v* cominciare, esordire ◊ **magsimula mulî** riprendere, ricominciare.
**magsinungaling** *v* mentire, raccontare balle.
**magsipilyo** *v* spazzolare.
**magsisi** *v* pentirsi.
**magsiyà** *v* sellare.
**magsiyasat** *v* controllare, investigare.
**magsubukan** *v rifl* confrontarsi, misurarsi ◊ **subukan ang sarili** misurarsi con qualcuno.
**magsugal** *v* giocare d'azzardo.
**magsuklày** *v* pettinare.
**magsulàt** *v* scrivere ◊ **magsulat ng maikling liham** scrivere due righe.
**magsulatan** *v* tenere corrispondenza, corrispondere.
**magsulsì** *v* rammendare.
**magsumamò** *v* raccomandare, scongiurare.
**magsumpà** *v* giurare ◊ **magsunpa ng kasinungalingan** giurare il falso.
**magsuntukan** *v* fare a botte.
**magsuri** *v* (*fig*)setacciare.
**magsuwato** *v* conciliare.
**magtagal** *v* persistere, durare ◊ indugiare ◊ trattenere.
**magtagò** *v* infiltrarsi ◊ correre ai ripari.
**magtagpî** *v* rattoppare.
**magtagpuan** *v* incontrare, ritrovare.
**magtagumpay** *v* affermarsi, sfondare, riuscire ◊ **magtagumpay sa plano** andare in porto.
**magtagunpay** *v* vincere, affermare.
**magtahi** *v* cucire.
**magtakà** *v* incuriosire ◊ meravigliare.
**magtalà** *v* prender nota, annotare.
**magtalo** *v* dibattere, discutere ◊ disputare.
**magtalop** *agg* scalcinato.
**magtamasa** *v* godere.
**magtamin** *v* seminare, piantare ◊ **magtanim ng puno** rimboschire.
**magtamulî** *v* (*chimica*)reagire.
**magtanggàl** *v* distaccare.
**magtanggòl** *v* difendere.
**magtanong** *v* domadare, porre una questione.
**magtapat** *v* confidare.
**magtatàg** *v* (*giur*) costituire, fondare ◊ organizzare ◊ ricostituire.
**magtatàk** *v* imprimere.
**magtatu** *v* tatuare.
**magtawanan** *v* ridere, farsi due risate.
**magtayo** *v* creare, edificare, fondare.
**magtelépono** *v* telefonare.
**magtiis** *v* sopportare,soffrire.
**magtimbri** *v* (*campanello*) suonare.
**magtimpi** *v* (*fig*)frenare.
**magtinda** *v* spacciare, vendere.

**magtipan** *v* fidanzarsi.
**magtipid** *v* far quadrare il bilancio, fare economia, tirare la cinghia.
**magtipun-tipon** *v* convenire.
**magtistìs** *v* (*med*)operare.
**magtiwala** *v* fidarsi, rassicurare, avere fiducia; dare confidenza.
**magtiyagâ** *v* perseverare, portare pazienza.
**magtos** *v* tostare.
**magtrabaho** *v* lavorare ◊ **magtrabahong mag-ìsa** lavorare in proprio; **magtrabahong parang kalabaw** lavorare come un cane; **magtrabahong parang kabayo** lavorare come un negro.
**mag-tret** *v* pagare da bere.
**magtuhog** *v* infilare.
**magtulad** *v* assomigliare.
**magtulungan** *v* collaborare, cooperare ◊ **magtulungan sa isa't isa** aiutarsi l'un l'altro.
**magtumpàk** *v* rettificare.
**magtúngò** *v* (*fig*)mirare.
**magturò** *v* insegnare, istruire, tenere una lezione.
**mag-ugol** *v* tartagliare.
**mag-ugòy** *v* dondolare.
**mag-ukit** *v* (*fig*)incidere.
**magulang** *s* genitori ◊ **ang aking mga magulang** i miei genitori.
**mag-ulap** *v rifl* rannuvolarsi.
**mágulat** *v* stupire, rimanere di sasso.
**magulò** *agg* complicato, difficile, complesso ◊ confuso, disordinato ◊ turbolento ◊ **magulò ang isip** avere grilli per la testa.
**magulóng-poòk** *s* pandemonio.
**mag-umpisà** *v* incominciare ◊ (*fig*) orientare ◊ **mag-umpisa mula sero** ricominciare da zero; **mag-umpisa muli** ricominciare da capo.
**mag-unos** *v* tempestare.
**mag-usap** *v* parlare ◊ **mag-usap ng harapan** parlare a quattr'occhi.
**mag-usurero** *v* (*fig*)strozzare.
**mag-utòs** *v* dirigere, comandare.
**magwalis** *v* scopare.
**magwarì** *v* (*fig*)puzzare.
**magwasàk** *v* sovvertire.
**magwelding** *v* saldare.
**magwelga** *v* scioperare.
**magyabang** *v* montarsi la testa, darsi delle arie.
**magyelo** *v* gelare, ghiacciare, nevicare.
**magyumukyòk** *v rifl* rannicchiarsi.
**mahaba** *agg* lungo ◊ **mahaba ang buhay** longevo; **mahaba ang mga binti** longilineo.
**mahabàg** *agg* commosso.
**mahagwày** *agg* slanciato.
**mahal** *agg* caro.
**mahalagà** *agg* essenziale, rilevante, importante, raggurdevole ◊ **mahalaga sa akin** mi importa; **mahalagang sulat** lettera raccomandata.
**mahalatâ** *v* rilevare, saltare agli occhi.

**mahalay** *agg* indecente.
**mahalin** *v* amare, voler bene ◊ **mahalin ang isang tao** provare affetto per qualcuno.
**mahalina** *agg* simpatico.
**mahangin** *agg* fresco; ventoso ◊ **mahangin na tao** un pallone gonfiato.
**mahanginan** *v* prendere un colpo d'aria.
**maharlikâ** *agg* nobile, aristocratico, maestoso ◊ *s* nobiltà.
**maharlika** *agg* reale ◊ **may dugong maharlika** di sangue reale.
**mahawaan** *v* beccare.
**mahibang** *v* perdere la testa.
**mahigâ** *v* sdraiarsi, coricarsi.
**mahigpit** *agg* intransigente, severo, rigoroso, fiscale ◊ **mahigpit na pagkakahawak** appiglio.
**mahikayat** *v* farsi influenzare.
**mahilig** *s* patito.
**mahimatay** *v* svenire, perdere conoscenza, perdere i sensi.
**mahimbing** *agg* pacifico ◊ pesante ◊ **mahimbing na pagtulog** buonanotte; **mahimbing na tulog** sonno pesante.
**mahina** *agg* debole, deperito; gracile ◊ inconsistente ◊ impotente ◊ leggero ◊ moderato ◊ pusillanime ◊ **mahinang gamot** droghe leggere.
**mahinahon** *agg* modico, sobrio ◊ quieto, tranquillo ◊ **mahinahong tao** pacifista.
**mahinòg** *v* maturare.
**mahirap** *agg* severo ◊ laborioso, difficile, impegnativo; tortuoso ◊ **mahirap na kalagayan** stato d'emergenza.
**mahirapan** *v* faticare, stentare.
**mahiwagà** *agg* magico, misterioso ◊ **mahiwagang-baston** bacchetta magica.
**mahiyâ** *v* vergognarsi.
**mahiyain** *agg* schivo, timido, vergognoso ◊ *s* (*fig*)coniglio.
**mahubugin** *agg* flessibile.
**mahugong** *agg* (*suono*)cupo.
**mahulî** *s* ritardo ◊ *v* ritardare, tardare ◊ (*fam*) sorprendere, beccare.
**mahulò** *v* scorgere.
**mahulog** *v* (*fig*) abboccare, cadere, cascare ◊ **mahulog sa bangin** cadere nel vuoto; **mahulog sa kasamaan** dalla padella nella brace; **mahulog sa masamang sitwasyòn** cadere dalla padella alla brace.
**mahunay** *agg* allentato,lento ◊ *s* (*mus*)lento.
**mahusay** *agg* abile, bravo, capace, efficiente ◊ fluente ◊ **mahusay magsalita** eloquente; **mahusay na pakikitungo** diplomazia; **mahusay pumili** buongusto.
**maidlip** *v* fare la nanna; abbioccarsi.
**maidyalista** *agg* idealista.
**maigî** *s* meglio.
**maigî** *v* essere utile, convenire ◊ **mas maigî para sa akin** mi con-

viene; **sanay maigî** agguerrito; **sundan ng maigî** incalzare.
**maigtìng** *agg* teso.
**maiinitan** *v* avere caldo.
**maíinòm** *agg* potabile.
**maiklî** *agg* breve, conciso, sommario ◊ **maiklìng taning** a breve scadenza.
**mailàp** *agg* intrattabile ◊ **mailap na hayop-gubat** selvaggina.
**maimpluwénsiyà** *agg* influente.
**maimpok** *agg* previdente.
**mainan** *agg* (*fig*)scorrevole.
**maingat** *agg* accurato, attento, prudente.
**maingay** *agg* rumoroso.
**mainggit** *v* invidiare.
**mainipin** *agg* impaziente.
**mainis** *v* disgustare ◊ innervosire, scocciare.
**mainit** *agg* caldo, incandescente ◊ termale ◊ **gamòt galing sa bukal na mainit** cure termali; **hangin na mainit** scirocco; **mainit na pagkain** piatto caldo; **maiinitan ng husto** scoppiare dal caldo.
**maintindihàn** *v* intendere.
**maipit** *v* imbottigliare ◊ schiacciare.
**maìs** *s* pannocchia, granturco, mais.
**maisip** *v* venire in mente, ricordare.
**maitim** *agg* nero, bruno, moro, scuro.
**maiwan** *v* restare,avanzare.
**maka-ama** *s* patriarca.
**makabagbág-pusò** *agg* impressionante.
**makabawì** *v* rientrare.
**makabayan** *agg* nazionalista ◊ **taong makabansâ** nazionalista (*s*).
**makabayani** *agg* patriottico.
**makabuluhàn** *agg* indispensabile.
**makademonyo** *agg* diabolico, infernale.
**makadiyos** *agg* pio.
**makaharì** *agg* reale,realista.
**makahudyò** *agg* ebraico, semita.
**makahulugàn** *agg* significativo.
**makainà** *agg* materno.
**makaisà** *s* integralista.
**makalalaki** *agg* maschilista.
**makalangit** *agg* celeste.
**makalat** *agg* disordinato.
**makaligtàs** *v* scampare, sopravvivere.
**makàlimutan** *v* dimenticare, scordare ◊ **hindî makalimutan** legarselo al dito; **makalimutan ang iasang bagay** dimenticarsi di qualcosa.
**makalugod-loob** *agg* lusinghiero, adulatorio.
**makalumà** *agg* fossile.
**makalusot** *v* farla franca, passarla liscia.
**makamandàg** *agg* velenoso.
**makapal** *agg* denso, spesso ◊ **makapal na suweter** maglione pesante; **makapal-mukha** avere la faccia di bronzo.

**makapaligiran** *agg* ambientalista.
**makapánabày** *agg* sincronizzato.
**makapangyarihan** *agg* influente ◊ onnipotente ◊ *s* potente.
**makapit** *agg* aderente.
**makapritso** *agg* capriccioso.
**makaramdàm** *v* percepire.
**makaràpa** *agg* cadente.
**makarating** *v* giungere ◊ **makarating na usapan** giungere all'orecchio.
**makasamâ** *v* nuocere.
**makasanto** *agg* santo.
**makasarili** *agg* egocentrico, egoista.
**makasaysayan** *agg* storico ◊ **makasaysayang lugar** centro storico.
**makatakaw-pansin** *agg* vistoso, appariscente.
**makatao** *agg* solidale, umano.
**makatarungan** *agg* equo, giusto.
**makatì** *v* prudere.
**mákatulòg** *v* addormentarsi; cascare dal sonno.
**makatulong** *v* giovare, essere di aiuto.
**makatunay** *agg* realista.
**makatuwiran** *agg* razionale, logico, ragionevole.
**makatwiran** *agg* giudizioso.
**maka-unyòn** *s* sindacalista.
**makayanan** *v* reggere, essere capace ◊ **makayanan ang tapang ng alak** reggere l'alcol; **makayanang tumayò** non reggersi in piedi.
**makialam** *v* estromettere, manomettere ◊ impicciarsi, intromettersi, ficcare il naso ◊ intervenire.
**makihalo** *v rifl* immischiarsi.
**makihalobilo** *v* frequentare ◊ integrare.
**makikinig** *v* stare attento, stare con le orecchie tese.
**mákilala** *v* riconoscere.
**makilatis** *v* avere naso per qualcosa.
**makina** *s* apparato locomotore, macchina.
**makinangnang** *agg* (*fig*)lucido.
**makinang-panggiik** *s* trebbiatrice.
**makinang-pansiyuting** *s* macchina da presa.
**makinang-pantahi** *v* macchina per cucire.
**makinig** *v* farsi una ragione ◊ ascoltare, prestare attenzione.
**makiní-kinita** *v* prevedere.
**makinis** *agg* liscio.
**makinista** *s* macchinista.
**makintab** *agg* lucido.
**makintal** *v* impressionare.
**makipag-areglò** *v* ritrattare ◊ scendere a patti.
**makipag-ayos** *v* negoziare.
**makipagdibate** *v* (*giur*) contestare.
**makipagkaibigan** *v* socializzare, fare amicizia.

**makipagkamay** *v* stringere la mano ◊ **makipagkamay sa isang tao** stringere la mano a qualcuno.
**makipagkita** *v* contattare.
**makipagkompetènsiyà** *v* concorrere, competere.
**makipaglaban** *v* concorrere.
**makipaglaro** *v* stare al gioco.
**makipagpaligsahan** *v* competere, concorrere.
**makipagsapalaran** *v* rischiare, correre il rischio.
**makipagsundo** *v* fare la pace.
**makipagtalik** *v* fare del sesso.
**makipagtipan** *v* dare un appuntamento, prendere un appuntamento.
**makipagusap** *v* comunicare.
**makipaligsahan** *v* gareggiare.
**makirot** *agg* doloroso.
**makisama** *v* associarsi ◊ coabitare, convivere.
**makisig** *agg* massiccio ◊ elegante.
**makita** *v* vedere ◊ **makita ang kaibahan** contraddistinguere; distinguere.
**makomiko** *agg* comico.
**makomportablè** *v* fare comodo, servire.
**makompromiso** *v* transigere.
**makonsensiyà** *s* complesso di colpa, senso di colpa.
**makrobayotikà** *s* macrobiotica.
**makrobayotikò** *agg* macrobiotico.
**makuha** *v* ricavare ◊ **makuha ulî** riavere.
**makukuha** *s* disponibilità.
**makulay** *agg* vivace, pittoresco.
**makulit** *s* rompiscatole.
**makulò** *agg* effervescente.
**makunat** *agg* tenace.
**malabay** *agg* rigoglioso.
**malabis** *agg* sregolato.
**malabnaw** *agg* opaco.
**malabo** *agg* grigio, torbido ◊ *s* nebulosa.
**málagày** *v* trovarsi ◊ **malagay sa kagípitan** incagliarsi; **malagay sa masamang sitwasyon** trovarsi in cattive acque; **malagay sa ranggo** rientrare nei ranghi.
**malagim** *agg* desolante ◊ morboso ◊ tenebroso.
**malaginto** *agg* dorato.
**malagkit** *agg* appiccicoso, viscido ◊ *s* collante, mastice.
**malagô** *agg* folto, rigoglioso.
**malakas** *agg* furioso ◊ forte, potente, vigoroso ◊ **anestesya na hindi malakas** anestesia locale; **humalahak ng malakas** scoppiare a ridere; **magsalita ng malakas** parlare ad alta voce; **malakas na droga, gamot** droghe pesanti; **malakas na hangin** ventata; **malakas na ingay** strepito; **malakas na ulan** acquazzone, diluvio, nubifragio; **sumigaw ng malakas** urlare a squarciagola; **umulan ng malakas** diluviare.
**malaki** *agg* grande, grosso, volu-

minoso ◊ **magkamali ng malaki** sbagliare di grosso; **panyong malaki** foulard; **payong na malaki** ombrellone; **tabla na malaki** tavoletta.
**malaking-bahà** *s* cataclisma.
**malaking-bato** *s* masso.
**malaking-kalabasa** *s* zuccone.
**malaking-lunòk** *v* trangugiare.
**malaking-malaki** *agg* ingente; colosso ◊ kolossal.
**malaking-takot** *s* terrore.
**malaking-tinapay** *s* pagnotta.
**malaking-titik** *agg* maiuscolo.
**malaking-trumbon** *s* trombone.
**malalà** *agg* grave ◊ **malalang sakit** malattia grave; **malalaking sukat** taglia forte.
**malalim** *agg* fondo, profondo.
**malaman** *v* essere in carne.
**malamang** *agg* facile.
**malambòt** *agg* duttile, tenero; molle, morbido, soffice.
**malamig** *agg* freddo, frigido.
**malamigan** *v* prendere freddo.
**malamlàm** *agg* inespressivo.
**malantà** *v* sfiorire.
**malaos** *v* passare di moda.
**malapad** *agg* largo ◊ **malapad na kuwelyo** collo alto; **malapad na bilog** ellisse.
**malapit** *agg* intimo, prossimo, vicino ◊ **malapit nadatnan** a portata di mano; **malapit na kamag-anak** parente stretto.
**malapit sa** *prep* nei pressi di, vicino a.
**malarosas** *agg* rosato.
**malarya** *s* malaria.
**malas** *agg* sfortunato, di malaugurio ◊ **malas na ibon** uccello del malaugurio.
**malasa** *agg* gustoso, saporito.
**malason** *v* intossicare.
**malaswà** *agg* osceno, pornografico.
**malàt** *agg* rauco.
**malatáng-malatâ** *agg* stremato.
**malatì** *agg* paludoso.
**malawak** *agg* largo, spazioso, vasto ◊ **malawak na lugar** spiazzo; **malawak na lupain** terrazza, latifondo.
**malay mo** *avv* chissà.
**malaya** *agg* emancipato, indipendente, libero.
**malayain** *agg* liberista.
**malayo** *agg* distante, lontano, remoto.
**malba** *s* malva.
**maleta** *s* valigia.
**malî** *agg* sbagliato, errato ◊ **maling pag-aakala** stereotipo; **maling pagkakaintindi** malinteso; **maling paniniwala** eresia.
**maliban** *prep* eccetto ◊ **maliban sa** fuorché, salvo, tranne.
**malibog** *agg* erotico.
**maligamgam** *s* semifreddo.
**maligàw** *v rifl* perdere.
**maligaya** *agg* felice, buon ◊ **maligayang pagkabuhay** buona Pasqua!; **maligayang piyesta** buone feste; **maligayang taon!**

Buon anno!; **maligayang-paskò** buon Natale!; **maligayang lubos** essere contento come una pasqua.
**malihim** *agg* confidenziale, riservato ◊ (*fig*) oscuro, ombroso ◊ **malihim na paglilitis** prognosi riservata.
**maliit** *agg* lieve ◊ piccolo ◊ spicciolo ◊ triviale ◊ **bag na maliit at ikinakabit sa biwang** marsupio; **bintanang maliit** finestrino; **librong maliit** libro tascabile; **maliit na bato** ciottolo; **maliit na bola** pallino; **maliit na bote ng gamot** fiala; **maliit na titik** minuscolo; **maliit na tupa** pecorino; **maliit na sukat** di (stretta) misura.
**malikmatà** *s* illusione, miraggio.
**malikò** *agg* curvo.
**maliksi** *agg* agile ◊ attivo.
**malilim** *agg* ombroso.
**malimit** *agg* a volte.
**malinamnam** *agg* saporito, gustoso.
**malinaw** *agg* chiaro, limpido, nitido.
**malinis** *agg* netto, pulito, terso ◊ incensurato.
**malinlang** *v* offendere, prendere a pesci in faccia.
**malipol** *v* perire.
**malisyà** *s* malignità.
**malisyoso** *agg* malizioso.
**malitò** *v* disorientare ◊ (*fig*) imbrogliare.
**maliwanag** *agg* lucente, luminoso ◊ ovvio, palese.
**malnuris** *agg* malnutrito.
**malnutrition** *s* denutrizione.
**malokong** *s* piatto fondo; scodella.
**malpormasyòn** *s* malformazione.
**malto** *s* malto.
**malubak** *agg* depresso ◊ **malubak na daan** strada accidentata.
**malubhâ** *agg* serio,grave.
**malugî** *v* fallire, fare un buco nell'acqua, andare in rovina.
**malugmok** *v* (*fig*)crollare.
**malukòng** *agg* concavo.
**malulà** *v* nauseare, uscire dagli occhi.
**malumlom** *v* (*fig*)immergere.
**malumpò** *v* mutilare.
**malumukob** *s* strapiombo.
**malungkot** *agg* desolato, infelice, triste ◊ *v* rattristare, spiacere.
**maluningnìng** *agg* splendido.
**malunod** *v* affogare.
**malupit** *agg* crudele, inumano ◊ **malupit na pagpatay** carneficina.
**malusòg** *agg* sano ◊ *v* essere sano come un pesce, essere in forma, scoppiare di salute.
**maluwàg** *agg* liberale.
**maluwalhati** *agg* glorioso.
**maluwang** *agg* ampio.
**mamàgitan** *v* intercedere, intervenire.
**mamahalà** *v* amministrare, dirigere, governare.

**mamáhalin** *agg* costoso, pregiato ◊ **mamahaling batò** pietra preziosa.
**mamakyaw** *v* lanciare, promuovere.
**mamal** *s* mammifero.
**mamalagi** *v* stabilire, fissare.
**mamalagì** *v* permanere.
**mamalantsà** *v* stirare.
**mamálímos** *v* mendicare.
**màmamakyàw** *s* grossista.
**mamamatay-tao** *s* assassino, omicida.
**màmamayan** *agg* cittadino ◊ *s* popolo.
**mamantikâ** *agg* unto.
**mamantsàhan** *v* impregnare.
**mamasukan** *v* impiegare.
**mamasyàl** *v* fare una passeggiata, passeggiare.
**mamatay** *v* crepare, perdere la vita, morire ◊ **mamatay sa gutom** morire di fame; **mamatay sa inggit** crepare dall'invidia; **mamatay sa tawa** morire dal ridere.
**mamatnugot** *v* presiedere.
**mamaya** *avv* dopo.
**màmbabasà** *s* lettore.
**mambabatàs** *s* legislatura.
**mamigay** *v* erogare.
**mamili** *v* optare ◊ far compere, fare la spesa.
**mamimili** *s* compratore, consumatore, cliente.
**mamisà** *v* covare.
**mamláhiyò** *v* plagiare.
**mamps** *s* otite.
**mamuhay** *v* (*fig*)ricondurre.
**mamuhunan** *v* investire.
**mamukadkàd** *v* sbocciare.
**mamulà** *v* diventare rosso, arrossire.
**mamulaklàk** *v* sbocciare, fiorire.
**mamulubi** *v* impoverire, impoveririsi.
**mamùmuwis** *s* contribuente.
**mamunò** *v* governare, guidare.
**mamutiktik** *v* infestare.
**mamutlà** *v* impallidire.
**mana** *s* eredità ◊ **alisan ng mana** diseredare.
**managinip** *v* sognare.
**managumpay** *v* superare.
**manahimik** *v* calmarsi, mettersi l'animo in pace.
**manahin** *v* ereditare.
**manaìg** *v* prevalere.
**manalo** *v* vincere ◊ **manalo ang sa inyo** vincono i vostri; **manalo sa match** vincere la partita.
**mánanalumpatî** *s* oratore.
**mananàm** *agg* squisito.
**mananananggòl** *s* patrocinio ◊ legale.
**mananayàw** *s* ballerino.
**manánghalian** *v* pranzare.
**manaog** *v* discendere.
**manatili** *v* rimanere, restare, stare ◊ **manatili sa pila** resti in linea; **manatili sa puso** stare a cuore.
**mandalâ** *s* pagliaio.
**mandarayà** *s* imbroglione.
**mandaya** *v* (*su carta*)sbarrare.
**mandirigmâ** *agg* guerriero.

**mandolina** *s* mandolino.
**mandurukot** *s* scippatore.
**manedyer** *s* amministratore, capoufficio, manager ◊ **eksekyutib-manedyer** amministratore delegato.
**mangaakit** *s* seduttore.
**mangabayo** *v* cavalcare, montare.
**mangagagawâ** *s* artigiano.
**mangahas** *v* osare, spingere (*fig*).
**mangahasà** *v* seviziare, stuprare.
**mangahulugàn** *v* implicare.
**mangailangan** *v* necessitare, richiedere.
**mangakò** *v* impegnare, promettere ◊ **mangakò ng gantimpala** promettere una ricompensa.
**mangalakal** *v* dirigere, gestire, condurre.
**mangambà** *v* allarmare.
**mangamkàm** *v* usurpare.
**manganàk** *v* partorire.
**mángangabàyo** *s* cavaliere.
**mangangabayo** *v* cavalcare.
**mangangailangan** *v* occorrere.
**mangangalakal** *s* imprenditore, mercante, trafficante.
**mangangalawang** *v* arrugginire.
**màngangaso** *s* cacciatore.
**mang-apì** *v* sopraffare.
**mangapòs** *v* boccheggiare.
**mangarap** *v* fantasticare.
**mangasiwa** *v* condurre, gestire, manovrare.
**mangaso** *v* cacciare.
**mangatàl** *v* (*fig*)vibrare.
**mangatuwiran** *v* giustificare ◊ ragionare.
**mangatwiran** *v rifl* giustificarsi.
**mangbuwisit** *v* infastidire.
**manggà** *s* mango.
**manggagamot** *s* dottore, medico.
**manggagantsò** *s* imbroglione.
**manggagawà** *agg* lavoratore, proletario ◊ **buwis ng manggagawa** contributi previdenziali; **manggagawang pang-araw-araw** lavoratore giornaliero; **manggagawang pangkalusugan** operatore sanitario.
**manggagayà** *s* imitatore.
**manggaling** *v* derivare, originare, provenire.
**manggàs** *s* manica ◊ **walang manggas** sbracciato.
**manggo** *s* (*di arma*)calcio.
**manggulo** *v* fare fiasco; fare un pandemonio ◊ piantare grane.
**manghamun** *v* attaccare briga.
**manghihimagsik** *s* insorto.
**manghimasok** *v* stuzzicare.
**manghinà** *v* indebolire, deperire.
**manghuhulà** *s* profeta.
**manghulà** *v* predire.
**mangibáng-bansà** *v* espatriare, immigrare.
**mangibang-lugar** *v* migrare.
**mangilabot** *v* sbigottire ◊ **mangilabot ang balahibo** avere la pelle d'oca.

**mangingisdâ** *s* pescatore.
**manginig** *v* palpitare, tremare.
**mangisdâ** *v* pescare.
**mangkòk** *s* ciotola.
**mangkukulam** *s* malfattore.
**mangkulit** *v* scocciare, rompere l'anima.
**mangmang** *agg* ingenuo, semplice ◊ analfabeta, ignorante.
**mangolektà** *v* incassare.
**mang-udyòk** *v* fare gola.
**mangumpisal** *v* confessare.
**mangyamòt** *v* scocciare, rompere le scatole.
**mangyari** *v* accadere, capitare, aver luogo.
**mani** *s* nocciolo ◊ arachide ◊ **mani order** vaglia.
**manibela** *s* sterzo, volante ◊ **pangharang ng manibela** bloccasterzo.
**manigarilyo** *v* fumare ◊ **bawal manigarilyo** vietato fumare; **lugar kung saan puwedeng manigarilyo** area fumatori.
**maniìl** *v* opprimere.
**manikà** *s* bambola, burattino, pupazzo.
**manikin** *s* manichino.
**manilbihan** *v* servire.
**manilip** *v* sbirciare.
**maningnìng** *agg* raggiante, solare.
**màninigarilyo** *s* fumatore.
**mániniìl** *s* tiranno.
**máninilà** *s* predatore ◊ **maninilang ibon** uccelli predatori.
**máninisid** *s* sommozzatore.
**manipis** *agg* fine, sottile ◊ **manipis na yelo** nevischio.
**manirahan** *v* abitare.
**maniràng-puri** *v* disonorare.
**maniwala** *v* ritenere, credere ◊ **maniwalang mulî** ricredersi.
**maniyako** *s* piromane.
**mánlalakbay** *s* viaggiatore.
**manlalaro** *s* atleta, giocatore ◊ giocoliere ◊ **manlalaro ng iski** sciatore; **manlalaro ng putbol** calciatore.
**manlamig** *v* (*fig*)gelare.
**manliligaw** *s* amante.
**manlilikas** *agg* profugo.
**manlulupig** *s* predatore.
**manlulusob** *agg* invasore.
**manna** *s* manna.
**manòk** *s* pollo.
**mansanas** *s* mela.
**mansusurì** *s* scrutatore.
**mantèl** *s* tovaglia.
**mantensiyòn** *s* manutenzione.
**mantika** *s* lardo, strutto; grasso.
**mantikilya** *s* burro ◊ **mantikilya ng kakaw** burro di cacao.
**mantsà** *s* macchia ◊ **alisin ang mantsa** smacchiare; **pang-alis mantsa** smacchiatore.
**mantsàhan** *v* macchiare.
**manugang** *s* nuora, genero ◊ **manugang na babae** nuora; **manugang na lalaki** genero.
**mánukan** *s* pollaio.
**manumbalik** *v* ricoverare ◊ ristabilire.

**manungkòl** *v* esercitare.
**mànunubig** *s* (*astr*)Acquario.
**mánunugtòg** *s* musicista.
**mánunulâ** *s* poeta.
**mánunulàt** *s* redattore; scrittore ◊ **manunúlat ng kuwentong romantiko** romanziere.
**manunuri** *s* critico ◊ **manunuring panliteratura** critica letteraria.
**manwàl** *s* manuale.
**manyakis** *agg* maniaco.
**manyur** *s* letamaio.
**maoberlod** *agg* sovraccarico.
**maobliga** *v* impegnarsi ◊ obbligare.
**maong** *s* jeans.
**maóspitàl** *v* ospedalizzare.
**mapa** *s* mappa, carta geografica.
**mapabagong-loob** *v* convertire.
**mapabulaanan** *v* smentire.
**mapag-alipin** *agg* meschino.
**mapag-aral** *agg* studioso.
**mapagbagay** *s* grazia.
**mapagbigay** *agg* largo, generoso.
**mapagduda** *agg* scettico.
**mapag-gayak** *agg* festoso.
**mapaghangad** *agg* ambizioso.
**mapaghímasòk** *agg* indiscreto.
**mapaghinala** *agg* diffidente, sospettoso.
**mapaghirap** *agg* tirannico.
**mapag-ingat** *agg* conservatore.
**mapag-isà** *agg* solitario.
**mapag-isip** *agg* riflessivo.
**mapagkakatiwalaan** *agg* affidabile.
**mapagkaùsap** *agg* discorsivo.
**mapàgkunwari** *agg* ipocrita.
**mapagligtàs** *agg* salvatore.
**mapaglikhâ** *agg* creativo.
**mapaglinkod** *s* inserviente.
**mapagmaalam** *agg* pedante ◊ **taong mapagmaalam** pedante (*s*).
**mapagmahal** *agg* tenero, affettuoso; amante ◊ **mapagmahal na pagbati** saluti affettuosi.
**mapágmalakì** *agg* orgoglioso, fiero.
**mapagmataàs** *agg* arrogante, imperioso, insolente.
**mapagnais** *agg* desideroso.
**mapagod** *v* affaticarsi, stancarsi ◊ **mapagod ng husto** cadere a pezzi.
**mapagpakinabangan** *v* rendersi utile.
**mapagpakúmbabâ** *agg* modesto.
**mapagpásalamat** *v* essere grato.
**mapagramdam** *agg* emotivo.
**mapagsamantalang-taò** *s* sfruttatore.
**mapagsarili** *agg* possessivo.
**mapàgsarinlàn** *agg* introverso.
**mapagselos** *agg* geloso.
**mapagsuyo** *agg* ammiratore.
**mapagtanggol** *agg* protettivo.
**mapagtàtalunan** *agg* discutibile, opinabile.
**mapag-unawa** *agg* comprensivo.
**mapahiyà** *v* fare una brutta figura.

**mapait** *agg* amaro.
**mapakamahal** *v* costare un patrimonio.
**mapalad** *agg* beato, fortunato.
**mapamataàs** *agg* snob.
**mapaminsalà** *agg* maligno.
**mapandaya** *agg* doloso.
**mapangahàs** *agg* presuntuoso.
**mapanganib** *agg* pericolante; pericoloso, rischioso.
**mapangarap** *agg* fantasioso.
**mapanghamak** *agg* spregiativo.
**mapanghimagsìk** *agg* rivoluzionario.
**mapanghimasok** *agg* ufficioso.
**mapangibabaw** *agg* prepotente.
**mapanglàw** *agg* sconsolato, desolato; lugubre.
**mapang-uyàm** *agg* sprezzante.
**mapangwasàk** *agg* sovversivo.
**mapanlikhâ** *agg* utile, produttivo.
**mapanlinlang** *agg* subdolo.
**mapàsabày** *v* coincidere.
**mapasarili** *v* entrare in possesso, acquisire.
**mapaso** *v* scottare.
**mapasubali** *agg* condizionale.
**mapatag** *agg* pianeggiante, piano.
**mapawì** *v* obliterare.
**mapayapa** *agg* solitario.
**mapayàt** *agg* che fa una magra figura.
**mapighati** *agg* depresso.
**mapileges** *s* crespo.
**mapili** *agg* esigente.
**mapilit** *agg* insistente.
**mapinsala** *v* (*fig*)mutilare.
**maplat-tire** *v* bucare una gomma.
**mapler** *s* sciarpa.
**mapoot** *agg* furioso.
**maprankà** *agg* franco.
**mapudpod** *v* logorare.
**mapukàw** *v rifl* imbizzarrirsi.
**mapuksâ** *v* perire.
**mapula-pula** *agg* roseo.
**mapunò** *v rifl* rimpinzarsi, riempirsi.
**mapusòk** *agg* aggressivo; impetuoso ◊ imprudente.
**maputâ** *agg* smorto.
**maputi** *agg* candido.
**maputik** *agg* fangoso.
**maputikan** *v* infangarsi, impantanarsi.
**maputlâ** *agg* pallido, scialbo.
**mapya** *s* mafia ◊ **mapya ng italya** mafia italiana.
**marahàs** *agg* impulsivo, violento ◊ *s* teppista.
**marahil** *avv* forse.
**maramdaman** *v* intuire.
**maramdamin** *v* emozionare.
**marami** *agg* innumerevole, numeroso; vario ◊ *avv* molto, parecchio ◊ **maraming gamit** multifunzionale; **maraming ginagawâ** indaffarato; **maraming kulay** multicolore, variopinto; **maraming mailalaman** ampio, capace; **maraming may-arì** multiproprietà; **maraming pera** molto denaro, un sacco di soldi; **maraming tao**

affollato; **pagpuksa ng maraming tao** genocidio.
**máramihan** *s* plurale.
**marangàl** *agg* nobile, dignitoso.
**marangyà** *agg* pacchiano; sontuoso.
**marapat** *agg* morale.
**marapatin** *v* degnare, meritare.
**maraton** *s* maratona.
**maresponsablè** *agg* responsabile.
**margarina** *s* margarina.
**marihuwana** *s* marijuana.
**marinero** *s* marinaio.
**maringal** *agg* grandioso, magnifico.
**markà** *s* voto ◊ marca.
**markahàn** *v* indicare, segnare, marcare.
**markesa** *s* marchese.
**marmelada** *s* marmellata.
**marmòl** *s* marmo.
**marsapan** *s* marzapane.
**marso** *s* marzo.
**martes** *s* martedì.
**martilyò** *s* martello.
**martilyuhin** *v* martellare.
**martir** *s* martire.
**martora** *s* martora.
**martsa** *s* marcia.
**marubdob** *agg* bollente.
**maruming-ayòs** *s* gavetta.
**marungis** *agg* sciatto.
**marunong** *agg* saggio, capace, sapiente ◊ *s* intenditore ◊ **marunong lumangoy** saper nuotare; **marunong na tao** essere un'aquila; **marunong ng tagalog/pilipino** sapere il filippino; **marunong sa matematika** sapere la matematica.
**marupòk** *agg* fragile, inconsistente.
**maryjane** *s* (*gerg, marijuana*) fumo.
**màryonèt** *s* marionetta.
**mas** *agg* di più, più ◊ **mas bata** minore età; **mas gusto ang isang bagay kaysa sa isa** preferire una cosa a un'altra; **mas mataas sa akin** più alto di me; **mas mabuting ganun!** meglio!; **mas mabuti** meglio; **mas maliìt** minore; **mas marami** di più.
**masà** *s* impasto; paté ◊ pastello.
**masa** *s* mass-media.
**masabìk** *v* avere nostalgia ◊ **masabìk sa isang bagay, sa isang tao** avere nostalgia di qualcuno, di qualcosa.
**masagasahan** *v* investire.
**masagwâ** *agg* volgare, sconcio, sguaiato; sgargiante.
**masahè** *s* frizione, massaggio.
**masahiin** *v* massaggiare.
**masaiyo** *v* entrare in possesso.
**masakim** *agg* esoso.
**masakìt** *agg* doloroso ◊ *s* male ◊ **masakit ang ulo** mal di testa.
**masaklàw** *agg* generico.
**masamà** *agg* sinistro, cattivo, perverso ◊ **masama ang pakay** malintenzionato; **masama ang tangka** essere in mala fede; **masa-**

ma ang tingin guardare storto; **lalong masamâ** peggio; **masamang balita** cronaca nera; **masamang gamot** stupefacente, droga; **masamang gawain** malavitoso; **masamang hangarin** cattiveria; **masamang kapalaran** disavventura; **masamang loòb** malavita; **masamang lugar** circolo vizioso; **masamang panahon** perturbazione, maltempo; **masamang reputasyòn** furfante; **masamang taò** malvivente; **masamang tingin** storpiare; **mayroong masamang pakiramdam** fare cattiva impressione.

**masanay** *v* orientare ◊ abituare, farci il callo ◊ prendere confidenza.

**másangkòt** *v rifl* (*fig*) impantanarsi, impigliarsi ◊ **masangkot sa gulò** cacciarsi in un pasticcio.

**masápilitàn** *v* essere in obbligo.

**masarap** *agg* buono, gustoso ◊ **masarap na pagkain** piatto forte.

**masarapan** *v* prenderci gusto.

**masawi** *v* capitare male.

**masaya** *agg* allegro, felice, lieto ◊ **masayang pangyayari** lieto evento; **masayang tao** umorista.

**masayahan** *v* accontentare.

**maselan** *agg* meticoloso ◊ schizzinoso ◊ **masiyadong maselan** pignolo.

**masentimental** *agg* sentimentale.

**masibà** *agg* rapace; vorace.

**masikap** *agg* diligente.

**masikhày** *agg* intensivo ◊ **masikhay na korso** corso intensivo.

**masikip** *agg* stretto ◊ **masikip sa akin ang sapatos na ito** queste scarpe mi stringono; **masikip na lugar** buco.

**masiglà** *agg* vivace, vispo, esuberante.

**masindak** *v* impressionare.

**masìngàn** *agg* mitragliatore.

**masinop** *agg* previdente.

**masinsin** *agg* consistente.

**masintunado** *v* stonare.

**masipag** *agg* laborioso.

**masira** *v* sciupare, andare a male.

**masísí** *agg* riprovevole.

**masistema** *agg* metodico.

**masiyàhan** *agg* soddisfatto.

**masiyal** *agg* marziale ◊ **masiyal art** arti marziali.

**màskarà** *s* maschera ◊ **alisin ang maskara** smascherare.

**maski** *cong* ne.

**masokismo** *s* masochismo.

**masokistà** *s* masochista.

**mason** *s* edile.

**masospetsa** *agg* sospettoso.

**masungit** *agg* ostile.

**masunog** *v* bruciare, incendiare.

**masunurin** *agg* mite, remissivo, ubbidiente.

**masustànsiyà** *agg* nutriente, sostanzioso.

**masuwerte** *agg* fortunato, che porta fortuna ◊ **masuwerte siya!** fortunato lui!.

**matà** *s* occhio ◊ **kisap-mata** in un batter d'occhio; **doktor ng mata** oculista; **doktor ng matatanda** geriatra; **muntòt ng mata** occhiaia; **talukap ng mata** palpebra.

**mataàs** *agg* alto, elevato, superiore ◊ **mataas ang dugò** iperteso; **mataas na paaralan** liceo, ginnasio; **mataas na pagpuri** elogio; **mataas na tsiminea** ciminiera; **mataas sa tao** sovraumano.

**mataba** *agg* fertile ◊ grasso, ciccione.

**matabàng** *agg* insipido ◊ **matabang halaman** pianta grassa; **matabang-mataba** obeso.

**matadero** *s* macello.

**matagal** *agg* (*tempo*) lungo ◊ **matagal na kaibigan** amico di vecchia data; **matagal na taning** a lunga scadenza; **matagal na alak** vino vecchio.

**matagpuan** *v* ritrovare.

**matagumpay** *agg* trionfale, vittorioso.

**matahimik** *agg* pacifico, sereno ◊ silenzioso.

**mataimtim** *agg* distinto ◊ cordiale ◊ **mataimtim na pagbati** distinti saluti.

**matakaw** *agg* esoso ◊ ghiotto, goloso.

**matakot** *v* inorridire, impaurire.

**matakutin** *agg* pauroso.

**matalàs** *agg* fitto ◊ **matalas ang pakiramdam** sensibile.

**matalìm** *agg* incisivo, tagliente.

**matalino** *agg* geniale, perspicace, scaltro ◊ **matalinong tao** essere in gamba.

**matalo** *v* (*gara*)perdere.

**matamis** *agg* dolce ◊ **matamis na maasim** agrodolce.

**matamlày** *agg* smorto.

**matanda** *agg* anziano, stagionato, vecchio ◊ **matanda na** essere in là con gli anni; **matandang oso** Orsa maggiore.

**matangay** *v* portar via.

**matao** *agg* popoloso.

**matapang** *agg* audace, coraggioso ◊ *s* (*fig*) iena ◊ **matapang na alak** vino secco; **matapang na gamot** droghe pesanti.

**matapat** *agg* onesto, pulito ◊ **matapat sa usapan** essere di parola.

**matarik** *agg* ripido, scosceso.

**matastas** *v* scucire.

**matatàg** *agg* solido, fermo, robusto, stabile ◊ tenace ◊ *s* forza ◊ **matatag na paniniwala** convinzione.

**matatanggap** *agg* passabile.

**matauhan** *v* rendersi conto.

**matekilyahàn** *v* imburrare.

**matemàtikà** *s* matematica.

**matemàtikò** *agg* matematico.

**materyà** *s* materia.

**materyàl** *s* materiale.

**matibay** *agg* solido, forte, fortificato, robusto.

**matibì** *agg* stitico.

**matibi** *agg* tisico.

**matigas** *agg* duro, sodo; raffermo ◊ rigido ◊ **matigas ang ulo** cocciuto, testardo.
**matigmàk** *agg* saturo.
**matimpi** *agg* astemio.
**matindì** *agg* profondo, intenso.
**matingkad** *agg* intenso,forte.
**matinìk** *agg* spinoso ◊ **matinìk na palumpòng** pruno.
**matipuno** *s* massiccio.
**matirà** *v* avanzare, rimanere.
**matisod** *v* inciampare.
**matiwasay** *agg* sereno ◊ **matiwasay na tao** sereno.
**matiyagâ** *agg* paziente.
**matrapik** *v* intasare.
**matrikulà** *s* matricola.
**matsismosa** *agg* pettegolo.
**matubig** *agg* lungo.
**matubò** *agg* produttivo.
**mátuklasàn** *v* scoprire, scovare, venire alla luce.
**matúláin** *agg* poetico.
**matulalà** *v* cadere dalle nuvole, meravigliarsi.
**matulìg** *v* tramortire.
**matulin** *agg* rapido, veloce.
**matulis** *agg* acuto ◊ **matulis na dulo** pennino; **takòng na matulis** tacchi a spillo; **taluktòk na matulis** guglia.
**matulòg** *v* dormire ◊ **matulòg sa panahòn ng taglamig** svernare.
**matulungin** *agg* laborioso, volenteroso.
**matunaw** *v* dissolvere, fondere, sciogliere.
**matunòg** *agg* sonoro.
**matuto** *v* imparare.
**matuwìd** *agg* ritto ◊ **tumindig ng matuwìd** erezione.
**matuyò** *agg* rinsecchito.
**matuyuan** *v* disidratare.
**maubos** *v* svanire.
**maulan** *agg* piovoso.
**maulap** *agg* nebbioso, nuvoloso.
**maumpòg** *v* sbattere la testa.
**màunà** *v* precedere ◊ **mauna po kayo** dopo di lei.
**maunawahan** *v* intendere.
**maunawain** *agg* comprensibile.
**mauntog** *v* sbattere, picchiare la testa contro il muro.
**mausisa** *agg* curioso.
**mautò** *v* prendere alla lettera.
**mauunà** *v* avere la precedenza.
**mauwi sa** *v* andare a finire ◊ **mauwi sa gulo dahil sa** prendersi la briga di.
**mawalâ** *v* perdere, smarrire ◊ sparire, svanire.
**mawalan** *v* restare a secco, rimanere a bocca asciutta ◊ **mawalan ng pag-asa** perdersi d'animo; **mawalan ng pera** essere in rosso.
**mawasak** *v* sfasciare.
**may** *pron indef* qualcosa ◊ **may halaga** avere importanza; **may dugong maharlika** di sangue reale.
**maysakìt** *s* malato.
**maya** *s* passero, sparviero.
**mayabang** *agg* sovraccarico ◊ gassato ◊ superbo ◊ *s* sbruffone.

**may-alkohòl** *s* alcolico.
**mayaman** *agg* ricco, benestante ◊ **mayaman na tao** ricco (*s*); **mayaman sa petrolyo** petrolifero.
**mayamot** *v* annoiare, scocciare.
**mayanig** *v* vibrare.
**may-arì** *s* padrone, proprietario, titolare ◊ **maraming may-arì** multiproprietà; **may-arì ng negosyo** imprenditore, padrone; **may-arì ng restawran** ristoratore; **may-arì ng taberna** oste.
**may-asawa** *agg* coniugato.
**mayáyamutìn** *agg* permaloso.
**maybahay** *sf* massaia.
**mayelo** *agg* glaciale, nevoso ◊ *s* gelata.
**may-hayperopya** *s* presbite.
**may-karamdaman** *agg* indisposto.
**may-kaugnayan** *agg* relativo.
**maykaya** *agg* agiato.
**may-laman** *agg* farcito.
**maylikhâ** *s* autore.
**may-malay** *agg* conscio, cosciente.
**mayo** *s* maggio.
**mayolika** *s* maiolica.
**mayonesa** *s* maionese.
**mayor** *s* sindaco ◊ **mayor-de-edad** maggiore età, maggiorenne.
**may-pinagaralan** *agg* colto, istruito.
**mayroòn** *pron indef* qualcosa.
**mayroon** *v* avere.
**maysakìt** *agg* malato ◊ **maysakit sa puso** malato di cuore.
**maysala** *agg* colpevole ◊ *s* reo.
**may-utang** *s* debitore.
**medalya** *s* medaglia.
**mediteranyo** *agg* mediterraneo.
**medyas** *s* calza ◊ **medyas na pambabae** collant.
**megalomanyak** *s* megalomane.
**mega-mart** *s* grandi magazzini.
**megranya** *s* emicrania.
**mekànikà** *s* meccanica.
**mekànikò** *s* meccanico.
**mekanismo** *s* meccanismo, congegno.
**melòn** *s* melone.
**memorya** *s* memoria.
**menopaws** *s* menopausa.
**mensahe** *s* messaggio.
**mensahero** *s* messaggero, corriere, fattorino.
**mentalidàd** *s* mentalità.
**menyu** *s* menù.
**mersero** *s* merceria.
**meryenda** *s* merenda.
**mesang-sulatàn** *s* scrivania.
**metàl** *s* metallo.
**metano** *s* metano.
**metáporà** *s* metafora.
**metro** *s* metro ◊ **metro ng taksì** tassametro.
**metrokuwadrado** *s* metro cubo.
**metrokuwadro** *s* metro quadro.
**metrópolì** *s* metropoli.
**meyk-ap** *s* trucco ◊ **meyk-ap sa matâ** ombretto.
**mga** *art det* le, gli, i ◊ *prep artic* degli, delle ◊ *pron pers* essi; le,li ◊ **mga nilikha** creatura; **mga**

pagkain viveri; **mga pr odoktong galing sa gatas** latticino; **mga produktong soriso** salume; **mga sadaan** centinaio; **mga tao** gente; **mga tauhan** organico; **mga ugat** venatura, vaso capillare.
**mgkintàl** *v* (*fig*)imprimere.
**mi** *s* (*mus*)mi.
**micro-wave** *s* forno a microonde.
**miho** *s* miglio.
**mikrobyò** *s* microbo.
**mikròponò** *s* microfono.
**mikroskopyo** *s* microscopio.
**milagro** *s* miracolo.
**milagrosa** *agg* miracoloso.
**milipede** *s* millepiedi.
**militar** *agg* militare ◊ **marsiyal militar** marziale; **militar pandagat** marina militare.
**milokoton** *s* albicocca.
**milplores** *s* ortensia.
**milya** *s* (*distanza*)miglio.
**milyometro** *s* contachilometri.
**milyonaryo** *s* miliardario.
**minahàn** *s* miniera, pozzo ◊ **mina ng langìs** pozzo petrolifero.
**minamaliit** *v* sottovalutare.
**minas** *s* mina.
**minatamis** *agg* candito ◊ *s* dessert, pasticcino, dolciume.
**mineràl** *agg* minerale.
**minero** *s* minatore.
**minimo** *agg* minimo.
**míniskìrt** *s* minigonna.
**ministeryo** *s* ministero ◊ **ministeryo ng hustisiya** ministero di Grazia e Giustizia; **ministeryo ng kayamanang bayan** ministero del Tesoro; **ministeryo ng mga paaralan ng bayan** ministero della Pubblica istruzione; **ministeryo ng masa** pubblico ministero; **ministeryo ng pananalapi** ministero delle Finanze; **ministeryo ng suliraning panlabas** ministero degli Esteri; **minsteryong pangkalúsugan** ministero della Sanità.
**ministro** *s* primo ministro.
**mini-tindahan** *s* chiosco.
**mink** *s* visone.
**minoriya** *s* minoranza.
**minuto** *agg* minuto.
**minyatura** *s* miniatura.
**mirasol** *s* girasole.
**misa** *s* messa.
**míseltò** *s* vischio.
**misil** *s* missile.
**mismo** *agg* medesimo, stesso.
**mistiso** *agg* meticcio, mulatto ◊ ibrido, misto.
**misyonaryo** *s* missionario.
**miting** *s* riunione.
**mitra** *s* mitra.
**mitsà** *s* tampone.
**mitsahàn** *v* tamponare.
**miyembro** *s* membro, componente.
**miyerkolès** *s* mercoledì.
**miyopyà** *agg* miope.
**moda** *s* moda.
**modela** *sf* fotomodella, modella, indossatrice.
**modelo** *sm* fotomodello ◊ modello.

**moderno** *agg* moderno.
**mokasino** *s* mocassino.
**mola** *s* mulo.
**molekola** *s* molecola.
**mómiyà** *s* mummia.
**monarka** *s* monarca.
**monarkiya** *s* monarchia.
**monasteryo** *s* abbazia, monastero.
**monghe** *s* monaco.
**monopolyo** *s* monopolio.
**monson** *s* monsone.
**monumento** *s* monumento ◊ **monumento ng dakila** monumento equestre.
**moòg** *s* fortezza.
**moralidàd** *s* morale, moralità.
**moresko** *agg* moresco.
**morgê** *s* obitorio.
**mortàl** *agg* mortale ◊ *s* mortale.
**mosayko** *s* mosaico.
**moskeya** *s* moschea.
**motor** *s* locomotiva, motore.
**motorsiklista** *s* motociclista.
**motorsiklo** *s* motocicletta.
**motortbike** *s* ciclomotore.
**motosikleta** *s* motorino.
**mukhâ** *s* faccia, viso, volto.
**mukhaáng-salapi** *agg* venale.
**mula** *prep* da ◊ **hangin mula sa silangan** tramontana; **mula ngayon at bukas** dall'oggi al domani; **mula ngayon** da oggi in poi,d'ora in poi; **mula ngayon hanggang bukas** dall'oggi al domani; **mula noon hanggang ngayon** da allora in poi; **mula sa tuktuk sa ilalim** da cima a fondo; **mula-noon** da allora.
**mula kina** *prep artic* dai.
**mula sa** *prep artic* dal, dallo, dalla, dagli, dalle ◊ **mula sa satelayt** via satellite; **mula sa tuktuk sa ilalim** da cima a fondo; **mula sa ulo't paa** da capo a piedi; **mula saan** da dove.
**mula't sapol** *avv* dapprima.
**mulî** *avv* di nuovo ◊ **gawin mulî** rifare; **magsimula mulî** riprendere, ricominciare, riassumere; **maniwalang mulî** ricredersi; **muling basahin** rileggere; **muling italì** rilegare; **muling pagkabuhay** risurrezione; **muling pagkakasundô** rappacificarsi; **muling umalis** ripartire; **pag-gawâ mulì** riproduzione; **paghingî mulî** richiesta; **paglabas mulî** riuscita; **sa susunod mulî** a risentirci!.
**mulihàn** *s* mola.
**mulino** *s* mulino.
**multà** *s* multa, contravvenzione, sanzione.
**multimedyal** *agg* multimediale.
**multiplikasyòn** *s* moltiplicazione.
**multò** *s* fantasma, spettro.
**mumog** *s* gargarismo.
**mundò** *s* globo, mondo.
**munisipyo** *s* municipio.
**muntî** *agg* scarso, misero ◊ *s* diminutivo ◊ **muntik na** quasi quasi.
**muòg** *s* roccaforte.

**mura** *agg* sottocosto ◊ *s* parolaccia.
**murado** *s* viola.
**murahàn** *s* tafferuglio.
**murahin** *v* inveire, mandare a quel paese.
**museyo** *s* museo ◊ **museyo ng mga pintura** pinacoteca.
**músikà** *s* musica.
**muslim** *agg* musulmano.
**mustarda** *s* senape.
**mustasa** *s* mostarda.
**muwebles** *s* arredamento, mobile ◊ **may muwebles** ammobiliato.
**miyopyà** *s* miope.

# N

**na** *avv* già ◊ *pron rel* che.
**naaaninag** *agg* trasparente.
**naagnas** *agg* corroso.
**naalis** *agg* disfatto.
**naàsa** *agg* dipendente.
**nábababágay** *agg* propizio.
**nabábaliktàd** *agg* reversibile.
**nabibitbìt** *agg* portatile.
**nabinat** *agg* recidivo.
**nadaplisan** *v* (*fig*)sfiorare.
**nadáràma** *agg* (*fig*)palpabile.
**nadaya** *v* essere imbrogliato, prendere un bidone.
**naduduling** *v* vederci doppio.
**nag-aalinlangan** *agg* indeciso, diviso.
**nagaalisan** *v* spopolare.
**nagaantay** *agg* inatteso.
**nag-áatubilì** *agg* indeciso ◊ renitente.
**nagagalak** *v* lieto ◊ **ako ay nagagalak makilala ka** lieto di conoscerla.
**nagagamit** *agg* utile.
**nag-alalà** *v* preoccupare.
**nag-aral** *agg* istruito.
**nagbababagà** *agg* rovente.
**nagbababago** *agg* mutevole.
**nagbalatkayo** *v rifl* travestirsi.
**nagbibirô** *v* scherzare ◊ **nagbibirô ka ba?** vuoi scherzare?.
**nagbitiw** *v* sciogliere.
**nagbotohàn** *v* votare.
**nagbúbúnga** *agg* produttivo.
**nagbunsòd** *agg* impellente.
**nagdaàn** *agg* (*tempo*)passato.
**nagdadalang-tao** *agg* incinta.
**nagdamit** *v rifl* vestirsi.
**nagdidiyeta** *v* essere a dieta.
**naghigantì** *v rifl* vendicarsi.
**naghihingalo** *agg* moribondo.
**naghubad** *v rifl* svestirsi.
**nag-íisà** *agg* solo, da solo ◊ *s* unico ◊ **nagiisang eksena** atto unico.
**nagiling** *agg* macinato.
**nagkakaísa** *agg* solidale.
**nagkalamat** *v* incrinare.
**nagkaloob** *s* donatore ◊ **ang nagkaloob ang mga bahagi ng katawan** donatore di organi; **ang nagkaloob ng lahat** donatore universale; **nagkaloob ng dugô** donatore di sangue.
**nagkamalî** *v* aver torto, sbagliare

◊ **nagkamalî ng araw** sbagliare giorno; **nagkamalî ng daan** sbagliare strada; **nagkamalî ng tao** sbagliare persona.
**nagkasalubong** *v* incrociare.
**nagkataon** *agg* caso fortuito, per caso.
**nagkatawáng-tao** *v* (*fig*) incarnare.
**nagkimkim** *v rifl* nutrirsi.
**nagkulang** *agg* sprovvisto.
**naglaro** *v rifl* trastullarsi.
**naglasing** *v rifl* ubriacarsi.
**naglilingkòd** *v* essere in servizio.
**nagmámadalî** *v* avere fretta, essere di corsa ◊ *s* pressa.
**nagmamahal** *agg* innamorato.
**nagmaskara** *v rifl* mascherarsi.
**nagmeyk-ap** *v rifl* truccarsi.
**nagmula** *agg* oriundo ◊ a base di.
**nagmulta** *v* prendere una multa.
**nagngángálit** *agg* indiavolato.
**nagpapahinga** *agg* rilassato, disteso.
**nagpápahiwatig** *agg* suggestivo.
**nagpápasalamat** *agg* grato, riconoscente.
**nagpapásuhol** *agg* venale.
**nagpirmi** *v rifl* fissarsi.
**nagsala** *v rifl* offendersi.
**nagsalamin** *v rifl* specchiarsi.
**nagsalità** *v rifl* parlarsi.
**nagsinungaling** *v rifl* smentirsi.
**nagtago** *v rifl* trincerarsi.
**nagtanan** *v* disertare.
**nagtapòs** *v rifl* laurearsi.
**nagtatagal** *agg* persistente.
**nagtatampò** *agg* imbronciato.
**nagtina** *v rifl* tingersi.
**nagtinda** *v* vendere.
**nagugutom** *agg* affamato ◊ **nagugutom ng hustò** avere una gran fame.
**nagulat** *v rifl* stupirsi.
**naguluhan** *v rifl* imbrogliarsi.
**nahamogan** *s* assideramento.
**nahibàng** *v* delirare.
**nahihibang** *v* essere fuori di testa ◊ **nahihibang sa isang bagay** andare pazzo per qualcosa.
**nahihiyà** *v* essere in imbarazzo.
**nahuhugasan** *agg* lavabile.
**nahuhuláan** *agg* prevedibile.
**nahuhulî** *agg* ritardatario, tardivo.
**nahuli** *agg* colto ◊ **nahuli sa akto** colto sul fatto.
**naibabagày** *agg* malleabile.
**naibubulsà** *agg* tascabile.
**naiibà** *agg* differente, diverso, particolare, singolare ◊ **ang mga naiiba** i diversi.
**naiiskándalò** *v rifl* scandalizzarsi.
**naikot** *agg* girevole.
**nainis** *agg* esasperato.
**náipit** *v* (*arma*) incepparsi, incastrarsi.
**nais** *s* desiderio.
**naisin** *v* desiderare.
**nakaakit** *v* colpire,fare colpo.
**nakaalsà** *s* rilievo.
**nakabitin** *agg* sospeso ◊ **nakabitin na tulay** ponte sospeso.

**nakabukas** *agg* acceso.
**nakadiyakpat** *v* colpire, fare colpo.
**nakagàgambala** *agg* fastidioso.
**nakagawian** *v* usare, avere l'abitudine ◊ **nakagawian ang** avere l'abitudine di.
**nakahiga** *agg* disteso.
**nakaka-abalà** *v* infastidire, dare fastidio.
**nakakaaliw** *agg* confortante.
**nakakaasar** *agg* irritante, importuno.
**nakakaasiwà** *agg* irrequieto, che non sta nella pelle.
**nakakaawà** *agg* penoso,pietoso.
**nakakabagòt** *agg* piatto.
**nakakabigat** *v* pesare, essere di peso.
**nakakabighanì** *agg* incantevole.
**nakakabingi** *agg* assordante.
**nakakagulat** *agg* allucinante, spaventoso.
**nakakahabàg** *agg* pietoso, commovente.
**nakakahawa** *agg* contagioso.
**nakakahiyà** *agg* imbarazzante, vergognoso.
**nakakain** *agg* commestibile.
**nakakainis** *agg* disgustoso, seccante.
**nakakairita** *agg* irritante.
**nakaka-kansèr** *agg* cancerogeno.
**nakakakilabot** *agg* spaventoso, raccapricciante ◊ *s* spavento ◊ (*cine*) horror.
**nakakalàs** *agg* smontabile.
**nakakalasing** *agg* inebriante.
**nakakalason** *agg* tossico.
**nakakalat** *agg* esteso.
**nakakalaway** *v* desiderare; far venire l'acquolina in bocca.
**nakakalubag-loòb** *agg* soddisfacente.
**nakakalunas** *agg* riposante.
**nakakamatay** *agg* letale.
**nakakapagod** *agg* estenuante.
**nakakapanghina** *agg* snervante.
**nakákasakìt** *agg* offensivo.
**nakakasama** *agg* dannoso, nocivo.
**nakakasilaw** *agg* anabbagliante ◊ **nakakasilaw na ilaw** luce anabbagliante.
**nakakasindàk** *agg* truce.
**nakakasukà** *agg* viscerale.
**nakakasuklàm** *agg* odioso.
**nakakasuyà** *agg* nauseante.
**nakakatakot** *agg* pauroso, minaccioso, terrificante.
**nakakatuksò** *agg* invitante.
**nakakatuwà** *agg* buffo, divertente, spassoso ◊ **nakakatuwa ng hustò** morire dal ridere; **nakakatuwang bagay** delizia.
**nakakátuyâ** *agg* sarcastico.
**nakakaulòl** *agg* demenziale.
**nakakayamot** *agg* noioso, uggioso.
**nakaktaàs** *prep* sopra.
**nakalaàn** *agg* riservato.
**nakalantad** *agg* di spicco.
**nakalawìt** *agg* pendente.

**nakalúlugòd** *agg* gradito.
**nakalutang** *agg* natante.
**nakamámanghâ** *agg* stupefacente.
**nakamamatay** *agg* fatale, micidiale.
**nakapagdudùda** *agg* problematico.
**nakapagtatakà** *agg* imbambolato, stupito.
**nakapandidiri** *agg* schifoso.
**nakapipinsàla** *agg* deleterio.
**nakapupùkaw** *agg* eccitante.
**nakar** *s* madreperla.
**nakaraàn** *agg* passato, scorso.
**nakaririmarim** *agg* squallido.
**nakasísílaw** *agg* smagliante, abbagliante ◊ **nakasisilaw na ilaw** fari abbaglianti.
**nakasulat** *s* scritto.
**nakasúsuklàm** *agg* ripugnante.
**nakatagò** *agg* nascosto.
**nakatihayâ** *agg* supino.
**nakatiwarik** *avv* sottosopra.
**nakaupò** *s* sedile, seduta.
**nakaw** *s* furto ◊ **nakaw na pera** malloppo, bottino.
**nakawan** *s* rapina.
**nakayapàk** *agg* scalzo.
**nakayayamot** *agg* antipatico.
**nakikita** *agg* trasparente ◊ **nakikita sa mata** a occhio nudo.
**nakilala** *v* identificare.
**nakipaghalobilo** *v* integrare.
**nakita** *v* vedere ◊ **nakita ko sila kahapon** le ho incontrate ieri.
**nakpatsè** *agg* ingessato.
**naku!** *inter* accidenti!.
**nakukuhà** *agg* estraibile.
**nalalamigan** *v* sentir freddo.
**nalalapit** *agg* imminente.
**nalálayagàn** *agg* navigabile.
**nalamigan** *s* colpo di freddo.
**nalason** *agg* intossicato.
**naligalig** *v* inquietare.
**nalulungkot** *v* buttarsi giù, essere giù di morale, essere a terra ◊ **nalulungkot ako dahil sa kanya** mi dispiace per lui.
**namalantsà** *v* stirare.
**namamàhala** *s* direzione, regia.
**namána** *agg* ereditario.
**namimintòg** *agg* gonfio.
**namumulà** *v* diventare rosso ◊ **namumula sa hiya** rosso come un gambero.
**namumulakalak** *v* (*fig*)fiorire.
**nanà** *s* pus.
**nanáìg** *agg* prevalente.
**nanalo** *agg* vincitore ◊ **nanalo ang atin** vincono i nostri.
**nanay** *sf* madre.
**nanbirô** *v* (*fig*)incrinare.
**nandito** *v* essere qui ◊ **nandito na ako** eccomi; **nandito pa rin ako** sono ancora qui.
**nang** *cong* quando (riferito al passato) ◊ *avv* più, non più.
**nangangailangan** *v* aver bisogno, necessitare.
**nangangamoy** *v* avere l'odore ◊ **nangangamoy sibuyas** c'è odore di cipolla.
**nanghihina** *s* fiacca.

**nangiinis** *s* scocciatore.
**nangingilabot** *v* avere la pelle d'oca.
**nanglalata** *s* fiacca.
**nangunguna** *v* condurre la classifica, essere in testa ◊ **nangunguna sa listahan** capolista.
**naninirahan** *agg* abitante ◊ *s* residente.
**naniniwala** *s* credente.
**nanlílimahid** *s* straccione.
**nanumpà** *agg* sotto giuramento.
**napagkamalan** *v* scambiare confondere.
**napakaganda** *agg* molto bello.
**nápakahigpìt** *agg* rigoroso.
**napakahirap** *agg* faticoso.
**napakahusay** *agg* eccellente.
**napakainit** *agg* cocente, torrido ◊ languido.
**napakalakì** *agg* gigantesco, colossale, enorme ◊ prodigioso.
**napakalawak** *agg* prodigioso.
**napakalayo** *agg* equidistante.
**napakamahal** *agg* costare un patrimonio ◊ **napakamahal na presyo** valere un occhio della testa.
**napakarami** *pron* parecchio.
**nápakarami** *s* multiplo.
**napakasama** *agg* atroce.
**napakatalino** *agg* brillante.
**napakatayog** *agg* eccelso.
**napakiramdaman** *agg* risentito.
**napaklaki** *agg* (*fig*)mostruoso.
**napaksarap** *agg* prelibato.
**napanis** *agg* invecchiato.
**nápapanahòn** *agg* opportuno.
**napilitan** *agg* costretto.
**napinsalà** *agg* mutilato.
**napkin** *s* tovagliolo.
**naputol** *agg* interrotto ◊ **naputol ang linya,naputol ang usapan sa telepono** è caduta la linea.
**naráramdamàn** *agg* sensato.
**nararating** *agg* accessibile ◊ **nararating ng lahat** alla portata di tutti.
**narkótikò** *s* narcotico.
**nars** *s* infermiere.
**nasa** *v* stare, essere ◊ **nasa bote** imbottigliato; **nasa kamay** sottomano; **nasa mod** essere in vena; **nasa oras** puntuale; **nasa panganib** essere in pericolo; **nasa taning** scadere; **nasa tono** intonato; **taong nasa ugit** timoniere.
**nasaan** *avv* dove ◊ **nasaan ka na?** dove sei finito?.
**nasaktàn** *agg* infortunato.
**nasasakdal** *s* imputato.
**nasasálàt** *agg* palpabile, tangibile.
**nasi** *agg* nazista.
**nasismo** *s* nazismo.
**nasusuholan** *agg* venale.
**nasyonalidàd** *s* nazionalità.
**natakpan** *agg* coperto.
**natamaan** *s* (*fig*)frecciata.
**natapos** *s* laureato, dottore.
**natatamlay** *v* abbattersi, essere giù di morale.
**natatanaw** *agg* palese.
**natitiklòp** *s* pieghevole.
**natitirà** *agg* residuo, rimanente.

**natkraker** *s* schiaccianoci.
**natrapik** *agg* (*fig*) imbottigliato, bloccato.
**natulìg** *agg* tramortito.
**naturàl** *agg* naturale, disinvolto ◊ *avv* naturalmente ◊ **natural na gamot** medicina naturale.
**natútunaw** *agg* solubile.
**natutunawan** *agg* digeribile.
**nàuunà** *agg* precedente.
**nawalâ** *agg* perso ◊ **nawalan ng gas** sgasato.
**nawasa** *s* acquedotto.
**nayamot** *v* stufarsi.
**nayayamòt** *agg* stufo.
**naylon** *s* nylon.
**nayon** *s* paese, villaggio.
**negatibo** *s* (*fot*) negativo ◊ **negatibo sa bangko** conto scoperto.
**negosyante** *s* rivenditore, commerciante, negoziante.
**negosyo** *s* bottega, negozio; attività ◊ **ipagpatuloy ang negosyo** mandare avanti la baracca; **lugar ng mga negosyo** centro commerciale; **may-arì ng negosyo** imprenditore, padrone; **negosyo ng suweter** maglificio.
**negro** *s* negro.
**neon** *s* neon.
**nerbiyoso** *agg* nervoso, teso.
**nèrbo** *s* nervo.
**neroholista** *s* neurologo.
**neurálhiyà** *s* nevralgia.
**neyolohismo** *s* neologismo.
**neyorosis** *s* nevrosi.
**neyuskast** *s* telegiornale.
**neyutral** *s* folle.
**niknìk** *s* tafano.
**nikotina** *s* nicotina.
**nilaga** *agg* bollito, lesso ◊ **nilagang itlog** uovo sodo.
**nilagay** *v* mettere.
**nilagdâan** *s* sottoscritto.
**nilalayon** *agg* oggettivo.
**nilapàg** *v* posare.
**nilason** *v* intossicare.
**nilinis** *v* pulire.
**nilinlàng** *v* illudere.
**nimpa** *s* ninfa.
**ninang** *sf* madrina.
**ninenerbiyos** *v* essere nervoso, avere i nervi tesi.
**ningas** *s* fiamma.
**ninong** *sm* padrino.
**ninunò** *s* antenato.
**nisperos** *s* nespola.
**nitrato** *s* nitrato.
**nitrito** *s* nitrito.
**nitsò** *s* tomba, nicchia, loculo.
**niyòg** *s* cocco.
**nobela** *s* novella, romanzo ◊ **nobelang pang-pulis** romanzo giallo.
**nobeyembre** *s* novembre.
**nobya** *sf* fidanzata, sposa.
**nobyo** *sm* fidanzato, sposo.
**noò** *s* fronte.
**noon** *s* era ◊ **mula noon hanggang ngayon** da allora in poi; **noong isang araw** l'altro ieri; **noong una** prima, in principio.
**norma** *s* norma.

**normàl** *agg* normale.
**norte** *agg* nordico, boreale.
**nota** *s* (*mus*)nota.
**notaryo** *s* notaio.
**nugales** *s* noce.
**nukleàr** *s* nucleare ◊ **radyasiyòn mula sa nuklear** radiazione nucleare; **reaktor-pangnukear** reattore nucleare.
**númeruhàn** *v* numerare.
**numismatiko** *s* numismatica.
**nunàl** *s* neo.
**nutrisyòn** *s* nutrizione.
**nuusò** *v* essere di moda, essere in voga.

# NG

**ng** *prep* di ◊ **ng sa gayun** affinché, così.
**ngakngak** *s* un forte pianto.
**ngalan** *s* nome.
**ngalángalà** *s* palato.
**nganga** *s* noce moscata.
**ngapòs** *agg* esausto.
**ngátngátin** *v* rodere.
**ngatòg** *s* fremito.
**ngayon** *agg* attuale, odierno ◊ *avv* adesso, ora ◊ *s* oggi ◊ **hanggang ngayon** finora, tuttora; **mula ngayon at bukas** dall'oggi al domani; **mula ngayon** da oggi in poi, d'ora in poi; **mula ngayon haggang bukas** dall'oggi al domani; **mula noon hanggang ngayon** da allora in poi; **ngayong araw** oggi; **ngayong gabi** stanotte; **ngayong umaga** stamattina.
**ngibit** *s* smorfia.
**nginatngàt** *v* rodere.
**ngipin** *s* dente.
**ngiti** *s* sorriso ◊ **nakakaakit na ngiti** sorriso smagliante.
**ngiwî** *s* smorfia.
**ngumalòt** *v* scricchiolare.
**ngumatâ** *s* ruminante.
**ngumitì** *v* sorridere.
**ngumiyàw** *v* miagolare.
**ngunit** *cong* bensì, ma, però.
**ngusò** *s* muso ◊ **ngusò ng elepante** proboscide.
**nguyain** *v* masticare.

# O

**obal** *agg* ovale.
**obaryo** *s* ovaia.
**obelisko** *s* obelisco.
**oberdos** *s* overdose.
**òberkòt** *s* cappotto.
**ober-pass** *s* passaggio a livello.
**obertaym** *s* lavoro straodrinario.
**obispo** *s* vescovo.
**obitwaryo** *s* necrologio.
**obligado** *agg* tassativo, obbligatorio.
**obligahìn** *v* obbligare.
**obligasyòn** *s* obbligazione.
**obo** *s* oboe.
**obra-maestra** *s* capolavoro.
**obrero** *agg* operaio.
**obserbatoryo** *s* osservatorio.

**obyektor** *s* obiettore.
**oditoryum** *s* auditorio.
**oh!** *inter* oh.
**ohales** *s* occhiello.
**ohas** *s* piastra.
**okre** *s* ocra.
**oksiheno** *s* ossigeno.
**oktubre** *s* ottobre.
**oktupos** *s* polipo.
**okulista** *s* oculista.
**okupado** *agg* occupato.
**olandès** *agg* biondo.
**oleyandro** *s* oleandro.
**olímpikò** *s* olimpiade.
**olímpiyonikò** *agg* olimpionico.
**olmo** *s* olmo.
**omoseswal** *s* omosessuale.
**onor** *s* (*voto scolastico*)lode.
**onoraryum** *s* onorario, parcella.
**oo** *avv* sì ◊ **oo at hindî** sì e no.
**òperà** *s* (*mus*) opera ◊ **operang liriko** opera lirica.
**operasyòn** *s* (*med*) operazione, intervento.
**opinyòn** *s* opinione, posizione ◊ **pagka-iba ng opinyon** dissidio.
**opisina** *s* ufficio ◊ **opisina ng kawani** segreteria.
**opisyàl** *s* funzionario, ufficiale ◊ **opisyal ng adwana** doganiere; **opisyal ng barkò** ufficiale di marina; **opisyal ng bayan** pubblico ufficiale; **opisyal sa hukuman** ufficiale giudiziario.
**oposisyòn** *s* (*pol*)opposizione.
**optimista** *agg/s* ottimista.
**oras** *s* orario, ora ◊ **anong oras na?** che ora è?; **nasa oras** puntuale; **oras ng labasan** ora di punta; **oras ng libangan** tempo libero; **oras ng ngilin** orario festivo; **oras ng pagbubukas** orario di apertura; **oras ng pagsasarâ** orario di chiusura; **oras ng tren** orario ferroviario; **orasan ng pagpaparkada** parchimetro; **pagla-yang may oras** libertà vigilata; **paradahan na may oras** zona disco.
**orasyò** *s* orazione.
**orata** *s* orata.
**órbità** *s* orbita.
**organiko** *agg* organico.
**organisasyòn** *s* organizzazione, organismo.
**organismo** *s* organismo.
**orgasmo** *s* orgasmo.
**origano** *s* origano.
**oríhinàl** *agg* originale.
**orkestra** *s* orchestra.
**orkideya** *s* orchidea.
**oroskopyo** *s* oroscopo.
**orsaan** *agg* orario.
**ortopediko** *sm* ortopedico.
**oryentasyòn** *s* orientamento.
**oso** *s* orso ◊ **batang oso** Orsa minore; **matandang oso** Orsa maggiore; **oso na babae** orsa.
**oson** *s* ozono.
**ostes** *s* hostess.
**otèl** *s* albergo, pensionato, hotel ◊ **magreserba ng kuwarto sa otèl** prenotare una camera d'albergo; **otèl-tirahan** casa albergo.
**oter** *s* lontra.

**otomatiko** *agg* automatico ◊ **otomatikong pangkuha** autoscatto.
**owasis** *s* oasi.
**oy!** *inter* ehi, ohi, uh.

# P

**pa rin** *cong* ancora.
**paà** *s* gamba; piede ◊ **hayop na may apat na paa** quadrupede; **mula sa ulo't paa** da capo a piedi; **paa ng hayop** zampa; **tatlong paa** treppiede.
**paakyàt** *v* salire.
**paalam** *inter* addio.
**paalisin** *v* evacuare, sfrattare, mandar via ◊ stanare.
**paamuin** *v* (*fig*) lenire ◊ addomesticare, domare.
**paandarin** *v* accendere, mettere in funzione.
**pa-angkatin** *v* (*fig*)rialzare.
**paano** *avv* come.
**paaralan** *s* istituzione; scuola ◊ **paaralan ng pagmamaneho** scuola guida; **paaralang elementarya** scuola elementare.
**paasimin** *v* fermentare; inacidire.
**paatràs** *avv* indietro.
**paayon** *agg* favorevole, positivo.
**pabagu-pago** *agg* variabile.
**pabalikin** *v* far ritornare, richiamare ◊ **pabalikin sa sariling bansa** rimpatriare.
**pabalintiyàk** *s* (*gramm*)passivo.
**pabangò** *s* profumo.
**pabanguhin** *v* profumare.
**pabatabatà** *agg* giovanile.
**pabaya** *agg* irresponsabile, negligente ◊ trasandato, trascurato.
**pabayaan** *v* tollerare ◊ tralasciare, trascurare ◊ **pabayaan ang sarili** lasciarsi andare; **pabayang tao** debitore, moroso.
**pabibigay-alam** *s* comunicazione.
**pabigatin** *v* appesantire.
**pabiglà** *v* spiccare.
**pabiglain** *v* improvvisare.
**pabilog** *agg* tondeggiante.
**pabilyon** *s* padiglione.
**pabitin** *agg* pensile.
**pabo** *s* tacchino.
**pabor** *s* favore.
**paboran** *v* privilegiare.
**paboreàl** *s* pavone.
**paborito** *agg* prediletto ◊ *s* cocco (*fam*).
**pábrikà** *s* fabbrica, impianto ◊ **gawâ-sa pabrika** prefabbricato; **pabrika ng bakal** metalmeccanico; **pabrika ng kapè** torrefazione; **pabrika ng pasta** pastificio.
**pabrikante** *s* industriale, costruttore.
**pabulà** *s* fiaba, favola ◊ **ang leksiyòn ng pabula** morale della favola.
**pabulaanan** *v* screditare.
**pabulong** *avv* sottovoce.
**pabutihin** *v* migliorare.
**pabuyà** *s* compenso, cachet.
**pad** *s* blocco.

**padadalhan** *v* mandare, inviare ◊ **padadalhan ko kayo ng telegrama** vi mando un telegramma.
**padagat** *s* via mare.
**padalà** *s* consegna.
**padaliin** *v* facilitare, semplificare.
**padaskúl-daskòl** *agg* sbadato, sgraziato.
**padèr** *s* muratura ◊ **padèr ng bayan** le mura della città.
**padilimìn** *v* oscurare, ottenebrare.
**padiyama** *s* pigiama.
**paduguin** *v* dissanguare.
**padulasan** *s* scivolo.
**pagaalaga** *s* allevamento ◊ **pagaalaga ng tupa** pastorizia.
**pag-aàlalà** *s* ansia, preoccupazione.
**pag-aalembong** *s* civetteria.
**pag-aalipin** *s* schiavitù.
**pag-aangkàt** *s* importazione.
**pagaanin** *v* alleggerire.
**pag-aàntok** *s* dormiveglia.
**pag-aaral** *s* studio.
**pag-aarì** *s* proprietà.
**pag-aasikaso** *s* cura.
**pag-aayos** *s* ordinazione, sistemazione.
**pag-abuloy** *s* partecipazione.
**pagador** *s* commissario di bordo.
**pag-agnas** *s* corrosione.
**pag-agos** *s* colata.
**pag-ahit** *agg* depilatorio.
**pagakasakal** *s* soffocamento.
**pag-akma** *s* adattamento.
**pag-akyat** *s* scalata ◊ **pag-akyat ulit** risalita.
**pagalingan** *agg* convalescente.
**pagalingawngàw** *s* ripercussione.
**pagalingin** *v* risanare.
**pag-alis** *s* detrazione, deduzione, eliminazione ◊ partenza, allontanamento ◊ **pagalis ng sandata** disarmo.
**pagalitan** *v* rimproverare, richiamare.
**pagalítin** *v* (*fig*)infiammare.
**pag-alsa** *s* insurrezione.
**pag-amin** *s* confessione.
**pagamutan** *s* consultorio.
**paganàp** *s* recita.
**pag-andar** *s* meccanismo, funzionamento ◊ scatto.
**pag-angat** *s* scalata ◊ **pag-angat ulit** risalita.
**pagangkòp** *agg* (*fig*)malleabile.
**pag-angkop** *s* adattamento.
**pag-aninaw** *s* discrezione.
**pag-ankin** *s* possesso.
**pagano** *s* erica.
**pagapapatalâ** *s* immatricolazione.
**pag-apaw** *s* rigurgito.
**pag-asa** *s* speranza.
**pag-asenso** *agg* promosso.
**pàgatasan** *s* latteria.
**pag-atràs** *s* retrocessione.
**pag-atubili** *s* esitazione.
**pagawaàn** *s* laboratorio, fabbrica ◊ **pagawaan ng keso** caseificio; **pagawaan ng krema** cremeria; **pagawaan ng pera** zecca; **pagawaan ng yogort** yogurtiera.

**pag-ayaw** *s* rifiuto.
**pag-ayos** *s* disposizione.
**pag-ayuno** *agg* digiuno.
**pagbababad** *s* macerazione.
**pagbabagò** *s* modifica, alterazione, cambiamento ◊ fase.
**pagbabago** *s* riforma.
**pagbabagong-loob** *s* conversione.
**pagbabagong-tatàg** *s* ricostruzione.
**pagbabahagî** *s* inserimento, inserzione.
**pagbabakuna** *s* vaccinazione.
**pagbabalatkayo** *s* travestimento.
**pagbabalì** *s* ricorrenza.
**pagbabalik** *s* rinvio, ritorno.
**pagbabalik-loob** *s* (*relig*) conversione.
**pagbabantày** *s* guardia, sorveglianza, vigilanza.
**pagbabatàs** *s* legislazione.
**pagbabawas** *s* (*mat*) sottrazione.
**pagbabayad** *s* rendimento ◊ **taning ng pagbabayad** termine di pagamento.
**pagbago** *s* deviazione.
**pagbagsak** *s* naufragio ◊ rovina, calo.
**pagbahà** *s* allagamento.
**pagbahagi** *agg* parziale.
**pagbaligtarìn** *v* ribaltare.
**pagbalik** *s* (*in caserma*) ritirata ◊ reduce.
**pagbalik-daan** *s* inversione.
**pagbalik-siglà** *s* miglioramento, ripresa.
**pagbalik-uso** *agg* inversione di tendenza.
**pagbalot** *s* imballaggio.
**pagbaluktòt** *s* distorsione.
**pagbanat** *s* tensione.
**pagbanggà** *s* collisione.
**pagbantò** *agg* adulterato.
**pagbasà** *s* lettura.
**pagbati** *agg* salutare ◊ *s* augurio, congratulazioni ◊ **kard ng pagbati** biglietto, partecipazione; **magalang na pagbati** cordiali saluti; **maganda o masamang pagbati** essere di buon, cattivo augurio; **mataimtim na pagbati** distinti saluti; **mapagmahal na pagbati** saluti affettuosi.
**pagbawàl** *agg* (*giur*)interdetto.
**pagbawas** *s* detrazione, diminuzione, ribasso.
**pagbawì** *s* rivincita.
**pagbayarin** *v* far pagare ◊ **pagbayarin ang isang tao** farla pagare a qualcuno.
**pagbaybày** *s* ortografia.
**pagbebenta** *s* liquidazione.
**pagbibigay** *s* rendimento ◊ **pagbibigay ng kard** tesseramento.
**pagbibigáy-halagà** *s* stima.
**pagbibigáy-kasiyáhàn** *s* gradimento.
**pagbibilang** *s* numerazione.
**pagbibinatà** *s* pubertà.
**pagbibitiw** *s* dimissioni ◊ scioglimento.
**pagbigay** *s* erogazione ◊ rilascio.
**pagbigkàs** *s* pronuncia.

**pagbigyan** *v* esaudire.
**pagbitay** *s* esecuzione, pena di morte.
**pagbitiw** *s* ritiro.
**pagboto** *s* votazione.
**pagbreyk-in** *s* rodaggio.
**pagbubuhangin** *s* sabbiatura.
**pagbubuhos** *s* versamento.
**pagbubukas** *v* riaprire.
**pagbubukòd** *s* isolamento.
**pagbubunot** *s* sorteggio.
**pagbubuntis** *s* gravidanza ◊ **gamot laban sa pagbubuntis** contraccettivo; **pampigil ng pagbubuntis** anticoncezionale.
**pagbubunyag** *s* rivelazione.
**pagbubuo** *v* concepire.
**pagbuhay** *s* rianimazione.
**pagbuhos** *s* sfogo.
**pagbuklurin** *v* (*fig*)legare.
**pagbukud-bukorin** *v* classificare.
**pagbulaslas** *s* esclamazione.
**pagbunot** *s* estrazione.
**pagbuò** *s* (*fig*) ricostruzione ◊ fecondazione ◊ totalitarismo.
**pagbutihin** *v* perfezionare.
**pagdaàn** *s* passaggio, transito.
**pagdadahilan** *s* motivazione.
**pagdadalagà** *s* pubertà.
**pagdadalàng-tao** *s* gravidanza.
**pagdadalawang-isip** *s* ripensamento.
**pagdadamdam** *s* rincrescimento, dispiacere.
**pagdahan-dahan** *v* rallentare.
**pagdakmà** *v* aggrapparsi.
**pagdalaw** *s* visita.
**pagdaòng** *s* rada ◊ ormeggio.
**pagdarambòng** *s* saccheggio.
**pagdaramdàm** *s* risentimento.
**pagdarasal** *s* orazione.
**pagdating** *s* (*fig*)ondata, arrivo.
**pagdayb** *s* immersione.
**pagdayo** *s* emigrazione.
**pagdebelop** *s* (*fot*) sviluppo e stampa.
**pagdedemostra** *s* manifestazione.
**pagdenunsiya** *s* denuncia.
**pagdidiborsiyo** *s* divorzio.
**pagdikit** *s* contatto.
**pagdiktà** *s* dittatura.
**pagdiskargà** *s* sbarco.
**pagdudugo** *s* salasso.
**pagdugtong** *s* (*edificio*) dipendenza.
**pagdulòg** *v* ricorrere, presentare ricorso.
**pagdumi** *s* contaminazione.
**pagdurugò** *s* (*med*) emorragia ◊ **pag-durugò sa loòb** emorragia interna.
**pag-ehersisyo** *v* allenare.
**pag-eksport** *s* esportazione.
**pag-ensayo** *s* (*sport*) riscaldamento.
**pagespatsa** *v* trafficare.
**pagformat** *s* formattazione.
**paggagamot** *s* medicazione.
**paggalà** *s* circolazione.
**pag-galà** *s* girovago.
**pag-galang** *s* riguardo, rispetto.
**paggamit** *agg* uso ◊ *s* consuma-

zione ◊ **babala sa paggamit** istruzioni per l'uso; **paggamit ulî** riciclaggio.
**pag-ganàp** *s* recitazione.
**paggánti** *agg* reciproco.
**pag-gapang** *avv* carponi.
**pag-gasolina** *s* rifornimento (di carburante).
**paggawa** *s* (*inform*) conversione, confezione ◊ trattamento ◊ svolgimento ◊ **pag-gawâ mulì** riproduzione.
**pag-gibà** *s* demolizione.
**pag-gintang** *v* rammentare, ricordare.
**paggising** *s* sveglia.
**pag-gugol** *s* dispendio.
**pagguhô** *s* cedimento, crollo; erosione ◊ valanga ◊ **pagguhò ng lupa** slavina.
**paggulong-gulong** *s* trottola.
**paghabol** *s* inseguimento.
**paghahablà** *s* denuncia.
**paghahabol** *s* appello ◊ rincorsa ◊ **korte ng paghahabol** corte d'appello.
**paghahalò** *s* miscuglio.
**paghahambing** *s* confronto, paragone, raffronto.
**paghahandâ** *s* preparazione, messa a punto.
**paghaharina** *s* infarinatura.
**paghahati** *s* divisione, scissione.
**paghahayàg** *s* espressione, manifestazione.
**paghaluin** *v* combinare.
**paghamak** *s* sopruso.
**paghandâ** *s* preparativo ◊ *v* conciare.
**paghapàw** *agg* radente.
**paghati-hatian** *v* suddividere.
**paghawa** *s* (*malattie*) trasmissione, contagio.
**paghawak** *s* presa, tenuta.
**paghiga** *s* distesa.
**paghihigantì** *s* rappresaglia, vendetta; ripicca ◊ **paghihigantì dahil sa galit** per ripicca.
**paghihingalò** *s* agonia.
**paghihintay** *s* attesa.
**paghihirap** *s* sofferenza ◊ sforzo.
**paghihiwalày** *s* esclusione, segregazione, separazione.
**paghilig** *s* inclinazione.
**paghina** *s* (*econ*)depressione.
**paghinalaan** *v* sospettare.
**paghingà** *s* esalazione; respirazione.
**paghintò** *s* sosta.
**paghirang** *s* nomina.
**paghiwa-hiwain** *v* affettare.
**paghiwa-hiwálayin** *v* scomporre.
**paghiwalay** *s* scissione.
**paghudyàt** *s* segnalazione.
**paghugot** *s* estrazione.
**paghuhubàd** *s* spogliarello.
**paghuhugas** *s* lavaggio.
**paghuhulà** *s* tarocco.
**paghuhulog** *s* rateazione.
**paghuhusgà** *s* giudizio, senno.
**paghukay** *s* estrazione.
**paghuli** *s* cattura.
**paghulò** *s* deduzione.

**pag-ibig** *s* amore ◊ **pag-ibig sa unang tingin** colpo di fulmine.
**pagiging-karápatdapat** *s* qualificazione.
**pag-iiba** *s* variazione.
**pag-iingat** *s* cautela, precauzione, prudenza.
**pagiintindi** *s* stima, considerazione.
**pagiipon** *s* riscossione.
**pag-iisa** *s* fusione.
**pag-iisà** *s* privacy.
**pag-iisip** *s* considerazione.
**pag-ikli** *s* contrazione.
**pag-ikot** *s* passeggiata, giro ◊ rotazione.
**pag-ingat** *s* cautela,riguardo.
**pagintig** *s* pulsazione.
**pagisipan** *v* pensare, riflettere.
**pagitan** *s* distanza, lontananza ◊ intervallo ◊ **pagitan ng dalwang daan** spartitraffico.
**pag-iwan** *s* abbandono.
**pag-iyak** *s* vagito.
**pagkaabala** *s* distrazione.
**pagkaakisà** *agg* unanime.
**pagkaalam** *v* ideare, creare, concepire.
**pagka-amà** *s* paternità.
**pagkaaninag** *s* trasparenza.
**pagkaantòk** *s* sonnolenza.
**pagka-ayaw** *avv* malvolentieri.
**pagkababae** *s* femminismo.
**pagkabagabag** *agg* sgomento.
**pagkabagòt** *s* noia.
**pagkabahala** *s* agitazione.
**pagkabakante** *s* disponibilità.
**pagkabaksàk** *s* capovolgimento.
**pagkabali** *v* rompere.
**pagkabaligtad** *s* ribalta.
**pagkabalisa** *v* affliggere.
**pagkabaliw** *agg* schizofrenico ◊ *s* paranoia ◊ raptus.
**pagkabalot** *s* incrostazione.
**pagkabantòg** *s* popolarità.
**pagkabaòg** *v* sterilizzare.
**pagkabasag** *s* rottura.
**pagkabastòs** *agg* sgarbato.
**pagkabastos** *s* indecenza.
**pagka-batà** *agg* infantile.
**pagkabatid** *s* consapevolezza.
**pagkabigò** *s* frustrazione ◊ fallimento.
**pagkabihasa** *s* assuefazione.
**pagkabilanggo** *s* detenzione.
**pagkabinat** *s* ricaduta.
**pagkabingî** *s* sordità.
**pagkabit** *s* allacciamento ◊ montatura.
**pagkabitin** *s* sospensione.
**pagkabit-kabit** *s* catena di montaggio.
**pagkabiyak** *s* spaccatura.
**pagkabuhay** *s* Pasqua; rinascita ◊ **lunes ng pagkabuhay** pasquetta; **maligayang pagkabuhay** buona Pasqua!; **mulìng pagkabuhay** risurrezione.
**pagkabulòk** *s* decomposizione, putrefazione ◊ sfacelo.
**pagkabuo** *s* concepimento.
**pagkadalisay** *s* raffinatezza.
**pagkadi-pantay** *s* disparità.
**pagka-diyòs** *s* divinità.

**pagkàeksakto** *s* precisione.
**pagkagalit** *s* escandescenza, ripicca.
**pagkagat** *s* mordente.
**pagkagising** *s* risveglio.
**pagkagulat** *s* spavento.
**pagkahambòg** *s* vanità.
**pagkahangàl** *s* idiozia.
**pagkahapay-puhunan** *s* fallimento.
**pagkahati** *s* spaccatura.
**pagkahibàng** *s* delirio.
**pagkahilahil** *s* disagio.
**pagkahilò** *agg* giramento ◊ **pagkahilo sa dagat** mal di mare.
**pagkahimatay** *s* collasso; svenimento; crollo.
**pagkahinà** *s* impotenza.
**pagkahinòg** *s* maturazione, maturità.
**pagkahulî** *s* ritardo.
**pagkahulog** *s* caduta.
**pagkahumaling** *s* simpatia.
**pagkaibà** *s* stranezza.
**pagkaimportante** *s* fondamentalismo.
**pagkain** *s* alimento, cibo, vitto, pasto ◊ **de-latang pagkain** cibi in scatola; **espesyalidad na pagkain** la specialità della casa; **maganang pagkain!** buon appetito!; **pagkain na maasin** salatino; **mainit na pagkain** piatto caldo; **masarap na pagkain** piatto forte; **masasarap na pagkain** delizia; **mga pagkain** viveri; **pagkain ng bata** pappa; **pagkaing ilado** surgelato; **pagkaing pambata** omogeneizzato; **salat sa pagkain** denutrito.
**pagka-inà** *s* maternità.
**pagkainip** *s* impazienza.
**pagkaisipàn** *agg* intellettuale.
**pagkàkabit** *s* collegamento.
**pagkakagulat** *s* stupore.
**pagkakagutom** *s* carestia.
**pagkakahalò** *s* combinazione.
**pagkakahanay** *s* schieramento.
**pagkakahimbing** *s* letargo.
**pagkakahiwalay** *agg* scomposto.
**pagkakàiba** *s* divergenza ◊ diversità; particolarità.
**pagkakaibigan** *s* amicizia.
**pagkakailâ** *s* negazione.
**pagkakaisà** *s* unanimità; alleanza, solidarietà.
**pagkakakilala** *s* conoscenza.
**pagkakàkilanlàn** *agg* distintivo.
**pagkakalasòn** *s* intossicazione.
**pagkakàlayo** *s* (*fig*)divergenza.
**pagkakaligtàs** *s* salvezza.
**pagkakaloob** *s* agevolazione ◊ concessione.
**pagkakámag-anak** *s* parentela.
**pagkakamalî** *s* errore, gaffe; torto, colpa.
**pagkakantero** *s* massoneria.
**pagkákaospital** *s* degenza.
**pagkakápantày** *s* uguaglianza.
**pagkakápareho** *s* uguaglianza.
**pagkakasala** *s* delinquenza.
**pagkakasunduan** *agg* concorde.
**pagkakasunod-sunod** *s* sequenza, successione.

**pagkakátaòn** opportunità, occasione, possibilità ◊ pretesto ◊ **huling pagkakataon** l'ultima spiaggia.
**pagkakatay** *s* macello.
**pagkakaugnày-ugnày** *s* coerenza.
**pagkàkilanlàn** *s* identità.
**pagkakulong** *s* reclusione.
**pagkalalaki** *s* virilità.
**pagkalasing** *s* sbornia.
**pagkalason** *s* avvelenamento.
**pagkalat** *agg* disperso ◊ *s* sfollamento ◊ **pagkalat ng maraming bituin** costellazione; **pagkalat ng tugtug** fuga.
**pagkalaykày** *agg* ruspante.
**pagkalegal** *s* legalità.
**pagkaliberàl** *s* liberalismo.
**pagkaligalig** *s* strazio.
**pagkaligaw** *s* disguido.
**pagkalilimutin** *s* dimenticanza.
**pagkalipas** *avv* dopo ◊ **pagkalipas ng digmaan** dopoguerra.
**pagkalòg** *s* smania.
**pagkalungkot** *agg* funebre ◊ *s* rincrescimento.
**pagkaluto** *s* cottura.
**pagkamaagap** *s* prontezza.
**pagkamabait** *s* (*sentimento*) umanità.
**pagkamabigat** *s* pesantezza.
**pagka-maduwagin** *s* viltà.
**pagkàmagaan** *s* leggerezza.
**pagkamagkatulad** *s* somiglianza, affinità.
**pagkamagulò** *s* disordine.
**pagkamahalay** *s* indecenza.
**pagkamaharkikà** *s* nobiltà.
**pagkamahigpit** *s* intransigenza.
**pagkamahiyain** *s* timidezza.
**pagkamaimpok** *s* previdenza.
**pagkamakabayan** *s* nazionalismo.
**pagkamakapal** *s* spessore.
**pagkamakasarili** *s* egoismo.
**pagkamalagò** *s* folto.
**pagkamalapit** *s* intimità, vicinanza.
**pagkamalayà** *s* liberismo.
**pagkamalihim** *s* riservatezza.
**pagkamalugòd** *s* grazia.
**pagkamaluwàg** *s* liberalismo.
**pagkamàmamayan** *s* cittadinanza.
**pagkamanhìd** *s* indolenzimento.
**pagkamaningnìng** *s* splendore.
**pagkámapágmahàl** *s* tenerezza.
**pagkamapanglàw** *s* squallore.
**pagkamapusok** *s* imprudenza ◊ sfogo.
**pagkamaramdamin** *s* sensibilità.
**pagkamaringal** *s* sfarzo.
**pagkamasagwâ** *s* indecenza.
**pagkamasamâ** *agg* peggiore.
**pagkamasamà** *s* perversione.
**pagkamasayà** *s* soddisfazione.
**pagkamasigláin** *s* vitalità.
**pagkamasinop** *s* previdenza.
**pagkamasungit** *s* malumore.
**pagkamasunurin** *s* ubbidienza.
**pagkamatakaw** *s* ghiottoneria.
**pagkamatapàt** *s* sincerità.

**pagkamatatàg** *s* stabilità.
**pagkamatay** *agg* postumo ◊ *s* fatalità ◊ **pangit na pagkamatay** morte violenta.
**pagkamatigas** *s* rigidità.
**pagkamatiisin** *s* sopportazione.
**pagkamausisa** *s* curiosità.
**pagkamuhi** *s* disprezzo ◊ **pagkamuhi sa ibang lahi** razzista.
**pagkamuslim** *s* islamismo.
**pagkanàp** *s* svolgimento.
**pagkanaturàl** *s* disinvoltura.
**pagkangapòs** *s* esaurimento.
**pagkanlòng** *s* ricovero.
**pagkanturàl** *s* naturalezza.
**pagkápagkalingà** *agg* protetto.
**pagkapagod** *s* stress.
**pagkapailalim** *agg* soggettivo.
**pagkapambihirà** *s* rarità.
**pagkapanalo** *s* vittoria.
**pagka-panguIo** *s* presidenza.
**pagkapaòs** *s* raucedine.
**pagka-papa** *agg* pontificio.
**pagkapaso** *s* scottatura.
**pagkapesimista** *s* pessimismo.
**pagkapilay** *s* distorsione, lussazione ◊ **mapilay ang pulsò** slogarsi un polso.
**pagkapirapirásò** *agg* (*fig*) scomposto.
**pagka-prangkà** *s* franchezza.
**pagkapunktuwal** *s* puntualità.
**pagkaraan** *avv* (*tempo*)dopo.
**pagkarimarim** *s* repulsione.
**pagka-romantiko** *s* romanticismo.
**pagkàsagasa** *s* investimento.
**pagkaseryoso** *s* serietà.
**pagkasintunado** *s* stonatura, stecca.
**pagkasira** *s* danno; perdita; deterioramento.
**pagkasuklàm** *s* odio.
**pagkasunód-sunod** *s* successione.
**pagkasuyà** *s* nausea (*fig*), monotonia.
**pagkatahi** *s* sutura.
**pagkatahimik** *s* riservatezza, discrezione.
**pagkatakot** *s* ribrezzo.
**pagkatalo** *s* perdita, sconfitta.
**pagkatangà** *v* essere una frana ◊ *s* idiozia.
**pagkatao** *s* indole, carattere.
**pagkataòb** *s* capovolgimento.
**pagkatapos** *avv* poi ◊ **pagkatapos kumain** dopopranzo; **pagkatapos ng lahat** dopotutto; **suot pagkatapos mag-ski** doposci.
**pagkatindi** *agg* intensivo.
**pagkatunaw** *s* scioglimento.
**pagkatuyô** *s* siccità.
**pagkauna** *s* precedenza ◊ prevalenza.
**pagkautàl** *v rifl* incepparsi.
**pagkautang** *v rifl* indebitarsi.
**pagkawalâ** *s* perdita, scomparsa ◊ **pagkawalang gana** inappetenza; **pagkawalang halaga** invalidità.
**pagkawalang-ayos** *s* disorganizzazione.
**pagkawalanghanapbuhay** *s* disoccupazione.

**pagkawaláng-kamátáyan** *s* immortalità.
**pagkawalàng-malay** *s* innocenza, purezza.
**pagkikilalà** *s* riconoscimento.
**pagkiling** *s* preferenza.
**pagkilos** *s* atteggiamento ◊ (*fig*) manovra.
**pagkita** *s* trasparenza, visibilità.
**pagklik** *s* ticchettio.
**pagkokorona** *s* incoronazione.
**pagkontra** *agg* contrapposto.
**pagkuha** *s* prelievo ◊ ritiro ◊ **pagkuha ng litrato** scatto.
**pagkukulang** *s* mancanza, difetto, neo (*fig*).
**pagkukulong** *s* (*fig*) sbarramento, ostacolo.
**pagkukumpunì** *s* riparazione.
**pagkukunwari** *s* sotterfugio ◊ ipocrisia, simulazione.
**pagkukurtina** *s* tendaggio.
**pagkukusà** *s* volontariato ◊ **pagkukusang-loòb** forza di volontà.
**pagkulò** *s* ebollizione.
**pagkumpisàl** *s* confessione ◊ rivelazione.
**pagkuwadro** *s* inquadratura.
**paglabag** *s* infrazione, violazione ◊ illegalità.
**paglabis** *v* eccedenza.
**paglaboy** *s* girovago.
**paglaganap** *s* diffusione.
**paglagay** *s* applicazione.
**paglago** *s* crescita, aumento.
**paglagòs** *s* traforo.
**paglakadlákad** *s* passeggio.
**paglaki** *s* crescita, aumento.
**paglalà** *s* peggioramento.
**paglálaan** *s* dedica.
**paglalagarì** *s* segatura.
**paglalakad** *s* portamento.
**paglalakbày** *s* pellegrinaggio ◊ viaggio.
**paglalakbay-dagat** *s* crociera.
**paglalanhàp** *s* inalazione.
**paglalantad** *s* esposizione.
**paglalarawan** *s* descrizione, illustrazione, rappresentazione.
**paglalaro** *s* (*sport*) promozione ◊ stile.
**paglalayàg** *s* nautica; navigazione.
**paglampas** *s* sorpasso.
**paglangòy** *v* nuotare ◊ **paglangòy na parang palakâ** nuotare a rana.
**paglapàg** *s* atterraggio.
**paglapit** *avv* rasente ◊ *s* ricorso.
**paglayà** *s* libertà, liberazione, rilascio ◊ **paglaya sa parol** libertà condizionale; **paglayang may oras** libertà vigilata.
**paglayô** *s* recessione ◊ distacco.
**pagligtàs** *s* scampo.
**paglihis** *s* deviazione.
**paglikhà** *s* creazione.
**paglikom** *s* raccolta ◊ **paglikom ng iba't iabang klase** raccolta differenziata di rifiuti.
**paglilibàng** *s* svago.
**paglilibrè** *s* dispensa, esonero.
**paglilígtàs** *s* salvataggio.

**paglilingkòd** *s* servizio ◊ **paglilingkòd ng alagad ng batas** servizi di sicurezza; **paglilinkòd pangmasa** servizio pubblico.
**paglilinis** *s* pulizia ◊ **paglilinis ng sikmura** lavanda gastrica.
**paglilinlang** *s* presa in giro.
**paglilipat** *s* sgombero, trasloco; trapasso, trasferimento ◊ **paglilipat ng mga ari-arian** trapasso di proprietà; **paglilipat ng bahagi ng katawan sa isang katawan** trapianto di organi; **paglilipat ng halaman** trapianto di piante.
**paglilitis** *agg* inquisito ◊ *s* udienza, processo.
**paglilok** *s* scultura.
**paglinàng** *s* espansione.
**paglingap** *s* riguardo.
**paglinlang** *s* inganno.
**paglipàd** *s* volata, decollo.
**paglipas** *s* decorrenza, decorso ◊ **paglipas ng taon** con l'andare degli anni.
**paglitàw** *s* comparsa.
**paglubòg** *s* immersione ◊ **paglubòg ng araw** tramonto.
**paglukso** *s* (*sport*)volata.
**pagluluksà** *s* lutto.
**paglulunsàd** *s* varo ◊ **paglulunsad ng aklat** presentazione (di un libro).
**paglundàg** *s* soprassalto.
**paglusob** *s* assedio, invasione.
**pagmalupitan** *v* strapazzare.
**pagmamadali** *s* fretta.
**pagmamahal** *s* affetto.
**pagmamalabis** *s* abuso.
**pagmamalaki** *s* orgoglio.
**pagmamando** *s* gestazione, lavorazione.
**pagmamaneho** *s* il guidare, guida.
**pagmamarangyâ** *s* pretesto.
**pagmamasìd** *s* osservazione.
**pagmana** *s* successione.
**pagmarhin** *agg* emarginato.
**pagmimintuhò** *s* devozione.
**pagmulan** *v* provenire.
**pagmultahin** *v* multare.
**pagmunang-hatol** *s* pregiudizio.
**pagmuni-muni** *s* speculazione.
**pagnadahin** *v* ornare, decorare.
**pagnanais** *s* voglia.
**pagnanakaw** *v* derubare ◊ *s* furto; rapimento.
**pagninilay-nilay** *s* meditazione.
**pagober-teyk** *s* sorpasso.
**pagod** *agg* stanco ◊ **pagod na pagod** essere stanco morto.
**pagong** *s* tartaruga.
**pag-òpera** *s* chirurgia.
**pagpa-andàr** *agg* operatorio.
**pagpaasim** *s* fermentazione.
**pagpabayà** *s* tolleranza.
**pagpahayag** *v* dichiarazione.
**pagpakabit** *s* allacciamento ◊ **pagpakabit ng koryente, gas, telepono** allacciamento della luce, del gas, del telefono.
**pagpakahulugan** *s* definizione, spiegazione.
**pagpalagay** *agg* istintivo ◊ sottinteso.

**pagpalit** *s* scambio, baratto; sostituzione ◊ conversione.
**pagpalìt** *v* sostituire, succedere.
**pagpalo** *s* battuta.
**pagpana** *s* frecciata.
**pagpanaog** *s* discesa.
**pagpanaw** *s* morte, perdita, scomparsa ◊ *v* morire, mancare, venir meno.
**pagpanig** *s* parzialità.
**pagpantay** *agg* parallelo ◊ **pagpantay ang timbang** pareggio di bilancio.
**pagpantayin** *v* uniformare.
**pagpapa-alala** *s* commemorazione.
**pagpapaalis** *s* sfratto, sgombero.
**pagpapabayà** *agg* derelitto ◊ trascurabile ◊ *s* distrazione, negligenza.
**pagpapabuti** *s* elaborazione.
**pagpapabuya** *s* generosità, larghezza.
**pagpapadaàn** *s* scanalatura.
**pagpapadala** *s* spedizione, invio.
**pagpapadali** *s* facilitazione.
**pagpapagaling** *s* convalescenza, riabilitazione.
**pagpapahayag** *s* giornalismo.
**pagpapahingà** *s* riposo ◊ **mahimbing na pagpapahinga!** buon riposo!.
**pagpapahirap** *s* tortura.
**pagpápahiwatig** *agg* indicativo.
**pagpapahiwatig** *s* espressione, trasmissione.
**pagpapahiyà** *s* umiliazione.
**pagpapailalim** *s* soggezione.
**pagpapairal** *s* manutenzione.
**pagpapàkalinga** *s* dipendenza.
**pagpapakamatay** *s* suicidio.
**pagpapakasakìt** *s* (*fig*) sacrificio.
**pagpapakatwàn** *s* delegazione.
**pagpápakilala** *s* presentazione.
**pagpapakita** *s* esibizione, manifestazione.
**pagpapakyaw** *s* promozione.
**pagpapalabàs** *s* festival, rassegna ◊ **pagpapalabas ulit** replica.
**pagpapalabis** *s* esagerazione.
**pagpapalagay** *s* deduzione, supposizione.
**pagpapalaki** *s* ingrandimento.
**pagpapalamìg** *s* raffreddamento.
**pagpapalawak** *s* estensione, espansionismo.
**pagpapalaya** *s* scarcerazione.
**pagpapalayas** *s* sfratto.
**pagpapalayaw** *s* indulgenza.
**pagpapaliban** *s* rinvio.
**pagpapalista** *s* iscrizione.
**pagpapalit** *s* trasformazione, mutamento.
**pagpapaliwanag** *s* illuminazione, spiegazione.
**pagpapamilya** *s* farsi una famiglia.
**pagpapangit** *s* deformazione.
**pagpapantay** *s* parità.
**pagpapaóspitàl** *s* ricovero (in ospedale).
**pagpapapangit** *s* sfregio.
**pagpapapisâ** *s* incubazione.

**pagpapapribado** *s* privatizzazione.
**pagpaparada** *s* sfilata, parata ◊ *v* sfilare ◊ **pagpaparada ng mga usong damit** sfilata di moda.
**pagpaparami** *s* riproduzione, moltiplicazione.
**pagpaparatang** *s* incriminazione, accusa.
**pagpaparayà** *s* generosità.
**pagpaparusa** *s* punizione.
**pagpápasalamat** *s* gratitudine, riconoscenza.
**pagpapasiglâ** *s* (*med*) riabilitazione.
**pagpapastâ** *s* otturazione.
**pagpapasuso** *s* lattante.
**pagpapasyà** *s* giudizio.
**pagpapatagal** *s* prolungamento.
**pagpapatayò** *s* installazione.
**pagpapatibay** *s* convalida.
**pagpapatubig** *v* irrigare.
**pagpapatugtog** *s* (*mus*) esecuzione.
**pagpapatuloy** *s* continuità, costanza ◊ procedimento.
**pagpapatunay** *s* verifica, conferma, dimostrazione.
**pagpapatupad** *s* esecuzione ◊ *v* requisire.
**pagpapaubayà** *s* indulgenza, rassegnazione.
**pag-papaumanhin** *s* scusa.
**pagpapaunlak** *s* compiacenza.
**pagpaphaba** *s* prolungamento.
**pagpàradà** *s* (*manovra*) posteggio.
**pagparatang** *v* incriminare.
**pagpasa** *s* promozione, passaggio.
**pagpasiglà** *s* rianimazione.
**pagpasiyà** *s* discrezione.
**pagpasok** *s* rientro.
**pagpasyàl** *s* passeggiata.
**pagpatày** *s* strage, omicidio; linciaggio.
**pagpatrolya** *s* perlustrazione.
**pagpawis** *s* traspirazione.
**pagpayuhan** *v* consigliare, suggerire.
**pagpigil** *s* (*mecc*) sospensione ◊ arresto.
**pagpipighati** *s* mortificazione.
**pagpipigil** *s* repressione.
**pagpipilì** *s* selezione, scelta ◊ **pagpipilì ng mga trabahador** selezione del personale.
**pagpipilian** *s* opzione, scelta.
**pagpirmi** *s* fissazione.
**pagpisan** *s* concordanza, convergenza.
**pagplano** *s* pianificazione.
**pagpopos** *s* posa.
**pagpreserba** *s* conserva.
**pagpromot** *s* (*carriera*) promozione.
**pagpukòl** *s* lancio.
**pagpuksà** *s* (*fig*) ecatombe, sconfitta ◊ **pagpuksa ng maraming tao** genocidio.
**pagpuksa** *s* lotta.
**pagpunà** *s* osservazione ◊ **magaling magpuna** spirito di osservazione.

**pagpungal** *s* ormeggio.
**pagpungay** *s* esaltazione.
**pagpunit** *s* strazio.
**pagpupugay** *agg* omaggio.
**pagpupumilit** *s* prepotenza.
**pagpupuntirya** *s* tiro a segno.
**pagpupuslit** *s* traffico.
**pagpuputa** *s* prostituzione.
**pagpuputol** *agg* abbattimento ◊ **pagpuputol ng mga kahoy** disboscamento.
**pagpuri** *s* ammirazione, elogio.
**pagputòk** *s* eruzione, scoppio.
**pagputol** *s* taglio.
**pagrekord** *s* registrazione.
**pagrerehas** *s* sbarramento.
**pagrerekomendà** *s* raccomandazione.
**pagririnunsiyà** *s* rinuncia.
**pagritiro** *s* (*luogo*)ritiro.
**pagsabog** *s* esplosione.
**pagsaboy** *s* slancio.
**pagsakop** *s* occupazione, conquista ◊ sequestro.
**pagsaksak** *s* coltellata.
**pagsaksi** *s* deposizione.
**pagsalakay** *s* assalto, raid.
**pagsalaysày** *s* narrazione.
**pagsali** *s* partecipazione.
**pagsalin** *s* traduzione.
**pagsalubong** *s* accoglienza.
**pagsalungat** *s* contraddizione.
**pagsamahin** *v* raggruppare, raccogliere, unire ◊ **pagsamahin ang lakas** unire gli sforzi.
**pagsama-sama** *s* raggruppamento; confluenza.
**pagsambà** *s* culto.
**pagsampal-sampalin** *v* schiaffeggiare.
**pagsamsàm** *s* (*giur*)sequestro.
**pagsangà** *s* diramazione ◊ **pagsanggâ sa bola** parata.
**pagsangguni** *s* consulenza ◊ conferimento.
**pagsansalà** *s* prevenzione.
**pagsapatin** *v* bastare.
**pagsarà** *s* chiusura.
**pagsasa-alaala** *v* rammentare, ricordare.
**pagsasaka** *s* agricoltura.
**pagsasaksì** *s* testimonianza.
**pagsasalitâ** *s* parlata.
**pagsasàlungatàn** *s* controsenso.
**pagsasama** *s* accompagnamento ◊ convivenza.
**pagsasamantalà** *s* sfruttamento.
**pagsasama-sama** *s* fusione.
**pagsasanay** *s* esercitazione, tirocinio.
**pagsasangà** *s* ramificazione.
**pagsasanib** *s* coalizione.
**pagsasarili** *s* autonomia.
**pagsasatao** *s* personificazione.
**pagsasauli** *s* restituzione, resa.
**pagsasayà** *s* rallegramenti.
**pagsayang** *s* spreco, perdita ◊ **pagsayang ng panahon** perdita di tempo.
**pagselosin** *v* ingelosire.
**pagsensura** *s* censura.
**pagsesante** *s* licenziamento.
**pagseselos** *s* gelosia.
**pagsiìl** *s* oppressione.

**pagsiklàb** *s* scoppio.
**pagsikò** *s* gomitata.
**pagsiksò** *s* palpitazione.
**pagsingaw** *s* fuoriuscita ◊ **pagsingaw ng gas** fuga di gas.
**pagsingit** *s* infiltrazione.
**pagsintahàn** *s* idillio.
**pagsira** *s* distruzione, disfacimento.
**pagsisid** *s* immersione, tuffo.
**pagsisikap** *s* diligenza, sforzo.
**pagsisimulà** *s* esordio.
**pagsisinòk** *v* singhiozzare.
**pagsisisi** *s* rammarico, rimorso, rimpianto.
**pagsisiyasat** *s* inchiesta, ricerca.
**pagsiyasat** *s* controllo.
**pagsubok** *s* tentativo.
**pagsugod** *s* retata.
**pagsuka** *s* (*med*)rigetto.
**pagsukat** *s* misurazione.
**pagsukò** *s* resa.
**pagsulat** *agg* iscritto.
**pagsulit** *s* test.
**pagsulong** *agg* (*fig*) promosso ◊ *s* evoluzione.
**pagsumamò** *v* supplicare.
**pagsunggab** *s* (*di persone*) sequestro.
**pagsunog** *s* deflagrazione.
**pagsururì** *s* revisione.
**pagsusubok** *s* prova.
**pagsusulàt** *s* scritta.
**pagsusùlatan** *s* corrispondenza.
**pagsusulit** *s* esame.
**pagsusundalo** *s* servizio di leva ◊ *v* arruolare.
**pagsusuporta** *s* (*sport*)tifo.
**pagsusuri** *s* valutazione, analisi; scrutinio ◊ **pagsusuring muli** riprova, revisione.
**pagsusustento** *s* mantenimento.
**pagsùway** *s* disubbidienza.
**pagtaàs** *s* aumento, rialzo, rincaro ◊ **pagtaas ng tungkulin** promozione.
**pagtabas** *s* potatura.
**pagtagal-tagal** *agg* alla lunga.
**pagtagay** *s* brindisi.
**pagtago** *s* (*fig*)infiltrazione.
**pagtagpô** *s* convergenza ◊ *v* confluire.
**pagtahi** *s* confezione.
**pagtakas** *s* esodo, fuga, evasione ◊ **pagtakas ng pera** riciclaggio di denaro.
**pagtakdà** *s* limitazione.
**pagtakpan** *v* coprire.
**pagtaksilan** *v* tradire.
**pagtalbòg** *s* rimbalzo.
**pagtali** *s* legamento.
**pagtalikod** *s* defezione.
**pagtalon** *s* lancio.
**pagtalunan** *v* mettere in discussione.
**pagtalusirà** *s* interruzione, rottura.
**pagtanaw** *s* riconoscenza.
**pagtandâ** *s* maturazione, vecchiaia.
**pagtangày** *s* percossa.
**pagtanggal** *s* distacco.
**pagtanggap** *s* accoglienza, ammissione.

**pagtanggî** *s* disapprovazione, rifiuto; scarto.
**pagtangkà** *s* attentato.
**pagtapos** *s* compimento.
**pagtataè** *s* diarrea.
**pagtatagàl** *s* indugio.
**pagtataggòl** *s* difesa ◊ **pagtataggòl sa sarili** legittima difesa.
**pagtatagpò** *s* riunione, meeting.
**pagtataguyod** *s* promozione.
**pagtatakip** *s* omertà.
**pagtataksil** *s* tradimento.
**pagtatalagà** *s* indirizzo.
**pagtatalo** *s* contesa, discussione, dibattito ◊ argomento.
**pagtatamò** *s* conseguimento.
**pagtatandâ** *s* invecchiamento.
**pagtatanggal** *s* rimozione, sottrazione.
**pagtatanggì** *s* smentita ◊ ossequio.
**pagtatanggòl** *s* difesa, presidio.
**pagtatangi-tangì** *s* discriminazione.
**pagtatanod** *s* guardia.
**pagtatanòng** *s* interrogazione.
**pagtatapat** *v* dichiarazione.
**pagtatapos** *s* rifinitura.
**pagtatatag** *s* (*sport*)formazione.
**pagtatrabaho** *s* (*lavoro*) sistemazione, occupazione.
**pagtawag** *s* richiamo.
**pagtawid** *s* traversata.
**pagtayô** *s* sorgente ◊ **pagtayo ulit** risorgimento.
**pagtestigo** *s* testimonianza.
**pagtibok** *v* (*il cuore*)battere.
**pagtigas** *s* consolidamento.
**pagtigil** *s* tregua ◊ (*fig*)paralisi.
**pagtikim** *s* degustazione, assaggio.
**pagtimbang** *s* tracollo.
**pagtingin** *s* visione.
**pagtipun-tipunin** *v* convocare.
**pagtira** *s* (*alloggio*) sistemazione, soggiorno.
**pagtitika** *s* proposito.
**pagtitiktik** *s* spionaggio.
**pagtitinda** *s* marketing, vendita ◊ **pira-pirsong pagtitinda** vendita al dettaglio.
**pagtitingî** *s* dettagliante.
**pagtitipon** *s* assemblea, raduno, raggruppamento ◊ assortimento, repertorio ◊ **pagtitipon sa gabì** serata (di festa).
**pagtitipun-tipon** *s* montaggio ◊ convocazione.
**pagtitiwalàg** *s* licenziamento.
**pagtitiyak** *s* valutazione, constatazione.
**pagtrabahuin** *v* occupare, dare impiego.
**pagtudlâ** *s* tiro.
**pagtugùn** *s* coordinamento.
**pagtugùn-tugunin** *v* coordinare.
**pagtukoy** *s* riferimento.
**pagtulak** *s* spinta.
**pagtulò** *s* fuoriuscita, perdita.
**pagtulòg** *s* dormita, nanna, sonno.
**pagtulong** *s* soccorso.
**pagtuloy** *s* corso.
**pagtumpàk** *s* rettifica.
**pagtunaw** *s* digestione ◊ disgelo.

**pagtupad** *s* realizzazione.
**pagtustòs** *s* rifornimento.
**pagtutol** *s* contestazione, obiezione, dissenso.
**pagtutuloy** *s* continuazione.
**pagtutulungan** *s* cooperazione.
**pagtutunaw** *s* fusione.
**pagtuturo** *s* indicazione; insegnamento.
**pagtutustos** *s* finanziamento.
**pagugnayin** *v* connettere.
**pag-ukit** *s* (*arte*)incisione.
**pag-ulan** *s* (*fig*)valanga.
**pag-ulit** *s* bis, replica.
**pagulungin** *v* rotolare.
**pagunawa** *s* comprensione.
**pag-unlàd** *s* progresso.
**pagurin** *v* sfiancarsi, faticare.
**pag-urong** *s* recessione, regresso ◊ (*sport*)retrocessione.
**pagusapan** *v* trattare ◊ **pagusapan ulî** riparlare.
**pag-usigin** *v* perseguitare.
**pag-uslì** *s* propulsione ◊ sporgenza.
**pag-uulat** *s* previsione ◊ **pag-uulat ng panahon** previsioni del tempo.
**pag-uulit** *s* replica, ripetizione.
**pag-uusap** *s* conversazione, discorso.
**pag-uusig** *s* persecuzione.
**pagwawàsak** *s* (*fig*) disfacimento.
**pagwawastò** *s* correzione.
**pagwelding** *s* saldatura.
**pagyamòt** *s* molestia.
**pagyanig** *s* vibrazione.
**pagyari** *s* manifattura.
**pagyeyelo** *s* nevicata; congelamento.
**pahaba** *prep* lungo.
**pahabain** *v* allungare, dilungare, prolungare.
**pahalang** *agg* traverso.
**pahanginan** *v* ossigenare.
**pahayag** *s* affermazione, annuncio ◊ **pahayag pangekonomiya** annuncio economico.
**pahayagan** *s* giornale, periodico.
**pahid** *s* strato,mano (*fig*).
**pahigâ** *agg* orizzontale.
**pahilagà** *agg* settentrionale.
**pahilis** *agg* obliquo.
**páhinà** *s* pagina.
**pahinahin** *v* indebolire.
**pahinahunin** *v* rasserenare, tranquillizzare.
**pahinain** *v* attenuare ◊ **pahinain ang loòb** smontare.
**pahingà** *s* pausa.
**pahintuin** *v* smettere.
**pahintulot** *s* congedo, licenza; nullaosta; consenso, permesso.
**pahintulutan** *v* approvare, sancire; consentire, permettere ◊ congedare.
**pahirapan** *v* torturare.
**pahiwatig** *agg* implicito.
**paibabâ** *avv* giù.
**paiinkastra** *s* (*gioiello*) montatura.
**paikìd** *s* spirale.
**paikot** *s* girotondo.

**paikot-ikot** *v* gironzolare, andare a zonzo.
**paikutin** *v* manipolare; rigirare ◊ ruotare.
**pain** *s* esca.
**paisáisa** *s* rinfusa.
**pait** *s* scalpello.
**paitimin** *v* scurire.
**pakaiinin** *v* sfamare, nutrire, alimentare.
**pakaisipin** *v* (*fig*)capovolgere.
**pakakaibà** *s* differenza.
**pakakataon** *s* caso.
**pakalatin** *v* dileguare, disperdere; sfollare.
**pakalmahin** *v* calmare.
**pakamatapat** *s* pulizia.
**pakasanà** *s* infortunio ◊ **pakasana sa trabaho** infortunio sul lavoro.
**pakay** *s* missione, scopo.
**pakete** *s* pacco.
**paki** *inter* prego, per cortesia.
**pakialaman** *v rifl* ficcarsi.
**pakialamero** *agg* invadente ◊ *s* ficcanaso.
**pakik** *agg* promiscuo.
**pakikidalamhatì** *s* simpatizzante ◊ fare le condoglianze.
**pakikilaban** *s* opposizione.
**pakikinig** *s* ascolto.
**pakikipagkamày** *s* stretta di mano.
**pakikipagpag-ayos** *s* ordinamento.
**pakikipagsapalaran** *s* avventura ◊ sventura ◊ (*fig*)suicidio.
**pakikipagtawaràn** *s* contrattazione.
**pakikipagtulungàn** *s* collaborazione.
**pakikipanayàm** *s* intervista.
**pakikiramay** *s* condoglianze.
**pakikisama** *s* integrazione.
**pakilabutin** *v* rabbrividire.
**pakinabangan** *v* avvantaggiare, usufruire.
**pakinggàn** *v* sentire, ascoltare ◊ **pakinggan ulit** riascoltare.
**pakinisin** *v* lisciare, smussare.
**pakintabin** *v* smaltare, lucidare.
**pakipagkapwà** *v* (*fig*)coltivare.
**pakiramdam** *s* impressione, sensazione ◊ **mayroong masamang pakiramdam** fare cattiva impressione.
**pakiramdaman** *v* intuire, sentire.
**pakò** *s* felce ◊ chiodo.
**pakpak** *s* ala.
**paksâ** *s* tema, soggetto.
**pàkuluan** *s* caldaia.
**pakulubutin** *v* raggrinzire.
**pakuluin** *v* bollire.
**pakupasìn** *v* sbiadire, scolorire.
**pakupusin** *v* sgonfiare.
**pakwàn** *s* anguria, cocomero.
**pakyàw** *s* ingrosso.
**pakyawan** *s* mercato all'ingrosso.
**pakyawin** *v* comprare all'ingrosso.
**pala** *s* vanga, pala, badile.
**pala-amerikano** *agg* yankee.

**palaangkànan** *s* genealogia.
**pala-away** *agg* scontroso.
**palabahan** *s* tintoria, lavanderia.
**palabàs** *s* rappresentazione, spettacolo ◊ **palabas na horor** film dell'orrore; **palabasan ng sport** palasport.
**palabasin** *v* sprigionare ◊ dimettere, espellere.
**palabirò** *agg* spiritoso.
**palabisan** *v* esagerare.
**palabuin** *v* annebbiare, ottenebrare.
**palad** *s* palmo ◊ **pagkabukas palad** generosità.
**palaganapin** *v* (*fig*)spandere.
**palagày** *s* opinione, parere.
**palagî** *avv* sempre, spesso.
**palainum** *s* bevitore.
**palaisip** *s* intelletto.
**palaisport** *s* sportivo.
**palakâ** *s* rana ◊ **paglangòy na parang palakâ** nuotare a rana.
**palakaibigàn** *agg* amichevole, estroverso, socievole.
**pálakasan** *s* sport ◊ **palakasang pambata** junior.
**palakasin** *v* temprare, rafforzare, rinforzare ◊ **palakisin ang loob** incoraggiare.
**palakihin** *v* allevare ◊ ingrandire ◊ lievitare ◊ **palakihin ang litrato** ingrandire una foto.
**palakòl** *s* ascia, scure.
**palakpak** *s* applauso.
**palakpakan** *v* applaudire.
**palalàin** *v* peggiorare.
**palalimin** *v* approfondire.
**palalò** *agg* imperioso.
**palamanan** *v* farcire, imbottire.
**palambutin** *v* sfumare, smussare.
**palamigìn** *v* raffreddare ◊ **palamigin ang galit** smaltire la rabbia.
**palamuti** *s* ornamento, guarnizione, fregio.
**palamutihan** *v* parare, guarnire, ornare.
**palanggana** *s* bacinella, catino.
**palangkà** *s* leva.
**pálanguyan** *s* piscina.
**palaorasan** *s* timer.
**palapag** *agg* (*edificio*)piano.
**palapintasin** *agg* critico.
**palaputin** *v* condensare.
**palarâ** *s* sfoglia.
**palasingsingàn** *s* anulare.
**palasò** *s* freccia.
**palasyo** *s* palazzo ◊ **palasyo ng hari** reggia; **palasyo ng hari at reyna** palazzo reale.
**palátandaan** *s* documento di identità ◊ marchio, segno.
**palathála** *s* bando.
**palatuntunan** *s* trasmissione, programma ◊ **isintonays sa palatuntunan** sintonizzare.
**palausap** *agg* comunicativo.
**palawakin** *v* stendere, espandere.
**palawit** *s* frangia.
**palawìt** *s* pendola.
**palay** *s* (*pianta*)riso.
**palayain** *v* rilasciare, liberare, scarcerare.
**palayan** *s* risaia.

**palayasin** *v* sfrattare, sloggiare; mettere alla porta.
**palayawin** *v* viziare.
**palayok** *s* coccio, tegame ◊ **palayok na panghurnò** teglia.
**palayòn** *agg* obiettivo.
**paldà** *s* (*di indumento*) falda; gonna.
**paldiyàs** *s* (*di cappello*)falda.
**paldo** *s* balla.
**palengke** *s* mercato ◊ **supot sa palengke** sacchetto (da supermercato).
**paleta** *s* tavolozza.
**palî** *s* milza.
**palibot-liham** *s* (*lettera*) circolare.
**palibot-tseke** *s* assegno circolare.
**palibutan** *v* circondare.
**paligid** *s* (*fig*) margine; orizzonte ◊ dintorni.
**paligidan** *v* sconfinare.
**paligid-bayan** *s* periferia.
**paligsahan** *s* competizione, gara, concorso ◊ **paligsahan ng kabayo sa Siena** Palio di Siena.
**páliguàng-lubluban** *s* vasca.
**paliitin** *v* diradare ◊ rimpicciolirsi.
**palikpìk** *s* pinna.
**palimbàg** *s* stampa.
**palimpiyuhin** *v* mettere in riga.
**palistahan** *s* cancelleria.
**palit** *s* cambio, scambio.
**palitada** *s* binario.
**palitan** *v* cambiare, rimpiazzare, sostituire ◊ **palitan ang channel** cambiare canale; **palitan ng pera** ufficio cambi.
**paliwanagin** *v* illuminare, rischiarare.
**palko** *s* (*teat*) balconata, tribuna, loggione.
**palmera** *s* (*pianta*)palma.
**palombaro** *s* palombaro.
**palombo** *s* palombo.
**paltòs** *s* (*med*)bolla.
**palugit** *s* proroga.
**palugmok** *s* crollo.
**paluin** *v* battere.
**palumpong** *s* siepe, cespuglio.
**palusong** *s* pendio, discesa.
**paluwagin** *v* allargare.
**palyo** *s* tettuccio ◊ **palyong maaring mabuksan** tettuccio apribile.
**pamagat** *s* titolo.
**pamahalaan** *s* governo.
**pamahiin** *s* superstizione.
**pamalò** *s* mazza.
**pamamagà** *s* gonfiore.
**pamamagitan** *s* intervento.
**pamamahagi** *s* dispensa.
**pamamahalà** *agg* amministrativo.
**pamamakyaw** *s* vendita all'ingrosso.
**pamamalagì** *s* permanenza.
**pamamanhìd** *s* torpore.
**pamamaraàn** *s* tecnica, procedura ◊ stratagemma.
**pamamatnugot** *s* redazione.
**pamangkìn** *s* (*zii*) nipote.
**pamantasan** *s* università.

**pamantayan** *s* canone.
**pamatay-bisa** *s* antidoto.
**pamatày-kulisap** *s* insetticida.
**pàmatnugutàn** *s* dirigenza.
**pamaypay** *s* ventaglio.
**pambansà** *agg* nazionale ◊ **pambangsang wika** lingua madre.
**pambarandilya** *s* parapetto.
**pambatil** *s* frusta.
**pambayad** *s* (*denaro*)retta.
**pambibìg** *agg* orale.
**pambihirà** *agg* straordinario.
**pambobomba** *s* bombardamento.
**pambukid** *agg* rustico.
**pambulkàn** *agg* vulcanico.
**pambungàd** *s* introduzione ◊ epilogo.
**pamburà** *s* gomma.
**paméyenta** *s* pepe.
**pamilya** *s* famiglia.
**pamimigày** *s* distribuzione.
**pamimili** *s* alternativa.
**paminggalan** *s* credenza.
**pamingwit** *s* amo, canna da pesca.
**paminsan-minsàn** *agg* sporadico, saltuario.
**pamintòn** *s* paprica.
**pampa-andar** *s* avviamento.
**pampadulas** *agg* lubrificante.
**pampagana** *s* antipasto ◊ aperitivo.
**pampahaba** *s* prolunga.
**pampainit** *s* calorifero.
**pampakalma** *s* calmante.
**pampakintab** *agg* lucido.
**pampalambot** *agg* emolliente ◊ *s* (*fig*)sfumatura.
**pampalasa** *s* condimento.
**pampalusòg** *agg* salubre.
**pampamilya** *agg* familiare.
**pampanahòn** *agg* meteorologico.
**pampàng** *s* riva, sponda, argine.
**pampànitikàn** *agg* letterario.
**pamparángàl** *agg* onorario.
**pampasabog** *agg* esplosivo.
**pampasiglà** *agg* energetico, eccitante ◊ *s* stimolo.
**pampasindi** *s* spinterogeno.
**pampaskò** *agg* natalizio.
**pampatamis** *s* dolcificante.
**pampatighàw** *agg* palliativo.
**pampatulin** *s* acceleratore.
**pampatunaw** *agg* digestivo.
**pampederalismo** *agg* federalista.
**pampigil** *agg* fermo ◊ **pampigil ng pagbubuntis** anticoncezionale.
**pampròbinsiyà** *agg* provinciale.
**pampurga** *agg* purgante.
**pamputing-sabon** *s* candeggina.
**pamukaw** *agg* provocante.
**pamukaw-siglà** *s* ispirazione.
**pamumuhunan** *s* (*denaro*) investimento.
**pamumulaklak** *s* fioritura.
**pamumulikat** *s* formicolio.
**pámumunúan** *s* regime.
**pamumuò** *s* coagulazione.
**pamumutlâ** *s* vampata, rossore.
**pamunas** *s* spugna ◊ **pamunas ng kusina** carta da cucina.

**pamùrga** *agg* lassativo.
**panadero** *s* fornaio, panettiere; pasticciere.
**panaderya** *s* panetteria, panificio.
**panagano** *s* (*gramm*)modo.
**panaginip** *s* sogno.
**panagutàn** *v* garantire.
**panahòn** *s* epoca, periodo, tempo ◊ **ang panahon ay gumanda** il tempo si è rimesso al bello; **masamang panahon** perturbazione, maltempo; **magandang panahon** bel tempo; **pag-uulat ng panahon** previsioni del tempo; **pagsayang ng panahon** perdita di tempo; **panggit na panahon** brutto tempo.
**panakip** *s* copertura.
**panala** *s* filtro.
**pananabìk** *s* nostalgia.
**pananagutan** *s* responsabilità ◊ *v* assumersi, farsi carico.
**pananalapi** *s* finanza ◊ **ministeryo ng pananalapi** ministero delle Finanze; **pulis ng ministeryo ng pananalapi** guardia di Finanza; **tungkol sa pananalapi** finanziario.
**pananalig** *s* professione.
**pananaliksìk** *s* ricerca.
**pananamlày** *s* indisposizione.
**pananampalataya** *s* fede.
**pananatilì** *s* soggiorno, permanenza ◊ **pananatilì ng magdamag** pernottamento.
**panandàlian** *agg* effimero, passeggero.
**panánghalian** *s* pranzo.
**pananig** *s* egemonia.
**pananìm** *s* vegetazione.
**panapal** *s* impiastro.
**panatà** *s* voto.
**panatag** *agg* imperturbabile.
**panàtikò** *agg* fanatico.
**panatilihing-buhày** *v* immortalare.
**panauhin** *s* invitato, visitatore.
**panawagan** *s* appello.
**panayam** *s* conferenza ◊ **panayam ng mga pahayagan** conferenza stampa.
**panbanyaga** *agg* estero.
**panbundok** *agg* transalpino.
**panda** *s* panda.
**pandagat** *agg* marino, marittimo, navale.
**pandaigdigan** *agg* mondiale.
**pandak** *agg* tozzo.
**pandamà** *s* senso.
**pandarambòng** *s* razzia.
**pandarayà** *s* truffa, imbroglio.
**panday** *s* fabbro.
**pandayan** *s* incudine.
**pandáy-gintô** *s* orafo.
**pandayuhan** *agg* forestiero.
**pandesal** *s* pan di Spagna.
**pandikit** *agg* adesivo.
**pandinig** *s* udito.
**pandiwâ** *s* verbo.
**pandurúkot** *s* scippo.
**pangà** *s* mandibola, mascella.
**pangaalipin** *agg* succube.
**pang-abay** *s* avverbio.
**pang-agham** *agg* scientifico.

**pangahàs** *s* grinta ◊ presunzione.
**pang-akit** *s* attrazione.
**pangakò** *s* promessa ◊ **pangako ng pagpapakasal** promessa di matrimonio.
**pang-alaala** *s* memoriale.
**pangalan** *s* qualifica, nome ◊ **pangalan sa binyag** nome di battesimo.
**pangalanan** *v* intitolare.
**pangalawà** *agg* secondario ◊ *s* seconda ◊ **pangalawang grado ng pagkapasò** ustione di 2° grado; **pangalawa sa hulihan** penultimo.
**pangalawàng-baitàng** *s* scuola secondaria;
**pangalawàng-kambiyò** *s* (*mar - cia*)seconda.
**pang-alemàn** *agg* germanico.
**pang-alkalde** *agg* sindacale.
**pang-amà** *agg* paterno.
**pangambà** *s* fifa.
**pang-amoy** *s* fiuto, olfatto.
**panganay** *s* primogenito.
**panganbà** *s* timore.
**pangangabayo** *s* equitazione.
**pangangagat** *agg* mordace.
**pangangailangan** *s* esigenza, necessità, bisogno.
**pangangáko** *s* giuramento.
**pangangalagà** *s* avvertenza ◊ mantenimento.
**pangangalakal** *s* gestazione ◊ intraprendenza ◊ **pangangalakal ng sapi** operazione di borsa.
**panganganàk** *s* parto ◊ **napaagang panganganak** parto prematuro.
**pangangapkap** *s* perquisizione.
**pangangarera** *s* ippica.
**pangangasiwà** *s* amministrazione, gestione.
**pangangaso** *s* caccia.
**pangangatàl** *s* vibrazione, brivido ◊ trillo.
**pangangatawàn** *s* costituzione ◊ rappresentanza.
**pangangayayat** *s* calo di peso.
**panganib** *s* pericolo.
**pang-anunsiyò** *agg* pubblicitario.
**pang-apat** *agg* quarto.
**pang-araw-araw** *agg* quotidiano, giornaliero ◊ **manggagawang pang-araw-araw** lavoratore giornaliero.
**pangartiko** *s* artico.
**pangasin** *agg* salino.
**pangasiwà** *s* manovra.
**pangasiwaan** *v* maneggiare.
**pang-aso** *agg* canino.
**pangatlò** *agg* terziario.
**pangayod** *s* grattugia.
**pangbabae** *agg* femminile.
**pangbahay** *agg* casalingo.
**pangbatà** *agg* puerile.
**pangbatàsan** *agg* legislativo.
**pangbátásang-bansâ** *agg* parlamentare.
**pangbayral** *agg* virale.
**pangbotaniko** *agg* botanico.
**pangdalisay** *s* depuratore.
**pangdiringàs** *s* (*mecc*)candela.

**pang-ekolohista** *agg* ecologista.
**pang-ekolohiya** *agg* ecologico.
**pang-eksprès** *agg* espresso.
**pang-èkwadòr** *agg* equatoriale.
**pang-eskuwela** *agg* scolastico.
**pang-etikà** *s* etico.
**pang-europa** *agg* europeo.
**pang-gabì** *agg* notturno.
**panggagahasa** *s* violenza sessuale, stupro.
**panggagayà** *s* imitazione.
**pangganyà** *s* (*fig*)molla.
**pangganyàk** *s* incentivo.
**panggapas** *s* mitragliatrice.
**panggatong** *s* legna.
**panggawà** *agg* lavorativo.
**panggiling** *agg* molare ◊ **panggiling ng gulay** passaverdura.
**panggising** *s* incitamento.
**panggit** *agg* brutto ◊ **panggit na panahon** brutto tempo.
**panggobyerno** *agg* statale.
**panggubat** *agg* forestale.
**pang-gulong** *agg* pneumatico.
**panghabang-buhay** *agg* perpetuo.
**panghalili** *s* pezzo di ricambio.
**panghalìp** *s* pronome.
**panghalumigmig** *agg* idratante.
**panghapon** *agg* pomeridiano.
**pangharap** *agg* davanti.
**panghasà** *s* tempera ◊ **panghasa ng lapis** temperamatite.
**panghatak** *s* carrello.
**panghihilakbòt** *s* costernazione.
**panghihmasòk** *s* interferenza.
**panghila** *s* rimorchiatore.
**panghilod** *s* pomice.
**panghimagsìk** *agg* ribelle.
**panghitano** *agg* gitano.
**panghudyò** *agg* semitico.
**panghuhulà** *s* visione.
**panghuhuthot** *s* concussione.
**pangibabawan** *v* dominare.
**pangiinsulta** *s* (*fig*)sfregio.
**pangil** *s* zanna; canino.
**pangilin** *agg* festivo.
**pang-ilog** *agg* fluviale.
**pang-ilong** *agg* nasale.
**pangingibabaw** *s* predominio.
**pangingibáng-bansà** *s* immigrazione.
**pangingibang-lugar** *s* migrazione.
**pangingikil** *s* estorsione.
**panginginàng** *s* radiazione.
**panginginig** *s* brivido.
**pangingisdâ** *s* (*sport*) pesca ◊ **pangingisdâ sa ialalmin ng tubig** pesca subacquea.
**pang-isip** *agg* mentale.
**pang-isport** *agg* sportivo.
**pangitain** *s* apparizione.
**pang-italyano** *agg* italiano.
**pang-kabayo** *agg* equino.
**pangkabuhayan** *agg* economico.
**pangkagandahan** *agg* estetico.
**pangkain** *agg* alimentare.
**pangkalamanàn** *agg* intramuscolare.
**pangkalusugan** *agg* igienico, sanitario ◊ **manggagawang pangkalusugan** operatore sanitario.

**pangkalye** *agg* stradale.
**pang-karagatan** *agg* oceanico.
**pangkaraniwan** *agg* mediocre.
**pangkasàl** *agg* matrimoniale, nuziale.
**pangkasalukuyan** *agg* corrente.
**pangkàt** *s* sezione, girone ◊ squadra, plotone.
**pangkatawan** *agg* fisico.
**pangkimiko** *agg* chimico.
**pangklasiko** *agg* classico.
**pangkoboy** *agg* western.
**pangkomunista** *agg* comunista.
**pangkontinente** *agg* continentale.
**pangkontra** *agg* profilattico.
**pangkontrabandista** *s* contrabbandiere.
**pangkoreo** *agg* postale.
**pangkosmètikò** *agg* cosmetico.
**pangkosmik** *agg* cosmico.
**pangkosmopolitana** *agg* cosmopolita.
**pangkuhin** *v* coccolare.
**pang-kultura** *agg* culturale.
**panglahi** *agg* razziale.
**panglatino** *agg* latino.
**panglayag** *agg* navigato.
**panglikod** *s* schienale.
**panglindol** *agg* sismico.
**pangliriko** *agg* lirico.
**panglunsòd** *agg* urbanistico, urbano.
**pangmadalian** *agg* istantaneo; urgente.
**pangmadlâ** *agg* pubblico.
**pangmag-aaral** *agg* liceale.
**pangmainit** *agg* termico.
**pangmàkinà** *agg* meccanico.
**pangmaliit** *agg* piccolo.
**pangmamaltrato** *v* maltrattare.
**pangmanggagamot** *agg* medico.
**pangmarami** *agg* plurale.
**pangmasa** *agg* popolare ◊ **paglilinkòd pangmasa** servizio pubblico.
**pangmasokistà** *agg* masochista.
**pangmatà** *agg* ottico, oculare.
**pangmilitàr** *agg* marziale.
**pangmonakiya** *agg/s* monarchico.
**pangmonumento** *agg* monumentale.
**pangmotor** *agg* motore.
**pangmumog** *s* colluttorio.
**pangmundò** *agg* planetario.
**pangmunisipyo** *agg* comunale, municipale.
**pangmusika** *agg* musicale.
**pangmuslim** *agg* islamico.
**pangnagdaàn** *s* (*gramm*) passato.
**pangnegosiyo** *agg* commerciale.
**pangngalan** *s* sostantivo.
**pang-normàl** *s* normalità.
**pangnukleàr** *agg* nucleare.
**pang-okre** *agg* ocra.
**pang-olímpikò** *agg* olimpico.
**pang-opisyàl** *agg* ufficiale.
**pang-ortopedik** *agg* ortopedico.
**pangout-patient** *agg* ambulatoriale.
**pangpadano** *agg* padano.

**pangpagkabuhay** *agg* pasquale.
**pangpagkain** *s* gastronomia.
**pangpagkakaisà** *agg* unitario.
**pangpahina** *s* moderatore ◊ sfumatura.
**pangpakain** *s* alimentazione.
**pangpalakasan** *agg* agonistico.
**pangpalipiàn** *agg* etnico.
**pangpalìt** *agg* supplente.
**pangpalyà** *agg* moroso.
**pangpamantasan** *agg* universitario.
**pangpanadar** *s* alimentazione.
**pang-patunaw** *agg* amaro.
**pang-pekpek** *agg* vaginale.
**pangpenàl** *agg* penale.
**pangpiskal** *agg* fiscale.
**pangpiyesta** *s* festival.
**pangpolar** *agg* polare.
**pangpolítikà** *agg* politico.
**pangpribado** *agg* privato.
**pangpropesyonàl** *agg* professionale.
**pangpulis** *agg* poliziesco ◊ **kuwentong pangpulis** romanzo poliziesco.
**pangpupudpod** *v* sfruttare.
**pangpuwerto** *s* portale.
**pang-radyo** *agg* radiofonico.
**pangrehiyòn** *agg* regionale.
**pangromano** *agg* romano.
**pang-romano** *agg* romanico.
**pangruràl** *agg* rurale.
**pangsagisag** *agg* simbolico.
**pangsangkatauhan** *agg* umanitario.
**pangseksuwàl** *agg* sessuale.
**pang-seroks** *s* fotocopiatrice.
**pangsikolohiya** *agg* psicologico.
**pangsinehan** *agg* cinematografico.
**pangsiyentípikò** *agg* scientifico.
**pangsiyudad** *agg* interurbano.
**pangsoolohiya** *agg* zoologico ◊ **harding pangsoolohiya** giardino zoologico.
**pangsubok** *agg* sperimentale.
**pangtagsibol** *agg* primaverile.
**pangtaguyod** *agg* promozionale.
**pangtáktikò** *agg* tattico.
**pangteknolohiya** *agg* tecnologico.
**pangtelebisyon** *agg* televisivo.
**pangtelegrama** *agg* telegrafico.
**pangtelematiko** *agg* telematico.
**pangtelépono** *agg* telefonico.
**pangteyatro** *agg* teatrale.
**pangtimog** *agg* meridionale.
**pangtinggâ** *agg* plumbeo.
**pangtren** *agg* ferroviario.
**pangtropikàl** *s* tropico.
**pang-tubero** *s* ganascia.
**pangtubo** *agg* condotto.
**pangturista** *agg* turistico.
**pang-ugat** *agg* capillare, endovenoso.
**pangulo** *s* capo dello stato, presidente.
**pangulugòd** *agg* vertebrale.
**pang-umaga** *agg* mattiniero.
**pangunahin** *agg* preliminare, primario; rudimentale ◊ **pangunahing bilihin** articoli di prima necessità; **pangunahing eksena**

scena madre; **pangunahing hepè** direttore generale; **pangunahing klase** di prima qualità; **pangunahing lathala** articolo di fondo; **pangunahing lunas** pronto soccorso; **pangunahing puntos** punti cardinali.
**pangunahing-tawagan** *s* centralino.
**pangungubat** *s* alpinismo.
**pangungukubeta** *s* (*WC*) ritirata, toilette.
**pangungusap** *s* frase.
**pangunguwalta** *s* ricatto.
**panguno** *s* leader.
**pang-uri** *s* aggettivo.
**pangutak** *agg* cerebrale.
**pangwakàs** *agg* decisivo, finale; perentorio.
**pangwelding** *s* saldatrice.
**pangwisìk** *s* vaporetto.
**pangyayari** *s* circostanza, faccenda, avvenimento.
**pangyidis** *agg* yiddish.
**pangyoga** *agg* yoga.
**panig** *s* lato.
**pánikì** *s* pipistrello.
**panimulà** *agg* elementare ◊ iniziale.
**paninda** *s* beni di consumo, merce.
**panindi** *s* accendino.
**panindigan** *v* mantenere.
**paningìn** *s* vista ◊ mirino ◊ scalpore ◊ **patalasin paningin** aguzzare la vista; **sa paningin** ottica.
**paninibang** *s* equazione.
**paninimulà** *s* ripresa.
**paninirang-puri** *s* calunnia, diffamazione.
**paniniwala** *s* credenza.
**panipisin** *v* diradare.
**panipsip** *s* ventosa.
**pànitikan** *s* letteratura.
**panlabas** *agg* esterno.
**panlahàt** *agg* (*gramm*) impersonale ◊ generale, universale ◊ **panlahat na heter** riscaldamento centralizzato.
**panlalaki** *agg* maschile, da uomo.
**panlansangan** *agg* stradale.
**panlasa** *s* gusto, palato.
**panlipúnan** *agg* sociale.
**panloòb** *agg* interiore, interno ◊ **kasuotang panloòb** biancheria intima.
**panlupà** *agg* materiale, terreno.
**panplaneta** *agg* terrestre.
**pansaka** *agg* agricolo.
**pansamantalà** *agg* provvisorio, temporaneo ◊ **pansamantalang kapayapaan** tregua.
**pansanggâ** *s* (*fig*) copertura, scudo.
**pansarili** *agg* personale ◊ autonomo ◊ **gawaing pansarili** fai da te; **kagamitang pansarili** effetti personali; **pansariling heter** riscaldamento autonomo; **pansariling karapatan** esclusiva.
**pansasamantalà** *agg* temporale.
**pansimbahan** *agg* ecclesiastico.
**pansin** *s* attenzione.

**pansindi** *s* accensione.
**pansinin** *v* accorgersi, rilevare, notare.
**pansinukuban** *s* universo.
**pantabòy** *agg* repellente.
**pantag-init** *agg* estivo.
**pantaglamig** *agg* invernale.
**pantahan** *s* molo.
**pantalan** *s* banchina.
**pantalòn** *s* calzoni, pantaloni.
**pantalya** *s* paralume.
**pantàs** *agg* furbo.
**pantasiyà** *s* fantasia.
**pantastik** *agg* fantastico, bellissimo.
**pantawí-buhay** *s* sussistenza.
**pantay** *agg* eterogeneo.
**pantéknikò** *agg* tecnico.
**pantera** *s* pantera.
**panti** *s* (*donna*)mutande, slip.
**pantinà** *s* tinta.
**pantingin** *agg* visivo.
**pantinig** *agg* vocale.
**pantòg** *s* vescica.
**pantukoy** *s* articolo.
**panukalà** *s* offerta, proposta.
**panukat-tulin** *s* tachimetro.
**panunuhol** *s* corruzione.
**panunumpà** *s* giuramento.
**panunungkulan** *s* funzione.
**panunuyà** *s* ironia.
**panyò** *s* fazzoletto ◊ **panyong malaki** foulard.
**paòd** *s* giogo.
**paòs** *agg* rauco.
**papa** *s* papa.
**papághirapin** *v* tormentare.
**papagkásunduan** *v* riconciliare.
**papangitin** *v* deturpare, sfregiare, sfigurare.
**papatayô** *agg* perpendicolare.
**papawirin** *s* atmosfera.
**papaya** *s* papaia.
**papel** *s* carta, foglio ◊ **papel na may selyo** carta bollata.
**papeles** *s* documento, fascicolo ◊ **papeles na nagpapahitulot ng pananatil** permesso di soggiorno; **papeles ng pagkikilala** documento di riconoscimento; **papeles pang-patalsik sa ibang bansa** foglio di via.
**papilya** *s* papilla.
**papintugin** *v rifl* gonfiarsi.
**papreskohin** *v* rinfrescare.
**pàpsikèl** *s* ghiacciolo.
**papunta** *s* andata ◊ **papunta sa** verso.
**papuntahin** *v* indirizzare.
**papuri** *s* tributo.
**paputihin** *v* sbiancare.
**paputòk** *s* fuochi artificiali, girandola, petardo.
**para** *prep* per ◊ **para sa mga taong naglalakad** pedonale.
**para sa** *prep artic* agli.
**paraàn** *s* mezzo, strategia, metodo, meccanismo ◊ **paraan ng paghahatid ng balita** mezzi di comunicazione.
**parábulà** *s* parabola.
**parada** *s* parata.
**páradahan** *s* parcheggio, area di parcheggio ◊ **paradahan na may**

**oras** zona disco; **paradahang may bayad** parcheggio a pagamento.
**parahangin** *s* parabrezza.
**paraiso** *s* paradiso ◊ **di-tunay na paraiso** paradiso artificiale.
**parakadutista** *s* paracadutista.
**parálisìs** *s* paralisi.
**parametro** *s* parametro.
**paramihin** *v* moltiplicare.
**parang** *v* sembrare ◊ *avv* come ◊ **magtrabahong parang kalabaw** lavorare come un cane; **magtrabahong parang kabayo** lavorare come un negro; **paglangòy na parang palakâ** nuotare a rana; **parang lasing** sembra ubriaco; **parang magyeyelo** sembra che nevichi.
**parángálan** *v* onorare.
**pararayos** *s* parafulmine.
**para-sa-ganoon** *cong* sicché.
**parásita** *s* parassita.
**parasiyut** *s* parapendio, paracadute.
**paratang** *s* accusa.
**parè** *s* sacerdote, ecclesiastico, prete.
**pareha** *s* coppia.
**pareho** *agg dimostr* stesso, uguale ◊ *pron* entrambi ◊ **parehong sangayon** di comune accordo.
**pare-pareho** *agg* equilatero ◊ pari pari.
**pari** *s* ecclesiastico, prete, sacerdote.
**parihabâ** *s* rettangolo.
**parilya** *s* griglia.
**parirala** *s* locuzione.
**parisukàt** *agg* quadrato.
**parisukatin** *v* quadrare.
**parke** *s* parco.
**parlamento** *s* parlamento.
**parmasyùtiko** *s* farmacista.
**pármisàn** *s* parmigiano.
**parodya** *s* parodia.
**parokya** *s* parrocchia.
**paròl** *s* lanterna.
**parola** *s* faro.
**paroroònan** *s* destinazione.
**paros** *s* cozza.
**partè** *s* (*fig*)segmento.
**partida** *s* (*comm*)partita.
**partidaryo** *s* guerrigliero; partigiano.
**partido** *s* partito ◊ **partido demokratiko** partito cristiano democratico; **partido repúblikano** partito repubblicano; **partido sosyalista** partito socialista; **partido komunista** partito comunista; **partidong ukol sa pagunlad** partito progressista.
**paruparò** *v* farfalla.
**parusa** *s* pena ◊ **pinakambigat na parusa** pena capitale.
**parusa** *s* pena, castigo.
**parusahan** *v* castigare, punire.
**pasà** *s* livido, ematoma.
**pasador** *s* tampone ◊ pannolino.
**pasahero** *s* passeggero ◊ **barkòng pampasahero** nave passeggeri; **padpad na pasahero** naufrago.
**pasak** *s* turacciolo.

**pasakan** *v* otturare.
**pasakitan** *v* offendere.
**pasal** *s* bavaglio.
**pasalitâ** *agg* verbale.
**pasalungàt** *agg* contraddittorio.
**pasamain** *v* logorare, degradare.
**pasamano** *s* davanzale.
**pasanìn** *v* portare, indossare.
**pasansalin** *v* sostenere, reggere.
**pasaporte** *s* passaporto.
**pasasapelikula** *s* (*cine, TV*) ripresa.
**pasasarili** *agg* autonomo.
**pasensiyà!** *inter* pazienza!.
**pasigan** *s* greto.
**pasiglahìn** *v* stimolare,ravvivare, entusiasmare.
**pasigsàg** *agg* a zigzag.
**pasiklábin** *v* infiammare.
**pasilyo** *s* navata ◊ salone; atrio; corridoio ◊ **pasilyo ng palapag** pianerottolo.
**pasinayà** *s* inaugurazione.
**pasinayaan** *v* inaugurare.
**pasisiyasat** *s* sondaggio.
**pasiyà** *s* decisione, risoluzione, verdetto.
**paskil** *s* cartello, cartellone.
**paskò** *s* Natale.
**paso** *s* bruciatura, ustione ◊ valico.
**pasô** *s* vaso ◊ **pasô ng bulaklak** vaso da fiori.
**pasòan** *s* terracotta.
**pasok!** *inter* entri!.
**paspasan** *v* ingranare ◊ **paspasan ang takbo ng sasakyan** ingranare la marcia.
**pasta** *s* pasta, pastasciutta ◊ **ilagay ang pasta** buttare la pasta; **maliliit na pasta** pastina; **pabrika ng pasta** pastificio; **salaan ng pasta** colapasta; **uri ng pasta** raviolo.
**pastahan** *v* (*dente*)otturare.
**pastel** *s* pasticcio.
**pastilyà** *s* pastiglia.
**pastòl** *s* pastore ◊ **pastol na aso** cane pastore.
**pastulan** *s* pascolo.
**pasukan** *s* entrata, accesso, ingresso ◊ **pasukan ng eskuwela** anno scolastico; **pasukan ng haywey** imbocco dell'autostrada; **pasukan ng kotsè** passo carrabile.
**pasukin** *v* penetrare, infiltrarsi.
**pasunogan** *s* inceneritore.
**pásusuhìn** *s* poppante.
**pasyàl** *s* scampagnata.
**pasyente** *s* paziente.
**pataas** *s* crescita ◊ **pataas pababâ** su per giù.
**pataasin** *v* elevare, rialzare ◊ rincarare.
**patabà** *s* letame.
**patabain** *v* ingrassare.
**patag** *s* piana, pianura ◊ pialla.
**patagalin** *v* (*fig*) prolungare, tirare per le lunghe.
**patagin** *v* spianare.
**patahimikin** *v* placare; zittire, mettere a tacere.
**patàk** *s* goccia.
**patakaran** *s* regola.
**patakasin** *v* mettere in fuga.
**patalasin** *v* affilare; aguzzare;

inasprire ◊ **patalasin paningin** aguzzare la vista.
**patalastas** *s* cambiale ◊ locandina; spot.
**patalim** *s* pugnale.
**patalimin** *v* aguzzare; limare.
**patalsikin** *v* espellere, licenziare.
**patamisin** *v* addolcire.
**patàs** *s* spareggio.
**patatas** *s* patata ◊ **masang patatas** purè.
**pataw** *s* imposizione.
**patawad** *s* perdono.
**patawarin** *v* graziare.
**patay** *agg* spento, morto ◊ *s* morto.
**pàtayan** *s* massacro.
**patayin** *v* sopprimere, liquidare, ammazzare.
**patayô** *agg* verticale.
**pati** *cong* anche, pure.
**patibong** *s* trappola, agguato.
**patibugan** *v* insidiare.
**patid** *s* sgambetto.
**patigasin** *v* consolidare; indurire; temprare.
**patina** *s* patina.
**patìng** *s* pescecane, squalo.
**patinig** *s* vocale.
**patirahìn** *v* ospitare.
**patirin** *v* estinguere.
**patnubayan** *v* (*fig*)avviare.
**pato** *s* anatra.
**patok** *s* incasso record.
**patong** *s* falda.
**patpat** *s* stecca.
**patrapikin** *v* ingorgare.
**patrinyo** *s* padrino.
**patriyarka** *s* patriarca.
**patrulyà** *s* pattuglia.
**patsad** *s* prospetto.
**patsada** *s* facciata.
**patsè** *s* stucco.
**patubigan** *s* irrigazione.
**patulasin** *v* (*fig*)limare.
**patuloy** *agg* costante, continuo ◊ **patuloy na paglabas** a getto continuo.
**patuluhin** *v* sgocciolare.
**patuluyin** *v* ospitare.
**patunawan** *s* fonderia.
**patunawin** *v* scongelare.
**patunayan** *v* confermare, dimostrare, verificare ◊ **patunayan ang kakayanan** dimostrarsi capace.
**patungàn** *s* appoggio.
**patungtòng-tanàw** *s* prospettiva.
**paturòl** *s* (*gramm*)indicativo.
**patuyuan** *agg* liofilizzato.
**patuyuin** *v* asciugare, essiccare, prosciugare.
**patyò** *s* corte, cortile.
**pàul** *s* fallo ◊ **paul sa gilid** fallo laterale.
**paulit-ulit** *agg* periodico ◊ ennesimo.
**pauna** *s* anticipo.
**paunang-bayad** *s* acconto.
**paunang-salità** *s* prefazione, premessa.
**paunlarin** *v* sviluppare.
**paupahan** *v* affittare, noleggiare ◊ *s* noleggio ◊ **paupahan ng**

barko noleggio imbarcazioni; **paupahan ng sasakyan** noleggio auto; **paupahan ng bala** video-nolggio.
**paùtal-utal** *v* balbettare.
**pautòs** *s* (*gramm*)imperativo.
**pauwiin** *v* dimettere ◊ estradare.
**pawalàng-sala** *v* esonerare.
**pawikan** *s* corazzata ◊ corazza.
**pawis** *s* sudore.
**pawna** *s* fauna.
**pawntin** *s* fontana.
**payàk** *agg* (*fig*)nudo.
**payapà** *agg* placido.
**payaso** *s* buffone, pagliaccio.
**payat** *agg* esile, tenue ◊ magro, smilzo, snello.
**payo** *s* consiglio.
**payong** *s* (*sole*) tenda, ombrello ◊ **lalagyan ng payong** portaombrelli; **payong na malaki** ombrellone.
**paypày** *s* scapola.
**payù** *s* suggerimento.
**pebrero** *s* febbraio.
**pedagohiya** *s* pedagogia.
**pedàl** *s* pedale.
**pederalismo** *s* federalismo.
**pederasiyòn** *s* confederazione.
**pedido** *s* ordine, ordinazione.
**pedyatrisyan** *s* pediatra.
**pehas** *s* pesca.
**pekas** *s* lentiggine.
**pekè** *agg* fasullo, finto.
**peklat** *s* cicatrice.
**pekpek** *s* vagina.
**peligro** *agg* rischioso ◊ *s* rischio, repentaglio ◊ **ilagay sa peligro** mettere a repentaglio.
**pelikano** *s* pellicano.
**pelikolà** *s* pellicola, film, rullino.
**peluka** *s* parrucca.
**pelùs** *s* velluto.
**pelyeho** *s* pellame.
**penàl** *s* penale.
**penalti** *s* (*sport*)punizione.
**péndulò** *s* pendola.
**penggin** *s* pinguino.
**penitensíyà** *s* penitenza.
**penòmenà** *s* fenomeno.
**pensiyòn** *s* pensione, previdenza sociale.
**pentekoste** *s* Pentecoste.
**pentel-pen** *s* pennarello.
**pera** *s* valuta, quattrino, soldo, denaro ◊ **kapos sa pera** asciutto,al verde; **lumang pera** moneta fuori-corso; **magbangko ng pera** versare denaro; **maraming pera** molto denaro, un sacco di soldi; **mawalan ng pera** essere in rosso; **nakaw na pera** malloppo, bottino; **pagawaan ng pera** zecca; **pagtakas ng pera** riciclaggio di denaro; **palitan ng pera** ufficio cambi; **pera sa banko** conto in banca; **perang dayuhan** valuta estera; **perang papel** banconota.
**peras** *s* pera.
**peregrino** *s* pellegrino.
**perlas** *s* perla ◊ **perlas ng ilog** perla di fiume.
**permanente** *agg* permanente.
**permiso** *s* (*mil*)congedo.

**perpekto** *agg* perfetto.
**persiyana** *s* persiana, tapparella.
**personalidad** *s* personaggio.
**pertusis** *s* pertosse.
**perya** *s* fiera ◊ **perya ng komèrsiyò** fiera campionaria.
**peryahan** *s* giostra,luna-park.
**pesimista** *s* pessimista.
**pesiyónado** *s* pensionato.
**peste** *s* peste.
**pesticide** *s* pesticida.
**petisyòn** *s* petizione.
**petrolyo** *s* petrolio ◊ **petrolyong puro** petrolio greggio.
**petsa** *s* data.
**petsèl** *s* caraffa.
**pibula** *s* perone.
**pidopilo** *s* pedofilo.
**pigaìn** *v* spremere.
**pighati** *s* cordoglio; tormento.
**pigî** *s* costata ◊ gluteo.
**pigil** *agg* inibito.
**pigilan** *v* bloccare, fermare; reprimere, ritenere ◊ circoscrivere ◊ condonare.
**pigsà** *s* foruncolo.
**pihitan** *s* quadrante.
**piknik** *s* picnic.
**piko** *s* piccone.
**pikolete** *s* graffetta.
**pikpik** *agg* compresso.
**pikpikin** *v* comprimere.
**pila** *s* fila, riga, coda.
**pilak** *s* argento.
**pilandit** *s* getto.
**pilas** *s* fascia, brandello.
**pilay** *agg* zoppo.
**pîldoràs** *s* pillola, confetto.
**pilî** *agg* di prima scelta, esclusivo.
**pilian** *s* optional.
**piliìn** *v* scegliere, selezionare.
**pilikmatà** *s* ciglio.
**pilipit** *agg* contorto.
**pilipitin** *v* costringere, forzare ◊ esortare ◊ impuntarsi ◊ sforzarsi ◊ torcere.
**pilosopiyà** *s* filosofia.
**pilosopo** *s* filosofo.
**pilùs** *s* felpa.
**pilyo** *agg* dispettoso.
**pinaalam** *v rifl* informarsi.
**pinabangò** *v rifl* profumarsi.
**pinabayaan** *v* trascurare.
**pinabuti** *v* perfezionare.
**pinagalìt** *v (fig)*infiammare.
**pinagaralan** *s* istruzione, preparazione.
**pinagbigyan** *v* offrire.
**pinagbintangan** *v* insinuare.
**pinagdaanan** *s* precedente.
**pinagdilìm** *v* oscurare.
**pinaghiwa-hiwálay** *v* scomporre.
**pinag-interesan** *v rifl* interessarso.
**pinag-isipan** *v* riflettere.
**pinagkásunduan** *v rifl* riconciliarsi.
**pinagkátiwalaan** *s* incaricato ◊ *v rifl* incaricarsi.
**pinagmadalî** *v rifl* sbrigarsi.
**pinagmalupitan** *v rifl* strapazzarsi.
**pinagmulan** *s* provenienza, ori-

gine ◊ **lugarng pinagmulan** luogo d'origine.
**pinagod** *v rifl* stancarsi.
**pinagpala** *agg* dotato.
**pinagpantay** *v* uniformare.
**pinagsama** *vrifl* raggrupparsi.
**pinagtaksilan** *v rifl* tradirsi.
**pinahina** *v rifl* indebolirsi.
**pinahinahon** *v rifl* tranquillizzarsi.
**pinahintulutan** *v rifl* permettersi.
**pinahiyà** *v rifl* imbarazzarsi, mortificarsi.
**pinaikot** *v rifl* rigirarsi.
**pinainit** *v rifl* scaldarsi.
**pinaitim** *v rifl* scurirsi.
**pinakamababà** *agg* infimo.
**pinakamabuti** *s* meglio.
**pinakamahalaga** *agg* (*importanza*) maggiore, massimo, principale.
**pinakamakapangyarihan** *s* sovrano.
**pinakamalaki** *s* (*cosa maggiore*) massimo ◊ (*fig*)orso.
**pinakamaliìt** *s* meno ◊ **pinakamaliit na bola** boccino, pallino.
**pinakamarami** *agg* maggiore.
**pinakamasamâ** *s* peggio.
**pinakamatàas** *s* massima.
**pinakamatanda** *agg* (*età*) maggiore.
**pinakmagaling** *agg* migliore.
**pinakulubot** *v rifl* raggrinzirsi.
**pinakupas** *v rifl* scolorirsi.
**pinakupus** *v rifl* sgonfiarsi.
**pinalabas** *v rifl* (*fig*)sprigionarsi.
**pinalakas** *v rifl* rafforzarsi.
**pinalaki** *v rifl* ingrandirsi.
**pinalamanan** *v rifl* imbottirsi.
**pinalambot** *v rifl* rammollirsi.
**pinalamig** *v rifl* raffreddarsi.
**pinalamutihan** *v rifl* ornarsi.
**pinalayà** *v rifl* liberarsi, sbarazzarsi.
**pinalitan** *agg* piazzato.
**pinamili** *s* acquisto.
**pinanàgutan** *v rifl* garantirsi.
**pinanalunan** *s* vincita.
**pinangakò** *v rifl* impegnarsi.
**pinanggalingan** *s* provenienza, focolaio.
**pinanglanan** *v rifl* intitolarsi.
**pinantsàhan** *v rifl* impregnarsi.
**pinarami** *v rifl* moltiplicarsi.
**pinasama** *v rifl* unirsi.
**pinasayà** *v rifl* rallegrarsi.
**pinaselos** *v rifl* ingelosirsi.
**pinasigla** *v rifl* rafforzarsi.
**pinasiklàb** *v rifl* infiammarsi.
**pinaso** *v rifl* scottarsi.
**pinatàas** *v rifl* rialzarsi.
**pinatawan** *v rifl* imporsi.
**pinatay** *v rifl* spegnersi, uccidersi.
**pinatigas** *v rifl* indurirsi.
**pinatong** *v rifl* sovrapporsi.
**pinatrapik** *v rifl* (*strada*) ingorgarsi.
**pinatunayan** *v rifl* verificarsi.
**pinatuyo** *v rifl* prosciugarsi, seccarsi.
**pinatuyong-prutas** *s* frutta.
**pinaunlàd** *v rifl* svilupparsi.

**pinaupò** *v rifl* sedersi.
**pindutan** *s* pulsante.
**pinggang-malukòng** *s* piatto fondo.
**pinigang-prutas** *s* frutta sciroppata.
**pinigil** *v rifl* fermarsi, reprimersi.
**pinilegas** *s* filigrana.
**pinilit** *v rifl* sforzarsi ◊ torcersi.
**pinisilin** *s* penicillina.
**pinkàs** *s* immobile.
**pino** *agg* delicato, fine, raffinato ◊ *s* pino.
**pinsakan** *v rifl* otturarsi.
**pinsalà** *s* danno; controindicazione, discapito ◊ **bayad pinsala** indennizzo, riparazione; **magbayad ng pinsala** risarcire; **pinsala sa isang tao o bagay** a discapito di qualcuno, di qualcosa.
**pinsan** *sm* cugino.
**pintàs** *s* critica.
**pintasan** *v* criticare.
**pintò** *s* imposta, uscio.
**pintòr** *s* imbianchino, pittore.
**pintuan** *s* porta, portiera, portone ◊ **pintuang salamin** vetrata.
**pintur** *s* dipinto, tavola ◊ **pintur na gawâ sa langìs** pittura a olio.
**pintura** *s* pittura, vernice ◊ **museyo ng mga pintura** pinacoteca; **tela para sa pintura** quadro, tela.
**pinturahan** *v* verniciare.
**pinukol** *v rifl* scaraventarsi.
**pinunit** *v rifl* lacerarsi, strapparsi.
**pinuno** *s* capo, primario, superiore ◊ **pinuno ng mapya** padrino (*mafia*); **pinuno ng grupo** capogruppo.
**pinunò** *v* riempire, ingorgare.
**pinutol** *v rifl* tagliarsi.
**pinutulan** *v* spuntare, togliere la punta.
**pinya** *s* ananas.
**pipa** *s* pipa; bocchino.
**pipi** *agg* muto.
**pipino** *s* cetriolo.
**piranya** *s* piragna.
**pira-pirasohin** *v* scomporre ◊ **pira-pirsong pagtitinda** vendita al dettaglio.
**piraso** *s* fetta, spicchio, trancio; frammento; scheggia.
**pireks** *s* pirofila.
**pirma** *s* firma.
**pirmahan** *v* firmare, siglare ◊ **pirmahan ang kasunduan** perfezionare,concludere un contratto.
**pisa** *s* pizza ◊ **isang klase ng pisa** calzone.
**pisara** *s* lavagna.
**pisi** *s* corda, spago.
**pisika** *s* fisica.
**pisngî** *s* guancia, zigomo.
**pista** *s* festa ◊ **pista ng tatlong hari** festa dell'Epifania.
**pistasiyo** *s* pistacchio.
**pistilyo** *s* pistillo.
**pistòn** *s* pistone.
**pisyoterapi** *s* fisioterapia.
**pitàk** *s* casella ◊ cruscotto.
**pitaka** *s* portafoglio.
**pitikin** *v* scoccare.

**pito** *s* fischietto, fischio ◊ cornamusa.
**pitsèl** *s* brocca.
**pituhan** *v* fischiare.
**piyanista** *s* pianista.
**piyano** *s* pianoforte.
**piyansa** *s* cauzione.
**piyeltro** *s* feltro, panno.
**piyèr** *s* darsena.
**piyesa** *s* pezzo di ricambio.
**piyesta** *s* festa, sagra ◊ **piyesta ng tatlòng hari** Epifania; **piyesta ng pagkabuhay** Pasqua.
**piyòn** *s* manovale.
**piyordo** *s* fiordo.
**plag** *s* (*elettr*)spina.
**plahiyò** *s* plagio.
**plaka** *s* piastrina, placca, targa ◊ **numero ng plaka** numero di targa.
**plamingo** *s* fenicottero.
**planeta** *s* terra, pianeta.
**plano** *s* (*arch*) pianta ◊ programma, schema, tracciato.
**planohin** *v* pianificare.
**plantsà** *s* ferro da stiro.
**plantsàhan** *s* asse da stiro.
**planuhin** *v* ideare.
**plasa** *s* piazza, largo.
**plasenta** *s* placenta.
**plash** *s* flash.
**plaslayt** *s* torcia ◊ **plaslayt na dekoryente** torcia elettrica.
**plasma** *s* plasma.
**plaster** *s* cerotto.
**plastik** *s* plastico.
**plastika** *s* plastica.
**plataporma** *s* piattaforma; podio.
**plàtinò** *s* platino.
**plauta** *s* flauto.
**plebisito** *s* plebiscito.
**pleuritis** *s* pleurite.
**plorera** *s* (*per fiori*)vaso.
**plota** *s* flotta.
**pluama** *s* stilografica.
**pluma** *s* biro, penna.
**plumahè** *s* piuma.
**pobya** *s* fobia ◊ **pobya sa madilim at masikip na lugar** claustrofobia.
**podèr** *s* procura.
**pogî** *s* fusto.
**pokus** *s* fuoco.
**polémikà** *s* polemica.
**polen** *s* polline.
**polester** *s* polistirolo.
**poligamista** *s* poligamo.
**poligamiya** *s* poligamia.
**polikliniko** *s* policlinico.
**polipo** *s* (*med*)polipo.
**polìtikà** *s* politica.
**politiknik** *agg* politecnico.
**polítikò** *s* politico.
**polo** *s* polo ◊ **polong hilaga** Polo Nord.
**pols-alarm** *s* falso allarme.
**polusyòn** *s* inquinamento.
**polyeto** *s* depliant, opuscolo.
**polyo** *s* poliomielite.
**pomada** *s* pomata.
**pomento** *s* impacco.
**pompiyàng** *s* (*mus*)piatto.
**pondamentalista** *agg* fondamentalista.

**pondasyòn** *s* fondazione ◊ infrastruttura.
**pondò** *s* (*denaro*)fondo.
**pon-kod** *s* prefisso telefonico.
**pontipikado** *s* pontefice.
**pook** *s* frazione.
**poòt** *s* furia, ira ◊ **ang poot ng Diyos** l'ira di Dio; **biglâng poot** scatto d'ira.
**popkorn** *s* popcorn.
**populasyòn** *s* popolazione.
**pork-chop** *s* braciola.
**porkupin** *s* istrice.
**pormal** *agg* formale.
**pormalidàd** *s* formalità.
**pormula** *s* formula.
**porselana** *s* porcellana.
**porsiyento** *s* percentuale ◊ commissione ◊ **may porsiyento** su commissione.
**portero** *s* portiere.
**pos upis** *s* ufficio postale.
**posibilidàd** *s* possibilità.
**posisyòn** *s* gerarchia; posizione.
**poskard** *s* cartolina postale.
**posporo** *s* fiammifero.
**postè** *s* fusto, stanga, palo.
**postiso** *s* dentiera.
**poyl** *s* lamina.
**praksiyòn** *s* frazione.
**prambuwesas** *s* lampone.
**pranela** *s* flanella.
**pranka** *agg* franco, schietto.
**pràsko** *s* borraccia.
**prayle** *s* frate.
**preistórikò** *agg* preistorico.
**preistoryà** *s* preistoria.
**premyo** *s* premio ◊ **panalunan ang premyo** vincere il premio.
**prenda** *s* (*giochi*) penitenza, pegno.
**preno** *s* freno ◊ **prenong-pangkamay** freno a mano.
**prepekto** *s* prefetto.
**prepektura** *s* prefettura.
**presas** *s* fragola.
**presente** *s* (*persona*)presente.
**preser** *s* congelatore, freezer.
**preserb** *agg* (*cibo*) conservato ◊ **preserb sa langìs** sott'olio.
**presko** *agg* fresco.
**preso** *agg* carcerato.
**presyò** *s* prezzo ◊ **presyò sa bilihan** prezzo di mercato.
**presyòn** *s* pressione ◊ **presyòn ng dugò** pressione arteriosa.
**pribado** *s* privacy.
**pribilehiyò** *s* privilegio.
**primero** *s* (*marcia*)prima.
**primula** *s* primula.
**prinsesa** *sf* principessa.
**prinsipal** *s* preside.
**prínsipè** *sm* principe.
**prito** *agg* fritto ◊ *v* friggere ◊ **pritong patatas** patatine fritte; **pritong ulam** fritto.
**priyoridad** *s* priorità.
**pro** *prep* pro.
**probabilidàd** *s* probabilità.
**probínsiyà** *s* provincia; brughiera, campagna.
**probinsiyàno** *agg* campagnolo.
**problema** *s* rogna, seccatura, problema.

**prodiyuser** *s* produttore.
**produksiyòn** *s* produzione.
**produkto** *s* prodotto ◊ **mga produktong soriso** salume; **produktong de marka** prodotto di marca.
**prognóstikò** *s* prognosi.
**program** *s* (*inform*)programma.
**programa** *s* programma.
**progresista** *agg* progressista.
**propaganda** *s* propaganda.
**propesòr** *s* professore.
**propesyonàl** *agg* professionale.
**propeta** *s* profeta.
**propolis** *s* propoli.
**prostata** *s* prostata.
**prostesis** *s* protesi.
**protagonista** *s* protagonista.
**proteksiyòn** *s* protezione.
**protestante** *s* protestante.
**protin** *s* proteina.
**prótokòl** *s* protocollo.
**proyekto** *s* progetto.
**prusisyòn** *s* processione, corteo.
**prutas** *s* frutta ◊ **prutas ng panahon** frutta di stagione.
**prutsalad** *s* macedonia.
**pruwa** *s* prua.
**pruweba** *s* evidenza.
**puding** *s* budino.
**pudpurin** *s* sfruttamento.
**pugad** *s* covo, nido.
**pugal** *s* (*pilone*)ormeggio.
**pugità** *s* piovra.
**pugo** *s* quaglia.
**pukawin** *v* eccitare.
**pukpukìn** *v* sbattere ◊ **pukpukin ang ulo** martellare.
**puksain** *v* domare; sconfiggere; sterminare ◊ **puksain ang kankro** sconfiggere il cancro; **puksain ang sung** domare un incendio.
**pukulin** *v* scaraventare.
**pukyutan** *s* ape.
**pulà** *agg* rosso ◊ **pula ng itlog** rosso d'uovo, tuorlo; **pulang alak** vino rosso.
**pulbos** *s* talco, borotalco ◊ **pulbos ng mukha** fard, cipria.
**pulgas** *s* zecca, pulce.
**pulikat** *s* crampo.
**pulìs** *s* poliziotto, agente di polizia ◊ **pulis ng ministeryo ng pananalapi** guardia di Finanza; **pulis panglunsòd** polizia urbana.
**pulisyà** *s* polizia, forze dell'ordine.
**pulmonyà** *s* polmonite.
**pulò** *s* isola.
**pulong** *s* seduta, convegno.
**pulòt** *s* sciroppo.
**pulot-gatâ** *s* viaggio di nozze.
**púlpitò** *s* pulpito.
**pulpòl** *agg* ottuso.
**pulseras** *s* bracciale.
**pulsò** *s* polso ◊ **mapilay ang pulsò** slogarsi un polso.
**pulubi** *agg* povero, misero, pezzente.
**puluhàn** *s* impugnatura.
**pulutin** *v* raccogliere, cogliere, raccattare.
**pulutòng** *s* massa.
**pulút-pukyutan** *s* miele.
**puma** *s* puma.

**pumagitna** *v* intromettersi, mettersi in mezzo.
**pumalakpak** *v* battere le mani.
**pumalyà** *v rifl* (*meccanismo*) incepparsi.
**pumanàw** *agg* deceduto.
**pumanaw** *v* morire, andare all'altro mondo.
**pumantay** *v* pareggiare.
**pumápánig** *agg* parziale.
**pumapatak** *v* sgocciolare.
**pumarada** *v* parcheggiare, posteggiare.
**pumareha** *vrifl* accoppiarsi.
**pumaris** *v* emulare.
**pumasa** *v* (*scuola*) promuovere, passare ◊ **pumasa sa pagsulit** passare un esame.
**pumasok** *v* ritirarsi, rientrare ◊ **pumasok na ho kayo** La prego, signore, stia comodo; **pumasok sa eskuwela** frequentare la scuola; **pumasok sa trabaho** andare al lavoro.
**pumatak** *v* gocciolare.
**pumatày** *s* omicida.
**pumayag** *v* prestare.
**pumayápa** *v* cullare (*fig*), rasserenare.
**pumila** *v* fare la coda, stare in fila.
**pumilì** *v* preferire.
**pumirmi** *v* stabilire, fissare.
**pumukòl** *s* scroscio.
**pumulandìt** *v* zampillare.
**pumunta** *v* andare ◊ **pumunta ka sa impiyerno** va' all'inferno!; **pumunta sa Pilipinas** andare nelle Filippine.
**pumutok** *v* esplodere, scoppiare.
**punà** *s* osservazione, battuta, commento.
**pundà** *s* federa.
**pundasiyòn** *s* base, fondazione.
**punikulàr** *s* funicolare.
**punit** *s* squarcio, strappo.
**punitin** *v* dilaniare, lacerare; stracciare, strappare.
**púnlaan** *s* serra.
**punò** *agg* carico, completo, pieno.
**puno** *s* albero, pianta ◊ **magtanim ng puno** rimboschire; **pagtatanim ulit ng mga puno** rimboschimento; **puno ng dalanghita** mandarino; **puno ng dayap** limone; **puno ng igos** fico; **puno ng milokotòn** pesco; **puno ng niyòg** noce; **puno ng oak** rovo; **puno ng oliba** ulivo; **puno ng peras** pero; **puno ng mansanas** melo; **punong-himpilan** quartier generale.
**punohin** *v* ingorgare.
**punong-gurò** *s* principale; preside.
**punong-puno** *agg* colmo ◊ **punong-puno na** averne fin sopra i capelli.
**punong-tanggapan** *s* (*ufficio*) centrale, sede.
**puntahan** *v* giungere, venire.
**puntàs** *s* stringa.
**puntòd** *s* sepolcro, tomba.
**puntos** *s* punto, punteggio ◊ partitura.

**puntusàn** *v* (*sport*)segnare.
**punuin** *v* colmare, riempire.
**punungkahoy** *s* albero.
**punyàl** *s* pugnale.
**punyòs** *s* polsino.
**pupulsuhin** *s* polso.
**purga** *s* purga.
**purgatoryo** *s* purgatorio.
**puri** *s* lode.
**purihin** *v* ammirare, lodare.
**puro** *agg* mistico, puro.
**puròk** *s* area; quartiere ◊ **puròk na tirahan lamang** quartiere residenziale.
**purong lahi** *s* purosangue.
**purong-puro** *agg* extravergine.
**pursiyento** *s* provvigione, tasso.
**pusa** *s* felino, gatto.
**pusang-gubat** *s* lince.
**pusas** *s* manetta.
**pusìt** *s* seppia, calamaro.
**puso** *s* cuore ◊ **atake sa puso** attacco di cuore; **dalamhatì ng puso** patema d'animo; **doktor sa puso** cardiologo; **manatili sa puso** stare a cuore; **maysakit sa puso** malato di cuore; **puso ng palmera** cuore di palma; **pusong bigô** cuore infranto; **sakìt sa puso** tachicardia; **tanggapin ng buong puso** accogliere a braccia aperte.
**pusod** *s* ombelico; cordone ombelicale.
**puson** *s* ventre.
**pusong-lapastangan** *agg* profano.
**pusta** *s* puntata, scommessa.
**puta** *s* puttana.
**putahe** *s* piatto, portata.
**putaktì** *s* calabrone, vespa ◊ **bahay ng putaktì** vespaio.
**putbol** *s* calcio ◊ **kampeonado ng putbol** campionato di calcio; **labanan ng putbol** incontro di calcio; **laruan ng putbol** campo da calcio; **lotong pang-putbol** totocalcio; **maglaro ng putbol** calciare; **manlalaro ng putbol** calciatore.
**puti** *agg* bianco ◊ **puti ng itlog** bianco d'uovo, albume; **puting alak** vino bianco; **puting daga** criceto.
**putik** *s* melma, pozza, fango.
**putikan** *v* infangare.
**putok** *s* detonazione; sparo, colpo.
**putúk-putòk** *agg* screpolato.
**putulin** *v* sospendere, rompere, stroncare ◊ abbattere ◊ amputare, mozzare ◊ **putulin ang kahit na anong kaugnayan** tagliare i ponti con qualcuno.
**puwàng** *s* lacuna.
**puwesto** *s* bancarella, banco, stand.
**puwit** *s* (*med*)retto; ano.
**puwitàn** *s* natica, culo.
**pyrex** *s* pyrex.

# R

**rabarb** *s* bietola.
**rabino** *s* rabbino.
**rabis** *s* (*med*) rabbia.

**radar** *s* radar, ripetitore.
**radikàl** *agg* radicale.
**radis** *s* radicchio.
**radyadòr** *s* termosifone.
**radyator** *s* radiatore.
**radyo** *s* radio ◊ **baguhan sa istasyon ng radyo** radioamatore; **radyong panggising** radiosveglia.
**radyoaktib** *s* radioattività.
**radyoaktibo** *agg* radioattivo.
**radyolohiya** *s* radiologia.
**radyo-terapi** *s* radioterapia.
**raketa** *s* racchetta.
**ram** *s* rum.
**rampa** *s* rampa di lancio ◊ **rampa para sa pagdidiskarga** pontile di sbarco.
**ranggo** *s* classifica, rango ◊ **malagay sa ranggo** rientrare nei ranghi; **pababain ang ranggo** degradare; **pagbaba ng ranggo** retrogrado.
**rasismo** *s* razzismo.
**raspahin** *v* raschiare.
**rasyòn** *s* rancio.
**raya** *s* lineamenti.
**rayuma** *s* reumatismo.
**rayumatiko** *s* reumatico.
**reaksiyòn** *s* reazione.
**reaksiyonaryo** *agg* reazionario.
**reaktòr** *s* reattore.
**rebelde** *s* ribelle.
**rebelyon** *s* ribellione.
**rebolber** *s* rivoltella.
**rebolusyòn** *s* rivoluzione ◊ **rebolusyòn ng pransès** la rivoluzione francese.
**rebolusyonaryo** *s* rivoluzionario.
**redkross** *s* Croce rossa.
**regal** *agg* regale.
**regalo** *s* regalo, omaggio.
**reglà** *s* mestruazione.
**regolameyento** *s* regolamento.
**rehas** *s* sbarra, spranga.
**rehasan** *v* sbarrare.
**rehinyento** *s* reggimento.
**rehistro** *s* libro, lista, registro ◊ **rehistro ng mamboboto** lista elettorale.
**rehiyòn** *s* regione.
**rekadohan** *v* insaporire.
**reklamo** *s* lamentela, reclamo.
**rekluta** *s* recluta.
**rektor** *s* rettore.
**relasyòn** *s* relazione, affinità.
**relikya** *s* reliquia.
**relò** *s* orologio ◊ **relòng pangkamay** orologio da polso; **taga-aysos ng relò** orologiaio.
**relyeno** *s* ripieno.
**remedyo** *s* ripiego.
**remòt-kontròl** *s* telecomando.
**renda** *s* redini.
**reperendum** *s* referendum.
**reperénsiyà** *s* referenze.
**réperì** *s* giudice di gara.
**repertoryo** *s* repertorio.
**repineriya** *s* raffineria.
**repleks** *s* reflex.
**repleksiyòn** *s* riflessione.
**replektor** *s* riflettore.
**repolyo** *s* verza, cavolo.
**reporma** *s* riforma.
**repòrt** *s* reperto ◊ **report kard** pagella.

**representante** *s* deputato.
**repridyeretor** *s* frigorifero.
**republìkà** *s* repubblica ◊ **republíka ng pangulo** repubblica presidenziale; **republikang batasangbansâ** repubblica parlamentare.
**republíkáno** *agg* repubblicano.
**resepsiyòn** *s* ricevimento ◊ reception.
**reserbasyòn** *s* prenotazione.
**reseta** *s* ricetta.
**resibo** *s* fattura, ricevuta ◊ **resibo ng kabayaran** ricevuta di pagamento.
**résipì** *s* (*cucina*)ricetta.
**resma** *s* risma.
**responsablè** *agg* responsabile.
**restawran** *s* ristorante ◊ **may-arì ng restawran** ristoratore; **restawran na self-service** ristorante self-service.
**resulta** *s* conseguenza.
**retaso** *s* scampolo.
**retina** *s* (*anat*)retina.
**reyalismo** *s* realismo.
**reyna** *sf* regina.
**riabilitasyòn** *s* riabilitazione.
**rikado** *s* spezie ◊ contorno ◊ **tikman ang mga rikado** odorare di spezie.
**riles** *s* rotaia, binario.
**rimedyo** *s* rimedio.
**rimedyuhan** *v* rimediare.
**rimel** *s* rimmel.
**rimulatsà** *s* barbabietola.
**rin** *cong* anche.
**rinekadohan** *v* insaporire.
**rinóseròs** *s* rinoceronte.
**ripaso** *s* (*lezione*)ripetizione.
**ripormatoryo** *s* riformatorio.
**riserba** *s* provvista, scorta, riserva ◊ **riserbang gulong** ruota di scorta.
**riseta** *s* prescrizione.
**rispeto** *s* rispetto.
**ristawro** *s* restauro.
**risulta** *s* (*mat*)risultato, esito.
**ritmo** *s* (*mus*)ritmo.
**robot** *s* robot.
**rododendum** *s* rododendro.
**roler** *s* riga ◊ **rolerkoster** montagne russe.
**rolyo** *s* rotolo.
**romano** *agg* romano.
**romantiko** *agg* romantico.
**rombo** *s* (*pesce*)rombo.
**romero** *s* rosmarino.
**rosaryo** *s* rosario.
**rosas** *s* rosa.
**rosewood** *s* palissandro.
**rotola** *s* rotula.
**rubarb** *s* rabarbaro.
**rubi** *s* rubino.
**ruta** *s* rotta.
**ruweda** *s* pista ◊ **ruweda ng barilan** poligono.
**ruwinsensor** *s* usignolo.

# S

**sa** *avv* in, a ◊ **sa katahimikan** in santa pace; **sa katunayan** in effetti,in realtà; **sa katungkulan ng** in funzione di; **sa kinabuksan** in divenire; **sa kondisyon na** a condizione che; **sa kulungan** dietro le sbarre; **sa labas** all'aria aperta, all'infuori; **sa labas ng** all'infuori di; **sa lahat** in tutto (e per tutto); **sa lahat ng pagkakataon** in ogni caso.

**sa** *prep* presso, da ◊ (*mezzo*) in ◊ (*scopo*) per ◊ (*stato in luogo*) a, nel ◊ **sa banda doòn** per di là, dalle parti di; **sa bandang dito** per di qua; **sa pusò** nel profondo del cuore; **sa sulok ng mundo** in capo al mondo; **sa susunod mulî** a risentirci!; **sa tunay** in persona.

**sa akin** *pron* mio ◊ **sa akin na yon** fatti miei; **sa aking kanan** alla mia destra; **sa aking kapanahonan** ai miei tempi; **sa aking palagay** a mio avviso; **sa aking palgay** a mio parere.

**sa dakong-timog** *agg* australe.

**sa gitnà (ng)** *prep* tra, fra.

**sa harap** *avv* avanti, di fronte.

**sa ibabâ** *avv* sotto.

**sa ibabaw** *prep artic* sul, sopra.

**sa ilalim** *prep* in fondo ◊ **sa ilalim ng dagat** nel profondo del mare; **sa ilalim ng lupa** sotterraneo; **sa ilalim ng tubig** sottomarino; **sa ilalim ng tubig** subacqueo.

**sa inyo** *pron* vostro.

**sa itaàs** *prep* (*senza contatto*) sopra.

**sa iyò** *pron* tuo.

**sa kanyà** *pron* suo.

**sa labàs** *avv* fuori, infuori ◊ all'aria aperta ◊ **sa labas ng siyudad** interurbana.

**sa likod** *avv* dietro ◊ **sa likod ko** dietro di me; **sa likod ng bahay** dietro alla casa.

**sa lilim** *agg* all'ombra.

**sa loob** *avv* dentro ◊ *prep* entro ◊ **sa loob na** dentro a; **sa loob ng ilang araw** nel giro di qualche giorno.

**sa malapit** *prep* presso ◊ *s* prossimità.

**sa mga** *prep artic* negli, nei, nelle; agli, ai, alle; cogli, coi, colle; degli, dei, delle; sugli, sui, sulle.

**sa paligid** *avv* intorno ◊ *s* vicinato.

**sa paligid-ligid** *avv* attorno.

**sa pamamagitan** *avv* attraverso.

**sa pamamagitan (ng)** *prep* attraverso, mediante ◊ *s* tramite.

**sa tabi** *prep* accanto.

**sa wakas** *avv* finalmente, infine.

**saàd** *agg* esplicito.

**saan** *avv* dove ◊ **kahit saan** dappertutto; **kung saan man** altrove; **hanggang saan** fin dove; **lugar kung saan puwedeng manigarilyo** area fumatori; **mula saan** da dove; **saan banda?** da che parte?.

**saanmàn** *avv* dovunque.

**sabado** *s* sabato ◊ **sabado at linggo** fine settimana, week end.

**sabaw** *s* brodo.

**sabihin** *v* riferire, riportare ◊ affermare ◊ indire ◊ **sabihing**

**hindi** dire di no; **sabihing oo** dire di sì; **sabihin ulit** ridire.
**sabi-sabi** *s* corre voce, si dice.
**sabitan** *s* gruccia.
**sablè** *s* spada.
**sabon** *s* detersivo, sapone ◊ **sabon na bar** saponetta; **sabon na likido** detergente; **sabon na panligo** bagnoschiuma.
**sábstityùt** *s* supplente.
**sabugan** *v* disseminare.
**sabutahè** *s* sabotaggio.
**sàbuwatan** *s* complotto.
**sabwatan** *s* complicità, cospirazione.
**sabwey** *s* metropolitana.
**sadiko** *agg* (*fig*)sadico.
**sadista** *agg* sadico.
**sadyà** *avv* apposta.
**sadyâ** *s* scopo.
**sagabal** *s* impiccio ◊ **maging sagabal** essere d'impiccio.
**sagana** *agg* abbondante, ricco.
**sagasâ** *agg* spericolato.
**sagatin** *v* scolare.
**saging** *s* banana.
**sagípin** *v* salvare.
**sagisag** *s* insegna, emblema, simbolo.
**sagitaryos** *s* (*ast*) Sagittario.
**saglìt** *s* attimo, istante, momento ◊ **saglìt na pagbibisita** breve visita, salto.
**sagot** *s* (*problema*) soluzione; replica, risposta.
**sagrado** *agg* sacro.
**sagraryo** *s* tabernacolo.
**sagutìn** *v* compilare, riempire ◊ replicare, rispondere.
**sagwàn** *s* pagaia, remo.
**sagwìl** *s* occlusione.
**sa-halip** *avv* invece ◊ **sa-halip na hapunan** invece del pranzo; **sa-halip na magsalita** invece di parlare.
**sahig** *s* pavimento.
**sahigan** *v* pavimentare.
**sakà** *avv* inoltre.
**sakahan** *s* fattoria.
**sakahin** *s* coltivazione.
**sakalin** *v* soffocare, strangolare, strozzare.
**sakarina** *s* saccarina.
**sakayan** *s* imbarco.
**sakdal** *s* capo d'accusa.
**sakìt** *s* malattia, patologia, sindrome, dolore ◊ **sakit sa puso** tachicardia; **may sakit** ammalato; **may sakit sa rikitismo** rachitico; **ukol sa sakit** patologico.
**sakítin** *agg* malsano.
**sakit-ulò** *s* seccatura, grana.
**saklawìn** *v* occupare.
**saklày** *s* gruccia, stampella.
**saklob** *s* involucro ◊ **saklob ng buhok** retina per capelli.
**saklolo!** *inter* aiuto!.
**saklòng** *s* parentesi.
**sako** *s* sacco.
**sakong** *s* calcagno, tallone.
**sakòp** *s* giurisdizione.
**sakramento** *s* sacramento.
**sakripisyo** *s* sacrificio.
**sakristano** *s* sagrestano.

**sakristiya** *s* sagrestia.
**saksakin** *v* accoltellare.
**saksì** *s* testimone ◊ **saksì sa kasal** testimone di nozze.
**saksopon** *s* sassofono.
**saktan** *v* (*fig*)violentare.
**sakunà** *s* calamità; peripezia; infortunio, sinistro, incidente.
**sakupin** *v* occupare, colonizzare, conquistare.
**sakyàn** *v* (*animali*) montare ◊ (*fig*)stare al gioco.
**salabay** *s* medusa.
**salabid** *s* (*fig*)diaframma.
**salaginto** *s* coccinella.
**salain** *v* colare, filtrare.
**salakay** *s* attacco.
**salakayin** *v* assalire, attaccare, invadere ◊ **salakayin ulî** riconquistare.
**sálalayán** *s* mensola.
**salamàngkero** *s* mago, prestigiatore.
**salamat** *s* grazie ◊ **maraming salamat din** grazie, altrettanto; **maraming salamat** grazie mille; **"salamat!" "walang anuman"** "grazie!" "prego!".
**salami** *s* salame.
**salamin** *s* occhiali, lente ◊ specchietto; vetro ◊ **dobleng salamin** doppio vetro; **lalagyan ng salamin** portaocchiali; **salamin na pampalaki** lente d'ingrandimento; **salamin ng sasakyan** specchietto retrovisore; **salamin sa kotse** retrovisore; **salaming pang-araw** occhiali da sole; **tagagawa ng salamin** vetrinista.
**salantâ** *agg* mutilato.
**salapi** *s* denaro, soldo.
**salas** *s* sala, soggiorno, salotto.
**salàt** *s* rarità ◊ **salat sa pagkain** denutrito.
**sálatin** *v* palpare.
**salawahàn** *agg* volubile.
**salawàl** *s* mutande.
**saláwikaìn** *s* proverbio, modo di dire.
**salaysày** *s* narrativa.
**salbabida** *s* salvagente.
**salbahe** *s* canaglia, mascalzone, monello.
**sálbiyà** *s* salvia.
**salero** *s* saliera.
**saligan** *s* (*fig*)fondamenta.
**saligang-batàs** *s* (*giur*) costituzione.
**salik** *s* elemento.
**salin** *s* versione.
**salita** *s* parola, vocabolo; linguaggio ◊ **salitang hindî na ginagamit** lingua morta; **salitang hudyò** lingue semitiche.
**salitang-mandarin** *s* (*cinese*) mandarino.
**saliw** *s* accompagnamento.
**salmòn** *s* salmone.
**sáloobìn** *s* pensiero.
**salot** *s* epidemia.
**salsa** *s* sugo.
**salubungin** *v* (*persona*) ricevere, incrociare.
**salungàt** *agg* negativo.

**sàlungàtan** *s* contrasto, conflitto.
**salvador** *s* salvatore.
**samahan** *s* unione, lega, associazione ◊ *v* accompagnare, tener compagnia ◊ **samahang pampalakasan** società sportiva.
**samakatuwid** *cong* dunque, ebbene.
**samakatwìd** *cong* pertanto.
**samangkà** *s* gioco di prestigio.
**samáng-loòb** *s* rancore.
**samantalà** *avv* frattanto.
**samantalahin** *v* approfittare, sfruttare ◊ **samantalahin ang pagkakataon** prendere la palla al balzo.
**samantalang** *cong* mentre, anzi.
**sama-sama** *agg* collettivo ◊ unito.
**samba** *s* messa.
**sambahin** *v* adorare, venerare.
**sambuko** *s* sambuco.
**samò** *s* supplica.
**sampal** *s* sberla, schiaffo.
**sampalin** *v* schieffeggiare, mollare un ceffone.
**sampalok** *s* tamarindo.
**sampùng taon** *s* decennio.
**samsamin** *v* (*giur*) sequestrare ◊ impossessarsi.
**sanatorya** *s* sanatoria.
**sanay** *s* professionista ◊ familiare ◊ **sanay sa isang bagay, sa isang tao** avere familiarità con qualcosa, qua; **sanay maigî** agguerrito.
**sanayin** *v* allenare, addestrare, esercitare.
**sanbuntòn** *s* gruzzolo.
**sandaan** *agg/s* cento ◊ **sandaan porsiyento** cento per cento.
**sandakòt** *s* manciata.
**sandalan** *s* appoggio ◊ **sandalan na maaring ibabâ** schienale reclinabile; **sandalan ng ulò** poggiatesta.
**sandali** *s* (*tempo*) punto ◊ **sandali lang** in un attimo.
**sandalyas** *s* sandalo.
**sandata** *s* arma ◊ **alisan ng sandata** disarmare.
**sando** *s* maglietta, canottiera.
**sandòk** *s* mestolo.
**sangà** *s* ramoscello, ramo ◊ **sanga ng ilog** diramazione (di un fiume).
**sangàng-daan** *s* (*strada*) diramazione.
**sangay** *s* filiale, succursale.
**sang-ayunan** *v* accordare, assecondare.
**sanggáhin** *v* parare.
**sanggain** *v* (*sport*)parare.
**sanggol** *s* nascituro; neonato.
**sangguniàn** *s* giunta.
**sangkalan** *s* tagliere.
**sangkap** *s* additivo ◊ sostanza, ingrediente.
**sanglà** *s* ipoteca ◊ pedina.
**sangnilikhà** *s* creazione.
**sanhi** *s* causale.
**sankatauhan** *s* umanità.
**sanlibong taòn** *s* millennio.
**sansubò** *s* boccone.
**santáúnan** *agg* perenne.

**santo** *s* santo ◊ **santong patròn** patrono.
**santuwaryo** *s* santuario.
**sapà** *s* insenatura.
**sapagkàt** *cong* perché, siccome.
**sapakatan** *s* congiura.
**sapari** *s* safari.
**sapàt** *agg* sufficiente ◊ *avv* basta ◊ **sapat na gulang** maggiorenne.
**sapatero** *s* calzolaio.
**sapatilya** *s* (*tecn*)guarnizione.
**sapatos** *s* calzatura, scarpa ◊ **akin ang sapatos na ito** queste scarpe mi stringono; **bilihan ng sapatos** negozio di calzature; **itali ang sintas ng sapatos** allacciarsi le scarpe; **punasan ng sapatos** zerbino; **sapatos na pansayaw** calcetto; **sapatos pang-tenis** scarpe da tennis.
**sapawan** *v* scavalcare.
**sapi** *s* (*econ*)borsa.
**sàpilitàn** *agg* forzato, obbligatorio ◊ **sapilitang trabaho** lavori forzati.
**sapí-lulòd** *s* tibia.
**sapiro** *s* zaffiro.
**sapòt** *s* ragnatela.
**sapron** *s* zafferano.
**sar** *s* zar.
**sarado** *agg* chiuso; spento.
**saranggola** *s* aquilone.
**sardinas** *s* sardina.
**sarhente** *s* sergente.
**sarhento** *s* brigadiere.
**sarili** *agg* suo, proprio ◊ *pron pers* sé.
**sarilinin** *v* (*fig*)richiudere.
**sariwà** *agg* fresco.
**sarsa** *s* salsa ◊ **sarsa ng kamatis** salsa di pomodoro; **sarsang berde** salsa verde; **sarsang karnè** ragù.
**sarsaparilya** *s* edera.
**sarsiado** *agg* (*cuc*)umido.
**sasakáyan** *s* automobile, vettura ◊ **alamin ng sasakyan** specchietto retrovisore; **paspasan ang takbo ng sasakyan** ingranare la marcia; **paupahan ng sasakyan** noleggio auto; **sasakyang pang-alangaang** navetta; **sasakyang panghimpapawid** aereo (*agg*); **sasakyang pang-kamping** camper; **sasakyang-pangdagat** aliscafo; **teknisiyan ng sasakyan** elettrauto.
**sastrè** *s* sarto.
**sastrerya** *s* sartoria.
**satanas** *s* satana.
**satelayt** *s* satellite.
**satorno** *s* (*astr*) Saturno.
**sawà** *s* boa, pitone.
**sawày** *s* ritegno.
**sayà** *s* spasso.
**sayang!** *inter* che peccato!.
**sayangin** *v* sprecare ◊ **sayangin ang hininga** sprecare il fiato.
**sayaw** *s* danza, ballo, balletto ◊ **sayaw na mabagal** ballo liscio.
**sáyawan** *s* (*ballo*) pista ◊ **sayawang maskerada** veglione.
**saykáyatra** *s* psichiatria.
**saykáyatrìs** *s* psichiatra.
**saykopatik** *s* manicomio.
**sayneta** *s* farsa.

**sebada** *s* orzata, orzo.
**sebo** *s* grasso ◊ **alisin ang sebo** sgrassare.
**sebra** *s* zebra.
**seda** *s* seta.
**sedar** *s* cedro.
**sedatibo** *s* sedativo.
**sekond-han** *s* di seconda mano.
**sekond-klas** *s* seconda classe.
**sekretaryo** *s* segretario ◊ **kalihim ng estado** Segreteria di stato.
**seksi** *agg* sexy.
**seksiyon** *s* (*scuola*)sezione.
**seksiyòn** *s* rione.
**sekta** *s* setta.
**sektòr** *s* settore ◊ **sektor pang-ekonomiya** settore economico.
**sekulàr** *agg* laico.
**sekundo** *agg* (*minuto*)secondo.
**selda** *s* cella.
**sélirì** *s* sedano.
**sellular** *s* telefonino.
**sélulà** *s* cellula.
**selyo** *s* bollo, francobollo, sigillo ◊ **selyo ng sulat** marca da bollo; **selyo ng sasakyan** (*tassa automobilistica*)bollo.
**sementeryo** *s* necropoli; cimitero.
**semester** *agg* semestrale.
**semipaynal** *s* semifinale.
**senado** *s* senato.
**senadòr** *s* senatore.
**senihan** *s* cinema ◊ **senihang bomba** cinema a luci rosse.
**senograpiya** *s* scenografia.
**senopobiya** *s* xenofobia.
**senopobo** *agg* xenofobo.
**sensus** *s* censimento.
**sensuwàl** *agg* sensuale.
**senteno** *s* segale.
**senténsiyà** *s* condanna.
**sentimentàl** *agg* sentimentale.
**sentràl** *agg* centrale.
**sentro** *s* centro; epicentro ◊ **sentrong maykasaysayan** centro storico.
**senturon** *s* cintura ◊ **senturon ng sasakyan** cintura di sicurezza.
**seradura** *s* chiusa.
**seramiko** *s* ceramica.
**serbesa** *s* birra.
**sereals** *s* cereale.
**seremonya** *s* cerimonia, rito.
**serena** *s* sirena.
**seresa** *s* ciliegia.
**seresang-itim** *s* amarena.
**serks-kopi** *s* xerocopia.
**sermon** *s* predica; sgridata.
**sermonan** *v* insegnare, dare lezioni.
**sero** *s* zero ◊ **awasan hanggang sero** tagliare a zero; **mag-umpisa mula sero** ricominciare da zero; **tatlong grado sa itaas ng sero** tre gradi sopra lo zero.
**seroks** *s* fotocopia.
**seruwela** *s* susina.
**serye** *s* serie, linea ◊ (*libri*) collana ◊ **serye ng balag** pergolato.
**seryoso** *agg* serio.
**sesaryan** *s* taglio cesareo.
**sesyòn** *s* sessione.
**setyembre** *s* settembre.

**shawer** *s* doccia.
**sibàt** *s* (*arma*)lancia.
**sibiko** *agg* civico.
**sibil** *agg* civile ◊ **stado sibil** stato civile.
**sibuyas** *s* cardo; cipolla.
**siere** *s* saracinesca.
**sieropositibo** *agg* sieropositivo.
**sigà** *s* falò.
**sigalpòt** *s* (*fig*)fermento.
**sigarilyo** *s* sigaretta.
**sigaw** *s* urlo ◊ **o sige na!** (*lasciandosi*)ciao; **sige ka!** guai a te.
**siglà** *s* grinta, entusiasmo.
**siglo** *s* secolo.
**sigsàg** *s* zigzag.
**sigurado** *agg* sicuro, deciso, certo ◊ **sigurado!** ma certo!.
**siguro** *inter* magari.
**sigwà** *s* (*fig*)tempesta, catastrofe.
**sìil** *agg* oppresso.
**siilìn** *v* sopprimere.
**sikàt** *agg* famoso,popolare ◊ *pron indef* qualcuno.
**sikero** *s* acrobata.
**siklab** *s* (*fig*)fiamma.
**siklábin** *agg* infiammabile.
**siklista** *s* ciclista.
**siklò** *s* ciclo.
**sikmurà** *s* stomaco.
**sikò** *s* gomito.
**sikólogo** *s* psicologo.
**sikolohiya** *s* psicologia.
**siksik** *agg* compatto ◊ **siksik na parang sardinas** pigiati come sardine.
**siksikan** *s* zeppa.
**silà** *pron pers* essi, gli, loro, li, le.
**silangan** *s* est, levante, oriente.
**sílanganìn** *agg* orientale.
**silangan-kanluran** *s* libeccio.
**sili** *s* peperoncino.
**silid** *s* camera, stanza, locale ◊ corsia ◊ aula ◊ **na iisang silid** monolocale; **silid antayan** sala d'aspetto; **silid kainan** sala da pranzo, refettorio.
**silid-laruan** *s* sala da gioco.
**silid-pagamutan** *s* infermiere ◊ infermeria, sala medicazione.
**silid-paglilitis** *s* poliambulatorio.
**silid-palitan** *s* camerino.
**silid-panganakan** *s* sala parto.
**silid-tanggapan** *s* (*carcere*) parlatorio.
**silid-tipunan** *s* parlatorio.
**silindrata** *s* cilindrata.
**silindro** *s* cilindro.
**siling-bagyò** *s* peperone.
**silipàn** *s* feritoia.
**silipono** *s* xilofono.
**silograpiya** *s* xilografia.
**silungan** *s* riparo.
**silyang-elebeytor** *s* seggiovia.
**simba** *s* messa.
**simbahan** *s* chiesa.
**simbiyosis** *s* simbiosi.
**simbuyò** *s* impeto, impulso.
**simento** *s* cemento.
**simpátikò** *agg* simpatico.
**simplè** *agg* facile, semplice ◊ (*arte*)nudo.
**simponiya** *s* sinfonia.
**simula** *s* (*fig*) fonte; soglia ◊

**simula umaga hanggang gabì** dalla mattina alla sera.
**simulan** *v* introdurre, iniziare.
**sinadyà** *agg* apposta, di proposito ◊ **sinadya niya** l'ha fatto apposta.
**sinag** *s* raggio.
**sinagìp** *v rifl* salvarsi.
**sinagoga** *s* sinagoga.
**sinaklaw** *v rifl* occuparsi.
**sinakop** *agg* (*militarmente*) occupato.
**sinakyan** *v* imbarcare.
**sinapupunan** *s* grembo ◊ **nasa sinapupunan** in grembo.
**sinaunà** *s* antiquariato.
**sindàk** *s* terrore, orrore.
**sindakato** *s* racket.
**sing-along** *s* karaoke.
**singaw** *s* febbre.
**singàw** *s* vapore.
**singit** *s* inguine.
**singkahulugàn** *s* sinonimo.
**singkamàs** *s* rapa.
**singsing** *s* (*gioiello*) anello ◊ **singsing na pangkasal** fede nuziale.
**sinilbihan** *v rifl* servirsi.
**sining** *s* arte ◊ **magagandang sining** belle arti.
**sinipì** *s* quotazione.
**sinira** *v* guastare, sciupare.
**sinkopiya** *s* sincope.
**sino** *pron interr* chi ◊ *pron rel* quale.
**sinòk** *s* singhiozzo.
**sinse** *s* cigno.
**sinsilyo** *s* moneta.
**sintadera** *s* sella.
**sintas** *s* laccio.
**sintetik** *agg* sintetico.
**sintido** *s* tempia.
**síntomàs** *s* (*med*)segno, sintomo.
**sintunado** *agg* stonato.
**sinugatan** *v* ferire.
**sinuklày** *v rifl* pettinarsi.
**sinulid** *s* filo ◊ cotone idrofilo ◊ **alisin ang sinulid** sfilare.
**sínuman** *agg indef* qualunque, qualche ◊ *pron dimostr* coloro ◊ *pron indef* chiunque, ognuno.
**sinumpà** *agg* dannato.
**sinundot** *v* pungere.
**sinungaling** *agg* bugiardo.
**sinupil** *v* sottomettere.
**sinustentuhan** *v rifl* (*economicamente*)mantenersi.
**sinuwerte** *agg* fare fortuna.
**sipà** *s* pedata, calcio.
**sipain** *v* scalciare.
**siper** *s* cerniera lampo, zip.
**sipì** *s* (*articolo*) pezzo ◊ (*mus, testo, film*)passaggio, brano.
**sipilyo** *s* spazzolino.
**sipit** *s* fermaglio, molletta ◊ pinza, tenaglia.
**sipòn** *s* raffreddore ◊ **sipon dahil sa alergi** raffreddore da fieno.
**sipsìp** *s* sorso.
**sipsipin** *v* assorbire, succhiare.
**sirà** *agg* rovinato, bacato, guasto, fuori uso.
**sira** *s* danno.
**sirador** *s* sicura.

**sirain** *v* deturpare; danneggiare, deteriorare, intaccare ◊ **sirain ang anyo** deturpare; **sirain ang loòb** scoraggiare; **sirain ang puri ng isang tao** dire peste e corna di qualcuno.
**sirap** *s* (*medicinale*)sciroppo.
**sirà-ulo** *agg* matto.
**sirko** *s* circo.
**sirkulasyòn** *s* tiratura.
**siruhano** *s* chirurgo.
**siruwelas** *s* prugna.
**sis** *s* cisti.
**sisidlàn** *s* recipiente, contenitore.
**sisihin** *v* incolpare ◊ **sisihin kung sino, kung anuman** avercela con qualcuno, con qualcosa.
**sisìk** *agg* zeppo.
**sisiwa** *s* balìa.
**sistema** *s* sistema.
**sitas** *s* laccio.
**siwang** *s* fessura ◊ divario.
**siya** *pron pers* egli, lui; ella, lei ◊ **siya rin** stesso.
**siyamnapûngtaon** *agg/s* novantenne.
**siyasatin** *v* esplorare.
**siyénsiyà** *s* scienza ◊ **siyénsiyang ukol sa natura** scienze naturali.
**siyentípikò** *s* scienziato.
**siyudad** *s* città.
**siyulder-bag** *s* tracolla.
**so** *s* (*mus*)sol.
**sobetero** *s* gelateria.
**sobra** *agg* esorbitante, troppo ◊ **sobrang kaligayahan** euforia.
**sobre** *s* busta.
**sodyako** *s* zodiaco.
**solbente** *s* solvente.
**sòlidò** *agg* massiccio.
**solista** *s* solista ◊ **solista ng konsiyerto** concertista.
**solitaryo** *s* solitario.
**solohiya** *s* zoologia.
**solusyon** *s* (*miscela*)soluzione.
**sombrero** *s* sombrero, cappello.
**sona** *s* zona.
**soo** *s* zoo.
**sopa** *s* divano ◊ **sopa na maaring maging kama** divano letto.
**sopas** *s* minestra, zuppa ◊ **sopas na gulay** minestrone; **sopas ng isdâ** zuppa di pesce.
**sopera** *s* zuppiera.
**soprano** *s* soprano.
**sora** *s* volpe.
**sor-ays** *s* congiuntivite.
**sorbetes** *s* gelato, sorbetto ◊ **apang-sorbetes** cono gelato.
**sorpresa** *s* sorpresa.
**sosa** *s* soda.
**sosiyal worker** *s* assistente sociale.
**sospetsa** *s* sospetto.
**sosya** *s* sosia.
**sosyalismo** *s* socialismo.
**sosyalista** *agg* socialista.
**sosyò** *s* socio.
**sosyolohiya** *s* sociologia.
**soy** *s* soia.
**space-ship** *s* navetta spaziale.
**spídbot** *s* motoscafo.
**spirit** *s* (*alcol*)spirito.
**sprey** *s* spray.

**stop** *s* (*segnale stradale*) stop ◊ **stop layt** semaforo.
**stupido** *agg* stupido.
**subalit** *cong* anzi.
**subasta** *s* (*vendita*)asta.
**subhàn** *v* (*fig*)smorzare.
**submarin** *s* sottomarino, sommergibile.
**subukan** *v* sentire, provare ◊ **subukan ang kapalaran** tentare la sorte; **subukan ang sarili** misurarsi con qualcuno.
**subukin** *v* misurare, collaudare, tentare.
**sugal** *s* azzardo.
**sugat** *s* ferita, lesione ◊ **sugat datay** piaga.
**sugatan** *agg* leso ◊ *v* ferire,pungere (*anche fig*).
**sugnày** *s* clausola.
**sugò** *s* emissario.
**sugpô** *s* (*zool*)scampo, gambero.
**suhà** *s* pompelmo.
**suhòl** *s* tangente.
**suhulan** *v* corrompere.
**sukà** *s* aceto.
**suka** *s* vomito.
**sukàb** *agg* perfido.
**sukal** *s* ginepraio.
**sukat** *s* misura, taglia, dose, mole ◊ **maliit na sukat** di (stretta) misura; **malalaking sukat** taglia forte; **sukat lalaki** a misura d'uomo; **sampung-talampakang sukat** (*misura*) pertica; **yunit ng sukat** unità di misura.
**sukatin** *v* dosare, misurare.
**sukini** *s* zucchina.
**suklày** *s* pettine.
**suklî** *s* (*cifra*)resto.
**suklòb** *s* rivestimento.
**sulambî** *s* gronda.
**sulapa** *s* risvolto.
**sulat** *s* lettera ◊ **hulugan ng sulat** buca delle lettere; **mahalagang sulat, rehistradong sulat** (lettera) raccomandata; **sulat na ekspres** lettera per espresso; **sulat sa kompeyuter** posta elettronica; **sulat na heroglipiko** geroglifico; **sulat na padaskòl** ghirigoro.
**sulatan** *s* iscritto ◊ tavolino, scrittoio.
**sulatan** *v* compilare.
**sulat-kamay** *s* calligrafia.
**suliranin** *s* piaga, sciagura ◊ faccenda, problema ◊ (*fig*) neo ◊ **malaking suliranin** rebus.
**sulò** *s* fiaccola.
**sulô** *s* torcia.
**sulok** *s* spigolo, angolo.
**sulsulan** *v* incitare.
**sulyàp** *s* occhiata.
**sulyapan** *v* mettere gli occhi addosso a (qualcuno/qualcosa).
**sulyápan** *v* sfogliare.
**sumabog** *v* esplodere, saltare.
**sumadsàd** *v rifl* incagliarsi.
**sumagitsit** *agg* crespo.
**sumagot** *v* ribattere, rispondere.
**sumahin** *v* sommare.
**sumaibabaw** *v* (*fig*)dominare.
**sumakay** *v* (*mezzo pubblico*) prendere, montare, imbarcarsi.

**sumakop** *v* (*fig*) vacillare, essere incerto.
**sumaksi** *v* deporre, testimoniare.
**sumalagay** *v* parteggiare.
**sumali** *v* partecipare.
**sumalungàt** *v* contraddire.
**sumama** *v* congiungere.
**sumambulat** *v* sfiancare.
**sumangguni** *v* consultare.
**sumapi** *v* appartenere.
**sumayaw** *v* ballare, danzare.
**sumibak** *v* schizzare, tagliare la corda.
**sumibàt** *v* (*fig*)proiettare.
**sumigàw** *v* strillare, urlare ◊ **sumigaw ng malakas** urlare a squarciagola.
**sumikat** *v* risplendere ◊ diventare famoso.
**sumikdú-sikdò** *v* palpitare.
**sumiklàb** *v* (*fig*) incendiare, scoppiare, divampare.
**sumingàl** *v* (*animali*)sbuffare.
**sumingasìng** *v* sbuffare.
**sumingaw** *v* evaporare.
**sumipa** *v* calciare.
**sumisid** *v* tuffarsi.
**sumiskribi** *v* sottoscrivere.
**sumobra** *v* avanzare, rimanere.
**sumpà** *inter* maledizione.
**sumpong** *s* umore, capriccio.
**sumpongin** *v* essere di cattivo umore.
**sumugbà** *v rifl* lanciarsi.
**sumukà** *v* vomitare.
**sumukò** *v* sottostare, arrendersi, cedere, tirarsi indietro.
**sumulong** *v* (*fig*) camminare, procedere, avanzare.
**sumulyàp** *v* intravvedere.
**sumumpà** *v* giurare ◊ imprecare.
**sumunòd** *v* ubbidire
**sumupil** *v* sottomettere.
**sumuskribi** *vrifl* abbonarsi.
**sundalo** *s* soldato.
**sundan** *v* ricalcare (*fig*), perseguire, seguire ◊ **sundan ang takbo** andare alla deriva; **sundan ng maigî** incalzare.
**sundan-sundan** *v* pedinare.
**sundutin** *v* pungere.
**sungay** *s* corno.
**sunggaban** *v* (*fig*) aggrapparsi, afferrare.
**sunod-sunod** *agg* continuo, filato, di seguito.
**sunog** *s* incendio.
**suntòk** *s* pugno ◊ **kaliwang suntòk** pugno sinistro; **suntòk na deretso** pugno diretto.
**sunugin** *v* bruciare, incendiare ◊ **sunugin ang basura** smaltire rifiuti.
**super** *agg* super ◊ **superna gasolina** benzina super.
**superhaywey** *s* superstrada.
**supermarket** *s* ipermercato, supermercato.
**suplado** *s* snob.
**suplìng** *s* prole, stirpe.
**suportahan** *v* sopportare, resistere.
**supositoryo** *s* supposta.
**supot** *s* sacca, sacchetto ◊ **supot**

sa palengke sacchetto (di supermercato).
**supremo** *agg* supremo.
**sur** *s* meridione.
**surbeyor** *s* geometra.
**suriin** *v* esaminare, valutare, analizzare ◊ **suriin ang lupa** tastare il terreno; **suriin ulî** controllare, rivedere; **suriing mabuti** scandire, scrutare.
**surot** *s* cimice.
**susì** *s* chiave ◊ **súkbitan ng susi** portachiavi.
**susiàn** *s* toppa, serratura.
**suskrisyòn** *s* abbonamento.
**susò** *s* chiocciola.
**suso** *s* mammella,seno.
**susòn** *s* falda, strato.
**sustásiyà** *s* sostanza, nutrimento.
**sustentado** *agg* chi è a carico di qualcuno ◊ **sustentado ng isang tao** vivere alle spalle di qualcuno.
**sustentuhan** *v* (*economicamente*) mantenere.
**susunod** *agg* seguente ◊ **sa susunod na pagkikita!** arrivederci!.
**sutìl** *agg* ostinato.
**suwat** *s* rimprovero.
**suwatan** *v* rimproverare.
**sùwayin** *v* disubbidire.
**suwelas** *s* suola.
**suweldo** *s* paga, salario, stipendio ◊ **suweldong pang-arawaraw** paga giornaliera.
**suwerte** *s* sorte, fortuna ◊ **ang suwerte ay suwerte** ironia della sorte.
**suweter** *s* maglia, golf, pullover.
**suyo** *s* moina.
**swits** *s* interruttore.

# T

**taàs** *s* altitudine, quota, altezza.
**taásan** *v* dilazionare, aumentare ◊ **taasan ang bayad** dilazionare un pagamento.
**tabà** *s* ciccia.
**tabako** *s* tabacco; sigaro.
**tabasan** *v* potare.
**taberna** *s* bettola, osteria, taverna ◊ **may-arì ng taberna** oste.
**tabi** *s* fianco ◊ **tabing ilog** riva, lungofiume; **tabing lawa** riviera.
**tabihan** *v* affiancare ◊ *v rifl* accostarsi.
**tabing** *s* sipario, schermo ◊ diaframma ◊ **isara ang tabing** cala il sipario.
**tabing-daàn** *s* marciapiede.
**tabing-dagat** *agg* balneare ◊ *s* lungomare.
**tabingî** *s* storta.
**tablà** *s* asse, tavola ◊ (*sport*) pareggio ◊ **tabla na malaki** tavoletta.
**table-charge** *s* (*ristorante*) coperto.
**tabletas** *s* compressa.
**tadhana** *agg* convenzionale.
**tadtarìn** *v* sminuzzare, tritare.
**taè** *s* cacca, feci, escremento.
**taeng-bituìn** *s* meteora.

**tagâ** *s* (*pesca*)rampone.
**taga-akdà** *s* (*musica*) compositore.
**taga-akyat** *s* scalatore.
**taga-alagà** *s* tutore.
**taga-aliw** *s* animatore.
**taga-alòk** *s* offerente.
**tagabantay** *s* custode.
**tagabunsòd** *s* pioniere.
**tagadrowing** *s* disegnatore.
**tagagamit** *s* utente.
**taga-gawâ** *s* produttore, programmista ◊ **tagagawang bansâ** paese produttore.
**tagagupit** *s* parrucchiere.
**tagaguyod** *s* partigiano.
**tagahangà** *agg* tifoso.
**tagahatìd** *s* (*al cinema*) maschera.
**tagahatol** *s* arbitro.
**tagahayàg** *s* giornalista.
**tagàk** *s* gru, cicogna.
**tagá-kanluran** *s* occidentale.
**tagakatig** *s* sostenitore.
**tagakumpisal** *s* confessore.
**tagakuwenta** *s* calcolatrice.
**tagal** *s* (*tempo*)lunghezza, durata.
**tagalalik** *s* tornitore.
**tagalihis** *s* deflettore.
**tagalimbàg** *s* tipografo.
**tagapag-alàga** *s* curatore.
**tagapàg-awit** *s* (*musica*) interprete.
**tagapagbalita** *s* cronista.
**tagapagbigay** *s* emittente.
**tagapàgganap** *s* (*teatro, cine*) interprete.
**tagapaghatid** *s* accompagnatore ◊ **tagapaghatid ng mga manlalakbay** accompagnatore turistico.
**tagapaglaban** *s* combattente.
**tagapagmana** *s* erede.
**tagapágpadalà** *s* mittente.
**tagapagpalà** *s* benefattore.
**tagapagpaliwanàg** *s* interprete.
**tagapàgsalin** *s* (*lingue*) interprete.
**tagapagtaguyod** *s* promotore.
**tagapagtanggap** *s* ricevitore.
**tagapagtanggòl** *agg* difensore ◊ *s* protettore.
**tagapagtugtog** *s* esecutore.
**tagapakinig** *s* uditorio.
**tagapamagitan** *s* mediatore.
**tagapamahalà** *s* amministratore, direttore.
**tagapamigay** *s* distributore.
**tagapangalakal** *s* gestore.
**tagapangasiwà** *s* imprenditore, manager ◊ **tagapangasiwa ng mulino** mugnaio.
**tagapanoòd** *s* spettatore.
**tagapasyà** *s* programmatore.
**tagapatnubay** *s* conduttore.
**tagapayo** *s* consigliere ◊ **tagapayo ng bayan** consigliere comunale.
**tagasaliksìk** *s* ricercatore.
**tagasalin** *s* traduttore.
**tagasanay** *s* allenatore.
**tagasanggà** *agg* (*sport*) difensore.
**tagasanguni** *s* consulente.

**tagasiyasat** *s* controllore.
**tagatanggap** *s* ricettatore ◊ **tagatanggap ng buwis** esattoria.
**tagatangkilik** *s* sponsor.
**taga-tanòng** *s* interrogatorio.
**tagatustòs** *s* fornitore.
**tagatutol** *s* contestatore.
**tagaupa** *s* inquilino.
**taga-utos** *s* mandante.
**tagay** *s* cincin.
**tagayàn** *v* brindare.
**tagayari** *s* costruttore.
**tagaytày** *agg* (*geog*)dorsale.
**taghiyawat** *s* brufolo, pustola.
**tagiliran** *s* fianco.
**tag-init** *s* estate.
**taglagàs** *s* autunno.
**taglamig** *s* inverno.
**tagô** *agg* recondito, rintanato.
**tagpî** *s* toppa.
**tagpian** *agg* raffazzonato.
**tagpô** *avv* incontro ◊ *s* scenata.
**tagpuan** *s* incontro ◊ ritrovo.
**tagpuin** *v* incontrare.
**tagsibol** *s* primavera.
**tagtàg** *agg* rado.
**taguàn** *s* nascondiglio ◊ **taguan laban sa atako ng bomba** rifugio antiatomico.
**tagumpay** *s* vittoria, successo, trionfo.
**taguyod** *s* (*fig*)perno.
**tahakin** *v* trascinare.
**tahàs** *agg* deciso, forte.
**tahàsàn** *s* bruciapelo.
**tahi** *s* cucitura.
**tahiin** *v* confezionare.
**tahiin-mulî** *v* ricucire.
**tahimik** *agg* riservato, discreto; quieto; taciturno ◊ *s* flemma, quiete ◊ **tahimik na tao** persona tranquilla.
**tahip** *s* batticuore.
**taimtim** *agg* cordiale ◊ solenne.
**tainga** *s* orecchio.
**takas** *agg* evaso, latitante; rifugiato ◊ *s* profugo.
**takbò** *s* corsa ◊ deriva ◊ tenore ◊ **paspasan ang takbo ng sasakyan** ingranare la marcia; **sundan ang takbo** andare alla deriva; **takbong kabig** galoppo.
**takbuhan** *v* scappare, correre ◊ **takbuhan pagkatapos ng aksidente** omissione di soccorso.
**takbuhin** *v* percorrere.
**takbuhin-ulit** *v* ripercorrere.
**takdáan** *v* delimitare, limitare ◊ **takdang gawain** incarico.
**takip** *s* copertina ◊ cappuccio, coperchio ◊ **alisin ang takip** sturare; **alisan ng takip** scoprire.
**takip-silim** *s* crepuscolo ◊ *v* imbrunire.
**takòng** *s* tacco ◊ **takòng na matulis** tacchi a spillo.
**takot** *s* fifa, paura.
**takpan** *v* coprire, ricoprire ◊ **takpan ulit** rivestire.
**taksi** *s* taxi.
**taksìl** *agg* infedele.
**táktikà** *s* tattica.
**takutin** *v* impaurire, intimidire ◊ **takutin ng lubhâ** terrorizzare.

**taláan** *s* annotazione ◊ graduatoria ◊ (*inform*) menù ◊ listino ◊ tabulato ◊ **talaan ng presyo** listino (dei) prezzi.
**tálaan** *s* registro.
**talaarawan** *s* agenda, programma, diario.
**talabà** *s* ostrica.
**talagà** *avv* proprio, appunto, davvero, infatti.
**taláhanayan** *s* tabella.
**talaksan** *s* archivio.
**talàlakbayan** *s* itinerario.
**találátanungan** *s* questionario.
**talamàk** *agg* cronico.
**talambuhay** *s* biografia.
**talampàs** *s* altopiano.
**talasok** *s* piolo.
**tálataan** *s* paragrafo.
**tala-tinigan** *s* lessico.
**talátinigàn** *s* vocabolario.
**talátuntunan** *s* indice.
**talento** *s* talento, dote.
**tali** *s* nodo, cinta, legame ◊ **alisin ang tali** snodare; **tali ng aso** guinzaglio.
**talibà** *s* sentinella.
**talibì** *s* scarpata.
**talibìs** *s* rampa.
**talikuran** *v* rivoltare.
**talim** *s* lama.
**talinghaga** *s* enigma.
**talino** *s* cervello (*fig*), talento.
**talipandàs** *agg* scapestrato.
**talò** *s* tagliando.
**talòn** *s* cascata ◊ scontrino.
**tàlong** *s* melanzana.
**taludtòd** *s* (*poesia*)verso.
**taluhiyàng** *s* allergia.
**talukbòng** *s* cappuccio.
**taluktòk** *s* zenit, picco, culmine, estremo, pizzo, vertice ◊ **ang araw ay nasa taluktòk** il sole e allo zenit; **taluktòk na matulis** guglia.
**talulot** *s* petalo.
**talunin** *v* battere, sconfiggere.
**talyer** *s* meccanico ◊ officina; bottega.
**tama** *agg* (*atto*) giusto ◊ *avv* abbastanza ◊ **tama na!** basta!, piantala!; **tama na, tumigil ka!** basta, finiscila!.
**tamà** *s* (*fig*)impatto.
**tamaan** *v* centrare, colpire, percuotere ◊ **tamaan ang target** colpire il bersaglio; **tamaan ng isang batu ang dalawang ibon** prendere due piccioni con una fava; **tamaan ng kidlat** fulminare.
**tamad** *agg* pigro.
**tamang-tama** *agg* relativo ◊ giusto in tempo.
**tambàk** *s* mucchio, catasta.
**tambalan** *agg* composto.
**tamban** *s* aringa.
**tambling** *s* capriola.
**tambò** *s* canna.
**tambòl** *s* batteria, tamburo.
**tamburìn** *s* tamburello.
**tambutso** *s* marmitta catalitica.
**tanàw** *s* profilo.
**tanawin** *s* panorama, paesaggio, scenario; prospetto.
**tandâ** *s* (*scritto*)segno, punto.

**tandàng** *s* gallo.
**tandang-pantanong** *s* punto interrogativo.
**tangà** *agg* cretino, ebete, imbranato ◊ *s* tarma ◊ fesso.
**tanggalìn** *agg* scalare ◊ *v* rimuovere, sottrarre ◊ spiccare ◊ **tanggalin ang bara** sgorgare; **tanggalin ang mga dahon sa halaman** sfogliare; **tanggalin ang pagkakabutones** sbottonare; **tanggalin sa pagkakawit** sganciare.
**tanggapan** *s* ricevitoria ◊ **tanggapan ng òspital** *s* accettazione (di ospedale).
**tanggapin** *v* reclutare; ammettere, ricevere, accogliere ◊ **tanggapin bukang loob, ng buong puso** accogliere a braccia aperte; **tanggapin ng malugod** dare il benvenuto; **tanggapin sa trabaho** assumere; **tanggapin ulî** riassumere.
**tanggihan** *v* (*nel gioco*) bocciare ◊ respingere, disapprovare.
**tanghalan** *s* loggia.
**tanghalian** *s* colazione.
**tanghaling-tapàt** *s* mezzogiorno.
**tangì** *agg* speciale ◊ *avv* solo ◊ **ang tanging kaibigan** soltanto.
**tangkà** *s* conato.
**tangkày** *s* gambo, stelo ◊ manubrio.
**tangkè** *s* carro armato ◊ serbatoio; tanica.
**tangkilikin** *v* sponsorizzare.
**tangò** *s* cenno.
**tangwày** *s* penisola.
**tanimàn** *s* piantagione ◊ **taniman ng gulay** orto; **taniman ng mga prutas** frutteto.
**taning** *s* scadenza, ultimatum ◊ **karaniwang taning** a media scadenza; **maiklìng taning** a breve scadenza; **matagal na taning** a lunga scadenza; **may taning ang buhay** malato terminale; **nasa taning** scadere; **taning ng pagbabayad** termine di pagamento.
**tanod** *s* vedetta, guardiano ◊ **tanod ng bayan** vigilanza urbana.
**tanong** *agg* interrogativo ◊ *s* domanda, informazione, questione ◊ **tanungan ng impormasyòn** ufficio informazioni.
**tansò** *s* bronzo, ottone, rame.
**tantsà** *agg* indicativo.
**tanungin** *v* chiedere, interrogare; intervistare.
**tanyàg** *agg* celebre, famoso.
**tao** *agg* umano ◊ *s* persona, individuo ◊ **taong hinahanap ng batas** latitante (*s*); **taong kuba** gobbo (*s*); **taong lagalag** nomade (*s*); **taong makabansâ** nazionalista (*s*); **taong makusa** volontario (*s*); **taong mapagmaalam** pedante (*s*); **taong naglalakad** pedone (*s*); **taong nagpapaamo** domatore (*s*); **taong nagpapatubò ng labis** usuraio (*s*); **taong nagtitipon** accumulatore (*s*); **taong nasa ugit** timoniere (*s*); **taong plaminggo** fiammingo (*s*); **taong tusò** volpe (*fig*); **taong**

**walang-kakayahan** incompetente (*s*); **taong walang-patawad** un tipo che non perdona.
**taon** *s* anno ◊ **taong bisyesto** anno bisestile; **pansandaang taon** secolare.
**taong-etrusko** *s* etrusco.
**taong-bahay** *s* casalingo.
**taong-bayan** *s* collettività.
**taong-masama** *s* (*fig*)vipera.
**taong-pulò** *s* isolano.
**taong-sugatan** *s* ferito.
**taong-tapon** *s* esule.
**taon-taon** *agg* annuale.
**taós-pusò** *agg* sincero.
**tapagpatupad** *s* esecutore.
**tapakan** *v* calpestare, schiacciare.
**tapalan** *v* turare.
**tapalodo** *s* parafango.
**tapang** *s* coraggio ◊ gradazione ◊ **tapang ng alak** gradazione alcolica.
**tapat** *agg* devoto, fedele, leale.
**tapesiriya** *s* tappezzeria.
**tapòn** *s* tappo ◊ **alisin ang tapòn** stappare.
**tapos** *agg* finito.
**tapusin** *v* compiere, completare, concludere, ultimare.
**tarak** *agg* fitto.
**tarangkahan** *s* cancello.
**tarantado** *s* farabutto.
**tarapàl** *s* copertone.
**target** *s* bersaglio ◊ **tamaan ang target** colpire il bersaglio.
**tarheta** *s* biglietto da visita.
**taruma** *s* trauma.
**tasa** *s* coppa, tazza.
**tastasin** *v* (*fig*) sbrogliare ◊ smagliare.
**tatak** *s* cartellino; marca ◊ impronta.
**tatakàn** *v* marcare, timbrare ◊ **tatakan ang etikèta** timbrare il cartellino.
**tatangnàn** *s* maniglia, manopola.
**tatay** *s* babbo, padre.
**tatlo** *s* tre ◊ **tatlong grado sa itaas ng sero** tre gradi sopra lo zero; **tatlong dahon** trifoglio; **tatlong kulay** tricolore; **tatlong paa** treppiede.
**tatlohan** *s* terna.
**tatlongsulok** *s* triangolo.
**tatu** *s* tatuaggio.
**tauhan** *s* soggetto, personale ◊ **mga tauhan** organico.
**taù-tauhan** *s* burattino (*fig*), fantoccio.
**tawa** *s* (*risata*)riso.
**tawad** *s* sconto; offerta.
**tawag** *s* chiamata ◊ detto ◊ **tawag sa labas ng pook** interurbana; **tawag sa telepono** telefonata; **tawag panglunsòd** telefonata urbana.
**tawagan** *v* chiamare ◊ **tawagin ulì** richiamare.
**tawanan** *v* deridere.
**tawgî** *s* germogli di soia.
**tawiran** *s* strisce pedonali.
**tawirìn** *v* varcare.
**tayâ** *s* (*gioco*)posta, puntata.
**tayls** *s* piastrella.

**tayo** *pron pers* noi.
**tayô** *s* statura.
**tayroyd** *s* tiroide.
**tayt-nek-suweter** *s* girocollo.
**tayuan** *s* cavalletto.
**teklado** *s* tastiera, tasto.
**téknikò** *s* tecnico.
**teknolohiya** *s* tecnologia.
**teksto** *s* testo.
**tela** *s* stoffa, tela, tessuto ◊ **tela para sa pintura** quadro,tela.
**telahàn** *s* merceria.
**telebedyo** *s* televideo.
**telebisyon** *s* televisione, televisore.
**telegrama** *s* telegramma.
**telematiko** *s* telematica.
**telenobela** *s* teleromanzo, soap opera.
**telepatiya** *s* telepatia.
**telepon bot** *s* cabina telefonica.
**telepon kard** *s* scheda telefonica.
**telepon sekretari** *s* segreteria telefonica.
**telépono** *s* telefono.
**telepoto lens** *agg* teleobiettivo.
**teleskopyo** *s* cannocchiale, telescopio.
**telluriyum** *agg* tellurico.
**tema** *s* (*mus*)motivo, tema.
**temperatura** *s* temperatura.
**templo** *s* tempio.
**tenis** *s* tennis.
**tenòr** *s* (*mus*)tenore.
**tensiyòn** *s* (*elettr*)tensione.
**teraso** *s* terrazzo.
**teriblè** *agg* terribile.
**teritoryo** *s* territorio.
**terminàl** *s* capolinea, terminal.
**termómetrò** *s* termometro.
**termos** *s* thermos.
**termostato** *s* termostato.
**terno** *s* (*carte*) seme ◊ (*da donna*) completo, tailleur ◊ terno.
**terorismo** *s* terrorismo.
**terorista** *s* terrorista.
**tesis** *s* tesi ◊ **tesis sa pagtatapos** tesi di laurea.
**teso** *s* gesso.
**tesoreryà** *s* erario.
**testamento** *s* testamento.
**testigo** *s* testimone, teste.
**test-tube** *s* provetta.
**tétanò** *s* tetano.
**teyatro** *s* teatro ◊ **teyatrong lirika** teatro dell'opera.
**teyoriya** *s* teoria.
**teyper** *s* cerino.
**teyp-rekording** *s* registrazione, incisione.
**tibagin** *v* disintegrare.
**tibang** *s* (*fig*)equilibrista.
**tibayan** *v* farsi forte.
**tibì** *s* stitichezza.
**tibi** *s* tisi, tubercolosi.
**tibok** *s* battito.
**tigapanoòd** *s* telespettatore.
**tigasuri** *s* critica.
**tigatanggap** *s* destinatario.
**tigdàs** *s* rosolia; morbillo.
**tig-iisà** *agg* individuale.
**tigil** *s* tappa ◊ **tigil!** alt!.
**tigkàl** *s* zolla.
**tignan** *v* (*libro, documento*) con-

sultare ◊ **tignan ulî** riguardare, rivedere.
**tiisin** *v* sopportare, reggere, patire.
**tik** *s* tic.
**tikas** *s* presenza.
**tiket** *s* biglietto ◊ **tiket na buwanan o linggohan** biglietto cumulativo; **tiket na ginagamit isang beses lamang** biglietto chilometrico; **tiket na mababa ang halaga** biglietto ridotto; **tiket pangaraw-araw** biglietto giornaliero; **tiket-pagpasok** biglietto d'ingresso.
**tikìn** *s* (*attrezzo*)pertica.
**tiklòp** *s* piega.
**tiklupìn** *v* piegare, rimboccare.
**tikmàn** *v* sentire, assaggiare ◊ **tikman ang mga rikado** odorare di spezie.
**tiktikàn** *v* spiare.
**tik-tok** *s* tic tac.
**tilandòy** *s* schizzo.
**tilo** *s* tiglio.
**tim** *s* (*sport*)squadra.
**timbâ** *s* secchiello.
**timbàng** *agg* simmetrico ◊ *s* peso ◊ **netong timbang** peso netto.
**timbangan** *s* bilancia.
**timbangin** *v* equilibrare ◊ essere in bilico ◊ pesare, soppesare.
**timbre** *s* campanello, citofono ◊ timbro, suono.
**timbrihan** *s* suoneria.
**timbrihàn** *v* vidimare.
**timbulan** *s* (*stradale*)salvagente.
**timig** *s* umidità.
**timilyo** *s* timo.
**timog** *s* sud ◊ *agg* meridionale ◊ **taga timog ng amerika** sudamericano.
**timpani** *s* timpano.
**timpano** *s* (*anat*)timpano.
**timpi** *s* (*fig*)freno.
**timplada** *s* (*chim*)composto.
**tinaan** *v* tingere.
**tinadtad** *agg* trito.
**tinagalan** *v rifl* protrarsi.
**tinaggihan** *v rifl* rifiutarsi.
**tinahi** *s* cucito.
**tinakdaàn** *v* limitare.
**tinakpàn** *v* coprirsi; imbottire ◊ **tinakpan ulit** rivestire.
**tinalikuran** *v* volgere.
**tinanggal** *v* sottrarre ◊ **tinanggap ulit** ricoprire.
**tinapa** *agg* affumicato.
**tinapalan** *v* turare.
**tinapay** *s* focaccia, pane, panino ◊ **bubog ng tinapay** pane grattugiato; **mumo ng tinapay** mollica (di pane); **tinapay na may palaman** panino imbottito; **tustadong tinapay** crostino.
**tinapon** *v* gettare.
**tinapos** *s* titolo di studio.
**tinastas** *v* smagliare.
**tinatákan** *v* (*fig*)imprimere.
**tinatawagan** *s* destinatario della telefonata ◊ **ang bayad ng telepono ay sa tinatawagan** telefonata a carico del destinatario; **tinatawag ng ganito** cosiddetto.
**tindahan** *s* drogheria ◊ esercizio, spaccio, negozio ◊ **tindahan ng**

**erbolaryo** erboristeria; **tindahan ng kapè** torrefazione; **tindahan ng keyk** pasticceria; **tindahan ng pabangò** profumeria; **tindahan ng pahayagan** edicola; **tindahan ng pizza** *s* pizzeria; **tindahan ng prutas** fruttivendolo; **tindahan ng relò** orologeria; **tindahan ng sigarilyo** tabaccheria.
**tindero** *s* esercente, venditore ◊ **tindero ng diyaryo** giornalaio; **tindero ng isdâ** pescivendolo; **tindero ng manok** pollivendolo; **tindero ng pabangò** profumiere; **tindero ng salamin** vetraio; **tindero ng sigarilyo** tabaccaio.
**tindì** *s* (*fig*)profondità.
**tinggâ** *s* piombo.
**tingî** *s* vendita al dettaglio.
**tingin** *s* apparenza; quadro (*fig*); sguardo.
**tinidor** *s* forchetta.
**tinig** *s* voce ◊ (*fig*)metro.
**tinignan** *v* guardare ◊ **tinignanulî** riguardare.
**tinik** *s* lisca, spina.
**tiniklup** *v* piegare.
**tinimbang** *v* pesare.
**tinimpihan** *v* frenare.
**tinipon** *v* radunare, raggruppare.
**tinka** *s* tinca.
**tintura** *s* tintura ◊ **tintura ng yodo** tintura di iodio.
**tinubò** *v* riscattare.
**tinulungna** *v* sostenere.
**tinunaw** *v* sciogliere.
**tinupad** *v* realizzare.
**tinuruan** *v rifl* istruirsi, prepararsi.
**tinustusàn** *v rifl* fornirsi, rifornirsi.
**tinyente** *s* tenente.
**tip** *s* mancia.
**tipàk** *s* zolletta, ritrovo.
**tipanan** *s* appuntamento.
**tipid-koryente** *s* risparmio energetico.
**típikò** *agg* tipico.
**tipos** *s* tifo.
**tipunin** *v* radunare, raggruppare, riunire.
**tirà** *s* residuo, resto, rimasuglio ◊ **tira ng bubble-gum** cicca (di gomma da masticare).
**tiradòr** *s* fionda.
**tírahan** *agg* residente ◊ *s* abitazione, residenza, domicilio ◊ **otèltirahan** casa albergo; **puròk na tirahan lamang** quartiere residenziale; **tirahan ng mababagkis na hayop** covo; **tirahan ng mga kabataan** ostello.
**tirante** *s* bretella ◊ spallina.
**tireniko** *agg* tirrenico.
**tisa** *s* tegola; cotto.
**tisana** *s* tisana.
**tisert** *s* maglietta.
**tita** *sf* zia.
**titi** *s* pene.
**titik** *s* lettera ◊ (*segno grafico*) carattere.
**tito** *sm* zio.
**titolo** *s* (*giornale*) testata ◊ qualifica ◊ laurea.

**titser** *s* insegnante.
**titulado** *agg* laureato.
**tiwala** *s* confidenza, fiducia ◊ **may tiwala ako sa kanya** ho fiducia in lui; **may tiwala sa sarili** spigliato.
**tiyagâ** *s* pazienza, perseveranza ◊ **maubusan ng tiyagâ** perdere la pazienza.
**tiyakin** *v* assicurare ◊ constatare ◊ determinare.
**tiyàn** *s* pancia, addome.
**tiyempo** *s* tempo.
**tiyorema** *s* teorema.
**toga** *s* toga.
**token** *s* gettone.
**tolda** *s* tenda ◊ **maglagay ng tolda** piantare le tende.
**toll** *s* pedaggio; dazio.
**toll-gate** *s* casello.
**tomboy** *s* lesbica.
**tomo** *s* tomo,volume.
**tónikò** *agg* tonico.
**tono** *s* tonalità, tono.
**tonsil** *s* tonsilla.
**topasyo** *s* topazio.
**topograpiko** *agg* topografico.
**topograpiya** *s* topografia.
**tordo** *s* tordo.
**tore** *s* torre.
**torneyo** *s* torneo.
**tornilyo** *s* vite, bullone.
**toro** *s* toro.
**torone** *s* torrone.
**torpedo** *s* torpedine.
**torpido** *s* siluro.
**tortilya** *s* frittata.
**Toskano** *s* toscano ◊ **toskano (isang uri ng tabako)** toscano (*sigaro*).
**tost** *s* toast.
**toster** *s* tostapane.
**totohanin** *v* fare sul serio.
**totoò** *agg* vero ◊ *s* vero ◊ **sa totoo lang** a dire il vero; **totoo nga!** addirittura!; **sana totoo nga!** magari fosse vero!.
**trabahadòr** *s* lavoratore, operaio ◊ **pagpipilì ng mga trabahador** selezione del personale; **walang-katíyakan na trabahador** lavoratoreprecario.
**trabaho** *s* mansione, attività, lavoro ◊ **trabahong pang publiko** lavori pubblici; **trabahong pangkamay** lavoro manuale.
**tradisyunàl** *agg* tradizionale.
**tragektori** *s* traiettoria.
**trahe-de-boda** *s* abito da sposa.
**trahedya** *s* tragedia.
**trak** *s* autocarro, camion.
**traktor** *s* trattore ◊ **traktorpambukid** trattrice.
**trambiyà** *s* tram.
**trambiyero** *agg* tranviario.
**trampolin** *s* trampolino.
**trangkà** *s* catenaccio.
**trangkaso** *s* influenza.
**transatlantiko** *agg* transatlantico.
**trapàl** *s* tenda.
**trapes** *s* trapezio.
**trapik** *s* ingorgo, traffico ◊ **sitwasyòn ng trapik sa daan** viabilità.

**trapiko** *s* congestione.
**trapik-pulis** *s* vigile urbano.
**trapo** *s* straccio, strofinaccio, pezza.
**trasiyòn** *s* tradizione.
**trasmiter** *s* trasmittente.
**tras-seksuwal** *s* transessuale.
**trayking** *s* trekking.
**tremestre** *s* trimestre.
**tren** *s* ferrovia ◊ convoglio, treno ◊ **trenong eksprès** treno rapido; **trenong pangdomestiko** treno locale; **trenong umaandar** treno in marcia.
**treyler** *s* rimorchio.
**tribù** *s* tribù.
**tribusòn** *s* cavatappi.
**trigo** *s* frumento, grano.
**trineo** *s* slitta.
**trinidad** *s* trinità.
**trinsera** *s* trincea.
**trintas** *s* treccia.
**triplo** *agg* triplo.
**trisiklo** *s* triciclo.
**triyo** *s* trio.
**tròlebùs** *s* filobus.
**tronko** *s* (*di pianta*)fusto.
**trono** *s* trono.
**tropeo** *s* trofeo.
**tropikàl** *agg* tropicale.
**trota** *s* trota ◊ **trotang-salmon** trota salmonata.
**truffles** *s* tartufo.
**trumbon** *s* tromba.
**trupa** *s* truppa.
**tsaà** *s* tè.
**tsaleko** *s* gilet, panciotto.
**tsandelyèr** *s* lampadario.
**tsanel** *s* (*TV*)rete.
**tsarera** *s* teiera.
**tsasis** *s* telaio.
**tsekbuk** *s* libretto degli assegni.
**tseke** *s* assegno ◊ **magbigay ng tseke** emettere un assegno; **magbigay ng tseke** staccare un assegno; **tsekeng hindi maililipat** assegno non trasferibile.
**tseker** *s* scacchi.
**tsesbord** *s* scacchiera.
**tsinelas** *s* ciabatta, pantofola.
**tsismis** *s* pettegolezzo.
**tsismoso** *s* pettegolo.
**tsokolate** *s* cioccolata, cioccolatino ◊ **tsokolateng puti** cioccolata al latte.
**taksista** *s* taxista.
**tsùper** *s* autista, conducente ◊ **tsuperng trak** camionista.
**tuba** *s* (*anat*)tuba.
**tube** *s* tubetto.
**tuberiyas** *s* oleodotto.
**tubero** *agg* idraulico.
**tubig** *s* acqua ◊ **agwa oksinada** acqua ossigenata; **agwa-bendita** acqua benedetta; **nabubuhay sa tubig** anfibio; **tubig sa bukal** acque termali; **tubig na inumin** acqua potabile; **tubig na mabula** acqua frizzante; **tubig na may gas** acqua gassata.
**tubigan** *agg* acquatico.
**tubig-tabang** *s* acqua dolce.
**tublà** *s* spareggio.
**tubo** *s* canna, tubo.

**tubò** *s* profitto, tasso, interesse ◊ **tubò usbòng** germoglio.
**tubòs** *s* riscatto.
**tubusìn** *v* riscattare.
**tudlâ** *s* mira.
**tudling** *s* rubrica ◊ solco.
**tugatog** *s* sommità.
**tugmâ** *s* rima.
**tugma-tugmâ** *s* unisono.
**tugòn** *s* responso.
**tugtog** *s* (*mus*)ritmo, rintocco.
**tugtugin** *s* musica ◊ **mahalumanay na tugtugin** musica leggera; **tugtuggin ulit** risuonare.
**tuhod** *s* ginocchio.
**tukà** *s* becco.
**tukain** *v* beccare.
**tuklàs** *s* scoperta.
**tuksô** *s* tentazione.
**tuksuhin** *v* tentare, invogliare.
**tuktòk** *s* cima, cresta, vetta ◊ **tuktok ng moskeya** *s* minareto.
**tukuyin** *v* nominare, riferire.
**tulâ** *sf* poesia ◊ **tulang liriko** lirica.
**tulak** *s* spintone ◊ impeto.
**tulakàn** *s* ressa.
**tulakbahalà** *s* zavorra.
**tularàn** *v* ideale ◊ **tularan ang isang taò** seguire le orme di qualcuno.
**tulay** *s* ponte ◊ (*fig*) tramite ◊ **maging tulay** essere l'ago della bilancia, fare da tramite; **tulay sa daan** passaggio a livello.
**tùlàyan** *s* corsia.
**tuligsà** *s* invettiva.
**tuliin** *v* castrare.
**tulin** *s* velocità.
**tulingan** *s* tonno.
**tulipano** *s* tulipano.
**tulirò** *agg* sconvolto.
**tulisan** *s* bandito, brigante.
**tulisán-dagat** *s* pirata.
**tulò** *s* goccia.
**tulòg** *v* (*fig*) ristagnare ◊ **tulòg na bulkan** vulcano spento.
**tulong** *s* assistenza, aiuto, sussidio ◊ **mag-alok ng tulong** offrire aiuto; **padating na ang tulong** arrivano i soccorsi; **tulong na salapî mula sa pamahalaan** sovvenzione; **tulong pangsangkatauhan** aiuti umanitari; **tulong sa mga walang trabaho** sussidio di disoccupazione.
**tulos** *s* (*mil*)picchetto ◊ rogo.
**tulot-pasok** *s* visto.
**tuloy-tuloy** *agg* continuo.
**tulugan** *s* posto per dormire ◊ **tulugan ng aso** cuccia; **tulugan sa tren** vagone letto.
**tulungan** *v* aiutare, soccorrere; assistere; spalleggiare.
**túluyan** *s* prosa.
**tulyà** *s* vongola.
**tumaàs** *v* (*fig*) salire, crescere, alzare.
**tumabi** *v* accostarsi ◊ (*fig*) scostare.
**tumagal** *v* protrarre ◊ resistere.
**tumahimik** *v* tacere ◊ *v rifl* abbottonarsi ◊ **tumahimik ka!** chiudi il becco!.

**tumahol** *v* abbaiare.
**tumakas** *v* evadere, fuggire, scappare.
**tumakbo** *v* (*fig*) filare, accorrere, correre ◊ **tumakbong kabig** galoppare.
**tumal** *s* (*fig*)ristagno.
**tumalbog** *v* balzare, rimbalzare.
**tumalikod** *v* voltare, volgere ◊ **tumalikod ulit** rivoltare.
**tumalilis** *v* partire veloce, schizzare, filare.
**tumamad** *v rifl* impigrirsi.
**tumandà** *agg* invecchiato.
**tumanda** *v* maturare, sfiorire, invecchiare.
**tumawa** *v* ridere.
**tumawad** *v* (*per comprare*) offrire.
**tumawìd** *v* attraversare, valicare ◊ **tumawid sa kalye** attraversare la strada; **tumawid ng ilog** guadare.
**tumayà** *v* (*denaro*)puntare.
**tumayo** *v* alzare, sorgere ◊ **tumayong biglâ** scattare in piedi; **tumayo ulit** risorgere.
**tumbaga** *s* (*mus*)ottone.
**tumbasan** *v* contraccambiare, restituire.
**tumba-tumba** *s* sedia a dondolo.
**tumigas** *v rifl* irrigidirsi.
**tumigìl** *v* cessare, desistere ◊ (*fig*) paralizzare ◊ **tumigil ka!** smettila!, stai zitto!.
**tumingin** *v* guardare.
**tumira** *v* abitare, stare, risiedere ◊ (*fig*) soffermarsi ◊ **tumira sa Milano** abitare a Milano.
**tumistigo** *v* testimoniare.
**tumiwalag** *v rifl* (*incarico*) dimettersi.
**tumòr** *s* tumore.
**tumorpedo** *v* silurare.
**tumpàk** *agg* giusto.
**tumubo** *v* (*fig*)germogliare.
**tumugóng-kilos** *v* reagire.
**tumugtòg** *v* suonare.
**tumulo** *v* (*liquidi*)perdere.
**tumulòy** *v rifl* spingersi ◊ **tumuloy po kayo** prego, si accomodi!.
**tumumbas** *v* pareggiare.
**tumupad** *v* assolvere (un dovere).
**tumutol** *v* obiettare, protestare, opporre.
**tumutulo** *v* sgocciolare.
**tuna** *s* tonno.
**tunàw** *agg* sfuso.
**tunawin** *v* fondere, sgelare ◊ smaltire.
**tunay** *agg* integrale, autentico, genuino ◊ reale, effettivo.
**tunèl** *s* galleria, traforo, tunnel.
**tungálìàn** *v* (*giur*)impugnare.
**tungayawin** *v* maledire.
**tunggálìàn** *s* rivalità.
**tunghayàn** *v* (*fig*)sorvolare.
**tungkod** *s* asta, canna, supporto.
**tungkòs** *s* ciocca.
**tungkulin** *s* incombenza, dovere compito, impegno ◊ **gawin ang tungkulin** fare il proprio dovere; **pagpapahalaga sa tungkulin** senso del dovere; **pagtaas ng**

**tungkulin** promozione; **tungkuling pangmasa** impegno civile; **tungkuling panpolitiko** impegno politico.
**tungtungan** *s* pedana.
**tunika** *s* tunica.
**tunod** *s* guizzo.
**tunòg** *s* sonoro, suono.
**tuntong** *s* (*econ*)fascia.
**tuntunin** *v* rintracciare.
**tuòs** *s* relazione, rapporto, resoconto.
**tupa** *s* pecora ◊ **karnè ng tupa** carne di agnello; **kúlúngan ng tupa** ovile; **lalaking tupa** ariete; **maliit na tupa** pecorino; **pagaalaga ng tupa** pastorizia.
**tupaan** *agg* ovino.
**tupak** *s* (*fig*) luna ◊ **mayroong tupak** avere la luna.
**tupárin** *v* redimere.
**turismo** *s* turismo.
**turista** *s* turista.
**turno** *s* turno.
**turuan** *v* istruire, preparare, educare.
**tuso** *agg* insidioso ◊ testardo ◊ **taong tusò** volpe (*fig*).
**tustòs** *s* provvista.
**tustusàn** *v* sostenere, finanziare; fornire, rifornire.
**tuta** *s* cucciolo.
**tutol** *s* contestazione, opposizione.
**tutpeyst** *s* dentifricio.
**tutpik** *s* stuzzicadenti.
**tutubi** *s* libellula.
**tutulan** *v* contestare, opporre.
**tuwalya** *s* asciugamano.
**tuwàng-tuwa** *agg* (*fig*) elettrico, su di giri.
**tuwìd** *agg* rettilineo, retto.
**tuwing** *cong* ogni volta che,quando ◊ **tuwing apat na buwan** quadrimestre.
**tuyâ** *s* sarcasmo.
**tuyò** *agg* arido, asciutto, secco ◊ **tuyong bakalaw** stoccafisso.

# U

**ubas** *s* uva.
**ubasan** *s* vite.
**ubò** *s* tosse.
**ubod** *s* nucleo ◊ **ubod ng** superlativo.
**ubòs** *agg* esaurito ◊ **ubòs na ang lahat** tutto esaurito; **ubòs na baterya** pile esauste.
**ubusin** *v* consumare, esaurire.
**ugaìn** *v* (*fig*)piegare; scuotere.
**ugali** *s* condotta, carattere, costume.
**ugàt** *s* radica ◊ radice ◊ vena ◊ **mga ugat** venatura, vaso capillare; **sa ugat** endovena.
**ugit** *s* timone ◊ **taong nasa ugit** timoniere.
**ugong** *s* ronzio, brusio.
**ugòy** *s* dondolo ◊ **ugoyan sa hardin** dondolo da giardino.
**uhaw** *s* sete ◊ **pamawi ng uhaw** dissetante; **pawiin ang uhaw** dissetare; **uhaw na uhaw** assetato.

**uhay** *s* spiga.
**uhog** *s* muco.
**ukalipto** *s* eucalipto.
**ukitin** *v* intagliare.
**ulam** *s* portata.
**ulan** *agg* pluviale ◊ *s* pioggia ◊ **malakas na ulan** diluvio; **pag-ulan** valanga; **ulan na yelo** grandine.
**ulàng** *s* aragosta, astice.
**ulap** *s* foschia, nebbia ◊ nube, nuvola.
**ulat** *s* cronaca nera; notizia ◊ rapporto, comunicato ◊ **ulat pangpanahon** previsioni meteorologiche; **ulat ng dalubhasa** perizia; **ulatan ng diyaryo** redazione.
**ulit** *avv* ancora, di nuovo ◊ **isinalin ulit** riversare; **ligawan ulit** riconquistare; **magbuhos ulit** riversare (liquido); **masiglaan ulit** rinascere; **pagbibintâ ulit** rivendita.
**ulitin** *v* replicare, ribadire, ripetere ◊ **ulitin ang demamda** inoltrare domanda; **ulitin ulî** ricapitolare.
**ulo** *s* testa, capo ◊ bulbo ◊ **maginit ang ulo** perdere la bussola; **masakìt ang ulo** mal di testa; **matigas ang ulo** cocciuto, testardo; **mula sa ulo't paa** da capo a piedi; **pukpukin ang ulo** martellare; **tigas ng ulo** puntiglio.
**ulòl** *agg* demente ◊ *s* (*fig*)oca.
**ulser** *s* ulcera.
**ultra-biolet** *agg* ultravioletto.
**ultra-sound** *s* ecografia.
**ulyanin** *agg* smemorato.
**umaasa** *v* espirare.
**umagâ** *s* mattina, mattino.
**umagnàs** *v* erodere.
**umakdà** *v* scrivere comporre.
**umakyàt** *v* arrampicarsi, salire ◊ scavalcare ◊ **umakyat ulit** rimontare, risalire.
**umalingawngàw** *v rifl* ripercuotersi.
**umalis** *v* partire, togliersi di mezzo, andarsene ◊ **bago umalis** prima di partire; **muling umalis** ripartire.
**umalon** *s* mareggiata.
**umalsà** *v rifl* ribellarsi.
**umamin** *v* confessare.
**umandar** *v* circolare ◊ (*meccanismo, motore*) partire, funzionare ◊ **umandarulit** ripresa.
**umangkàs** *v* chiedere un passaggio.
**umangkòp** *v rifl* adeguarsi.
**umantala** *v* dilazionare.
**umapaw** *v* straripare, traboccare.
**umasa** *v* dipendere, sperare.
**umasenso** *v* affermare ◊ **umasenso sa trabaho** venire dalla gavetta.
**umatras** *v* indietreggiare, retrocedere.
**umawit** *v* cantare.
**umekstra** *s* (*teat*)comparsa.
**umembento** *v* inventare.
**umibig** *v* amare, innamorarsi ◊ **umibig ulit** ritorno di fiamma.
**umigìk** *v* grugnire.

**umiibig** *agg* innamorato ◊ **umiibig ng husto** innamorato cotto.
**umiikot** *s* torsione.
**umikâ** *v* zoppicare.
**umiklî** *v* (*tessuto*)ritirare.
**umikot** *v* girare; andare al largo ◊ **umikot na parang turompo** girare come una trottola; **umikot sa kanan** girare a destra.
**uminis** *s* asfissia.
**uminit** *v rifl* riscaldarsi.
**uminom** *v* bere ◊ **uminom ng maraming alak** alzare il gomito; **uminom ng maraming gamot** imbottirsi di farmaci.
**umiral** *v* prevalere.
**umiwas** *v* eludere; stare alla larga.
**umiyàk** *v* piangere ◊ **umiyak na parang agos** piangere a dirotto; **umiyak ng biglâ** scoppiare in lacrime.
**umorismo** *s* umorismo.
**umpisa** *s* (*fig*) radice ◊ partenza, inizio.
**umpisahan** *v* iniziare.
**umpukan** *s* folla.
**umubò** *v* tossire.
**umugâ** *v* ondeggiare.
**umugong** *v* (*fig*)ronzare.
**umuguy-ugòy** *v* ciondolare.
**umulàn** *v* piovere ◊ **umulan ng yelo** grandinare; **umulan ng malakas** diluviare.
**umuna** *v* avanzare.
**umungal** *v* ruggire.
**umungol** *v* ringhiare.
**umunlàd** *v* progredire, prosperare ◊ **umunlad ulit** (*fig*)risorgere.
**umupa** *v* noleggiare ◊ **umupa ng bangka** noleggiare una barca; **umupa ng sasakyan** noleggiare un'automobile.
**umupò** *v* insediarsi, sedere ◊ **umupò sa trono** sedere sul trono.
**umurong** *v* ritirare ◊ (*sport*) retrocedere.
**umuslì** *v rifl* sporgersi.
**umusòs** *v* sgusciare.
**umuugòy** *agg* pendolare.
**umuwî** *v* rincasare.
**una** *agg* primo ◊ **una sa lahat** soprattutto, per primo; **unanag araw ng tag-init** solstizio d'estate; **unang araw ng tag-lamig** solstizio d'inverno; **unang ipin** denti di latte; **unang pahina** prima pagina; **unang palabas ng isang pelikula** film di prima visione.
**unan** *s* cuscino, guanciale.
**unang-ani** *s* primizia.
**unang-palapàg** *s* pianterreno.
**unatin** *v* stirare, distendere, spiegare.
**ungâ** *v* muggire.
**ungàs** *s* gnocco.
**unggoy** *s* scimmia.
**ungguwento** *s* unguento.
**ungkatin** *v* mettere il dito sulla piaga.
**ungol** *s* ringhio.
**unibersidàd** *s* università.
**uniporme** *s* camice.
**unòs** *s* burrasca, tempesta.

**untog** *s* testata.
**unyòn** *s* sindacato.
**uòd** *s* (*fig*)germe ◊ baco, verme.
**upa** *s* noleggio, affitto.
**upahan** *v* affittare ◊ scritturare.
**upasalà** *s* offesa.
**upasalain** *v* offendere.
**upòs** *s* (*sigaretta*) cicca, mozzicone ◊ **upos sindi** fumatore accanito.
**upuàn** *s* seggiola, sedile, sedia; seggiolone ◊ **upuang eletriko** sedia elettrica; **upuang maaring higaan** sedia a sdraio.
**uraka** *s* gazza.
**urano** *s* urano.
**uranyo** *s* uranio.
**urhente** *agg* urgente.
**uri** *s* esemplare; risma, specie, genere ◊ **uri ng pasta** raviolo.
**urna** *s* urna.
**urong** *s* retromarcia.
**urtikarya** *s* orticaria.
**usà** *s* renna, cerbiatto, cervo ◊ **usang-barako** cervo volante; **usang-gubat** capriolo.
**usapan** *s* questione, trattativa ◊ dialogo, colloquio ◊ **ang punò ng usapan** il nocciolo della questione; **makarating na usapan** giungere all'orecchio; **matapat sa usapan** essere di parola; **naputol ang usapan sa telepono** è caduta la linea.
**usbòng** *s* bocciolo.
**usò** *agg* alla moda, di grido ◊ *s* moda, tendenza ◊ **di-na usò** passato di moda; **nasa usò** essere in voga.
**usok** *s* (*il fumare tabacco*)fumo.
**utàk** *s* cervello ◊ **utak sa butò** midollo.
**utang** *agg* (*econ*) passivo ◊ *s* credito, debito; mutuo ◊ **isali sa utang** addebitare; **magbayad ng utang** sdebitarsi.
**uteros** *s* utero.
**utòng** *s* capezzolo.
**utopiya** *s* utopia.
**utòs** *s* ordine, comando ◊ ordinamento, decreto.
**utuhin** *v* (*fig*)leccare.
**utusan** *v* mandare.
**utû-utô** *s* (*fig*)merlo.
**uúgod-ugòd** *s* (*fig*)mummia.
**uwàk** *s* cornacchia, corvo.
**uwàng** *s* scarabeo.
**uyàn** *s* satira.
**uyayi** *s* filastrocca, ninnananna.

# V

**van** *s* furgone.
**venician** *s* veneziana.

# W

**wakas** *s* conclusione, finale, fine.
**waks** *s* cera.
**walà** *agg* inesistente, privo, non disponibile ◊ *prep* senza ◊ *pron indef* niente, nulla ◊ **wala akong**

pakialam non mi riguarda; **wala man lang isang kaibigan** non ha un solo amico; **wala na sa panganib** sano e salvo; **wala ng masasabi** non c'è che dire; **wala pa sa mga tindanhan** fuori commercio; **wala sa daan** fuoristrada; **wala sa lugar** inopportuno, fuori luogo; **walang-awang pagpatay** eccidio; **walang-hintong tren** (treno) diretto; **walang kaugnayan** estraneo; **walang kinikilingan** neutrale; **walang laman** scarno; **walang malay-tao** incosciente; **walang manggas** sbracciato; **walang pahintulot** abusivo; **walang pakialam** menefreghista; **walang palugit** improrogabile; **walang panggalang** indifeso; **walang presyo** impagabile; **walang sigla** inanimato; **walang silbi** invano; **walang suspetsa** insospettire; **walang utang na loob** ingrato.

**walang-alàm** *agg* ignaro, ignorante.

**walang-asikaso** *agg* disattento.

**walang-bahala** *agg* indifferente.

**walang-balâ** *agg* (*arma*)scarico.

**walang-bantày** *agg* incustodito.

**walang-batayàn** *agg* infondato.

**walang-bayad** *avv* gratis.

**walang-bisà** *agg* nullo.

**walang-galang** *agg* brusco, scortese, villano.

**walang-galaw** *agg* fermo, immobile.

**walang-gana** *agg* inappetente ◊ svogliato.

**walang-gulat** *agg* imperterrito.

**walang-gusto** *avv* controvoglia.

**walang-habàg** *agg* inumano.

**walang-halagà** *agg* inestimabile.

**walang-halò** *agg* puro.

**walang-hanapbuhay** *agg* disoccupato.

**walang-hanggan** *s* eternità.

**walang-hanggánan** *agg* illimitato, smisurato.

**walang-hinalà** *agg* insospettabile.

**walang-hiya** *agg* disgraziato ◊ sfrontato.

**walang-humpay** *agg* incessante.

**walang-inaálala** *agg* spensierato.

**walang-ingat** *agg* incauto, noncurante.

**walang-interès** *v* disinteressare.

**walang-kabiyàk** *agg* dispari.

**walang-kabuluhàn** *agg* insignificante.

**walang-kakayahàn** *agg* inabile, incompetente, incapace ◊ **taong walang-kakayahan** incompetente (*s*).

**walàng-kamàtayan** *agg* immortale.

**walang-karanasàn** *agg* maldestro.

**walang-karapatàn** *agg* squalificato.

**walang-karga** *agg* (*meccanismo*) scarico.

**walang-katapusan** *agg* inesauribile, infinito, interminabile.
**walang-katiyakan** *agg* difficile, precario ◊ **walang-katiyakan na trabahador** lavoratoreprecario.
**walang-katwiran** *agg* ingiustificato.
**walang-kaubusan** *agg* inesauribile.
**walang-kawawaan** *agg* incoerente.
**walang-kilos** *agg* inerte.
**walang-kinakampihan** *agg* neutro.
**walang-kiníkilingan** *agg* imparziale.
**walang-kintàb** *agg* insulso.
**walang-kulay** *agg* scialbo, incolore.
**walang-kuwenta** *agg* scadente.
**walang-kuwerdàs** *agg* scarico.
**walang-lamàn** *agg* vano, vuoto.
**walang-lasa** *agg* scondito.
**walang-lunas** *agg* incurabile.
**walang-lusutan** *s* strada senza uscita.
**walang-malay** *s* inconscio.
**walang-matuwìd** *agg* illogico.
**walang-naktira** *agg* disabitato.
**walang-pag-asà** *agg* insperato.
**walang-pagkainteresado** *s* disinteresse.
**walang-pakiramdam** *agg* insensibile.
**walàng-pasensiyà** *agg* insofferente, impaziente.
**walang-patawad** *agg* che non perdona ◊ **taong walang-patawad** un tipo che non perdona.
**walang-pinagaralan** *agg* maleducato.
**walang-silbi** *agg* inutile.
**walang-suwerte** *agg* sciagurato.
**walang-takdà** *s* a tempo indeterminato.
**walang-tao** *agg, pron pers* nessuno.
**walang-taròs** *agg* spericolato.
**walang-tigil** *agg* senza sosta.
**walang-tinútúkoy** *agg* impersonale.
**walang-tiwala** *v* diffidare ◊ **walang-tiwala sa isang tao** diffidare di qualcuno.
**walang-tutol** *agg* passivo.
**waldas** *s* sperpero.
**walis** *s* scopa ◊ **taga-walis ng kalsada** spazzino; **de-koryente na walis** scopa elettrica.
**walisan** *v* spazzare.
**walo** *s* otto.
**wari** *agg* apparente.
**wasak** *s* malora.
**wasakin** *v* demolire, sfasciare, devastare.
**wasak-wasak** *s* baracca.
**wastò** *agg* giusto, apposito, corretto.
**watak-watakin** *v* (*fig*)dileguare.
**watawat** *s* bandiera, emblema.
**wayper** *s* tergicristallo.
**welga** *s* sciopero.
**weyter** *s* cameriere.
**wika** *s* lingua ◊ **pambangsang**

**wika** lingua madre; **wikang etrusko** etrusco.
**wikang-pambansa** *s* madrelingua.
**wiling-wili** *v* essere a proprio agio.
**winalâ** *v* smarrire.
**winasak** *agg* disfatto.
**winisikàn** *v* schizzare.
**wisik** *s* spruzzo.
**wisikàn** *v* schizzare, spruzzare.
**wisterya** *s* glicine.

# Y

**yabàg** *s* passo.
**yabàng** *s* vanto.
**yagit** *s* rifiuto.
**yagyàg** *s* trotto.
**yakap** *s* abbraccio.
**yakapin** *v* abbracciare.
**yaman** *s* risorsa, ricchezza.
**yanì** *s* (*fig*)scossa.
**yantòk** *s* giunco.
**yapàk** *s* orma.
**yapakan** *v* pestare.
**yari sa** *agg* fatto di, fatto in ◊ **yari sa bahay** fatto in casa; **yaring kamay** artigianale.
**yate** *s* yacht.
**yayà** *sf* baby-sitter, governante.
**yayain** *v* invitare.
**yelo** *s* neve, ghiaccio ◊ **hamòg na yelo** brina, glassa; **mag isket sa yelo** pattinaggio su ghiaccio; **manipis na yelo** nevischio; **ulan na yelo** grandine; **umulan ng yelo** grandinare.
**yelso** *s* gelso.
**yenepero** *s* ginepro.
**yerbabuwena** *s* menta.
**yero** *s* lamiera.
**yeso** *s* gesso.
**yidis** *s* yiddish.
**yimutin** *v* infastidire.
**yodo** *s* iodio.
**yogort** *s* yogurt.
**yoniko** *agg* ionico.
**yoyo** *s* yo-yo.
**yumagyàg** *v* trottare.
**yumakap** *v* serpeggiare.
**yumaò** *agg* defunto.
**yumari** *v* costruire.
**yumukò** *v* chinare ◊ *v rifl* inchinarsi.
**yungib** *s* grotta.
**yunit** *s* (*mat*) unità ◊ **yunit ng sukat** unità di misura.
**yupi-yupi** *agg* ammaccato; storto.
**yute** *s* iuta.

# Z

**zay** *s* zeta.
**zink** *s* zinco.
**zip** *s* (*inform*)zip.

# ITALYANO - PILIPINO

# ITALIANO - FILIPPINO

# A

**a** *prep* sa ◊ **sapere a memoria** alamin sa memorya; **al buio** sa dilim; **di fronte a** sa harap; **vicino a** malapit sa; **fatto a mano** gawa sa kamay.
**abbagliante** *agg* nakakasilaw ◊ **fari abbaglianti** nakasilaw na ilaw.
**abbaiare** *v* tumahol.
**abbandonare** *v* iwan, layasan, pabayaan.
**abbandono** *sm* pagpapabaya, pagtigil, pag-iiwan.
**abbassare** *v* ibabà ◊ *v rifl* yumukò.
**abbasso** *inter* pagbabà.
**abbastanza** *avv* sapat, husto, tama ◊ **averne abbastanza** tama na, sapat na.
**abbàttere** *v tr* itumbà (*alberi*) putulin ◊ (*edifici*) guhuin ◊ (*animali*) patayin (ang hayop) ◊ *v rifl* matumbà.
**abbazìa** *sf* monasteryo, kumbento.
**abbigliamento** *sm* damit.
**abboccare** *v* kumagat ◊ (*pesci*) magpain ◊ (*fig*) mahulog.
**abbonamento** *sm* bayad ◊ (*giornale, rivista*) suskrisyòn.
**abbonarsi** *v rifl* sumuskribi ◊ (*mezzi pubblici*) magbayad.
**abbondante** *agg* saganà.
**abbondanza** *sf* kasaganaan.
**abbottonare** *v* ibutones ◊ *v rifl* tumahimik.
**abbracciare** *v* yakapin ◊ (*circondare*) magpaligid ◊ *v rifl* magyakapàn.
**abbràccio** *sm* yakap.
**abbreviazione** *sf* daglàt.
**abbronzante** *agg* kremang-pampaitim, suntan lotion.
**abbronzarsi** *v rifl* magpaitim sa araw.
**abete** *sm* abeto.
**àbile** *agg* mahusay.
**abilità** *sf inv* kahusayan.
**abisso** *sm* kailaliman.
**abitante** *agg* naninirahan ◊ *sm/f* ang naninirahan.
**abitare** *v* manirahan ◊ **abitare a Milano** tumira sa Milano.
**abitazione** *sf* tirahan.

**àbito** *sm* damit ◊ **abito da sera** damit pang-gabì; **abito da sposa** trahe-de-boda.
**abituarsi** *v rifl* masanay, mabihasa.
**abitùdine** *sf* kagawian ◊ **avere l'abitudine di** nakagawian ang; **prendere un'abitudine** sanayin; **fare l'abitudine** kasanayan.
**abolire** *v* bigyang-wakas.
**abortire** *v* ipalaglàg.
**aborto** *sm* laglàg ◊ (*spontaneo*) kunan; (*provocato*) agas, abosiyòn.
**abrogare** *v* ipawalang-bisa.
**abusivo** *agg* walang pahintulot.
**abuso** *sm* pagmamalabis, magabuso.
**accadèmia** *sf* akademya.
**accadere** *v* mangyari.
**accampamento** *sm* kampo ◊ (*mil*) kampo ng mga sundalo.
**accanto** *avv* kalapit, tabi ◊ *prep* sa tabi ◊ **accanto a qualcuno, qualcosa** sa tabi nino, ng.
**accarezzare** *v* haplusin, hipuin.
**accappatóio** *sm* bata-de-banyo.
**accavallare** *v* magpatong ◊ **accavallare le gambe** mag-de-kwatro.
**accecare** *v* bulagin.
**accelerare** *v* bilisàn.
**acceleratore** *sm* akseleradòr, pampatulin.
**accèndere** *v* buksan ◊ (*motore*) paandarin ◊ **accendere la luce** buksan ang ilaw.
**accendino** *sm* panindi, layter.
**accennare** *v* ipahiwatig.
**accensione** *sf* pansindi.
**accento** *sm* diin.
**accertamento** *sm* katiyakan.
**acceso** *agg* nakabukas.
**accessìbile** *agg* maaring marating.
**accesso** *sm* pasukan ◊ **divieto di accesso** bawal pumasok.
**accettare** *v* tanggapin ◊ **accettare un consiglio** dinggin ang payo.
**accettazione** *sf* ugar-tanggapan ◊ (*ospedale*) tanggapan ng òspital.
**acciàio** *sm* asero ◊ **acciaio inossidabile** bakal na hinde kinakalawang; **musçoli d'acciaio** malakas.
**accidentato** *agg* ◊ (*terreno*) malubak na daan.
**accidente** *sm* disgrasya, aksidente ◊ **non capire un accidente** walang naiintindihan.
**accidenti!** *inter* naku!.
**acciuga** (*pl* **-ghe**) *sf* dilis ◊ **stretti come acciughe** masikip.
**acclùdere** *v* ilakip.
**accogliente** *agg* kàlugùd-lugòd, magiliw.
**accoglienza** *sf* pagtanggap, pagsalubong.
**accògliere** *v* tanggapin.
**accoltellare** *v* saksakin.
**accomodarsi** *v rifl* ipalagay ang loob ◊ **si accomodi** tuloy po, pasok po.
**accompagnamento** *sm* samahan ◊ (*mus*) saliw ◊ **bolla di accompagnamento** tatàk.

**accompagnare** *v* samahan.
**accompagnatore** (**-trice**) *sm* tagapaghatid ◊ **accompagnatore turistico** tagapaghatid ng mga manlalakbay.
**accontentare** *v* maging masaya.
**acconto** *sm* deposito, paunang-bayad.
**accoppiarsi** *v rifl* pumareha.
**accorciare** *v* iklian.
**accordare** *v* sang-ayunan ◊ (*concedere*) maging ayun ◊ (*mus*) itono.
**accordo** *sm* kasunduan.
**accòrgersi** *v rifl* pansinin.
**accórrere** *v* tumakbò.
**accostarsi** *v rifl* tabihan.
**accumulare** *v* mag-ipon.
**accumulatore** *sm* taong nagtitipon.
**accurato** *agg* maingat.
**accusa** *sf* paratang ◊ **capo d'accusa** demanda, sakdal.
**accusare** *v* magparatang.
**acerbo** *agg* maasim, hilaw (*anche fig*).
**aceto** *sm* sukà.
**acetone** *sm* aseton.
**acidità** *sf inv* asim ◊ (*fig*) kaasiman ◊ **acidità di stomaco** asim ng sikmura.
**àcido** *sm* asido, asim.
**acqua** *sf* tubig ◊ **acqua minerale naturale** mineral water; **acqua potabile** tubig na inumin; **acqua di colonia** colon; **acqua ossigenata** agwa oksinada; **acqua benedetta** agwa-bendita; **trovarsi in cattive acque** malagay sa masamang sitwasyon.
**acquàrio** *sm* akwaryum ◊ (*astr*) mànunubig.
**acquàtico** (*f* **-a** *pl* **-ci -che**) *agg* tubigan.
**acquazzone** *sm* malakas na ulan.
**acquedotto** *sm* nawasa.
**acquerello** *sm* water-kolor.
**acquistare** *v* bilhin, bumili.
**acquisto** *sm* pinamili.
**acrìlico** (*pl* **-ci**) *sm* akriliko.
**acròbata** (*pl* **-i -e**) *sm/f* sikero.
**acròpoli** *sf inv* akropoli.
**acùstica** (*pl* **-che**) *sf* akústikà.
**acuto** *agg* matindi, matulis.
**adàgio** *avv* dahan-dahan, mabagal ◊ *sm* (*mus*) mabagal na tugtog.
**adattamento** *sm* pag-akma, pag-angkop.
**adattare** *v* iakmà, iangkop.
**adatto** *agg* akmà, angkop.
**addebitare** *v* ilista.
**addèbito** *sm* utang.
**addestrare** *v* sanayin.
**addetto** *agg* empleado ◊ **addetto ai lavori** para sa manggagawa lamang.
**addìo** *inter* paalam.
**addirittura** *avv* lubos ◊ **addirittura!** totoo nga!.
**additivo** *sm* dagdag, sangkap.
**addizione** *sf* karagdagan.
**addolcire** *v* patamisin ◊ (*fig*) bumait.
**addolorare** *v* maging-malungkot.

**addome** *sm* tiyan.
**addomesticare** *v* paamuin.
**addormentarsi** *v rifl* mákatulòg.
**addosso** *avv* likod ◊ *prep* likuran ◊ **addosso a** likod ng; **mettere le mani addosso a qualcuno** lapastanganin; **mettere gli occhi addosso a qualcuno, qualcosa** sulyapan, tignan.
**adeguare** *v* iangkòp ◊ *v rifl* umangkòp.
**adeguato** *agg* hustò.
**aderente** *agg* makapit, madikit.
**adesivo** *agg* pandikit ◊ *sm* pandikit.
**adesso** *avv* ngayòn ◊ **per adesso** sa ngayòn.
**adolescente** *agg* kabataan.
**adoperare** *v* gamitin.
**adorare** *v* sambahin.
**adottare** *v* mag-ampon ◊ (*fig*) kupkopin.
**adulterato** *agg* magbantò.
**adulto** *agg* may sapat na gulang ◊ *sm* matanda.
**aèreo** *agg* sasakyang panghimpapawid ◊ *sm* (*aeroplano*) eruplano ◊ **aereo di linea** eruplano ng bayan; **aereo da turismo** eruplanong pang turista; **base aerea** himpilan ng hukbong panghimpapawid.
**aeronàutica** (*pl* **-che**) *sf* eronawtika.
**aeroplano** *sm* eruplano.
**afa** *sf* maalinsangan.
**affacciarsi** *v rifl* dinungaw ◊ (*spazio*) humarap.
**affamato** *agg* gutom.
**affannarsi** *v rifl* humingal.
**affare** *sm* negosyo ◊ (*fam, cosa*) ang bagay ◊ **ministero degli Affari Esteri** kagàwaran ng suliraning panlabàs; **concludere un affare** pirmahan ang kasunduhan; **farsi gli affari propri** huwag makialam sa gawain ng iba; **uomo d'affari** mangangalakal; **fare un buon affare** magkaroon ng mababang presyo.
**affascinante** *agg* kaakit-akit.
**affaticarsi** *v rifl* mapagod.
**affatto** *avv* lubos ◊ **niente affatto** hindi naman.
**affermare** *v* sabihin ◊ *v rifl* (*vincere*) manalo ◊ (*sul mercato*) umasenso.
**affermazione** *sf* pahayag.
**afferrare** *v* sunggaban.
**affettare** *v* paghiwa-hiwain.
**affettato** *sm* hiniwa.
**affetto** *sm* pagmamahal ◊ **provare affetto per qualcuno** mahalin ang isang tao.
**affettuoso** *agg* mapagmahal.
**affiancare** *v* tabihan.
**affidàbile** *agg* mapagkakatiwalaan.
**affidare** *v* ipagkatiwala.
**affilare** *v* patalasin.
**affinché** *cong* ng sa gayun.
**affinità** *sf inv* relasyòn.
**affittare** *v* upahan ◊ **affittasi** paupahan.
**affitto** *sm* upa.

**afflìggere** *v* pagkabalisa.
**affluenza** *sf* agos.
**affogare** *v* malunod.
**affollamento** *sm* pagtipon ng maraming tao.
**affollare** *v* magkalipumpon.
**affollato** *agg* maraming tao.
**affondare** *v* lumubog.
**affrancare** *v* palayain ◊ (*corrispondenza*) magselyo.
**affresco** (*pl* **-chi**) *sm* apresko.
**affrettarsi** *v rifl* magmadali.
**affrontare** *v* harapin.
**affumicato** *agg* tinapa.
**afoso** *agg* maalinsangan.
**africano** *agg* aprikano ◊ *sm* Aprikano.
**agenda** *sf* talaarawan.
**agente** *sm/f* ahente ◊ **agente di borsa** ahente ng pamilihan ng sapi; **agente immobiliare** ahente ng lupàin; **agente di polizia** pulis.
**agenzìa** *sf* ahènsiyà.
**agevolazione** *sf* pagkakaloob.
**agganciare** *v* ikawit.
**aggettivo** *sm* pang-uri.
**aggiornare** *v* baguhin ang petsa.
**aggirare** *v* magpaikot.
**aggiùngere** *v* dagdagan.
**aggiunta** *sf* dagdag.
**aggiustare** *v* ayusin.
**aggrapparsi** *v rifl* pagdakmà ◊ (*fig*) sunggaban.
**aggravarsi** *v rifl* lumalà.
**aggredire** *v* dumaluhong.
**aggressione** *sf* daluhong.
**aggressivo** *agg* mapusòk.
**aggrovigliare** *v* magkabuhùlbuhòl.
**agguato** *sm* patibong.
**agguerrito** *agg* sanay maigî.
**agiato** *agg* maykaya sa buhay.
**àgile** *agg* maliksi.
**agilità** *sf inv* kaliksihan.
**àgio** *sm* komportablè ◊ **mettere a proprio agio** huwag mahiyà.
**agire** *v* gawin.
**agitare** *v* makabagabag.
**agitazione** *sf* pagkabahala.
**agli** *prep artic* para sa.
**àglio** *sm* bawang ◊ **testa, spicchio d'aglio** piraso ng bawang.
**agnello** *sm* kordero ◊ (*carne*) karne ng tupa.
**ago** (*pl* **aghi**) *sm* karayom ◊ **essere l'ago della bilancia** maging tulay.
**agonìa** *sf* paghihingalò.
**agonìstico** (*f* **-a** *pl* **-ci-che**) *agg* ◊ (*sport*) palakasan.
**agopuntura** *sf* agopunktyor.
**agosto** *sm* agosto.
**agrìcolo** *agg* pansaka.
**agricoltore** (**-trice**) *sm* magsasaka.
**agricoltura** *sf* pagsasaka.
**agriturismo** *sm* bakasyon sa probinsiya.
**agrodolce** *agg* matamis na maasim.
**agrume** *sm* maasim na prutas.
**aguzzare** *v* patalimin ◊ **aguzzare la vista** patalasin ang tingin.
**ahi** *inter* aray!, aruy!.
**ai** *prep artic* sa mga.

**àia** *sf* bakuran.
**Aids** *sm* AIDS.
**airone** *sm* tagak.
**air terminal** *sm inv* himpilan ng eruplano.
**aiuòla** *sf* damuhan na may mga bulaklak.
**aiutante** *sm/f* kawani.
**aiutare** *v* tulungan.
**aiuto** *sm* tulong ◊ **aiuto!** saklolo!; **dare aiuto** tumulong; **aiuto regista** kawani ng direktor.
**al** *prep artic* sa.
**ala** (*pl* **ali**) *sf* pakpak.
**alba** *sf* madaling-araw ◊ **svegliarsi all'alba** gumising ng madaling-araw.
**albergo** (*pl* **-ghi**) *sm* otèl ◊ **casa albergo** otèl na tirahan; **prenotare una camera d'albergo** magreserba ng kuwarto sa otèl.
**àlbero** *sm* punungkahoy ◊ **albero maestro** kapitano ng barko; **albero da frutto** punongkahoy na namumungà.
**albicocca** (*pl* **-che**) *sf* milokoton.
**album** *sm inv* album.
**albume** *sm* puti ng itlog.
**alcol** *sm inv* alkohòl.
**alcòlico** (*f* **-a** *pl* **-ci -che**) *agg, sm* may-alkohòl.
**alcuno** *agg* alinman ◊ *pron indef* sinuman.
**alfabeto** *sm* abakada.
**alga** (*pl* **-ghe**) *sf* damùng-dagat.
**àlgebra** *sf* alhébrà.
**àlibi** *sm inv* dahilan.
**alice** *sf* dilis.
**alienante** *agg* magpalayo.
**alimentare** *agg* pangkain ◊ *sm* pagkain ◊ *v* (*cibo*) pakainin ◊ (*carburante*) magpa-andar.
**alimentazione** *sf* pangpakain ◊ (*carburante*) pangpanadar.
**alimento** *sm* pagkain.
**aliscafo** *sm* sasakyang-pangdagat.
**àlito** *sm* hiningà.
**alla** *prep artic* sa.
**allacciamento** *sm* magkabit ◊ **allacciamento della luce, del gas, del telefono** pagbakabit ng koryente, gas, telepono.
**allacciare** *v* itali ◊ **allacciarsi le scarpe** itali ang sintas ng sapatos.
**allagamento** *sm* pagbahà.
**allagare** *v* baháin.
**allargare** *v* paluwagin.
**allarmare** *v* mangambà.
**allarme** *sm* babalà ◊ **dare l'allarme** magbigay ng babalà; **allarme antifurto** hudyàt laban sa magnanakaw.
**allattare** *v* magpasusò.
**alle** *prep artic* sa mga.
**alleanza** *sf* pagkakaisa.
**allegare** *v* ilakip.
**alleggerire** *v* pagaanin.
**allegrìa** *sf* kasiyahan.
**allegro** *agg* masaya.
**allenamento** *sm* ehersisyo.
**allenare** *v* pagehersisyo ◊ (*fig*) sanayin.
**allenatore** (**-trice**) *sm* tagasanay.

**allergìa** *sf* taluhiyàng, alerdyi.
**allèrgico** (*f* **-a** *pl* **-ci -che**) *agg* hindi hiyàng.
**allevamento** *sm* pagpapalaki, pagaalaga.
**allevare** *v* palakihin ◊ (*bestiame*) alagaan.
**allievo** *sm* mag-aaral, estudyante.
**alligatore** *sm* buwaya.
**allineare** *v* ipantay.
**allo** *prep artic* sa.
**alloggiare** *v* tumira.
**allòggio** *sm* tirahan.
**allontanamento** *sm* pag-alis.
**allontanare** *v* umalis ◊ (*da un incarico*) magbitiw.
**allora** *avv* talagà ◊ *cong* kaya ◊ **da allora** mula-noon.
**alloro** *sm* laurel.
**àlluce** *sm* hinlalaki ng paa.
**allucinante** *agg* nakakagulat.
**allucinazione** *sf* guniguni.
**allumìnio** *sm* aluminyo.
**allungare** *v* pahabain ◊ (*un liquido*) dagdagan ◊ **allungare il passo** bilisan ang lakad; **allungare le mani** iabot ang kamay.
**alluvione** *sf* bahà.
**almeno** *avv* buti na lang.
**alpinismo** *sm* pangungubat.
**alt!** *inter* tigil!.
**altalena** *sf* duyan.
**altare** *sm* altar, dambana.
**alterare** *v* baguhin.
**alterazione** *sf* pagbabago.
**alternativa** *sf* pamimili sa dalawang bagay.
**altezza** *sf* taàs ◊ **essere, non essere all'altezza di** kaya, hindi kaya.
**altitùdine** *sf* kataásan.
**alto** *agg* mataàs ◊ **alta marea** taàs ng tubig, taàs ng dagat; **alta stagione** kapanahonan; **ad alto livello** mataàs na ranggo; **guardare dall'alto in basso** tignan pataàs pababà.
**altoparlante** *sm* mikròponò.
**altopiano** (*pl* **altipiani**) *sm* talampàs.
**altrettanto** *avv* din ◊ *pron indef* din ◊ **grazie, altrettanto!** salamat din!.
**altrimenti** *avv* kundi ◊ **vieni, altrimenti me ne vado** aalis ako kung hindi ka sasama.
**altro** *agg indef* iba ◊ **l'altro ieri** noong isang araw; **d'altra parte** sa ibang panig; **vuole altro?** gusto mo pa ng iba?; **se non altro** kundi.
**altroché** *inter* ano pa ba!.
**altrove** *avv* kung saan man.
**alunno** *sm* estudyante.
**alveare** *sm* bahay-pukyutan.
**alzare** *v* tumayo ◊ (*sollevare*) buhatin ◊ (*aumentare*) itaàs ◊ *v rifl* (*crescere*) lumaki ◊ (*vento*) lakasan ◊ (*temperatura*) tumaas ◊ **alzare il gomito** uminom ng maraming alak, maglasing; **alzare la voce** lakasan ang boses; **alzare i prezzi** taásan ang presyo.
**amàbile** *agg* kagiliw-giliw ◊ **vino amabile** hindi matapang na alak.
**amaca** (*pl* **-che**) *sf* duyan.

**amante** *agg* mapagmahal ◊ *sm/f* kalaguyò.
**amare** *v* umibig.
**amarena** *sf* seresang-itim.
**amarezza** *sf* kapaitan.
**amaro** *agg* mapait ◊ *sm* (*digestivo*) pang-patunaw.
**ambasciata** *sf* embahada.
**ambasciatore** (**-trice**) *sm* embahadòr.
**ambientalista** (*pl* **-i -e**) *agg* makapaligiran.
**ambiente** *sm* kapaligiran ◊ **temperatura ambiente** katamtamang temperatura.
**ambìguo** *agg* di-tiyak.
**ambizione** *sf* hangarin.
**ambizioso** *agg* mapag-hangad.
**ambulante** *agg* magalà ◊ *sm/f* galà.
**ambulanza** *sf* ambulansya.
**ambulatoriale** *agg* out-patient ◊ **visita ambulatoriale** out-patient visit.
**ambulatòrio** *sm* out-patient department.
**amichévole** *agg* mapalakaibigàn.
**amicìzia** *sf* pagkakaibigan ◊ **fare amicizia** makipagkaibigan.
**amico** (*f* **-a** *pl* **-ci -che**) *agg* kaibigan.
**ammaccatura** *sf* kupi.
**ammalarsi** *v rifl* magkasakìt.
**ammalato** *agg* may sakìt.
**ammazzare** *v* patayin.
**amméttere** *v* tanggapin ◊ (*lasciar entrare*) patuluyin.
**ammezzato** *sm* kahatian.
**amministrare** *v* mamahalà.
**amministrativo** *agg* pamamahalà.
**amministratore** (**-trice**) *sm* tagapamahalà ◊ **amministratore delegato** eksekyutib manedyer.
**amministrazione** *sf* pangangasiwà ◊ **consiglio di amministrazione** lupon ng patnugot; **pubblica amministrazione** pambayang-pamamahalà.
**ammirare** *v* purihin.
**ammiratore** (**-trice**) *sm* tagapagsuyo.
**ammirazione** *sf* pagpuri.
**ammissione** *sf* pagtanggap ◊ **esame d'ammissione** entranseksaminesyòn.
**ammobiliato** *agg* may muwebles.
**ammonire** *v* babaláan.
**ammonizione** *sf* babalà.
**ammortizzare** *v* magpabawas.
**ammortizzatore** *sm* tao na sumisira ng loob.
**ammucchiare** *v* ipunin.
**ammuffire** *v* amagin.
**ammuffito** *agg* inamag.
**amnistìa** *sf* amnestiyà.
**amo** *sm* pamingwit.
**amore** *sm* pag-ibig ◊ **andare d'amore e d'accordo** magka-sundo.
**àmpio** *agg* maluwang, malawak.
**amplificare** *v* palakasin.
**amplificatore** *sm* amplipayer.
**amputare** *v* putulin.

**amputazione** *sf* pagputol.
**anabbagliante** *agg* nakakasilaw ◊ **fari anabbaglianti** nakakasilaw na ilaw.
**analcòlico** (*f* **-a** *pl* **-ci -che**) *agg* walang alak.
**analfabeta** (*pl* **-i -e**) *agg* mangmang.
**analgèsico** (*f* **-a** *pl* **-ci -che**) *agg* analgesik.
**anàlisi** *sf inv* pagsusùri ◊ **in ultima analisi** sa huling pagsuri.
**analizzare** *v* suriin.
**ànanas** *sm inv* pinya.
**anarchìa** *sf* anarkiyà.
**anàrchico** (*f* **-a** *pl* **-ci -che**) *agg* anarkiko.
**anatomìa** *sf* anatomiya.
**ànatra** *sf* pato.
**anca** (*pl* **-che**) *sf* balakang.
**anche** *cong* rin ◊ (*pure*) pati ◊ (*seppure*) kahit na ◊ **c'è anche lei** naroon rin siya; **anche volendo, non potrei** kahit na gusto ko hindi pupuwede.
**àncora** *sf* angkora ◊ **gettare l'ancora** ihagis ang angkora.
**ancóra** *avv* isa pa ◊ (*di nuovo*) ulit ◊ *cong* pa rin ◊ **non è ancora arrivato** hindi pa dumarating; **sono ancora qui** nandito pa rin ako.
**andare** *v* pumunta ◊ **andar via** umalis; **andare per le lunghe** magpahaba; **lasciarsi andare** magpabaya, pabayaan ang sarili; **andare d'accordo** magka-sundo; **andare a finire** mauwi sa; **andarsene** umalis; **andarpazzo perqualcosa** maluko sa isang bagay.
**andata** *sf* papunta ◊ **andata e ritorno** papunta at pabalik.
**anello** *sm* bilog ◊ (*gioiello*) singsing ◊ **anello della catena** bilog ng katena.
**anestesìa** *sf* anestesyà ◊ **anestesia locale** anestesya na hindi malakas.
**anfibio** *sm* maaring mabuhay sa lupa, sa tubig.
**ànfora** *sf* ampora.
**àngelo** *sm* anghel.
**àngolo** *sm* sulok ◊ **angolo di cottura** maliit na lutuan; **calcio d'angolo** korner-kik.
**angòscia** (*pl* **-sce**) *sf* dalamhàti.
**anguilla** *sf* igàt.
**angùria** *sf* pakwàn.
**ànima** *sf* kalulùwà ◊ **non c'era anima viva** walang katao tao; **rompere l'anima** makulit.
**animale** *agg* hayop.
**animalista** (*pl* **-i -e**) *sm/f* mahilig magpintà ng hayop.
**animare** *v* buhayin.
**animato** *agg* buhay ◊ **cartone animato** kartòn.
**animatore** (**-trice**) *sm* taga-aliw.
**ànimo** *sm* isip ◊ **forza d'animo** lakas ng loob; **perdersi d'animo** mawalan ng pag-asa; **mettersi l'animo in pace** manahimik.
**annacquare** *v* basahin.
**annaffiare** *v* diligan.
**annata** *sf* magandang-taon ◊ **vino**

**d'annata** magandang-taon ng ubas.
**annebbiare** *v* palabuin.
**annegare** *v* lunurin.
**anniversàrio** *sm* anibersaryo.
**anno** *sm* taon ◊ **buon anno!** maligayang taon!; **l'ultimo dell'anno** huling araw ng taon; **con l'andare degli anni** paglipas ng taon; **anno scolastico** pasukan.
**annodare** *v* ibuhol.
**annoiare** *v* mayamot.
**annotare** *v* ilista.
**annuale** *agg* taon-taon.
**annullare** *v* ipawalang bisa ◊ **annullare un contratto** ipawalang bisa ang kasunduan.
**annunciare** *v* ipahayag.
**annùncio** *sm* pahayag ◊ **annuncio economico** pahayag pangekonomiya.
**annusare** *v* amuyin.
**ano** *sm* puwit.
**anònimo** *agg* hindi-kilala.
**ànsia** *sf* pag-aàlalà.
**ansimare** *v* hinihingalngal.
**ansioso** *agg* balisà.
**antàrtico** (*f* **-a** *pl* **-ci -che**) *agg* antàrtikò.
**antenato** *sm* ninunò.
**antenna** *sf* antena.
**anteriore** *agg* harapan.
**antibiòtico** (*f* **-a** *pl* **-ci -che**) *agg*, *sm* antibiotiko.
**anticàmera** *sf* bulwagan.
**antichità** *sf inv* káuná-unahang panahon.
**anticipare** *v* ipauna.
**antìcipo** *sm* pauna ◊ **arrivare in anticipo** lunang dumating.
**antico** (*f* **-a** *pl* **-chi -che**) *agg* antigo.
**anticoncezionale** *agg* pampigil ng pagbubuntis ◊ *sm* kontraseptibs.
**antidolorìfico** (*f* **-a** *pl* **-ci -che**) *agg* laban sa sakit.
**antìdoto** *sm* pamatay-bisa.
**antifórfora** *agg inv* laban sa balakubak.
**antifurto** *agg* laban sa magnanakaw.
**antìlope** *sf* antelope.
**antincèndio** *agg* laban sa apoy.
**antipasto** *sm* pampagana.
**antipatìa** *sf* antipatiyà.
**antipàtico** (*f* **-a** *pl* **-ci -che**) *agg* nakayayamot.
**antiproièttile** *agg inv* laban sa bala ◊ **giubbotto antiproiettile** diyaket laban sa bala.
**antiquariato** *sm* sinaunà.
**antiquàrio** *sm* bilihan ng lumang bagay.
**antologìa** *sf* antolohiyà.
**anulare** *sm* anilyo ◊ (*dito*) palasingsingàn.
**anzi** *cong* subalit ◊ (*invece*) samantalang ◊ (*o meglio*) mas maigî.
**anziano** *agg* matanda ◊ *sm* ang matanda.
**anziché** *cong* imbis na.
**anzitutto** *avv* bago sa lahat.

**ape** *sf* pukyutan.
**aperitivo** *sm* pampagana.
**aperto** *agg* bukas ◊ **rimanere a bocca aperta** nabiglà; **all'aria aperta** sa labas; **accogliere a braccia aperte** tanggapin bukang loob.
**apertura** *sf* oras ng pagbubukas ◊ (*fenditura*) biyak.
**apòstolo** *sm* apostolo.
**appalto** *sm* kontrato.
**appannarsi** *v rifl* lumabo ◊ (*fig*) malabo.
**apparato** *sm* kasangkapan ◊ (*burocratico*) lupon.
**apparecchiare** *v* ihanda.
**apparécchio** *sm* kagamitan.
**apparente** *agg* wari.
**apparenza** *sf* sa tingin.
**apparire** *v* magpakita.
**apparizione** *sf* pangitain.
**appartamento** *sm* apartmen.
**appartarsi** *v rifl* magbukod.
**appartenere** *v* sumapi ◊ (*fig*) may ari.
**appassionarsi** *v rifl* makapagpakilig.
**appello** *sm* panawagan ◊ **corte d'appello** paghahabol.
**appena** *avv* lamang ◊ (*a malapena*) husto ◊ *cong* lamang.
**appèndere** *v* isabit.
**appendicite** *sf* apendisitis.
**appesantire** *v* pabigatin.
**appetito** *sm* gana ◊ **buon appetito!** maganang pagkain.
**appiccicoso** *agg* malagkit ◊ (*fig*) madikit.
**appìglio** *sm* mahigpit na pagkakahawak.
**applaudire** *v* palakpakan.
**applàuso** *sm* palakpak.
**applicare** *v* ilagay.
**applicazione** *sf* paglagay.
**appoggiare** *v* ipatong ◊ (*fig*) isandal.
**appòggio** *sm* patungàn ◊ (*fig*) sandalan ◊ **banca d'appoggio** katiwalang banko.
**appòsito** *agg* wastò.
**apposta** *avv* sadyà ◊ *agg* sinadyà ◊ **l'ha fatto apposta** sinadyà niya.
**apprendista** (*pl* **-i -e**) *sm/f* baguhan.
**apprezzare** *v* hangaan.
**appròccio** *sm* lumapit.
**approfittare** *v* samantalahin.
**approfondire** *v* palalimin.
**approssimativo** *agg* humigit-kumulang.
**approvare** *v* pahintulutan.
**appuntamento** *sm* tipanan ◊ **prendere un appuntamento** makipagtipan.
**appunto** *sm* nota ◊ *avv* talaga ◊ **perl'appunto** talaga nga.
**apribottìglie** *sm inv* pambukas ng bote.
**aprile** *sm* abril.
**aprire** *v* buksan ◊ **aprire un conto (in banca)** mag-bukas ng konto (sa banko); **non aprire bocca** huwag buksan ang bunganga.
**apriscàtole** *sm inv* abrelata.

**àquila** *sf* agilà ◊ **essere un'aquila** marunong na tao.
**aquilone** *sm* saranggola.
**aràchide** *sf* mani'.
**aragosta** *sf* ulàng.
**arància** (*pl* **-ce**) *sf* dalandan ◊ **spremuta d'arancia** katas ng dalandan.
**aràncio** *sm* kahèl ◊ **fiori d'arancio** bulaklak ng kahèl.
**arare** *v* mag-ararò.
**àrbitro** *sm* tagahatol.
**archeologìa** *sf* arkeyolohiya.
**architettura** *sf* arkitektura.
**archìvio** *sm* talaksan.
**arco** (*pl* **-chi**) *sm* arko ◊ **tiro con l'arco** panà.
**arcobaleno** *sm* bahaghari'.
**àrea** *sf* puròk ◊ **area di parcheggio** paradahan; **area di servizio** gasolinahan, tigilan ng sasakyan; **area di rigore** pinalte eryà.
**arena** *sf* arena.
**argento** *sm* pilak ◊ **nozze d'argento** boda-de-plata.
**argilla** *sf* luwàd.
**àrgine** *sm* pampang.
**argomento** *sm* pagtatalo.
**ària** *sf* hangin ◊ **aria condizionata** air condition; **darsi delle arie** magyabang; **mandare all'aria** sawìin; **prendere un colpo d'aria** mahanginan; **aria compressa** copressed-air.
**àrido** *agg* tuyò.
**ariete** *sm* lalaking tupa ◊ (*astr*) aris.
**aringa** (*pl* **-ghe**) *sf* tamban.
**aristocràtico** (*f* **-a** *pl* **-ci -che**) *agg* maharlika.
**aritmètica** *sf* aritmétikà.
**arma** (*pl* **-i**) *sf* sandata ◊ **porto d'armi** lisénsiyà ng baril.
**armadio** *sm* aparadòr.
**armare** *v* magsandata.
**armistìzio** *sm* armistisyo.
**armonìa** *sf* pagkakaisà.
**arnese** *sm* kasangkapan.
**aroma** (*pl* **-i**) *sm* bangò.
**aromàtico** (*f* **-a** *pl* **-ci -che**) *agg* mabangò.
**arrabbiarsi** *v rifl* magalit.
**arrabbiato** *agg* galit.
**arrampicarsi** *v rifl* umakyàt.
**arrangiarsi** *v rifl* itama.
**arredamento** *sm* mga kagamitan.
**arrèndersi** *v rifl* sumukò.
**arrestare** *v* (*giur*) hulihin ◊ (*fermare*) pigilan.
**arresto** *sm* pagpigil.
**arretrato** *agg* lampas sa taning ◊ *sm* huli.
**arricchire** *v* magpayaman.
**arrivare** *v* dumating.
**arrivederci!** *inter* sa susunod na pagkikita!.
**arrivo** *sm* pagdating ◊ (*aeroporto, stazione*) datingan.
**arrogante** *agg* mapagmataàs.
**arrossire** *v* mamulà.
**arrosto** *agg* mag-ihaw ◊ *sm* ihaw ◊ **pollo arrosto** inihaw na manok.
**arrugginire** *v* mangangalawang.

**arruolare** *v* magpalista sa pagsusundalo.
**arsenale** *sm* baradero.
**arte** *sf* sining ◊ **belle arti** mga magagandang sining; **nome d'arte** pangalang artista.
**artèria** *sf* arteryà.
**àrtico** (*f* **-a** *pl* **-ci -che**) *agg* pangartiko.
**articolazione** *sf* kasukasuan.
**artìcolo** *sm* (*di giornale*) lathalain ◊ (*gramm*) pantukoy ◊ (*prodotto*) bagay ◊ **articolo di fondo** pangunahing lathala; **articoli di prima necessità** pangunahing bilihin.
**artificiale** *agg* hindi tunay.
**artigianale** *agg* kasanyan sa mga yari sa kamay.
**artigiano** *sm* mangagawâ.
**artìglio** *sm* kukò ng hayop.
**artista** (*pl* **-i -e**) *sm/f* artista.
**arto** *sm* braso.
**ascella** *sf* kili-kili.
**ascensore** *sm* elebeytor.
**ascesso** *sm* magâ.
**àscia** (*pl* **asce**) *sf* palakòl.
**asciugacapelli** *sm inv* hair-dryer.
**asciugamano** *sm* tuwalya.
**asciugare** *v* patuyuhin.
**asciutto** *agg* tuyò ◊ (*snello*) payat ◊ **rimanere a bocca asciutta** mawalan; **pasta asciutta** pasta; **all'asciutto** kapos sa pera.
**ascoltare** *v* pakinggan.
**ascolto** *sm* pakikinig ◊ **dare ascolto** pakinggan.
**asfalto** *sm* aspalto.
**asfissìa** *sf* uminis.
**asiàtico** (*f* **-a** *pl* **-ci-che**) *agg* tigaasia.
**asilo** *sm* asilo ◊ **asilo nido** kindergarten.
**àsino** *sm* asno ◊ (*fig*) loko-loko.
**asma** *sf* asmà.
**aspàrago** (*pl* **-gi**) *sm* asparagus.
**aspettare** *v* hintayin ◊ **aspettare un bambino** buntis.
**aspettativa** *sf* inaàsahan ◊ **chiedere un'aspettativa** humingi ng bakasyon.
**aspetto** *sm* anyò ◊ **sala d'aspetto** hintayan.
**aspirapólvere** *sm inv* bakyum kleaner.
**aspirare** *v* langhapin.
**asporto** *sm* alisin ◊ **pizza da asporto** take-away na pisa.
**aspro** *agg* maasim.
**assaggiare** *v* tikman.
**assàggio** *sm* pagtikim.
**assalire** *v* salakayin.
**assalto** *sm* pagsalakay.
**assassinare** *v* patayin.
**assassino** *sm* mama-matay tao.
**asse** *sf* tablà ◊ **asse da stiro** plantsàhan.
**assecondare** *v* sang-ayunan.
**assèdio** *sm* pagsulob.
**assegno** *sm* tseke ◊ **assegno al portatore** tseke ng mayari; **assegno a vuoto, scoperto** talbog na tseke; **assegno non trasferibile** tsekeng hindi mailipat; **assegno**

**circolare** walang taning na tseke, palibot-tseke.
**assemblèa** *sf* pagtitipon.
**assente** *agg* liban.
**assessore** *sm* konsèhal.
**assetato** *agg* uhaw.
**assicurare** *v* tiyakin ◊ (*garantire*) garantiyahan ◊ (*contro rischi*) i-insiyur.
**assicurazione** *sf* katiyakan.
**assideramento** *sm* nalamigan.
**assistente** *sm/f* katulong ◊ **assistente sociale** sosiyal werker; **assistente di volo** estewardess.
**assistenza** *sf* tulong.
**assìstere** *v* tulungan ◊ **assistere un malato** alagaan ang may-sakìt.
**asso** *sm* ace ◊ **piantare in asso** iwanan.
**associarsi** *v rifl* makisama.
**associazione** *sf* samahàn.
**assoluto** *agg* ganap.
**assoluzione** *sf* kapatawaran.
**assòlvere** *v* kalagan ◊ (*un accusato*) magpawalang-sala ◊ (*un dovere*) tumupad.
**assomigliare** *v* magtulad.
**assorbire** *v* sipsipin ◊ (*impegnare*) buhos-na-buhos ang isip.
**assordante** *agg* nakakabingi.
**assuefazione** *sf* nagiging bihasa ◊ (*med*) hindi-maàno.
**assùmere** *v* magpalagay ◊ (*lavoratore*) tanggapin sa trabaho ◊ (*responsabilità*) pananagutan.
**assurdità** *sf inv* kabalighuan.
**assurdo** *agg* balighò.
**asta** *sf* tungkod ◊ (*sbarra*) baras ◊ (*vendita*) subasta.
**astèmio** *agg* matimpi.
**astenersi** *v rifl* magpigil.
**àstice** *sm* ulang.
**astro** *sm* bituin.
**astrologìa** *sf* astrolohiya.
**astronàuta** (*pl* **-i -e**) *sm/f* astronawt.
**astronomìa** *sf* astronomiya.
**àteo** *agg* ateista.
**atlante** *sm* atlas.
**atlàntico** (*f* **-a** *pl* **-ci -che**) *agg* atlantiko.
**atleta** (*pl* **-i-e**) *sm/f* manlalaro.
**atmosfera** *sf* papawirin ◊ (*fig*) kapaligiran.
**atòmico** (*f* **-a** *pl* **-ci-che**) *agg* atomika ◊ **bomba atomica** bombang atomika.
**àtomo** *sm* atom.
**àtrio** *sm* pasilyo.
**atroce** *agg* napakasama.
**attaccare** *v* salakayin ◊ (*una malattia*) hawáan ◊ **attaccare lite** mag-away.
**attacco** (*pl* **-chi**) *sm* salakay ◊ (*med*) atake ◊ **attacco di cuore** atake sa puso.
**atteggiamento** *sm* pagkilos.
**attentato** *sm* pagtangkà.
**attento** *agg* maingat.
**attenuare** *v* pahinain.
**attenzione** *sf* pansin ◊ **fare attenzione** mag-ingat.
**atterràggio** *sm* paglapàg.
**atterrare** *v* lumapàg.

**attesa** *sf* paghihintay ◊ **sala d'attesa** silid-antayan; **lista d'attesa** listahan.
**àttimo** *sm* saglit ◊ **in un attimo** sandali lang.
**attirare** *v* akitin.
**attività** *sf inv* kilos ◊ (*lavoro*) trabaho.
**attivo** *agg* maliksi ◊ *sm* (*bilancio*) bilanse ng entrada.
**atto** *sm* gawâ ◊ (*giur*) batàs ◊ **prendere atto** magtalà; **atto unico** nagiisang eksena.
**attore** (**-trice**) *sm* artista.
**attorno** *avv* sa paligid-ligid.
**attraente** *agg* kaakit-akit.
**attrarre** *v* akitin.
**attraversamento** *sm* krosing.
**attraversare** *v* tumawid.
**attraverso** *avv* sa pamamagitan.
**attrazione** *sf* pang-akit.
**attrezzare** *v* magbigay ng kagamitan.
**attrezzatura** *sf* kagamitan.
**attrezzo** *sm* kasankapan.
**attribuire** *v* magpalagay bungà.
**attuàle** *agg* kasalukuyan.
**attualità** *sf inv* ganap na pangkasalukuyan.
**attutire** *v* magpabawa.
**audace** *agg* matapang.
**audiovisivo** *agg* awdiyo-bisuwal.
**auditòrio** *sm* oditoryum.
**augurare** *v* batiin ◊ **augurare buon compleanno** batiin ng maligayang kaarawan.
**augùrio** *sm* pagbati ◊ **essere di buon, di cattivo augurio** maganda, masamang pagbati.
**àula** *sf* silid.
**aumentare** *v* taásan.
**aumento** *sm* pag-taàs ◊ (*crescita*) paglaki.
**australe** *agg* sa dakong-timog.
**australiano** *agg* pangaustrayano ◊ *sm* Austrayano.
**autèntico** (*f* **-a** *pl* **-ci -che**) *agg* tunay.
**autista** (*pl* **-i-e**) *sm/f* tsuper.
**autoambulanza** *sf* ambulansiya.
**àutobus** *sm inv* bus.
**autocarro** *sm* trak.
**autògrafo** *sm* autograp.
**autogrìll** *sm inv* kainan sa superhighway.
**automàtico** (*f* **-a** *pl* **-ci-che**) *agg* otomatiko.
**automòbile** *sf* sasakyan.
**autonoléggio** *sm* paupahan ng sasakyan.
**autonomìa** *sf* pagsasarili.
**autònomo** *agg* pasasarili ◊ **làvoro autonomo** sariling trabaho.
**autore** (**-trice**) *sm* maylikhà.
**autorévole** *agg* dapat-sundin.
**autorità** *sf inv* awtoridàd.
**autorizzare** *v* bigyan ng kapangyarihan.
**autorizzazione** *sf* awtorisasyòn.
**autoscatto** *sm* otomatikong pangkuha.
**autostop** *sm inv* pag-angkas.
**autostrada** *sf* haywey.
**autunno** *sm* taglagàs.

**avanti** *avv* sa harap ◊ **mettere le mani avanti** mag-ingat; **essere avanti negli anni** matanda.
**avanzare** *v* sumulong ◊ (*andare avanti*) umuna ◊ (*rimanere*) maiwan.
**avanzo** *sm* tirà ◊ **averne d'avanzo** maytirà; **avanzo di galera** labas pasok ng bilibid.
**avaro** *agg* kuripot.
**avere** *v* mayroon ◊ **aver sonno** inaantok; **avere a che fare con qualcuno** may kaugnayan; **aver bisogno** may-kailangan; **avercela con qualcuno, con qualcosa** sisihin kung sino, kung anuman.
**aviatore** *sm* abyador.
**avidità** *sf inv* kasakiman.
**avocado** *sm inv* abukado.
**avvantaggiare** *v* pakinabangan.
**avvelenamento** *sm* pagkalason.
**avvelenare** *v* lasunin.
**avvenimento** *sm* pangyayari.
**avvenire** *v* mangyari.
**avventura** *sf* pakikipagsapalaran.
**avvèrbio** *sm* pang-abay.
**avversàrio** *sm* karibàl.
**avvertenza** *sf* pangangalagà.
**avvertire** *v* ipaalam.
**avviamento** *sm* pambungàd ◊ (*mecc*) pampa-andar ◊ **codice di avviamento postale** postal kod.
**avviare** *v* ipadala ◊ (*fig*) patnubayan.
**avvicinare** *v* lapitan.
**avvilire** *v* paninirang-puri.
**avvisare** *v* ipabatid.
**avviso** *sm* impormasiyòn ◊ **a mio avviso** sa aking palagay.
**avvitare** *v* itornilyo.
**avvocato** *sm* abugado.
**avvòlgere** *v* balutin.
**avvoltóio** *sm* buwitre.
**azienda** *sf* kompanyà.
**azione** *sf* gawain ◊ (*fin*) ginawa.
**azzardare** *v* isapanganib.
**azzardo** *sm* peligro, panganib ◊ **giocare d'azzardo** sugal.
**azzurro** *agg* asul.

# B

**babbo** *sm* tatay ◊ **babbo Natale** santa klaws.
**babbuìno** *sm* baboon.
**baby-sitter** *sf inv* yayà.
**bacato** *agg* sirà.
**bacca** (*pl* **-che**) *sf* berry.
**baccalà** *sm inv* bakalàw.
**baccano** *sm* kaguluhan.
**bacchetta** *sf* baras ◊ **comandare a bacchetta** maging strikto; **bacchetta magica** mahiwagang-baston.
**baciare** *v* halikan ◊ **baciato dalla fortuna** masuwerte.
**bacinella** *sf* palangana.
**bacino** *sm* lunas ◊ (*anat*) balakang.
**bàcio** *sm* halik.
**baco** (*pl* **-chi**) *sm* ùod.
**badare** *v* alagaan ◊ **non badare a spese** huwag mag-alalà sa gastos.

**badile** *sm* pala.
**baffo** *sm* bigote ◊ (*segno*) dungis ◊ **ridere sotto i baffi** tawanan.
**bagagliàio** *sm* bagon.
**bagàglio** *sm* bagahe ◊ (*fig*) karansan ◊ **deposito bagagli** deposito ng bagahe; **ritiro bagagli** kuhanan ng bagahe; **bagaglio a mano** hanbag.
**bagnare** *v* basahin.
**bagnino** *sm* bantay sa paliguàn, layp-gard.
**bagno** *sm* banyo ◊ **costume da bagno** damit pampaligo; **fare un bagno** maligo.
**bagnoschiuma** *sm inv* sabon na panligo.
**bàia** *sf* loòk.
**bàita** *sf* bahay-kubo sa bundok.
**balbettare** *v* paùtal-utal.
**balconata** *sf* balkòn ◊ (*teat*) palko.
**balena** *sf* balena.
**balìa** *sf* sisiwa ◊ **in balìa di qualcuno, qualcosa qualcosa** sa kamay ni, ng.
**balla** *sf* paldo ◊ **raccontare balle** magsinungaling.
**ballare** *v* sumayaw.
**ballerino** *sm* mananayàw.
**balletto** *sm* sayaw, ballet.
**ballo** *sm* sayaw ◊ **essere in ballo** nasa magulong sitwasiyòn.
**ballottàggio** *sm* balota.
**balneare** *agg* tabing-dagat.
**balzare** *v* tumalbog ◊ **balzare agli occhi** halatà.
**bambino** *sm* bata ◊ **avere un bambino** magka-anak.
**bàmbola** *sf* manikà.
**bambù** *sm inv* kawayan.
**banale** *agg* karaniwan.
**banana** *sf* saging.
**banca** *sf* banko ◊ **conto in banca** libreto sa banko.
**bancarella** *sf* puwesto.
**bancàrio** *agg* bankero.
**bancarotta** *sf* bagsàk.
**banchina** *sf* (*marciapiede*) pantalan, side-walk ◊ (*porto*) pantalan ◊ (*stazione*) plataporma.
**banco** *sm* upuan ◊ (*negozio*) puwesto ◊ (*banca*) banko.
**bàncomat** *sm inv* awtomatik despenser ◊ (*tessera*) kard.
**banconota** *sf* perang papel.
**banda** *sf* banda.
**bandiera** *sf* watawat.
**bandito** *sm* tulisan.
**bando** *sm* palathála ◊ **bando di concorso** anunsiyò; **mettere al bando** pawiin.
**bar** *sm inv* bárikàn.
**bara** *sf* kabaong.
**baracca** *sf* kamalig ◊ (*oggetto malconcio*) wasak ◊ **mandare avanti la baracca** ipagpatuloy ang negosyo.
**barare** *v* dayain.
**barattare** *v* magpalitan.
**baratto** *sm* palitan.
**baràttolo** *sm* garapon.
**barba** *sf* balbas ◊ **farsi la barba** mag-ahit.

**barbabiètola** *sf* rimulatsà, beet.
**barbiere** *sm* barbero.
**barca** *sf* bangka ◊ **barca a vela** bangkang may layag; **barca a motore** bangkang de-motor; **barca da pesca** bangkang pangisdà; **essere sulla stessa barca** nasa parehong kalagayan.
**barcollare** *v* magpasuray-suray.
**barella** *sf* istretser.
**baricentro** *sm* barisentro.
**barile** *sm* bariles.
**barista** (*pl* **-i -e**) *sm/f* barman.
**barocco** (*f* **-a** *pl* **-chi -che**) *agg* maadorno ◊ *sm* adorno.
**baròmetro** *sm* barometro.
**barone** (**-essa**) *sm* barone.
**barra** *sf* kabilyà.
**barriera** *sf* hadlang.
**barzelletta** *sf* biro.
**basare** *v* ibatay.
**basco** (*f* **-a** *pl* **-chi -che**) *agg* basko ◊ *sm* tagabasko ◊ (*cappello*) sombrerong hugis basko.
**base** *sf* pundasiyòn ◊ (*fig*) batayan ◊ **a base di** nagmula sa.
**basetta** *sf* bigote.
**basìlico** (*pl* **-ci**) *sm* basilyo.
**basso** *agg* mababà ◊ **bassa stagione** hindi panahon; **guardare dall'alto in basso** tignan pataás-pababà.
**basta** *inter* tama na! ◊ *cong* sapat ◊ **basta, grazie!** tama na, salamat; **basta, finiscila!** tama na, tumigil ka!.
**bastardo** *agg, sm* bastardo.
**bastare** *v* maging sapat.
**bastonare** *v* gulpihin.
**bastone** *sm* bastòn ◊ **essere il bastone della vecchiaia** gabay sa pagtanda.
**battàglia** *sf* labanan.
**battello** *sm* bangkang de-bapor.
**bàttere** *v* talunin ◊ (*colpire*) paluin ◊ (*il cuore*) pagtibok ◊ **in un batter d'occhio** sa isang iglàp; **battere le mani** pumalakpak; **battere i denti** giniginaw; **battere in testa** paundàlundal na kotse.
**batterìa** *sf* baterya ◊ (*mus*) tambòl.
**battésimo** *sm* binyàg ◊ **nome di battesimo** pangalan sa binyàg.
**battezzare** *v* binyágan.
**batticuore** *sm* tahip.
**battistero** *sm* bautisteryo.
**bàttito** *sm* tibok.
**battuta** *sf* pagpalo ◊ (*motto di spirito*) punà ◊ (*mus*) kumpàs.
**baule** *sm* baùl.
**bavàglio** *sm* pasal.
**beato** *agg* mapalad ◊ **beato te!** mabuti ka pa!.
**beccare** *v* tukain ◊ (*fam, un malanno*) mahawáan ◊ (*fam, sorprendere*) mahuli.
**becco** (*pl* **-chi**) *sm* tukà ◊ **chiudi il becco!** tumahimik ka!; **non avere il becco di un quattrino** walang pera; **tenere il becco chiuso** huwag magsalita.
**befana** *sf* bruhang mabait sa pista ng tatlong hari ◊ (*Epifanìa*) pista ng tatlong hari.

**beffa** *sf* dayà.
**begli** *vedi* **bello**.
**bei** *vedi* **bello**.
**bel** *vedi* **bello**.
**belare** *v* (non esiste una precisa definizione, solo suono) maaà!.
**bellezza** *sf* kagandaan ◊ **finire in bellezza** magandang wakas; **salone di bellezza** talyèr na pakulutan.
**bello, bel** (*pl* **begli**, **bei**) *agg* maganda ◊ **belle arti** mga magagandang sining; **sul più bello** sa kagandahan; **bel tempo** magandang panahon.
**belva** *sf* halimaw.
**benda** *sf* bendahe.
**bene** *sm* mabuti ◊ **voler bene** mahaling mabuti; **stare bene** nasa mabuting kalagayan.
**benedetto** *agg* banàl ◊ **acqua benedetta** agwa-bendita ◊ **olivo benedetto** oliba-bendita.
**benedire** *v* bendisyunàn.
**benedizione** *sf* bendisyon.
**benefattore** (**-trice**) *sm* tagapagpalà.
**beneficenza** *sf* káwang-gawâ.
**benefìcio** *sm* kabutihan.
**benèssere** *sm* kagalingan.
**benestante** *agg* mayaman.
**bensì** *cong* ngunit.
**benvenuto** *inter* kalùgud-lugod ◊ **dare il benvenuto** tanggapin ng malugod.
**benzina** *sf* langis ◊ **benzina verde, benzina senza piombo** unleaded.
**benzinàio** *sm* gasolinahan.
**bere** *v* uminom ◊ **bere alla salute di qualcuno** ipagdiwang; **pagare da bere** mag-anyaya.
**berretto** *sm* gora.
**bersàglio** *sm* target ◊ **colpire il bersaglio** tamaan ang target.
**besciamella** *sf* sarsa na gawâ sa gatas at harina.
**bestemmiare** *v* lumapastangan sa Diyos.
**bèstia** *sf* hayop ◊ **andare in bestia** magalit ng husto.
**bestiame** *sm* alagang hayop.
**béttola** *sf* taberna.
**bevanda** *sf* inumin.
**bevitore** (**-trice**) *sm* palainum.
**biancherìa** *sf* de-ilo ◊ **biancheria intima** damit panloob ng mag babae.
**bianco** (*f* **-a** *pl* **-chi-che**) *agg* puti ◊ **di punto in bianco** bigláan; **bianco d'uovo** puti ng itlog; **mangiare in bianco** kumain ng magáan.
**bìbbia** *sf* bibliyà.
**bìbita** *sf* inumin.
**biblioteca** (*pl* **-che**) *sf* aklatan.
**bicarbonato** *sm* karbonato-desosa.
**bicchiere** *sm* baso.
**bicicletta** *sf* bisikleta.
**bidè** *sm inv* bidet.
**bidone** *sm* bariles ◊ **fare un bidone a qualcuno** hindi siputin; **prendere un bidone** nadaya.
**biètola** *sf* rabarb.

**biglietterìa** *sf* bilihan ng tiket.
**biglietto** *sm* tiket ◊ **biglietto da visita** tarheta; **biglietto chilometrico** tiket na ginagamit isang beses lamang; **biglietto cumulativo** tiket na buwanan, linggohan; **biglietto ridotto** tiket na mababa ang halaga.
**bilància** *sf* timbangan ◊ (*astr*) libra.
**bilàncio** (*pl* **-ci**) *sm* badyet.
**biliardo** *sm* bilyàr.
**bìlico** *sm* timbang ◊ **essere in bilico** maging matimbang.
**bilìngue** *agg* dalawang-wika.
**binàrio** *sm* riles ◊ (*marciapiede*) palitada.
**biografìa** *sf* talambuhay.
**biologìa** *sf* biyolohiyà.
**biondo** *agg* olandès.
**biotecnologìa** *sf* biyoteknolohiyà.
**biro** *sf inv* pluma.
**birra** *sf* serbesa.
**birrerìa** *sf* berhaws.
**bis** *sm inv* ulit ◊ **fare il bis** ulitin.
**bisbigliare** *v* bumulong.
**bìscia** (*pl* **-sce**) *sf* ahas.
**bisestile** *agg* bisyesto ◊ **anno bisestile** taong bisyesto.
**biscotto** *sm* biskuwit.
**bisognare** *v* kinakailangan ◊ **bisogna andare** kinakailangang pumunta.
**bisogno** *sm* pangangailangan ◊ **c'è bisogno di** kailangan ng; **in caso di bisogno** sa oras ng pangangailangan.
**bisognoso** *agg* dukhà.
**bistecca** (*pl* **-che**) *sf* bifstik.
**bìsturi** *sm inv* bistori.
**bivaccare** *v* mag-estambay.
**bìvio** *sm* krosing ◊ **giungere al bivio** dumating sa krosing.
**bizantino** *agg* bisantino.
**bizzarro** *agg* di-pangkarinawan.
**black out** *sm inv* blak-awt.
**bloccare** *v* harangin ◊ (*fermare*) pigilan.
**bloccasterzo** *sm* pangharang ng manibela.
**blocco** (*pl* **-chi**) *sm* bloke ◊ (*per scrivere*) pad ◊ **posto di blocco** harang sa daan.
**blu** *agg inv* asul.
**boa** *sf* (*mar*) boya ◊ *sm inv* (*zool*) sawà.
**bocca** (*pl* **-che**) *sf* bungangà ◊ **non aprire bocca** tumahimik; **restare a bocca aperta** nagulat; **in bocca al lupo!** buwenas; **far venire l'acquolina in bocca** naglalaway.
**boccheggiare** *v* mangapòs.
**bocchino** *sm* pipa.
**bòccia** (*pl* **-ce**) *sf* bola ng boling ◊ **campo di bocce** kampo ng bowling.
**bocciare** *v* ayawan ◊ (*scol*) lumagpak ◊ (*nel gioco*) tanggihan.
**bocciolo** *sm* usbòng.
**boccone** *sm* sansubò.
**bòia** *sm inv* berdugo ◊ **fa un freddo boia** tagos sa buto ang lamig.
**bolla** *sf* bulà ◊ (*med*) paltòs ◊ **bolla di accompagnamento** tatàk.

**bollente** *agg* marubdob.
**bolletta** *sf* bayarin ◊ **essere in bolletta** walang kapera-pera.
**bollettino** *sm* bulitin.
**bollire** *v* pakuluin.
**bollito** *agg* nilaga.
**bollo** *sm* selyo ◊ (*tassa automobi - listica*) selyo ng sasakyan ◊ **in bollo** may selyo.
**bomba** *sf* bomba ◊ **a prova di bomba** sigurado.
**bombardamento** *sm* pagbobomba.
**bombardare** *v* magbomba.
**bómbola** *sf* bombola.
**bontà** *sf inv* kabaitan.
**boreale** *agg* hilaga, norte.
**bordo** *sm* gilid ◊ (*mar*) baybay ◊ **a bordo** sumakay.
**borghese** *agg* mga taong nakaluluwag sa buhay.
**borghesìa** *sf* karaniwang tao.
**borotalco** (*pl* **-chi**) *sm* pulbòs.
**borràccia** (*pl* **-ce**) *sf* pràsko.
**borsa** *sf* hanbag ◊ (*da viaggio*) maleta ◊ (*econ*) sapi ◊ **agente di borsa borsa** ahente ng pamilihan ng sapi; **borsa nera** blak-market; **borsa di studio** liskolàsip.
**borsellino** *sm* hanbag.
**bosco** (*pl* **-chi**) *sm* kagubatan.
**botànico** (*f* **-a** *pl* **-ci -che**) *agg* pangbotaniko.
**botànica** *sf* botanikà.
**botta** *sf* pumutok ◊ **a botta calda** hampas; **fare a botte** magsuntukan.
**botte** *sf* bariles.
**bottega** (*pl* **-ghe**) *sf* negosyo ◊ (*laboratorio artigiano*) talyèr.
**botteghino** *sm* bilihan ng tiket.
**bottìglia** *sf* botè.
**bottone** *sm* botones.
**bovino** *sm* baka.
**boxe** *sf inv* boksing.
**bracciale** *sm* pulseras.
**bracciante** *sm/f* trabahador.
**bràccio** (*pl* **-cia** *f*) *sm* braso ◊ (*anat*) braso ◊ **accogliere a braccia aperte** tanggapin ng buong puso; **essere il braccio destro di qualcuno** kanang-kamay ng isang tao; **parlare a braccio** kumathà ng walang paghahanda.
**brace** *sf* bagâ ◊ **dalla padella nella brace** mahulog sa kasamaan.
**braciola** *sf* pork-chop.
**branco** (*pl* **-chi**) *sm* kawan.
**branda** *sf* kama na natitiklop.
**brandello** *sm* pilas.
**brano** *sm* sipi ◊ (*mus*) brano.
**bravo** *agg* mahusay.
**bravura** *sf* kahusayan.
**bretella** *sf* tirante.
**breve** *agg* maikli ◊ **in breve** sa maikling salita; **tra breve** agàd.
**brezza** *sf* hangin.
**brìciola** *sf* karampòt.
**briga** (*pl* **-ghe**) *sf* gulo ◊ **prendersi la briga di** mauwi sa gulo dahil sa; **attaccare briga** manggulo, maghamun.
**brigadiere** *sm* sarhento.
**brigante** *sm* tulisan.

**brìglia** *sf* kabisada ◊ (*fig*) pigilin ◊ **a briglia sciolta** kumaskas.
**brillante** *agg* napakatalino.
**brillare** *v* kuminang.
**brina** *sf* hamòg na yelo.
**brindare** *v* tagayàn.
**brìndisi** *sm inv* pagtagay.
**brìvido** *sm* pangàngàtal ◊ (*di freddo*) manginig sa ginaw ◊ (*di paura*) manginig sa takot.
**brocca** *sf* pitsèl.
**brodo** *sm* sabaw ◊ **sta nel proprio brodo** huwag makialam.
**bronchite** *sf* brongkitis.
**bronco** (*pl* **-chi**) *sm* bronko.
**brontolare** *v* magmaktòl.
**bronzo** *sm* tansò ◊ **avere la faccia di bronzo** garapal, makapal mukhà.
**bruciapelo** *sm* tahàsàn ◊ **a bruciapelo** deretso.
**bruciare** *v* sunugin ◊ (*fig*) magàlab ◊ *v intr* masunog ◊ (*fig*) magsiklab.
**bruciatura** *sf* paso.
**bruco** (*pl* **-chi**) *sm* higad.
**brùfolo** *sm* taghiyawat.
**brughiera** *sf* probinsiyà.
**brullo** *agg* baòg.
**bruno** *agg* maitim.
**brusco** (*f* **-a** *pl* **-chi -che**) *agg* walang-galang.
**brusìo** *sm* ugong.
**brutale** *agg* mabangis.
**brutto** *agg* panggit ◊ **brutto tempo** panggit na panahon; **fare una brutta figura** mapahiyà.
**buca** (*pl* **-che**) *sf* butas ◊ **buca delle lettere** hulugan ng sulat; **buca del biliardo** butas ng bilyàr.
**bucare** *v* butasin ◊ **bucare una gomma** maplat-tire, mabutasan ng gulong; **avere le mani bucate** laging walang pera, gastadòr.
**bucato** *sm* labahin.
**bùccia** (*pl* **-ce**) *sf* balat.
**buco** (*pl* **-chi**) *sm* butas ◊ (*fig, ambiente piccolo*) masikip na lugar ◊ **fare un buco nell'acqua** magkabigo, malugi.
**buddismo** *sm* budismo.
**buddista** (*pl* **-i -e**) *agg* budista.
**budello** (*pl* **-i** o **-a** *f*) *sm* bituka.
**budino** *sm* puding.
**bue** (*pl* **buoi**) *sm* kapòng baka.
**bùfalo** *sm* bufalo.
**bufera** *sf* bagyò.
**buffet** *sm inv* buffet ◊ (*rinfresco*) *sm* kainan.
**buffo** *agg* nakaktuwà.
**buffone** *sm* payaso.
**bugìa** *sf* kasinungalingan.
**bugiardo** *agg* sinungaling.
**bùio** *agg* madilim ◊ *sm* dilim ◊ **al buio** sa dilim.
**bulbo** *sm* ulo (ng sibuyas, bawang atba).
**bullone** *sm* tornilyò.
**buon** *vedi* **buono**.
**buonanotte** *inter* mahimbing na pagtulog ◊ **dare la buonanotte** batiin ng mahimbing na pagtulog.
**buonasera** *inter* magandang-gabi

◊ **dare la buonasera** batiin ng magandang-gabi.

**buongiorno** *inter* magandang-umaga ◊ **dare il buongiorno** batiin ng magandang-umaga.

**buongustàio** *sm* dalubhasà sa pagkain.

**buongusto** *sm* mahusay pumili.

**buono, buon** *agg* mabuti ◊ *sm* (*tagliando*) kupòn ◊ **di buon'ora** sa wakas; **con le buone** sa mabuti; **buon divertimento!** magpakalibang; **buon riposo!** mahimbing na pagpapahinga; **buon anno!** maligayang-taon; **a buon mercato** mumurahin; **alla buona** sa mabuti; **buono benzina** kupòn ng gasolina.

**burattino** *sm* manika ◊ (*fig*) taùtauhan.

**bùrbero** *agg* magarangàl.

**burocràtico** (*f* **-a** *pl* **-ci-che**) *agg* burukratiko.

**burocrazìa** *sf* burukrasya.

**burrasca** (*pl* **-che**) *sf* unòs.

**burro** *sm* mantikilya.

**burrone** *sm* bangin.

**bussare** *v* kumatòk.

**bùssola** *sf* kumpàs ◊ **perdere la bussola** mag-init ang ulo.

**busta** *sf* sobre ◊ **busta paga** suweldo.

**bustarella** *sf* lagày.

**busto** *sm* dibdib.

**buttare** *v* itapon ◊ **buttar giù** lunukin; **buttar giù un edificio** gibahin; **buttare la pasta** ilagay ang pasta; **buttarsi giù** malungkot.

# C

**cabaret** *sm inv* kabaret.

**cabina** *sf* dampa ◊ (*mar*) kamarote ◊ (*per spogliarsi*) palitan ◊ **cabina telefonica** tawagan (telepono), telépon bot.

**cacào** *sm* kakàw ◊ **burro di cacao** mantikilya ng kakàw.

**cacca** *sf* taè.

**càccia** *sf* pamamaril ◊ **caccia al tesoro** treasure-hunting; **divieto di caccia** bawal mamaril, bawal mangaso; **riserva di caccia** maaring-mamaril, maaring-mangaso.

**cacciagione** *sf* mag huli.

**cacciare** *v* pangangaso ◊ (*mandare via*) itaboy ◊ **cacciare un urlo** sumigaw.

**cacciatore (-trice)** *sm* màmamaril.

**cacciavite** *sm* distornilyadòr.

**cachet** *sm inv* kasket ◊ (*medicinale*) aspirin ◊ (*compenso*) pabuyà.

**cachi** *sm inv* kakhi.

**cadàvere** *sm* bangkay.

**cadente** *agg* makaràpa ◊ **stella cadente** mahulog na bituin.

**cadére** *v* mahulog ◊ **è caduta la linea** naputol ang usapan; **cadere dalle nuvole** matulalà.

**caduta** *sf* nahulog.

**caffè** *sm inv* kapè ◊ (*bar*) barikàn ◊ **caffè espresso** kapèng matapang; **caffè macchiato** kapè na may gatas; **caffè corretto** kapè na may

alak; **caffè decaffeinato** dekapeynated.
**caffellatte** *sm inv* white-coffee.
**caffettiera** *sf* barikan.
**cafone** *agg* bastòs.
**calabrone** *sm* putakti.
**calamaro** *sm* pusit.
**calamita** *sf* bato-balani, magnet.
**calamità** *sf inv* sakunà.
**calare** *v* ibabà, ihulog.
**calcagno** (*pl* **-gni** *m* **-gna** *f*) *sm* sakong ◊ **avere qualcuno alle calcagna** laging-nakabuntot.
**calcare** *sm* limestone.
**calce** *sf* apog ◊ **in calce** pirma.
**calcetto** *sm* sapatos na pansayaw.
**calciare** *v* sumipa ◊ (*sport*) maglaro ng putbol.
**calciatore** (**-trice**) *sm* manlalaro ng putbol.
**calcinàccio** *sm* apog.
**càlcio** *sm sipà* ◊ (*sport*) putbol ◊ (*chim*) kàlsiyùm ◊ (*di arma*) manggo, kulata ◊ **calcio d'angolo** korner-kick; **calcio di punizione** pinalti-kik; **campionato di calcio** kampeonato ng putbol.
**calcolare** *v* kalkulahin.
**calcolatore** *sm* kalkuladòr ◊ (*computer*) komputer.
**calcolatrice** *sf* tagakuwenta.
**càlcolo** *sm* kuwenta ◊ (*med*) batò.
**caldàia** *sf* pàkuluan.
**caldarrosta** *sf* inihaw na kastanyas.
**caldo** *agg* mainit ◊ **avere caldo** naiinitan; **tavola calda** karenderya; **non fare né caldo né freddo** hawi sa init at sa lamig.
**calendàrio** *sm* kalendayo.
**càlibro** *sm* kalibre.
**càlice** *sm* kalis.
**calligrafia** *sf* sulat-kamay.
**callo** *sm* kalyo ◊ **farci il callo** masanay.
**calma** *sf* kalmà ◊ **mantenere, perdere la calma** kalmado, hindi kalmado.
**calmante** *sm* kalmantè, pampakalma.
**calmare** *v* pakalmahin.
**calmo** *agg* tahimik.
**calo** *sm* pagbagsak ◊ **calo di peso** mangayayat.
**calore** *sm* init ◊ **femmina in calore** pagregla.
**calorìa** *sf* kaloriyà.
**calorìfero** *sm* pampainit.
**calotta** *sf* bahagi.
**calpestare** *v* tapakan ◊ **è vietato calpestare le aiuole** huwag tapakan ang damò.
**calùnnia** *sf* paninirang-puri.
**calvo** *agg* kalbò.
**calza** *sf* medyas.
**calzamaglia** (*pl* **calzemaglie**) *sf* hapit na pantalon.
**calzare** *v* isuot.
**calzatura** *sf* sapatos ◊ **negozio di calzature** bilihan ng sapatos, tindahan ng sapatos
**calzolàio** *sm* sapatero.
**calzone** *sm* pantalòn ◊ (*pizza*) tawag sa isang klase ng pisa.

**camaleonte** *sm* kamaleòn, hunyangò.
**cambiale** *sf* patalastas.
**cambiamento** *sm* pagbabago.
**cambiare** *v* palitan ◊ (*modificare*) ibahin ◊ **cambiare casa** lumipat ng bahay; **non avere da cambiare** walang ipapalit.
**càmbio** *sm* palit ◊ (*cambiamento*) panibago ◊ **ufficio cambi** palitan ng pera.
**càmera** *sf* kuwarto, silid ◊ **Camera dei deputati** deputy chamber.
**camerata** *sf* kasama ◊ (*caserma*) kakawal.
**cameriere** *sm* weyter.
**camerino** *sm* silid-palitan.
**càmice** *sm* puting uniporme.
**camicetta** *sf* blusa.
**camìcia** (*pl* **-cie**) *sf* kamiseta ◊ **camicia da notte** damit-pantulog.
**camino** *sm* dapugan.
**camion** *sm inv* trak.
**camionista** (*pl* **-i -e**) *sm/f* tsùper ng trak.
**cammello** *sm* kamelyo.
**camminare** *v* maglakad ◊ (*fig*) sumulong.
**cammino** *sm* lakad.
**camomilla** *sf* camomille.
**camòscio** *sm* gamusa ◊ (*animale*) isang uri ng usà.
**campagna** *sf* probinsiyà ◊ (*mil*) labanàn ◊ **campagna elettorale** kampanya para sa eleksiyon; **campagna acquisti** promosiyòn sa pamimili.
**campagnolo** *agg* probinsiyàno.
**campana** *sf* kampanà.
**campanello** *sm* timbre ◊ **campanello d'allarme** hudyàt ng kampanà.
**campanile** *sm* kampanaryo.
**campare** *v* mabuhay ◊ **tirare a campare** itaguyod ang buhay.
**campeggiare** *v* magkampo.
**campéggio** *sm* kampingan.
**camper** *sm inv* sasakyang pangkamping.
**campionàrio** *agg* halimbawa ◊ **fiera campionaria** perya ng komèrsiyò.
**campionato** *sm* kampeonato.
**campione** (**-essa**) *sm* kampeòn ◊ (*comm*) halimbawa.
**campo** *sm* linang ◊ **campo da tennis** larùan ng tenis; **campo da calcio** larùan ng putbol.
**camuffare** *v* magbalatkayò.
**canadese** *sf* (*tenda da campeggio*) isang uri ng tolda-de-kampanya.
**canàglia** *sf* salbahe.
**canale** *sm* kanàl ◊ (*radio, TV*) channel ◊ **cambiare canale** palitan ang channel.
**cànapa** *sf* abakà.
**canarino** *sm* kanaryo.
**cancellare** *v* burahin ◊ (*annullare*) ipawalang-bisa.
**cancellata** *sf* bakod na rehasrehas.
**cancellerìa** *sf* palistahan.
**cancelliere** *sm* kawani ng korte.

**cancello** *sm* tarangkahan.
**cancerògeno** *agg* nakaka-kansèr.
**cancrena** *sf* kanggrena.
**cancro** *sm* kansèr.
**candeggina** *sf* pamputing-sabon.
**candela** *sf* kandela ◊ (*mecc*) pangdiringàs sa motor.
**candidare** *v* komandidà.
**candidato** *sm* kandidato.
**càndido** *agg* maputi.
**candito** *agg* mitamis.
**cane** (**-gna**) *sm* aso ◊ **lavorare come un cane** magtrabahong parang kalabaw; **freddo cane** tagos ang lamig; **non c'è un cane** walang katao-tao.
**canestro** *sm* buslò ◊ (*sport*) basket.
**cànfora** *sf* alkampòr.
**canguro** *sm* kanggarù.
**canile** *sm* kulungàn ng aso.
**canino** *agg* katulad ng aso ◊ *sm* (*dente*) pangil.
**canna** *sf* tungkòd ◊ (*bot*) tambò ◊ (*tubo*) tubo ◊ (*armi*) kànyon ng baril ◊ **canna fumaria** tsimenea; **canna da pesca** baliwasan.
**cannella** *sf* kanela.
**cannìbale** *sm* kanibàl.
**cannocchiale** *sm* teleskopyo.
**cannone** *sm* kanyòn.
**cannùccia** (*pl* **-ce**) *sf* istrò.
**canòa** *sf* kayak.
**cànone** *sm* pamantayan.
**canottiera** *sf* sando.
**cantare** *v* umawit ◊ **cantare a orecchio** kumanta na walang saliw.
**cantautore** (**-trice**) *sm* mang-aawit na nagsusulat ng sariling awit.
**cantiere** *sm* baradero ◊ **cantiere navale** baraderong-pandagat.
**cantina** *sf* bodega sa ilalim na lupa.
**canto** *sm* awit ◊ (*angolo*) kanto ◊ **d'altro canto** sa kabilang dako.
**canzone** *sf* awitin.
**caos** *sm inv* gulò.
**caòtico** (*f* **-a** *pl* **-ci -che**) *agg* magulò.
**capace** *agg* marunong ◊ (*abile*) mahusay ◊ (*ampio*) maraming mailalaman.
**capacità** *sf inv* kakayahan ◊ (*ampiezza*) kapsidàd.
**capanna** *sf* bahay-kubo.
**capannone** *sm* bodega ◊ **capannone industriale** tinggalan.
**caparra** *sf* deposito.
**capello** *sm* buhok ◊ **averne fin sopra i capelli** punong-puno na.
**capézzolo** *sm* utòng.
**capienza** *sf* kapasidàd.
**capigliatura** *sf* ayos ng buhok.
**capillare** *agg* pang-ugat ◊ *sm* (*vaso*) ugat ◊ **vaso capillare** mga ugàt.
**capire** *v* intindihin ◊ **non capire un tubo** walang-naiintindihan.
**capitale** *agg* kapitàl ◊ *sm* puhunan ◊ *sf* kapitàl.
**capitalismo** *sm* kapitalismo.
**capitare** *v* mangyari ◊ **capitare male** masawi.

**capitello** *sm* kapitèl.
**capìtolo** *sm* kabanata.
**capo** *sm* puno ◊ (*testa*) ulo ◊ (*chi comanda*) tagapangasiwà ◊ (*geog*) lungos ◊ (*d'abbigliamento*) gamit ◊ **da capo a piedi** mula sa ulo't paà; **ricominciare da capo** mag-umpisa; **in capo al mondo** sa sulok ng mundo.
**Capodanno** *sm* bagong-taon.
**capofitto** *agg* patiwarik.
**capogiro** *sm* pagkahilo ◊ **cifra da capogiro** nakakahilong halaga.
**capogruppo** (*pl m* **capigruppo** *f inv*) *sm/f* pinunò ng grupo.
**capolavoro** *sm* obra-maestra.
**capolìnea** *sm inv* términàl.
**capolista** *sm/f inv* nangunguna sa listahan.
**capoluogo** (*pl* **-ghi**) *sm* nangungunang lugar.
**caporale** *sm* kòrpòral.
**capotreno** (*pl m* **capitreno** *f inv*) *sm/f* konduktòr.
**capoufficio** *sm/f inv* mànedyèr.
**capovòlgere** *v* baliktarin ◊ (*fig*) pakaisipin.
**capovolgimento** *sm* pagkataòb ◊ (*fig*) pagkabaksàk.
**cappa** *sf* balabal.
**cappella** *sf* kapilya.
**cappello** *sm* sombrero.
**càppero** *sm* kapero.
**cappone** *sm* kapòn.
**cappotto** *sm* òberkòt.
**cappuccino** *sm* (*frate*) pareng kaputsino ◊ (*caffè con latte*) kaputsino.
**cappùccio** *sm* talukbòng ◊ (*della penna*) takip ◊ (*caffè con latte*) isang uri ng kapè.
**capra** *sf* kambing.
**caprìccio** *sm* sumpòng.
**capriccioso** *agg* makapritso ◊ **pizza capricciosa** isang uri ng pisa.
**capricorno** *sm* (*astr*) kaprikorn.
**capriola** *sf* tambling.
**capriolo** *sm* isang uri ng maliit na usà.
**càpsula** *sf* kàpsulà.
**carabiniere** *sm* carabiniere (meyèmbro ng sundalo at pulis ng Italya).
**caraffa** *sf* petsèl.
**caramella** *sf* kendi.
**carato** *sm* kilatis.
**caràttere** *sm* ugali ◊ (*personalità*) pagkatao ◊ (*segno grafico*) titik.
**caratterìstico** *agg* katutubò.
**caratterizzare** *v* ipakilala.
**carboidrato** *sm* carbohydrate.
**carbone** *sm* karbòn.
**carburante** *sm* gasolina.
**carburatore** *sm* karburadòr.
**carcassa** *sf* katawàn ◊ (*animale*) ktatwan ng patay na hayop ◊ (*veicolo ecc.*) karag-karag.
**carcerato** *agg* preso.
**càrcere** (*pl* **carceri** *f*) *sm* bilangguan.
**carciofo** *sm* artichoke.

**cardellino** *sm* isang maliit na ibon.
**cardìaco** (*f* **-a** *pl* **-ci -che**) *agg* kàrdyak ◊ **arresto cardiaco** atake sa puso.
**cardinale** *agg* mga pangunahin ◊ *sm* kardinàl ◊ **punti cardinali** pangunahing puntos.
**càrdine** *sm* bisagra.
**cardiologìa** *sf* kardyoholiya.
**cardiòlogo** (*f* **-a** *pl* **-gi -ghe**) *sm* kardiyologo, doktor sa puso.
**cardo** *sm* isang uri ng sibuyas.
**carenza** *sf* kakulangan.
**carestìa** *sf* pagkakagutom.
**carezza** *sf* hàplos.
**càrica** *sf* kargà ◊ (*incarico*) tungkulin ◊ (*orologio, meccanismo*) kuwerdas.
**caricare** *v* kargahan.
**càrico** (*f* **-a** *pl* **-ci -che**) *agg* punò ◊ (*peso*) mabigat ◊ *sm* dalà ◊ **essere a carico di qualcuno** sustentado.
**càrie** *sf inv* bulok.
**carino** *agg* kalugùd-lugòd.
**carità** *sf inv* kawanggawà ◊ **per carità!** maawang langit!.
**carnagione** *sf* kutis.
**carnale** *agg* imoràl.
**carne** *sf* lamàn, karne ◊ **in carne e ossa** mismo; **essere in carne** mataba; **carne trita** giniling na karne.
**carneficina** *sf* malupit na pagpatay.
**carnevale** *sm* karnabàl.
**caro** *agg* mahal.
**carogna** *sf* bulok na patay (sa tao), bulok na hayop (hayop) ◊ (*fig*) masama.
**carota** *sf* karote.
**caròtide** *sf* karotido.
**carovana** *sf* isang uri ng sasakyan.
**carpa** *sf* karpa.
**carponi** *avv* pag-gapang.
**carràio** *agg* karwahe ◊ **passo carraio** daanan ng karwahe.
**carreggiata** *sf* daàn, karsada, lansangan.
**carrello** *sm* karitòn ◊ (*rimorchio*) panghatak.
**carretto** *sm* karitela.
**carriera** *sf* karera.
**carro** *sm* kalesa ◊ **carro armato** tangkè; **carro attrezzi** tagahila ng kotse.
**carrozza** *sf* kotse ◊ (*treno*) karwahe ng tren ◊ **carrozza ristorante** kainan sa tren; **carrozza letto** tulugan sa tren.
**carrozzerìa** *sf* kaha ng sasakyan.
**carrozzina** *sf* karitòn ◊ (*bambini*) karitòn para sa bata ◊ (*invalidi*) wheel-chair.
**carta** *sf* papel ◊ (*documento*) papeles ◊ (*da gioco*) baraha ◊ **carta bollata** papel na may selyo; **carta d'identità** identification card (I.D.); **carta di credito** credit-card; **carta da cucina** pamunas ng kusina.
**cartapesta** *sf* isang uri ng papel.
**cartella** *sf* talaan.

**cartellino** *sm* etikèta, tatak ◊ **timbrare il cartellino** tatakan ang etikèta.
**cartello** *sm* paskil.
**cartellone** *sm* paskil ◊ (*stradale*) kartèl.
**cartilàgine** *sf* cartilage.
**cartoccio** *sm* paper-bag ◊ **al cartoccio** sa-papel gawin.
**cartolerìa** *sf* bilihan ng mga kagamitan sa eskuwela.
**cartolina** *sf* poskard.
**cartone** *sm* kartòn ◊ **cartoni animati** kartòns.
**cartùccia** (*pl* **-ce**) *sf* kartutso.
**casa** *sf* bahay ◊ **casa di cura** bahay-ampunan; **casa da gioco** bahay-sugalan; **fatto in casa** yari sa bahay.
**casalingo** (*f* **-a** *pl* **-ghi -ghe**) *agg* pambahay ◊ *sf* taong-bahay.
**cascare** *v* mahulog ◊ **cascare dal sonno** makatulog; **cascare dalle nuvole** mabiglà.
**cascata** *sf* talòn.
**cascina** *sf* bukid.
**casco** *sm* helmet.
**caseificio** *sm* pagawaan ng keso.
**casella** *sf* pitàk ◊ **casella postale** postal-code.
**casello** *sm* toll-gate.
**caserma** *sf* kuwartèl, barracks.
**casino** *sm* bahay sa probinsiya ◊ (*rumore, confusione*) ingay ◊ (*edificio storico*) gusali na makasaysayan.
**casinò** *sm inv* casino.
**caso** *sm* pakakataon ◊ **in ogni caso** sa lahat ng pagkakataon; **per caso** nagkataon; **a caso** walang-pili.
**cassa** *sf* kaha ◊ **cassa continua** magdamag; **cassa integrazione** alisin sa trabaho.
**cassaforte** *sf* kasaporte.
**casseruola** *sf* kaserola.
**cassetta** *sf* kahon ◊ (*magnetica, musica, film*) cassette ◊ **cassetta di sicurezza** kasaporte; **cassetta delle lettere** lálagyan ng sulat.
**cassetto** *sm* kahòn.
**cassiere** *sm* kahera.
**castagna** *sf* kastanyas.
**castello** *sm* kastilyo ◊ **letto a castello** double-deck bed.
**castigare** *v* parusahan.
**castigo** (*pl* **-ghi**) *sm* parusa.
**castoro** *sm* isang uri ng hayop.
**castrare** *v* tuliin.
**casuale** *agg* di-sinasadyà.
**cataclisma** (*pl* **-i**) *sm* malaking bahà.
**catacomba** *sf* katakumba.
**catalizzare** *v* ikatalays.
**catalizzato** *agg* katalays.
**catàlogo** (*pl* **-ghi**) *sm* katàlogò.
**catarro** *sm* kataro.
**catasta** *sf* tàmbak.
**catàstrofe** *sf* malaking sakunà.
**categorìa** *sf* kategoriya.
**catena** *sf* kadena ◊ **catene da neve** sagkà para hindi madulas.
**catenàccio** *sm* trangkà.
**catino** *sm* palanggana.

**catrame** *sm* alkitràn.
**càttedra** *sf* lamesa ng gurò ◊ (*incarico*) dekano.
**cattedrale** *sf* katedràl.
**cattivèria** *sf* masamang hangarin.
**cattivo** *agg* masama ◊ **essere di cattivo umore** may sumpong.
**cattòlico** (*f* **-a** *pl* **-ci -che**) *agg* pangkatòlikò ◊ *sm* katòlikò.
**cattura** *sf* paghuli.
**catturare** *v* hulihin.
**càusa** *sf* dahilan ◊ (*giur*) kaso ◊ **fare causa a qualcuno** idemanda, ihablà.
**causale** *sf* sanhi.
**causare** *v* magdulot.
**cautela** *sf* pag-iingat.
**càuto** *agg* maingat.
**cauzione** *sf* piyansa.
**cava** *sf* lungàw.
**cavalcare** *v* sumakay, pangangabayo.
**cavaliere** *sm* mángangabàyo.
**cavalletta** *sf* luktòn.
**cavalletto** *sm* tayuan.
**cavallo** *sm* kabayo.
**cavare** *v* kunin ◊ **cavarsela** kayanin.
**cavatappi** *sm inv* tribusòn.
**caverna** *sf* kuweba.
**caviale** *sm* itlog ng isda.
**cavìglia** *sf* bukungbukong.
**cavità** *sf inv* butàs.
**cavo** *agg* hungkàg ◊ *sm* (*corda*) lubid ◊ (*elettricità*) kablè.
**cavolfiore** *sm* kùliplòr.
**càvolo** *sm* repolyo ◊ **col cavolo!** hay naku!.
**Cd** *sm inv* (*musica*) Cd.
**CdRom** *sm inv* CdRom.
**ce** *vedi* **ci**.
**cece** *sm* isang uri ng gisantes.
**cédere** *v* sumukò ◊ *v tr* (*concedere*) ipagkaloob ◊ (*vendere*) ipagbili.
**cedimento** *sm* humina ◊ (*terreno*) lumundò.
**cedro** *sm* sedar.
**cèfalo** *sm* ulò.
**celebrare** *v* ipagdiwang.
**cèlebre** *agg* tanyàg.
**celeste** *agg* makalangit ◊ (*azzurro*) asul.
**cèlibe** *agg* binata na walang asawa.
**cella** *sf* selda.
**cèllula** *sf* sélulà.
**cellulare** *sm* (*telefono*) portabel phone.
**cemento** *sm* simento.
**cena** *sf* hapunan.
**cenare** *v* maghapunan.
**cénere** *sf* abù.
**cenno** *sm* tangò.
**censimento** *sm* sensus.
**censura** *sf* pagsensura.
**centinaio** (*pl* **-a** *f*) *sm* mga sadaan.
**cento** *agg, sm* sandaan ◊ **cento percento** sandaan porsiyento.
**centrale** *agg* sentràl ◊ *sf* (*ufficio*) punong-tanggapan.
**centralino** *sm* pangunahing-tawagan.

**centrare** *v* igitnà ◊ (*colpire*) tamaan.
**centro** *sm* sentro ◊ **centro storico** makasaysayang lugar; **centro commerciale** lugar ng mga negosyo.
**cera** *sf* waks.
**ceràmica** *sf* seramiko.
**cerbiatto** *sm* usà.
**cercare** *v* hanapin ◊ **cercare di fare** gawin ang makakayanan.
**cèrchio** *sm* bilog.
**cerchione** *sm* gilid (ng gulong).
**cereale** *sm* sereals.
**cerebrale** *agg* mula sa utak.
**cerimònia** *sf* seremonya.
**cerino** *sm* teyper.
**cèrnia** *sf* isang uri ng isda.
**cerniera** *sf* siper.
**cerotto** *sm* plaster.
**certezza** *sf* kasiguraduhan.
**certificato** *sm* katibayan ◊ **certificato di nascita** katibayan ng kapanganakan, birth cetificate; **certificato medico** katunayan ng doktor.
**certo** *agg* sigurado ◊ **di certo** sigurado.
**certosa** *sf* monasteryo ng mga paring kartusiyana.
**cervello** *sm* utàk ◊ (*fig*) talino ◊ **dare di volta il cervello** maluko.
**cervo** *sm* usà ◊ **cervo volante** usang-barako.
**cesello** *sm* gamit panghukay.
**cespùglio** *sm* palumpòng.
**cessare** *v* itigil ◊ **cessate il fuoco** cease-fire.
**cestino** *sm* basurahan.
**cesto** *sm* basket.
**cetàceo** *sm* mga ibang uri ng hayop sa dagat.
**ceto** *sm* klase.
**cetriolo** *sm* pipino.
**charter** *sm inv* pag-arkila ◊ **volo charter** charter flight.
**che** *pron rel* na ◊ **a meno che** di bale na lang kung; **fino a che** hanggang sa.
**chi** *pron rel* sino ◊ *pron interr* sino.
**chiàcchiera** *sf* usapan ◊ **fare due chiacchiere** magkuwentuhan.
**chiacchierare** *v* magdaldalan.
**chiamare** *v* tawagan.
**chiamata** *sf* tawag.
**chiarezza** *sf* kalinawan.
**chiarire** *v* linawin.
**chiaro** *agg* malinaw ◊ **parlare chiaro** magsalità ng malinaw; **vederci chiaro** tignan ng malinaw.
**chiasso** *sm* gulò.
**chiave** *sf* susi ◊ **chiudere a chiave** isusi.
**chiazza** *sf* batik.
**chicco** (*pl* **-chi**) *sm* butil.
**chièdere** *v* tanungin ◊ **chiedere di qualcuno** itanong kung sino.
**chiesa** *sf* simbahan.
**chìglia** *sf* kilya.
**chilogrammo** *sm* kilo.
**chilòmetro** *sm* kilometro.
**chìmica** (*pl* **-che**) *sf* kimika.
**chìmico** (*f* **-a** *pl* **-ci -che**) *agg* kimiko.

**china** *sf* dahilig ◊ (*discesa*) dalisdis ◊ (*inchiostro*) tintang Indiano ◊ **essere su una brutta china** nasa masamang daan.
**chinare** *v* yumukò.
**chiòccia** (*pl* **-ce**) *sf* inahing manok.
**chiòcciola** *sf* susò.
**chiodo** *sm* pakò ◊ **avere un chiodo fisso** sumaging lagi sa isip.
**chioma** *sf* buhok ◊ (*alberi*) mga dahon at sangà ng punongkahoy.
**chiosco** (*pl* **-chi**) *sm* maliit na tindahan.
**chiostro** *sm* klaustro.
**chirurgìa** *sf* pag-òpera.
**chirurgo** (*f* **-a** *pl* **-ghi -ghe**) *sm* siruhano, doktor na nagoopera.
**chissà** *avv* malay mo.
**chitarra** *sf* gitara.
**chiùdere** *v* isara ◊ **non chiudere occhio** hindi makatulog.
**chiunque** *pron indef* sinuman.
**chiusa** *sf* seradura ◊ (*conclusione*) katapusan ◊ (*idraulica*) gripo.
**chiuso** *agg* sarado.
**chiusura** *sf* pagsarà.
**ci** *pron pers* ginagamit sa mga panghalip italiano (lo, la, le, li, ne) ◊ **ci amiamo** nagmamahalan kami; **ci vado** pupunta ako; **ci pensi tu** bahala ka na; **ci credo** naniniwala ako; **ci hanno abbandonato** iniwanan kami; **ci hanno fatto un regalo** binigyan kami ng regalo.
**ciabatta** *sf* tsinelas.
**ciambella** *sf* keyk na hugis-bilog.
**cianfrusàglia** *sf* abubot.
**ciao** *inter* halò ◊ (*incontrandosi*) hòy!; (*lasciandosi*) o sige na!.
**ciascuno** *agg indef* bawa't isa.
**cibo** *sm* pagkain.
**cicala** *sf* balang.
**cicatrice** *sf* peklat.
**cicca** *sf* natirà ◊ (*gomma da masticare*) tira ng bubble-gum ◊ (*di sigaretta*) upòs.
**cìccia** *sf* tabà.
**ciccione** *sm* mataba.
**ciclista** (*pl* **-i -e**) *sm/f* siklista.
**ciclo** *sm* siklò ◊ (*bicicletta*) bisikleta.
**ciclomotore** *sm* motortbike.
**ciclone** *sm* bagyò.
**cicogna** *sf* tagàk.
**cieco** *agg* bulag ◊ **vicolo cieco** walang lusutan.
**cielo** *sm* langit.
**cifra** *sf* bilang.
**cìglio** (*pl* **ciglia** *f*, degli occhi) *sm* kilay ◊ (*strada, burrone*) gilid ng daan.
**cigno** *sm* sinse.
**ciliègia** (*pl* **-gie**) *sf* seresa.
**cilindrata** *sf* silindro ng sasakyan.
**cilindro** *sm* silindro.
**cima** *sf* tuktok ◊ (*estremità*) dulò ◊ (*corda*) lubid.
**cìmice** *sf* surot.
**ciminiera** *sf* mataas na tsiminea.
**cimitero** *sm* sementeryo.
**cincin** *inter* tagayàn.
**cìnema** *sm inv* sinehan.

**cinematogràfico** (*f* **-a** *pl* **-ci -che**) *agg* sinehan.
**cinepresa** *sf* kamerang pampelikula.
**cìnghia** *sf* bigkis ◊ **tirare la cinghia** magtipid.
**cinghiale** *sm* baboyramo.
**cinta** *sf* tali ◊ **muro di cinta** padèr.
**cintura** *sf* senturon ◊ **cintura di sicurezza** seat belt.
**ciò** *pron dimostr* ginagamit na panghalip tulad ng ayon, ito atbp ◊ **perciò** dahil.
**ciocca** (*pl* **-che**) *sf* tungkòs.
**cioccolata** *sf* tsokolate ◊ **cioccolata al latte** tsokolateng puti; **cioccolata fondente** purong tsokolate.
**cioccolatino** *sm* tsokolate.
**cioccolato** *sm* tsokolato.
**cioè** *cong* kaya.
**ciondolare** *v* umuguy-ugòy.
**ciòtola** *sf* mangkòk.
**ciòttolo** *sm* maliit na bato.
**cipolla** *sf* sibuyas.
**cipresso** *sm* cypress tree.
**cìpria** *sf* pulbos sa mukhà.
**circa** *avv* halos.
**circo** *sm* sirko.
**circolare** *v* gumalaw ◊ (*fig*) kumilos ◊ *agg* bilog ◊ *sf* (*lettera*) palibot-liham ◊ (*mezzo pubblico*) lumakad (mga sasakyan) ◊ **assegno circolare** walang taning na tseke, palibot-tseke.
**circolazione** *sf* paggalà.
**cìrcolo** *sm* kabilugan ◊ (*club*) samahan, klub.
**circondare** *v* palibutan.
**circonferenza** *sf* kabilugan.
**circonvallazione** *sf* daan na paikot.
**circoscrìvere** *v* pigilan.
**circostanza** *sf* pangyayari.
**circùito** *sm* paligid ◊ **circuito chiuso** saklaw na teritoryo.
**cisterna** *sf* depòsito ng tubig.
**cisti** *sf inv* sis.
**citare** *v* banggitin.
**citòfono** *sm* timbre.
**citronella** *sf* kalamansi.
**città** *sf inv* lungsòd, siyudad.
**cittadina** *sf* bayan.
**cittadinanza** *sf* pagkamàmamayan.
**cittadino** *agg* màmamayan ◊ *sm* ang màmamayan.
**ciuffo** *sm* bungkòs.
**civetta** *sf* kuwago ◊ (*donna*) alembong.
**civetteria** *sf* pag-aalembong.
**cìvico** (*f* **-a** *pl* **-ci -che**) *agg* pambayan sibiko.
**civile** *agg* sibil ◊ **matrimonio civile** kasal sa huwes; **stato civile** stado sibil; **guerra civile** gera sibil.
**civilizzare** *v* magsibilisa.
**civiltà** *sf inv* kabihasnan.
**clacson** *sm inv* busina.
**clandestino** *agg* lihim.
**clarinetto** *sm* klarinet.
**classe** *sf* klase ◊ (*eleganza*) klas.

**clàssico** (*f* **-a** *pl* **-ci -che**) *agg* klasiko.
**classìfica** (*pl* **-che**) *sf* ranggo.
**classificare** *v* pagbukud-bukorin.
**clàusola** *sf* sugnày.
**claustrofobìa** *sf* pobya sa madilim at masikip na lugar.
**clavìcola** *sf* balagat.
**clementino** *sm* klemetino.
**clero** *sm* klero.
**cliente** *sm/f* màmimili.
**clima** (*pl* **-i**) *sm* klima.
**climatizzato** *agg* air-conditioned.
**clìnica** (*pl* **-che**) *sf* klinika.
**clistere** *sm* labatiba.
**cloro** *sm* kloro.
**coabitare** *v* makisama.
**coagulazione** *sf* mamumuò.
**coalizione** *sf* pagsasanib.
**cobra** *sm inv* kobra.
**coccige** *sm* huling butò ng gulugod.
**coccinella** *sf* salaginto.
**còccio** *sm* mga palayok.
**cocciuto** *agg* matigas ang ulo.
**cocco** (*pl* **-chi**) *sm* niyòg ◊ (*preferito*) paborito.
**coccodrillo** *sm* buwaya.
**coccolare** *v* pangkuhin.
**cocente** *agg* napakainit.
**cocòmero** *sm* pakwan.
**coda** *sf* buntot ◊ (*fila*) pila ◊ (*parte finale*) hulian ◊ **fare la coda** pumila; **in coda** sa pilahan.
**còdice** *sm* kodigò ◊ **codice di avviamento postale** postal kod; **codice fiscale** kodigong pangbuwis; **codice civile** kodigo sibil; **codice penale** kodigo penal.
**codificare** *v* lagyan ng kodigo.
**coerente** *agg* magkakaugnày.
**coerenza** *sf* pagkakaugnày-ugnày.
**coetàneo** *agg* kaedàd.
**còfano** *sm* kaban.
**cogli** *prep artic* sa mga.
**cògliere** *v* pulutin ◊ **cogliere la palla al balzo** intindihin agad.
**cognac** *sm inv* konyak.
**cognata** *sf* hipag.
**cognato** *sm* bayaw.
**cognome** *sm* apelyido.
**coi** *prep artic* sa mga.
**coincidenza** *sf* pagkakataon ◊ (*mezzi di trasporto*) koneksiyon na sasakyan.
**coincìdere** *v* mapàsabày.
**coinvòlgere** *v* isangkot.
**col** *prep artic* sa.
**colapasta** *sm inv* salaan ng pasta.
**colare** *v* salain ◊ **colare a picco** umagos ng biglà.
**colata** *sf* pag-agos.
**colazione** *sf* (*prima mattina*) almusàl; (*pranzo*) tanghalian.
**colera** *sm* kolera.
**colesterolo** *sm* kolesterol.
**còlica** (*pl* **-che**) *sf* kolilò.
**colite** *sf* kolitis.
**colla** *sf* kola.
**collaborare** *v* magtulungan.
**collaboratore** (**-trice**) *sm* katulong.
**collaborazione** *sf* pakikipagtulungàn.

**collana** *sf* kuwintàs ◊ (*libri*) serye.
**collant** *sm inv* medyas na pamba-bae.
**collante** *sm* malagkit.
**collasso** *sm* pag-guhò.
**collaudare** *v* subukin.
**colle** *sm* buròl.
**collega** (*pl* **-ghi -ghe**) *sm/f* kasamahàn.
**collegamento** *sm* pagkàkabit.
**collegare** *v* ikabit.
**collègio** *sm* kolèhiyò.
**còllera** *sf* galit.
**colletta** *sf* kolekta.
**collettività** *sf inv* taong-bayan.
**collettivo** *agg* sama-sama.
**colletto** *sm* kuwelyo.
**collezione** *sf* koleksiyòn.
**collina** *sf* buròl.
**collìrio** *sm* kolirio.
**collisione** *sf* pagbanggà.
**collo** *sm* liig ◊ **collo alto** malpd na kuwelyo; **collo a V** kuwlyong hugis V; **rompersi l'osso del collo** nasa peligrò.
**collocare** *v* ilagay.
**collòquio** *sm* ùsapan.
**colluttòrio** *sm* pangmumog.
**colmare** *v* punuin.
**colmo** *agg* punong-puno ◊ **è il colmo** nasa kasukdulan.
**colomba** *sf* kalapati.
**colònia** *sf* kolonya.
**colonizzare** *v* sakupin.
**colonna** *sf* haligi ◊ **colonna vertebrale** gulugòd.
**colonnello** *sm* koronèl.
**colorare** *v* kulayan.
**colore** *sm* kulay ◊ **farne di tutti i colori** gawin lahat ng klase ng kalokohan; **a colori** may kulay.
**coloro** *pron dimostr* sinuman.
**colossale** *agg* napakalaki.
**colpa** *sf* pagkakamali ◊ **senso di colpa** makonsensiya.
**colpévole** *agg* may-sala.
**colpire** *v* tamaan.
**colpo** *sm* dagok ◊ (*rumore*) katòk ◊ (*arma da fuoco*) putòk ◊ (*di cuore*) atake ◊ **fare colpo** nakadiyakpat, nakaakit; **colpo di sole** nasunog sa init ng araw; **colpo di freddo** nalamigan; **colpo d'occhio** nagulat; **colpo di telefono** tinawagan saglit sa telepono; **colpo di stato** coup-de-estat, pagsalakay s gobyerno.
**coltellata** *sf* pagsaksak.
**coltello** *sm* kutsilyo.
**coltivare** *v* bungkalin ◊ (*fig*) pakipagkapwà.
**coltivatore** (**-trice**) *sm* magsasakà.
**coltivazione** *sf* sakahin.
**colto** *agg* may-pinag-aralan, edukado.
**coltura** *sf* kultura.
**colùi** *pron dimostr* siya.
**coma** (*pl* **-i**) *sm* koma.
**comandante** *sm/f* komandante.
**comandare** *v* mag-utòs ◊ (*mecc*) kontròl.
**comando** *sm* utòs ◊ (*mil*) komando militar ◊ (*mecc*) kontrol ◊ **esse-**

**re al comando della classifica** nangunguna sa listahan,nangunguna sa lahat.
**combaciare** *v* iakma.
**combattente** *sm/f* ang kalaban.
**combàttere** *v* lumaban.
**combattimento** *sm* labanan.
**combinare** *v* paghaluin ◊ (*con - cordare*) magkasunduan.
**combinazione** *sf* pagkakahalò ◊ **per combinazione** purong kaso lamang.
**come** *avv* kagaya ◊ (*modo*) paano ◊ ( *quantità*) ilan ◊ **così… come** kagaya… ng; **come mai** bakit.
**cometa** *sf* kometa.
**còmico** (*f* **-a** *pl* **-ci -che**) *agg, sm* komiko.
**comìgnolo** *sm* tutok ng tsimenea.
**cominciare** *v* magsimula.
**comitato** *sm* lupon.
**comitiva** *sf* grupo.
**comìzio** *sm* lipunan.
**commèdia** *sf* komedya.
**commemorazione** *sf* pagpapaalala.
**commentare** *v* magpunà.
**commento** *sm* punà.
**commerciale** *agg* negosiyo.
**commerciante** *sm/f* negosyante.
**commèrcio** *sm* komersiyo ◊ **commercio all'ingrosso, al dettaglio** wholesale, retail; **fuori commercio** wala pa sa mga tindanhan.
**commesso** *sm* tindero.
**commestìbile** *agg* makakain.
**comméttere** *v* gumawà.
**commiserazione** *sf* habàg.
**commissàrio** *sm* komisaryo ◊ **commissario di bordo** pagador.
**commissione** *sf* komisyon ◊ (*incarico*) lupon ◊ (*compenso*) porsiyento ◊ **su commissione** may porsiyebto.
**commosso** *agg* mahabàg.
**commovente** *agg* nakakahabàg.
**commozione** *sf* damdamin.
**commuòvere** *v* maawà.
**comodino** *sm* komò.
**comodità** *sf inv* kaginhawaan.
**còmodo** *agg* maginhawa ◊ **con comodo** huwag magapurà; **fare comodo** maging komportablè.
**compact disc** *vedi* **Cd**.
**compagnìa** *sf* samahan.
**compagno** *sm* kasama ◊ (*scuola*) kaklase ◊ ( *politica*) kapartido ◊ (*convivente non sposato*) kasipan.
**comparazione** *sf* paghahambing.
**comparire** *v* lumitàw.
**comparsa** *sf* paglitàw ◊ ( *teat*) umekstra.
**compassione** *sf* awà.
**compasso** *sm* kumpas.
**compatìbile** *agg* magkabagay.
**compatire** *v* maawà.
**compatriota** (*pl* **-i -e**) *sm/f* kababayan.
**compatto** *agg* siksik.
**compensare** *v* tumbasan.
**compenso** *sm* gantimpala.
**cómpera** *sf* bilihin ◊ **farcompere** mamili.
**competente** *agg* eksperto.

**competenza** *sf* kakayahan.
**compètere** *v* lumahok ◊ (*gareggiare*) makipagligsahan.
**competizione** *sf* paligsahan.
**compiacenza** *sf* pagpapaunlak.
**compiàngere** *v* ikinalulungkot.
**compianto** *sm* pagluluksà.
**cómpiere** *v* gawin ◊ (*portare a compimento*) tapusin ◊ **compiere gli anni** ipagdiwang ang kaarawan.
**compilare** *v* sulatan.
**compimento** *sm* pagtapos.
**cómpito** *sm* tungkulin ◊ (*scolastico*) araling-bahay.
**compleanno** *sm* kaarawan.
**complementare** *agg* komplementaryo.
**complemento** *sm* pagbati.
**complessità** *sf inv* magusòt.
**complessivamente** *avv* sa kabuuàn.
**complessivo** *agg* kabuuàn.
**complesso** *agg* magulò ◊ *sm* (*mus*) kombo, banda ◊ (*psichico*) kompleks ◊ **in, nel complesso** sa kabuuan; **complesso di colpa** makonsensiyà.
**completare** *v* tapusin.
**completo** *agg* kompleto ◊ (*pieno*) punò ◊ *sm* (*set*) kompleto ◊ (*abito da uomo*) amerikano; (*da donna*) terno ◊ **essere al completo** kompleto, punò.
**complicare** *v* guluhin.
**complicato** *agg* magulò, komplicado.
**complicazione** *sf* pagkagulò, komplikasiyòn.
**còmplice** *agg* kasabwat.
**complicità** *sf inv* pagsabwat, sabwatan.
**complimentarsi** *v rifl* batiin.
**complimento** *sm* bati ◊ **complimenti!** binabati kita!, kongratulasyòn!; **non fare complimenti** huwag mahiyà.
**complotto** *sm* sàbuwatan.
**componente** *sm/f* bahagi ◊ (*membro*) kasapì, miyembro.
**comporre** *v* bumuò ◊ (*scrivere*) umakdà, sumulat ◊ **comporre un numero telefonico** dumayal.
**comportamento** *sm* asàl.
**comportarsi** *v rifl* mag-asàl.
**compositore (-trice)** *sm* (*musica*) taga-akdà, taga-sulat.
**composizione** *sf* komposisyòn.
**composto** *agg* tambalan *sm* ◊ (*chim*) timplada.
**comprare** *v* bilhin ◊ **comprare all'asta** bumili ng subasta; **comprare di seconda mano** bumili ng sekonda-mano, lumang bagay; **comprare a buon mercato** bumili sa mababang presyo.
**compratore (-trice)** *sm* mamimili.
**comprèndere** *v* intindihin.
**comprensìbile** *agg* maunawain.
**comprensione** *sf* pagunawa.
**comprensivo** *agg* mapag-unawa.
**compressa** *sf* tabletas.

**compresso** *agg* pikpik ◊ **aria compressa** copressed-air.
**comprìmere** *v* pikpikin.
**compromesso** *sm* pagbibigayan.
**comprométtere** *v* magbigayan.
**computer** *sm inv* kompeyuter.
**computerizzato** *agg* kompeyuterays.
**comunale** *agg* pangmunisipyo.
**comune** *agg* munisipyo ◊ *sf* (*comunità*) komunidàd ◊ **in comune** sa munisipyo; **di comune accordo** parehong sang-ayon.
**comunicare** *v* pakikipagusap.
**comunicativo** *agg* palausap.
**comunicato** *sm* ulat.
**comunicazione** *sf* pabibigay-alam ◊ **mezzi di comunicazione** paraan ng paghahatid ng balita.
**comunione** *sf* samahan ◊ (*relig*) komunyòn.
**comunista** (*pl* **-i -e**) *agg* komunista ◊ **partito comunista** partido-komunista.
**comunità** *sf inv* komunidàd.
**comunque** *avv* gayunman.
**con** *prep* sa.
**conato** *sm* tangkà ◊ **conato di vomito** duwal.
**conca** (*pl* **-che**) *sf* sisidlàn.
**còncavo** *agg* malukòng.
**concèdere** *v* ipagkàloob.
**concentramento** *sm* konsentrasyòn ◊ **campo di concentramento** kampo ng mga bihag.
**concentrare** *v* pag-isipang mabuti.
**concentrato** *agg* konsentrado ◊ *sm* konsentrado ◊ **concentrato di pomodoro** purong kamatis.
**concepimento** *sm* pagkaintindi.
**concepire** *v* pagkabatid ◊ (*gravidanza*) paglilihi ◊ (*pensiero*) pagkaalam.
**concertista** (*pl* **-i -e**) *sm/f* solista ng konsiyerto.
**concerto** *sm* konsiyerto.
**concessionàrio** *sm* bilihan ng kotse.
**concessione** *sf* pagkakaloob.
**concetto** *sm* kuru-kurò.
**concezione** *sf* palagày.
**conchìglia** *sf* kabibi.
**conciare** *v* paghanda ◊ (*pelli*) magkulti ◊ (*fig*) magmalupit ◊ (*vestirsi male*) magpabadoy ◊ (*sporcarsi*) magpadumi.
**conciliare** *v* magsuwato.
**concimare** *v* mag-abono.
**concime** *sm* abono.
**conciso** *agg* maikli.
**concittadino** *sm* mamamayan.
**conclùdere** *v* tápusin.
**conclusione** *sf* wakas, katapusan.
**concordato** *sm* pinagkasunduan.
**concòrde** *agg* kasunduan.
**concorrente** *sm/f* kalaban.
**concorrenza** *sf* kompetésiyà.
**concórrere** *v* makipagalban ◊ (*gara*) makipagpaligsahan ◊ (*comm*) makipagkompetènsiyà.
**concorso** *sm* paligsahan.
**concreto** *agg* kongkreto.
**concussione** *sf* panghuhuthot.

**condanna** *sf* hatol, senténsiyà.
**condannare** *v* hatulan.
**condannato** *agg* taong hinatulan.
**condensare** *v* palaputin.
**condensato** *agg* kondensado ◊ **latte condensato** gatas na konden - sado.
**condimento** *sm* pampalasa.
**condire** *v* lasahan.
**condivìdere** *v* maghati.
**condizionale** *agg* may-pasubali.
**condizionare** *v* ilagay sa kondi-syon.
**condizionato** *agg* nasa kondi-syon ◊ **aria condizionata** air-con-dition.
**condizionatore** *sm* air-con.
**condizione** *sf* kodisyon ◊ **a con-dizione che** sa kondisyon na.
**condoglianze** *sf pl* pakikiramay ◊ **fare le condoglianze** pakikida-lamhati.
**condomìnio** *sm* condo.
**condonare** *v* pigilin.
**condono** *sm* kapatawaran.
**condotta** *sf* ugali.
**condotto** *agg* tubo ◊ **medico con-dotto** doktor ng bayan.
**conducente** *sm/f* tsuper.
**condurre** *v* dalhin ◊ (*guidare*) magmaneho ◊ (*gestire*) mangasiwa ◊ **condurre a** dalhin sa; **condurre la classifica** nangunguna.
**conduttore** (**-trice**) *sm* tagapat-nubay ◊ (*guidatore*) tsuper ◊ (*elettr*) kawad.
**conduttura** *sf* daanan ng tubo.
**confederazione** *sf* pederasiyòn kalipunan.
**conferenza** *sf* komperénsiyà ◊ **conferenza stampa** panayam ng mga pahayagan.
**conferimento** *sm* pagsanguni.
**conferma** *sf* pagpapatunay.
**confermare** *v* patunayan.
**confessare** *v* umamin ◊ (*relig*) mangumpisal.
**confessione** *sf* pag-amin ◊ (*relig*) pagkumpisàl.
**confessore** *sm* kompesòr.
**confetto** *sm* isang uri ng kendi ◊ (*medicinale*) pildoràs.
**confezionare** *v* gumawa ◊ (*rifini - re*) tapusin ◊ (indumenti) tahiin ◊ (*pacchi*) magbalot.
**confezione** *sf* pag-gawa ◊ (*finitu - ra*) pagtapos ◊ (*indumenti*) pagtahi ◊ (*pacchi*) pagbalot.
**conficcare** *v* isaksak.
**confidare** *v* magtapat.
**confidenza** *sf* tiwala ◊ **prendere confidenza** masanay; **dare confi-denza** magtiwala.
**confidenziale** *agg* lihim.
**configurazione** *sf* hugis.
**confinare** *v* karatig.
**confine** *sm* border, hangganan.
**confiscare** *v* kumpiskahin.
**conflitto** *sm* labanan ◊ (*contrasto*) salungatan.
**confluenza** *sf* pagsamasama.
**confluire** *v* pag-agos.
**confóndere** *v* lituhin.
**confortante** *agg* nakakaaliw.

**confortare** *v* aliwin.
**confortévole** *agg* maginhawa.
**conforto** *sm* kaginhawaan.
**confrontare** *v* ihambing.
**confronto** *sm* paghahambing ◊ **nei confronti di qualcuno** sa kanyang dako.
**confusione** *sf* kaguluhàn.
**confuso** *agg* magulo.
**congedare** *v* pagpapaalam ◊ (*mil*) humingi ng permiso.
**congedo** *sm* paalam ◊ (*mil*) permiso.
**congegno** *sm* mekanismo.
**congelamento** *sm* pagyeyelo.
**congelare** *v* pagyelo.
**congelatore** *sm* preser.
**congestione** *sf* (*med*) kabag ◊ (*traffico*) punong-puno.
**congiùngere** *v* sumama.
**congiuntivite** *sf* sor-ays.
**congiura** *sf* sapakatan.
**congratularsi** *v rifl* batiin.
**congratulazioni** *sf pl* pagbati.
**congresso** *sm* kongreso.
**còngruo** *agg* akmà.
**conguàglio** *sm* belansè.
**coniare** *v* lumikhà.
**conìfera** *sf* isang uri ng punong-kahoy.
**conìglio** *sm* kuneho ◊ (*fig*) mahiyain.
**coniugare** *v* magbanghay ◊ (*gramm*) magbanghay ng pandiwa.
**coniugato** *agg* may-asawa.
**còniuge** *sm/f* mag-asawa.
**connazionale** *agg* kababayan.
**connèttere** *v* magugnay.
**cono** *sm* kono ◊ **cono gelato** apa.
**conoscente** *sm/f* kakilala.
**conoscenza** *sf* kaalaman ◊ (*persona*) pagkakakilala ◊ **essere a conoscenza di qualcosa** may nalalaman; **perdere conoscenza** mahimatay.
**conóscere** *v* alamin.
**conosciuto** *agg* kilalà.
**conquista** *sf* pagtalo, pagsakop.
**conquistare** *v* sakupin.
**consacrare** *v* ilaàn ◊ (*relig*) konsagràhin ◊ (*fig*) ialay.
**consapévole** *agg* batid.
**consapevolezza** *sf* pagkabatid.
**cònscio** *agg* (*pl f* **-sce**) may-malay.
**consegna** *sf* padalà ◊ **dare in consegna** ibigay.
**consegnare** *v* ipadala.
**conseguente** *agg* bungà.
**conseguenza** *sf* resulta ◊ **di conseguenza** dahil dito.
**conseguimento** *sm* pagtatamò.
**conseguire** *v* kamtàn.
**consenso** *sm* pahintulot.
**consentire** *v* pahintulutan.
**consentito** *agg* ipinahintulot.
**conserva** *sf* pag-iingat ◊ (*cibo*) pagpreserba.
**conservare** *v* ingatan ◊ (*cibo*) ipreserba.
**conservato** *agg* iningatan ◊ (*cibo*) ipreneserba.
**conservatore** (**-trice**) *agg* taga-pag-ingat.

**conservatòrio** *sm* konserbatoryo.
**conservazione** *sf* pagiingat.
**considerare** *v* ipalagay.
**considerazione** *sf* konsèdirasyòn ◊ (*ragionamento*) pag-iisip ◊ (*stima*) pagiintindi.
**considerévole** *agg* di-kakaùnti.
**consigliare** *v* pagpayuhan.
**consigliere** *sm* tagapayo ◊ **consigliere comunale** tagapayo ng bayan.
**consìglio** *sm* payo ◊ (*comitato*) konseho ◊ **consiglio dei ministri** kapulungan munisipàl; **consiglio di amministrazione** lupon ng patnugot.
**consistente** *agg* masinsin.
**consistenza** *sf* kasinsinan.
**consìstere** *v* buuin.
**consolare** *v* aliwin ◊ *agg* (*di consolato*) inaliw.
**consolato** *sm* konsulado.
**consolazione** *sf* kaalıwan.
**consolidamento** *sm* pagtigas.
**consolidare** *v* patigasin.
**consonante** *sf* katinig.
**consorte** *sm/f* kabiyàk.
**consòrzio** *sm* korporasiyon.
**constatare** *v* tiyakin.
**constatazione** *sf* pagtiyak.
**consueto** *agg* kinagawian.
**consuetùdine** *sf* gawi.
**consulente** *sm/f* tagasanguni.
**consulenza** *sf* pagsangguni.
**consultare** *v* sumangguni ◊ (*chiedere consigli*) konsultahin ◊ (*libro, documento*) tignan.
**consultòrio** *sm* pagamutan.
**consumare** *v* ubusin ◊ (*logorare*) sirain ◊ (*usare oggetti*) gamitin ◊ (*usare energia, servizi*) gamitin.
**consumatore** (**-trice**) *sm* mamimili.
**consumazione** *sf* paggamit.
**consumismo** *sm* waldas na paggamit.
**consumo** *sm* paggamit ◊ **beni di consumo** mga paninda; **società dei consumi** mga mamimili.
**contàbile** *agg* akawntant.
**contabilità** *sf inv* akawnting.
**contachilòmetri** *sm inv* milyometro.
**contadino** *sm* magsasakà.
**contagiare** *v* hawaan.
**contàgio** *sm* paghawa.
**contagioso** *agg* nakakahawa.
**contagocce** *sm inv* dropper.
**contaminare** *v* dumihan.
**contaminazione** *sf* pagdumi.
**contante** *sm* kuwarta ◊ **pagare in contanti** bayaran ng kuwarta.
**contare** *v* bilangin.
**contatore** *sm* kontador.
**contattare** *v* makipagkita.
**contatto** *sm* pagdikit ◊ (*elettr*) màdaiti ◊ (*fig*) pagdikit.
**conte** (**-essa**) *sm* konte.
**contegno** *sm* kilos ◊ **darsi un contegno** kumilos ng wastò.
**contemplare** *v* magnilay-nilay.
**contemporàneo** *agg* kapanahonàn.
**contendente** *agg* karibal.

**contèndere** *v* magpaligsaha.
**contenere** *v* magpigil.
**contenitore** *sm* sisidlàn.
**contentare** *v* bigyang-lugod.
**contentezza** *sf* kalugùran.
**contento** *agg* kontento.
**contenuto** *sm* laman.
**contesa** *sf* pagtatalo.
**contestare** *v* tutulan ◊ (*giur*) makipagdibate.
**contestatore** (**-trice**) *sm* tagatutol.
**contestazione** *sf* pagtutol.
**contesto** *sm* tutol.
**contìguo** *agg* magkaratig.
**continentale** *agg* pangkontinente.
**continente** *sm* kontinente.
**continuare** *v* ituloy.
**continuazione** *sf* pagtutuloy.
**continuità** *sf inv* patuloy.
**contìnuo** *agg* walang-tigil.
**conto** *sm* halaga ◊ (*da pagare*) kuwenta ◊ (*in banca ecc.*) pera sa banko ◊ (*fig*) alalahanin ◊ **conto corrente** libreta sa banko; **aprire un conto (in banca)** mag-bukas ng konto (sa banko); **fare i conti** magkuwentahan; **rendersi conto** matauhan; **fare conto su qualcuno, su qualcosa** umasa sa, kay.
**contorno** *sm* guhit-balangkàs ◊ (*cuc*) rikado.
**contorto** *agg* pilipit ◊ (*fig*) baluktot.
**contrabbandiere** *agg* pangkontrabandista.
**contrabbando** *sm* kontrabandong kalakal ◊ **di contrabbando** puslit na bagay.
**contrabbasso** *sm* baho.
**contraccambiare** *v* gantihan.
**contraccettivo** *agg* gamot laban sa pagbubuntis ◊ *sm* kontraseptibs.
**contraddire** *v* sumalungàt.
**contraddistìnguere** *v* makita ang kaibahan.
**contraddittòrio** *agg* pasalungàt.
**contraddizione** *sf* pagsalungat.
**contraffatto** *agg* huwad.
**contralto** *sm/f* kontralto.
**contrapporre** *v* kumontra.
**contrapposto** *agg* pagkontra.
**contrariare** *v* kontra.
**contràrio** *agg* baliktad ◊ **al contrario** sa ibang panig.
**contrarre** *v* humapit ◊ **contrarre un debito** pirmahan ang kasunduhan ng utang.
**contrastare** *v* magkasalungàtan.
**contrasto** *sm* di-pagkakasundò.
**contrattare** *v* magbaratilyo.
**contrattazione** *sf* makipagtawaràn.
**contrattempo** *sm* hindi inaasahan.
**contratto** *sm* kontrata.
**contravvenire** *v* lumabàg.
**contravvenzione** *sf* paglabàg ◊ (*multa*) multa.
**contrazione** *sf* pag-ikli.
**contribuente** *sm/f* ang mamùmuwisan.
**contribuire** *v* magkontribusyòn.

**contributo** *sm* kontribusyòn ◊ (*tassa*) buwis ◊ **contributi previdenziali** buwis ng manggagawa.
**contro** *prep* kontra ◊ *avv* laban ◊ **i pro e i contro** laban at sangayon; **contro voglia** walang-gusto; **contro corrente** wala sa panahon.
**controbàttere** *v* magpabuluan.
**controfigura** *sf* doblè.
**controindicazione** *sf* pinsala.
**controllare** *v* magsiyasat.
**controllo** *sm* pagsiyasat.
**controllore** *sm* tagasiyasat ◊ (*trasporti pubblici*) inspektòr ◊ **controllore di volo** inspektòr ng eruplano.
**controluce** *avv* ilaw sa likuran.
**contromano** *avv* sa kabilang direksiyon ng kalsada.
**controparte** *sf* katunggali.
**controsenso** *sm* pagsasàlungatàn.
**controvèrsia** *sf* di-pagkakaisa.
**controvòglia** *avv* walang-gusto.
**contusione** *sf* pasà.
**convalescente** *agg* pagalingan.
**convalescenza** *sf* pagpapagaling.
**convàlida** *sf* pagpapatibay.
**convalidare** *v* magpatibay.
**convegno** *sm* pulong.
**conveniente** *agg* kapaki-pakinabang.
**convenienza** *sf* katumpakan.
**convenire** *v* magtipun-tipon ◊ (*essere d'accordo*) magkaisa ◊ (*essere utile*) maigi ◊ **mi conviene** mas maigi para sa akin.
**convento** *sm* kumbento.
**convenzionale** *agg* tadhana.
**convenzione** *sf* kapulungan.
**convergenza** *sf* pagtagpo ◊ (*concordanza*) pagpisan.
**convèrgere** *v* magtapo ◊ (*concordare*) magpisan.
**conversazione** *sf* pag-uusap.
**conversione** *sf* pagbabagong-loob ◊ (*cambiamento*) pagbabago ◊ (*inform*) paggawa ◊ (*relig*) pagbabalik-loob.
**convertire** *v* mapabagong-loob ◊ (*cambiare*) baguhin ◊ (*relig*) magpasampalataya.
**convesso** *agg* lukòb.
**convìncere** *v* kumbinsihin.
**convinzione** *sf* matibay na paniniwala.
**convivenza** *sf* pagsasama.
**convìvere** *v* makisama.
**convocare** *v* pagtipun-tipunin.
**convocazione** *sf* pagtitipun-tipun.
**convòglio** *sm* tren.
**convulsione** *sf* kombulsiyon.
**cooperante** *agg* matulungin.
**cooperare** *v* magtulungan.
**cooperativa** *sf* kooperatiba.
**cooperazione** *sf* pagtutulungan.
**coordinamento** *sm* pagtugùn.
**coordinare** *v* pagtugùn-tugunin.
**copèrchio** *sm* takip.
**coperta** *sf* kumot ◊ (*mar*) kubyerta.
**copertina** *sf* takip ◊ (*libro*) balàt.
**coperto** *agg* natakpan ◊ *sm* (*ristorante*) table-charge ◊ **stare al**

**coperto** nasa lilim; **cielo coperto** maulap.
**copertone** *sm* tarapàl.
**copertura** *sf* panakip ◊ (*fig*) pansangga.
**còpia** *sf* kopya.
**copiare** *v* kopyahin.
**copione** *sm* iskrip.
**coppa** *sf* tasa ◊ (*mecc*) kopa ◊ (*sport*) kopa.
**còppia** *sf* pareha ◊ (*cose*) isang pares; (*persone*) mag-asawa.
**coprifuoco** (*pl* **-chi**) *sm* kerpeyu.
**copriletto** *sm* kubrekama.
**coprire** *v* takpan ◊ (*fig*) pagtakpan ◊ (*indumenti*) damitan.
**coràggio** *sm* tapang.
**coraggioso** *agg* matapang.
**corallo** *sm* koral.
**corazza** *sf* pawikan.
**corazzata** *sf* may pawikan.
**corda** *sf* pisi ◊ (*mus*) kuwerdas ◊ (*tennis*) guhit ◊ **corde vocali** akorde ng boses; **dare corda a qualcuno** pakinggan; **tagliare la corda** tumakas.
**cordiale** *agg* taimtim ◊ **cordiali saluti** mataimtim na pagbati.
**cordòglio** *sm* pighati.
**cordone** *sm* lubid ◊ **cordone ombelicale** pusod.
**coreografia** *sf* koryograpia.
**coriàndolo** *sm* koryandolo.
**coricarsi** *v rifl* mahiga.
**cornàcchia** *sf* uwàk.
**cornamusa** *sf* pito.
**còrnea** *sf* kornea.
**cornetta** *sf* kawal ng kablyeriya ◊ (*mus*) korneta ◊ (*telefono*) awditibo.
**cornetto** *sm* agimat na hugis sungay ◊ (*croissant*) isang uri ng tinapay na hugis sungay.
**cornice** *sf* kuwadro ◊ (*fig*) balangkasin.
**corno** *sm* sungay ◊ (*mus*) torotot ◊ **fare le corna** pagtaksilan.
**corona** *sf* korona.
**corpetto** *sm* blusa.
**corpo** *sm* katawan ◊ **darsi anima e corpo** ibuhos lahat ang panahon; **corpo di ballo** grupo ng mansasayaw.
**corporatura** *sf* pangangàtawan.
**corporazione** *sf* korporasyon.
**corredare** *v* magbigay ng kasangkapan.
**corredo** *sm* kagamitan ◊ (*sposa*) kagamitan na inipon ng babae bago ikasal.
**corrèggere** *v* magkorèk.
**corrente** *agg* (*anno, mese*) pangkasalukuyan ◊ *sf* (*acqua*) agos ◊ (*aria*) hihip ◊ (*tendenza*) gawi ◊ **conto corrente** akawnt sa bangko; **essere al corrente** may-nalalaman; **mettere al corrente** ipaalam.
**córrere** *v* tumakbo ◊ **correre ai ripari** maghanap ng remedyo; **correre un rischio** magsapàlaran.
**correttezza** *sf* kawastuàn.
**corretto** *agg* wastò ◊ **caffè corretto** kapèng may halong alak.
**correzione** *sf* pagwawastò.

**corridóio** *sm* pasilyo.
**corriera** *sf* bus.
**corriere** *sm* mensahero.
**corrispondente** *agg* katugòn.
**corrispondenza** *sf* pagsusùlatan.
**corrispóndere** *v* magkatugòn ◊ (*equivalere*) magkatumbas ◊ (*tenere cor rispondenza*) magsulatan.
**corródere** *v* agnasin.
**corrómpere** *v* suhulan.
**corrosione** *sf* pag-agnas.
**corroso** *agg* na-agnas.
**corruzione** *sf* panunuhol.
**corsa** *sf* takbo ◊ **essere di corsa** nagmamadali.
**corsìa** *sf* tùlàyan ◊ (*ospedale*) silid ◊ (*strada*) daàn.
**corso** *sm* pagtuloy ◊ (*fiume*) agos ◊ (*strada*) daàn ◊ (*lezioni*) kurso.
**corte** *sf* korte ◊ (*giur*) hukuman ◊ (*cortile*) patyò ◊ **corte d'Appello** pinakamataas na hukuman.
**cortéccia** (*pl* **-ce**) *sf* banakal.
**corteggiare** *v* ligawan.
**cortèo** *sm* prusisyòn.
**cortese** *agg* magalang.
**cortesìa** *sf* kagandahang-asal ◊ **percortesia** paki.
**cortile** *sm* patyò.
**corto** *agg* maikli.
**corvo** *sm* uwàk.
**cosa** *sf* bagay ◊ (*faccenda*) pangyayari ◊ (*concetto*) ideà ◊ **cose da fare** mga gagawin; **perprima cosa** una sa lahat.
**còscia** (*pl* **-sce**) *sf* hità.
**cosciente** *agg* may-malay.
**coscienza** *sf* budhi ◊ **perdere coscienza** mahimatay; **avere la coscienza sporca** marumi ang konsiyènsiyà.
**cosciotto** *sm* binti.
**così** *avv* ganyan ◊ *cong* para ◊ **così così** gayo't-ganito; **basta così!** tama na!.
**cosiddetto** *agg* tinatawag ng ganito (gayòn, ganyàn).
**cosmètico** (*f* **-a** *pl* **-ci -ce**) *agg* kosmètikò.
**còsmico** (*f* **-a** *pl* **-ci -che**) *agg* pang-kosmik.
**cosmo** *sm* kosmos.
**cosmopolita** (*pl* **-i -e**) *agg* pang-kosmopolitana.
**cospàrgere** *v* ikalat.
**cospirazione** *sf* sabwàtan.
**costa** *sf* baybay-dagat ◊ (*pendio*) dalisdis ng burol ◊ (*libro*) likod ng aklat ◊ **velluto a coste** koldoroy.
**costante** *agg* patuloy.
**costanza** *sf* pagpapatuloy.
**costare** *v* magkahalagà ◊ (*fig*) mahalaga ◊ **costare un patrimonio** mapakamahal.
**costata** *sf* pigî.
**costato** *sm* dibdib.
**costeggiare** *v* lumigid.
**costellazione** *sf* pagkalat ng maraming bituin.
**costernazione** *sf* panghihilakbòt.
**costiera** *sf* baybay-dagat.
**costiero** *agg* baybay.

**costituire** *v* bumuò ◊ (*giur*) magtatag.
**costituzione** *sf* pangangàtawan ◊ (*giur*) saligang-batàs, kostitusyon.
**costo** *sm* halaga ◊ **a ogni costo** kahit sa anong halaga; **a costo di** sa halagang.
**còstola** *sf* tadyàng.
**costoro** *pron dimostr* siya.
**costoso** *agg* mamáhalin.
**costretto** *agg* mapilit.
**costrìngere** *v* pilitin.
**costruire** *v* magtayò, yumari.
**costruttore** *sm* tagayari.
**costruzione** *sf* pagyari, konstruksiyòn.
**costùi** *pron dimostr* siya.
**costume** *sm* ugali ◊ (*indumento*) kasuùtan ◊ **costume da bagno** damit-pampaligo.
**cotenna** *sf* balat ng baboy.
**cotogna** *sf* kotonya.
**cotone** *sm* bulak ◊ **cotone idrofilo** sinulid.
**còttimo** *sm* kabayaran.
**cotto** *agg* lutò ◊ (*innamorato*) umiibig ◊ *sm* (*terracotta*) tisa ◊ (*piastrella*) baldosa ◊ **innamorato cotto** umiibig ng husto.
**cottura** *sf* pagkaluto.
**covare** *v* mamisà ◊ (*fig, odio, rancore*) magpakanà.
**covo** *sm* tirahan ng mababagkis na hayop ◊ (*terroristi*) pugad.
**cozza** *sf* paros.
**crampo** *sm* pulikat.
**crànio** *sm* bungò.
**cratere** *sm* bunganga ng bulkan.
**cravatta** *sf* kurbata.
**creare** *v* lumikhà ◊ (*fondare*) magtayo ◊ (*causare*) gumawâ.
**creativo** *agg* magaling gumawâ.
**creatura** *sf* mga nilikhà ◊ (*vivente*) tao, hayop.
**creazione** *sf* paglikhà ◊ (*divina*) sangnilikhà ◊ (*arte, moda*) gawâ.
**credente** *sm/f* naniniwala.
**credenza** *sf* paniniwala ◊ (*mobile*) paminggalan sa kusina.
**crédere** *v* maniwala ◊ **non credere ai propri occhi** hindi makapaniwala.
**crédito** *sm* utang ◊ **carta di credito** kredit kard; **istituto di credito** bahay pautangan.
**crema** *sf* krema ◊ (*cosmetico*) krema sa mukhà, balàt ◊ **crema da barba** krema na pang-ahit; **crema solare** kremang pang-araw; **crema depilatoria** krema na pang-ahit.
**cremare** *v* magsunog ng bankay.
**cremerìa** *sf* pagawaàn ng krema.
**crepa** *sf* bitàk.
**crepàccio** *sm* malaking bitàk.
**crepare** *v* mabitàk ◊ (*fam*) mamatay ◊ **crepare dall'invidia** mamatay sa inggit.
**crepitare** *v* kumaluskòs.
**crepùscolo** *sm* takipsilim.
**créscere** *v* lumaki ◊ (*quantità*) lumago ◊ (*prezzi*) tumaas.
**créscita** *sf* paglaki ◊ (*quantità*) paglago ◊ (*prezzi*) pataas.

**crèsima** *sf* kumpil.
**crespo** *agg* sumagitsit ◊ (*capelli*) kulot ◊ *sm* (*tessuto*) may-pileges.
**cresta** *sf* tuktok ◊ **alzare la cresta** maging mataas.
**creta** *sf* luàd.
**cretino** *agg, sm* tangà.
**cric** *sm inv* diyàk.
**criceto** *sm* isang uri ng dagà.
**criminale** *agg* kriminàl.
**crìmine** *sm* krimen.
**criniera** *sf* kiling.
**cripta** *sf* silid sa ilalim ng lupa.
**crisantemo** *sm* krisantimo.
**crisi** *sf inv* krisis ◊ **crisi di governo** krisis ng gobyerno; **crisi d'astinenza** abstinénsiyà.
**cristallo** *sm* kristàl.
**cristianesimo** *sm* kristiyanismo.
**cristiano** *agg, sm* kristiyano ◊ **partito cristiano democratico** partido demokratiko.
**critèrio** *sm* huwaràn.
**crìtica** (*pl* **-che**) *sf* pintàs ◊ (*i critici*) pintàs ◊ **critica letteraria** manunuring panliteratura.
**criticare** *v* pintasan.
**crìtico** (*f* **-a** *pl* **-ci -che**) *agg* mapanganib ◊ (*negativo*) palapintasin ◊ *sm* kritiko.
**croce** *sf* krus ◊ **Croce rossa** redkross; **a occhio e croce** mga tantsà.
**crocevìa** *sm inv* krus na daan.
**crociera** *sf* paglalakbay-dagat.
**crocifiggere** *v* ipako sa krus.
**crocifisso** *sm* krusipiho.
**crollare** *v* gumuhò ◊ (*fig*) malugmok ◊ (*fig, persona*) himatayin.
**crollo** *sm* pag-guhò ◊ (*fig*) palugmok ◊ (*fig, persona*) pagkahimatay.
**cromosoma** (*pl* **-i**) *sm* kromosoma.
**crònaca** (*pl* **-che**) *sf* kasaysayan ◊ **cronaca nera** ulat.
**crònico** (*f* **-a** *pl* **-ci -che**) *agg* talamàk.
**cronista** (*pl* **-i -e**) *sm/f* tagapagbalita.
**cronòmetro** *sm* kronometro.
**crosta** *sf* balat (na pangibabaw) ◊ (*ferita*) langib.
**crostàceo** *sm* mga isdang may kabibi.
**crostata** *sf* isang uri ng keyk.
**crostino** *sm* tustadong tinapay.
**cruciverba** *sm inv* krossword.
**crudele** *agg* malupit.
**crudeltà** *sf inv* kalupitan.
**crudo** *agg* hilaw ◊ **nudo e crudo** matapat.
**cruento** *agg* madugò.
**crusca** *sf* daràk.
**cruscotto** *sm* pitak.
**cubo** *sm* kubo ◊ **metro cubo** metrokuwadrado.
**cuccagna** *sf* labis-labis.
**cuccetta** *sf* kamarote.
**cucchiaino** *sm* kutsarita.
**cucchiàio** *sm* kutsara.
**cùccia** (*pl* **-ce**) *sf* tulugan ng aso.
**cùcciolo** *sm* tuta.
**cucina** *sf* kusina.

**cucinare** *v* magluto.
**cucire** *v* tahiin.
**cucito** *sm* tinahi.
**cucitura** *sf* tahi.
**cùffia** *sf* gora ◊ (*acustica*) headphones.
**cugino** *sm* pinsan.
**cui** *agg rel* iyon ◊ *pron rel* iyon kay ◊ **per cui** dahil iyon; **a cui** sa iyon; **di cui** ayun sa.
**culla** *sf* duyan.
**cullare** *v* ihele ◊ (*fig*) pumayápa.
**cùlmine** *sm* taluktok.
**culo** *sm* puwitan.
**culto** *sm* pagsambà.
**cultura** *sf* kultura.
**culturale** *agg* pang-kultura.
**cùmulo** *sm* buntòn.
**cuòcere** *v* lutuin.
**cuoco** (*pl* **-chi -che**) *sm* kusinero.
**cuòio** *sm* katad balat ◊ **cuoio capelluto** anit.
**cuore** *sm* puso ◊ (*fig, generosità*) mapag-bigay ◊ (*fig, coraggio*) matigas ◊ **stare a cuore** nasa puso, manatili sa puso; **malato di cuore** maysakit sa puso; **attacco di cuore** atake sa puso; **nel cuore della notte** sa hating-gabi; **nel profondo del cuore** sa puso; **cuore infranto** pusong bigô.
**cupo** *agg* madilim ◊ (*suono*) mahugong.
**cùpola** *sf* kùpolà.
**cura** *sf* gamot ◊ (*attenzione*) pag-aasikaso ◊ **a cura di** sa pag-aasikaso ni; **essere in cura presso un medico** ginagamot ni doktor; **cura dimagrante** pampayat na gamot.
**curare** *v* alagaan ◊ (*med*) gamutin.
**curatore** (**-trice**) *sm* tagapag-alàga.
**cùria** *sf* samahan.
**curiosità** *sf inv* pagkamausisa ◊ (*oggetto strano*) hindi-pangkarinawan.
**curioso** *agg* mausisa ◊ (*strano*) di-karaniwan.
**curva** *sf* likò.
**curvare** *v* likuin ◊ (*veicolo*) ilikò.
**curvo** *agg* malikò.
**cuscinetto** *sm* almohadòn.
**cuscino** *sm* unan.
**custode** *sm/f* tagabantay.
**custodire** *v* itago.
**cute** *sf* balat.
**cyclette** *sf inv* bisekleta.

# D

**da** *prep* (*moto da luogo*) sa; (*moto a luogo*) sa; (*moto attraverso luogo*) sa ◊ (*mezzo*) sa ◊ (*tempo*) sa ◊ **vengo da Parigi** galing ako sa Paris; **da un anno** isang taon na; **da solo** nag-iisa; **abito da sera** damit-panggabi; **da vicino** sa malapit; **da lontano** sa malayo.
**dado** *sm* kubo ◊ (*brodo*) rikadong pansabaw ◊ (*gioco*) days.
**dagli** *prep artic* mula sa.

**dai** *prep artic* mula kina ◊ *inter* dali!.
**dàino** *sm* isang uri ng usà.
**dal** *prep artic* mula sa.
**dalla** *prep artic* mula sa.
**dalle** *prep artic* mula sa.
**dallo** *prep artic* mula sa.
**dama** *sf* (*signora*) ginang ◊ (*gioco*) dama.
**dannare** *v* idalanging mapàhamak.
**dannato** *agg* isumpà.
**danneggiare** *v* sirain.
**danno** *sm* sirà.
**dannoso** *agg* masama.
**danza** *sf* sayaw.
**danzare** *v* sumayaw.
**dappertutto** *avv* kahit saan.
**dapprima** *avv* mula't sapol.
**dare** *v* ibigay ◊ (*provocare*) magdudulot ◊ **dare alla testa** nakakabaliw; **dare sui nervi** nakakagalit; **dare del tu, del lei** igalang, magoho; **dare fastidio** nakaka-abalà; **dare un appuntamento** makipagtipan; **dare un esame** mageksam.
**dàrsena** *sf* piyèr.
**data** *sf* petsa.
**dato** *agg* bigay.
**dàttero** *sm* dàtilès ◊ (*di mare*) dàtilès ng baybay.
**davanti** *avv* harapan ◊ *agg* pangharap ◊ **davanti a** sa harapan ng.
**davanzale** *sm* pasamano.
**davvero** *avv* talaga.
**dàzio** *sm* tol.
**dea** *sf* diyosa.
**débito** *sm* utang.
**debitore (-trice)** *sm* ang mayutang.
**débole** *agg* mahina ◊ **punto debole** depekto.
**debolezza** *sf* kahinaan.
**debuttare** *v* unang paglabas.
**decadere** *v* tanggihan.
**decaffeinato** *agg* kapeng walang kafena.
**deceduto** *agg* pumanàw.
**decènnio** *sm* sampùng taon.
**decente** *agg* disente.
**decìdere** *v* magpasiyà.
**decifrare** *v* magbasa.
**decimale** *agg* disimal.
**decina** *sf* dosena.
**decisamente** *avv* disididong-disidido.
**decisione** *sf* pasiyà.
**decisivo** *agg* pangwakàs.
**deciso** *agg* tiyàk ◊ (*forte*) tahàs.
**declinazione** *sf* pahilis.
**declino** *sm* hilis.
**decollare** *v* lumipad.
**decollo** *sm* paglipad.
**decomposizione** *sf* pagkabulòk.
**decorare** *v* magpalamuti.
**decorazione** *sf* palamuti ◊ (*arch*) dekorasyòn ◊ (*al valore*) sabitan (ng medalya).
**decoroso** *agg* disente.
**decorrenza** *sf* paglipas.
**decorso** *sm* paglipas.
**decrépito** *agg* hukluban.
**decreto** *sm* utos.
**dèdica** (*pl* **-che**) *sf* paglálaan.

**dedicare** *v* maghandog.
**dedurre** *v* maghulò ◊ (*concludere*) ipagpalagay ◊ (*detrarre*) alisin.
**deduzione** *sf* paghulò ◊ (*conclusione*) pagpapalagay ◊ (*detrazione*) pag-alis.
**defezione** *sf* pagtalikod.
**deficiente** *agg* kulang.
**dèficit** *sm inv* kakulangan.
**definire** *v* magpaliwanag.
**definitivo** *agg* kahuli-huliàn ◊ **in definitiva** sa kahuli-huliàn.
**definizione** *sf* pagpakahulugan.
**deflagrazione** *sf* pagsunog.
**deflettore** *sm* tagalihis.
**deformare** *v* papangitin.
**deformazione** *sf* pagpapangit.
**defunto** *agg* yumaò.
**degenerare** *v* lumubhà.
**degenza** *sf* pagkákaospital.
**degli** *prep artic* ang mga.
**degnare** *v* marapatin.
**degno** *agg* karapat-dapat.
**degradare** *v* pasamain ◊ (*mil*) pababain (ang ranggo).
**degustazione** *sf* pagtikim.
**dei** *prep artic* sa mga.
**del** *prep artic* sa.
**dèlega** *sf* kinatawàn.
**delegare** *v* ipakatawàn.
**delegazione** *sf* pagpapakatwàn.
**deletèrio** *agg* nakapipinsàla.
**delfino** *sm* dolpin ◊ **nuoto a delfino** langoy na parang dolpin.
**deliberare** *v* maglimi.
**delicatezza** *sf* kapinuhan.
**delicato** *agg* pino.
**delimitare** *v* takdáan.
**delineare** *v* gumawâ ng banghày.
**delinquente** *sm/f* delingkuwente.
**delinquenza** *sf* paglabag.
**delirare** *v* nahihbàng.
**delìrio** *sm* pagkahibàng.
**delitto** *sm* krimen.
**delìzia** *sf* malaking tuwà ◊ (*cosa deliziosa*) nakakatuwang bagay ◊ (*persona deliziosa*) giliw ◊ (*cibo*) masasarap na pagkain.
**delizioso** *agg* nakakatuwa.
**della** *prep artic* kay.
**delle** *prep artic* kina.
**dello** *prep artic* kay.
**delta** *sm inv* delta.
**deltaplano** *sm* deltaplano.
**delùdere** *v* mabigô.
**delusione** *sf* kabiguan.
**deluso** *agg* bigô.
**demente** *agg* ulòl.
**demenziale** *agg* nakakaulòl.
**democràtico** (*f* **-a** *pl* **-ci -che**) *agg* demokratiko ◊ **partito cristiano democratico** partido demokratiko.
**democrazìa** *sf* demokrasyà.
**demogràfico** (*f* **-a** *pl* **-ci -che**) *agg* demograpiko.
**demolire** *v* gibain ◊ (*fig*) wasakin.
**demolizione** *sf* pag-gibà.
**demònio** *sf* demonyo.
**demoralizzare** *v* magpasáma.
**denaro** *sm* pera, salapi ◊ **denaro contante** kuwarta.
**denominazione** *sf* katawagan.

**densità** *sf inv* kakapalan.
**denso** *agg* makapal.
**dente** *sm* ngipin ◊ **dente del giudizio** bagang.
**dentiera** *sf* postiso.
**dentifrìcio** *sm* tutpeyst.
**dentista** (*pl* **-i-e**) *sm/f* dentista.
**dentro** *avv* loob ◊ *prep* sa loob ◊ *sm inv* loob ◊ **in dentro** sa loob; **dentro a** sa loob na.
**denùncia** (*pl* **-ce**) *sf* pagsusumbong ◊ (*giur*) paghahablà.
**denunciare** *v* ihablà.
**denutrizione** *sf* malnutrition.
**denutrito** *agg* salàt sa pagkain.
**deodorante** *sm* deodorant.
**depenalizzare** *v* hindi parusahan.
**deperìbile** *agg* bulukin.
**deperire** *v* manghina.
**deperito** *agg* mahina.
**depilare** *v* ahitin.
**depilatòrio** *agg* pang-ahit ◊ **crema depilatoria** krema na pang-ahit.
**depistare** *v* lukuhin.
**dépliant** *sm inv* polyeto.
**deporre** *v* ilagay ◊ (*estromettere*) makialam ◊ (*testimoniare*) sumaksi.
**deportazione** *sf* deportasyòn.
**deportare** *v* ideport.
**depositare** *v* magdepòsitò.
**depòsito** *sm* depòsitò ◊ **deposito bagagli** depòsitò ng bagahe.
**deposizione** *sf* pagsaksi.
**depressione** *sf* kapighatiàn ◊ (*geog*) lubak ◊ (*econ*) paghina.
**depresso** *agg* mapighati ◊ (*geog*) malubak ◊ (*econ*) mahina.
**deprìmere** *v* magpalungkot.
**depuratore** *sm* pangdalisay.
**deputato** *sm* representante.
**deragliare** *v* lumabas ng relis ng tren.
**derby** *sm inv* derby.
**derelitto** *agg* pagpapabayà.
**derìdere** *v* tawanan.
**deriva** *sf* takbo ◊ **andare alla deriva** sundan ang takbo.
**derivare** *v* manggaling ◊ (*aver origine*) magmulà.
**dermatite** *sf* dermatitis.
**dermatòlogo** (*f* **-a** *pl* **-gi -ghe**) *sm* manggamot ng sakìt sa balat.
**dèroga** (*pl* **-ghe**) *sf* di pag-ayon.
**derubare** *v* pagnanakaw.
**descrìvere** *v* maglarawan.
**descrizione** *sf* paglalarawan.
**deserto** *sm* disyerto.
**desiderare** *v* naisin.
**desidèrio** *sm* nais.
**desideroso** *agg* mapagnais.
**design** *sm inv* dibuho, disenyo.
**designare** *v* magdibuho.
**desinenza** *sf* duluhan.
**desìstere** *v* tumigil.
**desolante** *agg* malagim.
**desolato** *agg* mapanglaw ◊ (*persona*) malungkot.
**desolazione** *sf* kalagiman.
**dessert** *sm inv* matamis na pagkain.
**destare** *v* magising.
**destinare** *v* ilaàn.

**destinatàrio** *sm* ang tumanggap.
**destinazione** *sf* paroroònan.
**destino** *sm* destino ◊ (*comm, destinazione*) destinasyon.
**destituire** *v* itiwalag.
**destra** *sf* kanan ◊ (*politica*) kanang panig ◊ **girare a destra** umikot sa kanan; **alla mia destra** sa aking kanan; **tenere la destra** lagi sa kanan.
**destro** *agg* kanan ◊ *sm* (*pugno*) kanang kamay.
**desùmere** *v* kunin.
**detenere** *v* hawakan.
**detenuto** *sm* bilanggo.
**detenzione** *sf* pagkabilanggo.
**detergente** *sm* sabon na likido.
**deterioramento** *sm* pagkasira.
**deteriorare** *v* sirain.
**determinare** *v* tiyakin.
**determinato** *agg* tiyak ◊ (*persona*) determinado.
**detersivo** *sm* sabon.
**detestare** *v* mapoòt.
**detonazione** *sf* malakas na putok.
**detrarre** *v* bawasan.
**detrazione** *sf* pagbawas.
**detrito** *sm* mga labi.
**dettagliante** *sm/f* magtitingî.
**dettàglio** *sm* detalye ◊ **vendita al dettaglio** magtingî.
**dettare** *v* magdiktà ◊ **dettare le condizioni** idiktà ang mga kondisyon; **dettar legge** iutos ang batàs.
**dettato** *sm* diktà, utos ◊ (*scuola*) ang idinikta.
**detto** *sm* tawag ◊ **Luigi, detto Gino** Luigi, alyas Gino.
**deturpare** *v* sirain ang anyo ◊ (*cosa*) sirain ◊ (*persona*) papangitin ◊ (*fig*) sirain.
**devastare** *v* wasakin ◊ (*persona*) lurayin.
**deviare** *v* lumihis ◊ (*fig*) baguhin.
**deviazione** *sf* paglihis ◊ (*fig*) pagbago.
**devoto** *agg* tapàt.
**devozione** *sf* pagmamahal.
**di** *prep* sa ◊ **d'estate** sa tag-init; **di sera** sa gabi; **dire di sì** sabihing oo; **dire di no** sabihing hindi.
**diabete** *sm* diyabetis.
**diabètico** (*f* **-a** *pl* **-ci -che**) *agg* diyabetiko.
**diabòlico** (*f* **-a** *pl* **-ci -che**) *agg* makademonyo.
**diaframma** (*pl* **-i**) *sm* (*fot*) tabing ◊ (*anat*) diyaprama ◊ (*anticoncezionale*) diyapram ◊ (*fig*) salabid.
**diàgnosi** *sf inv* pagsuri, diyagnosis.
**diagonale** *agg* diyagonal.
**diagramma** (*pl* **-i**) *sm* diyagrama.
**dialetto** *sm* diyalekto.
**diàlisi** *sf inv* diyalisis.
**diàlogo** (*pl* **-ghi**) *sm* diyalogo ◊ (*fig*) usapan.
**diamante** *sm* brilyante.
**diàmetro** *sm* diyàmetrò.
**diapositiva** *sf* slide.
**diària** *sf* pang-gastos araw-araw.
**diàrio** *sm* talaàrawan.
**diarrèa** *sf* pagtataè diyariya.

**diàvolo** *sm* diyablo ◊ **mandare al diavolo** murahin; **povero diavolo** kawawa.
**dibàttere** *v* magtalo.
**dibàttito** *sm* pagtatalo.
**diboscamento** *sm* pasira ng kagubatan.
**dicembre** *sm* disyembre.
**dichiarare** *v* magpahayag ◊ **dichiararsi prigioniero politico** ipahayag na bilanggo ng politika.
**dichiarazione** *sf* pagpahayag ◊ **dichiarazione dei redditi** deklarasyòn ng buwis sa kita; **dichiarazione di guerra** deklarasyòn ng digmaan; **dichiarazione d'amore** pagtatapat ng pag-ibig.
**didascalìa** *sf* titulo.
**didàttica** (*pl* **-che**) *sf* didatika.
**dieta** *sf* diyeta ◊ **essere a dieta** nagdidiyeta.
**dietro** *avv* sa likod ◊ *agg* likod ◊ *prep* sa likod ◊ **dietro di me** sa likod ko; **dietro alla casa** sa likod ng bahay; **di dietro** sa likod.
**difèndere** *v* magtanggòl.
**difensore** *agg* tagapagtanggòl ◊ (*giur*) abugadong tagapagtanggòl ◊ (*sport*) tagasanggà.
**difesa** *sf* pagtatanggòl ◊ (*sport*) pagsasanggà ◊ **legittima difesa** pagtataggòl sa sarili.
**difetto** *sm* kamalian ◊ (*mancanza*) pagkukulang.
**diffamazione** *sf* paninirang-puri.
**differente** *agg* ibà.
**differenza** *sf* pakakaibà ◊ (*mat*) diperènsiyà ◊ **a differenza di** sa kaibahan.
**differenziare** *v* ikàibà.
**difficile** *agg* mahirap ◊ (*improbabile*) walang-katiyakan ◊ (*complicato*) magulo.
**difficoltà** *sf inv* kahirapan ◊ **trovarsi in difficoltà** nasa mahirap na kalagayan.
**diffidare** *v* walang-tiwala ◊ **diffidare di qualcuno** walang-tiwala sa isang tao.
**diffidente** *agg* mapaghinala.
**diffidenza** *sf* di-pagtitiwala.
**diffóndere** *v* magbunyag ◊ (*notizie*) isahimpapawid ◊ (*malattie*) ikalat, hawáan.
**diffusione** *sf* paglaganap.
**diffuso** *agg* kalàt.
**diga** (*pl* **-ghe**) *sf* prinsa, dam.
**digerìbile** *agg* madaling matunaw.
**digerire** *v* tunawin ◊ (*sopportare*) malulòn.
**digestione** *sf* pagtunaw.
**digestivo** *agg* pampatunaw.
**digitale** *agg* digital ◊ **impronte digitali** bakàs ng daliri.
**digiunare** *v* mag-ayuno.
**digiuno** *agg* pag-ayuno ◊ (*ignorante*) walang-alam ◊ **essere digiuno di scienza** walang-alam sa siyénsà; **essere a digiuno** hindi kumain.
**dignità** *sf inv* karangàlan.
**dignitoso** *agg* marangàl.
**dilagare** *v* bahain ◊ (*fig*) pagkalàt.

**dilaniare** *v* punitin.
**dilatare** *v* lumaki.
**dilazionare** *v* paglaki ◊ **dilazionare un pagamento** pagtaas ng bayad.
**dileguare** *v* pakalatin ◊ (*fig*) watak-watakin.
**dilettante** *agg* amatyùr.
**diligente** *agg* masikap.
**diligenza** *sf* pagsisikap.
**diluire** *v* magbantò.
**dilungare** *v* pahabain.
**diluviare** *v* umulan ng malakas.
**dilùvio** *sm* malakas na ulan ◊ (*fig*) ulan.
**dimagrire** *v* magpapayat.
**dimensione** *sf* sukat ◊ (*fig*) laki.
**dimenticanza** *sf* pagkalilimutin.
**dimenticare** *v* makàlimutan ◊ **dimenticarsi di qualcosa** makàlimutan ang iasang bagay.
**dimestichezza** *sf* kaàlaman.
**diméttere** *v* umalis ◊ (*ospedale*) palabasin ◊ (*incarico*) matiwalag.
**dimezzare** *v* hatiin.
**diminuire** *v* bawasan.
**diminutivo** *sm* munti.
**diminuzione** *sf* pagbawas.
**dimissioni** *sf pl* pagbibitiw ◊ **dare le dimissioni** magbitiw.
**dimostrare** *v* patunayan ◊ **dimostrarsi capace** patunayan ang kakayanan.
**dimostrazione** *sf* pagpapatunay.
**dinàmica** (*pl* **-che**) *sf* dinamika.
**dinàmico** (*f* **-a** *pl* **-ci -che**) *agg* dinamiko.
**dinamite** *sf* dinamita.
**dìnamo** *sf inv* dinamo.
**dinanzi** *prep* bago.
**dinastìa** *sf* dinastiya.
**dinosàuro** *sm* dinosaryo.
**dintorni** *sm pl* paligid ◊ **nei dintorni** sa paligid.
**dio** (*f* **dea** *pl* **dei dee**) *sm* diyòs ◊ (*divinità*) pagka-Diyos ◊ (*unico dio*) Diyos.
**diòcesi** *sf inv* diyòsesis.
**dipartimento** *sm* departamento, kagàwaran.
**dipendente** *agg* umaàsa ◊ **lavoro dipendente** sariling trabaho.
**dipendenza** *sf* pagpapàkalinga ◊ (*edificio*) pagdugtong.
**dipèndere** *v* umasa ◊ **dipende dai casi** dipende sa kaso.
**dipìngere** *v* magpintà ◊ (*fig*) ilarawan.
**dipinto** *sm* pintura larawan.
**diploma** (*pl* **-i**) *sm* diploma.
**diplomàtico** (*f* **-a** *pl* **-ci -che**) *agg* madiplomasiya.
**diplomazìa** *sf* diplomasiya ◊ (*fig*) mahusay na pakikitungo.
**diradare** *v* panipisin ◊ (*spazio*) paliitin ◊ (*tempo*) madalang.
**diramazione** *sf* pagsangà ◊ (*strada*) sangàng-daan ◊ (*fiume*) sangà ng ilog.
**dire** *v* magsabi ◊ **dire di sì** sabihing oo; **dire di no** sabihing hindi; **non c'è che dire** wala ng masasabi.
**diretto** *agg* deretso ◊ *sm* (*treno*)

tren na walang-hinto ◊ (*pugno*) suntòk na deretso.
**direttore** (**-trice**) *sm* tagapamahala.
**direzione** *sf* pamamàhala ◊ **in direzione di** sa pamamàhala ni.
**dirigente** *agg* mamatnugot.
**dirigenza** *sf* pàmatnugutàn.
**dirìgere** *v* mamàhala ◊ (*comandare*) mag-utòs.
**dirimpetto** *avv* kaharap.
**diritto** *agg* deretso ◊ *avv* tuloy-tuloy ◊ **tirare diritto** tuwaràn.
**dirottare** *v* ibahin ang direksiyon ng daan.
**disàbile** *agg* baldado.
**disabitato** *agg* walang-naktira.
**disabituare** *v* hindi na sanay.
**disaccordo** *sm* di-pagkakasundo.
**disadattato** *sm* di-angkop.
**disagiato** *agg* di-mapalagay.
**disàgio** *sm* pagkahilahil ◊ **sentirsi a disagio** di-komportablè; **mettere a disagio** ilagay sa kihihiyàn.
**disapprovare** *v* tanggihan.
**disapprovazione** *sf* pagtanggî.
**disappunto** *sm* malaking kabiguàn.
**disarmare** *v* alisàn ng sandata.
**disarmo** *sm* pagalis ng sandata.
**disastro** *sm* malaking sakunà.
**disattento** *agg* walang-asikaso.
**disattenzione** *sf* kawaláng-asikaso.
**disavanzo** *sm* dèpisit.
**disavventura** *sf* masamang kapalaran.
**discàpito** *sm* pinsalà ◊ **a discapito di qualcuno, di qualcosa** pinsalà sa isang tao, bagay.
**discàrica** (*pl* **-che**) *sf* diskarga ◊ (*rifiuti*) tapunan ng basura.
**discendente** *agg* inàpo ◊ *sm/f* apohin.
**discéndere** *v* manaog ◊ (*derivare*) magmulà.
**discesa** *sf* pagpanaog ◊ (*pendio*) palusong.
**dischetto** *sm* disk ◊ (*inform*) dischette.
**disciplina** *sf* disiplina.
**disciplinato** *agg* may-disiplina.
**disc-jockey** *sm/f inv* disc-jockey.
**disco** (*pl* **-chi**) *sm* disk ◊ (*mus*) disko ◊ **disco fisso, rigido** hard disk.
**discontìnuo** *agg* di tuloy-tuloy.
**discordante** *agg* magkasalungàt.
**discòrdia** *sf* di-pagkakaisa.
**discorsivo** *agg* mapagkaùsap.
**discorso** *sm* pag-uùsap.
**discoteca** (*pl* **-che**) *sf* diskohan.
**discreto** *agg* katamtaman ◊ (*riservato*) tahimik.
**discrezione** *sf* pag-aninaw ◊ (*decisione*) pagpasiyà ◊ (*riservatezza*) pagkatahimik.
**discriminazione** *sf* pagtatangi laban sa.
**discussione** *sf* pagtatalo ◊ **mettere in discussione** pagtalunan; **essere fuori discussione** wala sa usapan.
**discùtere** *v* magtalo.

**discutìbile** *agg* mapagtàtalunan.
**disdire** *v* bawiin.
**disegnare** *v* magdrowing.
**disegnatore** (**-trice**) *sm* tagadrowing.
**disegno** *sm* drowing.
**diseredare** *v* alisan ng mana.
**disertare** *v* iwanan ◊ (*mil*) nagtanan.
**disfacimento** *sm* pagsira ◊ (*fig*) pagwawàsak.
**disfare** *v* sirain ◊ **disfare le valigie** alisin sa pagkakàimpakè; **disfarsi di qualcosa** itapon.
**disfatto** *agg* inalis ◊ (*fig*) winasak.
**disfunzione** *sf* kawaláng-ayos ◊ (*med*) karamdaman.
**disgelo** *sm* pagtunaw.
**disgràzia** *sf* disgrasiyà.
**disgraziato** *agg* walang-hiya.
**disguido** *sm* pagkaligaw.
**disgustare** *v* mainis.
**disgustoso** *agg* nakakainis ◊ (*moralmente*) karumal-dumal.
**disidratare** *v* matuyuan.
**disillùdere** *v* mabago an gmalingakala.
**disinfettante** *agg* disimpektante.
**disinfettare** *v* disimpektahin.
**disintegrare** *v* tibagin.
**disinteressare** *v* walang-interès.
**disinteressato** *agg* di-interesado.
**disinteresse** *sm* walang-pagkainteresado.
**disintossicare** *v* alisin ang lason.
**disintossicazione** *sf* pagkalason.
**disinvolto** *agg* naturàl.
**disinvoltura** *sf* pagkanaturàl.
**dismisura** *sf* walang-habas ◊ **a dismisura** labis.
**disoccupato** *agg, sm* walang-hanapbuhay.
**disoccupazione** *sf* pagkawalà ng hanapbuhay.
**disonesto** *agg* hindi-tapat.
**disonorare** *v* maniràng-puri.
**disonore** *sm* paninirang-puri.
**disordinato** *agg* magulò.
**disórdine** *sm* pagkamagulò ◊ (*tumulto*) kaguluhàn.
**disorganizzato** *agg* di-maayos.
**disorganizzazione** *sf* pagkawalang-ayos.
**disorientare** *v* malitò.
**dìspari** *agg inv* walang-kabiyàk ◊ (*mat*) mga numerong gansàl ◊ (*diverso*) kakaibà.
**disparità** *sf inv* pagkakawala ng kabiyak.
**disparte** *avv* bukod ◊ **stare in disparte** ilagay ang sarili sa isangtabi.
**dispèndio** *sm* pag-gugol.
**dispensa** *sf* pamamahagi ◊ (*esonero*) paglilibrè ◊ (*locale*) bodega ◊ (*mobile*) aparadòr.
**dispensare** *v* ipamahagi.
**disperare** *v* kawaláng-pag-asa.
**disperato** *agg, sm* wala ng pagasa disperado.
**disperazione** *sf* diperasyon.
**dispèrdere** *v* pakalatin.
**disperso** *agg* pagkalat.

**dispetto** *sm* kapilyuhan.
**dispettoso** *agg* pilyo.
**dispiacere** *sm* kalungkutan ◊ **mi dispiace** ikinalulùngkot ko; **mi dispiace per lui** nalulùngkot ako dahil sa kanya.
**disponìbile** *agg* magagamit ◊ (*cosa*) bakante ◊ (*persona*) bakante.
**disponibilità** *sf inv* paggamit ◊ (*cosa*) pagkabakante ◊ (*persona*) pagkabakante.
**disporre** *v* ayusin ◊ (*comandare*) magmando.
**disposizione** *sf* pag-ayos ◊ **avere a disposizione** mayroon; **essere a disposizione di qualcuno** narito para sa isang tao.
**disposto** *agg* nakaayos ◊ (*intenzionato*) handa ◊ **disposto a tutto** handa sa lahat.
**disprezzare** *v* mamuhi.
**disprezzo** *sm* pagkamuhi.
**disputare** *v* magtalo ◊ (*gara*) magpaligsahan.
**dissanguare** *v* paduguin.
**disseminare** *v* sabugan ◊ (*fig*) magkalat.
**dissenso** *sm* pagtutol.
**dissenterìa** *sf* disenteriyà.
**dissestato** *agg* hindi maayos ◊ **strada dissestata** lubak-lubak na daan.
**dissesto** *sm* magulo.
**dissetante** *agg* pamawi ng uhaw.
**dissetare** *v* pawiin ang uhaw.
**dissidente** *agg* di-sangayon.
**dissìdio** *sm* pagka-iba ng opinyon.
**dissimulare** *v* maglingid.
**dissociare** *v* maghiwalay.
**dissòlvere** *v* matunaw.
**dissuadere** *v* akitin.
**distaccare** *v* magtanggàl ◊ (*fig*) magpalayo ng damdamin.
**distacco** (*pl* **-chi**) *sm* pagtanggal ◊ (*fig*) paglayo.
**distante** *agg* malayo.
**distanza** *sf* distansiyà ◊ (*fig*) pagitan ◊ **prendere le distanze** lumayo.
**distèndere** *v* himiga ◊ (*rilassare*) magpahinga.
**distesa** *sf* nakahiga ◊ **suonare a distesa** magpatugtog ng walang-tigil.
**disteso** *agg* nakahiga ◊ (*rilassato*) magpapahing.
**distillare** *v* magdalisay.
**distìnguere** *v* makita ang kaibahan.
**distintivo** *agg* pagkakàkilanlàn ◊ *sm* tsapa.
**distinto** *agg* iba ◊ (*differente*) dikauri ◊ (*raffinato*) edukado.
**distinzione** *sf* kaibahan ◊ (*raffinatezza*) kabunyain.
**distorsione** *sf* pagbaluktòt ◊ (*med*) pilay.
**distrarre** *v* abalahin.
**distratto** *agg* abalà.
**distrazione** *sf* pagkaabala ◊ (*errore*) pabayà.
**distretto** *sm* distreto.
**distribuire** *v* ipamigay.

**distributore** (**-trice**) *sm* tagapamigay ◊ (*automatico*) automatic despenser◊ (*benzina*) bomba ng langis.
**distribuzione** *sf* pamimigày.
**distrùggere** *v* sirain.
**distruzione** *sf* pagsira.
**disturbare** *v* gambalain.
**disturbo** *sm* kagùlùhan ◊ (*med*) karamdaman ◊ **prendersi il disturbo** maging abalà sa isang bagay.
**disubbidienza** *sf* pagsùway.
**disubbidire** *v* sùwayin.
**disuguaglianza** *sf* hindi pagkàkapantày.
**disumano** *agg* kalupitan.
**disuso** *sm* di-paggamit ◊ **in disuso** hindi na ginagamit.
**dito** (*pl* **-a** *f*) *sm* daliri ◊ **legarselo al dito** hindi makalimutan; **non muovere un dito** huwag mag-abalang gumawa ng kahit na ano; **mettere il dito sulla piaga** ungkatin; **schiacciarsi un dito** maipit ang daliri.
**ditta** *sf* kompanya.
**dittatore** (**-trice**) *sm* diktador.
**dittatura** *sf* pagdiktà.
**diurno** *agg* araw.
**divampare** *v* sumiklab.
**divano** *sm* supà.
**divaricare** *v* ibuka.
**divàrio** *sm* siwang.
**divenire** *v* maging ◊ **in divenire** sa kinabuksan.
**diventare** *v* maging.
**divergenza** *sf* pagkakàiba ◊ (*fig*) pagkakàlayo.
**diversificare** *v* ikaibà.
**diversità** *sf inv* pagkakaibà.
**diverso** *agg* naiibà ◊ **i diversi** ang mga naiibà.
**divertente** *agg* nakakatuwa.
**divertimento** *sm* katuwaan ◊ **parco dei divertimenti** peryahan.
**divertire** *v* magkatuwaan.
**divìdere** *v* maghiwalay ◊ (*allontanare*) ilayo.
**divieto** *sm* bawal ◊ **divieto di sosta** bawal magparkada; **divieto di accesso** bawal pumasok; **divieto di transito** bawal dumaan; **divieto di sorpasso** bawal mag-ober-teyk; **divieto di caccia** bawal mamaril, bawal mangaso.
**divinità** *sf inv* pagka-Diyòs.
**divino** *agg* dibino, banàl ◊ (*fig*) dakilà.
**divisione** *sf* paghahati ◊ (*mil*) dibisyòn.
**diviso** *agg* paghati ◊ (*indeciso*) pag-aalinlangan.
**divo** *sm* artista.
**divorare** *v* lumamon.
**divorziare** *v* magdiborsiyo.
**divòrzio** *sm* pagdidiborsiyo.
**dizionàrio** *sm* diksiyunaryo ◊ **dizionario monolingue** diksiyunaryo ng sariling-wika; **dizionario bilingue** diksiyunaryo para ng dalawang wika.
**do** *sm inv* (*mus*) do.
**dòccia** (*pl* **-ce**) *sf* ligò, shawer.
**docente** *sm/f* maestro.
**dòcile** *agg* maàmo.

**documentàrio** *sm* dokumentaryo.
**documento** *sm* papeles ◊ (*certificato*) kasulatan ◊ **documento di identità** papeles na palatandaan (I.D.).
**dogana** *sf* adwana.
**doganale** *agg* kustoms.
**doganiere** *sm* opisyàl ng adwana.
**dòglie** *sf pl* magdamdam sa panganganak.
**dolce** *agg* matamis ◊ **acqua dolce** tubig-tabang.
**dolcezza** *sf* katamisan.
**dolcificante** *sm* pampatamis.
**dolciume** *sm* masyadong-matamis.
**dolore** *sm* sakìt ◊ (*morale*) kirot ◊ **dolori reumatici** sakìt sa rayuma.
**doloroso** *agg* masakit ◊ (*morale*) makirot.
**doloso** *agg* panununog.
**domanda** *sf* tanong ◊ (*bur*) hiling ◊ **presentare domanda** ibigay ang kahilingan.
**domandare** *v* itanong ◊ (*per avere*) hilingin.
**domani** *avv* bukas ◊ **dall'oggi al domani** mula ngayon at bukas.
**domare** *v* paamuin ◊ **domare un incendio** puksain ang sung.
**domatore (-trice)** *sm* taong nagpapaamo.
**domattina** *avv* bukas ng umaga.
**doménica** (*pl* **-che**) *sf* linggo.
**domèstico** (*f* **-ca** *pl* **-ci -che**) *agg* lokàl.
**domicìlio** *sm* tirahan ◊ **domicilio fiscale** tunay na tirahan.
**dominare** *v* pangibabawan ◊ (*fig*) makapangyarihan.
**domìnio** *sm* dominyo ◊ (*fig*) kapangyarihan.
**don** *sm* don.
**donare** *v* ialay ◊ (*sangue, organi*) ipagkaloob.
**donatore (-trice)** *sm* ang nagkaloob ◊ **donatore di sangue** ang nagkaloob ang dugò; **donatore di organi** ang nagkaloob ang mga bahagi ng katawan; **donatore universale** ang nagkaloob ng lahat.
**dondolare** *v* mag-ugòy.
**dóndolo** *sm* ugòy ◊ **cavallo a dondolo** kabayong umu-ugoy; **sedia a dondolo** tumba-tumba; **dondolo da giardino** ugoyan sa hardin.
**donna** *sf* babae.
**dono** *sm* handog ◊ (*qualità*) likas na talino.
**dopo** *avv* mamaya ◊ (*tempo*) pagkaraan ◊ (*spazio*) pagkalipas ◊ *prep* batay ◊ *cong* dahil sa ◊ **dopo che** pagkatapos ng; **dopo di che** pagkatapos noon ay; **il giorno dopo** sa susunod na araw.
**dopobarba** *sm inv* kremang ginagamit pagkatapos mag-ahit.
**dopodomani** *avv* sa isang araw.
**dopoguerra** *sm inv* pagkalipas ng digmaan.
**dopopranzo** *sm inv* pagkatapos kumain.

**doposci** *sm inv* suot pagkatapos mag-ski.
**doposole** *agg inv* krema na ginagamit pagkatapos mag-paitim.
**dopotutto** *avv* pagkatapos ng lahat.
**doppiàggio** *sm* dabing.
**doppiare** *v* magdoblè.
**dóppio** *agg* doblè ◊ **doppio senso** dalawa ang kahulugan; **fare il doppio gioco** mandayà.
**doppione** *sm* duplikado.
**doppiopetto** *sm inv* isang uri ng amerikana.
**dorato** *agg* yari sa ginto.
**dòrico** (*f* **-ca** *pl* **-ci -che**) *agg* doriko.
**dormire** *v* matulog.
**dormita** *sf* tulog.
**dormivéglia** *sm inv* pag-aàntok.
**dorsale** *agg* likod ◊ (*geog*) tagaytày ◊ **spina dorsale** gulugòd.
**dorso** *sm* likod ◊ (*monte*) kabila ◊ **dorso della mano** likod ng kamay.
**dosare** *v* sukatin.
**dose** *sf* sukat.
**dotare** *v* lagyan ng kagamitan.
**dotato** *agg* pinagpala.
**dote** *sf* dote ◊ (*fig*) talento.
**dottore** (**-essa**) *sm* manggagamot, doktor ◊ (*sapiente*) may-pinagaralan ◊ (*laureato*) tapos.
**dove** *avv* saan ◊ **da dove** mula saan; **fin dove** hanggang saan.
**dovere** ◊ *v* kinakailangan ◊ (*essere probabile*) maari ◊ *sm* tungkulin ◊ **senso del dovere** pagpàpghalaga sa tungkulin; **fare il proprio dovere** gawin ang tungkulin.
**dovunque** *avv* saanmàn.
**dozzina** *sf* dosena.
**drago** (*pl* **-ghi**) *sm* dragon.
**dramma** (*pl* **-i**) *sm* dulà ◊ (*fig*) drama.
**drammàtico** (*f* **-a** *pl* **-ci -che**) *agg* dramatiko.
**drappello** *sm* pangkat.
**dritto** *agg* deretso ◊ (*fig*) tapat.
**droga** (*pl* **-ghe**) *sf* droga, gamot ◊ (*spezie*) pampalasa ◊ **droghe leggere** mahinang droga/gamot; **droghe pesanti** malakas na droga/gamot.
**drogare** *v* gumamit ng masamang gamot, magdroga.
**drogato** *agg* pusakal sa droga.
**drogherìa** *sf* groseri, tindahan.
**dùbbio** *sm* alinlangan ◊ **mettere in dubbio** mag-alinlangan; **senza dubbio** walang alinlangan.
**dubitare** *v* magdudà.
**duca** (*f* **duchessa**, *pl* **-chi**) *sm* duke.
**duello** *sm* duwelo ◊ (*fig*) paligsahan.
**duepezzi** *sm inv* bikini.
**duna** *sf* duna.
**dùnque** *cong* samakatuwid ◊ **venire al dunque** huamtong sa katapusan.
**duo** *sm inv* duweto.
**duomo** *sm* katedràl.
**duplicato** *sm* duplikado.
**durante** *prep* habang.

**durare** *v* magtagal.
**durata** *sf* tagal.
**durezza** *sf* katigasan.
**duro** *agg* matigas ◊ *avv* buong higpit.
**dùttile** *agg* malambot.

# E

**e** *cong* at ◊ **tutti e due** silang dalawa.
**èbano** *sm* ebano.
**ebbene** *cong* samakatuwid.
**èbete** *agg* tangà ◊ *sm/f* tangà.
**ebollizione** *sf* pagkulo.
**ebràico** (*f* **-a** *pl* **-ci -che**) *agg* makahebreyo ◊ *sm* salitang hudyò.
**ebrèo** *sm* Hudyò.
**ecatombe** *sf* ekatomba ◊ (*fig*) pagpuksa.
**eccèdere** *v* lumabis.
**eccedenza** *sf* paglabis.
**eccellente** *agg* napakahusay.
**eccellenza** *sf* kahusayan ◊ **Sua Eccellenza** kanyang kamahalàn.
**eccelso** *agg* napakatayog.
**eccèntrico** (*f* **-a** *pl* **-ci -che**) *agg* katakà-taka.
**eccessivo** *agg* labislabis.
**eccesso** *sm* labis.
**eccètera** *avv* at iba pa, etsetera.
**eccetto** *prep* maliban ◊ **tutti eccetto uno** lahat maliban sa isa.
**eccezionale** *agg* katangi-tangi.
**eccezione** *sf* kataliwasan ◊ **a eccezione di** liban sa; **fare eccezione** maging maliban.
**eccìdio** *sm* walang-awang pagpatay.
**eccitante** *agg* nakapùpùkaw ◊ **sostanza eccitante** pampasiglà.
**eccitare** *v* pukawin.
**ecclesiàstico** (*f* **-a** *pl* **-ci -che**) *agg* pansimbahan ◊ *sm* pari.
**ecco** *avv* dini, rini, dito, rito ◊ **eccomi** nandito na ako; **ecco fatto** heto tapos na.
**eccome** *avv* eh paano.
**eclissare** *v* mag-eklipse.
**eclissi** *sf inv* eklipse.
**eco** (*pl* **-chi** *m*) *sm/f* alingaw-ngàw.
**ecografìa** *sf* ultra-sound.
**ecologìa** *sf* ekolohiya.
**ecològico** (*f* **-a** *pl* **-ci -che**) *agg* pangekolohiya.
**ecologista** (*pl* **-i -e**) *agg* pangekolohista ◊ *sm/f* ekolohista.
**economìa** *sf* ekonomiya ◊ **fare economia** magtipid.
**econòmico** (*f* **-a** *pl* **-ci -che**) *agg* pangkabuhayan.
**ecosistema** (*pl* **-i**) *sm* ekosistema.
**eczema** (*pl* **-i**) *sm* eksema.
**édera** *sf* sarsaparilya.
**edìcola** *sf* tindahan ng pàhayagàn.
**edificare** *v* magtayo.
**edificio** *sm* gusali.
**edile** *sm* kompaniyang gumagawa ng mga gusali ◊ (*lavoratore*) mason.
**edilìzia** *sf* komèrsiyo ng pag-gawa ng gusali.

**editore** (**-trice**) *sm* tagapahayag ng mga libro ◊ **casa editrice** kompaniyang tagapahayag ng mga libro.
**edizione** *sf* edisyòn.
**educare** *v* turuan.
**educato** *agg* may-pinag-aralan.
**educazione** *sf* pinag-aralan, edukasyòn.
**effervescente** *agg* makulò.
**effettivo** *agg* tunay.
**effetto** *sm* bisa ◊ **in effetti** sa katunayan; **effetti speciali** espesiyàl epek; **effetti personali** kagamitang pansarili; **effetto serra** greenhouse effect.
**effettuare** *v* isagawâ.
**efficace** *agg* mabisa.
**efficiente** *agg* mahusay.
**efficienza** *sf* kasanayàn.
**effimero** *agg* panandàlian.
**egemonìa** *sf* pananig.
**egli** *pron pers m sing* siyà.
**egocèntrico** (*f* **-a** *pl* **-ci -che**) *agg* makasarili.
**egoismo** *sm* pagkamakasarili.
**egoista** (*pl* **-i -e**) *agg* taong-makasarili ◊ *sm/f* taong-makasarili.
**egrègio** *agg* ginoò ◊ **Egregio Signore** mahal na Ginoò.
**eh** *inter* hoy!.
**ehi** *inter* oy!.
**elaboratore** *sm* eksperto.
**elaborazione** *sf* pagpapabuti ◊ (*inform*) data-processing.
**elasticità** *sf inv* madaling mabanat.
**elàstico** (*f* **-a** *pl* **-ci -che**) *agg, sm* lastiko.
**elefante** (**-essa**) *sm* elepante.
**elegante** *agg* makisig.
**eleganza** *sf* kakisigan.
**elèggere** *v* iboto.
**elementare** *agg* panimulà ◊ **scuola elementare** paaralang elementarya.
**elemento** *sm* salik.
**elemòsina** *sf* limos.
**elencare** *v* ilista.
**elenco** (*pl* **-chi**) *sm* listahan ◊ **elenco telefonico** listahan ng mga taong may telepono, listahan ng numero ng telepono.
**elettorale** *agg* eleksiyon ◊ **campagna elettorale** kampanyang pang-eleksiyon.
**elettore** (**-trice**) *sm* botante.
**elettràuto** *sm/f inv* mekaniko ng sasakyan.
**elettricista** (*pl* **-i -e**) *sm/f* elektrisista.
**elettricità** *sf inv* koryente.
**elèttrico** (*f* **-a** *pl* **-ci -che**) *agg* dikoryente ◊ (*fig*) tuwàng-tuwa ◊ **centrale elettrica** generator ng koryente; **energia elettrica** koryente.
**elettrocardiogramma** (*pl* **-i**) *sm* elektrokardiogram.
**elettrodomèstico** (*pl* **-ci**) *sm* gamit pambahay.
**elettroencefalogramma** (*pl* **-i**) *sm* elektroensefalogram.
**elettrònica** (*pl* **-che**) *sf* elektroniks.

**elettrònico** (*f* **-a** *pl* **-ci -che**) *agg* elektronik.
**elevare** *v* pataasin ◊ (*fig*) paunlarin.
**elevato** *agg* mataàs.
**elezione** *sf* eleksiyon ◊ **elezioni politiche** eleksiyong pampolitika.
**èlica** (*pl* **-che**) *sf* élisè.
**elicòttero** *sm* helikopter.
**eliminare** *v* alisin.
**eliminazione** *sf* pag-alis.
**ella** *pron pers f sing* siya.
**ellènico** (*pl* **-ci -che**) *agg* heleniko.
**ellisse** *sf* malapad na bilog.
**elmetto** *sm* helmet.
**elogiare** *v* pagpuri.
**elògio** *sm* mataàs na pagpuri.
**eloquente** *agg* mahusay magsalita.
**elùdere** *v* umiwas.
**emanare** *v* magmulà ◊ (*leggi*) mag-isyu.
**emancipare** *v* magpalaya.
**emancipato** *agg* pinalaya.
**emarginare** *v* magmarhin.
**emarginato** *agg* pagmarhin.
**ematoma** (*pl* **-i**) *sm* pasà.
**embargo** *sm* embargo.
**emblema** (*pl* **-i**) *sm* sagisag.
**embolìa** *sf* embolismo.
**embrione** *sm* binhi.
**emergenza** *sf* kagipitan ◊ **stato d'emergenza** mahirap na kalagayan ◊ **uscita d'emergenza** labasan pang-emergensa.
**emèrgere** *v* limitaw.
**eméttere** *v* magbugà ◊ (*ordini, leggi*) magbigay ◊ **emettere un assegno** magbigay ng tseke.
**emicrània** *sf* megranya, sakit ng ulo.
**emigrante** *sm/f* dayuhan.
**emigrare** *v* dumayo.
**emigrazione** *sf* pagdayo.
**emisfero** *sm* emisperyo.
**emissàrio** *sm* sugò ◊ (*persona*) emisaryo.
**emittente** *sf* tagapagbigay.
**emolliente** *agg* pampalambot.
**emorragìa** *sf* pagdurugò, hemorahiya ◊ **emorragia interna** pagdurugò sa loòb.
**emorròidi** *sf pl* almoranas.
**emotivo** *agg* mapagramdam.
**emozionare** *v* maramdamin.
**emozione** *sf* damdamin.
**empòrio** *sm* imporyum.
**emulare** *v* tumulad, pumaris.
**emulsione** *sf* emulsiyòn.
**enciclopedìa** *sf* ensiklopedya.
**endovena** *sf* sa ugat.
**endovenoso** *agg* pang-ugàt ◊ **per via endovenosa** iniksiyòn sa ugat.
**energètico** (*f* **-a** *pl* **-ci -che**) *agg* pampasiglà.
**energìa** *sf* enerhiya ◊ (*fig*) lakas ◊ **energia elettrica** koryente; **energia solare** enerhiya ng araw.
**enèrgico** (*f* **-a** *pl* **-ci -che**) *agg* masiglà.
**energùmeno** *sm* nasasakyan ng masamang ispirito.
**ènfasi** *sf inv* èmpasis.

**enigma** (*pl* **-i**) *sm* talinghaga.
**ennèsimo** *agg* paulit-ulit.
**enorme** *agg* napakalaki.
**enormità** *sf inv* kalakihan.
**enoteca** (*pl* **-che**) *sf* bodega ng alak.
**ente** *sm* korporasyòn ◊ **enti locali** pagaari ng bayan.
**entità** *sf inv* buòd.
**entrambi** (*f* **-e**) *pron pl* pareho.
**entrare** *v* pumasok ◊ **entrare in possesso** makuha; **non c'entra** walang kaugnayan; **entri!** pasok!; **entrare in vigore** mapabatàs; **entrare in guerra** magdigmaàn.
**entrata** *sf* pasukan ◊ (*guadagno*) kita.
**entro** *prep* sa loòb.
**entusiasmare** *v* pasiglàin.
**entusiasmo** *sm* siglà.
**entusiasta** (*pl* **-i -e**) *agg* masiglà ◊ *sm/f* taong-masiglà.
**epatite** *sf* hepatitis.
**epicentro** *sm* sentro.
**epidemìa** *sf* epidemiya, salot.
**epidèrmide** *sf* kutis.
**epifanìa** *sf* araw ng tatlòng hari.
**epilessìa** *sf* epelepsi.
**epìlogo** (*pl* **-ghi**) *sm* pambungad.
**episòdio** *sm* pangyayari.
**època** (*pl* **-che**) *sf* panahòn.
**eppure** *cong* subali't, pero, datapuwa't, gayunman.
**equalizzatore** *sm* ekwalayser.
**equatore** *sm* ékwadòr.
**equatoriale** *agg* pang-èkwadòr.
**equazione** *sf* paninibang.
**equestre** *agg* dakila ◊ **monumento equestre** monumento ng dakila.
**equidistante** *agg* napakalayo.
**equilàtero** *agg* pare-pareho.
**equilibrare** *v* timbangin.
**equilìbrio** *sm* ekilibriò.
**equilibrista** (*pl* **-i -e**) *sm/f* ekilibristà ◊ (*fig*) tibang.
**equino** *agg* pang-kabayo.
**equinòzio** *sm* ekwenoks.
**equipàggio** *sm* pangkàt.
**équipe** *sf inv* koponàn.
**equità** *sf inv* pantay, katarungan.
**equitazione** *sf* pangangabayo.
**equivalente** *agg* katumbas.
**equivalere** *v* magkatumbàs.
**equìvoco** (*f* **-a** *pl* **-ci -che**) *agg* di-maliwanag ◊ *sm* duda.
**equo** *agg* makatarungan.
**era** *sf* noon.
**eràrio** *sm* tesoreryà.
**erba** *sf* damò.
**erborista** (*pl* **-i -e**) *sm/f* erbolaryo.
**erboristerìa** *sf* tindahan ng erbolaryo.
**erede** *sm/f* tagapagmana.
**eredità** *sf inv* mana.
**ereditare** *v* manahin.
**ereditàrio** *agg* namamána.
**eresìa** *sf* maling paniniwalà.
**erezione** *sf* tumindig ng matuwid, magtayo.
**ergastolano** *sm* ang bilanggo ng habang-buhay.
**ergàstolo** *sm* habang-buhay na pagkabilanggo.

**èrica** (*pl* **-che**) *sf* pagano.
**erìgere** *v* itayò.
**ermètico** (*f* **-a** *pl* **-ci -che**) *agg* di-tagos hangin.
**èrnia** *sf* luslòs.
**eròdere** *v* umagnàs.
**eròe** *sm* bayani.
**erogare** *v* mamigay.
**erogazione** *sf* pagbigay.
**eroìna** *sf* dakila ◊ (*droga*) her-wina.
**erosione** *sf* pag-guho.
**eròtico** (*f* **-a** *pl* **-ci -che**) *agg* ma-libog.
**errore** *sm* mali, kamalian.
**eruzione** *sf* pagputòk.
**esagerare** *v* palabisan.
**esagerazione** *sf* pagpapalabis ◊ **senza esagerazione** huwag magpa-labis.
**esàgono** *sm* esagon.
**esalare** *v* ipamigay.
**esalazione** *sf* paghingà.
**esaltare** *v* magpungay.
**esaltazione** *sf* pagpungay.
**esame** *sm* pagsusulit ◊ **prendere in esame** bigyan ng halaga; **esame d'ammissione** entrans-eksamine-syòn; **dare un esame** mageksam; **passare un esame** pumasa sa pag-sulit; **esame di maturità** eksamen pagkatapos ng hayskol (NCEE).
**esaminare** *v* sulitin, suriin.
**esasperare** *v* inisin.
**esasperato** *agg* nainis.
**esattezza** *sf* kawastuhan.
**esatto** *agg* wastò.
**esattorìa** *sf* tagatanggap ng buwis.
**esaudire** *v* pagbigyan.
**esaurimento** *sm* pagkangapòs.
**esaurire** *v* ubusin.
**esaurito** *agg* ubòs ◊ **tutto esauri-to** ubòs na ang lahat.
**esàusto** *agg* ngapòs ◊ **pile esauste** ubòs na baterya.
**esca** (*pl* **-che**) *sf* pain.
**escandescenza** *sf* pagkagalit ◊ **dare in escandescenze** magalit.
**esclamare** *v* magbulaslas.
**esclamazione** *sf* pagbulaslas.
**esclùdere** *v* ibukòd.
**esclusione** *sf* itabi, ihiwalay.
**esclusiva** *sf inv* pansariling kara-patan.
**esclusivo** *agg* pili.
**escluso** *agg* di-kasali.
**escogitare** *v* magplano.
**escoriazione** *sf* galòs.
**escremento** *sm* taè.
**escursione** *sf* ekskursiyòn.
**esecutivo** *agg* tagapangasiwa.
**esecutore** (**-trice**) *sm* tapagpatu-pad ◊ (*mus*) tagapagtugtog.
**esecuzione** *sf* pagpapatupad ◊ (*pena di morte*) pagbitay ◊ (*mus*) pagpapatogtog.
**eseguire** *v* gawin ◊ (*mus*) tug-tugin.
**esèmpio** *sm* halimbawà ◊ **per esempio** kung halimbawà; **dare l'esempio** maging halimbawà.
**esemplare** *agg* hùwàran ◊ *sm* modelo.

**esentare** *v* ibukòd sa kapanagutan.
**esente** *agg* bukod sa kapanagutan.
**esenzione** *sf* pagbukòd sa kapanagutan.
**esercente** *sm/f* tindero.
**esercitare** *v* sanayin ◊ (*attività*) manungkòl.
**esercitazione** *sf* pagsasanay.
**esèrcito** *sm* hukbò.
**esercìzio** *sm* pagsasanay ◊ (*negozio*) tindahan ◊ **fare esercizio** mageksersays.
**esibire** *v* magpakita.
**esibizione** *sf* pagpapakita.
**esigente** *agg* mapili.
**esigenza** *sf* pangangailangan.
**esìgere** *v* hingin.
**esìguo** *agg* gawin.
**esilarante** *agg* masiglà.
**èsile** *agg* payat.
**esiliare** *v* idesterado.
**esìlio** *sm* destiyero.
**esistenza** *sf* pagkabuhay, buhay.
**esìstere** *v* mabuhay.
**esitare** *v* mag-atubili.
**esitazione** *sf* pag-atubili ◊ **senza esitazione** walang atubili.
**èsito** *sm* risulta.
**èsodo** *sm* paglalàbàsan.
**esòfago** *sm* lalamunan.
**esonerare** *v* pawalàng-sala.
**esònero** *sm* paglilibrè.
**esorbitante** *agg* labis, sobra.
**esòrdio** *sm* pagsisimulà.
**esordire** *v* magsimulà.
**esortare** *v* pilitin.
**esoso** *agg* masakim, matakaw.
**esòtico** (*f* **-a** *pl* **-ci -che**) *agg* galing sa ibang bansà.
**espàndere** *v* palawakin.
**espansione** *sf* paglinàng ◊ (*fig*) kaunlaran.
**espansionismo** *sm* pagpapalawak.
**espatriare** *v* mangibang bansa.
**espediente** *sm* paraàn.
**espèllere** *v* palabasin, patalsikin.
**esperienza** *sf* karanasàn.
**esperimento** *sm* pagsubok, esperimento.
**esperto** *agg* madalubhasà ◊ *sm* dalubhasà.
**espirare** *v* umaasa.
**esplìcito** *agg* saàd, hayagan.
**esplòdere** *v* pumutòk ◊ (*fig*) magsiklàb sa poòt.
**esplorare** *v* galugarin, siyasatin.
**esplosione** *sf* eksplosyòn, pagsabog.
**esplosivo** *agg* pampasabog.
**esponente** *sm/f* esponente.
**esporre** *v* magpakita ◊ (*fig*) magsalaysay.
**esportare** *v* magluwàs, mageksport.
**esportazione** *sf* pagluluwàs, pageksport.
**esposizione** *sf* eksibisyòn ◊ (*fig*) paglalantad.
**espressione** *sf* pagpapahiwatig.
**espresso** *agg* màbilisan, eksprès ◊ **caffè espresso** espresso; **treno**

**espresso** mabilis na tren; **francobollo espresso** selyo na pang-eksprès; **lettera perespresso** sulat na eksprès.
**esprìmere** *v* magsalità.
**espulsione** *sf* pagpapaalis, espulsiyòn.
**essa** *vedi* **esso**.
**essenza** *sf* katàs ◊ (*profumo*) amoy.
**essenziale** *agg* mahalagà.
**èssere** *v* ay ◊ **essere (fatto) di** yari sa; **cosa c'è?** ano ang meron; **non è nulla** walang anuman; **è mattina** umaga na; **è giovedì** huwebes.
**essi** *pron pers* (*persone*) silà ◊ (*cose*) ang mga.
**essiccare** *v* patuyuin.
**esso** *pron pers m sing* ang.
**est** *sm inv* silangan.
**èstasi** *sf* lubos nga kagalakan.
**estate** *sf* tag-init.
**estèndere** *v* palawakin.
**estensione** *sf* pagpapalawak.
**estenuante** *agg* nakakapagod.
**esteriore** *agg* labas.
**esterno** *agg* panlabas ◊ **per uso esterno** gamit panlabas.
**èstero** *agg* panbanyaga ◊ *sm* banyaga ◊ **ministero degli Esteri** ministeryo ng suliraning panlabas.
**esteso** *agg* nakakalat.
**estètico** (*f* **-a** *pl* **-ci -che**) *agg* pangkagandahan.
**estìnguere** *v* patayin ◊ (*fig*) patirin ◊ (*un debito*) bayaran.
**estintore** *sm* pampatay ng apoy.
**estirpare** *v* bunutin.
**estivo** *agg* pantag-init.
**estòrcere** *v* piliting kunin.
**estorsione** *sf* pangingikil.
**estradare** *v* ihatid para sa estradisyòn.
**estradizione** *sf* estradisyòn.
**estràneo** *agg* walang kaugnayan ◊ *sm* estranghero.
**estraìbile** *agg* maaring kunin.
**estrarre** *v* hugutin, bunutin ◊ (*un dente*) bunutin ◊ (*minerali*) hukayin.
**estratto** *sm* katas, buòd.
**estrazione** *sf* paghugot, pagbunot ◊ (*dente*) pagbunot ◊ (*minerali*) paghukay.
**estremità** *sf inv* dulo.
**estremo** *agg* kahulihan ◊ *sm* taluktok.
**estrométtere** *v* ihiwalay.
**estroverso** *agg* palakaibigan.
**esuberante** *agg* masiglà ◊ (*in eccesso*) lubos-lubos.
**èsule** *sm/f* taong-tapon.
**esultare** *v* magsayà.
**età** *sf inv* edad ◊ **maggiore età** mayòr-de-edad, nasa hustong gulang.
**ètere** *sm* etere.
**eternità** *sf inv* walang-hanggan.
**eterno** *agg* walang-katapusan.
**eterogèneo** *agg* pantay.
**eterosessuale** *agg* parehong uri.
**ètica** (*pl* **-che**) *sf* etikà.
**etichetta** *sf* pananda ◊ (*di carta*) tag ◊ (*cerimoniale*) etikita, magandang-kaugalian.

**ètico** (*f* **-a** *pl* **-ci -che**) *sf* pang-etikà.
**etnìa** *sf* nauugnay sa iba't ibang uri ng lahi.
**ètnico** (*f* **-a** *pl* **-ci -che**) *agg* pang-palipiàn.
**etrusco** (*f* **-a** *pl* **-ci -che**) *agg* wikang etrusko ◊ *sm* taong Etrusko.
**eucalipto** *sm* ukalipto.
**euforìa** *sf* sobrang kaligayahan.
**europèo** *agg* pang-europa, Europeo.
**eutanasìa** *sf* eutanasyà.
**evacuare** *v* lumisan ◊ (*svuotare*) alisin ◊ (*portare via*) ialis.
**evàdere** *v* tumakas ◊ **evadere le imposte** iwasan ang pagbayad ng buwis.
**evangelista** (*pl* **-i**) *sm* ebangheli-sta.
**evaporare** *v* sumingaw.
**evasione** *sf* pagtakas ◊ **evasione fiscale** di pagbayad ng buwis.
**evaso** *agg, sm* takas.
**evento** *sm* pangyayari.
**eventuale** *agg* maaring mangyari.
**eventualmente** *avv* kung sakali.
**evidente** *agg* maliwanag, kitang-kita.
**evidenza** *sf* katibayan, pruweba ◊ **mettere in evidenza** ipruweba, ipahalata.
**evitare** *v* iwasan.
**evoluzione** *sf* ebolosiyòn, pagsu-long.
**evviva** *inter* mabuhay!.
**ex** *prep* dati.
**extra** *prep* tangi ◊ *agg* dagdag.
**extracomunitàrio** *sm* dayuhan.
**extravérgine** *agg* purong-puro.

# F

**fa** *sm inv* (*mus*) fa ◊ *avv* noon ◊ **due anni fa** dalawang taon na ang nakaraan.
**fabbisogno** *sm* pangangailangan.
**fàbbrica** (*pl* **-che**) *sf* pabrika.
**fabbricare** *v* gawin.
**fabbricazione** *sf* gawain.
**fabbro** *sm* panday.
**faccenda** *sf* suliranin ◊ (*episodio*) pangyayari ◊ (*cosa da fare*) gawain ◊ **le faccende domestiche** gawaing-bahay.
**faccendiere** *sm* pakialamero.
**facchino** *sm* kargador.
**fàccia** (*pl* **-ce**) *sf* mukhà ◊ **di faccia** sa mukhà; **faccia tosta** kapal-mukhà; **faccia a faccia** harap-harapan.
**facciata** *sf* harapan, patsada.
**fàcile** *agg* madali ◊ (*semplice*) simplè ◊ (*probabile*) siguro, mala-mang.
**facilità** *sf inv* kadalian.
**facilitare** *v* padaliin.
**facilitazione** *sf* pagpapadali.
**facoltà** *sf inv* kakayahan ◊ (*università*) kolehiyo.
**facoltativo** *agg* di sapilitan.

**fàggio** *sm* isang uri ng punongkahoy.
**fagiolino** *sm* bitsuwelas.
**fagiolo** *sm* butil ng bisuwelas.
**fagotto** *sm* bigkis.
**fai da te** *sm inv* gawang sarili.
**faìna** *sf* isang uri ng hayop.
**falange** *sf* butò ng mga daliri ◊ (*banda armata*) kulùpon.
**falce** *sf* karit.
**falciare** *v* tabasin, gapasin.
**falco** (*pl* **-chi**) *sm* lawin.
**falda** *sf* susòn ◊ (*geol*) patong ◊ (*di cappello*) paldiyàs ◊ (*di indumento*) paldà.
**falegname** *sm* karpentero.
**fallimento** *sm* pagkabigò ◊ (*econ*) pagkahapay-puhunan.
**fallire** *v* mabigo ◊ (*sbagliare*) magkamali ◊ (*econ*) malugi.
**fallito** *agg, sm* bigo ◊ (*econ*) lugi.
**fallo** *sm* pagkakamali ◊ (*sport*) pàul.
**falò** *sm inv* sigà.
**falsificare** *v* huwarin.
**falsità** *sf inv* kahuwaran, kasinungalingan.
**falso** *agg* huwad ◊ **fare un passo falso** magkamali; **falso allarme** maling hudyàt, pols-alarm.
**fama** *sf* katanyagan.
**fame** *sf* gutom.
**famèlico** (*f* **-a** *pl* **-ci -che**) *agg* gutòm na gutòm, dayukdòk.
**famìglia** *sf* pamilya ◊ **farsi una famiglia** pagpapamilya.
**familiare** *agg* pampamilya ◊ (*conosciuto*) kilalà ◊ *sf* (*automobile*) family-van.
**familiarità** *sf inv* kasanayan ◊ **avere familiarità con qualcosa, qualcuno** sanay sa isang bagay, sa isang tao.
**famoso** *agg* tanyag.
**fanale** *sm* ilaw.
**fanàtico** (*f* **-a** *pl* **-ci -che**) *agg, sm* panàtikò.
**fango** (*pl* **-ghi**) *sm* putik.
**fangoso** *agg* maputik.
**fannullone** *sm* batugan.
**fantascienza** *sf* kathang-isip.
**fantasìa** *sf* pantasiyà ◊ (*desiderio*) guni-guni.
**fantasioso** *agg* mapangarap.
**fantasma** (*pl* **-i**) *sm* multo.
**fantasticare** *v* mangarap.
**fantàstico** *agg* di-kapanipaniwala ◊ (*molto bello*) pantastik.
**fante** *sm* batang lalaki ◊ (*mil*) sundalo ◊ (*carte*) diyak.
**fanterìa** *sf* impanteriyà.
**fantino** *sm* hinete.
**fantòccio** (*pl* **-ci**) *sm* taù-taùhan.
**farabutto** *sm* walang hiyà.
**faraona** *sf* pabo.
**farcire** *v* palamanan.
**farcito** *agg* palaman.
**fard** *sm inv* pulbos ng mukhà.
**fare** *v* gawin ◊ (*comportamento*) kilos ◊ *v rifl* ginawâ ◊ **averda fare** may gagawin; **fare strada** ihatid; **fare colazione** magalmusal; **farcela/non farcela** makaya/di-makaya; **far paura** nakakatakot; **far schifo**

nakakadiri; **far lezione** mag-aral; **far l'amore** magtalik; **far fuori** patayin; **fa lo stesso** pareho din; **farsi la macchina** bumili ng kotse; **farla finita** magpakamatay.
**farfalla** *sf* paruparò.
**farina** *sf* harina.
**faringe** *sf* lalaugan.
**faringite** *sf* faringitis.
**farmacìa** *sf* botika ◊ **farmacia di turno** botekang bukas sa gabi.
**farmacista** (*pl* **-i-e**) *sm/f* parmasyùtiko.
**fàrmaco** (*pl* **-ci**) *sm* gamot.
**faro** *sm* ilaw ◊ (*abbagliante*) ilaw na nakakasilaw ◊ (*antinebbia*) ilaw pang-ulap ◊ (*anabbagliante*) ilaw sa unahàn ng kotse ◊ (*navigazione*) parola.
**farsa** *sf* pagkukunwà.
**fàscia** (*pl* **-sce**) *sf* benda ◊ (*geog*) pilas ◊ (*econ*) tuntong.
**fasciare** *v* bendahan ◊ *v rifl* binendahan.
**fascìcolo** *sm* papeles.
**fascìna** *sf* bungkos.
**fàscino** *sm* halina.
**fàscio** *sm* buwig.
**fascismo** *sm* pagdiktà.
**fascista** (*pl* **-i -e**) *agg, sm/f* fasista.
**fase** *sf* pagbabago.
**fast food** *sm inv* fast-food.
**fastìdio** *sm* abala.
**fastidioso** *agg* nakagàgambala.
**fasullo** *agg* pekè.
**fata** *sf* diwata.
**fatale** *agg* makamamatay.
**fatalità** *sf inv* pagkamatay.
**fatica** (*pl* **-che**) *sf* kapaguran ◊ **a fatica** nahihirapan.
**faticare** *v* pagurin ◊ (*aver difficoltà*) mahirapan.
**faticoso** *agg* napakahirap.
**fatto** *agg* pangyayari, gawa ◊ **fatto a mano** gawâ sa kamay; **fatto in casa** yari sa bahay; **ecco fatto** gawâ na; **fatti miei** sa akin na yon; **badare ai fatti propri** pakialam mo ang sarili mo; **cogliere sul fatto** nahuli sa akto.
**fattore** (**-essa**) *sm* magbubukid.
**fattorìa** *sf* sakahan.
**fattorino** *sm* mensahero.
**fattura** *sf* resibo ◊ (*magia*) kulam.
**fàuna** *sf* mga halaman.
**fava** *sf* butil ng betsuwelas ◊ **prendere due piccioni con una fava** tamaan ng isang batu ang dalawang ibon.
**favilla** *sf* kislap, kisap.
**fàvola** *sf* pabulà ◊ **morale della favola** ang leksiyòn ng pabulà.
**favoloso** *agg* di-kapanipaniwalà.
**favore** *sm* kagandahang-loob, pabor ◊ **per favore** mawalang galang nga ho; **prezzo di favore** may tawad.
**favorévole** *agg* paayon.
**favorire** *v* ayunan ◊ **vuol favorire?** gusto mo?.
**fax** *sm inv* fax.
**faxare** *v* magfax.
**fazzoletto** *sm* panyò ◊ **fazzoletto di carta** tisyù.

**febbràio** *sm* pebrero.
**febbre** *sf* lagnat ◊ (*del labbro*) singaw.
**féccia** (*pl* **-ce**) *sf* latak.
**feci** *sf pl* taè.
**fecondare** *v* magbuò.
**fecondazione** *sf* pagbuò ◊ **fecondazione artificiale** artipisyàl na pagbuò.
**fede** *sf* pananampalataya ◊ (*anello*) singsing na pangkasal ◊ **essere in mala fede** masama ang tangkà.
**fedele** *agg* tapat.
**fedeltà** *sf inv* katapatan.
**fèdera** *sf* pundà.
**federalismo** *sm* pederalismo.
**federalista** (*pl* **-i -e**) *agg* pampederalismo ◊ *sm/f* pederalismo.
**federazione** *sf* kalipunan.
**fégato** *sm* atay ◊ **avere del fegato** matapang.
**felce** *sf* pakò.
**felice** *agg* maligaya, masaya.
**felicità** *sf inv* kaligayahan, kasayahan.
**felicitarsi** *v rifl* magpasaya.
**felino** *sm* pusa.
**felpa** *sf* pilùs.
**feltro** *sm* piyelto.
**fémmina** *sf* babae.
**femminile** *agg, sm* makababae.
**femminismo** *sm* pagkababae.
**fèmore** *sm* butong-hita.
**fèndere** *v* hiwain, gilitin ◊ *v rifl* ginilit.
**fenicòttero** *sm* plamingo.
**fenòmeno** *sm* penòmenà.
**fèretro** *sm* kabaong.
**feriale** *agg* karaniwang araw.
**fèrie** *sf pl* bakasyon.
**ferire** *v* sugatan ◊ *v rifl* sinugatan.
**ferita** *sf* sugat.
**ferito** *sm* taong-sugatan.
**feritóia** *sf* silipàn, butas.
**fermàglio** *sm* klip, sipit.
**fermare** *v* pigilin ◊ (*giur*) dakpin ◊ *v rifl* pinigil.
**fermata** *sf* hintuan, sakayan ◊ **fermata a richiesta** pagpara.
**fermentare** *v* paasimin.
**fermentazione** *sf* pagpaasim.
**fermento** *sm* hulog ◊ (*fig*) sigalpòt ◊ **fermenti lattici** gatasàn.
**fermezza** *sf* katatagan.
**fermo** *agg* walang-galaw ◊ (*fig*) matatag ◊ *sm* tigil ◊ (*mecc*) pampigil.
**feroce** *agg* mabangis.
**ferragosto** *sm* araw ng asunsiyòn.
**ferramenta** *sf pl* hardwer.
**ferro** *sm* bakal ◊ **ferro da stiro** plantsà; **cotto ai ferri** inihaw; **toccare ferro** magbakasakali.
**ferrovìa** *sf* tren.
**ferroviàrio** *agg* pangtren ◊ **orario ferroviario** oras ng tren; **passante ferroviario** daanan ng tren.
**ferroviere** *sm* konduktor ng tren.
**fèrtile** *agg* mataba.
**fertilizzante** *agg* abuno.
**fesso** *sm* tangà.
**fessura** *sf* siwang.

**festa** *sf* pista ◊ **dare una festa** magpiyesta; **buone feste** maligayang piyesta.
**festeggiare** *v* magdiwang.
**festival** *sm inv* pangpiyesta.
**festivo** *agg* pangilin ◊ **orario festivo** oras ng ngilin.
**festoso** *agg* mapag-gayak.
**fetìccio** *sm* anting-anting.
**fètido** *agg* mabahò.
**feto** *sm* binhi, similya.
**fèudo** *sm* alitan.
**fetta** *sf* piraso, hiwa.
**fiaba** *sf* pabulà.
**fiacca** *sf* nanghihina, nanglalata.
**fiàccola** *sf* sulò.
**fiala** *sf* maliit na bote ng gamot.
**fiamma** *sf* ningas, apoy ◊ (*fig*) init, siklab.
**fiammìfero** *sm* posporo.
**fiammingo** (*f* **-a** *pl* **-ghi -ghe**) *agg* plaminggo.
**fianco** (*pl* **-chi**) *sm* (*anat*) biwang ◊ (*lato*) tabi ◊ **di fianco a** sa tabi ng; **essere al fianco di qualcuno** nasa tabi ni.
**fiasco** (*pl* **-chi**) *sm* kabiguan ◊ **fare fiasco** manggulo.
**fiatare** *v* humingà.
**fiato** *sm* hiningà ◊ **riprendere fiato** humingà; **(tutto) d'un fiato** biglà; **sprecare il fiato** sayangin ang hiningà; **fiato grosso** humihingal; **mozzare il fiato** nakawin ang hiningà.
**fìbbia** *sf* hibilyà.
**fibra** *sf* hiblà.
**ficcanaso** *sm/f* pakialamero.
**ficcare** *v* makialam ◊ *v rifl* pakialaman ◊ **ficcare il naso** makialam.
**fico** (*pl* **-chi**) *sm* igos ◊ (*pianta*) puno ng igos ◊ (*frutto*) bunga ng igos ◊ **fico d'India** isang uri ng prutas.
**fidanzamento** *sm* tipanan, kasunduang pakasàl.
**fidanzarsi** *v rifl* magtipan.
**fidanzato** *sm* nobyo.
**fidarsi** *v rifl* magtiwala.
**fidùcia** *sf* tiwala ◊ **persona di fiducia** katiwala; **avere fiducia** magtiwala; **ho fiducia in lui** may tiwala ako sa kanya.
**fieno** *sm* dayami.
**fiera** *sf* eksibisyòn.
**fiero** *agg* mapagmalaki.
**fifa** *sf* takot, sindàk, pangambà.
**figlio** *sm* anak na lalaki ◊ **figlio unico** bugtong na anak.
**figura** *sf* hugis ◊ (*immagine*) larawan ◊ (*fig*) mapahiya ◊ **fare brutta, bella figura** mapahiya, di mapahiya; **magra figura** mapayàt.
**figurare** *v* ihugis ◊ *v rifl* hinugis.
**fila** *sf* hanay, pila ◊ **stare in fila** pumila.
**filare** *v* tumalilis ◊ (*fig*) tumakbo ◊ **filarsela** tumakas.
**filarmònica** (*pl* **-che**) *sf* filarmonika.
**filastrocca** (*pl* **-che**) *sf* uyayi.
**filato** *agg* pangistambre ◊ (*continuo*) sunod-sunod ◊ *sm* istambre.

**file** *sm inv* alambrè ◊ (*inform*) kawad.
**filiale** *sf* sangay.
**filigrana** *sf* ginto, pilak na pinilegas.
**filippino** *agg* pangpilipino ◊ (*sm*) Pilipino.
**film** *sm inv* pelikula.
**filmare** *v* isapelikula.
**filo** *sm* sinulid ◊ (*piccola quantità*) katiting ◊ (*senso logico*) takbò (ng usapan) ◊ **filo spinato** barbwayr.
**filobus** *sm inv* tròlebùs.
**filovìa** *sf* bus na eletriko.
**filone** *sm* datig ◊ (*fig*) dugtong.
**filosofìa** *sf* pilosopiyà.
**filòsofo** *sm* pilosopo.
**filtrare** *v* salain.
**filtro** *sm* panala, pansala.
**finale** *agg* pangwakas ◊ *sf* wakas ◊ (*sport*) laròng pangwakas ◊ *sm* panwakas na bilang.
**finalità** *sf inv* kawakasan.
**finalmente** *avv* sa wakas.
**finanza** *sf* pananalapi ◊ **guardia di Finanza** pulis ng ministeryo ng pananalapi; **ministero delle Finanze** ministeryo ng pananalapi.
**finanziamento** *sm* pagtutustos.
**finanziare** *v* tustusan.
**finanziàrio** *agg* tungkol sa pananalapi.
**finché** *cong* hanggang.
**fine** *agg* pino ◊ (*sottile*) manipis ◊ (*distinto*) maginoò ◊ **fine settimana** sabado at linggo.
**finestra** *sf* bintana.
**finestrino** *sm* bintanang maliit.
**fingere** *v* magkunwari.
**finire** *v* tapusin ◊ **dove sei finito?** nasaan ka na?; **finire per** tapusin para.
**finito** *agg* tapos ◊ (*rovinato*) sirà.
**fino** *avv* (*tempo*) hanggang hanggang sa ◊ (*spazio*) hanggang doon ◊ **fin d'ora** hanggang ngayon; **fin troppo** masyadong marami; **fino a** hanggang sa.
**finòcchio** *sm* anis ◊ (*volg, omosessuale*) baklà.
**finora** *avv* hanggang ngayon.
**finta** *sf* pagkukunwari ◊ (*sport*) lansi ◊ **farfinta** magkunwari.
**finto** *agg* pekè.
**finzione** *sf* di-tunay.
**fiocco** (*pl* **-chi**) *sm* laso ◊ (*di neve*) bulak ng yelo.
**fionda** *sf* tiradòr.
**fioràio** *sm* magbubulaklak.
**fiordaliso** *sm* isang uri ng bulaklak.
**fiordo** *sm* piyordo.
**fiore** *sm* bulaklak ◊ **vaso da fiori** pasò ng bulaklak; **fiori d'arancio** bulaklak ng kahèl.
**fiorente** *agg* mabulaklak.
**fioretto** *sm* bulaklakin.
**fiorire** *v* mamulaklak ◊ (*fig*) namumulakalak.
**fioritura** *sf* pagbubulaklak.
**fiotto** *sm* amoy.
**firma** *sf* lagda, pirma.
**firmare** *v* lagdaan, pirmahan.

**fisarmònica** (*pl* **-che**) *sf* akordiyon.
**fiscale** *agg* piskal, ukol sa pananalapi ◊ (*rigoroso*) mahigpit ◊ **codice fiscale** kodigong pangbuwis; **ricevuta fiscale** tunay na risebo.
**fischiare** *v* pituhan.
**fischietto** *sm* maliit na pito.
**fìschio** *sm* pito.
**fìsica** (*pl* **-che**) *sf* pisika.
**fìsico** (*f* **-a** *pl* **-ci -che**) *sm* katawan ◊ *agg* pangkatawan.
**fisioterapìa** *sf* pisyoterapi.
**fissare** *v* ipirmi ◊ (*stabilire*) pumirmi, mamalagi ◊ *v rifl* nagpirmi ◊ (*mentalmente*) isaulo, ipilit.
**fissazione** *sf* pagpirmi.
**fisso** *agg* di mababago ◊ **a tasso fisso** buwis na babayaran.
**fitta** *sf* makirot, makapal.
**fitto** *agg* malakàs na tulak, tarak, makapal.
**fiumana** *sf* malakas na agos.
**fiume** *sm* ilog ◊ (*fig*) marami.
**fiutare** *v* amoyin ◊ (*intuire*) madama.
**fiuto** *sm* amoy ◊ (*intuito*) damdamin.
**flanella** *sf* pranela.
**flash** *sm inv* plash.
**flàuto** *sm* plauta, bansî.
**flèbile** *agg* madaing.
**flebo, fleboclisi** *sf inv* dekstros.
**flemma** *sf* tahimik.
**flessìbile** *agg* mahubugin.
**flessione** *sf* pagbabàluktot.
**flèttere** *v* baluttutin ◊ *v rifl* binaluktot.
**flora** *sf* flora.
**floreale** *agg* bulaklakin.
**flotta** *sf* plota.
**fluente** *agg* mahusay.
**flùido** *agg* dumadaloy ◊ *sm* likido.
**flusso** *sm* agos, daluy.
**fluviale** *agg* pang-ilog.
**foca** (*pl* **-che**) *sf* bisirong-dagat.
**focàccia** (*pl* **-ce**) *sf* tinapay.
**foce** *sf* bukana.
**focolàio** *sm* pinanggalingan.
**focolare** *sm* apuyàn.
**fòdera** *sf* aporo.
**foderare** *v* magaporo.
**foga** *sf* marahas.
**fòglia** *sf* dahon.
**fòglio** *sm* papel.
**fogna** *sf* imburnàl.
**fognatura** *sf* kanàl, bang-bàng.
**folata** *sf* bugsò ng hangin.
**folclore** *sm* alamàt.
**folla** *sf* pulutong, umpukan.
**folle** *agg* loko ◊ *sm/f* loko ◊ (*marcia*) neyutral ◊ **mettere in folle** ilagay ang kambiyò sa neyutral.
**follìa** *sf* kahibangàn, kalokohan.
**folto** *agg* malagò ◊ *sm* pagkamalagò.
**fondale** *sm* ilalim ng dagat.
**fondamenta** *sf pl* batayàn ◊ (*fig*) saligan.
**fondamentale** *agg* importante.
**fondamentalismo** *sm* pagkaimportante.

**fondamentalista** (*pl* **-i -e**) *agg* pondamentalista.
**fondamento** *sm* ◊ (*base*) batayan.
**fondare** *v* magtatag, magtayo ◊ *v rifl* itatag.
**fondazione** *sf* pondasyòn ◊ (*edil*) gusali.
**fóndere** *v* tunawin ◊ *v rifl* matunaw.
**fonderìa** *sf* patunawan.
**fondo** *agg* malalim ◊ *sm* ilalim ◊ (*deposito di liquido*) latak ◊ (*terreno*) lupàin ◊ (*al pl, denaro*) pondò ◊ **da cima a fondo** mula sa tuktuk sa ilalim; **piatto fondo** pinggang-malukòng; **articolo di fondo** pangunahing lathala; **in fondo** sa ilalim.
**fontana** *sf* pawntin.
**fonte** *sf* bukal ◊ (*fig*) simula.
**foràggio** *sm* kumpày.
**forare** *v* butasin ◊ **forare un pneumatico** butasin ang gulong.
**fòrbice** *sf* gunting.
**forca** (*pl* **-che**) *sf* gabyon na hugis tinidor.
**forchetta** *sf* tinidor.
**forcina** *sf* aguhilya.
**foresta** *sf* kagubatan.
**forestale** *agg* panggubat ◊ **guardia forestale** bantay gubat.
**forestiero** *agg* pandayuhan ◊ *sm* dayuhan.
**fórfora** *sf* balakubak.
**forma** *sf* hubog ◊ **in forma** malusog; **fuori forma, giù di forma** di malusog; **peso forma** bigat.
**formaggino** *sm* maliit na keso.
**formàggio** *sm* keso.
**formale** *agg* pormal.
**formalità** *sf inv* pormalidàd.
**formare** *v* hubugin ◊ *v rifl* hinubug.
**formato** *sm* sukat.
**formattare** *v* magformat.
**formattazione** *sf* pagformat.
**formazione** *sf* pagbuò ◊ (*sport*) pagtatag.
**formica** (*pl* **-che**) *sf* langgàm.
**formicolìo** *sm* bahay-langgam ◊ (*sensazione*) pamumulikat ang paà, kamay.
**formidàbile** *agg* kasindàksindàk.
**fòrmula** *sf* pormula ◊ (*fig*) sangkap.
**fornàio** *sm* panadero ◊ (*negozio*) panaderya.
**fornello** *sm* kalàn.
**fornire** *v* tustusàn ◊ *v rifl* tinustusàn.
**fornitore** (**-trice**) *sm* tagatustòs.
**forno** *sm* hurnò ◊ (*negozio*) panaderya ◊ **forno a microonde** microwave; **lasagne al forno** lasanyang luto sa oben.
**foro** *sm* butas.
**forse** *avv* marahil ◊ **mettere in forse** ilagay sa alanganin.
**forte** *agg* malakas ◊ (*robusto, cosa*) matibay ◊ (*intenso*) matingkad ◊ *sm* lakas ◊ **piatto forte** masarap na pagkain; **taglie forti** malalaking sukat; **farsi forte** maging matibay.

**fortezza** *sf* moòg.
**fortificato** *agg* matibay.
**fortùito** *agg* di-sinasadyà ◊ **caso fortuito** nagkataon.
**fortuna** *sf* suwerte ◊ **perfortuna** mabuti nalang; **di fortuna** sa kasuwertihan; **fare fortuna** sinuwerte; **baciato dalla fortuna** masuwerte; **portare fortuna** masuwerte.
**fortunatamente** *avv* mabuti nalang.
**fortunato** *agg* masuwerte, mapalad ◊ **fortunato lui!** masuwerte siyà!.
**forùncolo** *sm* pigsà.
**forza** *sf* lakas ◊ (*fisica*) lakas ng hulog bigàt ◊ (*morale*) matatag ◊ *inter* mabuhay! ◊ **perforza** sapilitan; **forze dell'ordine** pulisyà.
**forzare** *v* pilitin.
**forzato** *agg* sàpilitàn ◊ **lavori forzati** sapilitang trabaho.
**foschìa** *sf* ulap.
**fossa** *sf* hukay ◊ (*tomba*) libingan.
**fossato** *sm* kanàl.
**fòssile** *agg* makalumà ◊ *sm* abòk sa batò.
**fosso** *sm* kanàl.
**fotocòpia** *sf* seroks.
**fotocopiatrice** *sf* gamit pang-xerox.
**fotografare** *v* litratuhin.
**fotografìa** *sf* litrato.
**fotògrafo** *sm* litratista.
**fototèssera** *sf* litratong pang-ID.
**fotomodella** *sf* modela.
**fotomodello** *sm* modelo.
**fotomontàggio** *sm* kamera-trik.
**foulard** *sm inv* panyong malaki.
**fra** *vedi* **tra**.
**fracassare** *v* basagin ◊ *v rifl* binasag.
**fràdicio** (*pl f* **-cie**) *agg* basàngbasà ◊ **ubriaco fradicio** lasing na lasing.
**fràgile** *agg* marupòk.
**fràgola** *sf* istroberi, presas.
**fragrante** *agg* mabangò.
**fraintèndere** *v* magkamali ng pagunawà.
**frammento** *sm* piraso.
**frana** *sf* dausdòs ng lupa ◊ **essere una frana** pagkatangà.
**franare** *v* madulas.
**franchezza** *sf* pagka-prangkà.
**franco** (*f* **-a** *pl* **-chi -che**) *agg* maprankà ◊ **farla franca** makalusot.
**francobollo** *sm* selyo.
**fràngia** (*pl* **-ge**) *sf* borlas, palawit ◊ (*capelli*) bangs.
**frantumare** *v* durugin.
**frantumi** *sm pl* mga piraso.
**frappé** *sm inv* frapè.
**frase** *sf* pangungusap.
**fràssino** *sm* abù.
**frastuono** *sm* nakaririnding ingay.
**frate** *sm* prayle.
**fratellastro** *sm* kapatid na lalaki sa labas.
**fratello** *sm* kapatid na lalaki.
**frattàglie** *sf pl* laman loob.
**frattanto** *avv* samantalà.

**frattempo** *sm* pagitan ◊ **nel frattempo** pansamantala.
**frattura** *sf* bali ◊ (*fig*) binali.
**frazione** *sf* pook ◊ (*mat*) praksiyòn.
**fréccia** (*pl* **-ce**) *sf* palasò ◊ (*segnale di automobile*) ilaw pansignàl.
**frecciata** *sf* pagpana ◊ (*fig*) natamaan.
**freddezza** *sf* kalamigan.
**freddo** *agg* malamig ◊ *sm* lamig ◊ **prendere freddo** malamigan.
**freddoloso** *agg* lamigin.
**freezer** *sm inv* preser.
**fregare** *v* kuskusin ◊ (*fam, rubare*) nakawan ◊ (*fam, ingannare*) linlangin ◊ **fregarsene** walang pakialam.
**fregatura** *sf* linlang.
**frégio** *sm* palamuti.
**frèmito** *sm* pangangatòg.
**frenare** *v* magpreno ◊ (*fig*) magtimpi, magpigil ◊ *v rifl* tinimpihan.
**freno** *sm* preno ◊ (*fig*) timpi, kontrol ◊ **freno a mano** prenongpangkamay.
**frequentare** *v* malimit dumalaw ◊ (*persone*) makipaghalubilo ◊ (*scuola*) pumasok sa eskuwela.
**frequente** *agg* malimit, madalàs ◊ **di frequente** kadalasàn.
**frequenza** *sf* limit, dalàs.
**freschezza** *sf* kasariwàan, kapreskohan.
**fresco** (*f* **-a** *pl* **-chi -che**) *agg, sm* sariwà, presko ◊ (*freddo*) mahangin ◊ (*recente*) bago.
**fretta** *sf* pagmamadali ◊ **avere fretta** nagmamadali; **in fretta** madali.
**frìggere** *v* magprito ◊ (*fig*) prito.
**frìgido** *agg* malamig.
**frigorìfero** *sm* repridyeretor ◊ **cella frigorifera** silid-palamigàn.
**fringuello** *sm* isang uri ng ibon.
**frittata** *sf* torta, tortilya.
**frittella** *sf* hatkeyk.
**fritto** *agg* prito ◊ *sm* pritong ulam.
**frizione** *sf* masahè ◊ (*mecc*) klats ◊ (*fig*) sàlungàtan.
**frizzante** *agg* mabulà ◊ (*vino*) alak na mabulà ◊ (*acqua*) tubig na mabulà.
**frode** *sf* daya.
**fronte** *sf* noò ◊ (*mil*) larangan, prontera ◊ **di fronte** sa harapan; **far fronte agli impegni** kayanin ang trabaho.
**fronteggiare** *v* harapin.
**frontiera** *sf* hangganan.
**fròttola** *sf* kasinunglingan.
**frugare** *v* halungkatin.
**frullare** *v tr* maghalò ◊ *v intr* isipin ◊ **che ti frulla per la testa?** ano ang ini-isip mo?.
**frullato** *sm* binati.
**frullatore** *sm* batidòr.
**frumento** *sm* trigo.
**fruscìo** *sm* agaàs, kaluskòs.
**frusta** *sf* làtigo ◊ (*utensile di cucina*) pambatil.
**frustrare** *v* mabigò.
**frustrazione** *sf* pagkabigò.

**frutta** *sf* prutas ◊ **frutta di stagione** prutas ng panahon; **frutta secca** pinatuyong-prutas; **frutta sciroppata** pinigang-prutas; **succo di frutta** katàs ng prutas.
**fruttare** *v* magbungà ◊ (*econ*) magpalagò.
**frutteto** *sm* taniman ng mga prutas.
**fruttivéndolo** *sm* magpuprutàs ◊ (*negozio*) tindahan ng prutas.
**frutto** *sm* bungà ◊ (*econ*) kita ◊ **frutti di mare** lamang-dagat; **albero da frutto** punongkahoy na namumungà.
**fucilare** *v* paputukan.
**fucile** *sm* baril.
**fuga** (*pl* **-ghe**) *sf* pagtakas ◊ (*mus*) pagkalat ng tugtug ◊ **fuga di gas** lek ng gas; **mettere in fuga** patakasin, ibunyag.
**fuggire** *v* tumakas.
**fulminare** *v* tamaan ng kidlàt ◊ *v rifl* tinamaan ng kidlàt.
**fùlmine** *sm* kidlàt ◊ **colpo di fulmine** pag-ibig sa unang tingin.
**fumare** *v* manigarilyo ◊ **vietato fumare** bawal manigarilyo.
**fumatore** (**-trice**) *sm* màninigarilyo ◊ **area fumatori** lugar kung saan puwedeng manigarilyo.
**fumo** *sm* usok ◊ **mandare in fumo** lugihin, biguin.
**fune** *sf* kawad.
**fùnebre** *agg* pagkalungkot.
**funerale** *sm* libing.
**fùngere** *v* pagkilos.
**fungo** (*pl* **-ghi**) *sm* kabuti ◊ (*parassita*) fungus.
**funicolare** *sf* punikulàr.
**funivìa** *sf* kebol kar.
**funzionamento** *sm* pag-andàr.
**funzionare** *v* umandàr.
**funzionàrio** *sm* opisyàl.
**funzione** *sf* panunungkulan ◊ **essere in funzione** nasa panungkulan; **mettere in funzione** paandarin; **in funzione di** sa katungkulan ng.
**fuoco** (*pl* **-chi**) *sm* apòy ◊ (*ottica*) pokus ◊ **mettere a fuoco** ipokus; **vigili del fuoco** bombero; **fuochi artificiali** paputòk; **arma da fuoco** baril; **cessate il fuoco** cease-fire.
**fuorché** *cong* maliban sa.
**fuori** *prep* labàs ◊ *avv* sa labàs ◊ **fuori mano** maling direksiyòn; **fuori pericolo** ligtàs sa peligrò; **fuori uso** sirà; **fuori servizio** sirà; **fuori commercio** wala pa sa mga tindanhan; **fuori luogo** wala sa lugar; **fuori dell'ordinario** dipangkaraniwan; **fuori stagione** wala sa panahòn; **essere fuori di sé** galit na galit.
**fuoribordo** *sm inv* lantsà.
**fuoricorso** *agg inv* lumang pera ◊ (*studente*) umulit na mag-aaral.
**fuoristrada** *sm inv* (*auto*) dyip.
**furbìzia** *sf* katusuhan.
**furbo** *agg* tusò, pantàs.
**furfante** *sm* masamang-taò.
**furgone** *sm* van.
**fùria** *sf* poòt ◊ **a furia di** sa paulit-

ulit na; **in fretta e furia** pagmamadali.
**furibondo** *agg* galit.
**furioso** *agg* galit na galit ◊ (*vento ecc.*) malakas, mapoot.
**furto** *sm* nakawàn, nakaw.
**fusa** *sf pl* ngatàl, nginig ◊ **fare le fusa** mangatàl manginig.
**fusìbile** *sm* maaring matunàw.
**fusione** *sf* pagtutunaw ◊ (*econ*) pagsasama-sama, pag-iisa.
**fuso** *agg* tunàw ◊ *sm* ikiràn ◊ **fuso orario** sona ng orasàn.
**fustagno** *sm* isang uri ng tela.
**fusto** *sm* magandang lalaki ◊ (*di pianta*) tronko ◊ (*recipiente*) baùl ◊ (*di colonna*) katawàn ng postè.
**fùtile** *agg* banàl.
**futuro** *agg* kinabukasan ◊ *sm* kinabukasan.

# G

**gàbbia** *sf* hawlà ◊ **mettere in gabbia** ikulong.
**gabbiano** *sm* gabyota.
**gabinetto** *sm* kasilyas ◊ (*pol*) kabinete ◊ (*di un medico*) klinika.
**gaffe** *sf inv* pagkakàmali.
**gala** *sf* gala ◊ **serata di gala** pista ng gala.
**galante** *agg* galante.
**galantuòmo** (*pl* **galantuòmini**) *sm* maginoò.
**galàssia** *sf* galasyà.
**galeotto** *sm* bilanggò.
**galera** *sf* bilangguan.
**galla** *sf* litaw ◊ **a galla** lumitaw.
**galleggiante** *agg* lutàng ◊ *sm* boya ◊ (*pesca*) lumutang.
**galleggiare** *v* lumutang.
**gallerìa** *sf* lagusàn ◊ (*stradale*) tunèl ◊ (*ferroviaria*) tunèl ◊ (*d'arte*) galeriya ◊ (*teatro*) palko.
**gallina** *sf* inahèn ◊ **cervello da gallina** bobo.
**gallo** *sm* tandàng.
**galoppare** *v* tumakbong kabig.
**galoppo** *sm* takbong kabig.
**gamba** *sf* paà ◊ **darsela a gambe** tumakas; **essere in gamba** matalino; **a gambe levate** hindi makatayo ng nag-iisà; **accavallare le gambe** mag-de-kwatro.
**gamberetto** *sm* hipon.
**gàmbero** *sm* sugpò ◊ **rosso come un gambero** namumulà sa hiyà.
**gambo** *sm* tangkày.
**gamma** *sf* gamma.
**ganàscia** (*pl* **-sce**) *sf* pangà ◊ (*di attrezzo*) gamit pang-tubero.
**gàncio** *sm* kawit.
**gangster** *sm inv* butangero, gangster.
**gara** *sf* paligsahan ◊ **gara d'appalto** subasta, paligsahan sa tawaran.
**garage** *sm inv* garahe.
**garantire** *v* panagutàn ◊ *v rifl* pinanàgutan.
**garanzìa** *sf* garantiyà ◊ **certificato di garanzia** sertipikato ng garansiyà.

**garbato** *agg* pag-galang.
**garbo** *sm* magalang.
**garbùglio** *sm* buhòl.
**gareggiare** *v* makipaligsahan.
**gargarismo** *sm* mumog.
**garòfano** *sm* karnesyon ◊ **chiodi di garofano** klabong-pakò.
**garza** *sf* gasa.
**garzone** *sm* boy, katulong.
**gas** *sm inv* gas ◊ **fuga di gas** pag-singaw ng gas; **gas di città** gas ng bayan.
**gasòlio** *sm* langis na disel, krudo.
**gassato** *agg* mayabang ◊ **acqua gassata** tubig na may gas.
**gassosa** *sf* inuming may acid.
**gàstrico** (*f* **-a** *pl* **-ci -che**) *agg* sakit ng sikmura gastrik ◊ **lavanda gastrica** paglilinis ng sikmura.
**gastrite** *sf* gastritis.
**gastronomìa** *sf* pangpagkain.
**gattabùia** *sf* bilangguan.
**gatto** *sm* pusa ◊ **essere in quattro gatti** walang-tao, bihira ang tao.
**gattoni** *avv* bikì.
**gavetta** *sf* maruming-ayòs ◊ **venire dalla gavetta** umasenso sa trabaho.
**gazza** *sf* uraka.
**gazzella** *sf* gasela.
**gazzetta** *sf* diyaryo.
**gazzosa** *vedi* **gassosa**.
**gel** *sm inv* gel ◊ (*per capelli*) gel.
**gelare** *v* magyelo ◊ (*fig*) manlamig ◊ *v rifl* lumamig.
**gelata** *sf* nagyelo.
**gelaterìa** *sf* sobetero.
**gelato** *agg* malamig ◊ *sm* sorbetes ◊ **cono gelato** apang-sorbetes.
**gèlido** *agg* maginàw.
**gelo** *sm* ginàw.
**gelone** *sm* matingding ginaw.
**gelosìa** *sf* pagseselos.
**geloso** *agg* maselos.
**gelso** *sm* yelso.
**gelsomino** *sm* hasmin.
**gemello** *agg* magkakambàl ◊ *sm* kambal ◊ (*pl, astr*) kambàl.
**gèmito** *sm* daìng.
**gemma** *sf* alahas, hiyàs ◊ (*bot*) bukò.
**gene** *sm* gene.
**genealogìa** *sf* palaangkànan.
**generale** *agg* panlahàt ◊ *sm* heneràl ◊ **in generale** pangkalahatan; **direttore generale** pangunahing hepè.
**generalità** *sf inv* kasarian.
**generalizzare** *v* ipalahat.
**generare** *v* magsalin lahi.
**generatore** *sm* generator.
**generazione** *sf* pagsasalin lahi.
**gènere** *sm* uri ◊ **generi alimentari** mga pagkain.
**genèrico** (*f* **-a** *pl* **-ci -che**) *agg* masaklàw.
**gènero** *sm* manugang na lalaki.
**generosità** *sf inv* pagkabukàs palad.
**generoso** *agg* mapagbigay.
**gengiva** *sf* gilagid.
**geniale** *agg* matalino.
**gènio** *sm* henyo.
**genitali** *sm pl* pagaari.

**genitore** (**-trice**) *sm* magulang ◊ **i miei genitori** ang aking mga magulang.
**gennàio** *sm* enero.
**genocìdio** *sm* pagpuksà ng maraming tao.
**gente** *sf* mga tao.
**gentile** *agg* mabait.
**gentilezza** *sf* kabaitan.
**gentiluòmo** (*pl* **gentiluòmini**) *sm* lalaking maginoò.
**genuìno** *agg* tunay.
**geografìa** *sf* heyograpia.
**geogràfico** (*f* **-a** *pl* **-ci -che**) *agg* heyograpika ◊ **carta geografica** mapa.
**geologìa** *sf* helohiya.
**geòmetra** (*pl* **-i -e**) *sm/f* agrimensòr, surbeyor.
**geomètrico** (*f* **-a** *pl* **-ci -che**) *agg* heyometriko.
**gerànio** *sm* heranyo.
**gerarchìa** *sf* posisyòn.
**gergo** (*pl* **-ghi**) *sm* balbàl.
**geriatrìa** *sf* heriyàtrikà.
**geriatra** (*pl* **-i -e**) *sm/f* doktor ng matatandà.
**germànico** (*f* **-a** *pl* **-ci -che**) *agg* ukol sa Alemàn.
**germe** *sm* bukò ◊ (*fig*) uòd.
**germogliare** *v* tumubò ◊ (*fig*) lumaki.
**germòglio** *sm* tubò usbòng.
**geroglìfico** (*pl* **-ci**) *sm* sulat na heroglipiko.
**gesso** *sm* yeso ◊ (*per lavagna*) teso ◊ (*ingessatura*) yeso.
**gestazione** *sf* pangangalakal ◊ (*fig*) pagmamando ◊ **in gestazione** ipinangalakal.
**gesticolare** *v* magkukumpàs.
**gestione** *sf* pangangasiwà.
**gestire** *v* mangasiwà ◊ (*fare gesti*) magkumpàs ◊ (*condurre, dirigere*) mangalakal.
**gesto** *sm* kilos.
**gestore** (**-trice**) *sm* tagapangalakal.
**gettare** *v* itapon ◊ *v rifl* tinapon ◊ **gettare via** itapon; **gettare la spugna** hamunin; **gettare al vento** itapon.
**getto** *sm* pilandit ◊ **a getto continuo** patuloy na paglabas.
**gettone** *sm* tinggàng pambayad, token.
**ghepardo** *sm* hepardo.
**ghetto** *sm* lugar.
**ghiaccìàio** *sm* bundok na yelong lutàng.
**ghiacciare** *v* magyelo ◊ *v rifl* yumelo.
**ghiàccio** *sm* yelo ◊ **rimanere di ghiaccio** mabiglà.
**ghiacciòlo** *sm* pàpsikèl.
**ghiàia** *sf* graba.
**ghianda** *sf* isang uri ng halaman.
**ghiàndola** *sf* glàndulà.
**ghiotto** *agg* matakaw.
**ghiottonerìa** *sf* pagkamatakaw.
**ghirigoro** *sm* sulat na padaskòl.
**ghirlanda** *sf* kuwintas, koronang bulaklak.
**ghiro** *sm* isang uri ng hayop.

**ghisa** *sf* bakal na minolde, pundido.
**già** *avv* na.
**giacca** (*pl* **-che**) *sf* diyaket ◊ **giacca a vento** diyaket na panghangin.
**ghiacché** *cong* dahil nga.
**giacere** *v* humigà.
**giacimento** *sm* depositò.
**giacinto** *sm* hasinto.
**giaguaro** *sm* diyagwar.
**giallo** *agg* dilàw ◊ **romanzo, film giallo** istoryang detektib; **farina gialla** harinang dilaw.
**giardino** *sm* hardin ◊ **giardino pubblico** harding pampubliko; **giardino zoologico** harding pangsoolohiya.
**giarrettiera** *sf* gerdel.
**gigante** (**-essa**) *agg* panghigante ◊ *sm* higante.
**gigantesco** (*f* **-a** *pl* **-chi -che**) *agg* napakalakì.
**gìglio** *sm* liryo.
**gilet** *sm inv* tsaleko.
**gin** *sm inv* gin.
**ginecòlogo** (*f* **-a** *pl* **-gi -ghe** ) *sm* hinekòlogò.
**ginepràio** *sm* sukal.
**ginepro** *sm* yenepero.
**ginestra** *sf* isang uri ng bulaklak.
**ginnàsio** *sm* mataas na paaralan.
**ginnàstica** (*pl* **-che**) *sf* dyimnàstikò ◊ **tuta da ginnastica** kasuutang pangehersisiyo.
**ginòcchio** (*pl* **-chi** o **-chia** *f*) *sm* tuhod.
**giocare** *v* maglarò ◊ **giocare d'azzardo** magsugal; **giocarsi la vita** itaya ang buhay; **giocarsi la carriera** itaya ang trabaho.
**giocatore** (**-trice**) *sm* manlalrò.
**giocàttolo** *sm* laruàn.
**gioco** (*pl* **-chi**) *sm* larò ◊ **prendersi gioco di qualcuno** tuksuhin; **mettere in gioco** ilagay sa peligro; **stare al gioco** sakyan.
**giocoliere** *sm* manlalaro.
**giogo** (*pl* **-ghi**) *sm* paòd.
**giòia** *sf* kagalakan.
**gioiellerìa** *sf* àlahasàn.
**gioiello** *sm* àlahàs.
**giornalàio** *sm* tindero ng diyaryo.
**giornale** *sm* diyaryo, pahayagan ◊ **giornale radio** balita sa radyo.
**giornaliero** *agg* araw-araw ◊ (*lavoratore*) manggagawang pang-araw-araw ◊ (*biglietto*) tiket panga-raw-araw ◊ (stipendio) suweldong arawàn.
**giornalismo** *sm* pagpapahayag.
**giornalista** (*pl* **-i -e**) *sm/f* màmamahayàg.
**giornata** *sf* araw ◊ **di giornata** sa araw; **giornata lavorativa** araw ng pagtratrabaho.
**giorno** *sm* araw ◊ **giorno feriale** karaninwang araw; **giorno festivo** araw ng pista; **al giorno** bawat araw.
**giostra** *sf* peryahan.
**gióvane** *agg* batà ◊ *sm* binata ◊ **da giovane** sa kabataan.
**giovanile** *agg* pambatà.
**giovanotto** *sm* binatilyo.

**giovare** *v* makatulong.
**giovedì** *sm inv* huwebes.
**gioventù** *sf inv* kabataan.
**giovinezza** *sf* kabataan (panahon).
**giraffa** *sf* hirapa.
**giramento** *sm* pagkahilò ◊ **giramento di testa** nahihilò.
**giràndola** *sf* girimpulà ◊ (*fuochi d'artificio*) isang uri ng paputok.
**girare** *v* haluin, umikot ◊ *v rifl* hinalo ◊ **girare un film** isapelikula; **mi gira la testa** ako ay nahihilò.
**girarrosto** *sm* inihaw.
**girasole** *sm* mirasol.
**girello** *sm* maliit na gulong, kreder ◊ (*malati*) kreder ng maysakit.
**girévole** *agg* umiikot.
**giro** *sm* kabilugan, ikot ◊ (*passeggiata*) magikot ◊ **fare un giro** maglibot, mag-ikot; **prendere in giro** tuksuhin, asarin; **nel giro di qualche giorno** sa loob ng ilang araw; **essere su di giri** napakasaya; **essere nel giro** kasangkot.
**girocollo** *sm inv* liig ◊ (*gioiello*) kuwintas ◊ (*maglione, felpa*) taytnek-suweter.
**girone** *sm* bilog ◊ (*sport*) pangkat.
**girotondo** *sm* paikot.
**giròvago** (*pl* **-ghi**) *sm* paglaboy, pag-galà.
**gita** *sf* pasyàl, ekskursiyòn.
**gitano** *agg* panghitano ◊ *sm* Hitano.
**giù** *avv* paibabâ ◊ **su per giù** pataàs pababâ; **mandare giù** lunukin; **giù di morale** matamlay.
**giubbotto** *sm* diyaket na makapal ◊ **giubbotto di salvataggio** life-vest; **giubbotto antiproiettile** diyaket laban sa bala.
**giubilèo** *sm* hubileyo.
**giudicare** *v* hatulan, husgaàn.
**giùdice** *sm* huwès, husgado ◊ **giudice di gara** réperì.
**giudìzio** *sm* paghuhusgà, pagpapasyà.
**giudizioso** *agg* matalino, makatwiran.
**giugno** *sm* hunyo.
**giunco** (*pl* **-chi**) *sm* yantòk.
**giùngere** *v* makarating ◊ **giungere all'orecchio** makarating na usapan.
**giungla** *sf* gubat.
**giunta** *sf* dagdàg ◊ (*azienda, società sportiva*) kapulungàn, sanggunián ◊ **per giunta** at saka; **giunta militare** sanggunián ng sundalo.
**giuntura** *sf* dugtòng ◊ (*anat*) kasúkasuan.
**giuramento** *sm* pangangáko, panunumpà ◊ **sotto giuramento** mangako, manumpà.
**giurare** *v* sumumpà ◊ **giurare il falso** magsunpà ng kasinungalingan.
**giurato** *agg* inampalàn ◊ *sm* hurado.
**giurìa** *sf* inampalàm.
**giurisdizione** *sf* sakòp.

**giurisprudenza** *sf* abogasiyà.
**giustificare** *v* mangatuwiran ◊ *v rifl* pingatwiran.
**giustificazione** *sf* katuwiran.
**giustìzia** *sf* katarungan ◊ **ministero di Grazia e Giustizia** ministeryo ng hustisiyà; **palazzo di giustizia** húkúman sa paglilitis.
**giustiziare** *v* hatúlan.
**giusto** *agg, sm* tumpàk ◊ (*persona*) makatarungan ◊ (*atto*) tama ◊ (*regolare*) katamtaman ◊ (*adatto*) wastò ◊ *avv* (*proprio*) talaga ◊ **giusto in tempo** tamang-tama; **al momento giusto** sa tamang oras.
**glaciale** *agg* mayelo.
**gladìolo** *sm* gladyola.
**glassa** *sf* hamòg na nagyelo, aysing.
**gli** *art det m pl* ang mga ◊ *pron pers m sing* siyà; (*a lui, maschio*) siyà; (*a ciò, oggetto*) ang mga ◊ *pron pers m/f pl* silà; (*a loro, persone*) sa kanilà; (*a loro, oggetti*) ang mga ◊ **gli ho fatto un regalo** neregaluhan ko siyà; **fagli (a loro) le mie scuse** ipagpaumanhin mo ako sa kanilà.
**glìcine** *sm* wisterya.
**globale** *agg* buò.
**globo** *sm* globo, mundò.
**glòbulo** *sm* globulos.
**glòria** *sf* kaluwalhatian.
**glorioso** *agg* maluwalhati.
**glucòsio** *sm* glukosa, asukal.
**glùteo** *sm* pigî.
**gnocco** (*pl* **-chi**) *sm* ungàs ◊ (*cibo*) isang uri ng dumpling.
**gnomo** *sm* duwendè.
**gnu** *sm inv* gnu.
**gol** *sm inv* gol.
**gobba** *sf* umbòk sa likòd.
**gobbo** *agg* kubà ◊ *sm* taong kubà.
**góccia** (*pl* **-ce**) *sf* patàk, tulò ◊ **fino all'ultima goccia** hanggang sa huling patàk.
**gocciolare** *v* pumatak.
**godere** *v* magtamasa ◊ **godere le ferie** mag-libang sa bakasyòn; **godersela** mag-libang.
**godimento** *sm* kasiyáhan.
**goffo** *agg* asiwà.
**gola** *sf* lalámunan ◊ (*golosità*) katakawan ◊ (*geog*) madalâ ◊ **fare gola** mang-udyòk.
**golf** *sm inv* suweter ◊ (*sport*) golf.
**golfo** *sm* loòk.
**goloso** *agg* matakaw.
**gomitata** *sf* pagsikò.
**gómito** *sm* sikò ◊ **alzare il gomito** maglasing, uminom ng maraming alak.
**gomìtolo** *sm* bolang estambre.
**gomma** *sf* goma ◊ (*per cancellare*) pamburà ◊ (*pneumatico*) gulòng.
**gommista** (*pl* **-i-e**) *sm/f* tagaayos ng goma.
**gonfiare** *v* papintugin.
**gónfio** *agg* namimintòg ◊ **andare a gonfie vele** pasulong.
**gonfiore** *sm* pamamagà.
**gonna** *sf* palda.

**gorgo** (*pl* **-ghi**) *sm* ipu-ipo.
**gorilla** *sm inv* bakulaw ◊ (*guardia del corpo*) bodyguard.
**gòtico** (*f* **-a** *pl* **-ci -che**) *agg* panggòtikò ◊ *sm* gòtikò.
**governante** *sm/f* tagapamahala ◊ (*per bambini*) yayà.
**governare** *v* mamahalà ◊ (*paese*) mamunò.
**governo** *sm* gobyerno, pamahalaan.
**gràcile** *agg* mahinà.
**gradazione** *sf* tapang ◊ **gradazione alcolica** tapang ng alak.
**gradévole** *agg* kalugùd-lugod.
**gradimento** *sm* pagbibigáy-kasiyáhàn.
**gradinata** *sf* hagdangan ◊ (*arch*) baitàng ◊ (*teatro, stadio*) andana.
**gradino** *sm* baitàng.
**gradire** *v* magalak.
**gradito** *agg* nakalúlugòd.
**grado** *sm* títulò, antàs ◊ **essere in grado di** kayanin.
**graduatòria** *sf* taláan.
**graffa** *sf* kalambre ◊ (*fermaglio*) klip.
**graffetta** *sf* pikolete.
**graffiare** *v* galusan, kalmutin ◊ *v rifl* kinalmutan.
**gràffio** *sm* kalmot, galos.
**graffito** *sm* grafitto.
**gràfico** (*f* **-a** *pl* **-ci -ce**) *agg* gràpikò ◊ *sm* (*disegnatore*) grapiko.
**grammàtica** (*pl* **-che**) *sf* balarilà.
**grana** *sf* pera, kuwlata ◊ (*gerg, denaro*) datong ◊ (*fam, seccatura*) sakit-ulò ◊ (*formaggio*) isang uri ng keso.
**granàio** *sm* kamalig.
**grànchio** *sm* alimangò, alimasag ◊ **prendere un granchio** walang nabingwit.
**grande, gran** *agg* malaki ◊ (*moralmente, persona*) madakila ◊ *sm/f* lubos ◊ **avere una gran fame** nagugutom ng hustò.
**grandezza** *sf* laki ◊ (*morale*) dakila.
**grandinare** *v* umulàn ng yelo.
**gràndine** *sf* ulàn na yelo.
**grandioso** *agg* malaki at magandà.
**granita** *sf* inuming gawa sa yelong duròg.
**granito** *sm* granite.
**grano** *sm* trigo ◊ (*pezzetto*) katitìng.
**granturco** (*pl* **-chi**) *sm* mais.
**grappa** *sf* lambanog.
**gràppolo** *sm* langkày.
**grasso** *agg* matabà ◊ **pianta grassa** matabàng halaman.
**grata** *sf* parilya.
**gratificare** *v* magbigáy-lugòd.
**gratis** *avv* librè, walng bayad.
**gratitùdine** *sf* pagpápasalamat.
**grato** *agg* nagpápasalamat ◊ **essere grato** mapagpásalamat.
**grattacielo** *sm* gusaling tukud langit.
**grattare** *v* kayurin ◊ (*fam, rubare*) magnakàw ◊ *v rifl* kinayod.
**grattùgia** (*pl* **-gie**) *sf* pangayod.

**grattugiare** *v* kayorin.
**gratùito** *agg* librè.
**grave** *agg* malalà ◊ (*difficile*) mahirap ◊ (*pesante*) mabigat ◊ (*tonalità*) mababâ ◊ **malato grave** malubhà; **malattia grave** malalàng sakit.
**gravidanza** *sf* pagdadalàng-tao, pagbuntis.
**gravità** *sf inv* hulog bigàt.
**gràzia** *sf* pagkamlugòd ◊ (*bellezza*) mahalina ◊ (*gentilezza*) mapag-bagay ◊ (*giur*) amnestiyà ◊ (*relig*) grasyà, biyayà.
**graziare** *v* patawarin.
**grazie** *inter* salamata ◊ **grazie mille** maraming salamat; **grazie, altrettanto** maraming salamat din.
**grazioso** *agg* kahalihalina.
**gregge** (*pl* **-gi** *f*) *sm* kawan.
**gréggio** *agg* magaspàng ◊ **petrolio greggio** petrolyo.
**grembiule** *sm* epron.
**grembo** *sm* sinapupunan ◊ **in grembo** nasa sinapupunan.
**greto** *sm* pasigan.
**gretto** *agg* kuripot.
**gridare** *v* humiyàw.
**grido** (*pl* **-a** *f*) *sm* hiyàw ◊ **di grido** uso.
**grìgio** (*f* **-a** *pl* **-gi -gie**) *agg* abuhin ◊ (*fig*) malabo.
**grìglia** *sf* parilya ◊ (*per grigliare*) parilya.
**grilletto** *sm* gatilyo.
**grillo** *sm* kuliglìg.
**grinta** *sf* mabagsìk ◊ (*faccia*) waláng-hiyâ ◊ (*carattere*) pangahàs.
**grinza** *sf* gusòt.
**grissino** *sm* grisino.
**gronda** *sf* sulambî.
**grondàia** *sf* alulòd.
**groppa** *sf* pigî.
**grossista** (*pl* **-i -e**) *sm/f* màmamakyàw.
**grosso** *agg* malaki ◊ **mare grosso** dagat na maalon; **fiato grosso** humihingal; **sbagliare di grosso** malaking pagkakamali.
**grossolano** *agg* magaspang.
**grotta** *sf* yungib, kuweba.
**grottesco** (*f* **-a** *pl* **-chi -che**) *agg* lubháng-kakatuwâ.
**grovìglio** *sm* buhòl.
**gru** *sf inv grua* ◊ (*uccello*) bawàk, tagàk.
**grùccia** (*pl* **-ce**) *sf* saklày ◊ (*per abiti*) sabitan.
**grugnire** *v* umigìk.
**grumo** *sm* buó-buò.
**gruppo** *sm* lupòn, grupo ◊ (*cose*) kumpòl ◊ **gruppo sanguigno** bladtayp.
**grùzzolo** *sm* sanbuntòn.
**guadagnare** *v* kumita.
**guadagno** *sm* kita.
**guadare** *v* tumawìd ng ilog.
**guado** *sm* lugar na maaring tawírin sa ilog.
**guàio** *sm* gulò ◊ **mettersi nei guai** masangkòt sa gulò; **guai a te** sige ka!.
**guància** (*pl* **-ce**) *sf* pisngî.

**guanciale** *sm* unan.
**guanto** *sm* guwantes.
**guardacàccia** *sm/f inv* bantáylaruan.
**guardacoste** *sm/f inv* bantáybaybày.
**guardalìnee** *sm/f inv* mangagawà ◊ (*sport*) lainman.
**guardare** *v* tumingin ◊ (*custodire*) bantáyan ◊ *v rifl* tinignan ◊ **guardarmale** tingnan ng masama.
**guardaroba** *sm inv* aparadòr.
**guàrdia** *sf* pagbabantay ◊ (*vigilanza*) pagtatanod ◊ (*persona*) tanod, bantay ◊ **guardia del corpo** bodyguard; **cane da guardia** bantày na aso; **fare la guardia** magbantày.
**guardiano** *sm* tanod.
**guardrail** *sm inv* guardrail.
**guarire** *v* gumaling.
**guarnire** *v* palamutihan.
**guarnizione** *sf* palamuti ◊ (*tecn*) sapatilya, gasket.
**guastare** *v* sirain ◊ *v rifl* sinira.
**guasto** *agg, sm* sirà.
**guerra** *sf* digmaan.
**guerriero** *agg* mandirigmâ ◊ *sm* girero.
**guerrìglia** *sf* gerilya.
**guerrigliero** *sm* kapanig, partidaryo.
**gufo** *sm* kuwago.
**gùglia** *sf* taluktòk na matulis.
**guida** *sf* pinunò ◊ (*persona*) giyà ◊ (*il guidare*) pagmamaneho ◊ **patente di guida** lisènsiyà ng pagmamaneho; **scuola guida** paaralan ng pagmamaneho.
**guidare** *v* mamunò ◊ (*veicolo*) magmaneho ◊ (*fig*) akayin.
**guidatore** *sm* tsuper, driver.
**guinzàglio** *sm* tali.
**guizzo** *sm* tunod.
**gùscio** *sm* kabibi.
**gustare** *v* lasahan.
**gusto** *sm* linamnàm ◊ (*piacere*) máibigan ◊ **mangiare di gusto** maganà; **prenderci gusto** masarapan, maganahan.
**gustoso** *agg* malasa ◊ (*piacevole*) masarap ◊ (*saporito*) malinamnam.

# H

**habitat** *sm inv* tirahan.
**hamburger** *sm inv* hàmburgèr.
**handicap** *sm inv* kapansanàn.
**handicappato** *agg* may kapansanàn ◊ *sm* baldado.
**hinterland** *sm inv* arabàl.
**hobby** *sm inv* libangan.
**hockey** *sm inv* hokè.
**horror** *sm inv* nakakatakot.
**hostess** *sf inv* ostes.
**hotel** *sm inv* otèl.

# I

**i** *art det m pl* ang mga.
**ìbrido** *sm* mistiso.
**iceberg** *sm inv* aysbèrg.

**idèa** *sf* isip ◊ **cambiare idea** manibagong isip; **non avere idea** hindi ko alam.
**ideale** *agg* tularàn ◊ *sm* modelo.
**idealista** (*pl* **-i -e**) *agg* maidyalismo ◊ *sm/f* taong maidyalismo.
**ideare** *v* planuhin.
**idéntico** (*f* **-a** *pl* **-ci -che**) *agg* magkatulad, magkapareho.
**identificare** *v* kilalanin ◊ *v rifl* nakilala.
**identità** *sf inv* pagkàkilanlàn.
**ideologìa** *sf* edyolohiya.
**idìllio** *sm* pagsintahàn.
**idioma** (*pl* **-i**) *sm* kawikaàn, idyoma.
**idiota** (*pl* **-i -e**) *agg* hangàl, idyota.
**idiozìa** *sf* pagkahangàl ◊ (*stupidità*) pagkatangà ◊ (*azione stupida*) kahangalàn.
**ìdolo** *sm* anito, idolò.
**idoneità** *sf inv* pagkaakmà.
**idòneo** *agg* akmà.
**idrante** *sm* boka-inséndiyò.
**idratante** *agg* panghalumigmig.
**idratare** *v* maghalumulog.
**idràulico** (*f* **-a** *pl* **-ci -che**) *agg* pangtubero ◊ *sm* tubero.
**idrocarburo** *sm* hidrokarburo.
**idroelèttrico** (*f* **-a** *pl* **-ci -che**) *agg* hidroelèktrikò.
**idròfilo** *agg* hidropil ◊ **cotone idrofilo** sinulid.
**idrògeno** *sm* hidrogen.
**idrovolante** *sm* eruplanong pantubig.
**iella** *sf* busit.
**iena** *sf* hiyena ◊ (*fig*) masama.
**ieri** *avv* kahapon ◊ **ieri sera** kagabì; **l'altro ieri** kamakalawà.
**igiene** *sf* kalinisan ◊ **ufficio d'igiene** departimentong pangkalusugan.
**igiènico** (*f* **-a** *pl* **-ci -che**) *agg* malinis, pangkalusugan.
**ignaro** *agg* walàng-alàm.
**ignòbile** *agg* imbî.
**ignorante** *agg, sm/f* mangmàng.
**ignoranza** *sf* kamangmangàn.
**ignorare** *v* huwag pansinin.
**ignoto** *agg, sm* di-kilalà.
**il** *art det m sing* ang.
**illècito** *agg* di pinahihintulot.
**illegale** *agg* labàg sa batàs.
**illegalità** *sf inv* paglabàg sa batàs.
**illegìttimo** *agg* ilihétimò.
**illeso** *agg* di nasaktàn.
**illimitato** *agg* walàng-hanggánan.
**illògico** (*f* **-a** *pl* **-ci -che**) *agg* waláng-matuwìd.
**illùdere** *v* linlángin ◊ *v rifl* nilinlàng.
**illuminare** *v* paliwanagin ◊ *v rifl* liniwanag.
**illuminazione** *sf* pagpapaliwanag ◊ **illuminazione stradale** ilaw ng kalsada.
**illusione** *sf* ilusyòn, malik-matà.
**illusionista** (*pl* **-i -e**) *sm/f* ilusyònista.
**illustrare** *v* isalarawan.
**illustrazione** *sf* paglalarawan.
**illustre** *agg* bantòg.

**imbacuccato** *agg* ibinalabal.
**imballàggio** *sm* pagbalot.
**imballare** *v* magbalot.
**imbalsamare** *v* ibalsama.
**imbambolato** *agg* nagtakà.
**imbarazzante** *agg* nakakahiyà.
**imbarazzare** *v* hiyain ◊ *v rifl* pinahiyà.
**imbarazzo** *sm* kahihiyàn ◊ **essere in imbarazzo** nahihiyà.
**imbarcare** *v* isinakày ◊ *v rifl* sumakày ◊ (*fig*) sinakyan.
**imbarcazione** *sf* bapòr.
**imbarco** (*pl* **-chi**) *sm* pagsakay.
**imbastire** *v* hilbanahin ◊ (*fig*) ayusin.
**imbàttersi** *v rifl* magsàlubungàn.
**imbattìbile** *agg* di natatalò.
**imbecille** *agg* kagaguhan ◊ *sm/f* gago.
**imbestialire** *v* pagalitin.
**imbiancare** *v* magpintòr.
**imbianchino** *sm* pintòr ng bahay.
**imbizzarrirsi** *v rifl* mapukàw.
**imboccare** *v* maglàgus ◊ (*strada*) dumaan.
**imbocco** (*pl* **-chi**) *sm* làgusan ◊ (*strada*) daanan ◊ **imbocco dell'autostrada** pasukan ng haywey.
**imbottigliare** *v* isabotelya ◊ *v rifl* maipit ◊ (*traffico*) nakulong sa trapik.
**imbottigliato** *agg* nasa bote ◊ (*fig*) naipit sa trapik.
**imbottire** *v* palamanàn ◊ *v rifl* pinalamanan ◊ (*coprirsi*) tinakpàn ◊ **imbottirsi di farmaci** uminon ng maraming gamot.
**imbranato** *agg* katangàhan ◊ *sm* tangà.
**imbrattare** *v* dumihàn.
**imbrogliare** *v* dayain, lukuhin ◊ (*ingarbugliare*) magkagulo-gulò ◊ *v rifl* naguluhan ◊ (*fig*) malitò.
**imbròglio** *sm* pandarayà.
**imbroglione** *sm* manggagantsò, mandarayà.
**imbronciato** *agg* nagtatampò.
**imbrunire** *sm* takip-silim.
**imbucare** *v* (*lettere*) ibusòn.
**imburrare** *v* matekilyahàn.
**imbuto** *sm* imbudo.
**imitare** *v* gayáhin.
**imitatore** (**-trice**) *sm* mangga-gayàà.
**imitazione** *sf* panggagayà.
**immagazzinare** *v* isilid ◊ **immagazzinare dati** ilagay ang mga detalye.
**immaginare** *v* maglarawang-diwà ◊ *v rifl* isipin.
**immaginàrio** *agg* haka-hakà.
**immaginazione** *sf* larawang-diwà.
**immàgine** *sf* larawan.
**immancàbile** *agg* di-maiiwasan.
**immatricolare** *v* magpapatalâ ◊ *v rifl* ipinatalâ.
**immatricolazione** *sf* pagapapa-talâ.
**immaturo** *agg* batáng-isip ◊ (*fig*) kilàw.
**immediatamente** *avv* kaagàd.

**immediato** *agg* kaagàd.
**immensità** *sf* kalawakan.
**immenso** *agg* malawak.
**immèrgere** *v* ilubòg ◊ *v rifl* lumubòg ◊ (*fig*) malumlom.
**immersione** *sf* paglubòg ◊ (*sub*) magdayab.
**immèttere** *v* ibigay.
**immigrare** *v* mangibáng-bansà.
**immigrato** *sm* dayuhan.
**immigrazione** *sf* pangingibáng-bansà.
**imminente** *agg* nalalapit.
**immischiarsi** *v rifl* makihalo.
**immòbile** *agg* waláng-galàw ◊ *sm* pinkàs ◊ **beni immobili** ari-arihan.
**immobilità** *sf inv* di pag-galàw.
**immobiliare** *sf* kompanya ng ari-arihan ◊ **mercato immobiliare** pangangalakal para sa ari-arihan.
**immondìzia** *sf* basura.
**immorale** *agg* mahalay, imoràl.
**immortalare** *v* pananatilihing-buhày.
**immortale** *agg* walàng-kamà-tayan.
**immortalità** *sf inv* pagkawaláng-kamátáyan.
**immune** *agg* di matalabàn.
**immunità** *sf inv* kabàl sa sakìt.
**immunizzare** *v* magbigày ng kabàl.
**immunodeficienza** *sf* immune defisciency ◊ **sindrome da immunodeficienza acquisita (Aids)** acquired immune diffesciency sindrome (AIDS).
**immutàbile** *agg* di nababagò.
**immutato** *agg* di nagbabagò.
**impaccare** *v* mag-impake.
**impacchettare** *v* balutin.
**impacciato** *agg* asiwà.
**impàccio** *sm* paghiyâ, hadlang.
**impacco** *sm* pomento.
**impadronirsi** *v rifl* ariin.
**impagàbile** *agg* walang presyo.
**impalcatura** *sf* andamyò.
**impallidire** *v* mamutlà.
**impalpàbile** *agg* di-nasásalàt.
**impanare** *v* mag-empanada.
**impantanarsi** *v rifl* maging maputik ◊ (*fig*) màsangkòt.
**imparare** *v* matuto ◊ **imparare a memoria** isaulo, ikabesa.
**impareggiàbile** *agg* dimapan-tayan.
**ìmpari** *agg inv* di-pantày.
**impartire** *v* magdulot ◊ **impartire lezioni** magliksiyòn; **impartire la benedizione** bendisyunan.
**imparziale** *agg* waláng-kiníki-lingan.
**impassìbile** *agg* di-natítigatig.
**impastare** *v* magmasà.
**impasto** *sm* masà.
**impatto** *sm* banggâ ◊ (*fig*) tamà.
**impaurire** *v* takutin ◊ *v rifl* matakot.
**impaziente** *agg* mainipin.
**impazienza** *sf* pagkainip.
**impazzire** *v* masiraan ngbait ◊ (*fig*) maluka.
**impeccàbile** *agg* di-nagkakámalî.
**impedimento** *sm* hadlàng.

**impedire** *v* hadlángan.
**impegnare** *v* isanglà ◊ (*promettere*) mangakò ◊ *v rifl* pinangakò ◊ **impegnare la (propria) parola** mangakò.
**impegnativo** *agg* mahirap.
**impegno** *sm* tungkulin ◊ **impegno politico** tungkuling panpolitiko; **impegno civile** tungkuling pangmasa.
**impellente** *agg* nagbunsòd.
**impenetràbile** *agg* di-makapasuk ◊ (*fig*) di-talaban.
**impensàbile** *agg* hindî maíísip.
**imperativo** *agg* kailangan ◊ *sm* (*gramm*) pautòs.
**imperatore (-trice)** *sm* emperadòr (emperatris).
**impercettibile** *agg* di-máhahalatâ.
**imperdonàbile** *agg* di mapapatawad.
**imperfetto** *agg* di-ganàp.
**imperfezione** *sf* kapintasan, depekto.
**imperiale** *agg* ukol sa imperyo.
**imperioso** *agg* mapagmataàs, palalò.
**impermeàbile** *agg* di-natatagusan ◊ *sm* kapote.
**impero** *sm* impero.
**impersonale** *agg* waláng-tinútúkoy ◊ (*gramm*) panlahàt.
**impersonare** *v* kumatawàn.
**impertèrrito** *agg* waláng-gulat.
**impertinente** *agg* pangahàs.
**imperturbàbile** *agg* panatag.
**imperversare** *v* magalit ng labis.
**impèrvio** *agg* di-tinátagusàn.
**ìmpeto** *sm* tulak ◊ (*fig*) simboyò.
**impetuoso** *agg* mapusòk.
**impiantare** *v* itayò ◊ (*piante*) itanim.
**impianto** *sm* pàbrikà ◊ **impianto elettrico** planta eléktrika.
**impiastro** *sm* implasto, panapal ◊ (*fig*) kagúlúhan.
**impiccare** *v* ibitay, bigtiin ◊ *v rifl* magbigti.
**impicciarsi** *v rifl* makialàm.
**impìccio** *sm* sagabal ◊ **essere d'impiccio** maging sagabal.
**impiegare** *v* gamitin ◊ (*dare impiego*) pagtrbahuin ◊ *v rifl* mamasukan.
**impiegato** *sm* empleado, kawani.
**impiego** *sm* gamit, hanapbuhay.
**impietosire** *v* maawa ◊ *v rifl* naawa.
**impigliarsi** *v rifl* masangkòt.
**impigrirsi** *v rifl* tumamad.
**implacàbile** *agg* di-mapayapà.
**implicare** *v* manghulugàn.
**implìcito** *agg* pàhiwatig.
**implorare** *v* magmakaawà.
**impolverato** *agg* maalikabok.
**imponente** *agg* kalaki-laki.
**imporre** *v* magpataw ◊ *v rifl* pinatawan.
**importante** *agg* mahalagà.
**importanza** *sf* kahalagahàn ◊ **dare importanza** bigyan ng halagà; **avere importanza** mahalagà.

**importare** *v* mag-angkàt ◊ **mi importa** mahalaga sa akin; **non mi importa** di-mahalaga sa akin.
**importazione** *sf* pag-aangkàt.
**importo** *sm* halagà, kabayaràn.
**importunare** *v* gambalain.
**importuno** *agg* gambala.
**imposizione** *sf* pataw.
**impossessarsi** *v rifl* samsamin.
**impossìbile** *agg, sm* di-maari, imposiblè ◊ **fare l'impossibile** gawin ang lahat.
**impossibilità** *sf inv* di-kapangyayari.
**imposta** *sf* buwis ◊ (*porte, fine - stre*) pintò ◊ **imposta sul valore aggiunto** buwis na idinadagdag sa bilihin, value added tax (VAT).
**impostare** *v* isalugar ◊ (*posta*) ihulog sa busòn ◊ (*calcoli*) kalkulahin ◊ (*programmi, attività*) isalugar ◊ (*macchine*) ipuwesto.
**impostore** *sm* impostòr.
**impotente** *agg, sm* mahinà.
**impotenza** *sf* pagkahinà.
**impoverire** *v* magpamulubi ◊ *v rifl* mamulubi.
**impraticàbile** *agg* di-magàgámit.
**imprecare** *v* sumumpâ.
**impreciso** *agg* di-eksaktò.
**impregnare** *v* mamantsàhan ◊ *v rifl* pinantsàhan.
**imprenditore** (**-trice**) *sm* mangangalaka, negosyante.
**impresa** *sf* bahay-kalakal.
**impresàrio** *sm* impresaryo.
**impressionàbile** *agg* madalíngtablàn.
**impressionante** *agg* makabagbág-pusò.
**impressionare** *v* makintal ◊ *v rifl* matakot.
**impressione** *sf* akala ◊ **fare buona impressione** magandang pakiramdam; **fare cattiva impressione** magkaroon ng masamang pakiramdam.
**imprestare** *v* ipahiram.
**imprevedìbile** *agg* di-inaásahan.
**imprevisto** *agg, sm* di-inaákala.
**imprigionare** *v* kulungin.
**imprìmere** *v* magtatàk ◊ (*fig*) mgkintàl ◊ *v rifl* (*fig*) tinatákan.
**improbàbile** *agg* mahirap mangyari.
**improduttivo** *agg* di-pinakikinabangan.
**impronta** *sf* tatàk ◊ **impronta digitale** bakas ng daliri.
**improponìbile** *agg* di-maimungkahì.
**impròprio** *agg* di-bagay.
**improrogàbile** *agg* walang palugit.
**improvvisare** *v* biglaan ◊ *v rifl* pabiglain.
**improvviso** *agg* biglà.
**imprudente** *agg* mapusok.
**imprudenza** *sf* pagkamapusok.
**impugnare** *v* dakmalìn ◊ (*giur*) tungálian.
**impugnatura** *sf* puluhàn.
**impulsivo** *agg* marahàs.

**impulso** *sm* simbuyò.
**impuntarsi** *v rifl* pilitin.
**impuro** *agg* di puro ◊ (*fig*) may dungis.
**imputato** *sm* nasasakdal.
**imputridire** *v* mabulok.
**in** *prep* sa ◊ **abitare in campagna** tumira sa bukid; **andare nelle Filippie** pumunta sa Pilipinas; **camminare in fretta** lumakd ng matulin; **andare in taxi** suamkay sa taksi; **stare in piedi** tumayo; **bere in un sorso** uminom ng biglà; **pagare in contanti** bayaran ng kas, kuwalta.
**inàbile** *agg* walàng-kakayahàn.
**inaccessìbile** *agg* mahirap maratìng ◊ (*fig*) mahirap maabòt.
**inaccettàbile** *agg* dimatatanggap.
**inacidire** *v* paasimin.
**inadeguato** *agg* di-sapat.
**inagìbile** *agg* di-maisasagawà.
**inalare** *v* langhapin.
**inalazione** *sf* paglalanhàp.
**inalteràbile** *agg* di mababago.
**inammissìbile** *agg* di matatang-gap.
**inanimato** *agg* walang siglà.
**inappetente** *agg* walang gana.
**inappetenza** *sf* pagkawalang gana.
**inarcare** *v* baluktutin ◊ *v rifl* binaluktot.
**inaridire** *v* patuyuin.
**inaspettato** *agg* di inaasahan.
**inasprire** *v* ihasà ◊ *v rifl* patalasin.
**inatteso** *agg* nagaantay.
**inattività** *sf inv* di paggalaw.
**inaugurare** *v* pasinayaan.
**inaugurazione** *sf* pasinayà.
**incagliarsi** *v rifl* sumadsàd ◊ (*fig*) málagày sa kagípítan.
**incalcolàbile** *agg* di makalkulà.
**incalzare** *v* sundan ng maigî.
**incamminarsi** *v rifl* lumakad.
**incanalare** *v* ikanal ◊ (*fig*) igayd ◊ *v rifl* ikinanal.
**incandescente** *agg* mainit ◊ (*fig*) maluka.
**incantare** *v* bumalanì ◊ *v rifl* balaníhin.
**incantésimo** *sm* bighanì ◊ (*fig*) gayuma.
**incantèvole** *agg* nakakabighanì.
**incapace** *agg* walang kakayahan.
**incapacità** *sf inv* kawalàn ng kaya.
**incarcerare** *v* ikulong.
**incaricare** *v* ipagkátiwalà ◊ *v rifl* pinagkátiwalaan.
**incaricato** *agg* pinagkátiwalaan ◊ *sm* taong pinagkátiwalaan.
**incàrico** (*pl* **-chi**) *sm* takdang gawain ◊ **dare un incarico** bigyan ng tungkulin; **prendere un incari-co** tumanggap ng tungkulin.
**incarnare** *v* maganyô ◊ (*fig*) nagkatawáng-tao ◊ *v rifl* isinaanyô.
**incartare** *v* balutin sa papel.
**incassare** *v* mangolektà.
**incasso** *sm* kolektà.
**incastrare** *v* ipitin ◊ (*fig*) inipit ◊ *v rifl* naipit.
**incastro** *sm* baòn.

**incatenare** *v* ikadena ◊ (*fig*) ikulong.
**incàuto** *agg* waláng-ingat.
**incendiare** *v* sunugin ◊ (*fig*) sumiklab ◊ *v rifl* masunog.
**incèndio** *sm* sunog.
**inceneritore** *sm* pasunogan.
**incensurato** *agg* malinis.
**incentivare** *v* magbunsòd.
**incentivo** *sm* pangganyàk.
**incepparsi** *v rifl* pagkautàl ◊ (*meccanismo*) pumalyâ ◊ (*arma*) náípit ◊ (*fig*) hadlangàn.
**incertezza** *sf* di-pagkasigurado.
**incerto** *agg* di-sigurado.
**incessante** *agg* walang humpay.
**incesto** *sm* dumì.
**inchiesta** *sf* pagsisiyasat, imbistigasyon.
**inchinarsi** *v rifl* yumuko ◊ (*fig*) magpakumbabà.
**inchiodare** *v* ipako.
**inchiostro** *sm* tinta ng bolpen.
**inciampare** *v* matisod.
**incidentalmente** *avv* nang hindî-sinásadyâ.
**incidente** *sm* aksidente, sakunà ◊ **incidente stradale** disgrasiyà sa daan.
**incìdere** *v* maglinok ◊ (*fig*) magukit.
**incinta** *agg* buntis, nagdadalangtao.
**incisione** *sf* hiwà ◊ (*arte*) pag-ukit ◊ (*registrazione*) teyp-rekording.
**incisivo** *agg* matalìm, masakìt ◊ *sm* (*dente*) pangil.
**incitamento** *sm* pamukaw, panggising.
**incitare** *v* sulsulan.
**incivile** *agg* walang modo, bastos.
**inclinare** *v* kumiling.
**inclinazione** *sf* paghilig.
**inclùdere** *v* ilakip, isama.
**incluso** *agg* kalakip, kasama.
**incoerente** *agg* waláng-kawawaan.
**incògnita** *sf* hindî-kilala.
**incògnito** *sm* lingìd.
**incollare** *v* idikit, magdikit ◊ *v rifl* idinikit.
**incolóre** *agg* walang-kulay.
**incolpare** *v* sisihin.
**incòlume** *agg* di nasaktàn.
**incombenza** *sf* tungkulin.
**incominciare** *v* magumpisà.
**incompatìbile** *agg* di-magkásundô.
**incompetente** *agg* walang-kakayahan ◊ *sm/f* taong walang-kakayahan.
**incompiuto** *agg* di-tapos.
**incompleto** *agg* di-ganap.
**incomprensìbile** *agg* di-maunawaan.
**inconcludente** *agg* di-matapos.
**inconfondìbile** *agg* di-mpagkakámalan.
**inconsapèvole** *agg* di-alam.
**incònscio** (*pl f* **-sce**) *agg* hindî-batìd ◊ *sm* walang-malay.
**inconsistente** *agg* mahunâ, marupòk.
**incontaminato** *agg* hindî-marumì.

**incontrare** *v* tagpuin ◊ *v rifl* magtagpuan.
**incontro** *sm* tagpuan ◊ *avv* tagpò ◊ **incontro di calcio** labanan ng putbol; **venire incontro a qualcuno** magkasunduan.
**inconveniente** *sm* ganbalà, isturbò.
**incoraggiare** *v* palakisin ang loob.
**incorniciare** *v* ikuwadro.
**incoronare** *v* koronahan.
**incoronazione** *sf* pagkokorona.
**incorporare** *v* maglangkàp ◊ (*fig*) isáma.
**incorreggìbile** *agg* hindi-nawawasto.
**incosciente** *agg* walang malay-tao ◊ *sm/f* iresponsablè.
**incredìbile** *agg* di-kapani-paniwala.
**incremento** *sm* dagdag.
**increscioso** *agg* kahiná-hinayang.
**incriminare** *v* pagparatang.
**incriminazione** *sf* pagpaparatang.
**incrinare** *v* magkalamat ◊ (*fig*) magbirô ◊ *v rifl* nagkalamat ◊ (*fig*) nahbirô.
**incrociare** *v* salubungin ◊ (*attraversare*) tumawid ◊ (*ibridare*) pagamahin ang dalawanf lahi ◊ *v rifl* nagkasalubong.
**incrócio** *sm* krosing ◊ (*stradale*) krosing.
**incrostazione** *sf* pagkabalot.
**incubazione** *sf* painitan.
**ìncubo** *sm* bangungot ◊ (*fig*) di-mapalagi.
**incùdine** *sf* pandayan.
**incuràbile** *agg* walang-lunas.
**incùria** *sf* kapabayaan.
**incuriosire** *v* magtakà ◊ *v rifl* nagtakà.
**incursione** *sf* bigláng-paglalakbay.
**incustodito** *agg* walàng bantày.
**incùtere** *v* magmando, mag-utos.
**indaffarato** *agg* abalà, maraming ginágawâ.
**indagare** *v* mag-imbestigà.
**indàgine** *sf* imbestigasyòn.
**indebitarsi** *v rifl* pagkautang.
**indebolire** *v* pahinahin ◊ (*fig*) manghinà ◊ *v rifl* pinahina.
**indecente** *agg* masagwâ, mahalay, bastòs.
**indecenza** *sf* pagkamasagwâ, pagkamahalay, pagkabastòs.
**indecifràbile** *agg* di-mataròk.
**indecisione** *sf* atubili.
**indeciso** *agg* nag-aatubili.
**indefinìbile** *agg* di-maipalíliwanag.
**indefinito** *agg* di-tiyàk.
**indegno** *agg* di-karapat-dapat.
**indelèbile** *agg* di-mabura.
**indenne** *agg* hindî-nasugatan.
**indennità** *sf inv* bayad-pinsalà.
**indennizzo** *sm* bayad-pinsalà.
**indescrivìbile** *agg* di-mawari, di-masabi.
**indeterminato** *agg* hindi-tiyàk ◊ **a tempo indeterminato** walang-takdà.

**indiano** *agg* pangindian ◊ *sm* Indian.
**indiavolato** *agg* nagngángálit.
**indicare** *v* iturò.
**indicativo** *agg* pagpápahiwatig ◊ (*approssimativo*) tantsà ◊ *sm* (*gramm*) paturòl.
**indicazione** *sf* pagtuturo.
**ìndice** *sm* talátuntunan ◊ (*dito*) hintuturò ◊ (*fig*) palátandaan.
**indietreggiare** *v* pag-atras.
**indietro** *avv* paatràs ◊ **tirarsi indietro** umatras, sumuko; **marcia indietro** paurong na lakad; **mandare indietro** ipabalik.
**indifeso** *agg* walàng panangga-lang.
**indifferente** *agg* walàng-bahala.
**indìgeno** *agg* katutubò ◊ *sm* katutubòng tao.
**indigente** *agg* hikahòs, dukháng-dukhâ.
**indigestione** *sf* impatsò.
**indignato** *agg* galìt.
**indignazione** *sf* kahihiyan.
**indimenticàbile** *agg* di-malilimutan.
**indipendente** *agg* malaya, indipendentete.
**indipendenza** *sf* kalayaan.
**indire** *v* sabihin ◊ **indire elezioni** iproklama.
**indiretto** *agg* hindi-tùwiràn.
**indirizzare** *v* papuntahin ◊ (*fig*) iturò.
**indirizzo** *sm* tíráhan ◊ (*fig*) pagtatalagà.
**indisciplinato** *agg* hindî-disiplinado.
**indiscreto** *agg* mapaghímasòk.
**indispensàbile** *agg* kailangan, makabuluhàn.
**indisposizione** *sf* kauntíng-karamdaman, pananamlày.
**indisposto** *agg* may-karamdaman.
**indistruttìbile** *agg* di-nasisira.
**individuale** *agg* isà-isà.
**indivìduo** *sm* tao.
**indivisìbile** *agg* di-mahahàti.
**indìzio** *sm* katibayan.
**ìndole** *sf* pagkatao.
**indolente** *agg* di-nasasaktan.
**indolenzimento** *sm* manhìd.
**indolore** *agg* di-masakìt.
**indomani** *avv* kinabukasan ◊ **all'indomani** sa kinaumagahan.
**indossare** *v* isuòt.
**indossatore** (**-trice**) *sm* modela.
**indovinare** *v* hulaan.
**indù** *agg* panghindù ◊ *sm/f* Hindù.
**indugiare** *v* magtagàl.
**indùgio** *sm* pagtatagàl ◊ **senza indugio** walang-pagtatagàl.
**induismo** *sm* hindúismo.
**indulgenza** *sf* pagpapalayaw ◊ (*relig*) pagpapaubayà.
**indumento** *sm* damit.
**indurire** *v* patigasin ◊ *v rifl* pinatigas.
**indurre** *v* humikayat.
**indùstria** *sf* indùstriyà.
**industriale** *agg* industriyàl ◊ *sm/f* pabrikante.

**inebriante** *agg* nakakalasing.
**ineccepìbile** *agg* di-pangkaraniwan.
**inefficace** *agg* hindî-tumatalab.
**ineluttàbile** *agg* di-maiíwasan.
**inerente** *agg* likàs.
**inerme** *agg* hindi-armado.
**inerte** *agg* walang-kilos.
**inèrzia** *sf* di-pakílos.
**inesauribile** *agg* walang-kaubusan, walang-katapusan.
**inesistente** *agg* walà.
**inesperto** *agg* di-esperto, di-sanay.
**inespressivo** *agg* malamlàm.
**inestimàbile** *agg* walang-halagà.
**inetto** *agg* di-angkòp.
**inevitàbile** *agg* di-maiiwasan.
**infallìbile** *agg* di-nalulugî.
**infame** *agg* di-nagugutom.
**infangare** *v* putikan ◊ (*fig*) dungisan ◊ *v rifl* maputik.
**infantile** *agg* pagka-batà ◊ **asilo infantile** kindergarten.
**infànzia** *sf* kabataan.
**infarinare** *v* magharina.
**infarinatura** *sf* paghaharina ◊ (*fig*) kauntíng alàm.
**infarto** *sm* atake sa puso.
**infastidire** *v* mangyamòt, mangbuwisit ◊ *v rifl* yinamòt.
**infaticàbile** *agg* di-napapagòd.
**infatti** *cong* ang katotohanan.
**infedele** *agg* taksìl.
**infelice** *agg* di-masayà, malungkòt.
**infelicità** *sf inv* kalungkutan.
**inferiore** *agg* mababà.
**inferiorità** *sf inv* kababàhan.
**infermerìa** *sf* silid-pagamutan.
**infermiere** *sm* nars.
**infermo** *agg* may kapansanan ◊ *sm* taong may kapansanan.
**infernale** *agg* makademonyo.
**inferno** *sm* impiyerno ◊ **va' all'inferno!** pumunta ka sa impiyerno.
**inferocirsi** *v rifl* maging mabagsìk ◊ (*fig*) magalìt.
**infestare** *v* mamutiktik ◊ (*fig*) magkalat.
**infettare** *v* hawahan ◊ *v rifl* hinawaan.
**infettivo** *agg* di-tumatalab.
**infezione** *sf* impeksiyòn.
**infiammàbile** *agg* siklábin.
**infiammare** *v* pasiklábin ◊ (*fig*) pagalítin ◊ *v rifl* pinasiklàb ◊ (*fig*) pinagalìt.
**infilare** *v* magtuhog ◊ (*inserire*) isingit ◊ (*indumenti*) isuòt.
**infiltrarsi** *v rifl* pasukin ◊ (*fig*) magtago.
**infiltrazione** *sf* pagpasok, pagsingit ◊ (*fig*) pagtago.
**ìnfimo** *agg* pinakamababà.
**infine** *avv* sa wakàs.
**infinito** *agg, sm* walang-katapusan.
**infisso** *sm* kakabìt.
**inflazione** *sf* implasyòn.
**inflessìbile** *agg* di-nababaluktot.
**inflìggere** *v* parusahan.
**influente** *agg* maimpluwénsiyà, makapangyarihan.

**influenza** *sf* impluwénsiyà ◊ (*med*) trangkaso.
**influenzare** *v* hikayatin ◊ **farsi influenzare** mahikayat.
**influìre** *v* magpunyagî.
**influsso** *sm* agos sa looban.
**infondato** *agg* walàng-batayàn.
**infóndere** *v* magani.
**informale** *agg* di-pormàl ◊ (*arte*) di-matalinghagà ◊ (*abbigliamento*) kasuwal.
**informare** *v* ipaalam, ipabatid ◊ *v rifl* pinaalam.
**informàtica** (*pl* **-che**) *sf* inpormatika.
**informàtico** (*f* **-a** *pl* **-ci -che**) *agg* inpormatiko.
**informato** *agg* napaalaman.
**informazione** *sf* impormasyòn ◊ **ufficio informazioni** tanungan ng impormasiyòn, hingian ng impormasyòn; **perulteriori informazioni** para sa iba pang impormasiyòn.
**infornare** *v* ioben.
**infortunato** *agg* nasaktàn, di-masuwerte.
**infortùnio** *sm* sakuna ◊ **infortunio sul lavoro** pakasanà sa trabaho.
**infràngere** *v* lumabàg ◊ *v rifl* linabàg.
**infrangìbile** *agg* di-nababasàg.
**infranto** *agg* basàg ◊ **cuore infranto** pusong bigô.
**infrarosso** *agg* inpra-red.
**infrastruttura** *sf* pondasyòn.
**infrazione** *sf* paglabàg sa batàs.
**infuori** *avv* sa labas ◊ **all'infuori** sa labas; **all'infuori di** sa labas ng.
**infuriare** *v* magalìt ◊ *v rifl* galìt.
**infuso** *sm* magkintàl.
**ingaggiare** *v* kunin.
**ingannare** *v* lokohin, linlangin ◊ *v rifl* lininlang ◊ **ingannare il tempo** laging bata ang mukhà.
**inganno** *sm* paglinlang, pagloko ◊ **trarre in inganno** lukohin.
**ingegnere** *sm/f* inhenyero.
**ingegnerìa** *sf* inhenyera.
**ingegno** *sm* henyo.
**ingelosire** *v* pagselosin ◊ *v rifl* pinaselos.
**ingente** *agg* malaking-malaki.
**ingenuità** *sf inv* mangmàng.
**ingènuo** *agg* madaling-mapaniwala.
**ingerire** *v* lununin.
**ingessare** *v* ipatsè.
**ingessato** *agg* nakpatsè.
**inghiottire** *v* lunukin.
**inginocchiarsi** *v rifl* lumuhòd.
**ingiunzione** *sf* atàs.
**ingiustificato** *agg* walang-katwiran.
**ingiustìzia** *sf* di-makatarungan.
**ingiusto** *agg* di-karapat-dapat.
**ingoiare** *v* lunukin ◊ (*fig*) lunukin.
**ingombrare** *v* harangan ◊ **ingombrare il passaggio** harangan ang daan.
**ingordo** *agg* barà.
**ingorgare** *v* punohin ◊ (*strada*) patrapikin ◊ *v rifl* pinunò ◊ (*strada*) pinatrapik, binara.

**ingorgo** (*pl* **-ghi**) *sm* harang, bara ◊ (*stradale*) trapik.
**ingozzare** *v* kumain ng marami ◊ *v rifl* kinain.
**ingranàggio** *sm* engranahe.
**ingranare** *v* mangako ◊ **ingranare la marcia** paspasan ang takbo ng sasakyan.
**ingrandimento** *sm* pagpapalaki ◊ **lente d'ingrandimento** lenteng-pampalaki.
**ingrandire** *v* palakihin ◊ *v rifl* pinalaki ◊ **ingrandire una foto** palakihin ang litrato.
**ingrassare** *v* patabain ◊ (*lubrificare*) grasahan ◊ *v intr* (*diventare grasso*) tumaba.
**ingrato** *agg* walàng-utang-naloòb.
**ingrediente** *sm* sangkap.
**ingresso** *sm* pasukàn ◊ **biglietto d'ingresso** tiket-pagpasok.
**ingrosso** *sm* pakyàw.
**inguarìbile** *agg* walàng-lunas.
**ìnguine** *sm* singit.
**inibito** *agg* pigil.
**iniettare** *v* turukàn, ineksiyunan.
**iniezione** *sf* turòk, ineksiyon.
**inimitàbile** *agg* di-magaya.
**iniquo** *agg* di-tama.
**iniziale** *agg* umpisa, panimula ◊ *sf* inisyal.
**iniziare** *v* umpisahan, simulan.
**iniziativa** *sf* kasipagan.
**inìzio** *sm* umpisa.
**innalzare** *v* itayo.
**innamorarsi** *v rifl* umibig.
**innamorato** *agg* umiibig, nagmamahal.
**innanzi** *avv* bago ◊ *prep* bago.
**innanzitutto** *avv* bago sa lahat.
**innervosire** *v* inisin ◊ *v rifl* mainis.
**inno** *sm* awit na pambansà, himmo.
**innocente** *agg* inosente.
**innocenza** *sf* pagkawalàng-malay.
**innòcuo** *agg* di-makakaano.
**innovazione** *sf* pagbabagò.
**innumerévole** *agg* marami.
**inoffensivo** *agg* di-makakasamà.
**inoltrare** *v* ipadala ◊ *v rifl* ipinadalà ◊ **inoltrare domanda** ulitin ang demamda.
**inoltre** *avv* sakà.
**inondare** *v* bumahà.
**inondazione** *sf* bahà.
**inopportuno** *agg* wala sa lugar.
**inorgànico** (*f* **-a** *pl* **-ci -che**) *agg* di-bahagì ng katawan.
**inorridire** *v* matakot.
**inossidàbile** *agg* di-kalawangin.
**inquadrare** *v* kuwadrohan ◊ (*fot, cine*) iklos-ap ◊ (*fig*) kilatisin.
**inquadratura** *sf* pagkuwadro ◊ (*fot, cine*) pagsiyoting ng klos-ap.
**inquietante** *agg* kaligaligan, kaguluhan.
**inquietare** *v* ligaligin ◊ *v rifl* naligalig.
**inquilino** *sm* tagaupa.
**inquinamento** *sm* polusyòn.
**inquinare** *v* dumihan.
**inquisire** *v* litisin.

**inquisito** *agg* paglilitis ◊ *sm* litis.
**insaccato** *sm* isupot.
**insalata** *sf* ensalada ◊ **in insalata** gawá-sa ensalada.
**insanguinato** *agg* may-dugo.
**insaporire** *v* rekadohan ◊ *v rifl* rinekadohan.
**insaputa** *sf* lingid ◊ **all'insaputa** hindi alam.
**insediarsi** *v rifl* mag-upò.
**insegna** *sf* sagisag ◊ **insegna stradale** karatula.
**insegnamento** *sm* pagtuturo.
**insegnante** *sm/f* gurò, titser.
**insegnare** *v* magturò.
**inseguimento** *sm* pagsunod, paghabol ◊ (*ciclismo*) paghabol.
**inseguire** *v* habulin.
**insenatura** *sf* sapà.
**insensato** *agg* hangàl.
**insensìbile** *agg* walang-pakiramdam.
**inseparàbile** *agg* di-mapghihiwalày.
**inserire** *v* isingit ◊ *v rifl* isiningit.
**inserviente** *sm/f* mapaglinkod.
**inserzione** *sf* anùnsiyò ◊ (*inserimento*) pagbabahagî.
**insetticida** (*pl* **-i**) *sm* pamatày-kulisap.
**insetto** *sm* kulisap.
**insicurezza** *sf* di-sigurado.
**insidiare** *v* patibugan.
**insidioso** *agg* tuso.
**insieme** *avv* sama-sama ◊ *sm* magkasama ◊ **insieme a, con** kasama ni.
**insignificante** *agg* walàng-kabuluhàn.
**insinuare** *v* ibintang ◊ *v rifl* ibinintang.
**insìpido** *agg* matabàng.
**insistente** *agg* mapilit.
**insìstere** *v* ipilit.
**insoddisfatto** *agg* di-kontento.
**insofferente** *agg* walàng-pasensiyà.
**insolazione** *sf* insolasyòn.
**insolente** *agg* mapagmataàs.
**insòlito** *agg* di-pangkaraniwan.
**insomma** *avv* kayà ngà, sa maiksing sabi.
**insònnia** *sf* di-pagkakatulog.
**insopportàbile** *agg* di-matiis.
**insórgere** *v* maghimagsik.
**insorto** *sm* manghihimagsik.
**insospettàbile** *agg* walang-hinalà.
**insospettire** *v* walang suspetsà ◊ *v rifl* magsuspetsà.
**insostenìbile** *agg* di-makayanan.
**insperato** *agg* walang-pag-asà.
**inspirare** *v* langhapin.
**inspirazione** *sf* inspirasyòn.
**instàbile** *agg* di-matatàg.
**installare** *v* itayò.
**installazione** *sf* pagpapatayò.
**instaurare** *v* ayusin.
**insuccesso** *sm* kabigùan.
**insufficiente** *agg* di-sapat, kulang.
**insufficienza** *sf* kakulangan.
**insulso** *agg* walang-kintàb.
**insultare** *v* insultuhin.

**insulto** *sm* insulto.
**insuperàbile** *agg* di-mapantayàn.
**insurrezione** *sf* pag-alsa.
**intaccare** *v* kutaban ◊ (*fig*) sirain.
**intagliare** *v* ukitin.
**intanto** *avv* habang ◊ **intanto che** habang ikaw ay.
**intasare** *v* barahin ◊ (*strada*) matrapik ◊ *v rifl* binara.
**intascare** *v* ibulsà.
**intatto** *agg* buò.
**integrale** *agg* buò ◊ (*alimento*) tunay.
**integralismo** *sm* integralismo.
**integralista** (*pl* **-i -e**) *sm/f* makaisà.
**integrare** *v* makihalobilo ◊ *v rifl* nakipaghalobilo.
**integrazione** *sf* pakikisama ◊ **cassa integrazione** alisin sa trabaho; **integrazione etnica** pakikisama sa ibang lahi.
**intelletto** *sm* pag-iisip.
**intellettuale** *agg* pagkaisipàn ◊ *sm/f* palaisip.
**intelligente** *agg* matalino.
**intelligenza** *sf* katalinuhan.
**intèndere** *v* maintindihàn, maunawahan ◊ *v rifl* intindihin.
**intenditore** (**-trice**) *sm* marunong.
**intensità** *sf inv* katindihan.
**intensivo** *agg* pagkatindi ◊ **corso intensivo** masikhày na korso; **terapia intensiva** intensib-ker.
**intenso** *agg* matindi.
**intenzione** *sf* làyunin, hangarin.
**intercèdere** *v* mamàgitan.
**intercontinentale** *agg* interkontinentàl.
**interdetto** *agg* bobo ◊ (*giur*) pagbawàl.
**interessante** *agg* kawili-wili.
**interessare** *v* mag-interes ◊ *v rifl* pinag-interesan.
**interesse** *sm* interès ◊ (*denaro*) tubò.
**interferenza** *sf* panghihmasòk.
**interiora** *sf pl* lamàn-loob.
**interiore** *agg* panloòb.
**interlocutore** (**-trice**) *sm* kausap.
**intermediàrio** *sm* broker.
**interminàbile** *agg* walang-katapusan.
**internazionale** *agg* internasyonàl.
**interno** *agg* panloòb ◊ (*numero telefonico*) intern ◊ **ministero degli Interni** minesteryo ng suliraning panlabàs.
**intero** *agg* buò, kabuuàn ◊ **latte intero** purong gatas.
**interpellare** *v* humingi ng payo.
**interpretare** *v* ipakahulugàn.
**interpretazione** *sf* pagpapaliwanag.
**intèrprete** *sm/f* tagapagpaliwanàg ◊ (*lingue*) tagapàgsalin ◊ (*teatro, cine*) tagapàgganap ◊ (*musica*) tagapàg-awit.
**interrogare** *v* tanungin.
**interrogativo** *agg* tanong ◊ **punto interrogativo** tandang-pantanong.

**interrogatòrio** *sm* taga-tanòng.
**interrogazione** *sf* pagtatanòng ◊ **interrogazione parlamentare** pagaalinlngan sa gobyerno.
**interrómpere** *v* hintuin.
**interrotto** *agg* naputol.
**interruttore** *sm* swits ng ilaw.
**interurbana** *sf* (*telefonata*) tawag sa labas ng pook ◊ **fare un'interurbana** tumawag sa labas ng pook.
**interurbano** *agg* pangsiyudad.
**intervallo** *sm* pamàmahinga.
**intervenire** *v* mamagitan, makialam.
**intervento** *sm* pamamagitan ◊ (*med*) operasyòn.
**intervista** *sf* pakikipanayàm.
**intervistare** *v* kausapin, tanungin.
**intesa** *sf* kàsunduan.
**intestare** *v* isapangalan.
**intestino** *sm* bituka.
**intimidire** *v* takutin.
**intimità** *sf inv* pagkamalapit.
**ìntimo** *agg* panloòb, malapit ◊ **biancheria intima** panloòb.
**intitolare** *v* pangalanan ◊ *v rifl* pinanglanan.
**intolleràbile** *agg* di-mamabatà.
**intollerante** *agg* di-nagpaparayà ◊ *sm/f* intolerante.
**intolleranza** *sf* di-pagpaparayà.
**intònaco** (*pl* **-ci**) *sm* istuko.
**intonare** *v* itono.
**intonato** *agg* nasa tono.
**intontire** *v* hiluhin.
**intontito** *agg* hilò.
**intorno** *avv* sa paligid.
**intossicare** *v* malason ◊ *v rifl* nilason.
**intossicato** *agg* nalson.
**intossicazione** *sf* pagkakalasòn.
**intralciare** *v* hadlangàn.
**intramuscolare** *agg* pangkalamanàn.
**intransigente** *agg* mahigpit.
**intransigenza** *sf* pagkamahigpit.
**intraprendente** *agg* magaling sa negosyo.
**intraprendenza** *sf* pangangalakal.
**intrattàbile** *agg* mailàp.
**intrattenere** *v* libangin ◊ (*divertire*) magdibersiyòn ◊ *v rifl* linibang.
**intrattenimento** *sm* aliwàn, dibersiyòn.
**intravvedére** *v* sumulyàp.
**intrecciare** *v* maglalà ◊ (*fig*) magsalà-salabat.
**intrigo** (*pl* **-ghi**) *sm* intriga.
**introdurre** *v* ipasok ◊ (*fig*) simulan ◊ *v rifl* ipinasok.
**introduzione** *sf* pambungàd.
**introméttersi** *v rifl* makialàm.
**introverso** *agg* mapàgsarinlàn.
**intruso** *agg* di-kumbidado.
**intuire** *v* maramdaman.
**intùito** *sm* kutòb-loòb.
**inumano** *agg* malupit, walanghabàg.
**inumidire** *v* basain ◊ *v rifl* binasà.
**inùtile** *agg* walàng-silbi.
**inutilizzàbile** *agg* di-magagamit.

**invadente** *agg* pakialamero.
**invàdere** *v* salakayin ◊ (*fig*) lusubin.
**invalicabile** *agg* di-maraànan.
**invalidità** *sf* pagka-walang halagà.
**invàlido** *agg* may kapansanan.
**invano** *avv* di-nagsilbi.
**invasione** *sf* paglusob.
**invasore** (**invaditrice**) *agg* manlulusob.
**invecchiamento** *sm* pagtatandà.
**invecchiare** *v* pagtandà.
**invecchiato** *agg* tumandà ◊ (*cibo*) napanis.
**invece** *avv* sa-halip ◊ **invece di parlare** sa-halip na magsalita; **invece del pranzo** sa-halip na hapunan.
**inveire** *v* murahin.
**inventare** *v* umembento.
**inventàrio** *sm* imbentaryo.
**inventore** (**-trice**) *sm* imbentaryolista.
**invenzione** *sf* imbento.
**invernale** *agg* pantaglamig.
**inverno** *sm* taglamig.
**inverosìmile** *agg* maaring di-mangyari.
**inversione** *sf* pagbalik-daan ◊ **inversione di marcia, inversione a U** mag-yu tern; **inversione di tendenza** pagbalik-moda.
**inverso** *agg* pabaliktad ◊ *sm* baliktad.
**invertire** *v* baligtarin.
**investigare** *v* magsiyasat.
**investigatore** (**-trice**) *sm* imbestigador.
**investimento** *sm* (*incidente*) pagkasagasa ◊ (*denaro*) pamumuhunan.
**investire** *v* mamuhunan ◊ (*urtare*) mabangga ◊ (*con parole*) mabangga.
**invettiva** *sf* tuligsà.
**inviare** *v* ipadalà ◊ **inviare per posta** ipadalà ng liham; **inviare perfax** ipadalà sa fax; **inviare per e-mail** ipadalà sa email.
**inviato** *sm* korespondente ◊ (*giornalista*) reporter.
**invìdia** *sf* inggit.
**invidiare** *v* mainggit ◊ **non avere nulla da invidiare** walang dapat kainggitan.
**invidioso** *agg* inggitero.
**invincìbile** *agg* di-natatalo.
**invìo** *sm* pagpapadalà.
**invisìbile** *agg* di-nakikita.
**invitante** *agg* nakakatuksò.
**invitare** *v* imbitahin.
**invitato** *sm* panauhin, bisita.
**invito** *sm* imbitasyòn.
**invocare** *v* humingi ng tulong.
**invogliare** *v* tuksuhin.
**involontàrio** *agg* di-kusà.
**invòlucro** *sm* saklob.
**inzuppare** *v* ibabad ◊ (*cibo*) isawsaw ◊ (*bagnare molto*) babaran ◊ *v rifl* (*bagnarsi*) basahin.
**io** *pron pers* akò.
**iòdio** *sm* yodo ◊ **tintura di iodio** tintura ng yodo.

**iònico** (*f* **-a** *pl* **-ci -che**) *agg* yoniko.
**ipermercato** *sm* supermarket.
**ipertensione** *sf* alta-presyòn.
**iperteso** *agg* hayblad, mataàs ang dugò.
**ipnòsi** *sf inv* hipnosis.
**ipocalòrico** (*f* **-a** *pl* **-ci -che**) *agg* konti ang kaloriyà.
**ipocondrìaco** (*f* **-a** *pl* **-ci -che**) *agg* taong may hipòkondriyàk.
**ipocrisìa** *sf* pàgkukunwari.
**ipòcrita** (*pl* **-i -e**) *agg* mapàg-kunwari ◊ *sm/f* mapagkunwaring tao.
**ipoteca** (*pl* **-che**) *sf* sanglà.
**ipotecare** *v* isanglà.
**ipòtesi** *sf inv* hinuhà.
**ìppica** (*pl* **-che**) *sf* pangangarera ng kabayo.
**ippòdromo** *sm* karerahan.
**ippopòtamo** *sm* hipopotamo.
**ira** *sf* poòt, galit ◊ **l'ira di Dio** ang poòt ng Diyos.
**irascìbile** *agg* bugnutin, maga-litin.
**ìride** *sf* balintawak.
**ironìa** *sf* panunuyà ◊ **ironia della sorte** ang suwerte ay suwerte.
**irònico** (*f* **-a** *pl* **-ci -che**) *agg* balintuna.
**irraggiungibile** *agg* hindi-naabòt.
**irrazionale** *agg* di-makatwiran.
**irreale** *agg* di-tunay.
**irrealizzàbile** *agg* di-makakam-tan, di-mangyayayri.
**irregolare** *agg* di-pantày.
**irremovìbile** *agg* di-mababago, di-malilipat.
**irreparàbile** *agg* di-maayos.
**irrequieto** *agg* di-mapakali.
**irresistìbile** *agg* di-matangihan.
**irrespiràbile** *agg* di-maamoy.
**irresponsàbile** *agg* iresponsable, pabaya.
**irriconoscìbile** *agg* di-makilala.
**irrigare** *v* pagpapatubig.
**irrigazione** *sf* patubigan.
**irrigidirsi** *v rifl* tumigas.
**irrilevante** *agg* di-importante.
**irritante** *agg* nakakairita, nakaka-galit ◊ (*fig*) nakakaasar.
**irritare** *v* galitin, inisin ◊ *v rifl* ginalit, ininis.
**iscritto** *agg* pagsulat, paglista ◊ *sm* listahan, sulatan ◊ **per iscritto** sariling kasulatan.
**iscrìvere** *v* isulat, itala, ilista ◊ *v rifl* isinulat, itinala, inilista.
**iscrizione** *sf* pagpapalista.
**islam** *sm inv* Islam.
**islàmico** (*f* **-a** *pl* **-ci -che**) *agg* pangmuslim.
**islamismo** *sm* pagkamuslim.
**ìsola** *sf* pulò ◊ **isola pedonale** daa-nan ng tao.
**isolamento** *sm* pagbubukòd.
**isolano** *sm* taong-pulò.
**isolante** *sm* insulador ◊ **nastro isolante** teyp na isulador.
**isolare** *v* ibukod ◊ *v rifl* binukod.
**ispettore** (**-trice**) *sm* inspektòr ◊ (*polizia*) inspektòr ng pulis.

**ìspido** *agg* mabalahibò.
**ispirare** *v* magbigay-siglà ◊ *v rifl* binigyang-siglà.
**ispirazione** *sf* ispiràsyòn, pamukaw-siglà.
**issare** *v* itaàs.
**istantànea** *sf* màdalian.
**istantàneo** *agg* madalian.
**istante** *sm* saglit ◊ **sull'istante, all'istante** yung sandaling iyon.
**istèrico** (*f* **-a** *pl* **-ci -che**) *agg* istèriko.
**istigare** *v* magpanimula.
**istintivo** *agg* pagpalagay.
**istinto** *sm* instinto ◊ **d'istinto** sa palagay.
**istituire** *v* itayò.
**istituto** *sm* linangàn, suriàn ◊ (*ente*) samahan ◊ (*residenza*) pook ◊ (*istituzione, giur*) pamantasan, paarlan ◊ **istituto di credito** bangko; **istituto di cura** òspital.
**istituzione** *sf* institusiyòn ◊ (*l'i - stituire*) pag-aaral.
**ìstmo** *sm* ismo.
**ìstrice** *sm* porkupin.
**istruire** *v* magturò ◊ **istruire un processo** hadlangan ang paglilitis.
**istruito** *agg* nag-aral.
**istruttore** (**-trice**) *sm* tagapagturò, gurò.
**istruzione** *sf* instruksiyon ◊ **ministero della Pubblica istruzione** pamantasan ng mga paaralan ng bayan (DECS).
**italiano** *agg* pang-italyano ◊ *sm* Italyano.
**itineràrio** *sm* talàlakbayan.
**ìttico** (*f* **-a** *pl* **-ci -che**) *agg* isdaàn.
**iuta** *sf* yute.

# J

**jack** *sm inv* dyak ◊ (*carte*) baraha na dyak.
**jazz** *sm inv* jazz.
**jeans** *sm inv* pantalon na maong ◊ (*tessuto*) maong.
**jeep** *sf inv* dyip.
**jersey** *sm inv* dyersi ◊ (*punto di maglia*) ginansilyong dyersi.
**jet** *sm inv* dyet.
**jogging** *sm inv* dyaging.
**jolly** *sm inv* jolly, joker ◊ (*carte*) baraha na jolly, joker.
**joystick** *sm inv* joystick.
**juke-box** *sm inv* juke-box.
**junior** *agg inv* dyunyor, junior ◊ (*sport*) palaksang pambata.

# K

**kamikaze** *sm/f inv* kamikaze.
**karaoke** *sm inv* karaoke, singalong.
**karate** *sm inv* karate.
**kayak** *sm inv* kayak.
**kermesse** *sf inv* kirmis.
**ketchup** *sm inv* ketsap.
**kilim** *sm inv* kilim.
**killer** *sm/f inv* mamamatay-tao.
**kit** *sm inv* kit.

**kitsch** *agg* badoy.
**kiwi** *sm inv* kiwi.
**koala** *sm inv* kuwala, koala.
**kolossal** *sm inv* malaking-malaki.
**krapfen** *sm inv* kraften.

# L

**la** *art det f sing* ang.
**la** *pron pers f sing* siyà ◊ (*compl oggetto, cosa*) ang; (*compl oggetto, persona*) ang ◊ (*di cortesia*) ho ◊ **la vidi ieri sera** makikita mo siya bukas ng gabi; **La prego, signore, stia comodo** pumasok na ho kayo.
**la** *sm inv* (*mus*) la.
**là** *avv* doòn ◊ **essere in là con gli anni** matanda na; **qua e là** dito at doòn; **ma va'là!** talaga!; **perdi là** sa banda doòn.
**labbro** (*pl* **labbra** *f*) *sm* bibig, labi.
**labirinto** *sm* labirinto.
**laboratòrio** *sm* laboratoryo ◊ (*di artigiano*) pagawaan.
**laborioso** *agg* masipag ◊ (*volonteroso*) matulungin ◊ (*faticoso*) mahirap.
**lacca** (*pl* **-che**) *sf* barnis ◊ (*per capelli*) isprey net.
**làccio** *sm* sintas.
**lacerare** *v* punitin ◊ *v rifl* pinunit.
**làcrima** *sf* luhà.
**lacrimare** *v* lumuhà.
**lacuna** *sf* puwàng.
**ladro** *sm* magnanakaw ◊ **al ladro!** magnanakaw!.
**lager** *sm inv* lager.
**laggiù** *avv* diyàn sa ibabà.
**lagnarsi** *v rifl* humalinghing.
**lago** (*pl* **-ghi**) *sm* luwà ◊ **lago artificiale** luwàng artipisyàl.
**laguna** *sf* lanaw.
**làico** (*f* **-a** *pl* **-ci -che**) *agg* sekulàr.
**lama** *sf* talim ◊ *sm inv* (*zool*) liyama ◊ (*tibetano*) lama.
**lambire** *v* himurin.
**lamentarsi** *v rifl* dumaing.
**lamentela** *sf* reklamo.
**lamento** *sm* daing.
**lametta** *sf* bleyd.
**lamiera** *sf* yero.
**làmina** *sf* poyl.
**làmpada** *sf* ilawàn ◊ **lampada alogena** ilaw na halogen; **farsi la lampada** magpaitim sa beyutisenter.
**lampadàrio** *sm* aranya, tsandelyèr.
**lampadina** *sf* bombilya.
**lampeggiare** *v* magsignal layt.
**lampeggiatore** *sm* signal layt ◊ (*polizia, ambulanza*) blinker.
**lampione** *sm* ilaw sa poste.
**lampo** *sm* kidlàt ◊ **lampo di genio** may-nálalaman; **cerniera lampo** siper.
**lampone** *sm* prambuwesas.
**lana** *sf* lana ◊ **lana di vetro** hiblà ng botè.
**lancetta** *sf* lanseta.
**lància** *sf* lansa ◊ (*mar*) lantsa ◊

(*arma*) sibàt ◊ **lancia di salvataggio** magsignàl.
**lanciare** *v* ipukòl ◊ (*prodotto*) ipakilalà ◊ (*personaggio*) ipakilalà ◊ *v rifl* sumugbà.
**làncio** *sm* pagpukòl ◊ (*paracadute*) pagtalon ◊ (*disco*) ipromot.
**lànguido** *agg* napakakit.
**lanterna** *sf* paròl ◊ (*faro*) ilaw.
**làpide** *sf* lapidà.
**lapillo** *sm* lapilo.
**lardo** *sm* tabà, mantikà.
**larghezza** *sf* lawak ◊ (*generosità*) mapagbigay.
**largo** (*f* **-a** *pl* **-ghi -ghe**) *agg* malawak ◊ (*generoso*) mapagbigay ◊ (*vago*) di malinaw ◊ *sm* (*piazza*) plasa ◊ **andare al largo** umikot; **stare alla larga** umiwas; **essere di manica larga** mapagbigay, hindì kuripot.
**làrice** *sm* isang uri ng punong-kahoy.
**laringe** *sf* babagtingan.
**laringite** *sf* laringitis.
**larva** *sf* larba ◊ (*fantasma*) multò.
**lasagna** *sf* lasanya ◊ **lasagne al forno** lasanyang luto sa oben.
**lasciare** *v* bitiwan ◊ (*abbandonare*) iwan ◊ (*affidare*) iwanan ◊ *v rifl* iniwan ◊ **lasciarci la pelle** maaring masaktan, mamatay; **lasciar perdere** pabayaan; **lasciarsi andare** magpabaya, pabayaan ang sarili.
**laser** *sm inv* laser.
**lassativo** *agg* pagpùrga ◊ *sm* pamùrga.
**lassù** *avv* diyàn sa itaàs.
**lastra** *sf* ohas, dahon-metàl ◊ (*radiografia*) iks-rey.
**laterale** *agg* gilid ◊ **fallo laterale** paul sa gilid; **strada laterale** daanan sa gilid.
**latifondo** *sm* malawak na lupàin.
**latino** *agg* panglatino ◊ *sm* latino.
**latitante** *agg* takàs ◊ (*fig*) tagò ◊ *sm/f* taong hinahanap ng batàs.
**latitùdine** *sf* latitùd.
**lato** *sm* panig, gilid ◊ **di lato a** sa gilid; **a lato di** sa panig ni.
**latta** *sf* lata.
**lattàio** *sm* maggagatàs.
**lattante** *sm/f* pagpapasuso.
**latte** *sm* gatas ◊ **denti di latte** unang ipin; **latte intero** purong gatas; **latte scremato** kurtadong gatas; **latte parzialmente screma-to** di-kurtadong gatas; **latte a lunga conservazione** de-latang gatas; **vitello, maialino di latte** biik; **latte detergente** kremang panlinis ng mukhà; **latte solare** kremang pangaraw.
**latterìa** *sf* pàgatasan.
**latticino** *sm* mga prodoktong galing sa gatas.
**lattina** *sf* maliit na lata.
**lattuga** *sf* litsugas.
**làurea** *sf* titulò ◊ **tesi di laurea** tesis sa pagtatapos.
**laurearsi** *v rifl* nagtapòs.
**laureato** *agg* titulado.
**lava** *sf* laba.
**lavàbile** *agg* mahuhugasan.

**lavàggio** *sm* paghuhugas ◊ **lavaggio a secco** dray-klen.
**lavagna** *sf* pisara.
**lavanda** *sf* labanda ◊ **lavanda gastrica** labanda gastrika.
**lavanderìa** *sf* pàlabahan, labanderya.
**lavandino** *sm* lababo.
**lavare** *v* hugasan ◊ *v rifl* hinugasan ◊ **lavarsi le mani** hugasan ang kamay; **lavarsene le mani** iligtas ang sarili sa anumang sala.
**lavasecco** *sm inv* dray-klen.
**lavastovìglie** *sf inv* dis-waser.
**lavatóio** *sm* labahan.
**lavatrice** *sf* washing mashin.
**lavorare** *v* magtrabaho ◊ **lavorare in proprio** sariling trabaho.
**lavorativo** *agg* panggawà ◊ **giornata lavorativa** araw ng trabaho.
**lavoratore** (**-trice**) *agg* manggagawà ◊ *sm* trabahadòr ◊ **lavoratore dipendente** empleado; **lavoratore autonomo** sariling trabaho; **lavoratore domestico** katulong.
**lavorazione** *sf* gawâ ◊ **lavorazione di un film** siyoting.
**lavoro** *sm* trabaho ◊ (*opera*) likhà ◊ **lavori pubblici** trabahong pang publiko; **datore di lavoro** boss; **lavori in corso** gawain; **andare al lavoro** pumasok sa trabaho; **lavoro dipendente** sariling trabaho; **lavoro autonomo** sariling trabaho; **infortunio sul lavoro** pakasanà sa trabaho; **lavoro straodrinario** obertaym.
**le** *art det f pl* ang mga ◊ **le loro opinioni** ang kanilang isip.
**le** *pron pers f pl* (*compl oggetto, cose*) ang mga; (*compl oggetto, persone*) sila, sina ◊ *f sing* (*a essa, cosa*) sa kanya; (*a lei, persona*) sa kanya ◊ ( *di cortesia*) ho ◊ **le ho incontrate ieri** nakita ko sila kahapon; **le parlai ieri** kinausap ko siya kahapon; **Le farò sapere, signore** sasabihin ko ho, ginoò.
**leader** *sm/f inv* leder, pangunahin ◊ **azienda leader nel settore** pangunahing kompanya.
**leale** *agg* tapàt.
**lealtà** *sf inv* katapatan.
**lebbra** *sf* lebra.
**lecca lecca** *sm inv* lolipap.
**leccare** *v* dilaan ◊ (*fig*) utuhin ◊ *v rifl* dinilaan ◊ **leccarsi le dita** masarapan.
**leccornìa** *sf* espesyàl.
**lécito** *agg* alinsunod sa batàs.
**lega** (*pl* **-ghe**) *sf* liga ◊ (*associazione*) korporasyòn ◊ (*sport*) samahan.
**legale** *agg* legàl ◊ *sm/f* agugado, manananggòl.
**legalità** *sf inv* pag-ayon sa batàs.
**legalizzare** *v* legalisahin.
**legame** *sm* tali ◊ (*fig*) buklòd ◊ (*chimica*) liga.
**legamento** *sm* pagtali ◊ (*anat*) litid.
**legare** *v* itali ◊ (*fig*) pagbuklurin ◊ **pazzo da legare** masyadong maloko.
**legge** *sf* batàs ◊ **a norma di legge**

ayon sa batàs; **dettar legge** iutos ang batàs; **legge marziale** batàs-militàr; **nei modi di legge** ayon sa batàs; **varare una legge** magbunsòd ng batàs; **legge in vigore** isinagawang batàs.
**leggenda** *sf* alamàt.
**leggendàrio** *agg* dakila.
**lèggere** *v* magbasà.
**leggerezza** *sf* pagkàmagaan ◊ (*fig*) pagkà-di-seryoso.
**leggero** *agg* magaan ◊ (*fig*) di-seryoso ◊ **prendere alla leggera** di-gaanong pinapansin; **cibo leggero** pagkaing di mabigat; **musica leggera** mahalumanay na tugtugin.
**legislativo** *agg* pangbatàsan.
**legislatura** *sf* mambabatàs.
**legislazione** *sf* pagbabatàs.
**legittimare** *v* ituwid ◊ (*giur*) isalegàl ◊ (*fig*) isaayos.
**legìttimo** *agg* lehitimò ◊ (*giur*) legàl ◊ (*fig*) ayos.
**legna** *sf* panggatong.
**legname** *sm* kalap.
**legno** *sm* kahoy ◊ **testa di legno** gago.
**legume** *sm* gulay na butò, legumbre.
**lei** *pron pers f sing* (*sogg*) siyà ◊ (*compl*) siyà ◊ (*di cortesia*) ho ◊ **lei non sa nulla** wala siyang alam; **partirò con lei** kasama ko siyang aalis; **dare del Lei** mag-oho; **mi rivolgo a Lei, signore** kayo ho ang aking kakausapin, ginoò.
**lembo** *sm* gilid.
**lenire** *v* amuin ◊ (*fig*) paamuin.
**lente** *sf* lente ◊ **lente d'ingrandimento** salamin na pampalaki; **lente a contatto** kontak-lens.
**lentezza** *sf* kabagalan.
**lentìcchia** *sf* lentehas.
**lentìggine** *sf* pekas.
**lento** *agg* mabagal ◊ (*allentato*) mahunay ◊ *sm* (*mus*) mahunay.
**lenza** *sf* kawil.
**lenzuolo** (*pl f* **lenzuola**) *sm* sapin ng katre.
**leone** (**leonessa**) *sm* leòn ◊ (*astr*) leòn.
**leopardo** *sm* leopardo.
**lepre** *sf* liyebre.
**lesione** *sf* sugat.
**leso** *agg* may sugat ◊ **parte lesa** taong may sugat, sugatan.
**lessare** *v* ilagà.
**lèssico** (*pl* **-ci**) *sm* tala-tinigan.
**lesso** *agg, sm* nilagà.
**letale** *agg* nakakamatay.
**letamàio** *sm* manyur ◊ (*fig*) dumi.
**letame** *sm* patabà.
**letargo** (*pl* **-ghi**) *sm* pagkakahimbing.
**léttera** *sf* liham, sulat ◊ (*alfabeto*) titik ◊ **prendere alla lettera** mautò; **lettera raccomandata** mahalagang sulat; **facoltà di lettere** bachelor of arts.
**letterale** *agg* letra-por-letra.
**letteràrio** *agg* pampànitikàn.
**letterato** *sm* may-pinagaralan.
**letteratura** *sf* pànitikan.
**lettiga** *sf* kamilya ◊ (*barella*)

istretser ◊ (*autoambulanza*) ambulansya.
**letto** *sm* katre, kama ◊ (*di corso d'acqua*) ilalim ng tubig ◊ **letto singolo** kamang pang isa; **letto matrimoniale** kamang pang magasawa; **letto a castello** double-deck bed; **divano letto** sopa na maaring maging kama; **vagone letto** tulugan sa tren; **andare a letto** matulog.
**lettore (-trice)** *sm* màmbabasà ◊ (*di CDRom*) teyp.
**lettura** *sf* pagbasà.
**leucemìa** *sf* leokemya.
**leva** *sf* palangkà ◊ (*mil*) ◊ pagreklutàng sàpilitan ◊ **militare di leva** nasa sundalo; **servizio di leva** pagsusundalo; **fare leva su qualcosa** idiin sa; **leva del cambio** pihitàn.
**levante** *sm* silangan.
**levare** *v* alsahin ◊ (*estrarre*) kunin ◊ (*togliere*) alisin ◊ *v rifl* inalis ◊ (*allontanarsi*) lumayas ◊ (*abiti*) maghubad ◊ (*sorgere*) lumitaw ◊ **levarsi di torno** umalis; **levare le tende** lumayas; **levare di mezzo** patalsikin; **levarsi il pensiero** lutasin, risolbihin.
**lezione** *sf* aralin ◊ (*fig, punizione*) aral ◊ **dare una lezione** sermonan; **far lezione** mag-aral; **impartire lezioni** magliksiyòn.
**li** *pron pers m pl* (*compl oggetto, cose*) ang mga; (*compl oggetto, persone*) sila ◊ **li ho mangiati** kinain ko lahat; **li ho accompagnati a casa** sinamahan ko sila sa bahay.
**lì** *avv* doòn ◊ **giù di lì** doòn; **fin lì** hanggan doòn; **di lì** sa banda doòn; **lì per lì** doòn din.
**libéccio** *sm* silangan-kanluran.
**libèllula** *sf* tutubi.
**liberale** *agg* maluwàg ◊ *sm/f* taong liberàl.
**liberalismo** *sm* pagkaliberàl, pagkamaluwàg.
**liberalizzare** *v* ipaluwàg.
**liberare** *v* palayain ◊ *v rifl* pinalayà.
**liberazione** *sf* paglayà.
**liberismo** *sm* pagkakalayà.
**liberista** (*pl* **-i -e**) *agg* malayain.
**lìbero** *agg* malayà ◊ **ingresso libero** puweding pumasok; **libero professionista** malayang trabaho; **libero mercato** bukang pagkakalakal; **tempo libero** oras ng libangan; **posto libero** lugar na libre.
**libertà** *sf inv* kalayàan ◊ **libertà di stampa** malayang pagpapahatid; **libertà condizionale** paglayà sa parol; **libertà vigilata** paglayang may oras.
**libràio** *sm* maglilibrò.
**librerìa** *sf* aklatan ◊ (*negozio*) bookstore, tindahan ng mga libro ◊ (*mobile*) apardòr na aklatan.
**libretto** *sm* librito ◊ **libretto sanitario** libritong pangkalusugan; **libretto degli assegni** tsekbuk; **libretto di circolazione** librito ng

sasakyan; **libretto d'opera** librito ng opera.
**libro** *sm* aklat ◊ (*registro*) rehistro ◊ **libro paga** talaan.
**liceale** *sm/f* mag-aaral ng hayskul ◊ *agg* magaaral.
**licenza** *sf* lisènsiyà ◊ (*permesso*) pahintulot ◊ (*mil*) layà ◊ (*comm*) lisènsiyà ◊ (*scuola*) diploma ◊ **licenza di caccia** lisènsiyà para sa pangangàsò; **licenza di pesca** lisènsiyà para sa pangingisda.
**licenziamento** *sm* pagtitiwalàg.
**licenziare** *v* itiwalàg ◊ (*scuola*) patalsikin ◊ *v rifl* itiniwalàg.
**licèo** *sm* mataàs na paaralan, hay skul.
**lido** *sm* dalampasigan.
**lieto** *agg* masayà ◊ **lieto di conoscerla** ako ay natutuwang makilala ka; **lieto evento** masayang pangyayari; **lieto fine** magandang wakas.
**lieve** *agg* bahagyà ◊ (*piccolo*) maliit.
**lievitare** *v* palakihin.
**lièvito** *sm* lebedura.
**lilla** *agg* lila.
**lillà** *sm inv* lille.
**lima** *sf* kikil.
**limare** *v* patalimin ◊ (*fig*) patulasin.
**limitare** *v* takdaàn ◊ *v rifl* tinakdaàn.
**limitazione** *sf* pagtakdà.
**lìmite** *sm* hangganan ◊ **al limite** kung sakali; **limite di velocità** hangganan ng tulin ng kotse.
**limonata** *sf* limonada.
**limone** *sm* dayap ◊ (*pianta*) puno ng dayap ◊ **succo di limone** katas ng dayap.
**lìmpido** *agg* malinaw.
**lince** *sf* pusang-gubat.
**linciare** *v* patayin.
**linciàggio** *sm* pagpatay.
**lìnea** *sf* guhit ◊ (*contorno*) guhit sa giliran ◊ (*serie*) serye ◊ (*telefono*) kawad ◊ **è caduta la linea** naputol ang linya; **resti in linea** manatili sa pila; **mantenere la linea** tumigil sa pila; **in linea di massima** kung sakali man; **aereo di linea** eruplano ng bayan.
**lineamenti** *sm pl* raya.
**linfa** *sf* isang uri ng glàndulà.
**lìngua** *sf* dila ◊ (*idioma*) wika ◊ **lingua madre** pambangsang wika; **non avere peli sulla lingua** pranka; **avere sulla punta della lingua** nasa dulo ng dila.
**linguàggio** *sm* salita.
**linguetta** *sf* dila.
**lino** *sm* de-ilo.
**linòleum** *sm inv* linolyum.
**liofilizzato** *agg* patuyuan.
**lipide** *sm* lipido.
**liquidare** *v* puksain ◊ (*pagare*) bayaran ◊ (*far fuori*) patayin.
**liquidazione** *sf* kabayaran ◊ (*vendita*) pagbebenta.
**lìquido** *agg* likidò.
**liquirìzia** *sf* liquorice.
**liquore** *sm* alak.
**lira** *sf* kudyàpi ◊ (*moneta*) lira.

**lìrica** *sf* tulàng liriko.
**lìrico** (*f* **-a** *pl* **-ci -che**) *agg* liriko ◊ **teatro lirico** teatro ng liriko; **opera lirica** operang liriko.
**lisca** (*pl* **-che**) *sf* tinik.
**lisciare** *v* pakinisin.
**lìscio** (*pl* **-sci -sce**) *agg* makinis ◊ (*bevanda*) soft-drinks ◊ **passarla liscia** makalusot; **ballo liscio** sayaw na mabagal; **filare liscio** maayos.
**lista** *sf* listahan ◊ (*striscia*) guhit ◊ (*elenco*) ◊ **lista d'attesa** waiting-list; **lista elettorale** rehistro ng mamboboto.
**listino** *sm* talaan ◊ **listino (dei) prezzi** talaan ng presyo.
**lite** *sf* alitàn.
**litigare** *v* mag-away.
**litìgio** *sm* away.
**litorale** *sm* baybayin.
**liturgìa** *sf* litùrhiyà.
**liuto** *sm* lute.
**livello** *sm* kapantsyan ◊ **ad alto livello** mataas na ranggo; **passaggio a livello** ober-pass.
**lìvido** *agg* pasà.
**lo** *art det m sing* ang.
**lo** *pron m sing* (*compl oggetto, persona*) siya; (*compl oggetto, cosa*) ang ◊ **lo vedo domani** makikita ko siya bukas; **lo mangio** kakainin ko.
**lobo** *sm* lobus.
**locale** *agg* bahay at paligid ◊ *sm* (*stanza*) kuwarto, silid ◊ **treno locale** trenong pangdomestiko; **anestesia locale** anestesyang lokal.
**località** *sf inv* lugar.
**locanda** *sf* inn.
**locandina** *sf* patalastàs.
**locomotiva** *sf* motor.
**locomotore** (**-trice**) *agg* panglokomotora ◊ *sm* lokomotora ◊ **apparato locomotore** makina.
**lòculo** *sm* nitsò.
**locuzione** *sf* parirala.
**lodare** *v* purihin.
**lode** *sf* puri ◊ (*voto scolastico*) onor.
**lòggia** (*pl* **-ge**) *sf* tanghalan.
**loggione** *sm* palko.
**lògica** (*pl* **-che**) *sf* lohikà.
**lògico** (*f* **-a** *pl* **-ci -che**) *agg* makatwiran ◊ (*normale*) halata.
**logorare** *v* mapudpod ◊ (*fig*) pasamain.
**lombàggine** *sf* lumbago.
**lombrico** (*pl* **-chi**) *sm* bulati.
**longevo** *agg* mahaba ang buhay.
**longilìneo** *agg* mahaba ang mga binti.
**longitùdine** *sf* longhitùd.
**lontananza** *sf* agwat ◊ (*fig*) pagitan.
**lontano** *agg* malayo.
**lontra** *sf* oter.
**loquace** *agg* madaldal.
**lordo** *agg* (*comm*) kabuuàn.
**loro** *pron pers m pl* (*sogg, compl, persone*) silà; *pron pers f pl* (*sogg, compl, persone*) silà ◊ *agg poss* (*di persone, m/f*) silà; (*di cose, m/f*) kanilà ◊ **loro vanno al cinema** pupuntasila sa sinehan; **io vado**

con loro sasama ako sa kanila; **i ragazzi e i loro genitori** ang mga bata atang kanilang magulang; **le tazzine e i loro piattini** ang mga tasa at ang kanilang platito.
**lotta** *sf* laban ◊ (*fig*) puksain.
**lottare** *v* lumaban.
**lotterìa** *sf* loterya.
**lotto** *sm* loto ◊ (*gioco*) huweteng ◊ (*comm*) balutan ◊ **ricevitoria del lotto** palaruan ng loto.
**lozione** *sf* losyòn.
**lubrificante** *agg, sm* pampadulas.
**lucchetto** *sm* kandado.
**luccicare** *v* kumislap.
**lùcciola** *sf* alitaptap.
**luce** *sf* liwanag ◊ (*lampada*) ilaw ◊ **venire alla luce** ipanganak; **accendere la luce** buksan ang ilaw.
**lucente** *agg* maliwanag.
**lucentezza** *sf* kaliwanagan.
**lucernàrio** *sm* liwanag ng langit.
**lucèrtola** *sf* butiki.
**lucidare** *v* pakintabin.
**lùcido** *agg* makintab ◊ (*fig*) makinangnang ◊ *sm* (*da scarpe*) pampakintab ng sapatos.
**lùglio** *sm* hulyo.
**lùgubre** *agg* mapanglaw.
**lui** *pron pers m sing* siyà ◊ **lui non sa nulla** wala siyang alam; **ho fiducia in lui** may tiwala ako sa kanya.
**lumaca** (*pl* **-che**) *sf* suso.
**lume** *sm* ilawan ◊ (*lampada*) lampara.
**luminoso** *agg* maliwanag.
**luna** *sf* buwan ◊ **luna di miele** honey-moon; **avere la luna** mayroong tupak.
**luna-park** *sm inv* peryahan.
**lunedì** *sm inv* lunes.
**lunghezza** *sf* haba ◊ (*tempo*) tagal.
**lungo** (*f* **-a** *pl* **-ghi -ghe**) *agg* mahaba ◊ (*tempo*) malayo ◊ (*lento*) mabagal ◊ (*liquido*) matubig ◊ *prep* mahaba ◊ **alla lunga** pagtagal; **per il lungo** pahaba; **in lungo e in largo** kahit saan; **saperla lunga** maraming alam; **abito lungo** mahabang-damit; **caffè lungo** malabnaw na kapè.
**lungofiume** *sm* tabing-ilog.
**lungolago** (*pl* **-ghi**) *sm* tabing-lawa.
**lungomare** *sm* tabing-dagat.
**luogo** (*pl* **-ghi**) *sm* lugar ◊ **fuori luogo** wala sa lugar; **aver luogo** mangyari; **luogo di residenza** tirahan.
**lupo** *sm* lobo.
**lusinghiero** *agg* makalugod.
**lussazione** *sf* mapilay.
**lusso** *sm* luho.
**lutto** *sm* pagluluksà.

# M

**ma** *cong* ngunit ◊ **ma certo!** sigurado!.
**macché** *inter* hindi a!.

**màcchia** *sf* mantsà ◊ (*fig*) dungis ◊ (*boscaglia*) kabundukan ◊ **a macchia d'olio** pagkalat.
**macchiare** *v* mantsàhan ◊ (*fig*) dungisan ◊ (*fig*) dungisan.
**màcchina** *sf* màkinà ◊ (*automobile*) sasakyan ◊ **macchina fotografica** kamera; **macchina da presa** makinang pansiyuting; **macchina percucire** màkinàng-pantahi.
**macchinista** (*pl* **-i -e**) *sm/f* makinista, drayber.
**macedònia** *sf* prutsalad.
**macellàio** *sm* magkakarnè.
**macellare** *v* katayin.
**macellerìa** *sf* karnehan, tindahan ng karne.
**macello** *sm* matadero, mangkakatay ◊ (*fig*) gulò, kaguluhan ◊ **carne da macello** karneng pangkatay.
**macerare** *v* ibabad.
**macerazione** *sf* pagbababad.
**macèrie** *sf pl* guhò.
**macigno** *sm* buhangin.
**macinare** *v* gilingin.
**macinato** *agg* nagiling.
**macrobiòtica** *sf* makrobayotikà.
**macrobiòtico** (*f* **-a** *pl* **-ci -che**) *agg* makrobayotikò.
**madonna** *sf* mahal na birhèn.
**madornale** *agg* pagkàlaki-laki, nàpakalaki.
**madre** *sf* nanay ◊ (*fig*) madre ◊ **ragazza madre** dalagang-inà; **casa madre** pambahay-na ina.
**madrelìngua** *sm/f inv* katutubong-salita, wikang-pambansa ◊ **madrelingua filippino** wikang-pilipino; **insegnante madrelingua** gurò ng wikang-pambansa.
**madreperla** *sf* nakar.
**maestà** *sf inv* kamáhálan.
**maestoso** *agg* dakila, maharlikà.
**maestrale** *sm* balaklaòt.
**maestranze** *sf pl* manggagawà.
**maèstro** *sm* guròng-lalaki.
**màfia** *sf* mapya ◊ (*organizzazione criminale*) sindakato, samahan ng mga kriminàl.
**magari** *inter* siguro ◊ **magari fosse vero!** sana totoo nga!.
**magazzino** *sm* bodega ◊ **grandi magazzini** malaking bodega, malaking negòsyo.
**màggio** *sm* mayo.
**maggioranza** *sf* karamihan.
**maggiore** *agg* pinakamalaki, pinakamarami ◊ (*età*) pinakamatanda ◊ (*importanza*) pinakamahalaga ◊ *sm/f* (*età*) matanda ◊ (*mil*) mataàs ◊ **maggiore età** mayor-de-edad.
**maggiorenne** *agg* may sapàt na gulang ◊ *sm/f* mayor-de-edad.
**maggioritàrio** *agg* ang karamihan ◊ **sistema elettorale maggioritario** kàlamangàn.
**magìa** *sf* madyik ◊ (*fig*) alindog.
**màgico** (*f* **-a** *pl* **-ci -che**) *agg* mahiwagà, kahali-halina.
**magistrato** *sm* huwes.
**magistratura** *sf* kahukuman.
**màglia** *sf* suweter ◊ (*lavoro a maglia*) gumawa ng suweter.

**maglierìa** *sf* gawaan ng suweter.
**maglietta** *sf* kamiseta, tisert ◊ (*esterna*) kamiseta ◊ (*intima*) sando.
**maglificio** *sm* negosyo ng suweter.
**maglione** *sm* makapal na suweter.
**magnético** (*f* **-a** *pl* **-ci -che**) *agg* may-batubalani.
**magnetismo** *sm* balani.
**magnìfico** (*f* **-a** *pl* **-ci -che**) *agg* maringal, dakilà.
**mago** (*f* **-a** *pl* **-ghi -ghe**) *sm* salamàngkero, madyisyan ◊ (*fig*) dalubhasà.
**magro** *agg* payàt ◊ *sm* payàt na tao ◊ (*alimento*) di-masustansiya ◊ (*fig, scarso*) kakulangan ◊ **magra figura** mapayàt.
**mah** *inter* hindi ko alam!.
**mai** *avv* di-kailanmàn ◊ **come mai?** bakit?; **caso mai** pagsakali; **mai più** hindi na kahit kailan.
**maiale** *sm* baboy ◊ (*fig*) mataba, matakaw.
**maiòlica** (*pl* **-che**) *sf* mayolika.
**maionese** *sf* mayonesa.
**màis** *sm inv* maìs.
**maiùscolo** *agg* malaking letra, malaking titik.
**malafede** *sf* walang-pananampalatayà, pagkà-di-matapàt.
**malandato** *agg* masira ◊ (*di salute*) magkasakìt.
**malanno** *sm* kasàwian, kamalasan.
**malapena** *sf* bahagyà ◊ **a malapena** bahagyà lamang.
**malària** *sf* malarya.
**malato** *agg* maysakìt ◊ *sm* taong-maysakìt.
**malattìa** *sf* sakìt ◊ **essere in malattia** pagka-may-sakìt.
**malaugùrio** *sm* masamàng-babalà, kamalàsan ◊ **è di malaugurio** malàs; **uccello del malaugurio** malàs na ibon.
**malavita** *sf* masamàng-taò, masamàng-loòb.
**malavitoso** *sm* masamàng gawain.
**malcontento** *sm* di-kontento.
**malcostume** *sm* imoràl na gawain.
**maldestro** *agg* walang-karanasàn.
**male** *avv* masamà ◊ *sm* samà ◊ **mal di mare** hilo sa dagat; **mal di testa** masakìt ang ulò; **meno male!** buti na lang!; **star male** magkasakìt; **andare a male** masira, masakìt; **mi fa male** nasasaktan ako; **un male che non perdona** walang-patawad.
**maledetto** *agg* buwisit.
**maledire** *v* tungayawin.
**maledizione** *inter* sumpà.
**maleducato** *agg* bastòs, walang-pinag-aralan.
**maleducazione** *sf* kabastusan.
**malèssere** *sm* karamdaman.
**malfamato** *agg* masamang-reputasyòn.

**malfattore** (**-trice**) *sm* kriminal, masamang-taò.
**malfermo** *agg* magalaw.
**malformazione** *sf* malî ang pagkagawâ.
**malgrado** *prep* bagamàn, kahit na.
**malignità** *sf inv* malisyà.
**maligno** *agg* masamà, mapaminsalà.
**malinconìa** *sf* kalungkutan.
**malintenzionato** *agg* masama ang pakay.
**malinteso** *sm* maling pagkàkaintindi.
**malizioso** *agg* malisyoso.
**malleàbile** *agg* madaling iangkòp, madaling ibagày ◊ (*fig*) pagbagay, pagangkòp.
**mallèolo** *sm* butò ng bukungbukong.
**malloppo** *sm* balutan ◊ (*bottino*) nakaw na pera.
**malnutrito** *agg* mahinang kondisyon.
**malo** *agg* masama, di-mabuti ◊ **in malo modo** sa masama; **essere in mala fede** masama ang tangkà.
**malòcchio** *sm* masamang tingin.
**malora** *sf* wasàk ◊ **andare in malora** mawasàk; **alla malora!** kabuwisitan.
**malore** *sm* karamdaman.
**malsano** *agg* sakítin.
**maltempo** *sm* masamàng panahòn.
**malto** *sm* malto.
**maltrattare** *v* masamang-pangtrato.
**malumore** *sm* pagkamasungit.
**malva** *sf* malba.
**malvàgio** (*pl f* **-gie**) *agg* kasamaàn.
**malvivente** *sm/f* kriminàl, masamang taò.
**malvolentieri** *avv* pagka-hindigusto, pagka-ayaw.
**mammella** *sf* suso.
**mammìfero** *sm* mamal.
**mammografia** *sf* eksrey ng suso.
**manager** *sm/f inv* tagapamahalà, tagapangasiwà.
**mancanza** *sf* kakulangàn ◊ **in mancanza di** kakulangàn sa.
**mancare** *v* kumulang ◊ (*non esserci*) lumiban ◊ (*essere desiderato*) kailanganin ◊ (*morire*) pumanaw ◊ **sentirsi mancare** mawalan; **manca un chilometro** isang kilometro pa; **manca un mese** isang buwan nalang.
**mància** (*pl* **-ce**) *sf* pabuyà, tip.
**manciata** *sf* sandakòt, karakòt.
**mancino** *agg* kaliwete.
**mandante** *sm* tagapagpadala, taga-utos.
**mandare** *v* magpadala, mag-utos ◊ **mandare indietro** ipabalik; **mandar via** paalisin; **mandare in onda** ipahayag, ipakita; **mandare a monte** biguin; **mandare a quel paese** murahin; **mandare al tappeto** inak-awt; **mandare all'aria** sawíin; **mandare avanti la barac-**

ca ipagpatuloy ang negosyo; **mandare al diavolo** murahin; **mandare in fumo** lugihin, biguin; **mandare giù** lunukin.
**mandarino** *sm* dalanghita ◊ (*pianta*) puno ng dalanghita ◊ (*cinese*) salitang-mandarin.
**mandìbola** *sf* pangà.
**mandolino** *sm* mandolina.
**màndorla** *sf* almendra.
**màndria** *sf* kawan, grupo.
**maneggiare** *v* hawakan, pangasiwaan ◊ **maneggiare con cura** ingatan ng hustò, hawakan ng husto.
**manèggio** *sm* paggamit.
**manètta** *sf* pusas ◊ (*manopola*) hawakan.
**manganello** *sm* batutà.
**mangiare** *v* kumain ◊ (*fig*) lumamon ◊ *sm* kain.
**mangiata** *sf* lamon, kain.
**mangime** *sm* pagkain.
**mango** *sm* manggà.
**manìa** *sf* kahaligàn, kahibangàn.
**manìaco** (*f* **-a** *pl* **-ci -che**) *agg* manyak.
**mànica** (*pl* **-che**) *sf* manggàs ◊ **rimboccarsi le maniche** magpasensiyà; **essere di manica larga** mapagbigay, hindì kuripot.
**manichino** *sm* manikin.
**mànico** (*pl* **-ci**) *sm* hawakàn.
**manicòmio** *sm* saykopatik.
**maniera** *sf* asal ◊ **in maniera da** nang sa gayun ay.
**manifattura** *sf* pagyari.
**manifestare** *v* magpakita ◊ (*politica*) magdemostrasyò ◊ *v rifl* ipakita.
**manifestazione** *sf* pagpapakita ◊ (*espressione*) paghahayàg ◊ (*politica*) pagdedemostra.
**manifesto** *sm* kartèl.
**manìglia** *sf* hàwakàn.
**manipolare** *v* litisin ◊ (*fig*) paikutin.
**manna** *sf* manna.
**mano** *sf* kamày ◊ (*strato*) pahid ◊ (*del traffico*) direksiyòn ◊ **dorso della mano** likod ng kamay; **stretta di mano** pakikipagkamày; **stringere la mano a qualcuno** makipagkamay sa isang tao; **dare una mano** tulungan; **persona alla mano** mabait na tao; **mano a mano** hawak kamay; **di seconda mano** lumà, sekond-han; **bagaglio a mano** hanbag; **fuori mano** maling direksiyòn; **a portata di mano** malapit; **fatto a mano** gawa sa kamay; **freno a mano** prenong-pangkamay.
**manodòpera** *sf* paggawâ.
**manométtere** *v* makialam.
**manòpola** *sf* hàwakàn.
**manovale** *sm/f* piyòn.
**manovra** *sf* pangasiwà ◊ (*fig*) pagkilos.
**manovrare** *v* mangasiwà ◊ (*fig*) kumilos.
**mansarda** *sf* loft, atik.
**mansione** *sf* tungkulin, trabaho.
**mansueto** *agg* maamò.

**mantello** *sm* balabal ◊ (*di animale*) balat ng hayop.
**mantenere** *v* alagaan, panindigan ◊ (*economicamente*) sustentuhan ◊ *v rifl* inalagaan, pinanindigan ◊ (*economicamente*) sinustentuhan.
**mantenimento** *sm* pangangalagà ◊ (*economico*) pagsusustento.
**manto** *sm* kapa.
**manuale** *agg* trabahong pangkamày ◊ *sm* manwàl.
**manùbrio** *sm* tangkày.
**manutenzione** *sf* pag-aalagà.
**manzo** *sm* baka ◊ (*carne*) karne ng baka ◊ **bistecca di manzo** bistik na baka.
**mappa** *sf* mapa.
**mappamondo** *sm* globo.
**maratona** *sf* maraton.
**marca** (*pl* **-che**) *sf* tatàk, markà ◊ **prodotto di marca** produktong de markà; **marca da bollo** selyo.
**marcare** *v* markahàn, tatakàn.
**marchese** *sm* markesa.
**màrchio** *sm* marka, palatandaan ◊ **marchio di fabbrica** tatak ng pabrika.
**màrcia** (*pl* **-ce**) *sf* martsa ◊ (*automezzo*) engranahè ◊ (*fig*) lakad ◊ **treno in marcia** trenong umaandar; **cambio di marcia** magkámbiyò; **fare marcia indietro** umatras.
**marciapiede** *sm* tabing-daàn.
**marciare** *v* magmartsa.
**màrcio** (*f* **-a** *pl* **-ci -ce**) *agg* bulòk.
**marcire** *v* mabulòk.
**mare** *sm* dagat ◊ (*fig*) marami ◊ **essere in alto mare** masayà; **frutti di mare** mga lamang-dagat; **mal di mare** hilo sa dagat.
**marèa** *sf* lakì, liit ng tubig ◊ (*fig*) gulò ◊ **alta marea** taàs ng tubig, taàs ng dagat; **bassa marea** babaw ng dagat.
**mareggiata** *sf* umalon.
**maresciallo** *sm* opisyàl na may kapangyarihan.
**margarina** *sf* margarina.
**màrgine** *sm* gilid ◊ (*fig*) paligid.
**marijuana** *sf* marihuwana.
**marina** *sf* hukbòng-dagat ◊ **marina militare** bapòr pangmilitar; **marina mercantile** bapòr pangkalakal; **ufficiale di marina** opisyàl ng barkò.
**marinàio** *sm* marinero.
**marino** *agg* pandagat.
**marionetta** *sf* màryonèt.
**marito** *sm* asawang lalaki.
**marìttimo** *agg* pandagat.
**marketing** *sm inv* pagbibili, pagtitinda.
**marmellata** *sf* marmelada, palaman na gawâ sa prutas.
**marmitta** *sf* kawà ◊ **marmitta catalitica** tambutso.
**marmo** *sm* marmòl.
**marmotta** *sf* isang uri ng hayop sa gubat.
**marrone** *agg* kayumanggi ◊ *sm* (*castagna*) kastanyas.
**marron glacé** *sm inv* minatamis na kastanyas.

**marsùpio** *sm* bag na maliit at ikinakabit sa biwang ◊ (*per neonati*) lálagyan ng batà.
**martedì** *sm inv* martes.
**martellare** *v* martilyuhin ◊ (*fig*) pukpukin ang ulo.
**martello** *sm* martilyò.
**màrtire** *sm/f* martir.
**màrtora** *sf* maliit na hayop.
**marzapane** *sm* marsapan.
**marziale** *agg* marsiyal, militàr ◊ **arti marziali** nauukol sa karate; **legge marziale** batàs-militàr.
**marzo** *sm* marso.
**mascalzone** *sm* salbahe.
**mascàra** *sm inv* maskàra.
**mascella** *sf* pangà.
**màschera** *sf* màskarà ◊ (*travestimento*) balatkyô ◊ (*al cinema*) tagahatìd, usher.
**mascherare** *v* magmàskarà ◊ (*fig*) magbalatkayô ◊ *v rifl* nagmaskara.
**maschile** *agg* panlalaki.
**maschilista** (*pl* **-i -e**) *sm* kalalakihan ◊ *agg* makalalaki.
**màschio** *agg* panglalaki ◊ *sm* lalaki ◊ (*figlio*) anak na lalaki.
**masochismo** *sm* masokismo.
**masochista** (*pl* **-i -e**) *agg* pangmasokistà ◊ *sm/f* masokistà.
**massa** *sf* masa, pulutòng.
**massacrare** *v* patayin.
**massacro** *sm* pàtayan.
**massaggiare** *v* masahiin.
**massàggio** *sm* masahè.
**massàia** *sf* maybahay.
**massìccio** (*f* **-a** *pl* **-ci -ce**) *agg* sòlidò ◊ (*persona*) matabà, makisig ◊ (*fig*) mabigat ◊ *sm* mapusok.
**màssima** *sf* pinakamatàs ◊ **in linea di massima** kung sakali lamang.
**màssimo** *agg* kasukdulan ◊ (*dimensioni*) kalakihan ◊ (*importanza*) pinakamahalaga ◊ *sm* (*cosa maggiore*) malaki ◊ (*limite estremo*) hangganan.
**mass-mèdia** *sm pl* mamamayan.
**masso** *sm* malaking bato.
**massonerìa** *sf* pagkakantero, kanteryà.
**masticare** *v* nguyain.
**màstice** *sm* malagkìt.
**matassa** *sf* labay.
**matemàtica** (*pl* **-che**) *sf* matematikà.
**matemàtico** (*f* **-a** *pl* **-ci -che**) *agg* pangmatematikò ◊ *sm* matematikò.
**materasso** *sm* kutsòn.
**matèria** *sf* materyà, bagay.
**materiale** *agg* panlupà ◊ *sm* materyàl.
**maternità** *sf inv* pagka-inà, pagigìng-inà.
**materno** *agg* makainà ◊ **scuola materna** bahay paalagaan ng mga sanggol.
**matita** *sf* lapis.
**matrìcola** *sf* matrikulà.
**matrigna** *sf* madrasta.
**matrimoniale** *agg* pangkasàl.
**matrimònio** *sm* kasàl.

**mattina** *sf* umaga ◊ **domani mattina** bukas ng umaga.
**mattiniero** *agg* pang-umaga, maagang nagigising.
**mattino** *sm* umaga ◊ **di buon mattino** sa umaga.
**matto** *agg* sirà-ulo, baliw ◊ **scacco matto** tsekmet; **andare matto perqualcosa** mahumaling sa isang bagay.
**mattone** *sm* ladrilyo.
**mattonella** *sf* baldosa.
**maturare** *v* mahinòg ◊ (*fig*) tumanda.
**maturazione** *sf* paghinòg, pagtanda.
**maturità** *sf inv* pagkahinòg ◊ (*fig*) ganap na gulang ◊ **esame di maturità** eksamen pagkatapos ng hayskol (NCEE).
**maturo** *agg* hinòg.
**mazza** *sf* pamalò ◊ (*sport*) bat, pamalò ng bola.
**mazzo** *sm* kumpòl ◊ (*fig*) buwìg.
**me** *pron pers m/f* ako ◊ (*a me*) sa akin ◊ **è alto come me** kasing tangkad ko; **secondo me** ang para sa akin; **lo faccio da me** ako na ang bahala; **lo ha detto a me** sinabi niyà sa akin; **a me sembra** sa akin ay parang; **dàmmelo** ibigay mo sa akin.
**meccànica** *sf* mekànikà.
**meccànico** (*f* **-a** *pl* **-ci -che**) *agg* pangmàkinà ◊ *sm* mekànikò.
**meccanismo** *sm* makinarya ◊ (*fig*) paraàn.
**medàglia** *sf* medalya.
**medésimo** *agg* mismo.
**mèdia** *sf* promedyo, karaniwan.
**mediante** *prep* sa pamamagitan ng.
**mediatore** (**-trice**) *sm* tagapamagitan.
**medicare** *v* gamutin.
**medicazione** *sf* paggagamut.
**medicina** *sf* gamòt.
**medicinale** *agg* nakagagamòt ◊ *sm* gamòt.
**mèdico** (*f* **-a** *pl* **-ci -che**) *agg* pangmedesina ◊ *sm* manggagamot, doktor ◊ **visita medica** pagpapatingin sa doktor.
**medievale** *agg* pang middle age.
**mèdio** *agg* panggitnà ◊ *sm* (*dito*) gitnà.
**mediocre** *agg* pangkaraniwan.
**medioevo** *sm* middle age.
**meditare** *v* magnilay-nilay.
**meditazione** *sf* pagninilay-nilay.
**mediterràneo** *agg* mediteranyo.
**medusa** *sf* salabay.
**meeting** *sm inv* pagtatagpò, pagkikita.
**megalòmane** *sm/f* megalomanyak.
**mèglio** *agg* lalong mabuti ◊ *avv* nang lalong mabuti ◊ *sm inv* ang pinakamabuti ◊ **meglio così!** mas mabuting ganun!; **fare del proprio meglio** gawin ang iyong makakaya!; **andare per il meglio** magpakabuti, magpaka-igi.
**mela** *sf* mansanas.

**melagrana** *sf* granada.
**melanzana** *sf* tàlong.
**melma** *sf* putik.
**melo** *sm* punong-mansanas.
**melodìa** *sf* himig.
**melograno** *sm* granada (prutas).
**melone** *sm* melòn.
**membrana** *sf* lamad.
**membro** (*pl f* **membra**, del corpo) *sm* bisig ◊ (*persona*) kasa-pì, miyembro ◊ **membro del parlamento** miyembro ng parlamento.
**memòria** *sf* memorya ◊ (*ricordo*) ala-ala ◊ **in memoria di** sa ala-ala ni.
**memoriale** *sm* pang-alaala.
**memorizzare** *v* isaulò, ikabesa ◊ (*inform*) itabi.
**mendicante** *sm/f* magpapálímos.
**mendicare** *v* mamálímos.
**menefreghista** (*pl* **-i -e**) *sm/f* walang pakialam.
**meno** *agg* kauntî ◊ *prep* máliban sa ◊ *sm* ang pinakamaliìt.
**menopàusa** *sf* menopaws.
**mensa** *sf* kantin.
**mensile** *agg* buwanan.
**ménsola** *sf* sálalayàn, patungan.
**menta** *sf* yerbabuwena.
**mentale** *agg* pandiwà, pang-isip.
**mentalità** *sf inv* pag-iisip.
**mente** *sf* isip ◊ **venire in mente** maalala, maisip; **uscire di mente** maloka, mabaliw.
**mentire** *v* magsinungaling.
**mento** *sm* babà.
**mentre** *cong* habang ◊ (*avversativa*) samantalang.
**menu** *sm* menyu ◊ (*inform*) talaan.
**menzionare** *v* bangítin.
**menzione** *sf* banggìt.
**menzogna** *sf* kasinungalingan.
**meravìglia** *sf* kababalaghàn.
**meravigliare** *v* magtakà ◊ *v rifl* nagtakà.
**meraviglioso** *agg* kahangahangà.
**mercante** *sm/f* mangángalakàl.
**mercato** *sm* palengke ◊ **mercato all'ingrosso** pakyawan; **prezzo di mercato** presyò sa bilihan; **a buon mercato** mababang presyò.
**merce** *sf* panindà.
**mercenàrio** *sm* bayad.
**mercerìa** *sf* mersero, telahàn.
**mercoledì** *sm inv* miyerkolès.
**mercùrio** *sm* asoge.
**merda** *sf* taè.
**merenda** *sf* meryenda.
**meridiano** *sm* katanghalian.
**meridionale** *agg* pangtimog ◊ *sm/f* timog.
**meridione** *sm* timog, sur.
**meritare** *v* marapatin.
**mèrito** *sm* kakayanàn ◊ **per merito tuo** dahil sa iyo.
**merlo** *sm* ibong itim ◊ (*fig*) utûutô.
**merluzzo** *sm* bakalàw.
**meschino** *agg* mapagalipin, bahagyà ◊ *sm* alipin.
**mescolare** *v* haluin ◊ *v rifl* hinalò.

**mese** *sm* buwàn.
**messa** *sf* misa, samba ◊ **messa in moto** pag-uumpisa; **messa a punto** paghahanda; **messa in piega** pag-aayos ng buhok; **messa in scena** gawâ-gawâ.
**messaggero** *sm* mensahero.
**messàggio** *sm* mensahe, pabatìd.
**messe** *sf* ani.
**mestiere** *sm* hanapbuhay, gáwain.
**méstolo** *sm* sandòk.
**mestruazione** *sf* reglà.
**meta** *sf* layunin.
**metà** *sf inv* kalahatì ◊ **fare a metà** maghatì; **dire le cose a metà** hindî sabihin ang lahat.
**metàfora** *sf* metáporà.
**metàllico** (*f* **-a** *pl* **-ci -che**) *agg* gawâ sa bakal.
**metallo** *sm* bakal, metàl.
**metalmeccànico** (*f* **-a** *pl* **-ci -che**) *agg* pang bakal ◊ *sm* pabrika ng bakal.
**metano** *sm* metano.
**metèora** *sf* bulalakaw, taeng-bituìn.
**meteorològico** (*f* **-a** *pl* **-ci -che**) *agg* pampanahòn.
**metìccio** (*f* **-a** *pl* **-ci -ce**) *agg* mistiso.
**meticoloso** *agg* maselan.
**metòdico** (*f* **-a** *pl* **-ci -che**) *agg* masistema.
**mètodo** *sm* paraàn.
**metro** *sm* roler ◊ (*fig*) tinig.
**metròpoli** *sf inv* metrópolì.
**metropolitana** *sf* sabwey.
**méttere** *v* ilagày ◊ (*indossare*) isuòt ◊ (*impiegare*) gamitin ◊ *v rifl* nilagay ◊ (*indumenti*) isinuòt ◊ **mettere in ordine** maglgpit, iayos; **mettere al corrente** ipaalam; **mettercela tutta** gawin ang lahat; **mettere a fuoco** ipukos; **mettere in moto** paandarin; **mettere gli occhi addosso a qualcuno, qualcosa** sulyapan, tignan; **mettere a proprio agio** huwag mahiyà; **mettere a disagio** ilagay sa kihihiyàn; **mettere le mani avanti** mag-ingat; **mettere in forse** ilagay sa alanganin; **mettere il dito sulla piaga** ungkatin; **mettere in dubbio** magalinlangan; **mettere in discussione** pagtalunan; **mettere in funzione** paandarin; **mettere in gioco** ilagay sa peligro; **mettersi a fare qualcosa** magtrabaho; **metterci tre ore** magtagal; **mettersi la giacca** isuot ang diyaket.
**mezzaluna** *sf* kalahating-buwan.
**mezzanotte** *sf* hating-gabi.
**mezzo** *agg* hatì ◊ *sm* (*metà*) kalahatì ◊ (*luogo centrale*) gitnâ ◊ (*veicolo pubblico*) sasakyan ◊ (*ricchezze*) kayamanan ◊ **togliersi di mezzo** umalis; **mettersi in mezzo** pumagitna; **mezzi di trasporto** sasakyang pampubliko; **andarci di mezzo** masangkot.
**mezzogiorno** *sm* tanghaling-tapàt.
**mi** *pron pers* akò.
**mi** *sm inv* (*mus*) mi.

**miagolare** *v* ngumiyàw.
**micidiale** *agg* nakamámatày.
**mìcrobo** *sm* mikrobyò.
**micròfono** *sm* mikróponò.
**microscòpio** *sm* mikroskopyo.
**midollo** (*pl* **-a** *f*) *sm* utak sa butò ◊ **midollo spinale** gulugòd; **fino al midollo** hanggang sa gulugòd.
**miele** *sm* pulút-pukyutan ◊ **luna di miele** pulút-gatâ.
**mietere** *v* gapasin.
**migliàio** (*pl* **-a** *f*) *sm* libo ◊ (*gran - de quantità*) libo-libo ◊ **a migliaia** libo-libo.
**mìglio** *sm* (*distanza*) milya ◊ (*bot*) butil para sa ibon.
**migliorare** *v* pabutihin.
**migliore** *agg* pinakmagaling.
**mìgnolo** *sm* hinliliìt, kalingkingan.
**migrare** *v* mangibang-lugar.
**migrazione** *sf* pangingibang-lugar.
**miliardàrio** *sm* lilyonaryo.
**militare** *agg* sundalo.
**millènnio** *sm* sanlibong taòn.
**millepiedi** *sm inv* milipede.
**milza** *sf* palî.
**mimetizzare** *v* magbalatkayô ◊ *v rifl* pinagbalatkayô.
**mimo** *sm* artista.
**mina** *sf* minas.
**minàccia** *sf* bantâ.
**minacciare** *v* magbantâ.
**minaccioso** *agg* nakakatakot.
**minareto** *sm* tuktok ng moskeya.
**minatore** *sm* minero.
**minerale** *agg* mineràl ◊ **acqua minerale** mineral water.
**minestra** *sf* sopas.
**minestrone** *sm* sopas na gulay ◊ (*fig*) halo-halo.
**miniatura** *sf* minyatura, maliit na bagay.
**miniera** *sf* minahàn.
**minigonna** *sf* míniskìrt.
**mìnimo** *agg* pinakamaliìt ◊ **al minimo** sa pinalamaliit.
**ministero** *sm* ministeryo, kagàwaran.
**ministro** *sm* ministro ◊ **consiglio dei ministri** gabinete ng mga ministro.
**minoranza** *sf* minoriya.
**minore** *agg* mas maliìt ◊ (*età*) mas batà ◊ (*importanza*) di gasinong mahalagà ◊ *sm/f* batà.
**minorenne** *sm/f* minor-de-edad.
**minùscolo** *agg* maliìt na titik.
**minuto** *agg* minuto.
**mio** (*f* **mia** *pl* **miei mie**) *agg poss* akin ◊ *pron* sa akin ◊ **i miei** ang mga akin.
**mìope** *agg* may miyopyà ◊ *sm/f* taong may miyopyà.
**mira** *sf* tudlâ ◊ (*fine*) hantungan ◊ **prendere la mira** pumuntiryà; **prendere di mira qualcuno** túnguhìn.
**miràcolo** *sm* milagro.
**miracoloso** *agg* milagrosa.
**miràggio** *sm* malikmatà.
**mirare** *v* itudlâ ◊ (*fig*) magtúngò.
**mirino** *sm* paningìn.

**mirtillo** *sm* arándano.
**miscela** *sf* halò.
**mìschia** *sf* babàg.
**mischiare** *v* haluin.
**miscùglio** *sm* paghahalò.
**miseràbile** *agg* abâ, pulubi.
**misèria** *sf* kahirapan ◊ **porca miseria!** sus maryosep!.
**misericòrdia** *sf* awà ◊ **avere misericordia** may awà.
**misericordioso** *agg* maawàin.
**mìsero** *agg* pulubi ◊ (*scarso*) muntî.
**mìssile** *sm* misil.
**missionàrio** *sm* misyonaryo.
**missione** *sf* pakay.
**misterioso** *agg* mahiwagà.
**mistero** *sm* hiwagà.
**mìstico** (*f* **-a** *pl* **-ci -che**) *agg* puro.
**misto** *agg* may halò.
**misura** *sf* sukat ◊ (*provvedimento*) hakbangin ◊ (*taglia, cappello*) haba ◊ **senza misura** walang sukat; **di (stretta) misura** maliit na sukat; **a misura d'uomo** sukat lalaki; **abito su misura** damit sa sukat; **unità di misura** yunit ng sukat.
**misurare** *v* sukatin ◊ (*fig*) subukin ◊ *v rifl* (*confrontarsi*) magsubukan ◊ **misurarsi con qualcuno** magsubukan.
**misurazione** *sf* pagsukat.
**mite** *agg* katamtaman, masunurin ◊ (*animale*) maamo.
**mìtico** (*f* **-a** *pl* **-ci -che**) *agg* maalamàt.
**mito** *sm* alamàt.
**mitra** *sm inv* mitra.
**mitragliatore** *agg* masíngàn ◊ **fucile mitragliatore** baril na masíngàn.
**mitragliatrice** *sf* taga-gapas.
**mittente** *sm/f* tagapágpadalà ◊ **restituire al mittente** ibalik sa tagapágpadalà.
**mòbile** *agg* gumagalàw ◊ *sm* muwebles ◊ **beni mobili** ari-arihang bahay.
**mobìlia** *sf* kasangkapan sa bahay.
**mocassino** *sm* mokasino.
**moda** *sf* moda ◊ **essere di moda** nasa usò; **passare di moda** malaos; **alla moda** usò.
**modalità** *sf inv* paraàn.
**modella** *sf* modela.
**modellare** *v* hugisin ◊ (*fig*) hugisin.
**modello** *sm* modelo ◊ **scuola modello** húwaràng paaralan; **allievo modello** húwaràng magaaral.
**modem** *sm inv* modem.
**moderare** *v* hinaan ◊ *v rifl* huminahon.
**moderato** *agg* mahina.
**moderatore** (**-trice**) *sm* pangpahina.
**moderno** *agg* bago, moderno.
**modèstia** *sf* kahinhinàn.
**modesto** *agg* magpakúmbabâ.
**mòdico** (*f* **-a** *pl* **-ci -che**) *agg* mahinahon.
**modìfica** (*pl* **-che**) *sf* pagbabago.
**modificare** *v* baguhin ◊ *v rifl* binago.

**modo** *sm* asal ◊ (*metodo*) paraan ◊ (*gramm*) panagano ◊ **di modo che** nang sa gayun ay; **modo di dire** salawikain; **nei modi di legge** ayon sa batàs.
**mòdulo** *sm* húwaran.
**mògano** *sm* kamagòng.
**móglie** *sf* asawang babae.
**moìna** *sf* suyo.
**mola** *sf* mulihàn, gilingàn.
**molare** *agg* panggiling ◊ *sm* bagàng.
**mole** *sf* sukat.
**molècola** *sf* molekola.
**molestare** *v* gambalain.
**molèstia** *sf* pagkayamòt, pagbuwisit.
**molesto** *agg* yamòt, buwisit.
**molla** *sf* isprìng ◊ (*fig*) pangganyà.
**mollare** *v* luwagàn, bitiwan ◊ **mollare un ceffone** sampalin.
**molle** *agg* malambot.
**molletta** *sf* sipit ◊ (*capelli*) klip ◊ (*meccanica*) ispring.
**mollica** (*pl* **-che**) *sf* mumo ng tinapay.
**mollusco** (*pl* **-chi**) *sm* kabibi.
**molo** *sm* dàungan, pantahan.
**moltiplicare** *v* paramihin ◊ *v rifl* pinarami.
**moltiplicazione** *sf* pagpaparami ◊ (*mat*) multiplikasyòn.
**moltitùdine** *sf* maraming tao.
**molto** *agg indef* marami ◊ *pron* marami ◊ *avv* marami ◊ **molto denaro** maraming pera; **molto bello** napakaganda; **non ci vuole molto** di-gaanong matagal.
**momentàneo** *agg* pansamantalà.
**momento** *sm* saglìt ◊ **dal momento che** sa oras ng.
**mònaco** (*pl* **-ci -che**) *sm* monghe.
**monarca** (*pl* **-chi**) *sm* monarka.
**monarchìa** *sf* monarkiya.
**monàrchico** (*f* **-a** *pl* **-ci -che**) *agg* pangmonakiya ◊ *sm* panghari, pangreyna.
**monastero** *sm* monasteryo.
**mondano** *agg* kamundóhan.
**mondiale** *agg* pandaigdigan ◊ **campionato mondiale** kampeyonadong pandaigdigan.
**mondo** *sm* daigdìg, mundò ◊ **venire al mondo** isilang; **perniente al mondo** walang katumbas sa mundò; **andare all'altro mondo** puamnaw.
**monello** *sm* salbahe.
**moneta** *sf* sinsilyo, barya.
**mongolòide** *agg* may kapansanan.
**monile** *sm* alahas.
**mònitor** *sm inv* monitor.
**monolocale** *sm* lugar na iisang silid.
**monopòlio** *sm* monopolyo.
**monopolizzare** *v* magsarili, magmonopolisà.
**monotonìa** *sf* pagkasuyà.
**monòtono** *agg* masuyà.
**monouso** *agg inv* isang gamit lamang.
**monsone** *sm* monson.

**montacàrichi** *sm inv* elebeytor para sa mga kagamitan.
**montàggio** *sm* pagtitipun-tipon ◊ **catena di montaggio** pagkabit-kabit.
**montagna** *sf* bundòk ◊ (*fig*) bunton ◊ **montagne russe** roler koster.
**montano** *agg* kabundukan.
**montare** *v* sumakay ◊ (*assemblare*) imontada ◊ (*cavalcare*) mangabayo ◊ (*animali*) paamuhin ◊ (*cuc*) magbatî ◊ (*cine*) ayusin ◊ **montarsi la testa** maging kung sino; **montare uno scandalo** magawâ-gawâ ng istorya.
**montatura** *sf* pagkabit ◊ (*occhiali*) balangkàs ng salamin ◊ (*gioiello*) paiinkastra ◊ (*fig*) paggawâgawâ.
**monte** *sm* bundòk ◊ (*fig*) bunton ◊ **monte premi** pinakamataas na premyo; **mandare a monte** biguin.
**montone** *sm* karnero.
**monumentale** *agg* pang monumento.
**monumento** *sm* bantayog ◊ (*statua*) monumento.
**mora** *sf* lumboy, duhat ◊ (*ritardo pagamento*) multa.
**morale** *agg* marapat ◊ *sf* moralidàd ◊ *sm* siglà ◊ **essere giù di morale** malungkòt.
**mòrbido** *agg* malambòt.
**morbillo** *sm* tigdàs.
**morbo** *sm* lagìm.
**morboso** *agg* malagìm.
**mordace** *agg* nangangagat.
**mordente** *sm* kumagat.
**mòrdere** *v* kagatìn.
**moresco** *agg* moresko.
**moribondo** *agg* naghihingalo.
**morire** *v* mamatày ◊ **morire di fame** mamatày sa gutom; **morire dalla voglia** gustong-gusto; **morire dal sonno** inaantok ng lubos; **morire dal ridere** humalakhak ng husto.
**mormorare** *v* bumulòng.
**mormorìo** *sm* bulòng.
**moro** *agg* maitim ◊ *sm* itim.
**moroso** *agg* pumalyà ◊ (*debitore*) pabayàng tao.
**morsa** *sf* gato.
**morso** *sm* kagàt.
**mortàio** *sm* lusòng.
**mortale** *agg* mortàl ◊ *sm* mortàl na tao ◊ **incidente mortale** masamang aksidente.
**morte** *sf* kamátayan ◊ **pena di morte** pinakamabigat na parusa, pagbitay.
**mortificare** *v* hiyàin ◊ *v rifl* pinahiyà.
**mortificazione** *sf* pagpapahiyà.
**morto** *agg* patày ◊ **binario morto** di-ginagamit na riles; **lingua morta** salitang hindî na ginagamit; **essere stanco morto** pagod na pagod ◊ *sm* patay na tao.
**mosàico** (*pl* **-ci**) *sm* mosayko.
**mosca** (*pl* **-che**) *sf* langaw.
**moscerino** *sm* maliit na langaw.
**moschèa** *sf* moskeya.
**moschicida** (*pl* **-i**) *sm* pampatay ng langaw.

**moscone** *sm* bangaw ◊ (*imbarcazione*) balsà.
**mossa** *sf* kilos ◊ (*gioco*) galaw.
**mosso** *agg* magalaw ◊ **mare mosso** maalon.
**mostarda** *sf* mustasa.
**mostra** *sf* pagpapakita, eksibisyòn ◊ **mettere in mostra** ipakita.
**mostrare** *v* ipakita ◊ (*fingere*) magpakitang loob ◊ *v rifl* ipinakita ◊ **mostrarsi sorpreso** parang gulat.
**mostro** *sm* halimaw.
**mostruoso** *agg* parang halimaw ◊ (*fig*) napaklaki.
**motel** *sm inv* otèl.
**motivazione** *sf* pagdadahilan.
**motivo** *sm* dahilàn ◊ (*mus*) tema ◊ **senza motivo** walang dahilan.
**moto** *sm* galaw ◊ (*esercizio fisico*) mágeksersays ◊ *sf* motosiklo ◊ **mettere in moto** isagawâ.
**motocicletta** *sf* motorsiklo.
**motociclismo** *sm* ukol sa motorsiklo.
**motociclista** *sm/f* motorsiklista.
**motore** (**-trice**) *agg* pangmotor ◊ *sm* motor.
**motorino** *sm* maliit na motosiklo.
**motoscafo** *sm* bangkang-mabilis, spídbot.
**motto** *sm* kasabihàn.
**mountain-bike** *sf inv* mountain-bike.
**mouse** *sm inv* mouse.
**movente** *sm* layunìn, hangàd.
**movimento** *sm* kilusàn.
**mozzare** *v* putulin ◊ **mozzare il fiato** nakawin ang hiningà.
**mozzicone** *sm* upòs.
**mucca** (*pl* **-che**) *sf* baka.
**mùcchio** *sm* katerba, tambàk.
**muco** (*pl* **-chi**) *sm* uhog.
**muffa** *sf* amag.
**muggire** *v* ungâ.
**mugnàio** *sm* tagapangasiwa ng mulino.
**mulattiera** *sf* kabisada.
**mulatto** *sm* mistiso.
**mulino** *sm* mulino.
**mulo** *sm* mola.
**multa** *sf* multa ◊ **prendere una multa** nagmulta; **dare una multa** pagmultahin.
**multare** *v* magmulta.
**multicolore** *agg* maraming-kulay.
**multiculturale** *agg* iba't ibang kultura.
**multiètnico** (*f* **-a** *pl* **-ci -che**) *agg* iba't ibang katutubo.
**multifunzionale** *agg* maraming kinagagamitan.
**multimediale** *agg* multimedyal.
**mùltiplo** *sm* nápakarami.
**multiproprietà** *sf inv* maraming may-ari.
**mùmmia** *sf* mómiyà ◊ (*fig*) uúgod-ugòd.
**mùngere** *v* gatasan.
**municipale** *agg* pangmunisipyo.
**municìpio** *sm* munisipyo.
**munire** *v* maglaàn.

**munizioni** *sf pl* kagamitàng-digmâ.
**muòvere** *v* galawìn ◊ (*fig*) ilipat ◊ *v rifl* ginalaw.
**murare** *v* magpadèr.
**muràrio** *agg* gusali.
**muratore** *sm* kantero.
**muratura** *sf* padèr.
**muro** (*pl* **muri** *m* **mura** *f*) *sm* dingdìng ◊ (*fig*) haligi ◊ **armadio a muro** aprador na nakadikit sa dingding; **le mura della città** padèr ng bayan.
**mùschio** *sm* lamot.
**mùscolo** *sm* kalamnàn.
**musèo** *sm* museyo.
**museruola** *sf* busàl.
**mùsica** (*pl* **-che**) *sf* músikà.
**musicale** *agg* pangmusika.
**musicista** (*pl* **-i -e**) *sm/f* mánunugtòg.
**muso** *sm* ngusò ◊ **mettere il muso** magsimangot.
**musulmano** *agg* pangmuslim ◊ *sm* Muslim.
**muta** *sf* pagpalit ◊ (*zool*) maghunos ◊ (*cani*) maghunosa ang balahibo ◊ (*sub*) damit-pangsisid.
**mutamento** *sm* pagpapalit.
**mutande** *sf pl* salawàl ◊ (*uomo*) kansonsilyo; (*donna*) panti.
**mutazione** *sf* pagbabgo.
**mutévole** *agg* nagbabago.
**mutilare** *v* malumpò ◊ (*fig*) mapinsala.
**mutilato** *agg* salantâ, lumpò ◊ (*fig*) mapinsalà ◊ *sm* pilay ◊ **mutilato di guerra** nalumpò dahil sa digmâ.
**muto** *agg* pipi.
**mùtua** *sf* katumbas ng sa Pilipinas.
**mùtuo** *sm* katugòn, katumbàs.

# N

**nàcchere** *sf pl* kawa.
**nafta** *sf* krudo.
**nanna** *sf* tulog ◊ (*fam*) idlip ◊ **ninna nanna** hele; **fare la nanna** maidlip, matulog.
**nano** *sm* bulilìt.
**narcòtico** (*pl* **-ci**) *sm* narkótikò.
**narice** *sf* butas ng ilòng.
**narrare** *v* isalaysay.
**narrativa** *sf* salaysày.
**narrazione** *sf* pagsalaysày.
**nasale** *agg* pangilong.
**nàscere** *v* ipanganàk ◊ (*fig*) magsimula.
**nàscita** *sf* kapanganakan ◊ (*fig*) pagsisimula.
**nascituro** *sm* sanggol.
**nascóndere** *v* itagò ◊ (*fig*) magbalatkayò ◊ *v rifl* itinagò.
**nascondìglio** *sm* taguàn.
**nascosto** *agg* nakatagò ◊ (*fig*) lihim ◊ **di nascosto** sa lihim.
**nasello** *sm* isang uri ng isdà.
**naso** *sm* ilòng ◊ **avere (buon) naso per qualcosa** makilatis; **ficcare il naso** makialam; **a naso** sa amoy.

**nastro** *sm* laso ◊ **nastro adesivo** eskats-teyp.
**natale** *sm* paskò ◊ **buon Natale!** maligayang-paskò; **Babbo Natale** santa klaus.
**natalìzio** *agg* pampaskò.
**natante** *sm* barko ◊ *agg* nakalutang.
**nàtica** (*pl* **-che**) *sf* puwitàn.
**nativo** *agg* likà ◊ *sm* katutubò.
**natura** *sf* kalikasan ◊ (*caratteristica naturale*) sariling katángían.
**naturale** *agg* likàs ◊ (*normale*) naturàl ◊ **medicina naturale** naturàl na gamot.
**naturalezza** *sf* pagkanturàl.
**naturalmente** *avv* sa naturàl.
**naufragare** *v* lumubòg ◊ (*fig*) mabigo, bumagsak.
**naufràgio** *sm* paglubòg ◊ (*fig*) pagkabigo, pagbagsak.
**nàufrago** (*pl* **-ghi -ghe**) *sm* padpàd na pasahero.
**nàusea** *sf* alibadbàd ◊ (*fig*) pagkasuyà.
**nauseante** *agg* alibadbárin ◊ (*fig*) masuyà.
**nauseare** *v* maalibadbaràn.
**nàutica** (*pl* **-che**) *sf* paglalayàg.
**navale** *agg* pandagat ◊ **cantiere navale** pagwaan ng gamit pandagat.
**navata** *sf* pasilyo.
**nave** *sf* barkòng malaki ◊ **nave passeggeri** barkòng pampasahero; **nave mercantile** barkòng pangangalakal.
**navetta** *sf* sasakyang pang-alangaang ◊ **navetta spaziale** sasakyang pang-uniberso, spaceship.
**navigàbile** *agg* nalálayagàn.
**navigare** *v* maglayàg ◊ **navigare su Internet** magsurf sa internet.
**navigato** *agg* panglayag ◊ (*fig*) bihasa.
**navigazione** *sf* paglalayàg.
**navìglio** *sm* maglulan sa bapor.
**nazionale** *agg* pambansà.
**nazionalismo** *sm* pagkamakabayan.
**nazionalista** (*pl* **-i -e**) *agg* makabayan ◊ *sm* taong makabansâ.
**nazionalità** *sf inv* nasyonalidàd.
**nazionalizzare** *v* magsabansâ.
**nazione** *sf* bansâ.
**nazismo** *sm* nasismo.
**nazista** (*pl* **-i -e**) *agg* nasi.
**ne** *pron* sinuman ◊ (*di loro*) sinuman sa kanila ◊ (*di questa cosa*) alinman.
**né** *cong* ni ◊ **né più né meno** walang higit walang kulang.
**neanche** *avv* kahit.
**nébbia** *sf* ulap.
**nebbioso** *agg* maulap.
**nebulosa** *sf* malabo.
**necessàrio** *agg* kailangan ◊ *sm* pangangailangan.
**necessità** *sf inv* pangangailangan ◊ **in caso di necessità** kung sakaling kinakailangan.
**necrològio** *sm* obitwaryo.
**necròpoli** *sf inv* sementeryo.

**negare** *v* ipagkailâ.
**negativo** *agg* salungàt ◊ *sm* (*fot*) negatibo ng mga litrato.
**negazione** *sf* pagkakailâ.
**negli** *prep art* sa mga.
**negligente** *agg* pabayà.
**negligenza** *sf* pagpapabayà.
**negoziante** *sm/f* negosyante.
**negoziare** *v* makipag-ayos.
**negoziato** *sm* pag-aayos.
**negòzio** *sm* tindahan, negosyo.
**negro** *agg* itìm ◊ *sm* negro ◊ **lavorare come un negro** magtabahong parang kabayo.
**nei** *prep art* sa mga.
**nel** *prep art* sa.
**nella** *prep art* sa.
**nelle** *prep art* sa mga.
**nello** *prep art* sa.
**nemico** (*f* **-a** *pl* **-ci -che**) *agg* kaaway.
**nemmeno** *avv* kahit na.
**neo** *sm* nunàl ◊ (*fig*) súliranin.
**neologismo** *sm* neyolohismo.
**neon** *sm inv* neon.
**neonato** *sm* sanggòl, bagong panganak.
**neppure** *avv* kahit na.
**nero** *agg* itim ◊ (*negro*) negro ◊ (*illegale*) bawal, lingid ◊ **musica nera** awitin ng mga negro; **borsa nera** black market; **cronaca nera** masasamang balita.
**nervo** *sm* nèrbo ◊ **avere i nervi saldi** di-mawalàn ng loòb; **avere i nervi** mahinahon.
**nervoso** *agg* bugnutin.
**nèspola** *sf* nisperos.
**nesso** *sm* kaugnayan.
**nessuno** *agg indef* walang-tao ◊ *pron* walang-tao ◊ **non c'è nessuno** walang tao.
**nettezza** *sf* kalinisan ◊ **nettezza urbana** basurero.
**netto** *agg* malinis ◊ (*pulito*) malinis ◊ (*detratto*) buò ◊ **peso netto** buóng-timbàng.
**netturbino** *sm* basurero.
**neuròlogo** (*f* **-a** *pl* **-gi -ghe**) *sm* neroholista.
**neutrale** *agg* walàng kinikilingan.
**nèutro** *agg* walang-kinakampihan.
**neve** *sf* yelo.
**nevicare** *v* magyelo.
**nevicata** *sf* pagyeyelo.
**nevìschio** *sm* manipis na yelo.
**nevoso** *agg* mayelo.
**nevralgìa** *sf* neurálhiyà.
**nevrosi** *sf inv* neyorosis.
**nìcchia** *sf* nitso.
**nicotina** *sf* nikotina.
**nidiata** *sf* kalimlimàn.
**nido** *sm* pugad ◊ **asilo nido** kindergarten.
**niente** *pron indef* walâ ◊ *avv* hindî namàn ◊ *sm* kawalaàn ◊ **niente paura** huwag matakot; **fare finta di niente** huwag kumibo.
**ninfa** *sf* nimpa.
**ninnananna** *sf* uyayi.
**nipote** *sm/f* (*di zii*) pamangkìn ◊ (*di nonni*) apò.
**nìtido** *agg* malinaw.

**nitrato** *sm* nitrato.
**nitrito** *sm* nitrito.
**no** *avv* hindî ◊ **sì e no** oo o hindî.
**nòbile** *agg* marangàl ◊ *sm* (*di nascita*) maharlikâ ◊ (*morale*) marangàl.
**nobiltà** *sf inv* kamaharlikaàn ◊ (*di nascita*) pagkamaharkikà ◊ (*morale*) dakilà.
**nocca** (*pl* **-che**) *sf* bukò ng dalirì.
**nocciola** *sf* abelyano.
**nocciòlo** *sm* mani.
**nòcciolo** *sm* butò ◊ (*fig*) punò ◊ **il nocciolo della questione** ang punò ng usapan.
**noce** *sf* nugales ◊ *sm* (*albero*) puno ng niyòg ◊ **noce moscata** nganga.
**nocivo** *agg* nakakasamâ.
**nodo** *sm* buhòl ◊ (*fig*) problema.
**nodoso** *agg* mabuhòl.
**noi** *pron pers pl* tayo, kamì.
**nòia** *sf* pagkabagòt ◊ **dare noia** abalahin.
**noioso** *agg* nakakayamot ◊ *sm* mayamot.
**noleggiare** *v* umupa ◊ **noleggiare un'automobile** umupa ng sasakyan; **noleggiare una barca** umupa ng bangka.
**noléggio** *sm* pagupa ◊ **prendere a noleggio** umupa; **noleggio auto** paupahan ng sasakyan; **noleggio imbarcazioni** paupahan ng barko.
**nolo** *sm* upa ◊ **prendere a nolo** umupa; **auto a nolo** paupahang sasakyan.
**nòmade** *agg* lagalàg ◊ *sm/f* taong lagalàg.
**nome** *sm* pangalan ◊ (*di persona, secondo*) apilyedo ◊ (*gramm*) katawáng-pantangì.
**nomenclatura** *sf* mga katawagàn.
**nòmina** *sf* paghirang.
**nominare** *v* hirangin ◊ (*dire il nome*) tukuyin ◊ (*citare*) banggitin ◊ **fu nominato ambasciatore** hinirang embahador.
**non** *avv* hindî ◊ **volo non stop** walang tigil na paglipad; **non vedente** bulag; **non udente** bingî.
**nonché** *cong* walà.
**noncurante** *agg* waláng-ingat.
**nonno** *sm* (*maschio*) lolo ◊ (*femmina*) lola ◊ (*maschio, materno*) lolo sa ina; (*femmina, materna*) lola sa ina ◊ (*maschio, paterno*) lolo sa ama; (*femmina, paterna*) lola sa ama.
**nonostante** *prep* kahit na.
**nord** *sm inv* hilagà ◊ (*paese settentrionale*) sa hilaga ◊ **Polo Nord** polong hilagà.
**nòrdico** (*f* **-a** *pl* **-ci -che**) *agg* hilagà, norte.
**norma** *sm* tuntunin ◊ **a norma di legge** ayon sa batas.
**normale** *agg* normàl.
**normalità** *sf inv* pang-notmàl.
**nostalgìa** *sf* pananabìk ◊ **avere nostalgia di qualcuno, di qualcosa** masabìk sa isang bagay, sa isang tao.

**nostrano** *agg* katutubò.
**nostro** *agg poss* atin, amin ◊ **arrivano i nostri** darating ang ating kamag-anak; **vincono i nostri** nanalo ang atin.
**nota** *sf* komentaryo ◊ (*mus*) nota ◊ (*annotazione*) taláan ◊ **nota spese** listahan ng pamili; **prender nota** magtalà.
**notàio** *sm* notaryo.
**notare** *v* pansínin, magtalà ◊ **farsi notare** magpapansìn.
**notévole** *agg* kapansín-pansìn.
**notìzia** *sf* balità.
**notiziàrio** *sm* balità.
**noto** *agg* kilalà.
**notorietà** *sf inv* kilalang katangihan.
**nottata** *sf* magdamagan.
**notte** *sf* gabì ◊ **di notte** sa gabì; **buona notte** magandang gabì; **passare la notte in bianco** magpuyàt; **camicia da notte** pantulog na damit; **vaso da notte** arenola.
**notturno** *agg* pang-gabì ◊ **locale notturno** barikan na pang-gabì.
**novantenne** *agg* siyamnapû ◊ *sm/f* siyamnapúng-taòn.
**novella** *sf* nobela.
**novello** *agg* batà ◊ **patate novelle** batàng patatas; **vino novello** bagong alak.
**novembre** *sm* Nobyembre.
**novità** *sf inv* bagong bagay.
**nozione** *sf* hakà.
**nozze** *sf pl* kasal ◊ **viaggio di nozze** pulot-gatâ.
**nube** *sf* ulap.
**nubifràgio** *sm* malakàs na ulàn.
**nùbile** *agg* dalaga.
**nuca** (*pl* **-che**) *sf* batok.
**nucleare** *agg* nukleàr ◊ **energia nucleare** lakàs-nukleàr; **reattore nucleare** reaktor-pangnukeàr.
**nùcleo** *sm* ubod.
**nudista** (*pl* **-i -e**) *sm/f* mahilig maghubàd.
**nudo** *agg* hubàd ◊ (*fig*) simplè, payàk ◊ *sm* (*arte*) simplè ◊ **a occhio nudo** nakikita sa mata.
**nulla** *pron indef* walâ ◊ **pernulla** walang anuman.
**nullaosta** *sm inv* pahintulot.
**nullo** *agg* walàng bisà.
**numerare** *v* númeruhàn.
**numerazione** *sf* magbilang.
**nùmero** *sm* bilang.
**numeroso** *agg* marami.
**numismàtica** (*pl* **-che**) *sf* numismatiko.
**nuòcere** *v* makasamâ.
**nuora** *sf* manugang na babae.
**nuotare** *v* lumangòy.
**nuòto** *sm* paglalangòy.
**nuòvo** *agg* bagò ◊ **di nuovo** ulit; **niente di nuovo** walang bagò.
**nutriente** *agg* masustànsiyà.
**nutrire** *v* pakainin ◊ **nutrire rancore** magkimkim ng samang-loòb ◊ *v rifl* nagkimkim.
**nutrizione** *sf* pagkain.
**nùvola** *sf* ulap ◊ **cadere dalle nuvole** mabiglà; **avere la testa fra le nuvole** walà sa sarili.

**nuvoloso** *agg* maulap.
**nuziale** *agg* pangkasal.
**nylon** *sm inv* naylon.

# O

**o** *cong* o kaya.
**òasi** *sf inv* owasis.
**obbligare** *v* obligahìn ◊ *v rifl* (*impegnarsi*) maobliga.
**obbligatòrio** *agg* sápilitàn.
**obbligazione** *sf* katungkulan, obligasyòn.
**òbbligo** (*pl* **-ghi**) *sm* pananagutan, tungkulin ◊ **essere in obbligo** masápilitàn.
**obelisco** (*pl* **-chi**) *sm* obelisko.
**obeso** *agg* matabang-mataba.
**obiettare** *v* tumutol.
**obiettivo** *agg* palayòn ◊ *sm* layúnin ◊ (*fot*) lente.
**obiettore** (**-trice**) *sm* obyektor ◊ (*contro servizio militare*) hindî ayon sa pagmimilitàr.
**obiezione** *sf* pagtutol ◊ **obiezione di coscienza** di-pagsangayon.
**obitòrio** *sm* morgê.
**oblìquo** *agg* pahilìs.
**obliterare** *v* mapawì.
**oblò** *sm inv* babòr.
**òboe** *sm* obo.
**oca** (*pl* **-che**) *sf* gansà ◊ (*fig*) ulòl ◊ **avere la pelle d'oca** mangilabot.
**occasione** *sf* pagkakátaòn ◊ (*affare*) baratilyo ◊ **in occasione di** sa pagkakátaòn na; **cogliere l'occasione** tangkilikin ang pagkakátaòn.
**occhiàia** *sf* muntòt ng matà.
**occhiali** *sm pl* salamìn ◊ **occhiali da sole** salamìng pang-araw; **occhiali da vista** salamìng pambasà.
**occhiata** *sf* sulyàp ◊ **dare un'occhiata** tignang saglit.
**occhiello** *sm* ohales.
**òcchio** *sm* matà ◊ **in un batter d'occhio** kisáp-matà; **non chiudere occhio** magpuyat; **a vista d'occhio** natatanaw sa matà; **costare un occhio della testa** sobrang mahal; **tenere d'occhio** antabayanan; **dare nell'occhio** magpapansìn.
**occidentale** *agg* kanluranìn ◊ *sm/f* tagá-kanluran.
**occidente** *sm* kanluran.
**occlusione** *sf* sagwìl ◊ (*med*) barà.
**occorrente** *agg* kailangan ◊ *sm* pangangailangan.
**occorrenza** *sf* pangangailangan ◊ **all'occorrenza** sa pangangailangan.
**occórrere** *v* mangangailangan.
**occupare** *v* saklawìn ◊ (*casa, illegalmente*) mag-eskuwat ◊ (*militarmente*) sakupin ◊ (*lavoratori*) pagtrabahuin ◊ *v rifl* sinakalw.
**occupato** *agg* okupado ◊ (*casa, illegalmente*) ineskuwatan ◊ (*militarmente*) sinakop ◊ (*lavoratore*) pinagtrabaho.

**occupazione** *sf* pag-okupà ◊ (*lavoro*) hanapbuhay ◊ (*casa*) tirahan ◊ (*militare*) pagsakop.
**oceànico** (*f* **-a** *pl* **-ci -che**) *agg* pang-karagatan.
**ocèano** *sm* karagatan.
**ocra** *sf* okre ◊ *agg* pang-okre.
**oculare** *agg* pang-matà ◊ *sm* matà ◊ **testimone oculare** tistigò.
**oculista** (*pl* **-i -e**) *sm/f* okulista, doktor ng matà.
**odiare** *v* kasuklamàn.
**odierno** *avv* (*di oggi*) ngayon ◊ (*attuale*) ngayon.
**òdio** *sm* pagkasuklàm.
**odioso** *agg* nakakasuklàm.
**odontoiatra** (*pl* **-i -e**) *sm/f* dentista.
**odorare** *v* amoyin ◊ **odorare di spezie** tikman ang mga rikado.
**odore** *sm* amòy ◊ **cattivo odore** masamang amòy; **c'è odore di cipolla** nangangamoy sibuyas.
**offèndere** *v* upasalain ◊ (*persona*) pasakitan ◊ *v rifl* nagsala.
**offensivo** *agg* nakàkasakìt.
**offerente** *sm/f* taga pag-alòk.
**offerta** *sf* panukalà ◊ (*del venditore*) alòk ◊ (*del compratore*) tawad.
**offesa** *sf* upasalà.
**offeso** *agg* agrabyado ◊ **sentirsi offeso** naagrabyado.
**officina** *sf* pagawáan, talyèr.
**offrire** *v* magbigày ◊ (*proporre*) magalòk ◊ (*per vendere*) mag-alòk ◊ (*per comprare*) tumawad ◊ *v rifl* pinagbigyan ◊ **offrire aiuto** magbigay ng tulong; **offrire un caffè** mag-alòk ng kapè; **offrire da bere** magalòk ng inumin.
**oggettivo** *agg* nilalayon.
**oggetto** *sm* bagay.
**oggi** *avv* ngayòng araw ◊ (*in questo tempo*) ngayòng panahon ◊ *sm* ngayòn ◊ **dall'oggi al domani** mula ngayòn haggang bukàs; **da oggi in poi** mula ngayòn.
**ogni** *agg indef* bawat.
**ognuno** *pron indef* sinuman.
**oh** *inter* oh!.
**ohi** *inter* oy!.
**oleandro** *sm* oleyandro.
**oleificio** *sm* gilingàn ng langìs.
**oleodotto** *sm* tuberiyas.
**olfatto** *sm* pang-amòy.
**oliare** *v* langísan.
**oliera** *sf* lalagyàn ng langìs.
**olimpìade** *sf* olímpikò.
**olìmpico** (*f* **-a** *pl* **-ci -che**) *agg* pang-olímpikò.
**olimpiònico** (*f* **-a** *pl* **-ci -che**) *agg* olímpiyonikò.
**òlio** *sm* langìs ◊ **olio d'oliva** langìs ng oliba; **sott'olio** preserb sa langìs; **olio solare** langìs na pang-araw; **pittura a olio** pintur na gawâ sa langìs; **a macchia d'olio** pagkalat.
**oliva** *sf* asaytunas.
**olivo** *sm* punong oliba.
**olmo** *sm* olmo.
**olocàusto** *sm* holokawsto.
**oltràggio** *sm* insulto.
**oltre** *avv* lampàs ◊ (*luogo*) lagpàs.

**oltrepassare** *v* lumampàs.
**oltretutto** *avv* kaya nga.
**omàggio** *sm* regalo ◊ *agg inv* pagpupugay ◊ **in omaggio** ineregalo.
**ombelico** (*pl* **-chi**) *sm* pusod.
**ombra** *sf* anino ◊ **all'ombra** sa lilim; **senza ombra di dubbio** walang anumang alinlangan.
**ombrello** *sm* payong.
**ombrellone** *sm* payong na malaki.
**ombretto** *sm* meyk-ap sa matâ.
**ombroso** *agg* malilim ◊ (*persona*) malihim.
**omeopatìa** *sf* homeyopaiya.
**omeopàtico** (*f* **-a** *pl* **-ci -che**) *agg* homeyopatiko.
**òmero** *sm* butò ng braso.
**omertà** *sf inv* pagtákpan.
**ométtere** *v* laktawàn.
**omicida** (*pl* **-i -e**) *sm/f* pamatày.
**omicìdio** *sm* pagpatày.
**omissione** *sf* pagkalimot ◊ **omissione di soccorso** takbuhan pagkatapos ng aksidente.
**omogeneizzato** *sm* pagkaing pambatà.
**omogèneo** *agg* magkatulad.
**omologato** *agg* aprobado.
**omònimo** *agg* kapangalan.
**omosessuale** *agg* dalawang kasarià ◊ *sm/f* baklà, tomboy.
**onda** *sf* alon ◊ **mandare in onda** ipalabas.
**ondata** *sf* daluyong ◊ (*fig*) pagdating.
**ondeggiare** *v* umugâ ◊ (*fig*) disigurado.
**ondulato** *agg* alún alòn.
**onestà** *sf inv* katápatan.
**onesto** *agg* tapàt.
**onnipotente** *agg* makapangyarihan.
**onnìvoro** *agg* walàng dî kinákáin.
**onomàstico** (*pl* **-ci**) *sm* araw ng pangalan.
**onorare** *v* parángálan ◊ **onorare un impegno** igalang ang kasunduhan.
**onoràrio** *agg* pamparángàl ◊ *sm* onoraryum.
**onore** *sm* karángálan ◊ **parola d'onore** pangako; **farsi onore** magpakarángàl.
**onorévole** *agg* kagalang-galang.
**opaco** (*f* **-a** *pl* **-chi -che**) *agg* dimatagòs ng sinag.
**òpera** *sf* gawâ ◊ (*mus*) òperà ◊ **opera d'arte** likhàng pansinig; **teatro dell'opera** teyatrong lirika.
**operàio** *agg* obrero ◊ *sm* trabahadòr.
**operare** *v* gumawâ ◊ (*med*) magtistìs.
**operatore** (**-trice**) *sm* aparatista ◊ **operatore turistico** gayd; **operatore sanitario** manggagawang pangkalusugan; **operatore di borsa** ahente ng pámilihan ng sapi.
**operatòrio** *agg* pagpa-andàr ◊ **sala operatoria** silid-operahan.
**operazione** *sf* gáwain ◊ (*med*)

operasyòn ◊ (*di borsa*) pangnglakal ng sapi.
**opinàbile** *agg* mapagtátalunan.
**opinione** *sf* kuru-kurò ◊ **l'opinione pubblica** kuru-kurò ng masa.
**opporre** *v* tutulan ◊ *v rifl* tumutol.
**opportunità** *sf inv* pagkakátaòn.
**opportuno** *agg* nápapanahòn.
**opposizione** *sf* pakikilaban ◊ (*pol*) oposisyòn.
**opposto** *agg* katapàt ◊ *sm* tutol.
**oppressione** *sf* pagsiìl ◊ (*fig*) pag-aalalà.
**oppresso** *agg* siìl ◊ *sm* balisà.
**opprìmere** *v* maniìl.
**oppure** *cong* o kayâ.
**optare** *v* mamili.
**optional** *sm inv* pilian.
**opùscolo** *sm* polyeto.
**opzione** *sf* pagpipilian ◊ (*relazione*) kapalit.
**ora** *sf* oras ◊ *avv* ngayon ◊ **che ora è?** anong oras na?; **d'ora in poi** mulangayon; **per ora** sa ngayon; **ora legale** legal na oras; **ora di punta** oras ng labasan.
**òrafo** *sm* pandáy-gintô.
**orale** *agg* pambibìg.
**oràrio** *agg* orsaan ◊ *sm* oraryo ◊ **orario di apertura** oras ng pagbubukàs; **orario di chiusura** oras ng pagsasarâ; **orario ferroviario** oras ng tren; **orario festivo** oras ng ngilin.
**orata** *sf* orata.
**oratore** (**-trice**) *sm* mánanalumpatî.
**orazione** *sf* pagdarasal.
**òrbita** *sf* róbità.
**orca** (*pl* **-che**) *sf* balyena.
**orchestra** *sf* orkestra.
**orchidèa** *sf* orkideya.
**ordigno** *sm* bomba.
**ordinamento** *sm* pagaayos ◊ (*giur*) utòs.
**ordinare** *v* ayusin ◊ (*imporre*) iutòs ◊ (*consumazione*) order, hilìng.
**ordinàrio** *agg* karaniwan ◊ (*di poco valore*) mababà ◊ **fuori dell'ordinario** di-pangkaraniwan.
**ordinazione** *sf* pagaayos.
**órdine** *sm* kaayusàn ◊ (*di merce*) pedido ◊ (*comando*) utòs ◊ **mettere in ordine** ayusin; **ordine pubblico** atas pangmasa; **parola d'ordine** kontrasenyas; **ordine di pagamento** pagbabayad.
**orecchino** *sm* hikaw.
**orécchio** (*pl* **-chi** o **-chie** *f*) *sm* tainga ◊ **mettere una pulce nell'orecchio** maduda; **avere orecchio** magling.
**orecchioni** *sm pl* baikì.
**oréfice** *sm/f* mag-aalahàs.
**oreficerìa** *sf* álahasàn.
**orfanotròfio** *sm* bahay-ampunan.
**orgànico** (*f* **-a** *pl* **-ci -che**) *agg* organiko ◊ *sm* (*bur*) mga tauhan.
**organismo** *sm* organismo ◊ (*organizzazione*) organisasyòn.
**organizzare** *v* magtatàg ◊ *v rifl* itinatàg.
**organizzazione** *sf* organisasyòn.

**òrgano** *sm* órganò ◊ (*anat*) bahagi ◊ (*mecc*) bahagi.
**orgasmo** *sm* orgasmo.
**òrgia** (*pl* **-ge**) *sf* lásíngan.
**orgóglio** *sm* pagmamalaki.
**orgoglioso** *agg* mapágmalakì.
**orientale** *agg* sílanganìn ◊ *sm/f* sílangan.
**orientamento** *sm* oryentasyòn ◊ (*fig*) direksiyòn.
**orientare** *v* iangkòp sa kapaligiràn ◊ (*fig*) mag-umpisa ◊ *v rifl* ilugàr ang sarili ◊ (*fig*) iangkòp ang sarili.
**oriente** *sm* silangan.
**orìgano** *sm* origano.
**originale** *agg* tunay, orihinàl.
**originare** *v* manggaling.
**originàrio** *agg* katutubò.
**orìgine** *sf* pinágmulàn ◊ **luogo d'origine** lugar ng pinágmulàn.
**oriundo** *agg* nagmula ◊ *sm* hangò.
**orizzontale** *agg* pahigâ.
**orizzonte** *sm* abot-tanâw ◊ (*fig*) paligid.
**orlo** *sm* gilid ◊ (*tessuti, pellami*) lupî ◊ **pieno fino all'orlo** hanggan gsa gilid; **essere sull'orlo del precipizio** nasa masamang landas.
**orma** *sf* yapàk ◊ **seguire le orme di qualcuno** tularan ang isang taò.
**ormai** *avv* sa ngayòn.
**ormeggiare** *v* dumaòng.
**orméggio** *sm* daòng ◊ (*manovra*) pagpungal ◊ (*pilone*) pugal.
**ormone** *sm* hormon.
**ornamento** *sm* palamuti.
**ornare** *v* palamutihan ◊ (*fig*) pagnadahin ◊ *v rifl* pinalamutihan.
**oro** *sm* gintô ◊ **in oro,d'oro** gawâ sa gintô; **vendere a peso d'oro** ipagbiling parang gintô.
**orologerìa** *sf* tindahan ng relò.
**orologiàio** *sm* tagaaysos ng relò.
**orològio** *sm* relò ◊ **orologio da polso** relòng pangkamay.
**oròscopo** *sm* oroskopyo.
**orrendo** *agg* kalagím-lagìm.
**orrìbile** *agg* kakilá-kilabot.
**orrore** *sm* sindàk ◊ **film dell'orrore** palabas na horor.
**orsa** *sf* oso na babae ◊ **Orsa maggiore, minore** matandang, batang oso.
**orso** *sm* oso ◊ (*fig*) malaki.
**ortàggio** *sm* gulay.
**ortènsia** *sf* milplores.
**ortica** (*pl* **-che**) *sf* buluhan.
**orticària** *sf* urtikarya.
**orto** *sm* tániman ng gulay.
**ortografìa** *sf* pagbaybày.
**ortolano** *sm* magtatanìm ng gulay.
**ortopèdico** (*f* **-a** *pl* **-ci -che**) *agg* ortopedik ◊ *sm* ortopediko.
**orzaiolo** *sm* lusak.
**orzata** *sf* inuming gawâ sa sebada.
**orzo** *sm* sebada.
**osare** *v* mangahas.
**osceno** *agg* malaswà.
**oscillare** *v* magpatayún-tayon.
**oscurare** *v* padilimìn ◊ (*fig*) ipalihim ◊ *v rifl* pinagdilìm.

**oscurità** *sf inv* kadiliman.
**oscuro** *agg* madilìm ◊ (*fig*) malihim ◊ **essere all'oscuro** walang alam.
**ospedale** *sm* óspitàl.
**ospedalizzare** *v* matanggap sa óspitàl.
**ospitale** *agg* mabuting tumanggàp.
**ospitalità** *sf inv* mabuting pagtanggàp.
**ospitare** *v* patirahìn ◊ (*persone*) patuluyin ◊ (*oggetti*) itago.
**òspite** *sm/f* bisita.
**ospìzio** *sm* hospisyo.
**ossèquio** *sm* pagtatangi.
**osservare** *v* suriin ◊ ( *rispettare*) igalang.
**osservatòrio** *sm* obserbatoryo.
**osservazione** *sf* pagmamasìd ◊ (*rimprovero*) pansìn.
**ossessione** *sf* isàng ideyang laging sumasaisip.
**ossìa** *cong* o kaya, sa biglàng sabi.
**ossidare** *v* baguhin ang anyo ◊ *v rifl* binago ang anyo.
**ossigenare** *v* bigyan ng oksegen ◊ *v rifl* pahingahin.
**ossìgeno** *sm* oksíhenò.
**osso** (*pl* **-i** o *f* **-a**) *sm* butò ◊ **in carne e ossa** buto't laman; **avere le ossa rotte** nasaktan; **farsi le ossa** magsikap.
**ostacolare** *v* hadlangàn.
**ostàcolo** *sm* hadlàng.
**ostàggio** *sm* bihag-sagòt.
**oste** (**-essa**) *sm* may-arì ng taberna.
**ostello** *sm* tirahan ng mga kabataan.
**osterìa** *sf* taberna.
**ostètrica** *sf* komadrona.
**ostètrico** *agg* ukol sa pagpápaanàk.
**òstia** *sf* óstiyà.
**ostile** *agg* laban.
**ostilità** *sf inv* kapootan.
**ostinarsi** *v rifl* magpumilit.
**ostinato** *agg* sutìl.
**òstrica** (*pl* **-che**) *sf* talabà.
**ostruire** *v* barahìn ◊ *v rifl* binarà.
**otite** *sf* mamps.
**otorinolaringoiatra** *sm/f* doktor ng aingà, lalamunan at ilong.
**ottantenne** *agg* walumpung taong gulang.
**ottenebrare** *v* palabuin, magpalalàm ◊ *v rifl* padilimin.
**ottenere** *v* maabòt.
**òttica** *sf* pangmatà.
**òttico** (*f* **-a** *pl* **-ci -che**) *agg* pangmatà ◊ *sm* óptikà.
**ottimista** (*pl* **-i -e**) *agg* optimista ◊ *sm/f* taong optimista.
**òttimo** *agg* magalìng.
**ottobre** *sm* Oktubre.
**ottone** *sm* tansô ◊ (*pl, mus* ) tumbaga.
**otturare** *v* pasakan ◊ ( *dente*) pastahan ◊ *v rifl* pinsakan.
**otturazione** *sf* pagpapastâ.
**ottuso** *agg* pulpòl ◊ (*fig*) deretso.
**ovàia** *sf* obaryo.
**ovale** *agg* bilóg-habà.
**ovatta** *sf* algodòn.

**overdose** *sf inv* labis na pag-inom ng gamot.
**ovest** *sm inv* kanluran.
**ovile** *sm* kúlúngan ng tupa ◊ **tornare all'ovile** bumalik sa kúlúngan.
**ovino** *agg* ng tupa.
**òvulo** *sm* itlog ng babae.
**ovvero** *cong* o kaya.
**òvvio** *agg* maliwanag.
**oziare** *v* magbatugan.
**òzio** *sm* katámaran.
**ozono** *sm* oson ◊ **buco nell'ozono** butas sa oson.

# P

**pacchetto** *sm* kaha.
**pacchiano** *agg* marangyà.
**pacco** (*pl* **-chi**) *sm* balutan, pakete ◊ **pacco postale** pakage.
**pace** *sf* kapayapaan ◊ **trattato di pace** kasunduan para sa kapayapaan; **fare la pace** makipagsundo; **mettersi l'animo in pace** matahimik.
**pacìfico** (*f* **-a** *pl* **-ci -che**) *agg* matahimik.
**pacifista** (*pl* **-i -e**) *agg* mahinahon ◊ *sm* mahinahong tao.
**padano** *agg* pang ilog Po.
**padella** *sf* kawalì ◊ (*per malati*) arinola ◊ **cadere dalla padella alla brace** mapunta sa masamang sitwasyòn.
**padiglione** *sm* pabilyon.
**padre** *sm* tatay ◊ **Padre Eterno** poong maykapal; **Santo Padre** papa.
**padrino** *sm* patrinyo ◊ (*battesimo*) ninong ◊ (*mafia*) bos ng mapya.
**padrone** *sm* amo ◊ (*proprietario*) may-ari ◊ (*imprenditore*) negosyante ◊ (*dominatore*) maykapangyarihan.
**padroneggiare** *v* arihin.
**paesàggio** *sm* tánawin.
**paese** *sm* bansà ◊ (*villaggio*) nayon ◊ **mandare a quel paese** murahin.
**paffuto** *agg* mabilog.
**paga** (*pl* **-ghe**) *sf* suweldo.
**pagàbile** *agg* maaring bayaran ◊ **pagabile a trenta giorni** maaring bayaran sa loob ng isang buwan.
**pagàia** *sf* sagwàn.
**pagamento** *sm* kabayaràn ◊ **ordine di pagamento** kasunduan ng kabayaràn; **ricevuta di pagamento** resibo ng kabayaràn; **pagamento alla consegna** bayaran pagipinadala na (COD).
**pagare** *v* bayaran ◊ **pagare a rate** bayaran ng hulugan; **farla pagare a qualcuno** pagbayarin.
**pagella** *sf* repòrt kard.
**pàgina** *sf* páhinà ◊ **prima pagina** unang páà; **voltare pagina** kilimutan; **pagine gialle** yellow pages.
**pàglia** *sf* dayami.
**pagliàccio** *sm* payaso.
**pagliàio** *sm* mandalâ.

**pagnotta** *sf* malakìng tinapay.
**pàio** (*pl* **paia** *f*) *sm* magparis ◊ **un paio di forbici** gunting.
**pala** *sf* pala.
**palasport** *sm inv* palabasan ng sport.
**palato** *sm* ngalángalà ◊ (*fig, gusto*) panlasa.
**palazzo** *sm* palasyo ◊ **palazzo di giustizia** gusali ng ministeryo ng katarungàn; **palazzo reale** palasyo ng hari at reyna.
**palco** (*pl* **-chi**) *sm* entablado.
**palcoscènico** (*pl* **-ci**) *sm* entablado.
**palese** *agg* maliwanag.
**palestra** *sf* dyimnasyum.
**paletta** *sf* daspan.
**pàlio** *sm* estandarte ◊ **mettere in palio** isama sa paligsahan; **Palio di Siena** paligsahan ng kabayo sa Siena.
**palissandro** *sm* rosewood.
**palla** *sf* globo, bola ◊ **prendere la palla al balzo** samantalahin ang pagkakataon.
**pallacanestro** *sf inv* básketbòl.
**pallanuoto** *sf inv* water polo.
**pallavolo** *sf inv* bálibòl.
**palleggiare** *v* maglaro ng bola.
**palliativo** *sm* pampatighàw.
**pàllido** *agg* maputlâ ◊ (*fig*) mahina ◊ **non avere la più pallida idea** hindî alam.
**pallino** *sm* maliit na bola ◊ (*boccino*) pinakamaliit na bola ◊ (*fig*) kahumalingan.
**palloncino** *sm* balùn.
**pallone** *sm* bola ◊ **un pallone gonfiato** mayabang.
**pallòttola** *sf* bala.
**palma** *sf* (*mano*) palad ◊ (*pianta*) palmera ◊ **cuore di palma** puso ng palmera; **olio di palma** langis ng palmera.
**palmo** *sm* dangkàl ◊ **restare con un palmo di naso** maloko.
**palo** *sm* poste.
**palombaro** *sm* máninisid.
**palombo** *sm* palombo.
**palpàbile** *agg* nasálàt ◊ (*fig*) nadáráma.
**palpare** *v* sálatin.
**pàlpebra** *sf* talukap ng matà.
**palpitare** *v* sumikdú-sikdò ◊ (*fig*) manginig.
**palpitazione** *sf* pagsiksò.
**palude** *sf* latian.
**paludoso** *agg* malatì.
**pàmpino** *sm* dahon ng baging.
**panca** (*pl* **-che**) *sf* bangkô.
**pancarrè** *sm inv* lof-bred.
**pancetta** *sf* liempo, bekon.
**panchina** *sf* bangkô.
**pància** (*pl* **-ce**) *sf* tiyàn.
**panciera** *sf* gerdel.
**panciotto** *sm* tsaleko.
**pàncreas** *sm inv* lapày.
**panda** *sm inv* panda.
**pandemònio** *sm* magulóng-poòk ◊ **fare un pandemonio** manggulò.
**pane** *sm* tinapay ◊ **pan di Spagna** pandesal; **pane grattugiato** bubog ng tinapay.

**panetterìa** *sf* panaderya.
**panettiere** *sm* panadero.
**paniere** *sm* basket.
**panificio** *sm* panaderya.
**panino** *sm* tinapay ◊ **panino imbottito** tinapay na may palaman.
**paninoteca** (*pl* **-che**) *sf* kainan ng sandwich.
**panna** *sf* krema ◊ **panna montata** binating krema.
**pannello** *sm* entrepanyo ◊ **pannello solare** entrepanyo para sa init.
**panno** *sm* piyeltro ◊ **mettersi nei panni di qualcuno** ilagay ang sarili sa sitwasyòn ng ibang tao.
**pannòcchia** *sf* busal ng maìs.
**pannolino** *sm* pasadòr ◊ (*bambino*) lampin.
**panorama** (*pl* **-i**) *sm* tánawin.
**pantaloni** *sm pl* pantalòn.
**pantano** *sm* lubak.
**pantera** *sf* pantera.
**pantòfola** *sf* tsinelas.
**paonazzo** *agg* marangàl.
**papa** (*pl* **-i**) *sm* papa.
**papà** *sm inv* tatay, itày.
**papàia** *sf* papaya.
**papàvero** *sm* isang uri ng halaman.
**pàpero** *sm* batang gansâ.
**papilla** *sf* papilya.
**pappa** *sf* pagkain ng bata.
**pappagallo** *sm* loro.
**pàprica** (*pl* **-che**) *sf* pamintòn.
**para** *sf* parakadutista.
**paràbola** *sf* parábulà.
**parabrezza** *sm inv* parahangin.
**paracadute** *sm inv* parasiyut.
**paracadutista** (*pl* **-i -e**) *sm/f* magpaparakayda.
**paradiso** *sm* paraiso ◊ **paradiso artificiale** di-tunay na paraiso.
**paradosso** *sm* kabalintunaan.
**parafango** (*pl* **-ghi**) *sm* tapalodo.
**parafùlmine** *sm* pararayos.
**paraggi** *sm pl* kahanggà ◊ **nei paraggi** sa paligid.
**paragonare** *v* ihambìng.
**paragone** *sm* paghahambing ◊ **non ha paragone** walang kahambìng.
**paràgrafo** *sm* tálataan.
**paràlisi** *sf inv* parálisìs ◊ (*fig*) pagtigil.
**paralizzare** *v* lumpuhìn ◊ (*fig*) tumigil.
**paralizzato** *agg* lumpò ◊ (*fig*) gulàt.
**parallelo** *agg* pagpantay ◊ *sm* guhit na magkapantay.
**paralume** *sm* pantalya.
**paràmetro** *sm* parametro.
**paranòia** *sf* pagkabaliw.
**paraocchi** *sm inv* kisàp.
**parapendìo** *sm* isang uri ng pagpaparasiyut.
**parapetto** *sm* pambarandilya.
**parare** *v* sanggáhin ◊ (*ornare*) palamutihan ◊ (*sport*) pigilin.
**parassita** (*pl* **-i -e**) *sm/f* parásitò ◊ (*fig*) limatik, lintâ.
**parata** *sf* parada ◊ (*sport*) pagsangga sa bola.

**paraurti** *sm inv* bamper.
**paravento** *sm* tabing.
**parcella** *sf* kabuluhàn.
**parcheggiare** *v* pumarada.
**parchéggio** *sm* páradahan ◊ (*manovra*) iparada ◊ **parcheggio a pagamento** paradahang may bayad; **area di parcheggio** paradahan.
**parchìmetro** *sm* orasan ng pagpaparkada.
**parco** (*pl* **-chi**) *sm* parke ◊ **parco giochi** palaruan ng mga batà.
**parécchio** *agg indef* marami ◊ *avv* marami ◊ *pron* marami.
**pareggiare** *v* pumantay ◊ (*conti*) tumumbas.
**paréggio** *sm* balanse ◊ (*sport*) tabla ◊ **pareggio di bilancio** pagpantay ang timbang.
**parente** *sm/f* kamág-anak.
**parentela** *sf* pagkakámag-anak.
**parèntesi** *sf inv* saklòng.
**parere** *sm* palagày ◊ *v* ipagpalagay ◊ **a mio parere** sa aking palgay; **non essere del parere** ahindi sangayon; **che te ne pare?** ano sa palagay mo?; **non mi pare vero** hindi ko akalaing totoo; **mi pare giusto** mukhang tama.
**parete** *sf* dingdìng.
**pari** *agg inv* magkapareho ◊ *sm* kapareho ◊ **pari pari** parepareho; **di pari passo** magkapantay.
**parità** *sf inv* pagpapantay.
**parlamentare** *agg* pangbátásang-bansâ ◊ *sm/f* bátásang-bansâ ◊ **repubblica parlamentare** republikang bátásang-bansâ.
**parlamento** *sm* parlamento.
**parlare** *v* magsalitâ ◊ *v rifl* nagsalitâ ◊ **parlare chiaro** magsalità ng maliwanag; **non si parlano** hindî sila nag-uúsap.
**parlata** *sf* pagsasalitâ.
**parlatòrio** *sm* silid-tipunan ◊ (*carcere*) silid-tanggapan.
**parmigiano** *sm* pármisàn.
**parodìa** *sf* parodya.
**parola** *sf* salitâ ◊ **essere di parola** matapat sa usapan; **libertà di parola** karapatang magsalitâ; **essere di poche parole** di-maimik.
**parolàccia** (*pl* **-ce**) *sf* mura.
**parròcchia** *sf* parokya.
**pàrroco** (*pl* **-ci**) *sm* kura.
**parrucca** (*pl* **-che**) *sf* peluka.
**parrucchiere** *sm* mang-gugupit.
**parte** *sf* bahagi ◊ **da che parte?** saang bandà?; **dalle parti di** sa bandà ng; **da queste parti** dito; **la maggiorparte** ang karamihan.
**partecipante** *agg* kasali.
**partecipare** *v* sumali, dumalò.
**partecipazione** *sf* pagsali ◊ (*finanza*) pag-abuloy ◊ (*biglietto*) pagbayad.
**parteggiare** *v* sumalagay.
**partenza** *sf* pag-alìs ◊ (*sport*) umpisà.
**particolare** *agg* naíibà ◊ *sm* ditalya.
**particolarità** *sf inv* pagkakáibà.
**partigiano** *agg* kapanig, gerilya

◊ *sm* tagaguyod ◊ (*storia*) partidaryo.
**partire** *v* umalìs ◊ (*meccanismo, motore*) pag-andar ◊ (*fig*) magmula ◊ **a partire da** magmula sa.
**partita** *sf* larô ◊ (*comm*) partida ◊ **vincere la partita** manalo sa mats.
**partito** *sm* lapì, partido.
**partitura** *sm* púntòs.
**partner** *sm/f inv* kasama ◊ (*comm*) kasosyo.
**parto** *sm* panganganàk ◊ **sala parto** silid-panganakan.
**partorire** *v* manganàk.
**part-time** *sm inv* part-time.
**parziale** *agg* pagbahagi ◊ (*ingiusto*) pumápánig.
**parzialità** *sf inv* pagpanig.
**pascolare** *v* maginain ng damo.
**pàscolo** *sm* pastulan.
**Pasqua** *sf* Paskò ng pagkabuhay ◊ **essere contento come una pasqua** maligang lubos; **buona Pasqua!** maligayàng pagkabuhay; **uovo di Pasqua** ester-eg.
**pasquale** *agg* pagkabuhay.
**pasquetta** *sf* lunes ng pagkabuhay.
**passàbile** *agg* maráraánan.
**passàggio** *sm* pagdaàn ◊ (*mus*) sipì ◊ (*sport*) pagpasa ◊ (*testo, film*) sipì ◊ **essere di passaggio** nadaan lang; **chiedere un passaggio** umangkàs; **dare un passaggio** iangkàs; **passaggio a livello** tulay sa daan; **passaggio di proprietà** paglipat ng ari-arian.
**passante** *sm/f* taong dumaraàn ◊ **passante ferroviario** daanan ng tren.
**passaporto** *sm* pasaporte.
**passare** *v* magdaàn ◊ (*cosa*) mabulok ◊ (*tempo*) lumipas ◊ (*cessare*) tumigìl ◊ (*superare*) lampasan ◊ (*spostare*) ilipat ◊ (*trascorrere*) manatili ◊ (*spalmare*) ipahid ◊ **passare un esame** pumasa sa pagsulit; **passare di mente** makalimutan.
**passatempo** *sm* libangan.
**passato** *agg* nakaraàn ◊ *sm* (*tempo*) nagdaàn ◊ (*gramm*) pangnagdaàn ◊ **passato di moda** hindî na usò; **passato di verdura** sopas ng gulay.
**passaverdura** *sm inv* panggiling ng gualy.
**passeggero** *agg* panandalian, pangpasahero ◊ *sm* pasahero.
**passeggiare** *v* mamasyàl.
**passeggiata** *sf* pagpasyàl ◊ **fare una passeggiata** maglibòt, mamasyàl.
**passeggino** *sm* istroler.
**passéggio** *sm* paglalákad ◊ **andare a passeggio** maglakád-lakàd.
**passerella** *sf* deklibe.
**pàssero** *sm* maya.
**passione** *sf* maalab na damdamin ◊ (*vivo interesse*) kahalingàn ◊ (*amore*) silakbò ng damdamin.
**passivo** *agg* waláng-tutol ◊ (*econ*) utang ◊ *sm* (*econ*) utang ◊ (*gramm*) pabalintiyàk.

**passo** *sm* hakbàng ◊ **fare quattro passi** maglakád-lakàd; **passo carrabile** pasukan ng kotsè; **passo pedonale** tawiran; **essere a un passo** nauúna.
**pasta** *sf* pasta ◊ **pasta frolla** masa; **pasta sfoglia** masa; **pasta asciutta** pasta; **buttare la pasta** ilagay ang pasta.
**pastasciutta** *sf* pasta.
**pastello** *sm* masa.
**pasticcerìa** *sf* tindahan ng keyk.
**pasticciare** *v* dumaskúl-daskòl.
**pasticciere** *sm* panadero.
**pasticcino** *sm* matamis.
**pastìccio** *sm* pastel ◊ (*fig*) gulò ◊ **cacciarsi in un pasticcio** masankot sa gulò.
**pastificio** *sm* pabrika ng pasta.
**pastìglia** *sf* pastilyà.
**pastina** *sf* maliliit na pasta.
**pasto** *sm* komida, kain ◊ **saltare i pasti** hindî kumain; **vino da pasto** alak pangkain.
**pastore** *sm* pastòl ◊ (*cane*) pastòl na aso.
**pastorìzia** *sf* pag-aalaga ng tupa.
**patata** *sf* patatas.
**patatina** *sf* pritong patatas.
**paté** *sm inv* pasta na kinakain.
**patema** (*pl* **-i**) *sm* dalamhatì ◊ **patema d'animo** dalamhatì ng puso.
**patente** *sf* lisénsiyà.
**paternità** *sf inv* pagka-amà.
**paterno** *agg* pang-amà.
**patètico** (*f* **-a** *pl* **-ci -che**) *agg* kalunos-lunos.
**patìbolo** *sm* andamyo.
**pàtina** *sf* patina.
**patire** *v* tiisìn ◊ **patire la fame** tiisìn ang gutom; **patire il freddo** tiisìn ang lamig.
**patito** *agg* masasaktìn ◊ *sm* masakitin.
**patologìa** *sf* sakìt.
**patològico** (*f* **-a** *pl* **-ci -che**) *agg* ukol sa sakìt.
**pàtria** *sf* ináng-bansà.
**patriarca** (*pl* **-chi**) *sm* patriyarka.
**patrigno** *sm* amaìn.
**patrimònio** *sm* arí-ariàn ◊ **costare un patrimonio** napakamahal.
**patriota** (*pl* **-i -e**) *sm/f* bayani.
**patriòttico** (*f* **-a** *pl* **-ci -che**) *agg* makabayani.
**patrocinare** *v* magmatuwìd.
**patrocìnio** *sm* manananggòl.
**patrono** *sm* santong patròn.
**patteggiare** *v* magkasundò.
**pattinàggio** *sm* isketing ◊ **pattinaggio su ghiaccio** mag isket sa yelo.
**pattinare** *v* mag-isket.
**pàttino** *sm* iskets.
**patto** *sm* kasunduàn.
**pattùglia** *sf* patrulyà.
**pattuìto** *agg* itinadhanà.
**pattumiera** *sf* básurahàn.
**paura** *sf* takot ◊ **fare paura** takutin.
**pauroso** *agg* matakutin ◊ (*che fa paura*) nakakatakot.
**pàusa** *sf* pahingà.
**pavimentare** *v* sahigan.

**pavimento** *sm* sahig.
**pavone** *sm* páboreàl.
**pavoneggiarsi** *v rifl* lumakad ng magilas.
**paziente** *agg* matiyagâ ◊ *sm/f* pasyente.
**pazienza** *sf* hinahon ◊ **pazienza!** pasensiyà!; **perdere la pazienza** maubusan ng tiyagâ.
**pazzesco** (*f* **-a** *pl* **-chi -che**) *agg* hibàng.
**pazzìa** *sf* kabaliwàn.
**pazzo** *agg* balìw ◊ **andare pazzo per qualcosa** nahihibàng sa isang bagay; **andare pazzo per qualcuno** maloko sa isang tao.
**peccare** *v* magkasalà.
**peccato** *sm* kasalanan ◊ **che peccato!** sayang!.
**pece** *sf* aspalto, alketran.
**pècora** *sf* tupa.
**pecorino** *sm* maliit na tupa.
**peculiare** *agg* kakatwâ.
**pedàggio** *sm* toll.
**pedagogìa** *sf* pagtuturo.
**pedalare** *v* magpedàl.
**pedale** *sm* pedàl.
**pedalò** *sm inv* bangkang depedàl.
**pedana** *sf* tungtungan.
**pedante** *agg* mapagmaalam ◊ *sm/f* taong mapagmaalam.
**pedata** *sf* sipà.
**pediatra** (*pl* **-i -e**) *sm/f* pedyatrisyan.
**pedina** *sf* sanglâ.
**pedinare** *v* sundan-sundan.
**pedòfilo** *sm* pidopilo, paglalapastangna sa mga bata.
**pedonale** *agg* para sa taong naglàlakad ◊ **isola pedonale** didinadaanan ng sasakyan; **passaggio pedonale** daanan ng tao.
**pedone** *sm* taong naglálákad.
**pèggio** *avv* lalong masamâ ◊ *sm inv* ang pinakamasamâ.
**peggioramento** *sm* paglalà.
**peggiorare** *v* palalàin.
**peggiore** *agg* pagkamasamâ ◊ *sm/f* pinakmasamâ.
**pegno** *sm* prenda.
**pelare** *v* balatàn.
**pellame** *sm* katad, pelyeho.
**pelle** *sf* kutis ◊ (*animali*) balat ◊ (*buccia*) balat ◊ **guanti di pelle** guwantes ng gawá-sa balat; **non stare nella pelle** asiwà; **avere la pelle d'oca** nangingilabot.
**pellegrinàggio** *sm* paglalakbày.
**pellegrino** *sm* peregrino.
**pellerossa** *sm/f inv* indiyano.
**pelletterìa** *sf* tindahan ng mga kasankapang gawá-sa balat.
**pellicano** *sm* pelikano.
**pellìccia** (*pl* **-ce**) *sf* fur coat.
**pellìcola** *sf* pelikolà.
**pelo** *sm* balahibo ◊ **avere il pelo sullo stomaco** may kinikimkim.
**peloso** *agg* mabalahibo.
**pena** *sf* parusa ◊ **pena capitale** pinakambigat na parusa; **vale la pena** mahalaga.
**penale** *agg* pangpenàl ◊ *sf* penàl ◊ **diritto penale** batàs pangpenàl;

**tribunale penale** hukumang pang-penàl.
**penare** *v* magdusa.
**pendente** *agg* nakalawìt.
**pendenza** *sf* dahilig.
**pèndere** *v* ibitin.
**pendìo** *sm* kiling.
**pèndola** *sf* péndulò, palawìt.
**pendolare** *agg* umuugòy.
**pene** *sm* ari ng lalaki.
**penetrare** *v* pasukin.
**penicillina** *sf* pinisilin.
**penìsola** *sf* tangwày.
**penitenza** *sf* penitensíyà ◊ (*giochi*) prenda ◊ **fare penitenza** magpenitensíyà.
**penitenziàrio** *sm* bílangguan.
**penna** *sf* pluma ◊ (*per scrivere*) bolpen.
**pennarello** *sm* pentel-pen.
**pennellata** *sf* hagod.
**pennello** *sm* brotsa ◊ **pennello da barba** brotsang pang-ahit.
**pennino** *sm* matulis na dulo.
**pennone** *sm* tandàn ng bandilà.
**pennuto** *agg* mabalahibo.
**penombra** *sf* agaw-liwanag.
**penoso** *agg* nakakaawa.
**pensare** *v* isipin ◊ **pensare a qualcuno** alalalahanin ang isang tao.
**pensiero** *sm* sáloobìn ◊ **stare in pensiero** mag-alalà.
**pènsile** *agg* pabitin.
**pensionato** *sm* pesiyónado ◊ (*residenza*) otèl.
**pensione** *sf* pensiyòn ◊ **andare in pensione** mag-ritayr.
**pensoso** *agg* maalalahanin.
**Pentecoste** *sf* pentekoste.
**pentimento** *sm* pagsisisi.
**pentirsi** *v rifl* magsisi.
**péntola** *sf* kaserola.
**penùltimo** *agg* pangalawà sa hulihàn.
**pepare** *v* lagyan ng pamyénta.
**pepe** *sm* paméyenta.
**peperoncino** *sm* sili.
**peperone** *sm* siling bagyò.
**per** *prep* sa ◊ (*moto attraverso luogo*) sa ◊ (*moto a luogo*) sa ◊ (*mezzo*) sa ◊ (*causa*) dahil sa ◊ (*tempo*) sa ◊ (*scopo*) sa ◊ (*scambio*) para sa ◊ **per ora** sa ngayon; **per caso** kung sakalì; **per il momento** pansamantala; **per poco** saglìt; **per sempre** hanggang kailanman; **percento** posiyento.
**pera** *sf* peras.
**percentuale** *sf* porsiyento.
**percepire** *v* makaramdàm.
**perché** *cong* sapagkàt ◊ (*causa*) dahil ◊ (*scopo*) dahil ◊ (*interrogativo*) bakit ◊ *sm* dahilan.
**perciò** *cong* dahil doòn, kung kayâ.
**percórrere** *v* daanan ◊ (*fig*) takbuhin.
**percorso** *sm* distánsiyà ◊ (*fig*) biyahè.
**percossa** *sf* pagtangày.
**percuòtere** *v* tamaan.
**pèrdere** *v* mawalâ ◊ (*persona*

*morta*) pumanaw ◊ (*gara*) matalo ◊ (*liquidi*) tumulo ◊ *v rifl* maligàw ◊ **perdere i sensi** mahimatay; **perdere la vita** mamatay; **lasciarperdere** pabayaan; **perdere la faccia** mawalan ng dangàl; **perdere il vizio** alisin ang bisyò; **non avere nulla da perder** walang mawawalà; **perdere il treno** maiwanan ng tren; **una tradizione che si è persa** nakaligtaan ng kaugalian.
**pèrdita** *sf* pagkawalâ ◊ (*morte*) pagpanaw ◊ (*fuoriuscita*) pagtulò ◊ (*gioco*) pagkatalo ◊ (*danno*) pagkasira ◊ (*econ*) aksayà ◊ **perdita di tempo** pagsayang ng panahon; **chiudere (l'esercizio) in perdita** magsara dahil nalugi.
**perdonare** *v* magpatawad ◊ **un male che non perdona** walang-patawad; **un tipo che non perdona** taong walang-patawad.
**perdono** *sm* patawad.
**perenne** *agg* santáúnan.
**perentòrio** *agg* pangwakàs.
**perfetto** *agg* perpekto.
**perfezionare** *v* pagbutihin ◊ *v rifl* pinabuti ◊ **perfezionare un contratto** pirmahan ang kasunduan.
**perfezione** *sf* katumpakàn.
**pèrfido** *agg* lilo, sukàb.
**perfino** *avv* kahit na.
**perforare** *v* butasan.
**pèrgola** *sf* balag.
**pergolato** *sm* serye ng balag.
**pericolante** *agg* mapanganib.
**perìcolo** *sm* panganib ◊ **non c'è pericolo** di-mapanganib; **essere fuori pericolo** ligtàs sa panganib; **essere in pericolo** nasa panganib.
**pericoloso** *agg* mapanganib.
**periferìa** *sf* paligid-bayan.
**perìmetro** *sm* buong gilid.
**periòdico** (*f* **-a** *pl* **-ci -che**) *agg* paulit-ulit ◊ *sm* paháyagàn.
**perìodo** *sm* panahòn.
**peripezìa** *sf* sakunâ.
**perire** *v* mapuksâ, malipol.
**perito** *sm* dalubhasà, esperto ◊ **perito industriale** dalubhasà sa panganglakal.
**perìzia** *sf* kakayahàn ◊ (*accertamento*) ulat ng dalubhasà.
**perla** *sf* perlàs ◊ **perla coltivata** itinatanim na perlas; **perla di fiume** perlas ng ilog.
**perlustrare** *v* magparolya.
**perlustrazione** *sf* pagpatrolya.
**permaloso** *agg* mayàyamutìn, bugnutin.
**permanente** *agg* permanente ◊ *sf* (*capelli*) kulot.
**permanenza** *sf* pamamalagì ◊ (*soggiorno*) pananatilì.
**permanere** *v* mamalagì.
**permesso** *sm* pahintulot ◊ **permesso di soggiorno** papeles na nagpapahitulot ng pananatilì sa isang bansâ; **è permesso?** puwede ho bang tumuloy?.
**perméttere** *v* pahintulutan ◊ *v rifl* pinahintulutan.
**pèrmuta** *sf* pagpalit.
**pernàcchia** *sf* isang uring ibon.

**perno** *sm* ikutàn ◊ (*fig*) taguyod.
**pernottamento** *sm* pananatilì ng magdamàg.
**pernottare** *v* magpalipas ng gabi.
**pero** *sm* punaongkahoy ng peras.
**però** *cong* ngunit.
**perone** *sm* pibula.
**perpendicolare** *agg* papatayô.
**perpetuare** *v* magpanatili.
**perpètuo** *agg* panghabang-buhay.
**perplesso** *agg* litò.
**perquisire** *v* kapkapìn.
**perquisizione** *sf* pangangapkap.
**persecuzione** *sf* pag-uusig.
**perseguire** *v* sundân.
**perseguitare** *v* pag-usigin.
**perseveranza** *sf* tiyagâ.
**perseverare** *v* magtiyagâ.
**persiana** *sf* persiyana.
**persino** *avv* kahit.
**persìstere** *v* magtagal.
**persistente** *agg* nagtatagal.
**perso** *agg* nawalâ ◊ **a tempo perso** sayang na oras.
**persona** *sf* tao ◊ **in persona** sa tunay.
**personaggio** *sm* personalidad, katauhan.
**personal computer** *sm inv* personal komputer.
**personale** *agg* pansarili ◊ *sm* tauhan.
**personificazione** *sf* pagsasatao.
**perspicace** *agg* matalino.
**persuadere** *v* kumbinsihìn, hikayutin ◊ *v rifl* makumbinsì, hinikayot ◊ **persuadere qualcuno di qualcosa** hikayatin ang isang tao para sa isang bagay.
**pertanto** *cong* sa gayòn samakatwìd.
**pèrtica** (*pl* **-che**) *sf* haligi ◊ (*attrezzo*) tikìn ◊ (*misura*) sampung-talampakang sukat.
**pertinente** *agg* kaugnàyan.
**pertosse** *sf* pertusis.
**perturbazione** *sf* masamàng panahòn.
**perversione** *sf* pagkamasamà.
**perverso** *agg* masamà.
**pesante** *agg* mabigat ◊ **cibo pesante** mabigat na pagkain; **sonno pesante** mahimbing na tulog; **aria pesante** maalisawang hangin; **droghe pesanti** matapang na gamot.
**pesantezza** *sf* pagkamabigat ◊ **pesantezza di stomaco** di-natunawan.
**pesare** *v* timbangin ◊ (*fig*) isaalang-alang ◊ *v rifl* tinimbang.
**pesca** (*pl* **-che**) *sf* mangisda, mamingwit ◊ (*bot*) milokotòn ◊ **pesca subacquea** pangingisdâ sa ialalmin ng tubig; **canna da pesca** pamingwit.
**pescare** *v* mangisdâ.
**pescatore** (**-trice**) *sm* mangingisdâ.
**pesce** *sm* isdâ ◊ (*pl, astr*) isdâ ◊ **essere sano come un pesce** malusog; **pesce d'aprile** pista ng kalukohan sa unang araw ng abril;

**nuotare come un pesce** magaling lumangoy; **prendere a pesci in faccia** malinlang.
**pescecane** *sm* patìng.
**pescheréccio** *sm* barkòng pangisdâ.
**pescherìa** *sf* isdâhan.
**pescivéndolo** *sm* tindero ng isdâ.
**pesco** (*pl* **-chi**) *sm* puno ng milokotòn.
**peso** *sm* bigàt ◊ (*cosa pesante*) mabigàt ◊ (*pugile*) timbàng ◊ **a peso d'oro** napakamahal; **peso netto** netong timbàng; **peso lordo** buòng timbàng; **essere di peso** nakakaabalà.
**pessimismo** *sm* pagkapesimista.
**pessimista** (*pl* **-i -e**) *sm/f* pesimista.
**pestare** *v* yapakan ◊ (*picchiare*) bugbugìn.
**peste** *sf* salot, peste ◊ **dire peste e corna di qualcuno** sirain ang puri ng isang tao; **essere una peste** salbahe.
**pesticida** (*pl* **-i**) *sm* pesticide.
**pètalo** *sm* talulot.
**petardo** *sm* paputok.
**petizione** *sf* petisyòn.
**petroliera** *sf* barkò ng langìs.
**petrolìfero** *agg* mayaman sa petrolyo ◊ **giacimento petr olifero** mina ng petrolyo.
**petròlio** *sm* langìs, petrolyo.
**pettegolezzo** *sm* tsismis.
**pettégolo** *agg* tsismosa ◊ *sm* tsismosa.
**pettinare** *v* magsuklày ◊ *v rifl* sinuklày.
**pettinatura** *sf* ayos ng buhok.
**pèttine** *sm* suklày.
**pettirosso** *sm* isang uri ng ibon.
**petto** *sm* dibdìb ◊ (*uomo*) dibdìb ◊ (*donna, seno*) suso ◊ **petto di pollo** dibdib ng manok.
**pezza** *sf* trapo, basahan.
**pezzente** *agg* magpapálìmos ◊ *sm/f* pulubi.
**pezzo** *sm* piraso ◊ (*articolo*) sipì ◊ **pezzo di ricambio** panghalili; **pezzo grosso** importanteng tao; **cadere a pezzi** mapagod ng husto.
**piacere** *v* kagalakan ◊ **mi piace il caffè** gusto ng kapè; **piacere di conoscerla** ako ay natutuwang makilala ka.
**piacévole** *agg* kalugùd lugòd.
**piaga** (*pl* **-ghe**) *sf* sugat datay ◊ (*fig*) suliranin ◊ **mettere il dito sulla piaga** ungkatin.
**pialla** *sf* patag.
**piallare** *v* ipatag.
**piana** *sf* malinaw ◊ (*pianura*) kapatagan.
**pianeggiante** *agg* mapatag.
**pianeròttolo** *sm* pasilyo ng palapàg.
**pianeta** (*pl* **-i**) *sm* planeta.
**piàngere** *v* umiyàk ◊ **piangere a dirotto** umiyak na parang agos.
**pianificare** *v* planohin.
**pianificazione** *sf* pagplano.
**pianista** (*pl* **-i -e**) *sm/f* piyanista.
**piano** *agg* patag ◊ (*facile*) madali

◊ (*pianura*) kapatagan ◊ (*fot, cine*) kuwadro ◊ (*edificio*) palapag ◊ **parlare piano** magsalità ng mahinahon; **piano terra** silong; **andarci piano** dahan-dahan; **in primo piano** klos-ap.

**pianoforte** *sm* piyano.

**pianta** *sf* tanim, halaman ◊ (*arch*) plano ◊ (*piede*) paà ◊ **di sana pianta** buóng-buò.

**piantagione** *sf* tanimàn.

**piantare** *v* magtanìm ◊ (*confiscare*) isaksàk ◊ (*abbandonare*) iwan ◊ **piantare in asso** layasan, iwanan; **piantare grane** manggulò; **piantala!** tama na!.

**pianterreno** *sm* unang palapàg.

**pianto** *sm* iyàk.

**pianura** *sf* kapatagan.

**piastra** *sf* ohas ◊ **cuocere alla piastra** magluto sa plantsa.

**piastrella** *sf* tayls.

**piastrina** *sf* plaka.

**piattaforma** *sf* plataporma.

**piatto** *sm* patag ◊ (*cibo*) pinggàn, plato ◊ (*mus*) pompiyàng ◊ (*bilancia*) timbangan ◊ *agg* nakakabagòt ◊ **piatto fondo** malokong; **piatto forte** pinakamasarap na putahe; **piatto caldo** mainit na pagkain; **piatto freddo** malamig na pagkain.

**piazza** *sf* líwasan ◊ **fare piazza pulita** maglinis ng mabuti; **mettere in piazza** ipakita, ipaalam; **letto a una piazza** kamang pangisa; **letto a due piazze** kamang pangdalawahan; **manifestazione di piazza** demostrasyòn.

**piazzare** *v* palitan ◊ *v rifl* pinalitan.

**piazzato** *agg* pinalitan.

**piccante** *agg* maanghàng.

**picchetto** *sm* istakà ◊ (*mil*) tulos.

**picchiare** *v* bugbugìn ◊ *v rifl* binugbog ◊ **picchiare la testa contro il muro** mauntog.

**pìcchio** *sm* bátuktòk.

**piccino** *agg* maliit.

**piccione** *sm* kalapati ◊ **prendere due piccioni con una fava** masuwerte ng dalawang beses.

**picco** (*pl* **-chi**) *sm* taluktòk ◊ **colare a picco** bumagsak ng biglâ.

**pìccolo** *agg* pangmaliit ◊ (*fig*) batà ◊ *sm* maliit ◊ **in piccolo** sa maliit.

**piccone** *sm* piko.

**piccozza** *sf* asaròl.

**picnic** *sm inv* piknik.

**pidòcchio** (*pl* **-chi**) *sm* kuto ◊ (*fig*) kuripot.

**piede** *sm* paà ◊ **da capo a piedi** mula ulo hanggang paà; **in piedi** tumayo; **andare a piedi** maglakad.

**piega** (*pl* **-ghe**) *sf* tiklòp ◊ **non fare una piega** walang pakialam; **messa in piega** pag-aayos ng buhok.

**piegare** *v* tiklupìn ◊ (*fig*) ugaìn ◊ *v rifl* tiniklup.

**pieghévole** *agg* tiklúp-tiklòp ◊ *sm* tiklòp.

**piena** *sf* bahâ.

**pieno** *agg* punô ◊ **essere pieno di sé** matalino; **fare il pieno** punuhin ng gasolina; **luna piena** kabilugan ng buwàn; **cielo pieno di stelle** langit na punò ng bituin.
**pietà** *sf inv* awà.
**pietoso** *agg* nakakaawà ◊ (*che ha pietà*) maawain ◊ (*che fa pietà*) nakakahabàg.
**pietra** *sf* batò ◊ **pietra preziosa** mamahaling batò.
**pìffero** *sm* kuwako.
**pigiama** (*pl* **-i**) *sm* padiyama.
**pigiare** *v* idiìn ◊ *v rifl* diniìn.
**pigliare** *v* kunin.
**pigna** *sf* hugis balisungsòng.
**pignolo** *agg* masiyadong maselan.
**pigolare** *v* humuni.
**pigrìzia** *sf* katamaran.
**pigro** *agg* tamad, batugan.
**pila** *sf* buntòn ◊ (*elettrica*) baterya.
**pilastro** *sm* poste ◊ (*fig*) haligî.
**pìllola** *sf* pîldoràs.
**pilota** (*pl* **-i -e**) *sm/f* abyadòr.
**pinacoteca** (*pl* **-che**) *sf* museo ng mga pintura.
**pineta** *sf* pinohan, aguhuan.
**ping-pong** *sm inv* ping-pong.
**pinguino** *sm* penggin.
**pinna** *sf* palikpìk.
**pino** *sm* pino.
**pinolo** *sm* butil ng pino.
**pinza** *sf* plays, sipit.
**pinzetta** *sf* sipit.
**pio** *agg* maka-Diyos.
**piòggia** (*pl* **-ge**) *sf* ulan ◊ (*fig*) marami.
**piolo** *sm* talasok ◊ **scala a pioli** hagdàn.
**piombare** *v* balutin ng tinggâ ◊ (*fig*) dumating biglâ.
**piombo** *sm* tinggâ.
**pioniere** *sm* tagabunsòd.
**pioppo** *sm* álamò.
**piòvere** *v* umulan ◊ (*fig*) bumagsak ◊ **piovere a dirotto** walang tigil na ulan.
**piovoso** *agg* maulan.
**piovra** *sf* pugità.
**pipa** *sf* pipa.
**pipistrello** *sm* pánikì.
**piragna** *sm inv* piranya.
**piràmide** *sf* piramide.
**pirata** (*pl* **-i**) *sm* tulisán-dagat.
**piròfila** *sf* pireks.
**piròmane** *sm/f* maniyako.
**piròscafo** *sm* bapòr.
**piscina** *sf* pálanguyan.
**pisello** *sm* gisantes.
**pista** *sf* bakàs ◊ (*sentiero*) landàs ◊ (*ciclismo*) takbuhan ◊ (*auto, moto - ciclismo*) kárerahàn ◊ (*circo*) ruweda ◊ (*ballo*) sáyawan ◊ **pista ciclabile** daanan ng bisekleta.
**pistàcchio** *sm* pistasiyo.
**pistillo** *sm* pistilyo.
**pistola** *sf* barìl.
**pistone** *sm* pistòn.
**pitone** *sm* sawà.
**pittore** (**-trice**) *sm* pintòr.
**pittoresco** (*f* **-a** *pl* **-chi -che**) *agg* makulay.
**pittura** *sf* kuwadro pintura.
**più** *avv* mas marami ◊ *sm* marami

◊ **più alto di me** mas mataàs sa akin; **più alto di tutti** pinakmataàs sa lahat; **perdi più** at isa pa; **di più** mas; **più o meno** higìt o labis.
**piuma** *sf* plumahè, balahibo ◊ **peso piuma** magaan.
**piumino** *sm* almohadòn ◊ (*indumento*) diyaket na gawâ sa balahibo ng patu ◊ (*coperta*) kumot na gawâ sa balahibo ng patu.
**piuttosto** *avv* higìt pa ◊ **piuttosto alto** medyo mataàs; **piuttosto di** kaysa naman; **piuttosto che** kaysa sa.
**pizza** *sf* pisa ◊ **pizza da asporto** take-away na pisa; **pizza capricciosa** isang uri ng pisa.
**pizzerìa** *sf* tindahan ng pizza.
**pizzicare** *v* kurutin.
**pìzzico** (*pl* **-chi**) *sm* kurut ◊ (*piccola quantità*) katiting.
**pizzo** *sm* taluktok ◊ (*barba*) bigote.
**placare** *v* patahimikin ◊ *v rifl* matahimik.
**placca** *sf* plaka ◊ **placca dentaria** bulok ng ipin.
**placenta** *sf* plasenta, lalàgyàn ng batà.
**plàcido** *agg* payapà.
**plagiare** *v* mamláhiyò.
**plàgio** *sm* plahiyò.
**plaid** *sm inv* kumot.
**planare** *v* ipatag.
**planetàrio** *agg* pangmundò.
**plasma** (*pl* **-i**) *sm* plasma.
**plàstica** (*pl* **-che**) *sf* plastika.
**plàstico** (*pl* **-ci**) *sm* plastik.
**plàtano** *sm* isang uri ng punongkahoy.
**plàtino** *sm* plátinò.
**plebiscito** *sm* plebisito.
**plenilùnio** *sm* kabilugang-buwàn.
**pleurite** *sf* pleuritis.
**plotone** *sm* pangkàt ◊ **plotone d'esecuzione** pangkàt na ibibitay.
**plùmbeo** *agg* yarî sa tinggâ.
**plurale** *agg* marami ◊ *sm* máramihan.
**pluviale** *agg* ulan ◊ **foresta pluviale** kagubatan.
**pneumàtico** (*f* **-a** *pl* **-ci -che**) *agg* pang-gulong ◊ *sm* gulòng.
**po'** *vedi* **poco**.
**poco** (*f* **-a** *pl* **-chi -che**) *agg indef* kauntî ◊ **fra poco** saglit lang; **poco fa** kanina lang; **da poco** kamakailan; **perpoco** muntik na; **eravamo in pochi** kakauntî lang kami.
**podere** *sm* lupaìn.
**pòdio** *sm* plataporma.
**poesìa** *sf* tulâ.
**poeta** (**-essa**, *pl* **-i**) *sm* mánunulâ.
**poètico** (*f* **-a** *pl* **-ci -che**) *agg* matúláin.
**poggiatesta** *sm inv* sandalan ng ulò.
**poi** *avv* pagkatapos ◊ **da allora in poi** mula noon hanggang ngayon; **d'ora in poi** mula ngayon; **prima o poi** daratng din ang oras na.
**poiché** *cong* dahil.
**polare** *agg* pangpolar ◊ **stella polare** bituing polar.

**polèmica** (*pl* **-che**) *sf* polémikà.
**poliambulatòrio** *sm* silid-paglilitis.
**policlìnico** (*pl* **-ci**) *sm* polikliniko.
**poligamìa** *sf* poligamiya.
**polìgamo** *sm* poligamista.
**poliglotta** (*pl* **-i -e** ) *sm/f* lingguwista.
**polìgono** *sm* ruweda ng barilan.
**poliomielite** *sf* polyo.
**pòlipo** *sm* oktupos ◊ (*med*) polipo.
**polistirolo** *sm* polester.
**politècnico** (*f* **-a** *pl* **-ci -che**) *agg* politiknik.
**polìtica** (*pl* **-che**) *sf* polítikà.
**polìtico** (*f* **-a** *pl* **-ci -che**) *agg* pangpolítikà ◊ *sm* polítikò ◊ **elezioni politiche** eleksiyòn.
**polizìa** *sf* pulisyà ◊ **polizia stradale** trapik pulis.
**poliziesco** (*f* **-a** *pl* **-chi -che**) *agg* pangpulis ◊ **romanzo poliziesco** kuwentong pangpulis.
**poliziotto** *sm* pulìs.
**pòlizza** *sf* insiyurans.
**pollàio** *sm* mánukan.
**pollame** *sm* alagang manok.
**pòllice** *sm* hinlalakì.
**pòlline** *sm* polen.
**pollivéndolo** *sm* tindero ng manok.
**pollo** *sm* manòk ◊ **pollo arrosto** inihaw na manok; **pollo allo spiedo** pinuhog na manok; **petto di pollo** dibdib ng manok.
**polmone** *sm* bagà.
**polmonite** *sf* pulmonyà.
**polo** *sm* dulo, polo.
**polpa** *sf* kalamnàn.
**polpàccio** (*pl* **-ci**) *sm* bintî.
**polpastrello** *sm* dulo ng dalirì.
**polpetta** *sf* bola-bola.
**polpo** *sm* lamàn.
**polsino** *sm* punyòs.
**polso** *sm* pupulsuhin.
**poltrona** *sf* likmuan ◊ (*teatro*) entablado ◊ (*incarico*) tungkulin.
**pólvere** *sf* alikabòk ◊ **lattein polvere** gatas na pulbos.
**polveroso** *agg* maalikabòk.
**pomata** *sf* pomada.
**pomeridiano** *agg* panghapon.
**pomerìggio** *sm* hapon.
**pòmice** *sf* panghilod.
**pomodoro** *sm* kamatis.
**pompa** *sf* bomba ◊ (*bicicletta*) bomba ◊ **pompa antincendio** tubong ginagamit para sa sunog; **pompe funebri** panglibing.
**pompèlmo** *sm* suhà.
**pompiere** *sm* bombero.
**ponderare** *v* magníly-nílay.
**ponente** *sm* kanluran.
**ponte** *sm* tulày ◊ **tagliare i ponti con qualcuno** maghiwalay.
**pontéfice** *sm* pontipikado.
**pontificio** (*pl f* **-cie**) *agg* pagkapapa.
**pony** *sm inv* buriko ◊ **pony express** pinakamabilis na tagahatid ng sulat.
**pool** *sm inv* danaw.
**popcorn** *sm inv* popkorn.
**popolare** *agg* pangmasa ◊ (*famo -*

*so*) sikàt ◊ *v* dumami ◊ *v rifl* magpakarami.
**popolarità** *sf inv* pagkabantòg.
**popolazione** *sf* populasyòn.
**pòpolo** *sm* mámamayàn.
**popoloso** *agg* matao.
**poppa** *sf* dulo ng bangkâ.
**poppante** *sm/f* pásusuhìn.
**porcellana** *sf* porselana.
**porcherìa** *sf* dumì, kalaswaàn.
**porcile** *sm* kúral ng baboy.
**porcino** *sm* pangbaboy.
**porco** (*pl* **-ci**) *sm* baboy ◊ *agg* malaswà ◊ **porca miseria!** hay naku!.
**porcospino** *sm* isang uri ng hayop sa gubat.
**pòrgere** *v* iabòt.
**pornografìa** *sf* ukol sa mga kalaswáang bagay.
**pornogràfico** (*f* **-a** *pl* **-ci -che**) *agg* pangbomba, malaswà.
**poro** *sm* nápakaliìt na butas.
**pórpora** *sf* kulay biyuleta.
**porre** *v* ilapàg ◊ *v rifl* inilapàg ◊ **porre fine** tapusin; **porre una questione** magtanong.
**porta** *sf* pintuan ◊ **mettere alla porta** palayasin.
**portabagagli** *sm inv* lalágayan ng bagahe ◊ (*persona*) kinatawàn.
**portacénere** *sm inv* astrey, ábuhan.
**portachiavi** *sm inv* súkbitan ng susì.
**portaèrei** *sf inv* garahe ng eruplano.
**portafòglio** *sm* pitaka ◊ (*ministero*) katungkulan.
**portafortuna** *sm inv* anting-anting, agimat.
**portale** *sm* pangpuwerto.
**portamento** *sm* lakad, bikas.
**portamonete** *sm inv* lálagyan ng barya.
**portaocchiali** *sm inv* lálagyan ng salamin.
**portaombrelli** *sm inv* lálagyan ng payong.
**portapacchi** *sm inv* mensahero ◊ (*bici*) lálagyan ng bagahe.
**portare** *v* dalahìn ◊ (*addosso*) pasanìn ◊ (*taglia*) isuòt ◊ **portar via** matangay; **portare fortuna** masuwerte; **portare disgrazia** malas; **portare sfortuna** madulot ng kamalasan; **portare pazienza** matiyagâ.
**portasci** *sm inv* lálagyan ng pangski.
**portata** *sf* (*cibo*) putahe, ulam ◊ (*capacità*) kasanayan ◊ (*spazio*) linalaman ◊ (*corso d'acqua*) agos ◊ **alla portata di tutti** maaring marating ng lahat; **a portata di mano** malapit.
**portàtile** *agg* nabibitbìt.
**pòrtico** *sm* arkada.
**portiera** *sf* pintuan.
**portiere** *sm* portero ◊ (*sport*) bantày sa gol.
**portinàio** *sm* bantáy-pintô.
**portinerìa** *sf* bahay ng bantáypintô.

**porto** *sm* dáúngan ◊ (*fig*) hangarin ◊ **porto franco** lintad na dáúngan; **porto d'armi** lisènsiyà ng baril; **andare in porto** magtagumpay.
**portone** *sm* pángunahìng pintô.
**porzione** *sf* bahagî.
**posa** *sf* paglalagày.
**posacénere** *sm inv* abuhan.
**posare** *v* ilapàg, ibabâ ◊ (*stare in posa*) magpos ◊ *v rifl* nilapàg.
**posata** *sf* kubyertos.
**positivo** *agg* paayòn.
**posizione** *sf* pusisyòn ◊ (*sociale*) katungkulan ◊ (*ideologica*) opinyon.
**possedere** *v* ariin ◊ (*fig*) magharì.
**possedimento** *sm* pag-aari.
**possessivo** *agg* mapagkanyà.
**possesso** *sm* pagtataglày ◊ **entrare in possesso** maging iyo.
**possessore (-ditrice)** *sm* may-arì.
**possìbile** *agg* máaarì ◊ **fare il possibile** gawin ang makakyà.
**possibilità** *sf inv* kakayahan, posibilidàd.
**posta** *sf* koreo ◊ (*ufficio*) pos upis ◊ (*gioco*) tayâ ◊ **posta elettronica** sulat sa kompeyuter.
**postale** *agg* pangkoreo ◊ **codice di avviamento postale** postal kod; **pacco postale** package.
**posteggiare** *v* pumarada.
**postéggio** *sm* páradahàn ◊ (*manovra*) pagpáradà.
**posteriore** *agg* hulihàn.
**posticipare** *v* ipagpaliban.
**postino** *sm* kartero.
**posto** *sm* lugar ◊ (*a sedere*) úpuàn ◊ (*lavoro*) katungkulan ◊ **prenotare un posto** magreserba; **posto auto** páradahàn; **posto di blocco** hintuan; **al posto di** imbis na.
**pòstumo** *agg* pagkamatay.
**potàbile** *agg* maíinòm.
**potare** *v* tabasan.
**potatura** *sf* pagtabas.
**potente** *agg* malakàs ◊ *sm* makapangyarihan.
**potenza** *sf* lakàs ◊ (*motore*) bilis.
**potenziale** *agg* maàri.
**potere** *sm* kapangyarihan ◊ (*facoltà*) kakayahàn ◊ (*autorità*) kakayahàn ◊ **potere d'acquisto** pamimili; **poter fare** maáring gawin; **posso entrare?** puwede ho bang pumasok; **non ne posso più** hindî ko na kaya.
**pòvero** *agg* dukhâ ◊ (*che non ha mezzi*) pulubi ◊ (*che mostra povertà*) kawawà ◊ (*che rende poco*) di-matalino ◊ (*infelice*) matamlay ◊ **povero di fantasia** di-mapaglikhâ.
**povertà** *sf inv* kadukhaân, karalitaan.
**pozza** *sf* putìk.
**pozzànghera** *sf* kaputikan.
**pozzo** *sm* balòn ◊ **pozzo petrolifero** mina ng langis.
**pranzare** *v* manánghalian.
**pranzo** *sm* panánghalian ◊ **sala da pranzo** silid kainan.
**prateria** *sf* malawak na damuhàn.
**pràtica** (*pl* **-che**) *sf* dokumento ◊

**mettere in pratica** isagawâ; **far pratica di un mestiere** magsanay sa trabaho.
**praticàbile** *agg* máaaring isagawâ.
**praticare** *v* gawin ◊ **praticare una professione** magtrabaho.
**pràtico** (*f* **-a** *pl* **-ci -che**) *agg* madaling gamitin ◊ (*esperto*) dalubhasà.
**prato** *sm* damuhàn.
**preavviso** *sm* babalâ ◊ **senza preavviso** di-sinabihan.
**precàrio** *agg* waláng-katíyákan ◊ *sm* (*lavoratore*) waláng-katíyákan na trabahador.
**precauzione** *sf* pag-iingat.
**precedente** *agg* nàuunà ◊ *sm* karanasan, pinagdaanan ◊ **senza precedenti** walang atraso.
**precedenza** *sf* pagkauna ◊ **avere la precedenza** nauunà; **dare la precedenza** paunàhin.
**precèdere** *v* màunà.
**precipitare** *v* ibagsàk ◊ *v rifl* bumagsàk.
**precipìzio** *sm* bangìn.
**precisare** *v* liwanagin.
**precisione** *sf* pagkàeksakto.
**preciso** *agg* eksakto.
**precoce** *agg* maaga.
**precotto** *agg* luto na unà.
**preda** *sf* bíktimà.
**predatore** (**-trice**) *sm* manlulupig ◊ (*animale*) máninilà ◊ **uccelli predatori** máninilàng ibon.
**prèdica** (*pl* **-che**) *sf* sermon.
**predicare** *v* magsermon.
**prediletto** *agg* paborito.
**predire** *v* manghulà.
**predisporre** *v* iayos ◊ *v rifl* inayos.
**predisposizione** *sf* hilig.
**predomìnio** *sm* pangingibabaw.
**prefabbricato** *agg* gawâ sa pabrika.
**prefazione** *sf* páunáng salità.
**preferenza** *sf* hirang ◊ (*elezioni*) pagkiling.
**preferire** *v* pumilì ◊ **preferire una cosa a un'altra** mas gusto ang isang bagay kaysa sa isa.
**prefetto** *sm* prepekto.
**prefettura** *sf* prepektura.
**prefisso** *sm* itinanghal ◊ **prefisso telefonico** pon-kod.
**pregare** *v* magdasàl.
**preghiera** *sf* dasàl.
**pregiato** *agg* mamáhalin.
**prègio** *sm* halagà.
**pregiudìzio** *sm* pagmunanghatol.
**prego** *inter* paki ◊ **"grazie!" "prego!"** "salamat" "walang anuman"; **prego, si accomodi!** tumuloy po kayo.
**preistòria** *sf* preistoryà.
**preistòrico** (*f* **-a** *pl* **-ci -che**) *agg* preistórikò.
**prelibato** *agg* napaksarap.
**prelievo** *sm* paglabàs ◊ (*med*) pagkuha.
**preliminare** *agg, sm* pangunahin.
**prematuro** *agg* maàga ◊ **parto**

**prematuro** nápa-agàng panganganak.
**prèmere** *v* idiìn ◊ (*fig*) ipilit.
**premessa** *sf* páunáng-salitâ.
**preméttere** *v* ipáunà.
**premiare** *v* gantimpaláhan.
**premiazione** *sf* pag-gantimpalà.
**prèmio** *sm* gantimpalà ◊ **vincere il premio** panalunan ang premyo.
**premuroso** *agg* maasikaso.
**prèndere** *v* hawakan ◊ (*mezzo pubblico*) sumakay ◊ (*comprare*) bumulì ◊ (*mangiare, bere*) kumain, uminom ◊ **prendere parte a qualcosa** sumali; **andare a prendere qualcuno** daanan ang isang tao; **prendere a schiaffi qualcuno** sampalin; **prendere in giro** lokohin; **prendersela** damdamin; **prendere un'abitudine** sanayin; **prendere una malattia** magkasakìt; **prendere atto** magtalà; **prendere alla leggera** di-gaanong pinapansin.
**prenotare** *v* magreserba ◊ **prenotare una camera d'albergo** magreserba ng kuwarto sa otèl; **prenotare un posto** magreserba.
**prenotazione** *sf* reserbasyòn.
**preoccupare** *v* mag-alalà ◊ *v rifl* nag-alalà.
**preoccupazione** *sf* àlalahanìn.
**preparare** *v* ihandâ ◊ (*istruire*) turuan ◊ *v rifl* inihandâ ◊ (*istruirsi*) tinuruan.
**preparativo** *sm* paghandâ.
**preparazione** *sf* paghahandâ ◊ (*istruzione*) pagtuturo.
**prepotente** *agg* mapangibabaw.
**prepotenza** *sf* pagpupumilit.
**presa** *sf* paghawak ◊ **macchina da presa** video; **essere alle prese con qualcosa** abalà; **presa di corrente elettrica** plag; **presa in giro** paglilinlang.
**prèsbite** *sm/f* may-hayperopya.
**prescrìvere** *v* magpariseta.
**prescrizione** *sf* riseta.
**presentare** *v* ipakilala ◊ (*far vedere*) ipakita ◊ (*spettacolo*) ipalabas ◊ *v rifl* ipinakilala.
**presentazione** *sf* pagpápakilala ◊ (*scritto*) paglulunsàd ng aklàt.
**presente** *agg* kaharàp ◊ *sm* kasalukuyan ◊ (*persona*) presente ◊ (*gramm*) pangkasalukuyan ◊ **tenere presente qualcosa** alalàhanin.
**presentimento** *sm* kutòb, hinalà.
**presenza** *sf* tikas ◊ **presenza di spirito** masiglà.
**presèpio** *sm* belèn.
**preservare** *v* itaguyod.
**preservativo** *sm* kondom.
**prèside** *sm/f* punong-gurò ◊ (*scuola*) prinsipal ◊ (*università*) dean.
**presidente** *sm/f* pangulo.
**presidenza** *sf* pagka-pangulo.
**presìdio** *sm* gárisòn ◊ (*mil*) kampamento ◊ (*fig*) pagtatanggòl.
**presièdere** *v* mamatnugot.
**pressa** *sf* ipinagmámadalî.

**pressap(p)oco** *avv* humigít-kumulang.
**pressing** *sm inv* pressing.
**pressione** *sf* tindì, presyòn ◊ (*fig*) kahigpitan ◊ **fare pressione su qualcuno** pilitin, higpitan; **pressione arteriosa** presyòn ng dugò.
**presso** *prep* sa malapit ◊ (*a casa di*) malapit sa bahay ni ◊ **nei pressi di** malapit sa.
**prestabilito** *agg* inayos muna.
**prestare** *v* magpahiràm ◊ *v rifl* pumayag ◊ **prestare attenzione** makinig.
**prestazione** *sf* gawâ.
**prestigiatore (-trice)** *sm* salamángkero.
**prestìgio** *sm* karangalan ◊ **gioco di prestigio** magsamangkà.
**prèstito** *sm* pahiràm.
**presto** *avv* maagâ ◊ **a presto!** sa susunod na pagkikita.
**presùmere** *v* mag-akalà.
**presuntuoso** *agg* mapangahàs.
**presunzione** *sf* pangahàs.
**prete** *sm* pari.
**pretèndere** *v* hingìn.
**pretesa** *sf* hinihingì.
**pretesto** *sm* pagmamarangyâ, dahilàn ◊ (*occasione*) pagkakátaòn.
**pretore** *sm* hukòm.
**pretura** *sf* hukuman.
**prevalente** *agg* nanáìg.
**prevalenza** *sf* pagkauna ◊ **in prevalenza** sa una.
**prevalere** *v* manaìg, umiral.
**prevedere** *v* makiní-kinita.
**prevedìbile** *agg* maaring mahuláan.
**prevenire** *v* agapan.
**preventivo** *agg* maagap ◊ *sm* pagagap.
**prevenzione** *sf* pagsansalà, pagiingat.
**previdente** *agg* masinop, maimpok.
**previdenza** *sf* pagkamasinop, pagkamaimpok.
**previsione** *sf* babalâ ◊ **previsioni meteorologiche** ulat pangpanahon.
**prezioso** *agg* mahalagà.
**prezzémolo** *sm* kintsày.
**prezzo** *sm* presyo ◊ **prezzo fisso** piks prays.
**prigione** *sf* piitan, bilangguan.
**prigioniero** *sm* bilanggo.
**prima** *avv* (*tempo*) noong una ◊ (*importanza*) bago ◊ *sf* (*marcia*) primero ◊ **prima di partire** bago umalis; **prima che sia tardi** bago mahuli ang lahat; **prima possibile** sa madaling panahon.
**primàrio** *agg* pangunahin ◊ *sm* punò.
**primato** *sm* kátaás-taasan.
**primavera** *sf* tagsibol.
**primaverile** *agg* pangtagsibol.
**primitivo** *agg* káuná-unáhan.
**primìzia** *sf* unang-ani.
**primo** *agg* una ◊ **per primo** una sa lahat; **in prima persona** mismo.

**primogènito** *sm* panganay na anak.
**prìmula** *sf* primula.
**principale** *agg* pinakamahalagà ◊ *sm* punong-gurò.
**prìncipe** *sm* prínsipè.
**principessa** *sf* prinsesa.
**principiante** *sm/f* baguhan.
**princìpio** *sm* umpisà ◊ **in principio** noong una; **per principio** batay sa prinsipiyò; **questione di principio** ayon sa prinsipiyò.
**priorità** *sf inv* priyoridad.
**privacy** *sf inv* pag-iisà.
**privare** *v* alisàn ◊ *v rifl* inalis ◊ **privare qualcuno di qualcosa** bawalan; **privarsi di qualcosa** binawalan.
**privatizzare** *v* ipribado.
**privatizzazione** *sf* pagpapapribado.
**privato** *agg* pribado.
**privilegiare** *v* paboran.
**privilègio** *sm* pribilehiyò.
**privo** *agg* kulang, walâ ◊ **privo di mezzi** walang kakayahan.
**pro** *prep* pakinabang ◊ **i pro e i contro** pro at kontro.
**probàbile** *agg* maaring mangyari.
**probabilità** *sf inv* probabilidàd.
**problema** (*pl* **-i**) *sm* problema, súliranìn.
**problemàtico** (*f* **-a** *pl* **-ci -che**) *agg* nakapgdúdúda.
**probòscide** *sf* ngusò ng elepante.
**procèdere** *v* magpatuloy ◊ (*fig*) sumulong.
**procedimento** *sm* pagpapatuloy.
**procedura** *sf* pamamaraàn ◊ **codice di procedura civile** kodigo sa pamamaraàng sibil; **codice di procedura penale** kodigo sa pamamaraàng penàl.
**processare** *v* litisin.
**processione** *sf* prusisyòn.
**processo** *sm* paglilitis.
**proclamare** *v* iproklama.
**procreare** *v* gumawâ.
**procura** *sf* podèr ◊ **sposarsi per procura** ikasal sa huwes; **Procura della repubblica** legal power of attorney.
**procurare** *v* kumuha.
**procuratore** (**-trice**) *sm* abugado ◊ **Procuratore della repubblica** abugado ng goyerno.
**prodìgio** *sm* kababalaghàn ◊ **bambino prodigio** mapaglustày na anak.
**prodigioso** *agg* napakalaki ◊ (*fig*) napakalawak.
**prodotto** *sm* produkto ◊ (*risultato*) kinálábasan.
**produrre** *v* gumawâ ◊ (*causare*) magdulot.
**produttivo** *agg* nagbúbúnga ◊ (*utile*) mapanlikhâ ◊ (*econ*) matubò.
**produttore** (**-trice**) *sm* prodiyuser ◊ (*merce*) taga-gawâ ◊ **paese produttore** tagawang bansâ.
**produzione** *sf* produksiyòn ◊ **produzione propria** sariling gawâ.

**profanare** *v* lapastanginin.
**profano** *agg* lapastangan.
**professionale** *agg* pangpropesyonàl.
**professione** *sf* pananalig.
**professionista** (*pl* **-i -e**) *sm/f* sanay ◊ **libero professionista** sariling trabaho; **pugile professionista** magaling na bakser.
**professore** (**-essa**) *sm* propesòr.
**profeta** (**-essa**, *pl* **-i**) *sm* propeta ◊ (*fig*) manghuhulà.
**proficuo** *agg* kapakí-pakinabang.
**profilàttico** (*f* **-a** *pl* **-ci -che**) *agg* pangkontra ◊ *sm* kondom.
**profilo** *sm* tanàw ◊ (*descrizione*) balangkàs ◊ **di profilo** bista sa tagiliran.
**profitto** *sm* kita, tubò.
**profondità** *sf inv* lalim ◊ (*fig*) tindì.
**profondo** *agg* malalim ◊ (*fig*) matindì ◊ **nel profondo del mare** sa ilalim ng dagat; **nel profondo del cuore** sa puso.
**pròfugo** (*f* **-a** *pl* **-ghi -ghe**) *agg* manlilikas ◊ *sm* takas.
**profumare** *v* pabanguhin ◊ *v rifl* pinabangò ◊ **profuma di viole** amoy biyoleta.
**profumerìa** *sf* tindahan ng pabangò.
**profumiere** *sm* tindero ng pabangò.
**profumo** *sm* pabangò.
**progettare** *v* balakin.
**progetto** *sm* proyekto.
**prògnosi** *sf inv* prognóstikò ◊ **prognosi riservata** malihim na paglilitis.
**programma** (*pl* **-i**) *sm* programa ◊ (*progetto*) plano ◊ (*calendario*) plano ◊ (*foglio*) tala-arawan ◊ (*radio, TV*) palatúntunan ◊ (*inform*) program.
**programmatore** (**-trice**) *sm* tagapasyà.
**programmare** *v* magpasyà ◊ (*radio, TV*) isapalatúntunan ◊ (*inform*) isagawâ.
**programmista** (*pl* **-i -e**) *sm/f* taga-gawâ ◊ (*radio, TV*) tagpaghatid.
**progredire** *v* umunlad.
**progressista** (*pl* **-i -e**) *agg* pagunlad ◊ *sm/f* maunlad ◊ **partito progressista** partidong ukol sa pagunlad.
**progressivo** *agg* kasunod.
**progresso** *sm* pagsulong, pagunlàd ◊ **fare progressi** umunlàd.
**proibire** *v* ipagbawal ◊ **proibire l'ingresso** ipagbawal pumasok; **proibire di entrare** ipagbawal ang pagpasok.
**proibito** *agg* bawal.
**proiettare** *v* ihagis ◊ (*cine*) ipalabas ◊ (*fig*) sumibàt ◊ *v rifl* inihagis.
**proièttile** *sm* bala.
**prole** *sf* suplìng.
**proletàrio** *sm* manggagawa.
**prolunga** (*pl* **-ghe**) *sf* pampahaba.
**prolungamento** *sm* pagpaphaba ◊ (*fig*) pagpapatagal.

**prolungare** *v* pahabain ◊ (*fig*) patagalin.
**promessa** *sf* pangakò ◊ **promessa di matrimonio** pangakò ng pagpapakasal.
**prométtere** *v* mangakò ◊ **promettere una ricompensa** mangakò ng gantimpalà; **promettere di ricompensare** ipangakong babayaran.
**promìscuo** *agg* haló-halo, pabakà-sakalì, pakikisalamuhà ◊ **autovettura per uso promiscuo** haló-halong gamit ng kotse.
**promontòrio** *sm* lungos.
**promosso** *agg* pag-asenso ◊ (*fig*) pagsulong.
**promotore** (**-trice**) *sm* tagapagtaguyod.
**promozionale** *agg* pangtaguyod ◊ **vendita promozionale** espesyàl oper.
**promozione** *sf* pagtataguyod ◊ (*sport*) paglalaro ◊ (*carriera*) pagtaàs ng tungkulin ◊ (*scuola*) pagpasa ◊ (*sul mercato*) pagpapakyaw.
**promuòvere** *v* itaguyod ◊ (*sport*) maglaro ◊ (*carriera*) mataàs ng tungkulin ◊ (*scuola*) pumasa ◊ (*sul mercato*) mamakyaw.
**pronome** *sm* panghalìp.
**pronòstico** (*pl* **-ci**) *sm* hulà.
**prontezza** *sf* pagkamaagap.
**pronto** *agg* handâ ◊ (*rapido*) maagap ◊ (*di mente*) alisto ◊ *inter* (*al telefono*) helo ◊ **pronto soccorso** pan-unang lunas; **pronto a tutto** handâ sa lahat; **tenersi pronto** maghandâ.
**pronùncia** (*pl* **-ce**) *sf* pagbigkàs.
**pronunciare** *v* bigkásin ◊ (*sentenza*) bigkásin ang hatol ◊ *v rifl* binigkàs.
**propaganda** *sf* propaganda.
**propagandare** *v* magpropaganda.
**propagare** *v* dumami ◊ (*fig*) maganàk ◊ *v rifl* dinamihan ◊ (*fig*) inanakan.
**propìzio** *agg* nábabágay.
**pròpoli** *sm* o *f inv* propolis.
**proporre** *v* imungkahì ◊ *v rifl* iminungkahì.
**proporzionale** *agg* kasukàt ◊ **sistema elettorale proporzionale** matimbang na pagboto.
**proporzione** *sf* katimbang.
**propòsito** *sm* pagtitika ◊ **di proposito** sinadyà.
**proposta** *sf* panukalà.
**proprietà** *sf inv* pag-aarì ◊ (*caratteristica*) katangian ◊ **proprietà privata** sariling pag-aarì.
**proprietàrio** *sm* may-arì.
**pròprio** *agg* katutbò ◊ (*suo*) sarili ◊ (*esatto*) wastô ◊ *avv* (*assolutamente, veramente*) talagà ◊ **nome proprio** sariling pangalan; **lavorare in proprio** magtrabahong mag-ìsa.
**propulsione** *sf* paguslì.
**prora** *sf* proa, daong.
**pròroga** (*pl* **-ghe**) *sf* palugit.

**prosa** *sf* túluyan.
**prosciugare** *v* patuyuin ◊ *v rifl* pinatuyo.
**prosciutto** *sm* hamòn ◊ **prosciutto cotto** hamòn na lutò; **prosciutto crudo** hamòng di-lutò.
**proseguire** *v* magpatuloy.
**prosperare** *v* umunlàd.
**prospettiva** *sf* patungtóng-tanàw ◊ (*fig*) pag-asa.
**prospetto** *sm* tánawin ◊ (*arch*) patsad.
**prossimità** *sf inv* sa malapit.
**pròssimo** *agg* (*vicino, spazio*) malapit ◊ (*venturo*) kasunod ◊ *sm* kapwà-tao.
**pròstata** *sf* prostata.
**prostituìre** *v* magputa.
**prostituta** *sf* balihandâ, kalpating mababng-lipad.
**prostituzione** *sf* pagpuputa.
**protagonista** (*pl* **-i -e**) *sm/f* pangunahing tauhàn.
**protèggere** *v* ipagtanggòl.
**proteina** *sf* protin.
**pròtesi** *sf inv* prostesis.
**protesta** *sf* pagtutol ◊ **manifestazione di protesta** demostrasyòng pangtutol.
**protestante** *sm/f* protestante.
**protestare** *v* tumutol.
**protettivo** *agg* mapagtanggol.
**protetto** *agg* pagkápagkalingà.
**protettore** (**-trice**) *sm* tagapagtanggol ◊ (*di prostitute*) bugaw.
**protezione** *sf* pansanggalang, proteksiyòn ◊ **protezione dell'ambiente** pangangalaga ng kapaligiran.
**protocollo** *sm* prótokòl.
**protrarre** *v* tumagal ◊ *v rifl* tinagalan.
**prova** *sf* pagsusubok ◊ (*gara*) pagtatalo ◊ (*spettacolo*) ensayo ◊ (*giur*) katibayan ◊ **mettere alla prova** subukin.
**provare** *v* subukan ◊ (*spettacolo*) mag-ensayo ◊ (*giur*) magpatibay.
**provenienza** *sf* pinanggalingan ◊ (*fig*) pinagmulan.
**provenire** *v* manggaling ◊ (*fig*) pagmulan.
**provèrbio** *sm* saláwikaìn.
**provetta** *sf* test-tube.
**provìncia** (*pl* **-ce**) *sf* probínsiyà.
**provinciale** *agg* pampròbinsiyà.
**provino** *sm* awdisyòn.
**provocante** *agg* pamukaw.
**provocare** *v* galitin.
**provocazione** *sf* hamìt.
**provvedere** *v* gumanwâ ng hakbangin.
**provvedimento** *sm* hakbangin.
**provvidenza** *sf* kalingà.
**provvigione** *sf* pursiyento, komisyòn.
**provvisòrio** *agg* pansamantalà.
**provvista** *sf* tustòs.
**prua** *sf* pruwa.
**prudente** *agg* maingat.
**prudenza** *sf* pag-iingat.
**prùdere** *v* makatì.
**prugna** *sf* siruwelas.
**pruno** *sm* matinik na palumpòng.

**prurito** *sm* katì.
**pseudònimo** *sm* magkapangalan.
**psicanàlisi** *sf inv* ipsikanalisi.
**psicanalista** (*pl* **-i -e**) *sm/f* ipsikanalista.
**psiche** *sf* isip.
**psichiatra** (*pl* **-i -e**) *sm/f* saykáyatrìs.
**psichiatrìa** *sf* saykáyatra.
**psicologìa** *sf* sikolohiya.
**psicològico** (*f* **-a** *pl* **-ci -che**) *agg* pangsikolohiya.
**psicòlogo** (*f* **-a** *pl* **-gi -ghe**) *sm* sikólogo.
**pubblicare** *v* ilathalà.
**pubblicazione** *sf* lathalà ◊ **pubblicazioni di matrimonio** pagbungyag ng kasal.
**pubblicità** *sf inv* anúnsiyò.
**pubblicitàrio** *agg* pang-anunsiyò.
**pùbblico** (*f* **-a** *pl* **-ci -che**) *agg* pangmadlâ ◊ *sm* públikò, madlâ ◊ **pubblico ministero** ministeryo ng masa; **giardini pubblici** harding pang-publiko.
**pube** *sm* bubis.
**pubertà** *sf inv* pagdadalagà, pagbibinatà.
**pudore** *sm* hinhìn, hiyâ.
**puerile** *agg* pangbatà.
**pugilato** *sm* boksing.
**pùgile** *sm/f* boksingero.
**pugnale** *sm* punyàl, patalim.
**pugno** *sm* kamao ◊ (*colpo*) suntòk ◊ (*fig*) dakòt.
**pulce** *sf* pulgàs ◊ **mercato delle pulci** palengke; **mettere una pulce nell'orecchio** ipamulat.
**puledro** *sm* bisero.
**pulire** *v* maglinis ◊ *v rifl* nilinis.
**pulito** *agg* malinis ◊ (*onesto*) matapat.
**pulizìa** *sf* paglilinis ◊ (*onestà*) pakamatapat.
**pullman** *sm inv* bus.
**pullover** *sm inv* suweter.
**pùlpito** *sm* púlpitò.
**pulsante** *sm* pindutan, butòn.
**pulsazione** *sf* pagtibok, pagintig.
**puma** *sm inv* puma.
**pungere** *v* sundutin, kagatìn ◊ (*fig*) sugatan ang damdamin ◊ *v rifl* sinundot.
**pungiglione** *sm* durò.
**punire** *v* parusahan.
**punizione** *sf* pagpaparusa ◊ (*sport*) penalti.
**punta** *sf* dulo ◊ (*culmine*) tuktok ◊ **ore di punta** oras ng labasan.
**puntare** *v* iturò ◊ (*armi*) itutok ◊ (*denaro*) tumayà.
**puntata** *sf* kabanatà ◊ (*scommessa*) pusta.
**puntéggio** *sm* puntòs.
**puntìglio** *sm* tigàs ng ulo.
**punto** *sm* tandâ ◊ (*luogo*) dako ◊ (*tempo*) sandalî ◊ (*gara*) puntos ◊ **essere a buon punto** halos handâ na; **punto di partenza** sa pinaumpisahan; **punto di vista** opinyon.
**puntuale** *agg* nasa oras.
**puntualità** *sf* pagkapuntuwal.
**puntura** *sf* kagàt.

**pupazzo** *sm* manika.
**pupilla** *sf* balintatàw.
**purché** *cong* kung.
**pure** *cong* din, patì ◊ (*anche se*) kahit na ◊ (*tuttavia*) samakatwid.
**purè** *sm inv* masang patatas.
**purezza** *sf* kadalisayan.
**purga** (*pl* **-ghe**) *sf* purga.
**purgante** *sm* pampurga.
**purgatòrio** *sm* purgatoryo.
**purificare** *v* magdalisay.
**puro** *agg* puro, walang-halò ◊ **aria pura** purong hangin.
**purosangue** *sm/f inv* puro.
**purtroppo** *avv* kamalàs-malasan.
**pus** *sm inv* nanà.
**pusillànime** *agg* duwàg, mahina.
**pùstola** *sf* tagihiyawat.
**putifèrio** *sm* away, babàg.
**putrefazione** *sf* pagkabulòk.
**putrefatto** *agg* bulòk.
**puttana** *sf* puta.
**puzza** *sf* bantòt, mabaho.
**puzzare** *v* mamahò ◊ (*fig*) magwarì.
**puzzolente** *agg* mabahò.
**pyrex** *sm inv* pyrex.

# Q

**qua** *avv* dito ◊ **perdi qua** sa bandang dito; **eccomi qua** andito na ako.
**quaderno** *sm* kuwaderno.
**quadrante** *sm* pihitan.
**quadrare** *v* parisukatin, ayusin ◊ **far quadrare il bilancio** magtipid.
**quadrato** *agg* parisukàt ◊ *sm* kuwadrato.
**quadrifòglio** *sm* dahon na may apat na dahon.
**quadrimestre** *sm* tuwing apat na buwan.
**quadro** *sm* kuwadro ◊ (*dipinto*) kuwadro ◊ (*vista*) tingin ◊ (*descrizione*) guhit-larawan ◊ **metro quadro** metrokuwadro.
**quadrùpede** *sm* hayop na may apat na paà.
**quàdruplo** *agg* apat na ibayo.
**quaggiù** *avv* dito sa ilalim.
**quàglia** *sf* pugo.
**qualche** *agg indef inv* ilàn ◊ (*cosa*) alinmàn ◊ (*persona*) sínuman ◊ **qualche volta** paminsanminsan; **in qualche modo** kahit paano; **qualche giorno fa** kamakailan lang.
**qualcosa** *pron indef* mayroòn ◊ **qualcos'altro** iba pa.
**qualcuno** *pron indef* isang tao ◊ **è diventato qualcuno** naging sikat.
**quale** *pron rel* alìn ◊ (*persona*) sino ◊ **tale e quale** parang; **nel qual caso** kung sakali.
**qualìfica** (*pl* **-che**) *sf* katángian ◊ (*professionale*) kadalubhasaan ◊ (*cosa*) pangalan ◊ (*persona*) titolo.
**qualificare** *v* maging-karápatdapat.

**qualificazione** *sf* pagiging-karápatdapat.
**qualità** *sf inv* urì ◊ (*requisito*) katangian ◊ (*pregio*) katangian ◊ (*specie*) klase ◊ **salto di qualità** umasenso; **di prima qualità** pangunahing klase.
**qualsìasi** *agg indef* alinmàn.
**qualunque** *agg indef* alinmàn ◊ (*persona*) sínuman.
**quando** *cong* kailàn ◊ (*ogni volta che*) tuwing ◊ **da quando** simula ng; **di quando in quando** kailan pa; **fino a quando** hanggang sa.
**quantità** *sf inv* kabuuàn.
**quantitativo** *sm* bilang.
**quanto** *pron interr* gaano ◊ **quanti ospiti ci sono?** ilan ang lugar na natitira?; **quanti ospiti ci sono!** ilan ang imbitado!; **quanto pesa?** magkao nag timbang?; **quanto pesa!** ang bigat!; **quanti siamo?** ilan tayo?.
**quarantena** *sf* kuwarantenas.
**quarésima** *sf* kuwaresima.
**quarta** *sf* pang-apat, ikaapat ◊ **partire in quarta** magismula ng matulin.
**quartetto** *sm* ápatàn ◊ (*mus*) kuwarteto.
**quartiere** *sm* puròk ◊ **quartiere residenziale** puròk na tirahan lamang; **quartier generale** punong-himpilan.
**quarto** *agg* pang-apat ◊ **quarto d'ora** labing-limang minutos.
**quarzo** *sm* kuwarts.
**quasi** *avv* halos ◊ **quasi quasi** muntik na; **quasi mai** pamisan-minsan.
**quassù** *avv* dito sa itaàs.
**quattrino** *sm* pera ◊ (*pl, denaro*) kuwalta ◊ **non avere il becco di un quattrino** walang kapera-pera.
**quattro** *agg* apat ◊ **fare quattro passi** maglakad-lakad; **farsi in quattro per qualcuno** magsikap para sa isang tao; **fare quattro chiacchiere** magkuwentuhan; **essere in quattro gatti** kakauntì; **parlare a quattr'occhi** mag-usap ng harapan; **abitare, stare a quattro passi** tumira sa malapit.
**quei** *vedi* **quello**.
**quegli** *vedi* **quello**.
**quello** *agg dimostr* (*cosa, lontano*) iyòn; (*persona, lontano*) siyà ◊ **in quei giorni** sa araw na mga iyòn.
**quèrcia** (*pl* **-ce**) *sf* oak tree.
**querela** *sf* hablà.
**quesito** *sm* katanúngàn.
**questionàrio** *sm* találátanungan.
**questione** *sf* tanòng ◊ (*litigio*) away.
**questo** *agg dimostr* (*cosa, vicino*) itò; (*persona, vicino*) siyà ◊ **uno di questi giorni** isa sa mga araw na ito.
**questore** *sm* hepe ng pulìs.
**questura** *sf* istasyon ng pulìs.
**qui** *avv* dito, dine ◊ **da qui in avanti** mula dito; **fin qui** hanggang dito; **gente di qui** mga tao dito.

**quiete** *sf* tahimik ◊ (*persona*) mahinahon.
**quieto** *agg* tahimik ◊ (*persona*) mahinahon.
**quindi** *cong* kayâ ngâ.
**quinta** *sf* panglima, ika-lima.
**quiz** *sm inv* kwis ◊ (*TV, radio*) kwis show.
**quorum** *sm inv* bilang ◊ **raggiungere il quorum** abutin ang bilang.
**quota** *sf* kaparte ◊ (*altitudine*) taàs.
**quotazione** *sf* sinipì.
**quotidiano** *agg* araw-araw ◊ (*normale*) normàl.
**quoziente** *sm* kusyente ◊ **quoziente d'intelligenza** batayan ng kagalingan (IQ).

# R

**rabàrbaro** *sm* rubarb.
**ràbbia** *sf* rabis ◊ (*med*) rabis ◊ **fare rabbia** galitin.
**rabbino** *sm* rabino.
**rabbioso** *agg* magalitin.
**rabbrividire** *v* pakilabutin.
**rabbuiarsi** *v* kumilimlim ◊ (*fig*) dumilim.
**raccapezzarsi** *v rifl* kiskisin.
**raccapricciante** *agg* nakakakilabot.
**raccattare** *v* pulutin.
**racchetta** *sf* raketa.
**racchiùdere** *v* magsarà.
**raccogliere** *v* damputin ◊ (*prendere da terra*) damputin ◊ (*cogliere*) anihin ◊ (*mettere insieme*) pagsamahin ◊ (*collezionare*) ipunin ◊ *v rifl* dinampot.
**raccolta** *sf* likom ◊ **raccolta differenziata di rifiuti** paglikom ng iba't iabang klase ng barura.
**raccolto** *sm* ani.
**raccomandare** *v* ipagkàtiwalâ ◊ *v rifl* magsumamò ◊ **mi raccomando** alalahanin mo.
**raccomandata** *sf* rehistradong sulat.
**raccomandazione** *sf* pagrerekomendà.
**raccontare** *v* magkuwento.
**racconto** *sm* kuwento.
**raccordo** *sm* hugpòng.
**rachìtico** (*f* **-a** *pl* **-ci -che**) *agg* may sakìt sa rikitismo.
**racket** *sm inv* sindakato.
**rada** *sf* pagdaòng.
**radar** *sm inv* radar.
**raddoppiare** *v* dóblihìn.
**raddrizzare** *v* ituwìd ◊ *v rifl* itinuwìd.
**radènte** *agg* paghapàw.
**ràdere** *v* ahitin ◊ *v rifl* inahit ◊ **radere al suolo** ahitin ng hustò.
**radiatore** *sm* radyator.
**radiazione** *sf* panginginàng ◊ (*nucleare*) radyasiyòn mula sa nukleàr.
**ràdica** (*pl* **-che**) *sf* ugàt.
**radicale** *agg* likàs ◊ (*politica*) radikàl.
**radìcchio** *sm* radis.

**radice** *sf* ugàt ◊ (*fig*) umpisa ◊ **mettere radici** manirahan sa isang lugar ng matagal.
**ràdio** *sm* radyo ◊ **giornale radio** balita sa radyo; **stazione radio** istasyon ng radyo.
**radioamatore** (**-trice**) *sm* baguhan sa istasyon ng radyo.
**radioattività** *sf inv* radyoaktib.
**radioattivo** *agg* radyoaktibo.
**radiocrònaca** (*pl* **-che**) *sf* balita sa radyo.
**radiografìa** *sf* eks-rey.
**radiofonico** (*f* **-a** *pl* **-ci -che**) *agg* pang-radyo.
**radiologìa** *sf* radyolohiya.
**radiosvéglia** *sf* radyong panggising.
**radiotaxi** *sm inv* taksing tinatawagan sa telepono.
**radioterapìa** *sf* radyo-terapi.
**rado** *agg* tagtàg ◊ **di rado** paminsa-minsan.
**radunare** *v* tipunin ◊ *v rifl* tinipon.
**raduno** *sm* pagtitipon.
**radura** *sf* kaingin.
**raffazzonato** *agg* tagpian.
**raffermo** *agg* matigas.
**ràffica** (*pl* **-che**) *sf* putòk ◊ (*vento*) hihip ◊ (*fig*) bilis.
**raffigurare** *v* ilarawan.
**raffinare** *v* lantayin ◊ (*industria*) dalisayin.
**raffinatezza** *sf* pagkadalisay.
**raffinato** *agg* pino ◊ (*petrolio*) dalisay ◊ (*fig*) maganda ang asal, maginoò.
**raffinerìa** *sf* repineriya.
**rafforzare** *v* palakasin ◊ (*fig*) pasiglain ◊ *v rifl* pinalakas ◊ (*fig*) pinasigla.
**raffreddamento** *sm* pagpapalamìg.
**raffreddare** *v* palamigìn ◊ *v rifl* pinalamig.
**raffreddore** *sm* sipon ◊ **raffreddore da fieno** sipon dahil sa alergi.
**raffronto** *sm* paghahambing.
**ragazzo** *sm* batang lalaki.
**raggiante** *agg* maningnìng.
**ràggio** *sm* sinag ◊ (*ruota*) rayos ng gulong.
**raggiro** *sm* dayà.
**raggiùngere** *v* abutan.
**raggiungìbile** *agg* maaring maabot.
**raggomitolare** *v* ipulupot ◊ *v rifl* ipinulupot.
**raggrinzire** *v* pakulubutin ◊ *v rifl* pinakulubot.
**raggruppamento** *sm* pagtitipon ◊ (*fig*) pagsama-sama.
**raggruppare** *v* tipunin ◊ (*fig*) pagsamahin ◊ *v rifl* tinipon ◊ (*fig*) pinagsama.
**ragguardévole** *agg* mahalagà.
**ragionamento** *sm* katuwiran.
**ragionare** *v* mangatuwiran.
**ragione** *sf* isip ◊ (*motivo*) dahilan ◊ **dare ragione** may rasòn; **perdere l'uso della ragione** mahangàl; **non sentire ragioni** ayaw makinig; **farsi una ragione** makinig.
**ragionerìa** *sf* akaawnting.

**ragionévole** *agg* makatwiran.
**ragioniere** *sm* akawntant.
**ragliare** *v* magbeè.
**ragnatela** *sf* sapòt.
**ragno** *sm* gagambà.
**ragù** *sm inv* sarsang karne.
**raid** *sm inv* pagsalakay.
**rallegramenti** *sm pl* pagsasayà.
**rallegrare** *v* magsayà ◊ *v rifl* pinasayà.
**rallentare** *v* pagdahan-dahan ◊ *v rifl* dinahan-dahan.
**rallentatore** *sm* pang slow-motion ◊ **al rallentatore** sa slow-motion.
**ramarro** *sm* berdeng bubuli.
**rame** *sm* tansò.
**ramificazione** *sf* pagsasangà.
**rammàrico** (*pl* **-chi**) *sm* pagsisisi.
**rammendare** *v* magsulsì.
**rammentare** *v* pagsasa-alaala ◊ *v rifl* pag-gintang.
**rammollire** *v* palambutin ◊ *v rifl* pinalambot.
**ramo** *sm* sangà.
**ramoscello** *sm* maliìt na sangà.
**rampa** *sf* talibìs ◊ **rampa di lancio** rampa.
**rampicante** *agg* gumagapang, umaakyàt ◊ *sm* baging.
**rampone** *sm* kawit ◊ (*pesca*) tagâ.
**rana** *sf* palakâ ◊ **nuotare a rana** palalangòy na parang palakâ.
**ràncido** *agg* maantâ.
**ràncio** *sm* rasyòn.
**rancore** *sm* samáng-loòb.
**randàgio** (*f* **-a** *pl* **-gi -gie**) *agg* laboy.
**randello** *sm* batutà.
**rango** (*pl* **-ghi**) *sm* ranggo ◊ **rientrare nei ranghi** malagay sa ranggo.
**rannicchiarsi** *v rifl* maggitgitan.
**rannuvolarsi** *v rifl* maging maulap.
**ràntolo** *sm* humingal.
**rapa** *sf* singkamàs ◊ **testa di rapa** kalbo.
**rapace** *agg* dayukdòk, masibà ◊ *sm* masibang tao.
**rapare** *v* ahitin ◊ *v rifl* inahit.
**rapidità** *sf inv* katulinan.
**ràpido** *agg* matulin, eksprès ◊ *sm* (*treno*) trenong eksprès.
**rapimento** *sm* pagnanakw.
**rapina** *sf* nakawan.
**rapinatore** (**-trice**) *sm* magnanakaw.
**rapire** *v* dukutin.
**rapitore** (**-trice**) *sm* manduruko, kidnaper.
**rappacificarsi** *v rifl* mulìng pagkakásundô.
**rapporto** *sm* tuòs ◊ (*scritto*) ulat ◊ **chiamare a rapporto** magreport.
**rappresàglia** *sf* paghihigantì.
**rappresentante** *sm/f* kinakatawàn.
**rappresentanza** *sf* panganga-tawàn.
**rappresentare** *v* ilarawan ◊ (*simboleggiare*) katawanìn ◊ (*teatro*) gampanàn.

**rappresentativo** *agg* pilì.
**rappresentazione** *sf* paglalarawan ◊ (*simbolo*) pangangatawàn ◊ (*teatro*) palabàs.
**raptus** *sm inv* pagkabaliw.
**rarità** *sf inv* pagkapambihirà ◊ (*cosa rara*) pambihirang bagay.
**raro** *agg* bihirà.
**rasare** *v* ahitin ◊ *v rifl* inahit.
**raschiare** *v* raspahin, kayurin.
**rasentare** *v* lapitan.
**rasente** *avv* paglapit.
**raso** *agg* patag, ahit ◊ **raso terra** sa patag.
**rasóio** *sm* labaha ◊ **rasoio elettrico** pang-ahit na de-korynte; **rasoio usa e getta** pang-ahit na tro-awey.
**rassegna** *sf* pagsusurì ◊ (*mostra*) eksibisyòn ◊ (*festival*) pagpapalabàs.
**rassegnarsi** *v rifl* ipaubayà ◊ **rassegnare le dimissioni** magbitiw.
**rassegnazione** *sf* pagpápaubayà.
**rasserenare** *v* pahinahunin ◊ *v rifl* huminahon ◊ (*fig*) pumayapa.
**rassicurare** *v* magmulíng-tiwalà ◊ *v rifl* magtiwala.
**rassomigliare** *v* magkahawig.
**rastrellare** *v* magkalaykay ◊ (*perlustrare*) suriin.
**rastrello** *sm* kalaykày.
**rata** *sf* hulog, hurnal ◊ **vendere a rate** ipagbilî ng hulugan; **pagare a rate** payaran ng hulugan.
**rateale** *agg* hulugan.
**rateazione** *sf* paghuhulog.
**ratto** *sm* dagâng malakì ◊ (*topo*) dagâ.
**rattoppare** *v* tagpian.
**rattristare** *v* magpalunkòt ◊ *v rifl* malungkòt.
**raucèdine** *sf* pagkapaòs.
**ràuco** (*f* **-a** *pl* **-chi -che**) *agg* paòs, malàt.
**ravanello** *sm* labanòs.
**raviolo** *sm inv* uri ng pasta.
**ravvicinato** *agg* malapit.
**ravvisare** *v* kilalanin.
**ravvivare** *v* buhayin ◊ (*fig*) pasiglain.
**razionale** *agg* makatuwiran.
**razza** *sf* lahi ◊ (*zool*) isdang hugis demonyo.
**razzìa** *sf* pandarambòng.
**razziale** *agg* panglahi.
**razzismo** *sm* pagkamuhi sa ibang lahi.
**razzista** (*pl* **-i -e**) *agg* mapagkamuhi sa ibang lahi.
**razzo** *sm* kuwitis ◊ **come un razzo** napakabilis, napakatulin.
**razzolare** *v* kumáhig.
**re** *sm inv* harì.
**reagire** *v* tumugóng-kilos ◊ (*chimica*) magtamulî.
**reale** *agg* tunay, makaharì ◊ (*della realtà*) tunay.
**realismo** *sm* ukol sa tunay.
**realista** (*pl* **-i -e**) *agg* makatunay ◊ (*re*) makaharì.
**realizzare** *v* isakatuparan ◊ (*guadagnare*) perahin ◊ *v rifl* tinupad.
**realizzazione** *sf* pagtupad.

**realtà** *sf inv* katotohanan ◊ (*il concreto*) katunayan ◊ **in realtà** sa katunayan.
**reame** *sm* kaharìan.
**reato** *sm* krimèn ◊ **corpo di reato** uri ng krimèn.
**reattore** *sm* reaktòr ◊ **reattore nucleare** reaktòr na pangnukleyar.
**reazionàrio** *agg, sm/f* reaksiyonaryo.
**reazione** *sf* reaksiyòn.
**rebus** *sm inv* malakìng súliranin.
**recapitare** *v* ipaabot.
**recàpito** *sm* direksiyòn.
**recare** *v* dalahìn ◊ *v rifl* dinalà ◊ **recardanno** dulutan ng problema.
**recensione** *sf* krítikà.
**recente** *agg* kamakailan ◊ **di recente** kailan lamang.
**reception** *sf inv* resepsiyòn.
**recessione** *sf* paglayô ◊ (*econ*) pag-urong.
**recìdere** *v* iwain.
**recidivo** *agg* mabinat.
**recinto** *sm* bakod.
**recipiente** *sm* lalagyàn, sisidlàn.
**recìproco** (*f* **-a** *pl* **-ci -che**) *agg* gántihan.
**rècita** *sf* paganàp.
**recitare** *v* bumigkàs, gumanàp.
**recitazione** *sf* pag-ganàp.
**reclamare** *v* magreklamo.
**reclamo** *sm* reklamo ◊ **presentare (un) reclamo** magreklamo.
**reclinàbile** *agg* maaring ibabâ ◊ **schienale reclinabile** sandalan na maaring ibabâ.
**reclusione** *sf* pagkulong.
**rècluta** *sf* rekluta, hikayat.
**reclutare** *v* magrekluta, maghikayat ◊ (*assumere*) tanggapin.
**recòndito** *agg* tagô.
**record** *sm inv* rekord ◊ **incasso record** malaking rekord, patok.
**recriminare** *v* magparatang.
**recuperare** *v* bawíin ◊ (*fig*) gumaling.
**recùpero** *sm* pagbawì.
**redattore (-trice)** *sm* mánunulàt.
**redazione** *sf* pamamatnugot ◊ (*giornale*) ulatan ng diyaryo.
**rèddito** *sm* kita ◊ **dichiarazione dei redditi** deklarasyòn ng kinikita.
**redìgere** *v* isulat.
**redìmere** *v* tubusìn, tupárin.
**rèdini** *sf pl* renda.
**rèduce** *sm/f* pagbalik ◊ (*mil*) beterano.
**referendum** *sm inv* reperendum.
**referenze** *sf pl* reperénsiyà.
**refettòrio** *sm* mga pamawinggutom ◊ (*convento*) silid-kainan ◊ (*collegio ecc.*) komidor.
**reflex** *sm inv* repleks.
**refrigèrio** *sm* kapreskohan.
**regalare** *v* magregalo.
**regale** *agg* para sa hari, reyna.
**regata** *sf* karerahan ng bapor ◊ **barca da regata** bapor pangkarera.
**règgere** *v* hawakan ◊ (*sostenere*) pasansalin ◊ (*sopportare*) tiisin ◊ *v rifl* hinawakan ◊ **reggere l'alcol**

makayanan ang tapang ng alak; **non reggersi in piedi** makayanang tumayò; **il ragionamento non regge** hindî wastô ang dahilan.
**règgia** (*pl* **-ge**) *sf* palasyo ng harì.
**reggimento** *sm* rehinyento.
**reggiseno** *sm* bra, brasyer.
**regìa** *sf* pamamahalà ◊ (*teatro*) direksiyòn.
**regime** *sm* pámumunúan ◊ (*dieta*) diyeta.
**regina** *sf* reyna.
**regionale** *agg* pangrehiyòn ◊ **treno regionale** tren na pangrehiyòn; **conflitto regionale** digmaang pangrehiyòn.
**regione** *sf* rehiyòn.
**regista** (*pl* **-i -e**) *sm/f* direktòr.
**registrare** *v* itála ◊ (*annotare*) ilista ◊ (*suoni*) irekord.
**registratore** *sm* rekorder.
**registrazione** *sf* pagrekord, pagtála.
**registro** *sm* rehistro, tálaan.
**regnare** *v* magharì.
**regno** *sm* reyno, kaharìan ◊ **regno animale** kaharìan ng mga hayop; **regno vegetale** kaharìan ng mga halaman.
**règola** *sf* alituntunin, patakaran ◊ **essere in regola** nasa legàl; **di regola** bilang patakaran.
**regolamento** *sm* tuntunin.
**regolare** *agg* karaniwan ◊ (*costante*) di-nagbabago ◊ *v* inayos.
**regresso** *sm* pagurong.
**relativo** *agg* may-kaugnayan ◊ (*proporzionato*) tamang-tama ◊ (*attinente*) may kaugnayan.
**relazione** *sf* ulat, lahàd ◊ (*amore*) relasyòn ◊ (*resoconto*) tuòs ◊ **pubbliche relazioni** pakikipaghalobilo sa masa; **relazioni d'affari** kaugnayang pang-kalakal; **relazioni diplomatiche** kaugnayang pangdiplomasiyà.
**relegare** *v* itapon.
**relìquia** *sf* relikya.
**relitto** *sm* labì, babàg.
**remare** *v* magsagwàn.
**remissivo** *agg* masúnúrin.
**remo** *sm* sagwàn.
**remoto** *agg* malayò ◊ (*improbabile*) di-sigurado.
**rèndere** *v* ibalik ◊ (*restituire*) isauli ◊ (*rappresentare*) gumanàp ◊ (*denaro*) bayaran ◊ *v rifl* ibinalik ◊ **rendersi conto** batìd; **rendersi utile** magpakasilbi.
**rendimento** *sm* pagbibigay ◊ (*denaro*) pagbabayad.
**rèndita** *sf* kita ◊ **vivere di rendita** nabubuhay sa kita.
**rene** *sm* batò.
**renitenza** *sf* atubilì ◊ **renitenza alla leva** hindî pagpapalista sa pagsusundalo.
**renitente** *agg* nag-áatubilì ◊ **renitente alla leva** pag-áatubilì sa pagsusundalo.
**renna** *sf* usà.
**reo** *sm* maysala.
**reparto** *sm* dibisyòn.
**repellente** *agg* pantabòy.

**repentaglio** *sm* panganib, peligro ◊ **mettere a repentaglio** ilagay sa peligro, panganib.
**repentino** *agg* biglaan.
**reperire** *v* hanapin.
**reperto** *sm* report.
**repertòrio** *sm* repertoryo ◊ (*assortimento*) pagtitipon.
**rèplica** (*pl* **-che**) *sf* pag-uulit ◊ (*copia*) kopya ◊ (*spettacolo*) pagpapalabas ulit ◊ (*risposta*) sagot.
**replicante** *sm/f* ulit.
**replicare** *v* ulitin ◊ (*spettacolo*) ipalabas ulit ◊ (*rispondere*) sagutin.
**reportage** *sm inv* reportage.
**reporter** *sm/f inv* reporter.
**repressione** *sf* pagpipigil.
**reprìmere** *v* pigilin ◊ *v rifl* pinigil.
**repùbblica** (*pl* **-che**) *sf* republíkàng pang-parlamento ◊ **repubblica parlamentare** republíkà; **repubblica presidenziale** republíkà ng pangulo.
**repubblicano** *agg* republíkáno ◊ (*partito*) partido repúblíkano.
**repulsione** *sf* pagkarimarim.
**reputazione** *sf* dangàl.
**requisire** *v* pagpapatupàd.
**requisito** *sm* kahílíngan.
**resa** *sf* pagsukò ◊ (*restituzione*) pagsasauli.
**residente** *agg* tírahan ◊ *sm/f* naníniranan.
**residenza** *sf* tírahan.
**resìduo** *agg* natitirà ◊ *sm* tirà.
**rèsina** *sf* dagtâ.
**resistenza** *sf* pagtutol ◊ (*elettrica*) lakàs.
**resìstere** *v* tumagàl ◊ (*sopportare*) suportahan.
**resoconto** *sm* tuòs.
**respìngere** *v* itulak ◊ (*rifiutare*) tanggihàn.
**respirare** *v* humungà.
**respirazione** *sf* paghingà.
**respiro** *sm* hiningà ◊ **non avere un attimo di respiro** masyadong abalà.
**responsàbile** *agg* maresponsaplè ◊ *sm/f* (*incaricato*) may panagutan.
**responsabilità** *sf inv* ságutinm, pananagutan ◊ (*incarico*) tungkulin.
**responso** *sm* tugòn.
**ressa** *sf* tulakàn.
**restare** *v* manatilì ◊ (*cosa*) matira ◊ **non resta che** wala ng iba pang gagawin kundi; **restare a secco** mawalan ng langis; **restare a bocca aperta** magulat, mabiglà.
**restaurare** *v* ibalik sa dati.
**restàuro** *sm* pagbablik sa dati.
**restìo** *agg* ligalìg.
**restituire** *v* isaulì ◊ (*contraccambiare*) tumbasan.
**resto** *sm* tirà ◊ (*cifra*) suklî ◊ **dare il resto** ibigay ang suklî.
**restrìngere** *v* paliitin, bawasan ◊ *v rifl* pinaliit, binawasan.
**retata** *sf* pagsugod.
**rete** *sf* lambàt ◊ (*recinzione*) bakod ◊ (*TV*) tsanel ◊ **rete idrica**

daanan ng tubig; **rete elettrica** daanan ng koryente.
**rètina** *sf* (*anat*) retina.
**retribuzione** *sf* gantimpagàl.
**retro** *sm* likod.
**retrocèdere** *v* umatràs ◊ (*sport*) umurong.
**retrocessione** *sf* pag-atràs ◊ (*sport*) parurong.
**retrògrado** *agg* pagbabà ng ranggo.
**retroguàrdia** *sf* bantay sa likòd.
**retromàrcia** (*pl* **-ce**) *sf* atràs, urong.
**retroscena** *sm inv* likod ng entablado.
**retrospettiva** *sf* (*mostra*) paurong.
**retroterra** *sm inv* kapitbayan.
**retrovisore** *sm* salamin sa kotse.
**retta** *sf* (*linea*) guhit ◊ (*denaro*) pambayad sa kasera ◊ **dare retta** pansinin.
**rettangolare** *agg* hugis-parihabâ.
**rettàngolo** *sm* parihabâ.
**rettìfica** (*pl* **-che**) *sf* pagtumpàk.
**rettificare** *v* magtumpàk.
**rèttile** *sm* ahas.
**rettilìneo** *agg* tuwìd.
**retto** *agg* tuwìd ◊ *sm* (*med*) puwit.
**rettore** *sm* rektor.
**reumàtico** (*f* **-a** *pl* **-ci -che**) *agg* rayumatiko ◊ **dolore reumatico** sakìt sa rayuma.
**reumatismo** *sm* rayuma.
**reverendo** *sm* kapitá-pitagan.
**reversìbile** *agg* nabábaliktàd.
**revisione** *sf* suríing muli ◊ (*trattato*) pagsururì.
**riabilitazione** *sf* riabilitasyòn, pagpapagaling ◊ (*med*) pagpapasiglâ.
**riacquistare** *v* bilhin ulit.
**rialzare** *v* pataàsin ◊ (*fig*) paangkatin ◊ *v rifl* pinatàs.
**rialzo** *sm* pagtaàs ◊ (*fig*) pagangkat.
**rianimazione** *sf* pagbuhay ◊ (*reparto ospedale*) pagpasiglà.
**riaprire** *v* pagbubukas.
**riassùmere** *v* (*testo*) magsimulà ulî ◊ (*lavoro*) tanggapin ulî.
**riavere** *v* makuha ulî ◊ *v rifl* kinuha ulî.
**ribadire** *v* ulitin.
**ribalta** *sf* baligtad.
**ribaltare** *v* pagbaligtarìn ◊ *v rifl* bumaligtàd.
**ribassare** *v* bawasan.
**ribasso** *sm* pagbawas.
**ribàttere** *v* hampasin ◊ (*fig*) sumagot.
**ribellarsi** *v rifl* umalsà.
**ribelle** *agg* manghihimagsìk ◊ *sm/f* rebelde.
**ribellione** *sf* rebelyon, himagsikan.
**ribrezzo** *sm* pagkatakot ◊ **fare ribrezzo** takutin.
**ricadere** *v* pagkahulog.
**ricaduta** *sf* mahulog ◊ (*malattia*) pagkabinat.
**ricalcare** *v* bakasin ◊ (*fig*) sundan.

**ricamare** *v* magburà.
**ricambiare** *v* palitan.
**ricàmbio** *sm* palit ◊ **pezzo di ricambio** piyesa.
**ricamo** *sm* burdà.
**ricapitolare** *v* ulitin ulî.
**ricàrica** *sf* kargahan ulî.
**ricaricàbile** *agg* maaring kargahan ulî.
**ricattare** *v* iblakmeyl, pangunguwalta sa pamamagitan ng pananankot.
**ricatto** *sm* pangunguwalta.
**ricavare** *v* makuha ◊ (*denaro*) kumita.
**ricchezza** *sf* kayamanan ◊ (*pl, beni*) ari-arihan ◊ (*abbondanza*) kasaganahan.
**rìccio** *agg* kulòt ◊ *sm* (*zool*) hedgehog ◊ **capelli ricci** kulot na buhok.
**ricco** (*f* **-a** *pl* **-chi -che**) *agg* mayaman ◊ (*abbondante*) sagana ◊ *sm* mayaman na tao.
**ricerca** *sf* pananaliksìk ◊ (*scientifica*) pagsisiyasat.
**ricercare** *v* hanapin ulìt.
**ricercato** *agg* hinánanap-hanap ◊ (*raffinato*) gustú-gustò ◊ *sm* wanted.
**ricercatore** (**-trice**) *sm* tagasaliksìk.
**ricetta** *sf* reseta ◊ (*cucina*) résipì.
**ricettatore** (**-trice**) *sm* tagatanggap.
**ricévere** *v* tanggapìn ◊ (*persona*) salubungin.
**ricevimento** *sm* pagtanggap ◊ (*festa*) handaan, resepsiyòn.
**ricevitore** *sm* tagapagtanggap.
**ricevitorìa** *sf* tanggapan.
**ricevuta** *sf* resibo.
**richiamare** *v* tawagin ulî ◊ (*far ritornare*) pabalikin ◊ (*alla memoria*) alalahanin ◊ (*rimproverare*) pagalitan.
**richiamo** *sm* pagtawag ◊ (*rimprovero*) kagalitan.
**richièdere** *v* hingin ulî ◊ (*necessitare*) mangailangan.
**richiesta** *sf* paghingî mulî ◊ **fermata a richiesta** pagpara.
**richiùdere** *v* isarà ulî ◊ (*fig*) maging makasarili ◊ *v rifl* isinarà ulî.
**riciclàggio** *sm* paggamit ulî ◊ (*denaro*) pagtakas ng pera.
**riciclare** *v* gamiting mulî.
**ricominciare** *v* magsimula mulî.
**ricompensa** *sf* gantimpalà.
**ricompensare** *v* gantimpalàhan.
**riconciliare** *v* papagkásunduan ◊ *v rifl* pinagkásunduan.
**ricondurre** *v* ihatid ulî ◊ (*fig*) mamuhay.
**riconoscente** *agg* nagpápasalamat.
**riconoscenza** *sf* pagpápasalamat.
**riconóscere** *v* mákilala ◊ (*ammettere*) aminin.
**riconoscimento** *sm* pagkikilalà ◊ **documenti di riconoscimento** papeles ng pagkikilala.

**riconquistare** *v* salakayin ulî ◊ (*amore*) ligawan ulit.
**riconsegnare** *v* ipadalà ulit.
**ricoprire** *v* takpan ◊ (*incarico*) tanggapin ulit sa trabaho ◊ *v rifl* tinanggap ulit.
**ricordare** *v* alalahanin ◊ *v rifl* máalala.
**ricordo** *sm* pag-aalaala ◊ **per ricordo** alaala.
**ricorrenza** *sf* pagbabalì.
**ricórrere** *v* tumabòng pabalik ◊ (*rivolgersi*) magmungkahi ◊ (*servirsi*) gamitin.
**ricorso** *sm* ppaglapit ◊ **presentare ricorso** pagdulòg.
**ricostituente** *sm* bitamina.
**ricostituire** *v* magtatàg.
**ricostruire** *v* mulíng-itatàg ◊ (*fig*) buuìn.
**ricostruzione** *sf* pagbabagong-tatàg ◊ (*fig*) pagbuò.
**ricotta** *sf* kesong nagmulà sa gatas.
**ricoverare** *v* magkanlòng ◊ (*persone*) ipasok sa óspitàl ◊ *v rifl* kinanlòng ◊ (*persone*) ipinasok sa óspitàl.
**ricóvero** *sm* pagkanlòng ◊ (*ospedale*) pagpapaóspitàl.
**ricrédersi** *v rifl* maniwalàng mulî.
**ricucire** *v* tahiin mulî ◊ (*fig*) ayusing mulî.
**ridare** *v* ibigay mulî.
**rìdere** *v* tumawa ◊ **morire dal ridere** nakakatuwà ng hustò.
**ridìcolo** *agg* katawá-tawà.
**ridire** *v* sabihin ulit ◊ (*contestare*) magreklamo ◊ **averda ridire** may masasabi.
**ridotto** *agg* bawàs.
**ridurre** *v* bawásan ◊ *v rifl* binawásan.
**riduzione** *sf* pagbawàs.
**riempire** *v* punuin ◊ (*compilare*) sagutìn ◊ *v rifl* ◊ (*diventare pieno*) pinunò ◊ (*rimpinzarsi*) mapunò.
**rientrare** *v* pumasok ◊ (*tornare a casa*) bumalik sa bahay ◊ (*essere compreso*) kasama ◊ (*avere una rientranza*) makabawì ◊ **non rientra nei miei piani** hindî kasali sa aking plano; **non rientra nei suoi compiti** hindî kasali sa kanyang tungkulin.
**rientro** *sm* pagpasok ◊ (*denaro*) kita.
**riepìlogo** (*pl* **-ghi**) *sm* ulit.
**rifare** *v* gawin mulî ◊ (*imitare*) gayahin ◊ (*aggiustare*) ayusin ◊ *v rifl* ginawà mulî ◊ (*recuperare*) abrutin ◊ **rifare il letto** ayusin ang kama.
**riferimento** *sm* pagtukoy ◊ **in riferimento a** ayon sa.
**riferire** *v* tukuyin ◊ (*rivelare*) ibunyàg.
**rifinire** *v* tapusin.
**rifinitura** *sf* pagtatapos.
**rifiutare** *v* tangihan, ayawan ◊ *v rifl* tinaggihan, inayawan.
**rifiuto** *sm* pagtanggi, pag-ayaw ◊ (*immondizia*) basura.

**riflessione** *sf* repleksiyòn.
**riflessivo** *agg* maalalahanin.
**riflesso** *agg* balík-sinag ◊ (*fig*) magmuni-muni ◊ **avere i riflessi pronti** laging handà.
**riflèttere** *v* magbalík-sinag ◊ (*pensare*) pagisipan ◊ *v rifl* pinag-isipan.
**riflettore** *sm* replektor.
**riforma** *sf* reporma, pagbabago.
**riformare** *v* baguhin.
**riformato** *agg* binago.
**riformatòrio** *sm* ripormatoryo.
**rifornimento** *sm* pagtustòs ◊ (*carburante*) pag-gasolina ◊ **fare rifornimento** mag-gasolina.
**rifornire** *v* tustusàn ◊ *v rifl* tinustusàn.
**rifugiarsi** *v* magkanlòng.
**rifugiato** *agg* takàs.
**rifùgio** *sm* kanlungan ◊ (*montagna*) bahay sa bundok ◊ **rifugio antiatomico** taguan laban sa atako ng bomba.
**riga** (*pl* **-ghe**) *sf* guhit ◊ (*strumento*) roler ◊ (*fila*) pila ◊ **scrivere due righe** magsulat ng maikling liham; **mettere in riga** palimpiyuhin; **quaderno a righe** kuwadernong may guhit.
**rigattiere** *sm* basurero.
**rigetto** *sm* pagtapon ulit ◊ (*med*) pagsuka ◊ **crisi di rigetto** ayaw pagtanggap.
**rigidità** *sf inv* pagkamatigas.
**rìgido** *agg* matigas.
**rigirare** *v* paikutin ◊ *v rifl* pinaikot.
**rigoglioso** *agg* malabay, malagô.
**rigore** *sm* kahirapan ◊ **area di rigore** pinalte eryà; **calcio di rigore** pinalte kik.
**rigoroso** *agg* nápakahigpìt.
**riguardare** *v* tignan ulî ◊ *v rifl* tinignan-ulî ◊ **non mi riguarda** wala akong pakialam.
**riguardo** *sm* paglingap ◊ (*cautela*) pagingat ◊ (*cortesia*) paggalang ◊ **mancare di riguardo** walang-galang.
**rigùrgito** *sm* pag-apaw.
**rilasciare** *v* ibigay ◊ (*liberare*) palayain ◊ **rilasciare una dichiarazione** mabigay ng kasulatan.
**rilàscio** *sm* paglaya ◊ (*documento*) pagbigay.
**rilassare** *v* magpahinga ◊ *v rifl* nagpahinga.
**rilegare** *v* muling italì.
**rilèggere** *v* muling basahin.
**rilevante** *agg* importante, mahalga.
**rilevare** *v* pansinin ◊ (*determinare*) mahalatâ.
**rilievo** *sm* (*sporgenza*) parteng nakaalsà ◊ (*montagna*) kabundukan ◊ (*osservazione*) pagpunà.
**riluttante** *agg* bantulòt.
**rima** *sf* tugmâ ◊ **in rima** tumugmâ.
**rimandare** *v* ipadala ulî ◊ (*posticipare*) ipagpaliban ◊ (*scuola*) ibagsak.
**rimanente** *agg* natitira ◊ *sm* tira.
**rimanere** *v* tumigil ◊ (*restare*)

manatili ◊ (*avanzare*) matirà, sumobra ◊ **rimanere a bocca aperta** mabiglà, magulat.
**rimarginarsi** *v rifl* maghilom.
**rimasùglio** *sm* tira.
**rimbalzare** *v* tumalbòg.
**rimbalzo** *sm* pagtalbòg.
**rimboccare** *v* tiklupin ◊ **rimboccarsi le maniche** magpakasipag.
**rimborsare** *v* isaulî ang bayad.
**rimborso** *sm* pagsaulî ng bayad ◊ **rimborso spese** pagsaulî ng gastos.
**rimboschimento** *sm* pagtatanim ulit ng mga puno.
**rimboschire** *v* magtamin ulit ng mga puno.
**rimediare** *v* lunasan, rimedyuhan.
**rimèdio** *sm* lunas, rimedyo.
**rimessa** *sf* lagayan ◊ (*garage*) garahe.
**rimèttere** *v* ilagay ulit ◊ (*vomitare*) magduwal ◊ *v rifl* inilagay ◊ (*guarire*) magpasiglà ◊ **il tempo si è rimesso al bello** ang panahon ay gumanda.
**rimmel** *sm inv* rimel.
**rimonta** *sf* pagakyàt ulit.
**rimontare** *v* umakyat ulit.
**rimorchiare** *v* hilahin.
**rimorchiatore** *sm* panghila.
**rimòrchio** *sm* treyler.
**rimorso** *sm* pagsisisi.
**rimozione** *sf* pagtatanggal.
**rimpatriare** *v* pabalikin sa sariling bansa.
**rimpiangere** *v* hanap-hanapin.
**rimpianto** *sm* pagsisisi.
**rimpiazzare** *v* palitan.
**rimpicciolire** *v* paliitin ◊ *v rifl* pinaliit.
**rimpinzare** *v* ipitan ulit ◊ *v rifl* inipitan.
**rimproverare** *v* suwatan.
**rimpròvero** *sm* suwat.
**rimuginare** *v* humalimhìm.
**rimuovere** *v* alisin, tanggalin.
**rinàscere** *v* mabuhay ulit ◊ (*fig*) maging masiglà ulit.
**rinascimento** *sm* pagkabuhay.
**rincarare** *v* pataasin.
**rincaro** *sm* pagtaas.
**rincasare** *v* umuwî.
**rinchiùdere** *v* ikulong ◊ *v rifl* ikinulong.
**rincórrere** *v* habulin ◊ *v rifl* maghabulan.
**rincorsa** *sf* paghahabol.
**rincréscere** *v* magdamdam ◊ **mi rincresce** ako ay nalulungkot.
**rincrescimento** *sm* pagdadamdam, pagkalungkot.
**rinfacciare** *v* isumbat.
**rinforzare** *v* palakasin ◊ (*fig*) lumakas.
**rinforzo** *sm* tulong ◊ **mandare i rinforzi** magpadala ng tulong.
**rinfrescare** *v* papreskohin ◊ *v rifl* maghilamos.
**rinfresco** (*pl* **-schi**) *sm* kaktel.
**rinfusa** *sf* hiwá-hiwalay ◊ **alla rinfusa** pasibà.
**ringhiare** *v* umungol.

**ringhiera** *sf* barandilyà ◊ **casa di ringhiera** bahay na may barandilyà.
**rìnghio** *sm* ungol.
**ringiovanire** *v* bumatà.
**ringraziamento** *sm* pagpapasalamat.
**ringraziare** *v* magpasalamat.
**rinnegare** *v* itakwil.
**rinnovamento** *sm* pagbabagò.
**rinnovare** *v* baguhin ◊ *v rifl* binagò.
**rinnovo** *sm* pagbabagò.
**rinoceronte** *sm* rinóseròs.
**rinomato** *agg* kilala.
**rinsecchito** *agg* matuyò ◊ (*vecchio*) pagkukulubòt.
**rintanato** *agg* magtagò.
**rintocco** (*pl* **-chi**) *sm* tugtòg.
**rintracciare** *v* tuntunin.
**rinùncia** (*pl* **-ce**) *sf* pagririnunsiyà.
**rinunciare** *v* magrinunsiyà.
**rinvenire** *v* madiskubre.
**rinviare** *v* ibalik ◊ (*posticipare*) ipagpaliban.
**rinvìo** *sm* pagbabalik ◊ (*posticipo*) pagpapaliban.
**rione** *sm* tirahan, seksiyòn.
**riordinare** *v* ayusin.
**ripagare** *v* bayaran ulî.
**riparare** *v* magbuò ◊ (*aggiustare*) ayusin ◊ (*proteggere*) magpasilong.
**riparazione** *sf* pagkukumpunì ◊ (*indennizzo*) bayad pinsalà ◊ **esami di riparazione** balik eksamen.
**riparlare** *v* pagusapan ulî.
**riparo** *sm* kublian, silungan ◊ **correre ai ripari** magtago; **mettere riparo** itago.
**ripartire** *v* muling umalis ◊ (*dividere*) hati-hatiin.
**ripassare** *v* dumaan mulî ◊ (*dividere*) mag-alok ◊ (*studiare*) mag-aral.
**ripensamento** *sm* pagdadalawang-isip.
**ripensare** *v* magdalawang-isip ◊ (*modificare*) baguhin.
**ripercórrere** *v* takbuhin ulit ◊ (*fig*) maglakbay ulit.
**ripercuótersi** *v rifl* umalingawngàw.
**ripercussione** *sf* pagtalbòg, pagalingawngàw.
**ripescare** *v* hulihin ulit ◊ (*fig*) kunin ulit.
**ripètere** *v* ulitin ◊ *v rifl* inulit.
**ripetitore** *sm* radar.
**ripetizione** *sf* paguulit ◊ (*lezione*) ripaso, balik-aral.
**ripicca** *sf* pagkagalit ◊ **per ripicca** paghihiganti dahil sa galit.
**rìpido** *agg* matarik.
**ripiegare** *v* itiklop.
**ripiego** (*pl* **-ghi**) *sm* remedyo, lunas.
**ripieno** *sm* relyeno.
**riporre** *v* ilapag.
**riportare** *v* ibalik ◊ (*riferire*) sabihin ◊ (*avere*) ibalik.
**riposante** *agg* nakakalunas.
**riposare** *v* magpahingà ◊ *v rifl* nagpahingà.

**riposo** *sm* pahingà ◊ **mettere a riposo** magpahingà.
**riprèndere** *v* kumuha mulî ◊ (*ricominciare*) magsimula mulî ◊ (*sgridare*) kagalitan ◊ (*fot, cine, TV*) isapelikula ◊ *v rifl* kunan.
**ripresa** *sf* paninimulà ◊ (*migliora - mento*) pagbalik-siglà ◊ (*veicolo*) umandar ulit ◊ (*cine, TV*) pasasapelikula.
**riprodurre** *v* gawing mulî ◊ *v rifl* magparami.
**riproduzione** *sf* pag-gawâ mulì ◊ (*generazione*) pagpaparami.
**riproporre** *v* imungkahì ulit.
**riprova** *sf* suriin ulit.
**riprovévole** *agg* masísì.
**ripugnante** *agg* nakasúsuklàm.
**risàia** *sf* palayan.
**risalire** *v* umakyat ulit.
**risalita** *sf* pag-akyat ulit ◊ (*fig*) pag-angat ulit.
**risaltare** *v* iuslî.
**risalto** *sm* kalitawan ◊ **mettere in risalto** ilantàd.
**risanare** *v* pagalingin ◊ (*fig*) lunasan.
**risaputo** *agg* laganap.
**risarcimento** *sm* bayad sa sakuna.
**risarcire** *v* magbayad pinsalà.
**risata** *sf* halakhakan ◊ **farsi due risate** maghalakhakan.
**riscaldamento** *sm* heter ◊ (*sport*) pag-ensayo ◊ **riscaldamento centralizzato** panlahat na heter; **riscaldamento autonomo** pansariling heter.
**riscaldare** *v* magpainit ◊ (*fig*) magpuot ◊ *v rifl* uminit ◊ (*sport*) mag-ensayo.
**riscattare** *v* tubusìn ◊ *v rifl* tinubò.
**riscatto** *sm* tubòs.
**rischiarare** *v* paliwanagin ◊ *v rifl* liniwanagan.
**rischiare** *v* makipagsapalaran.
**rìschio** (*pl* **-schi**) *sm* sapalaran, peligro ◊ **correre il rischio** makipagsapalaran.
**rischioso** *agg* delikado.
**risciacquare** *v* banlawan.
**riscontro** *sm* paghahambing ◊ **trovare riscontro** magkasundo.
**riscossione** *sf* pagiipon.
**riscuòtere** *v* kulektahin ◊ (*fig*) gisingin.
**risentimento** *sm* hinanakìt, pagdaramdàm.
**risentire** *v* pakinggan ulit ◊ **a risentirci!** sa susunod mulî.
**risentito** *agg* napakinggan na.
**riserva** *sf* riserba ◊ (*naturale*) pangangalaga sa kapaligiran.
**riservare** *v* ipunin, itago ◊ (*pre - notare*) magriserba.
**riservatezza** *sf* pagkamalihim.
**riservato** *agg* (*posto*) nakalaàn ◊ (*confidenziale*) malihim.
**risièdere** *v* tumirà.
**risma** *sf* (*carta*) resma ◊ (*genere*) uri.
**riso** *sm* (*pianta*) palay ◊ (*cibo*) kanin ◊ (*risata*) tawa.

**risoluzione** *sf* pasiyà ◊ (*precisione*) katatagan.
**risòlvere** *v* lutasin.
**risórgere** *v* tumayo ulit ◊ (*fig*) umunlàd ulit.
**risorgimento** *sm* pagtayo ulit.
**risorsa** *sf* yaman ◊ (*capacità*) katalinuhan.
**risparmiare** *v* mag-ipon ◊ (*risorse*) ingatan ◊ (*persona*) itabi.
**rispàrmio** *sm* ipon ◊ **cassa di risparmio** banko; **risparmio energetico** tipid-koryente.
**rispecchiare** *v* magpaliwanag ◊ (*fig*) maglarawan.
**rispettàbile** *agg* kagalang-galang.
**rispettare** *v* igalang.
**rispetto** *sm* pag-galang.
**rispettoso** *agg* magalang.
**risplèndere** *v* magliwanag, sumikat.
**rispóndere** *v* sumagot ◊ (*reagire*) lumaban ◊ (*corrispondere*) sagutin (sulat).
**risposta** *sf* sagot.
**rissa** *sf* awayàn, gulo-gulo.
**ristabilire** *v* manumbalik ◊ *v rifl* ibinalik.
**ristagnare** *v* hindîuààgos ◊ (*fig*) tulòg.
**ristagno** *sm* ang gi-pagagos ng tubig ◊ (*fig*) matumal.
**ristampa** *sf* bagong limbag.
**ristorante** *sm* restawran.
**ristoratore** (**-trice**) *sm* may-ari ng restawran.
**ristrutturare** *v* ibalik sa dating kalagayan.
**risultare** *v* magbunga ◊ (*mat*) solusyòn.
**risultato** *sm* bunga ◊ (*mat*) risulta.
**risuonare** *v* tugtuggin ulit.
**risurrezione** *sf* mulìng pagkabuhay.
**risuscitare** *v* buhayin mulî.
**risvegliare** *v* magising.
**risvéglio** *sm* pag-gising.
**risvolto** *sm* sulapa ◊ (*fig*) anyô.
**ritagliare** *v* gupitin.
**ritardare** *v* mahulî.
**ritardatàrio** *agg* nahuhulî.
**ritardo** *sm* pagkahulî ◊ **arrivare in ritardo** mahulî.
**ritegno** *sm* sawày ◊ **non avere ritegno** di-pagsawày.
**ritenere** *v* pigilin ◊ (*fig*) maniwala ◊ *v rifl* pinigil.
**ritenuta** *sf* awàs ◊ **ritenuta d'acconto** pag-aawàs sa suweldo.
**ritirare** *v* hilain mulî ◊ (*tirare indietro*) umatras ◊ (*farsi consegnare*) ibigay ◊ (*ricevere*) kunin ◊ (*disdire*) bawiin ◊ *v rifl* (*in casa, in camera*) pumasok ◊ (*da incarico*) magbitiw ◊ (*da gara*) umurong ◊ (*tessuto*) umiklî.
**ritirata** *sf* pag-urong ◊ (*in caserma*) pagbalik ◊ (*WC*) magpunta sa kubeta.
**ritiro** *sm* pagkuha ◊ (*abbandono*) pagbitiw ◊ (*luogo tranquillo*) pagritiro ◊ (*sport*) pagbitiw.

**ritmo** *sm* indayog ◊ (*mus*) ritmo, tugtog.
**rito** *sm* seremonya ◊ (*civile*) pamamaraan ◊ **sposarsi con rito civile** magpakasal sa huwes.
**ritoccare** *v* ayusin.
**ritornare** *v* bumalik.
**ritornello** *sm* koro.
**ritorno** *sm* pagbabalik ◊ **fare ritorno** pagbalik; **ritorno di fiamma** umibig ulit.
**ritorsione** *sf* mahayap na sagòt.
**ritrarre** *v* bumawì ◊ (*raffigurare*) kuna ng larawan.
**ritrattare** *v* makipagkasundo ulit.
**ritratto** *sm* ritrato ◊ (*fig*) larawan.
**ritrovare** *v* matagpuan ◊ *v rifl* magtagpuan.
**ritrovo** *sm* tipanan, tagpuan.
**ritto** *agg* matuwìd.
**riunione** *sf* pagtitipon, miting.
**riunire** *v* tipunin ◊ *v rifl* magsama-sama.
**riuscire** *v* lumabas mulî ◊ (*essere capace*) magtagumpay.
**riuscita** *sf* paglabas mulî.
**riva** *sf* pampang ◊ (*mare*) baybay dagat ◊ (*lago*) tabing-lawa ◊ (*fiume*) tabing-ilog.
**rivale** *agg* magkaribal ◊ *sm/f* karibal.
**rivalità** *sf inv* tunggálían.
**rivedere** *v* tignan ulî ◊ (*controllare*) suriin ulî ◊ *v rifl* magkita ulî.
**rivelare** *v* ibungyag ◊ *v rifl* mapakita.
**rivelazione** *sf* pagbubunyag ◊ (*relig*) pagkumpisal.
**rivéndere** *v* ibinta ulî.
**rivendicare** *v* maghigantì.
**rivéndita** *sf* pagbibintâ ulit.
**rivenditore** (**-trice**) *sm* negosyante.
**riversare** *v* magsalin ulit ◊ (*liquido*) magbuhos ulit ◊ (*registrazione*) irekord ulit ◊ (*fig*) humiga ulit ◊ *v rifl* isinalin ulit.
**rivestimento** *sm* suklòb.
**rivestire** *v* takpan ulit ◊ (*fig*) magdamit ulit ◊ *v rifl* tinakpan ulit ◊ (*fig*) dinamtan ulit.
**riviera** *sf* baybày ◊ (*mare*) baybày dagat ◊ (*lago*) tabing lawà ◊ (*fiume*) tabing ilog.
**rivìncita** *sf* pagbawì.
**rivista** *sf* magasin.
**rivòlgere** *v* ikutin ◊ *v rifl* lumingon ◊ **rivolgersi a un medico** magpatingin sa doktor.
**rivolta** *sf* himagsikan.
**rivoltare** *v* tumalikod ulit ◊ (*fig*) talikuran ◊ *v rifl* tumalikod.
**rivoltella** *sf* baril na rebolber.
**rivoluzionàrio** *agg* mapanghimagsì ◊ *sm* rebolusyonaryo.
**rivoluzione** *sf* himagsikan ◊ **la rivoluzione francese** rebolusyòn ng pransès.
**roba** *sf* bagay ◊ **roba da matti!** kalokohan!.
**robot** *sm inv* robot.
**robusto** *agg* matibay ◊ (*fig*) matatag.

**rocca** (*pl* **-che**) *sf* kutà.
**roccaforte** *sf* muòg.
**ròccia** (*pl* **-ce**) *sf* bato.
**roccioso** *agg* mabato.
**rodàggio** *sm* pagbreyk-in.
**ródere** *v* ngàtngátin ◊ (*fig*) lamunin ◊ *v rifl* nginatngàt.
**roditore** *sm* hayop na nagngángatngàt.
**rododendro** *sm* rododendum.
**rogna** *sf* kati-kati ◊ (*fig*) problema.
**rognone** *sm* bato.
**rogo** (*pl* **-ghi**) *sm* tulos.
**romànico** (*f* **-a** *pl* **-ci -che**) *agg* pang-romano.
**romano** *agg* romano ◊ (*antico*) panahon ng romano ◊ **pagare alla romana** kanya-kanyang bayad.
**romanticismo** *sm* pagka-romantiko.
**romàntico** (*f* **-a** *pl* **-ci -che**) *agg* romantiko.
**romanziere** *sm* manunúlàt ng kuwentong romantiko.
**romanzo** *sm* nobela ◊ **romanzo giallo** nobelang pang-pulis.
**rombo** *sm* dagundong ◊ (*pesce*) rombo.
**rómpere** *v* baliin ◊ (*rapporti*) putulin ◊ (*scocciare*) inisin ◊ *v rifl* pagbali ◊ **rompere le scatole** buwisitin.
**rompiscatole** *sm inv* makulit.
**róndine** *sf* layang-layang, golondrina.
**ronzare** *v* humuging ◊ (*fig*) umugong.
**ronzìo** *sm* higing, ugong.
**rosa** *sf* rosas.
**rosàrio** *sm* rosaryo.
**rosato** *agg* malarosas ◊ **vino rosato** alak na di gaaonong pula.
**ròseo** *agg* mapula-pula.
**rosmarino** *sm* romero.
**rosolare** *v* igisà.
**rosolìa** *sf* tigdàs.
**rospo** *sm* kabatsoy, palaka ◊ **ingoiare il rospo** lunukin ang mapait na bagay; **sputare il rospo** ilabas ang kinikimkim.
**rosso** *agg* pulà ◊ **rosso d'uovo** pulà ng itlog; **diventare rosso** mamulà; **vino rosso** pulang alak, red wine; **essere in rosso** mawalan ng pera; **cinema a luci rosse** senihang bomba.
**rossore** *sm* pamumutlà.
**rosticcerìa** *sf* ihaw-ihaw.
**rotàia** *sf* riles.
**rotazione** *sf* pag-ikot.
**rotella** *sf* gulong ◊ **gli manca qualche rotella** sinto-sinto.
**rotolare** *v* pagulungin ◊ *v rifl* gumulong.
**ròtolo** *sm* rolyo ◊ **andare a rotoli** magkagulo-gulo.
**rotondo** *agg* bilog.
**rotta** *sf* daan ◊ (*percorso*) ruta.
**rottame** *sm* diyank.
**rotto** *agg* basag, sirà.
**rottura** *sf* pagkabasag ◊ (*interruzione*) pagtalusirà ◊ **rottura di scatole** nakaka-abalà.
**ròtula** *sf* rotola.

**roulette** *sf inv* roulette.
**roulotte** *sf inv* kamper.
**routine** *sf inv* kalakaran.
**rovente** *agg* nagbabagà.
**ròvere** *sm* oak.
**rovesciare** *v* baligtarin ◊ (*versare*) ibuhos ◊ (*capovolgere*) itaob ◊ **rovesciare il governo** ibagsak ang gobyerno ◊ *v rifl* binaliktad.
**rovèscio** (*pl* **-sci**) *sm* kabaligtaran ◊ (*tennis*) smash ◊ *agg* baligtad ◊ **a rovescio, alla rovescia** sa baligtad.
**rovina** *sf* pagbagsak ◊ (*pl, rudere*) guhò ◊ **andare in rovina** malugi.
**rovinare** *v* sirain.
**rovo** *sm* puno ng oak.
**rozzo** *agg* magaspang.
**ruba** *sf* pagnakaw ◊ **andare a ruba** pinakyaw.
**rubare** *v* magnakaw.
**rubinetto** *sm* gripo.
**rubino** *sm* rubi.
**rubrica** (*pl* **-che**) *sf* tudling ◊ (*telefonica*) adyenda.
**rude** *agg* bastos.
**rùdere** *sm* sirain.
**rudimentale** *agg* paninimulâ.
**ruga** (*pl* **-ghe**) *sf* kulubot.
**rùggine** *sf* kalawang.
**ruggire** *v* umungal.
**rugiada** *sf* hamog.
**rugoso** *agg* magaspang.
**rullino** *sm* pelikula.
**rum** *sm inv* ram.
**ruminante** *sm* ngumatâ.
**rumore** *sm* ingay.
**rumoroso** *agg* maingay.
**ruolo** *sm* tungkulin ◊ **docente di ruolo** maykapangyarihang guro.
**ruota** *sf* gulong ◊ **parlare a ruota libera** magdaldal; **mettere i bastoni tra le ruote** pigilin.
**ruotare** *v* paikutin.
**rurale** *agg* ruràl.
**ruscello** *sm* batis.
**ruspa** *sf* buldoser.
**ruspante** *agg* pagkalaykày.
**russare** *v* maghilik.
**rùstico** (*f* **-a** *pl* **-ci -che**) *agg* pambukid.
**ruttare** *v* magdighay.
**rutto** *sm* dighay.
**rùvido** *agg* magaspang.
**ruzzolare** *v* mabuwàl.

# S

**sàbato** *sm* sabado.
**sàbbia** *sf* buhangin.
**sabbiatura** *sf* pagbubuhangin.
**sabbióso** *agg* mabuhangin.
**sabotàggio** *sm* sabutahè.
**sacca** (*pl* **-che**) *sf* supot.
**saccarina** *sf* sakarina.
**sacchéggio** *sm* pagdarambòng.
**sacchetto** *sm* supot ◊ (*da supermercato*) supot sa palengke.
**sacco** *sm* sako ◊ **un sacco di soldi** maraming pera.
**sacerdote** *sm* parè.
**sacramento** *sm* sakramento.

**sacrificare** *v* magsakripisyò ◊ (*fig*) ilaan ◊ *v rifl* magpakasakìt.
**sacrificato** *agg* isinakripisyò ◊ (*fig*) inilaan.
**sacrificio** *sm* sakripisyo ◊ (*fig*) pagpapakasakìt.
**sacro** *agg* sagrado, banal ◊ **sacra scrittura** banal na kasulatan; **osso sacro** butò sa puwitan.
**sàdico** (*f* **-a** *pl* **-ci -che**) *agg* sadista ◊ (*fig*) mapamasakit.
**saetta** *sf* kidlàt at kulòg.
**safari** *sm inv* sapari.
**saggezza** *sf* karunungan.
**sàggio** (*f* **-a** *pl* **-gi -ge**) *agg* marunong ◊ *sm* halimbawa ◊ (*scritto*) nobela.
**sagittàrio** *sm* sagitaryos.
**sàgoma** *sf* hugis ng mukhà.
**sagra** *sf* piyesta.
**sagrato** *sm* bakuran ng simbahan.
**sagrestano** *sm* sakristano.
**sagrestìa** *sf* sakristiya.
**sàio** *sm* bestido.
**sala** *sf* malaking kuwarto, bulwagan ◊ (*casa*) salas ◊ **sala d'aspetto** silid antayan; **sala da ballo** bulwagang-sáyáwan; **sala da pranzo** silid-kainan; **sala giochi** silid-laruan; **sala medicazione** silid-pagamutan.
**salame** *sm* salami.
**salamòia** *sf* atsara.
**salare** *v* asinan.
**salàrio** *sm* suweldo.
**salasso** *sm* pagdudugo.
**salatino** *sm* pagkain na maasin.
**salato** *agg* maasin ◊ **lago salato** lawang maasin.
**saldare** *v* magwelding ◊ (*pagare*) bayaran ang utan.
**saldatrice** *sf* pangwelding.
**saldatura** *sf* pagwelding.
**saldo** *agg* pangbayad ◊ *sm* bayad, belanse.
**sale** *sm* asìn ◊ **sale marino** asing baybay; **sale minerale** asing meniral; **sali da bagno** asing pampaligo.
**saliera** *sf* salero.
**salino** *agg* pangasin.
**salire** *v* umakyàt ◊ (*fig*) tumaàs.
**salita** *sf* daáng-hílig ◊ **in salita** paakyàt.
**saliva** *sf* laway.
**salma** *sf* bangkày.
**salmastro** *agg* maásin.
**salmone** *sm* salmòn.
**salone** *sm* bulwagan ◊ (*casa*) salas ◊ (*albergo*) pasilyo ◊ (*esposizione*) awditoryum.
**salotto** *sm* salas.
**salpare** *v* lumayag ◊ **salpare le ancore** ihagis ang angkora.
**salsa** *sf* sarsa ◊ **salsa di pomodoro** sarsa ng kamatis; **salsa verde** sarsang berde.
**salsèdine** *sf* asìn.
**salsìccia** (*pl* **-ce**) *sf* longganisa.
**saltare** *v* lumuksò, lumundàg ◊ (*tralasciare*) laktawàn ◊ (*cuc*) igisà ◊ (*esplodere*) sumabog ◊ **saltare agli occhi** mahalata; **saltare in mente** maalala; **saltare fuori**

lumundàg; **saltare addosso a qualcuno** sunggaban.
**salto** *sm* luksò ◊ (*breve visita*) saglìt na pagbibisita ◊ **fare un salto** lumundàg; **salto di qualità** magbagò sa kabutihan.
**saltuàrio** *agg* paminsan-minsan.
**salubre** *agg* pampalusòg.
**salume** *sm* mga produktong soriso.
**salumerìa** *sf* tindahan ng mga produktong soriso.
**salutare** *v* batiin ◊ *v rifl* binati ◊ *agg* pagbati.
**salute** *sf* kalusugan ◊ **salute!, alla salute!** mabuhay!; **bere alla salute di qualcuno** ipagdiyang ang isang tao.
**saluto** *sm* bati ◊ **cordiali saluti** magalang na pagbati; **saluti affettuosi** mapagmahal na pagbati.
**salvadanàio** *sm* pagsagìp.
**salvagente** *sm* salbabida ◊ (*stradale*) timbulan.
**salvare** *v* sagípin ◊ (*conservare*) itabì ◊ (*accettare*) kupkupin ◊ (*relig*) iligtàs ◊ (*inform*) irekord ◊ *v rifl* sinagìp ◊ **salvare la vita a qualcuno** iligtàs ang buhay ng isang tao.
**salvatàggio** *sm* paglilítàs ◊ (*inform*) pagrerekord.
**salvatore** (**-trice**) *agg* tagapagligtàs ◊ *sm* salvador.
**salve** *inter* pagbati sa hindî kilala.
**salvezza** *sf* pagkakaligtàs ◊ (*conservazione*) pagtatabì.
**sàlvia** *sf* sálbiyà.
**salvo** *agg* ligtàs ◊ *prep* malíban sa, liban sa ◊ **sano e salvo** wala na sa panganib; **essere in salvo** ligtàs; **mettere in salvo** iligtàs; **tutti salvo uno** ligtàs lahat máliban sa isa.
**sambuco** (*pl* **-chi**) *sm* sambuko.
**sanare** *v* gamutin ◊ (*rimediare*) ayusin.
**sanatòria** *sf* sanatorya.
**sancire** *v* pahintulutan.
**sàndalo** *sm* sandalyas.
**sangue** *sm* dugô ◊ **a sangue freddo** kalmado; **bistecca al sangue** bipstik na di gaanong lutò; **donatore di sangue** pamimigay ng dugô; **picchiare a sangue** bugbugin ng husto; **di sangue reale** may dugong maharlika.
**sanguigno** *agg* ukol sa dugô.
**sanguinare** *v* magdugô.
**sanguinàrio** *agg* duguan.
**sanguinoso** *agg* madugô.
**sanguisuga** (*pl* **-ghe**) *sf* lintâ.
**sanità** *sf inv* kalúsugan ◊ **ministero della Sanità** minsteryo ng pangkalúsugan.
**sanitàrio** *agg* pangkalúsugan.
**sano** *agg* malusòg.
**santificare** *v* magpabanàl ◊ (*fig*) konsagrahin.
**santo** *agg* makasanto ◊ *sm* santo ◊ **in santa pace** sa katahimikan; **santa Rosa** Santa Rosa; **non essere uno stinco di santo** huwag magsanto-santuhan.
**santuàrio** *sm* santuwaryo.

**sanzione** *sf* multa.
**sapere** *sm* marunong ◊ (*avere conoscenza*) kaalamàn ◊ (*essere capace*) marunong ◊ **sapere il filippino** marunong ng tagalog, pilipino; **sapere la matematica** marunong sa matematika; **saper nuotare** marunong lumangoy; **far sapere** ipabatid; **sapere a memoria** alamin sa memorya.
**sapiente** *agg* marunong ◊ *sm/f* marunong na tao.
**sapiènza** *sf* karunungan.
**sapone** *sm* sabon ◊ **sapone liquido** sabong likido.
**saponetta** *sf* sabon na bar.
**sapore** *sm* lasa.
**saporito** *agg* malasa.
**saracinesca** (*pl* **-che**) *sf* siere.
**sarcasmo** *sm* tuyâ.
**sarcàstico** (*f* **-a** *pl* **-ci -che**) *agg* nakakàtuyâ.
**sardina** *sf* sardinas ◊ **pigiati come sardine** siksik na parang sardinas.
**sarto** *sm* sastrè.
**sartorìa** *sf* sastrerya.
**sasso** *sm* batô ◊ **rimanere di sasso** magulat.
**sassòfono** *sm* sakssopon.
**sàtana** *sm* satanas.
**satèllite** *sm* satelayt ◊ **via satellite** mula sa satelayt.
**sàtira** *sf* uyàn.
**saturno** *sm* satorno.
**sàturo** *agg* matigmàk.
**savana** *sf* habana.
**savoiardo** *sm* biskuwit na malambot.
**saziare** *v* busógìn ◊ *v rifl* binusòg.
**sàzio** *agg* busòg.
**sbadato** *agg* padaskúl-daskòl.
**sbadigliare** *v* maghikàb.
**sbadìglio** *sm* hikàb.
**sbagliare** *v* magkamalî ◊ *v rifl* nagkamalî ◊ **sbagliare strada** nagkamalî ng daàn; **sbagliare giorno** nagkamalî ng araw; **sbagliare persona** nagkamalî ng tao.
**sbàglio** *sm* pagkakamalî.
**sbalordire** *v* gitlaìn ◊ *v rifl* gitlà.
**sbandare** *v* magbanggaan.
**sbandata** *sf* bumangga ◊ **prendersi una sbandata perqualcuno** maloko sa isang tao.
**sbaragliare** *v* magpatakas.
**sbarazzare** *v* palayain ◊ *v rifl* pinalaya.
**sbarbare** *v* ahitin ◊ *v rifl* inahit.
**sbarcare** *v* magdiskargà.
**sbarco** *sm* pagdiskargà ◊ **pontile di sbarco** rampa para sa pagdidiskargà.
**sbarra** *sf* harang, rehas ◊ **dietro le sbarre** sa kulungan.
**sbarramento** *sm* pagharang, pagrerehas ◊ (*fig*) pagkukulong.
**sbarrare** *v* harangin, rehasan ◊ (*impedire*) kulungin ◊ (*su carta*) mandaya ◊ **sbarrare la strada** haraning ang kalsada.
**sbàttere** *v* pukpukìn ◊ (*buttare*) itapon ◊ (*frullare*) batihìn ◊ **sbat-**

tersene walang pakialam; **sbattere la testa** maumpòg; **sbatter fuori** palayasin; **sbattervia** itapon.
**sbavare** *v* maglaway.
**sberla** *sf* sampal.
**sbiadire** *v* pakupasìn.
**sbiancare** *v* paputihin.
**sbigottire** *v* mangilabot ◊ *v rifl* makanlumò.
**sbilanciare** *v* di-bilansè ◊ (*fig*) baliktarin.
**sbirciare** *v* manilip.
**sbizzarrirsi** *v rifl* libangin.
**sbloccare** *v* di-hadlangan.
**sboccare** *v* lumagòs ◊ (*fig*) lumusòt.
**sbocciare** *v* mamukadkàd ◊ (*fig*) mamulaklàk.
**sbocco** (*pl* **-chi**) *sm* lágusan ◊ (*fig*) lúsutan.
**sbòrnia** *sf* pagkalasing.
**sborsare** *v* bayaran.
**sbottonare** *v* tanggalì ang pagkakábutones.
**sbracciarsi** *v rifl* magalis ng manggàs.
**sbracciato** *agg* walang manggàs.
**sbranare** *v* punitin.
**sbriciolare** *v* durugin ◊ *v rifl* dinurog.
**sbrigare** *v* magmadalî ◊ *v rifl* pinagmadalî ◊ **sbrigarsela** ayusing mag-isa.
**sbrogliare** *v* kalasìn ◊ (*fig*) tastasin.
**sbronza** *sf* lasing.
**sbruffone** *sm* mayabang.
**sbucare** *v* lumabas.
**sbucciare** *v* balatàn.
**sbuffare** *v* sumingasìng ◊ (*animale*) sumingàl.
**scacchi** *sm pl* tseker.
**scacchiera** *sf* damahà, tsesbord.
**scacciare** *v* itabòy.
**scadente** *agg* walang-kuwenta.
**scadenza** *sf* taning ◊ **a lunga scadenza** matagal na taning; **a media scadenza** normal na taning; **a breve scadenza** maiklìng taning.
**scadere** *v* umabot sa taning.
**scaffale** *sm* istante.
**scagionare** *v* ipawalang-sala.
**scagliare** *v* ihagis ◊ (*fig*) mag-ítsa.
**scala** *sf* hagdanan ◊ (*progressione*) hakbang.
**scalare** *v* hagdanin ◊ (*detrarre*) awasin ◊ *agg* tanggalin ◊ **interessi scalari** interes na tumataàs.
**scalata** *sf* pag-akyat ◊ (*fig*) pag-angat.
**scalatore (-trice)** *sm* taga-akyat.
**scalciare** *v* sipain.
**scalcinato** *agg* magtalop.
**scaldabagno** *sm* initáng-tubig.
**scaldare** *v* ipainit ◊ *v rifl* pinainit ◊ (*agitarsi*) magalit.
**scalinata** *sf* hagdanan.
**scalino** *sm* baitàng.
**scalo** *sm* dáungan ◊ **fare scalo** magdáung.
**scalpello** *sm* pait.
**scalpitare** *v* kumalampàg.
**scalpore** *sm* paningìn.
**scaltro** *agg* matalino.

**scalzo** *agg* nakayapàk.
**scambiare** *v* palitàn ◊ (*barattare*) magpalitàn ◊ (*confondere*) napagkamalan ◊ **scambiare due chiacchiere** magkuwentuhan.
**scàmbio** *sm* palit ◊ (*baratto*) palitàn ◊ (*confusione*) linlang.
**scampagnata** *sf* pasyàl.
**scampare** *v* makaligtàs.
**scampo** *sm* pagligtàs ◊ (*zool*) sugpô ◊ **non avere scampo** walang mataguan.
**scàmpolo** *sm* retaso.
**scanalatura** *sf* pagpapadaàn.
**scandalizzare** *v* mag-iskándalò ◊ *v rifl* iniskándalò.
**scàndalo** *sm* iskándalò ◊ **dare scandalo** magdulo ng iskándalò.
**scandire** *v* suriing mabuti.
**scanner** *sm inv* tagasuring makina.
**scansare** *v* iwasan ◊ *v rifl* iniwasan.
**scantinato** *sm* bodega sa ilalim ng lupa.
**scantonare** *v* lumiko.
**scapestrato** *agg* talipandàs.
**scàpito** *sm* sakuna ◊ **a scapito di qualcuno** sa sakuna ng ibang tao; **a scapito di qualcosa** dahil sa isang bagay.
**scàpola** *sf* paypày.
**scàpolo** *agg* binatà.
**scappamento** *sm* pagtakas ◊ **tubo di scappamento** labasan ng tubo.
**scappare** *v* tumakas.
**scappatóia** *sf* lúsutan.
**scarabèo** *sm* uwàng.
**scarabòcchio** *sm* sumulat ng padalusdalos.
**scarafàggio** *sm* ipis.
**scaraventare** *v* pukulin ◊ *v rifl* pinukol.
**scarcerare** *v* palayain.
**scarcerazione** *sf* pagpapalaya.
**scardinare** *v* alisin ang bisagra.
**scàrica** *sf* magpaputòk ◊ **scarica elettrica** matinding daloy ng koryente.
**scaricare** *v* ibabâ ◊ (*meccanismo*) ilipat ◊ (*batteria*) kargahan ◊ *v rifl* ibinabâ.
**scàrico** *agg* waláng-kuwerdàs ◊ (*arma*) waláng-balâ ◊ (*meccanismo*) waláng-karga ◊ (*batteria*) waláng-karga ◊ **tubo di scarico** labasan ng tubo; **gas di scarico** labasan ng gas; **carico e scarico merci** kargahan at diskargahan ng paninda.
**scarlattina** *sf* iskarlatina.
**scarno** *agg* walang laman ◊ (*fig*) hubò.
**scarpa** *sf* sapatos.
**scarpata** *sf* talibì.
**scarpone** *sm* botas ◊ **scarponi da sci** botas pang iski.
**scarseggiare** *v* magkulang.
**scarso** *agg* kulang ◊ (*insoddisfacente*) di-kontento.
**scartare** *v* alisan ◊ (*carte*) itapon.
**scarto** *sm* pagtanggì.
**scassare** *v* sirain.

**scassinare** *v* lansagin.
**scatenare** *v* galitin ◊ (*cosa*) manggulo.
**scàtola** *sf* kahon ◊ **cibi in scatola** de-latang pagkain; **rompere le scatole** mangyamòt; **scatola nera** itim na kahon.
**scattare** *v* miksi, mag-ispring ◊ (*fot*) kunan ng litrato ◊ **scattare in piedi** tumayong biglâ.
**scatto** *sm* pagbitiw ◊ (*meccanismo*) pag-andar ◊ (*fot*) pagkuha ng litrato ◊ (*fig*) paglaya ◊ **di scatto** biglâ; **scatto d'ira** biglâng poòt.
**scaturire** *v* bumulwàk ◊ (*fig*) magdulòt.
**scavalcare** *v* umakyat ◊ (*fig*) sapawan.
**scavare** *v* hukayin ◊ (*fig*) maghanap.
**scavo** *sm* hukay na butas ◊ (*buco*) butas.
**scégliere** *v* piliìn.
**scelta** *sf* pagpiliì ◊ **di prima scelta** pilî.
**scemo** *agg* tangà.
**scémpio** *sm* simplè.
**scena** *sf* eksena ◊ **andare in scena** mageksena; **colpo di scena** di inaasahang mangyari sa eksena; **uscire di scena** lumabas sa eksena; **scena madre** pangunahing eksena.
**scenàrio** *sm* tánáwin.
**scenata** *sf* tagpô ◊ **fare una scenata** magdrama sa harap ng maraming tao.
**scéndere** *v* bumabâ ◊ **scendere a patti** makipagkasunduan; **scendere in piazza** amgdemostrasyòn.
**sceneggiatura** *sf* palabas.
**scenografìa** *sf* senograpiya.
**scervellarsi** *v rifl* mag-isìp ng malalim.
**scèttico** (*f* **-a** *pl* **-ci -che**) *agg* mapagduda.
**scheda** *sf* kard ◊ **scheda telefonica** telépon kard; **scheda elettorale** kard ng botohan.
**schéggia** *sf* tsips, piraso.
**schèletro** *sm* kalansay.
**schema** *sm* plano.
**scherma** *sf* espadahàn.
**schermàglia** *sf* kaunting labulabo.
**schermo** *sm* kalansag ◊ (*cine*) tabing ◊ (*video*) mónitòr ◊ **il piccolo schermo** ang telebisyòn.
**scherzare** *v* magbirô ◊ **vuoi scherzare?** nagbibirô ka ba?.
**scherzo** *sm* birô ◊ **per scherzo** birô lamang.
**schiaccianoci** *sm inv* pambukas ng mga mani, natkraker.
**schiacciare** *v* tapakan ◊ **schiacciarsi un dito** maipit ang daliri.
**schiaffeggiare** *v* pagsampal-sampalin.
**schiaffo** *sm* sampal.
**schiantare** *v* bumangga ◊ *v rifl* ibinangga.
**schiarire** *v* magliwanag ◊ *v rifl* lumiwanag.
**schiavitù** *sf inv* pagaalipin.

**schiavo** *sm* alipin.
**schiena** *sf* likod.
**schienale** *sm* panglikod.
**schiera** *sf* hanay ◊ **case a schiera** magkahay-hanay na bahay.
**schieramento** *sm* pagkakahanay.
**schierare** *v* ihanay ◊ *v rifl* humanay.
**schietto** *agg* tunay, lantày.
**schifo** *sm* nakakadiri.
**schifoso** *agg* nakapandidiri.
**schiuma** *sf* bulà ◊ **schiuma da barba** pang-ahit na krema; **bagno schiuma** sabong likodo na pampaligo.
**schivare** *v* iwasan.
**schivo** *agg* mahíyàin.
**schizofrènico** (*f* **-a** *pl* **-ci -che**) *agg* pagkabaliw.
**schizzare** *v* wisikàn ◊ (*partire veloce*) tumalilis ◊ (*fig*) sumibak ◊ *v rifl* winisikàn.
**schizzinoso** *agg* maselan.
**schizzo** *sm* tilandòy ◊ ( *disegno*) krokis.
**sci** *sm inv* iski ◊ **sci nautico** iski sa tubig; **sci alpinismo** iski sa bundok; **sci di fondo** iski sa patag.
**scìa** *sf* bakàs.
**sciacallo** *sm* asong mabangis ◊ (*fig*) masiba.
**sciacquare** *v* hugasan.
**sciagura** *sf* sakuna ◊ (*privata*) suliranin.
**sciagurato** *agg* kapús-palad ◊ (*fatto, giorno*) walang-suwerte.
**scialacquare** *v* lumustày, magaksayà.
**scialbo** *agg* maputlâ ◊ (*fig*) walang-kulay.
**scialle** *sm* balabal.
**scialuppa** *sf* bangkà ◊ **scialuppa di salvataggio** bangkàng panligtàs.
**sciame** *sm* kuyog.
**sciare** *v* magiski.
**sciarpa** *sf* mapler.
**sciatore** (**-trice**) *sm* manlalaro ng iski.
**sciatto** *agg* burarâ, busalsàl, marungis.
**scientìfico** (*f* **-a** *pl* **-ci -che**) *agg* pangsiyentípikò.
**scienza** *sf* siyénsiyà ◊ **scienze esatte** tamang siyénsiyà; **scienze naturali** naturà na siyénsiyà.
**scienziato** *sm* siyentípikò.
**scìmmia** *sf* unggoy.
**scimpanzè** *sm inv* bakulaw.
**scìndere** *v* maghiwalay.
**scintilla** *sf* alipato.
**scintillare** *v* magalipato.
**sciocchezza** *sf* kalokohan ◊ **fare una sciocchezza** gumawa ng kalokohan.
**sciocco** (*f* **-a** *pl* **-chi -che**) *agg* loko-loko.
**sciògliere** *v* matunaw ◊ (*nodo*) kalasìn ◊ (*contratto*) magbitiw ◊ (*società*) magbitiw ◊ *v rifl* tinunaw ◊ (*nodo*) kinalàs ◊ (*contratto*) nagbitiw ◊ (*società*) nagbitiw.
**scioglimento** *sm* pagkatunaw ◊

(*contratto*) pagbibitiw ◊ (*società*) pagbibitiw.
**scioperare** *v* magwelga.
**sciòpero** *sm* welga.
**scippo** *sm* pandurúkot.
**scirocco** (*pl* **-chi**) *sm* hangin na mainit.
**sciroppo** *sm* harabe, pulòt ◊ (*medicinale*) sirap.
**scissione** *sf* paghati, paghiwalay ◊ **scissione dell'atomo** paghahati ng atomo.
**sciupare** *v* masira ◊ *v rifl* sinira.
**scivolare** *v* dumulas.
**scìvolo** *sm* padulasan ◊ (*gioco*) islayd.
**scivoloso** *agg* madulas.
**scoccare** *v* pitikin.
**scocciare** *v* mayamòt ◊ *v rifl* mainis.
**scocciatore** (**-trice**) *sm* nangiinis.
**scodella** *sf* malokong.
**scogliera** *sf* batuhan.
**scòglio** *sm* bato.
**scoiàttolo** *sm* ardilya.
**scolare** *v* sagatin.
**scolaro** *sm* mag-aaral.
**scolàstico** (*f* **-a** *pl* **-ci -che**) *agg* pang-eskuwela.
**scoliosi** *sf inv* iskolyosis.
**scollatura** *sf* malalim na kuwelyo.
**scolorire** *v* pakupasin ◊ *v rifl* pinakupas.
**scolpire** *v* maglilok.
**scombussolare** *v* guluhìn.
**scommessa** *sf* pustahan.
**scomméttere** *v* magpustahan.
**scòmodo** *agg* di-maginhawa.
**scomparire** *v* mawalâ ◊ (*morire*) pumanaw.
**scomparsa** *sf* pagkawalâ ◊ (*morte*) pagpanaw.
**scompartimento** *sm* komparti-mento.
**scompìglio** *sm* gulò.
**scomporre** *v* paghiwa-hiwálayin ◊ (*fig*) pira-pirasohin ◊ *v rifl* pina-ghiwa-hiwálay.
**scomposto** *agg* pagkakahiwalay ◊ (*fig*) pagkapirapiráSò.
**scomunicare** *v* di-ipabatid.
**sconcertare** *v* lituhin.
**sconcertato** *agg* litò.
**scóncio** *agg* masagwâ ◊ *sm* pangit.
**sconclusionato** *agg* di-tapos.
**scondito** *agg* walang-lasa.
**sconfiggere** *v* talunin ◊ (*fig*) puk-sain ◊ **sconfiggere il cancro** puk-sain ang kankro.
**sconfinare** *v* paligidan ◊ (*fig*) harangan.
**sconfitta** *sf* pagkatalo ◊ (*fig*) pag-puksa.
**sconforto** *sm* kalumbayàn.
**scongelare** *v* patunawin.
**scongiurare** *v* magsumamò.
**sconnesso** *agg* di-magkaugnay.
**sconosciuto** *agg* di-kilalà ◊ (*cosa*) di-alam ◊ *sm* di-kilalàng tao.
**sconsigliare** *v* di-ipinapayo.
**sconsolato** *agg* mapanglàw.
**scontare** *v* kaltasìn ◊ (*fare uno*

*sconto*) bawasan ◊ (*colpa*) bayaran ◊ (*condanna*) bayaran.
**scontato** *agg* may-kaltàs ◊ (*prevedibile*) inaasahan.
**scontento** *agg* di-masayà.
**sconto** *sm* diskuwento, tawad.
**scontrarsi** *v rifl* magbanggaan.
**scontrino** *sm* talòn.
**scontro** *sm* banggaan, bungguan ◊ (*fig*) away.
**scontroso** *agg* pala-away.
**sconvòlgere** *v* guluhin ◊ (*fig*) mabagabag.
**sconvolto** *agg* tulirò.
**scopa** *sf* walis ◊ **scopa elettrica** walis de-koryente.
**scopare** *v* magwalis.
**scoperta** *sf* tuklàs.
**scoperto** *agg* lantàd ◊ **conto scoperto** negatibo sa bangko; **auto scoperta** walang tuktok na sasakyan.
**scopo** *sm* pakay, sadyâ.
**scoppiare** *v* pumutòk ◊ (*fig*) sumiklàb ◊ **scoppiare dal caldo** maiinitan ng husto; **scoppiare a ridere** humalahak ng malaks; **scoppiare di salute** malusog; **scoppiare in lacrime** umiyak ng biglâ.
**scòppio** *sm* pagputòk ◊ (*fig*) pagsiklàb.
**scoprire** *v* alisàn ng takìp ◊ (*fig*) mátuklasàn ◊ *v rifl* inalisàn ng takìp.
**scoraggiare** *v* sirain ang loòb ◊ *v rifl* masiraan ng loòb.
**scorciatóia** *sf* lágusan ◊ (*fig*) lábasan.
**scordare** *v* makalimutan ◊ *v rifl* kinalimutan.
**scòrfano** *sm* isdang iskopiyon.
**scòrgere** *v* mahulò.
**scòria** *sf* abù.
**scorpacciata** *sf* lamonan.
**scorpione** *sm* iskorpiyon.
**scórrere** *v* dumaloy.
**scorretto** *agg* di-wastô ◊ (*fig*) bastòs.
**scorrévole** *agg* madaloy ◊ (*fig*) mainan.
**scorso** *agg* nakaraàn ◊ **l'anno scorso** nakaràng taon.
**scorta** *sf* pagsasama ◊ (*guardie*) guwardiya ◊ (*provvista*) riserba ◊ **ruota di scorta** riserbang gulong.
**scortese** *agg* walang-galang.
**scorza** *sf* balat ◊ **scorza di limone** balat ng dalnghita.
**scosceso** *agg* matarik.
**scossa** *sf* alòg ◊ (*fig*) yanì ◊ **scossa elettrica** pagkakoryente; **scossa di terremoto** lindol.
**scostare** *v* gumilid ◊ *v rifl* igilid ◊ (*fig*) tumabi.
**scottare** *v* mapaso ◊ *v rifl* pinaso.
**scottatura** *sf* pagkapaso.
**scout** *sm/f inv* iskawt.
**scovare** *v* matuklasan.
**screditare** *v* pabulaanan.
**screpolato** *agg* putúk-putòk.
**screziato** *agg* sarisaring kulay.
**scricchiolare** *v* ngumalòt.

**scrigno** *sm* kahita.
**scritta** *sf* pagsusulàt.
**scritto** *sm* nakasulat.
**scrittóio** *sm* sulatàn.
**scrittore** (**-trice**) *sm* manunulàt.
**scrittura** *sf* akdâ ◊ **scrittura privata** sariling akdâ.
**scritturare** *v* upahan.
**scrivanìa** *sf* mesang-sulatàn.
**scrìvere** *v* magsulàt.
**scrofa** *sf* inahíng-baboy.
**scrollare** *v* kulugin ◊ **scrollarsi di dosso qualcosa** akuhin.
**scròscio** *sm* pumukòl ◊ **scroscio di applausi** maraming palakpakan.
**scrostare** *v* kuskusin ◊ *v rifl* kinuskos.
**scrùpolo** *sm* atubilì.
**scrutare** *v* suriìng mabuti.
**scrutatore** (**-trice**) *sm* mansusurì.
**scrutìnio** *sm* pagsusurì.
**scucire** *v* matastas.
**scuderìa** *sf* kabalyerisa.
**scudetto** *sm* kampiyonado.
**scudo** *sm* pansangga ◊ (*simbolo*) kalasag.
**scultore** (**-trice**) *sm* eskultòr.
**scultura** *sf* paglilok ◊ (*arte*) eskultóra.
**scuola** *sf* eskuwélahan, páaralàn ◊ **scuola materna** kinderganden; **scuola elementare** eskuwélahan ng elementarya; **scuola media superiore** eskuwélahang panghayiskol; **scuola professionale** eskuwélahang pang-bokaysyonal; **scuola guida** eskuwélahan ng pagmamaneho; **scuola di ballo** eskuwélahan ng sayaw.
**scuòtere** *v* ikalòg ◊ *v rifl* kinalòg ◊ (*fig*) ugain.
**scure** *sf* palakòl.
**scurire** *v* paitimin ◊ *v rifl* pinaitim.
**scuro** *agg* maitim ◊ (*colore*) itim ◊ *sm* (*luogo scuro*) madilim.
**scusa** *sf* pag-papaumanhin ◊ (*pretesto*) dahilan ◊ **chiedere scusa** humingì ng paumanhin; **presentare le scuse** magdahilan.
**scusare** *v* ipagpaumanhin ◊ *v rifl* magpauamnhin.
**sdebitarsi** *v rifl* magbayad ng utang ◊ (*fig*) gumanti sa kabutihan.
**sdoganare** *v* ilabas sa adwana.
**sdraiarsi** *v* mahigâ.
**sdràio** *sm* higaan ◊ **sedia a sdraio** upuang maaring higaan.
**sdrammatizzare** *v* di-gaanong damdamin.
**sdrucciolévole** *agg* madulas.
**se** *cong* kung ◊ **se mai** kung sakali; **se non altro** kung hindî man; **come se** parang.
**se** *pron pers m/f sing/pl* ◊ (*a sé*) sarili ◊ **se lo immagina** inakala; **può immaginarselo** ang kanyang akala.
**sé** *pron pers m/f sing/pl* sarili ◊ **essere fuori di sé** galit na galit; **essere pieno di sé** masiglà.
**sebbene** *cong* kahit na.
**seccante** *agg* nakakainis.

**seccare** *v* patuyuin ◊ (*fig*) inisin ◊ *v rifl* pinatuyo ◊ (*fig*) ininis.
**seccatura** *sf* problema.
**secchiello** *sm* timbâ ◊ **borsa a secchiello** bag na hugis timbâ.
**sécchio** *sm* baldè.
**secco** *agg* tuyò ◊ **lavare a secco** ipadray-klen; **vino secco** matapang na alak; **fare secco qualcuno** patayin; **restare a secco** mawalan.
**secolare** *agg* pansandaàng taon.
**sècolo** *sm* siglo, dantaon.
**seconda** *sf* pangalawà ◊ (*scuola*) ikadalawáng-baitàng ◊ (*marcia*) pangalawáng-kambiyò ◊ (*treno ecc.*) sekond-klas (na tren ets.) ◊ **a seconda del compenso** ayon sa kasunduan.
**secondàrio** *agg* pangalawà ◊ **scuola secondaria** pangalawáng-baitàng.
**secondino** *sm* bantay.
**secondo** *agg* ikadalawà ◊ *sm* (*minuto*) sekundo ◊ *prep* ayon sa ◊ **di seconda mano** sekond-han, lumà; **secondo me** para sa akin.
**secrezione** *sf* pag-ipon ng likido sa loòb ng katawan.
**sèdano** *sm* sélirì.
**sedativo** *sm* sedatibo, pampahinahon.
**sede** *sf* punong-tanggapan.
**sedere** *v* umupò ◊ *v rifl* pinaupò ◊ *sm* puwit ◊ **mettersi a sedere** umupò; **posti a sedere** mga upuàn; **sedere sul trono** umupò sa trono.
**sèdia** *sf* upuàn, silyà ◊ **sedia a dondolo** duyan; **sedia elettrica** upuang eletriko.
**sedile** *sm* upuàn.
**sedimento** *sm* latak.
**sedurre** *v* akitin.
**seduta** *sf* pulong ◊ (*sedile*) nakaupò.
**seduttore** (**-trice**) *sm* mangaakit.
**sega** (*pl* **-ghe**) *sf* lagarì.
**ségale** *sf* senteno.
**segare** *v* lagarihin.
**segatura** *sf* maglagarì.
**sèggio** (*pl* **-gi**) *sm* upuàn ◊ (*elettivo*) presintong halalan.
**sèggiola** *sf* upuàn.
**seggiolone** *sm* malaking upuàn.
**seggiovìa** *sf* silyang-elebeytor.
**segherìa** *sf* lágariàn.
**segmento** *sm* kapiraso ◊ (*mat*) bahagi ◊ (*fig*) partè.
**segnalare** *v* ihudyàt.
**segnalazione** *sf* paghudyàt.
**segnale** *sm* hudyàt ◊ **segnale stradale** hudyàt pangkalsada.
**segnalètica** (*pl* **-che**) *sf* mga babalâ.
**segnare** *v* italà ◊ (*indicare*) markahàn ◊ (*sport*) puntusàn.
**segno** *sm* palátandaan ◊ (*scritto*) tandâ ◊ (*medicina*) síntomàs ◊ **segno zodiacale** sodiyak sayn.
**segregazione** *sf* paghihiwalày.
**segretàrio** *sm* kalihim, sekretaryo.
**segreterìa** *sf* opisina ng kawani ◊ **segreteria telefonica** telepon sek-

retari; **Segreteria di stato (Usa)** kalihim ng estado.
**segreto** *agg* malihim ◊ *sm* lihim ◊ **accordo segreto** lihim na kasunduan; **codice segreto** kodigong segreto.
**seguace** *sm/f* kaanib.
**seguente** *agg* susunod ◊ **l'anno seguente** sa susunod na taon.
**seguire** *v* sundan.
**séguito** *sm* kasunod ◊ **in seguito a** pagkatapos ng; **di seguito** ang kasunod.
**selciato** *sm* latag.
**selezionare** *v* piliìn.
**selezione** *sf* pagpilì ◊ **selezione del personale** pagpipilì ng mga trabahador.
**self-service** *sm inv* self-service ◊ **ristorante self-service** restauran na self-service.
**sella** *sf* úpúan ◊ (*animali*) siyà.
**sellare** *v* magsiyà.
**selva** *sf* kahoy.
**selvaggina** *sf* mailap na hayop-gubat.
**selvàggio** (*f* **-a** *pl* **-gi -ge**) *agg* mabangis ◊ (*fig*) mabagsik.
**selvàtico** (*f* **-a** *pl* **-ci -che**) *agg* ligàw.
**semàforo** *sm* ilaw trápikò.
**sembrare** *v* parang ◊ **sembra ubriaco** parang lasing; **sembra che nevichi** parang magyeyelo.
**seme** *sm* butil ◊ (*carte*) terno.
**semestrale** *agg* tuwing anim na buwan.
**semestre** *sm* pang anim na buwan.
**semifinale** *sf* semipaynal.
**semifreddo** *sm* maligamgam.
**sémina** *sf* hásikan.
**seminare** *v* magpunlâ ◊ (*fig*) magtamin.
**semita** (*pl* **-i -e**) *agg* makahudyò ◊ *sm/f* Hudyò.
**semìtico** (*f* **-a** *pl* **-ci -che**) *agg* panghudyò ◊ **lingue semitiche** salitang hudyò.
**semmai** *avv* kung sakali.
**sémola** *sf* ipà.
**sémplice** *agg* simplè ◊ (*facile*) madali ◊ (*ingenuo*) mangmang.
**semplicità** *sf inv* pangkaraniwan ◊ (*facilità*) kasimpléhan ◊ (*ingenuità*) kamangmangan.
**semplificare** *v* padaliin.
**sempre** *avv* palagi ◊ **per sempre** hanggang kailan man; **sempre che** kung.
**sènape** *sf* mustarda.
**senato** *sm* senado.
**senatore (-trice)** *sm* senadòr (senadorà).
**senno** *sm* paghuhusgà ◊ **uscire di senno** mabaliw.
**seno** *sm* dibdìb ◊ (*mammelle*) suso ◊ (*geog*) loòk.
**sensato** *agg* naráramdamàn.
**sensazionale** *agg* kagilá-gilalàs.
**sensazione** *sf* pakiramdàm.
**sensìbile** *agg* matalas ang pakiramdàm.
**sensibilità** *sf inv* pagkamapagdamdàm.

**senso** *sm* pandamà ◊ (*direzione*) direksiyòn ◊ (*significato*) kahulugan ◊ **senso vietato** bawal pumasok sa direksiyòn na iyon; **senso unico** one-way; **doppio senso** two-way; **perdere i sensi** mahimatay.
**sensuale** *agg* sensuwàl.
**sensualità** *sf inv* hilig sa kalúgúrang pangkatawàn.
**sentenza** *sf* hatol.
**sentiero** *sm* landàs.
**sentimentale** *agg* sentimentàl ◊ (*cosa*) importanteng bagay.
**sentimento** *sm* damdamin.
**sentinella** *sf* talibà.
**sentire** *v* dinggin ◊ (*ascoltare*) pakinggàn ◊ (*assaggiare*) tikmàn ◊ (*provare*) subukan ◊ (*intuire*) pakiramdaman ◊ *v rifl* dininig ◊ **sentir freddo** malamigan; **non sentire ragioni** ayaw makinig; **sentirsi stanco** pagod.
**senza** *prep* walâ ◊ **senza dubbio** walang-duda; **senza che nessuno lo sappia** walang makaka-alam.
**separare** *v* maghiwalày ◊ *v rifl* inihiwalay.
**separazione** *sf* paghihiwalày.
**sepolcro** *sm* nitso, puntòd.
**seppellire** *v* ilibìng.
**séppia** *sf* pusìt ◊ **nero di seppia** itim ng pusit.
**sequenza** *sf* kapanunuran ◊ (*cine*) eksena.
**sequestrare** *v* sakupin ◊ (*giur*) samsamin ◊ (*persone*) sunggaban.
**sequestro** *sm* pagsakop ◊ (*giur*) pagsamsàm ◊ (*di persone*) pagsunggab.
**sera** *sf* gabì ◊ **buona sera** magandang gabì; **ieri sera** kagabì; **abito da sera** damit pang-gabì; **dalla mattina alla sera** simula umaga hanggang gabì.
**serale** *agg* panggabì ◊ **scuola serale** eskuwelang pang-gabì.
**serata** *sf* gabì ◊ (*festa*) pagtitipon sa gabì.
**serbare** *v* itabi ◊ **serbare rancore** magkimkim ng sam ng loòb.
**serbatóio** *sm* tangkè.
**serenità** *sf inv* katahimikan.
**sereno** *agg* matiwasay ◊ (*fig*) matahimik ◊ *sm* matiwasay na tao.
**sergente** *sm* sarhente.
**sèrie** *sf inv* hilera, serye.
**serietà** *sf inv* pagkaseryoso.
**serio** *agg* seryoso ◊ (*cosa*) mahalaga ◊ (*grave*) malubhâ ◊ **fare sul serio** totohanin.
**serpe** *sf* ahas.
**serpeggiare** *v* magpulupot ◊ (*fig*) yumakap.
**serpente** *sm* ahas.
**serra** *sf* púnlaan.
**serratura** *sf* susiàn.
**server** *sm inv* server.
**servire** *v* manilbihan ◊ *v rifl* sinilbihan.
**servitù** *sf inv* pagkalipinan.
**servìzio** *sm* paglilingkòd ◊ (*giornalistico*) balita ◊ (*pl, bagno*) banyo ◊ **servizio pubblico** paglilinkòd pang-masa; **stazione di ser-**

vizio gasolinahan; **personale di servizio** mga manggagawa; **in servizio** naglilingkòd; **fuori servizio** sirà.
**servo** *agg, sm* alilà.
**sessione** *sf* sesyòn.
**sesso** *sm* kasariàn ◊ **fare del sesso** makipagtalik.
**sessuale** *agg* pangseksuwàl ◊ **organi sessuali** kasariàn.
**seta** *sf* seda.
**setacciare** *v* magbistày ◊ (*fig*) magsuri ng mabuti.
**sete** *sf* pagkauhaw.
**setta** *sf* sekta.
**settembre** *sm* setyembre.
**settentrionale** *agg* pahilagà.
**settentrione** *sm* hilagà.
**settimana** *sf* linggò ◊ **fine settimana** katapusan ng linggò, sabado't linggo.
**settimanale** *agg* lìngguhan ◊ *sm* língguhang-magasin.
**settore** *sm* sektòr ◊ **settore economico** sektòr pang-ekonomiya.
**severo** *agg* mahigpìt ◊ (*cosa*) mahirap.
**seviziare** *v* labis na pagpapahirap ◊ (*sessualmente*) manggahasà.
**sexy** *agg inv* seksi.
**sezione** *sf* pangkàt ◊ (*scuola*) seksiyon.
**sfaccendato** *agg* batugan.
**sfacciato** *agg* pangahas.
**sfacelo** *sm* pagkabulòk.
**sfamare** *v* magpalubag gutom ◊ *v rifl* pinalubag gutom.
**sfarzo** *sm* pagkamaringal.
**sfasciare** *v* alisin ang benda ◊ (*rompere*) wasakin ◊ *v rifl* mawasak.
**sfavorévole** *agg* di-sang-ayon.
**sfera** *sf* globo, bilog ◊ (*fig*) la rangan.
**sferrare** *v* ibigay.
**sfiancare** *v* sumambulat ◊ (*animale*) pagurin.
**sfida** *sf* hamon.
**sfidare** *v* hamunin.
**sfidùcia** *sf* kawaláng-tiwalà.
**sfigurare** *v* pinsalain, papangitin.
**sfilare** *v* alisin ang sinulid ◊ *v rifl* inalis ang sinulid.
**sfilata** *sf* pagparada ◊ **sfilata di moda** pagpaparada ng mga usong damit.
**sfinire** *v* hapuin.
**sfiorare** *v* hapawin ◊ (*fig*) muntik ng mabunggô.
**sfiorire** *v* maglagas ang bulaklak ◊ (*fig*) tumanda.
**sfociare** *v* dumanak ◊ (*fig*) magbunga.
**sfogare** *v* ibulalas ◊ *v rifl* ibinulaslas.
**sfoggiare** *v* ipagmarangyâ.
**sfòglia** *sf* palarâ.
**sfogliare** *v* sulyápan ◊ (*foglie*) tanggalin ang mga dahon sa halaman.
**sfogo** (*pl* **-ghi**) *sm* singaw sa balat ◊ (*fluidi*) pagbuhos ◊ (*sentimenti*) pagkamapusok.

**sfollamento** *sm* pagkalat.
**sfollare** *v* pakalatin.
**sfondare** *v* bagbagin ◊ (*affermarsi*) maging matagumpay ◊ *v rifl* binagbag.
**sfondo** *sm* likuràn.
**sfornare** *v* ilabas sa hurnò.
**sfortuna** *sf* kamalasan ◊ **portare sfortuna** madulot ng kamalasan.
**sfortunato** *agg* malas.
**sforzare** *v* pilitin ◊ *v rifl* pinilit.
**sforzo** *sm* pagsisikap ◊ (*cosa*) paghihirap.
**sfrattare** *v* palayasin, paalisin.
**sfratto** *sm* pagpapalayas, pagpapaalis.
**sfregare** *v* magkuskòs.
**sfregiare** *v* papangitin.
**sfrégio** *sm* pagpapapangit ◊ (*fig*) pangiinsulta.
**sfrenato** *agg* hindî masawatâ.
**sfrontato** *agg* walang-hiyà.
**sfruttamento** *sm* pagsasamantalà ◊ (*cose*) pudpurin.
**sfruttare** *v* magsamantalà ◊ (*cose*) pangpupudpod.
**sfruttatore** (**-trice**) *sm* mapagsamantalang-taò.
**sfuggire** *v* iwasan.
**sfumare** *v* magpahina ◊ (*fig*) palambutin.
**sfumatura** *sf* pangpahina ◊ (*fig*) pampalambot.
**sfuso** *agg* tunàw.
**sgabello** *sm* bangkito.
**sgambetto** *sm* patid ◊ **fare lo sgambetto** sulutin ang lugar.
**sganciare** *v* tanggálin sa pagkákáwit.
**sgangherato** *agg* matanggàl sa bisagrà.
**sgarbato** *agg* pagkabastòs.
**sgarbo** *sm* bastò.
**sgargiante** *agg* masagwâ.
**sgasato** *agg* nawalan ng gas.
**sgelare** *v* lusawin, tunawin.
**sgocciolare** *v* patuluhin ◊ (*perdere gocce*) tumutulo ◊ (*cadere a gocce*) pumapatak.
**sgómbero** *sm* pag-aalis ◊ (*persone*) paglilipat.
**sgombro** *agg* kabalya ◊ *sm* (*pesce*) bulilit.
**sgomentare** *v* bagabagin ◊ *v rifl* binagabag.
**sgomento** *agg* pagkabagabag ◊ *sm* bagabag.
**sgonfiare** *v* pakupusin ◊ *v rifl* pinakupus.
**sgorgare** *v* tanggalin ang barà.
**sgozzare** *v* katayin.
**sgradévole** *agg* di-nakakatuwa.
**sgrassare** *v* alisin ang sebo, mantika.
**sgraziato** *agg* padaskul-daskòl.
**sgridare** *v* sumigàw.
**sgridata** *sf* sermon.
**sguaiato** *agg* bastòs, masagwâ.
**sgualcire** *v* lumamukos.
**sguardo** *sm* sulyàp, tingin.
**sguazzare** *v* magsaboy.
**sgusciare** *v* umusòs.
**shampoo** *sm inv* shampoo.
**shock** *sm inv* gulat.

**sì** *avv* oo ◊ **dire di sì** sabihing oo; **speriamo di sì** sana nga.
**sia** *cong* kung.
**sicàrio** *sm* berdugo.
**sicché** *cong* para-sa-ganoon.
**siccità** *sf inv* pagkatuyô.
**siccome** *cong* sapagkat.
**sicura** *sf* sigurado.
**sicurezza** *sf* kaligtasan ◊ (*sicura*) sigurado ◊ **pubblica sicurezza** alagad ng batàs; **servizi di sicurezza** paglilingkò ng alagad ng batàs; **uscita di sicurezza** labasang pang-emergensi; **cintura di sicurezza** senturon ng sasakyan; **spilla di sicurezza** aspilè.
**sicuro** *agg* di-mapanganib ◊ (*protetto*) ligtàs ◊ (*deciso*) sigurado ◊ (*certo*) sigurado ◊ **essere al sicuro** nasa ligtàs; **di sicuro** sigurado.
**siepe** *sf* palumpong.
**sieropositivo** *agg* sieropositibo.
**sigaretta** *sf* sigarilyo.
**sìgaro** *sm* tabako.
**sigillare** *v* isara, iselyadòr.
**sigillo** *sm* selyo.
**sigla** *sf* inisyal.
**siglare** *v* lagdaan.
**significare** *v* magkahulugàn.
**significativo** *agg* makahulugàn.
**significato** *sm* kahulugàn.
**signora** *sf* ginang.
**signore** *sm* ginoò.
**signorile** *agg* maginoò.
**signorina** *sf* binibinì.
**silènzio** *sm* katahimikan ◊ **silenzio stampa** kalihiman ng balita.
**silenzioso** *agg* matahimik.
**silurare** *v* tumorpedo.
**siluro** *sm* torpido.
**simbiosi** *sf inv* simbiyosis.
**simbòlico** (*f* **-a** *pl* **-ci -che**) *agg* may-sinásagisag.
**sìmbolo** *sm* sagisag.
**sìmile** *agg* magkatulad ◊ **i nostri simili** katulad natin.
**simmètrico** (*f* **-a** *pl* **-ci -che**) *agg* timbàng.
**simpatìa** *sf* pagkahumaling.
**simpàtico** (*f* **-a** *pl* **-ci -che**) *agg* mahalina, simpátikò.
**simpatizzante** *sm/f* pakikidalamhatì.
**simulare** *v* magkunwarî.
**simulazione** *sf* pagkukunwarî.
**simultàneo** *agg* magkasabay.
**sinagoga** (*pl* **-ghe**) *sf* sinagoga.
**sincerità** *sf inv* pagkamatapàt.
**sincero** *agg* taòs-pusò.
**sìncope** *sf* sinkopiya.
**sincronizzato** *agg* makapánabày.
**sindacale** *agg* pang-alkalde.
**sindacalista** (*pl* **-i -e**) *sm/f* maka-unyòn.
**sindacato** *sm* unyòn.
**sìndaco** (*pl* **-ci -che**) *sm* lakalde, mayor.
**sìndrome** *sf* sakit.
**sinfonìa** *sf* simponiya.
**singhiozzare** *v* pagsisinòk.
**singhiozzo** *sm* sinòk.
**single** *sm/f inv* tangì, bugtong.
**singolare** *agg* naíibà ◊ *sm* (*gramm*) ísahang-kailanàn.

**sìngolo** *agg* ísahan ◊ **letto singolo** kamang pang-ísahan; **camera singola** kuwartong pang-ísahan.
**sinistra** *sf* kaliwâ ◊ (*politica*) kaliwang panig ◊ **a sinistra** sa kaliwâ.
**sinistro** *agg* kaliwâ ◊ (*fig*) masamà ◊ *sm* sakunâ ◊ (*incidente*) aksidente ◊ (*pugno*) kaliwang suntò.
**sinònimo** *sm* singkahulugàn.
**sìntesi** *sf inv* buòd.
**sintètico** (*f* **-a** *pl* **-ci -che**) *agg* sintetik.
**sìntomo** *sm* síntomàs.
**sintonizzare** *v* magbukas ng radyo sa gustong palatuntunan.
**sipàrio** *sm* tabing ◊ **cala il sipario** isara ang tabing.
**sirena** *sf* serena.
**siringa** (*pl* **-ghe**) *sf* heringgilya.
**sìsmico** (*f* **-a** *pl* **-ci -che**) *agg* panglindol.
**sistema** (*pl* **-i**) *sm* paraàn, sistema.
**sistemare** *v* ayusin ◊ *v rifl* inayos.
**sistemazione** *sf* pag-aayos ◊ (*alloggio*) pagtira ◊ (*lavoro*) pagtatrabaho.
**situare** *v* ilagày ◊ *v rifl* inilagày.
**situazione** *sf* kalágayan.
**skate-board** *sm inv* skate-board.
**ski-lift** *sm inv* ski-lift.
**skipper** *sm/f inv* skipper.
**slacciare** *v* kalagìn ◊ *v rifl* kinalag.
**slalom** *sm inv* slalom.
**slanciato** *agg* mahagwày.
**slàncio** *sm* pagsaboy.
**slavina** *sf* pagguhò ng lupà.
**sleale** *agg* di-tapàt.
**slegare** *v* kalagan.
**slip** *sm sing* o *pl* panti.
**slitta** *sf* trineo.
**slittare** *v* dumulàs ◊ (*subire rinvio*) ipagpaliban.
**slogare** *v* luminsàd ◊ **slogarsi un polso** mapilay ang pulsò.
**sloggiare** *v* palayasin.
**smacchiare** *v* alisin ang mantsà.
**smacchiatore** *sm* pang-alis mantsà.
**smagliante** *agg* nakasísílaw ◊ **sorriso smagliante** nakakaakit na ngiti.
**smagliare** *v* tastasin ◊ *v rifl* tinastas.
**smagliatura** *sf* pagkatastas ◊ (*med*) kamut.
**smaltare** *v* pakintabin.
**smaltire** *v* tunawin ◊ (*sbrigare*) bilisan ◊ (*rifiuti*) sunugin ang basura ◊ (*comm*) ipagbinta ◊ **smaltire la rabbia** palamigin ang galit.
**smalto** *sm* enamel, kyuteks ◊ **smalto perunghie** kuteks.
**smània** *sf* pagkalòg, pagpipilit.
**smantellare** *v* mag-alìs ng kasangkapan.
**smarrire** *v* mawalâ ◊ *v rifl* winalâ.
**smascherare** *v* alisin ang máskarà.
**smemorato** *agg* ulyanin.
**smentire** *v* magsinungaling,

mapabulaanan ◊ *v rifl* nagsinungaling.
**smentita** *sf* pagtatanggî.
**smeraldo** *sm* esmeraldo.
**sméttere** *v* tumigil, pahintuin ◊ **smettetela!** tumigil ka!.
**smilzo** *agg* payàt.
**sminuzzare** *v* tadtarìn.
**smisurato** *agg* di-masukat ◊ (*fig*) walang-hanggaàn.
**smog** *sm inv* usòk dahil sa polusyòn.
**smontàbile** *agg* maaring makalàs.
**smontare** *v* kalasin ◊ (*fig*) pahinain ang loòb.
**smòrfia** *sf* ngibit, ngiwî.
**smorto** *agg* maputâ, matamlày.
**smorzare** *v* magpabawa ◊ (*fig*) subhàn.
**smunto** *agg* payàt.
**smuòvere** *v* galawin ◊ (*fig*) akiting huwàg gawing ang sàng bagay.
**smussare** *v* pakinisin ◊ (*fig*) palambuttin.
**snervante** *agg* nakakapanghina.
**snidare** *v* palayasin.
**snello** *agg* payàt.
**snob** *agg* mapamataàs ◊ *sm/f* suplado.
**snodare** *v* alisin ang tali ◊ *v rifl* inalis ang tali.
**snodato** *agg* ibuhòl.
**soap opera** *sf inv* telenobela.
**sobbalzo** *sm* haltàk.
**sobborgo** (*pl* **-ghi**) *sm* arabàl, labas ng bayan.
**sòbrio** *agg* di-langô ◊ (*fig*) mahinahon.
**soccórrere** *v* tulungan.
**soccorso** *sm* pagtulong ◊ **pronto soccorso** pangunahing lunas; **arrivano i soccorsi** padating na ang tulong.
**socialdemocràtico** (*f* **-a** *pl* **-ci -che**) *agg* demokrasiyang pang masa.
**sociale** *agg* panlipúnan ◊ **previdenza sociale** pensiyòn.
**socialismo** *sm* sosyalismo.
**socialista** (*pl* **-i -e**) *agg* sosyalista ◊ **partito socialista** partido sosyalista.
**socializzare** *v* makipagkaibigan.
**società** *sf inv* kapisanan ◊ (*associazione*) komunidàd ◊ (*azienda*) kompanya.
**sociévole** *agg* palakaibigan.
**socio** *sm* sosyò.
**sociologìa** *sf* karunungnang panlípúnan, sosyolohiya.
**soda** *sf* sosa ◊ **whisky e soda** whisky at sosa.
**soddisfacente** *agg* nakakalubagloòb.
**soddisfare** *v* bigyáng-kasíyàhan.
**soddisfatto** *agg* masayà.
**soddisfazione** *sf* pagkamasayà.
**sodo** *sm* matigas ◊ **uovo sodo** nilagang itlog.
**sofferenza** *sf* paghihirap.
**soffermarsi** *v rifl* tumagal ◊ (*fig*) tumira.
**soffiare** *v* hiphipan.

**sòffice** *agg* malambot.
**sóffio** *sm* hihip.
**soffitta** *sf* atik.
**soffitto** *sm* kísamè.
**soffocamento** *sm* pagkakasakal.
**soffocare** *v* sakalin.
**soffrìggere** *v* magprito.
**soffrire** *v* maghirap ◊ (*sopportare*) magtiis.
**soggettivo** *agg* pagkapailalim.
**soggetto** *sm* paksâ ◊ (*persona*) tauhan.
**soggezione** *sf* pagsakup ◊ (*inferiorità*) pagpapailalim.
**soggiorno** *sm* pagtira ◊ (*salotto*) salas.
**soggiungere** *v* imungkahì.
**sòglia** *sf* pintuan ◊ (*fig*) simula.
**sògliola** *sf* isadáng-lapàd.
**sognare** *v* managinip.
**sogno** *sm* panaginip.
**soia** *sf* soy ◊ **germogli di soia** tawgî; **latte di soia** gatas gawâ sa soy.
**sol** *sm inv* (*mus*) so.
**solàio** *sm* bodega sa atik ◊ (*soffitta*) atik.
**solare** *agg* maningning ◊ **crema solare** kremang pang-araw.
**solcare** *v* mag-araro.
**solco** (*pl* **-chi**) *sm* tudlìng ◊ (*fig*) kunò.
**soldato** *sm* sundalo.
**soldo** *sm* pera ◊ **non valere un soldo** kawalàng halagà; **essere al soldo di qualcuno** nasa katungkulan ni.
**sole** *sm* araw ◊ (*luce*) liwanag ng araw.
**solenne** *agg* taimtìm.
**solféggio** *sm* magpainit sa araw.
**solidale** *agg* nagkakaìsa.
**solidarietà** *sf inv* pagkakaisà.
**sòlido** *agg* buò ◊ (*fig*) katumpákan ◊ (*econ*) matatàg ◊ *sm* (*geometrico*) matibay.
**solista** (*pl* **-i -e**) *sm/f* solista.
**solitàrio** *agg* mapag-isà ◊ (*luogo*) mapayapa ◊ *sm* solitaryo.
**sòlito** *agg* kináugaliàn ◊ **di solito** malimit; **come al solito** kagaya-ngdati.
**solitùdine** *sf* kapanglawàn.
**sollecitare** *v* madaliìn ◊ (*mecc*) magbigáy-diìn.
**sollético** (*pl* **-chi**) *sm* kilitî.
**sollevare** *v* buhatin ◊ (*fig*) angatin ◊ *v rifl* binuhat ◊ (*fig*) inangat.
**sollievo** *sm* ginhawa.
**solo** *agg* nag-íisà ◊ *avv* lamang ◊ **è il solo amico che ha** ang tanging kaibigan; **non ha un solo amico** walâ man lang isang kaibigan; **pianoforte solo** piyano lamang.
**solstìzio** *sm* araw ng pagpapalit ng panahon ◊ **solstizio d'estate** unanag araw ng tag-init; **solstizio d'inverno** unang araw ng taglamig.
**soltanto** *avv* lamang.
**solùbile** *agg* natútunaw ◊ **caffè solubile** pulbos na kapè.
**soluzione** *sf* kalútasan ◊ (*problema*) sagot ◊ (*miscela*) solusyon.

**solvente** *sm* solbente.
**somaro** *sm* buro.
**somiglianza** *sf* pagkamagkatulad.
**somigliare** *v* magmukhâ ◊ *v rifl* nagmukhâ.
**somma** *sf* kabuuàn ◊ (*denaro*) kantidàd.
**sommare** *v* sumahin.
**sommàrio** *agg* maiklî ◊ *sm* kabúúran.
**sommèrgere** *v* ilubòg ◊ (*fig*) lumipos.
**sommergìbile** *sm* submarino.
**somministrare** *v* magbigày.
**sommità** *sf inv* tugatog.
**sommozzatore** (**-trice**) *sm* máninisid.
**sondàggio** *sm* pasisiyasat.
**sonnìfero** *sm* gamot na pampatulog.
**sonno** *sm* tulog ◊ **avere sonno** inaantòk.
**sonnolenza** *sf* pagkaantòk.
**sonòro** *agg* matunòg ◊ *sm* (*cine*) tunòg ◊ **colonna sonora** himig.
**sontuoso** *agg* marangyâ.
**soppesare** *v* timbangin.
**sopportare** *v* kayanin ◊ (*morale*) tiisin.
**sopportazione** *sf* pagkamatiisin.
**sopprìmere** *v* siilìn ◊ (*ammazzare*) patayin.
**sopra** *prep* sa ibabaw ◊ (*senza contatto*) sa itaàs ◊ (*superiorità*) nakaktaàs ◊ (*oltre*) higit ◊ **al di sopra di** sa kaitaásan; **tre gradi sopra lo zero** tatlong grado sa itaàs ng sero.
**sopràbito** *sm* abrigo.
**sopraccìglio** (*pl* **-ia** *f*) *sm* kilay.
**sopraffare** *v* mang-apì.
**sopraggiùngere** *v* dumating.
**soprammòbile** *sm* abubot.
**soprannaturale** *agg* kahimáhimalâ.
**soprano** *sm* o *f* soprano.
**soprappensiero** *avv* lumilipàd ang isip.
**soprassalto** *sm* paglundàg.
**soprattutto** *avv* una sa lahat.
**sopravvìssuto** *sm* ang nakaligtàs.
**sopravvìvere** *v* makaligtàs.
**sopruso** *sm* paglalapastangan.
**soqquadro** *sm* manggulò.
**sorbetto** *sm* sorbetes.
**sorbire** *v* higupin ◊ (*fig*) lunukin.
**sordità** *sf inv* pagkabingî.
**sordo** *agg* bingî ◊ (*fig*) manhid.
**sordomuto** *sm* bingìt pipi.
**sorella** *sf* ate ◊ **le sette sorelle** ang pitong mag-ate.
**sorgente** *sf* pagtayô ◊ (*fig*) dahilan.
**sórgere** *v* tumayô ◊ (*fig*) magdahilan.
**sorpassare** *v* lampasan ◊ (*veicolo*) abutan, ober-teyk.
**sorpasso** *sm* paglampas ◊ (*veicolo*) pagober-teyk ◊ **divieto di sorpasso** bawal mag-ober-teyk.
**sorprendente** *agg* kamanghâmanghâ.
**sorprèndere** *v* biglaìn ◊ *v rifl* biniglà.

**sorpresa** *sf* gulat ◊ (*cosa*) sorpresa.
**sorrèggere** *v* hawakan ◊ (*fig*) alalayan.
**sorrìdere** *v* ngumitì.
**sorriso** *sm* ngitì.
**sorso** *sm* sipsìp, higop.
**sorte** *sf* kapalaran ◊ **tentare la sorte** subukan ang kapalaran; **buona sorte** buwenas; **cattiva sorte** malas.
**sorteggiare** *v* magbunutan.
**sortéggio** *sm* pagbubunot.
**sorveglianza** *sf* pagbabantay.
**sorvegliare** *v* magbantay.
**sorvolare** *v* lumipàd sa itaàs ◊ (*fig*) tunghayàn.
**sòsia** *sm/f inv* sosya.
**sospèndere** *v* ibitin ◊ (*fig*) putulin.
**sospensione** *sf* pagkabitin ◊ (*mecc*) pagpigil.
**sospeso** *agg* nakabitin ◊ (*incerto*) di-tiyàk ◊ **ponte sospeso** nakabitin na tulay.
**sospettare** *v* paghinalaan.
**sospetto** *agg* hinalà ◊ *sm* ang pinagbibintangàn.
**sospettoso** *agg* mapaghinala.
**sospirare** *v* magbuntong-hiningà.
**sosta** *sf* paghintò ◊ **divieto di sosta** bawal pumarada; **senza sosta** walang-tigil; **fare sosta** humintò.
**sostantivo** *sm* pangngalan.
**sostanza** *sf* sangkàp ◊ (*nutrimento*) sustásiyà.
**sostanzioso** *agg* masustàsiyà.
**sostare** *v* tumigil.
**sostegno** *sm* tulong ◊ **sostegno economico** tustusàn.
**sostenere** *v* tulungan ◊ (*fig*) tustusàn ◊ *v rifl* tinulungna.
**sostenitore (-trice)** *sm* tagakatig, tagataguyod.
**sostituire** *v* palitan.
**sostituto** *sm* kapalit.
**sostituzione** *sf* pagpalit.
**sottaceto** *agg* atsara.
**sotterfùgio** *sm* lalàng, pagkukunwari.
**sotterràneo** *agg* sa ilalim ng lupà ◊ (*fig*) lihim.
**sotterrare** *v* ibaòn ◊ (*fig*) ilihim, itago.
**sottile** *agg* manipis.
**sottinteso** *agg* pagpalagay ◊ *sm* lagay.
**sotto** *prep* ilalim ◊ (*inferiorità*) mababâ ◊ *avv* sa ilalim, sa ibabâ ◊ **di sotto** sa ibabâ; **dieci gradi sotto (lo) zero** sampung grado sa ilalim ng sero.
**sottobosco** *sm* sa loòb ng gubat.
**sottocosto** *avv* mura.
**sottogamba** *avv* nang magaàn.
**sottolineare** *v* magsalungguhit ◊ (*fig*) bigyang-liwanga.
**sottomano** *avv* sa kamay.
**sottomarino** *agg* sa ilalim ng tubig ◊ *sm* submarin.
**sottométtere** *v* sumupil ◊ *v rifl* sinupil.
**sottopassàggio** *sm* ander-pas.
**sottopasso** *sm* ander-pas.

**sottoporre** *v* ipasuri ◊ *v rifl* pinasuri.
**sottoscritto** *sm* nilagdâan ◊ **io sottoscritto** nakalagdâ.
**sottoscrìvere** *v* maglagdâ ◊ (*denaro*) sumiskribi.
**sottosopra** *avv* nakatiwarik ◊ (*fig*) gulúng-gulò.
**sottostare** *v* magpaibabâ ◊ (*fig*) sumukò.
**sottosuolo** *sm* ilalim ng lupà.
**sottoterra** *avv* ilalim ng lupà.
**sottovalutare** *v* di-binigyan ng halagà.
**sottovoce** *avv* magsalità ng mahinahon.
**sottrarre** *v* tanggalin ◊ (*fig*) iligtàs ◊ (*mat*) bawasan ◊ *v rifl* tinanggal.
**sottrazione** *sf* pagtatanggal ◊ (*mat*) pagbabawas.
**sovraccàrico** (*f* **-a** *pl* **-chi -che**) *agg* magkárga ng labis ◊ (*fig*) mayabang.
**sovrano** *sm* pinakamakapangyarihan ◊ **il popolo sovrano** pinakamataàs na estado.
**sovrapporre** *v* ipatong ◊ *v rifl* pinatong.
**sovrastare** *v* nasa ibabaw.
**sovrumano** *agg* mataàs sa tao.
**sovvenzione** *sf* tulong na salapî mula sa pámahalaàn.
**sovversivo** *agg* mapangwasàk.
**sovvertire** *v* magwasàk.
**spaccare** *v* biyakìn ◊ (*fig*) maghati ◊ *v rifl* biniyak ◊ (*fig*) hinati.
**spaccatura** *sf* pagkabiyak ◊ (*fig*) pagkahati.
**spacciare** *v* magtinda ◊ (*droga*) magtinda ng masamang gamot ◊ *v rifl* itininda ◊ **spacciarsi per un militare** magpanggap na sundalo.
**spàccio** *sm* tindahan ◊ (*vendita illegale*) dispatsahan ng mga bagay na labag sa batàs.
**spacco** (*pl* **-chi**) *sm* biyak ◊ (*abbigliamento*) lalàs, bitas.
**spada** *sf* espada, sable.
**spaesato** *agg* litò.
**spaghetti** *sm pl* espagîti.
**spago** (*pl* **-ghi**) *sm* pisì.
**spalancare** *v* ibukas ◊ *v rifl* binuksan.
**spalare** *v* magpala.
**spalla** *sf* balikat ◊ (*costruzioni*) likuran ◊ **vivere alle spalle di qualcuno** sustentado ng isang tao; **fare da spalla a qualcuno** maging kanang kamay.
**spalleggiare** *v* tulungan.
**spalliera** *sf* likuran ◊ (*fiori*) espaliyera.
**spallina** *sf* tirante.
**spalmare** *v* magpahid.
**spalto** *sm* espalto.
**spàndere** *v* ikalat ◊ (*fig*) palaganapin ◊ *v rifl* ikinalat.
**sparare** *v* barilin.
**sparatòria** *sf* barilan.
**sparecchiare** *v* iligpit ang pinagkainan.
**sparéggio** (*pl* **-gi**) *sm* magpatàs, tumablà.

**spàrgere** *v* ikalat ◊ *v rifl* ikinalat.
**sparire** *v* mawalâ ◊ (*fig*) maglahò.
**sparo** *sm* pagbaril.
**spartire** *v* maghati ◊ **non avere niente da spartire** walang paghahatian.
**spartito** *sm* pinaghahatian.
**spartitràffico** *sm inv* pagitan ng dalwang daàn.
**sparviero** *sm* maya.
**spasso** *sm* sayà ◊ **è uno spasso** nakakatuwà; **andare a spasso** maglakad-lakàd.
**spàtola** *sf* espatula.
**spavaldo** *agg* hambòg.
**spaventare** *v* gulatin ◊ *v rifl* ginulat.
**spavento** *sm* pagkagulat.
**spaventoso** *agg* nakakagulat ◊ (*bruttissimo*) nakakakilabot.
**spaziale** *agg* kalawakan.
**spàzio** *sm* agwàt ◊ (*cosmico*) lawak.
**spazioso** *agg* malawak.
**spazzare** *v* walisan ◊ **spazzarvia** tinangay.
**spazzatura** *sf* basurahan ◊ **TV spazzatura** kalokohan na mga palabas sa telebisyò.
**spazzino** *sm* tagawalis ng kalsada.
**spàzzola** *sf* bras ◊ **capelli a spazzola** suklay.
**spazzolare** *v* magbras, magsipilyo.
**spazzolino** *sm* sipilyo.
**specchiare** *v* magsalamin ◊ *v rifl* nagsalamin.
**specchietto** *sm* maliit na salamin ◊ **specchietto retrovisore** salamin ng sasakyan.
**spècchio** (*pl* **-chi**) *sm* salamin, espeho.
**speciale** *agg* tangì ◊ **uno speciale televisivo** tanging palabas sa telebisyòn.
**specialista** (*pl* **-i -e**) *sm/f* dalubhasa.
**specialità** *sf inv* espesyalidàd ◊ (*med*) kadalubhasaan ◊ **la specialità della casa** espesyalidàd na pagkain.
**specializzarsi** *v* maging tangì ◊ (*professionalmente*) maging dalubhasa.
**spècie** *sf inv* uri.
**specìfico** (*f* **-a** *pl* **-ci -che**) *agg* partikulàr.
**speculare** *v* magmuni-muni.
**speculazione** *sf* pagmuni-muni.
**spedire** *v* ipadala.
**spedizione** *sf* pagpapadala.
**spègnere** *v* isara ◊ (fig) patayin ◊ *v rifl* isinara ◊ (*fig*) pinatay.
**spèndere** *v* gumastos ◊ **spendere una parola** magsayang ng salita.
**spennare** *v* maghimulmòl ◊ (*fig*) huthutàn.
**spensierato** *agg* walang-inaálala.
**spento** *agg* sarado ◊ (*fig*) patay.
**speranza** *sf* pag-asa.
**sperare** *v* umasa.
**sperduto** *agg* ligàw.
**spericolato** *agg* walang-taròs, sagasâ.

**sperimentale** *agg* pangsubok.
**sperimentare** *v* pagsubok, mageksperimento.
**spermatozoo** *sm* esperma.
**sperone** *sm* espulòn.
**spesa** *sf* gastos ◊ **a proprie spese** sariling gastos; **spesa pubblica** gastos pangbayan; **fare la spesa** mamili; **uscire a fare spese** lumabas para mamili.
**spesso** *agg* makapal ◊ *avv* palagî, madalas.
**spessore** *sm* kakapalan ◊ (*fig*) pagkamadalas.
**spettàbile** *agg* kagalang-galang.
**spettàcolo** *sm* palabàs.
**spettare** *v* maglaàn.
**spettatore** (**-trice**) *sm* tagapanoòd.
**spettinare** *v* gusòtin ◊ *v rifl* ginusòt.
**spettinato** *agg* gusòt.
**spettro** *sm* multò.
**spèzie** *sf inv* rikado.
**spezzare** *v* baliin ◊ *v rifl* mabalian.
**spezzatino** *sm* karnèng gisado.
**spia** *sf* ispiyà.
**spiacere** *v* malungkòt ◊ **mi spiace** ikinalulungkòt ko.
**spiacévole** *agg* di-kanais-nais.
**spiàggia** (*pl* **-ge**) *sf* dalampasigan ◊ **l'ultima spiaggia** hulign pagkakataon.
**spianare** *v* patagin ◊ (*fig*) lutasin.
**spiare** *v* mag-ispiyà, tiktikàn.
**spiazzo** *sm* malawak na lugar.
**spiccare** *v* tanggalin ◊ **spiccare il volo** lumipad ng biglà.
**spìcchio** *sm* piraso ◊ **uno spicchio di luna** katiting na buwan; **spicchio d'aglio** piraso ng bawang.
**spicciarsi** *v rifl* magmadali.
**spìcciolo** *agg* maliit.
**spicco** *sm* hayàg ◊ **di spicco** nakalantad.
**spiedino** *sm* barbikyù.
**spiedo** *sm* panuhog sa barbikyù ◊ **pollo allo spiedo** pinuhog na manok.
**spiegare** *v* ipaliwanag ◊ (*distendere*) unatin ◊ *v rifl* magpaliwanag ◊ (*distendersi*) inunat.
**spiegazione** *sf* pagpapaliwanag.
**spìffero** *sm* hihip.
**spiga** (*pl* **-ghe**) *sf* uhay.
**spigliato** *agg* may tiwalà sa sarili.
**spìgola** *sf* isang uri ng isdâ.
**spìgolo** *sm* kanto, sulok.
**spilla** *sf* brotse, aspilèr ◊ **spilla di sicurezza, da balia** aspilè.
**spillo** *sm* arpilèr ◊ **tacchi a spillo** hay-hil.
**spina** *sf* tinìk ◊ (*elettrica*) plag ◊ **stare sulle spine** mag-aantay; **spina dorsale** gulugòd.
**spinaci** *smpl* espinaka.
**spìngere** *v* itulak ◊ (*fig*) mangahas ◊ *v rifl* (*arrivare*) tumulòy.
**spinoso** *agg* matinìk.
**spinta** *sf* pagtulak ◊ (*fig*) pagtanggì.
**spinterògeno** *sm* pampasindi.

**spionàggio** *sm* pagiispay, pagtitiktik.
**spiràglio** *sm* gahak, bítak.
**spirale** *sf* paikìd ◊ (*fig*) pilipìt.
**spìrito** *sm* espíritù ◊ (*umorismo*) kaisipan ◊ (*alcol*) spirit ◊ **fare dello spirito** magbirò; **spirito di osservazione** magaling magpunà.
**spiritoso** *agg* palabirò.
**spirituale** *agg* espírituwàl.
**splèndere** *v* magningnìng.
**splèndido** *agg* maluningnìng.
**splendore** *sm* pagkamaningnìng.
**spogliare** *v* hubaràn ◊ (*fig*) alisàn ◊ *v rifl* hinubaràn ◊ (*fig*) inalisàn ◊ **spogliarsi di tutto** hubo't hubàd.
**spogliarello** *sm* paghuhubàd.
**spogliatóio** *sm* bihisàn.
**spolverare** *v* alísin ang alikabòk.
**sponda** *sf* pampàng.
**sponsor** *sm inv* tagatangkilik.
**sponsorizzare** *v* tangkilikin.
**spontàneo** *agg* kusà.
**spopolare** *v* magalisan ang mga tao ◊ *v rifl* nagalisan ang mga tao.
**sporàdico** (*f* **-a** *pl* **-ci -che**) *agg* paminsan-minsàn.
**sporcare** *v* magdumì ◊ *v rifl* madumihan.
**sporcìzia** *sf* dumì.
**sporco** (*f* **-a** *pl* **-chi -che**) *agg* madumì ◊ *sm* dumì.
**sporgenza** *sf* pag-uslì.
**spórgere** *v* ilabas ◊ *v rifl* umuslì ◊ **sporgere querela** magdemanda.
**sport** *sm inv* pálakasan, isport.
**sportello** *sm* bintanà.
**sportivo** *agg* pang-isport ◊ *sm* isang malihig sa isport ◊ **società sportiva** samahang pampalakasan.
**sposa** *sf* babaing kakasalin, nobya.
**sposare** *v* magpakasal ◊ *v rifl* nagpakasal.
**sposo** *sm* lalaking kakasalin, nobyo.
**spostamento** *sm* paglilipat.
**spostare** *v* ilipat ◊ *v rifl* lumipat.
**spot** *sm inv* patalastas.
**spranga** (*pl* **-ghe**) *sf* rehas.
**spray** *sm inv* sprey.
**sprecare** *v* sayangin.
**spreco** (*pl* **-chi**) *sm* pagsayang.
**spregiativo** *agg* mapanghamak.
**sprèmere** *v* pigaìn.
**spremuta** *sf* katàs.
**sprezzante** *agg* mapang-uyàm.
**sprigionare** *v* ibigay ◊ (*fig*) palabasin ◊ *v rifl* ibinigay ◊ (*fig*) pinalabas.
**sproporzionato** *agg* di-wastô.
**sprovvisto** *agg* nagkulang.
**spruzzare** *v* wisikàn.
**spruzzo** *sm* wisik.
**spugna** *sf* espongha ◊ (*tessuto*) pamunas ◊ **bere come una spugna** maglasing.
**spumante** *sm* ispumante.
**spuntare** *v* putulan ◊ (*ottenere*) magtagumpày ◊ *v rifl* pinutulan.
**spuntino** *sm* isnak.
**spunto** *sm* ideya.
**sputare** *v* dumurâ.
**sputo** *sm* durâ.
**squadra** *sf* pangkàt ◊ (*sport*) tim.

**squalificare** magpawaláng-karapatàn.
**squalificato** *agg* walang-karapatàn.
**squàllido** *agg* nakaririmarim.
**squallore** *sm* pagkamapanglàw.
**squalo** *sm* patìng.
**squàrcio** *sm* punit.
**squartare** *v* hatiin ng apat na bahagi.
**squilibrato** *agg* hibàng ◊ *sm* (*pazzo*) baliw.
**squillare** *v* kumililing.
**squillo** *sm* kuliling.
**squisito** *agg* mananàm.
**sradicare** *v* bunutin.
**sregolato** *agg* malabis.
**stàbile** *agg* matatàg ◊ *sm* gusalì.
**stabilimento** *sm* gusalì.
**stabilire** *v* itatàg, itakdâ ◊ *v rifl* itinatàg, itinakdâ.
**stabilità** *sf inv* pagkamatatàg.
**staccare** *v* ihiwalày ◊ *v rifl* ihiniwalày ◊ **staccare un assegno** magbigay ng tseke.
**stàdio** *sm* istadyum.
**staffa** *sf* estribo ◊ **perdere le staffe** magalit.
**staffetta** *sf* bastòn.
**stagionato** *agg* matandâ.
**stagione** *sf* panahòn ◊ **fuori stagione** wala sa panahòn; **alta stagione** kapanahunan; **bassa stagione** hindî panahòn.
**stagno** *sm* lanaw.
**stalla** *sf* kuwadra.
**stallone** *sm* kabayong bulugan.
**stamani** *avv* kaninang umaga.
**stamattina** *avv* ngayong umaga.
**stambecco** (*pl* **-chi**) *sm* kambing-gubat.
**stampa** *sf* palimbàg ◊ (*fot*) larawan ◊ (*giornali*) press ◊ **conferenza stampa** tipunan ng mga press.
**stampante** *sf* tagalinbàg.
**stampare** *v* maglimbàg.
**stampatello** *sm* parang limbàg.
**stampella** *sf* saklay.
**stampo** *sm* hulmà.
**stanare** *v* paalisin.
**stancare** *v* mapagod ◊ *v rifl* pinagod.
**stanchezza** *sf* kapaguran.
**stanco** (*f* **-a** *pl* **-chi -che**) *agg* pagod.
**stand** *sm inv* puwesto.
**standard** *sm inv* húwaràn.
**stand-by** *sm inv* mag-antay.
**stanga** *sf* poste.
**stanotte** *avv* ngayong gabi.
**stato** *agg* kalágayan.
**stanza** *sf* silìd, kuwarto.
**stappare** *v* alisin ang tapòn.
**stare** *v* manatili ◊ (*abitare*) tumira ◊ (*essere in un luogo*) nasa ◊ (*essere in una situazione*) nasa ◊ **come stai?** kumusta ka?; **stai zitto!** tumigil ka!; **stare al gioco** makipaglaro; **stare a cuore** manatili sa puso, nasa puso; **star bene (di salute)** malusog; **starmale (di salute)** di-malusog.
**starnutire** *v* dumahing.

**stasera** *avv* mamayng gabi.
**statale** *agg* panggobyerno.
**statìstica** (*pl* **-che**) *sf* estadística.
**stato** *sm* kálagayan ◊ (*paese*) bayan ◊ **capo dello stato** pangulo; **colpo di stato** pasalakay sa gobyerno; **stato civile** estado sibil.
**stàtua** *sf* istatuwà.
**statura** *sf* tayô.
**statuto** *sm* batàs.
**stavolta** *avv* sa ngayon.
**stazione** *sf* himpilan ◊ (*autobus*) tigilan, istasyò ◊ **stazione di polizia** himpilan ng pulis.
**stecca** (*pl* **-che**) *sf* patpat ◊ (*biliardo*) istik ng bilyardo ◊ (*sigarette*) istik ◊ (*stonatura*) pagkasintunado.
**steccato** *sm* bakod.
**stella** *sf* bituìn.
**stelo** *sm* tangkày.
**stèndere** *v* humiga ◊ (*allungare*) palawakin ◊ (*mettere disteso*) ikalat ◊ (*bucato*) isampay ◊ (*spalmare*) ipahid ◊ *v rifl* hiniga.
**stentare** *v* mahirapan.
**stento** *sm* kahirapan ◊ **a stento** hirap na hirap.
**stèreo** *sm* esteryo.
**stereòtipo** *sm* maling pag-aakala.
**stèrile** *agg* baòg.
**sterilizzare** *v* pakuluàn ◊ (*procreazione*) pagkabaòg.
**sterminare** *v* pukasin.
**sterno** *sm* butò sa dibdib.
**sterzo** *sm* manibela.
**stesso** *agg dimostr* pareho ◊ *pron* mismo, siyà rin ◊ **nello stesso tempo** sa mismong oras; **fa lo stesso** gayon din.
**steward** *sm inv* esteward.
**stick** *sm inv* istik.
**stile** *sm* istilo ◊ (*sport*) paglalaro.
**stilista** (*pl* **-i -e**) *sm/f* istilista.
**stilogràfica** (*pl* **-che**) *sf* pluama.
**stima** *sf* pagbibigáy-halagà.
**stimare** *v* bigyàn ng halagà.
**stimolare** *v* pasiglahìn.
**stìmolo** *sm* pamgpasiglà.
**stinco** (*pl* **-chi**) *sm* kukod.
**stìngere** *v* alisin ang kulay ◊ *v rifl* inalis ang kulay.
**stipèndio** *sm* suweldo ◊ **arrotondare lo stipendio** tipirin ang suweldo.
**stìpite** *sm* hambà.
**stirare** *v* mamalantsà ◊ (*capelli*) unatin ◊ *v rifl* namalantsà.
**stirpe** *sf* suplìng.
**stitichezza** *sf* tibì.
**stìtico** (*f* **-a** *pl* **-ci -che**) *agg* matibì.
**stivale** *sm* botas.
**stoccafisso** *sm* tuyong bakalàw.
**stoffa** *sf* tela ◊ (*fig*) katangian.
**stòmaco** (*pl* **-ci**) *sm* sikmurà ◊ **rimanere sullo stomaco** di-matunawan.
**stonare** *v* masintunado ◊ (*fig*) di-mag-akmâ.
**stonato** *agg* sintunado ◊ (*fig*) di-akmâ.
**stop** *sm inv* tigil ◊ (*segnale stradale*) stop.

**stòrcere** *v* pilipitin ◊ **storcere il naso** maasim ang mukhâ.
**stordire** *v* hiluhin.
**stòria** *sf* kasaysayan ◊ (*materia di studio*) kuwento ◊ (*bugia*) pagdadahilan.
**stòrico** (*f* **-a** *pl* **-ci -che**) *agg* maykasaysayan ◊ **centro storico** maykasaysayang lugar.
**storione** *sm* isang uri ng isdâ.
**stormo** *sm* kawan.
**storpiare** *v* baldahin ◊ (*fig*) masamang tingin.
**storta** *sf* pilipit, baliktad.
**storto** *agg* di-tuwid ◊ (fig) malî ◊ **guardare storto** masama ang tingin.
**stovìglie** *sf pl* kagamitan sa hapág-kainàn.
**stràbico** (*f* **-a** *pl* **-ci -che**) *agg* dulìng.
**stracciare** *v* punitin.
**stràccio** *sm* punit, trapo.
**straccione** *sm* nanlílimahid.
**strada** *sf* kalye, lansangan ◊ (*fig*) pamamaraàn ◊ **strada facendo** sa paglalakad; **attraversare la strada** tumawid sa kalye; **strada senza uscita** daang walang-lusutan; **tagliare la strada** harangan; **sbagliare strada** nagkamalî ng daàn.
**stradale** *agg* panlansangan ◊ **carta stradale** mapa ng mga kalye; **incidente stradale** disgrasiyà sa daan.
**strage** *sf* pagpatày.
**strambo** *agg* kakaibà.
**stranezza** *sf* pagkaibà.
**strangolare** *v* sakalin.
**straniero** *agg* pangdayuhan, pangbanyagà ◊ *sm* dayuhan, banyagà.
**strano** *agg* kakaibà.
**straordinàrio** *agg* pambihirà ◊ **lavoro straordinario** obertaym.
**strapazzare** *v* pagmalupitan ◊ *v rifl* pinagmalupitan.
**strapiombo** *sm* malumukob.
**strappare** *v* punitin ◊ (*fig*) bunutin ◊ *v rifl* pinunit.
**strappo** *sm* punit ◊ (*fig*) angkàs.
**straripare** *v* umapaw.
**stàscico** (*pl* **-chi**) *sm* kaladkad.
**stratagemma** (*pl* **-i**) *sm* pamamaraàn.
**strategìa** *sf* paraàn.
**strato** *sm* susòn ◊ (*nuvole*) kapal.
**stravagante** *agg* kakatuwâ.
**stravòlgere** *v* guluhin.
**straziare** *v* ligaligin.
**stràzio** *sm* pagkaligalig ◊ (*fig*) pagpunit.
**strega** (*pl* **-ghe**) *sf* bruha, aswang.
**stregone** *sm* salamankero.
**stremato** *agg* malatàng-malatâ.
**strepitare** *v* magingay.
**strèpito** *sm* malakas na ingay.
**stress** *sm inv* pagkapagor.
**stretta** *sf* hawak ◊ **stretta di mano** pakikipagkamayan; **stretta al cuore** mahalin.
**stretto** *agg* masikip ◊ (*fig*) mahigpit ◊ **parente stretto** malapit na kamag-anak.

**strìdere** *v* humagulhol.
**strillare** *v* sumigàw.
**striminzito** *agg* hamak.
**stringa** (*pl* **-ghe**) *sf* puntàs.
**strìngere** *v* higpitàn ◊ (*premere*) diinan ◊ *v rifl* dumikit ◊ **queste scarpe mi stringono** masikip sa akin ang sapatos na ito; **stringere amicizia con qualcuno** makipagkaibigan; **stringere la mano a qualcuno** makipagkamay sa isang tao.
**strìscia** (*pl* **-sce**) *sf* makitid na piraso ◊ **strisce pedonali** tawiran ng tao sa kalye.
**strisciare** *v* hatakin ◊ (*fig*) gumapang.
**stritolare** *v* durugin.
**strofinàccio** *sm* trapo.
**strofinare** *v* magkuskos.
**stroncare** *v* putulin ◊ (*fig*) maghiwalay.
**strozzare** *v* sakalìn ◊ (*occludere*) isara ◊ (*fig*) mag-usurero.
**strumento** *sm* kagamitan, arnese.
**strutto** *sm* mantikà.
**struttura** *sf* kayarian.
**struzzo** *sm* abestrùs.
**stucco** (*pl* **-chi**) *sm* patsè ◊ **rimanere di stucco** mag-ulat.
**studente** (**-essa**) *sm* estudyante, mag-aaràl.
**studiare** *v* mag-aral.
**stùdio** *sm* pag-aaral ◊ (*scritto*) aralin.
**studioso** *agg* mapag-aral ◊ *sm* dalubhasa.
**stufa** *sf* heater.
**stufare** *v* maglaga ◊ *v rifl* naglaga.
**stufato** *sm* ginisang-karnè, nilaga.
**stufo** *agg* inìs, yamòt.
**stuòia** *sf* banìg.
**stupefacente** *agg* nakamámanghâ ◊ (*droga*) droga, masamang gamot.
**stupendo** *agg* kabighá-bighani.
**stupidàggine** *sf* kalokohan ◊ (*cosa detta*) kuwento-kuwento.
**stùpido** *agg* tangà, loko-loko.
**stupire** *v* mágulat ◊ *v rifl* nagulat.
**stupore** *sm* pagkakagulat.
**stuprare** *v* manggahasa.
**sturare** *v* alisin ang nakabarà ◊ (*bottiglia*) alisin ang takip.
**stuzzicadenti** *sm inv* palito, tutpik.
**stuzzicare** *v* magmeryenda ◊ (*fig*) manghimasok.
**su** *prep* sa, itaàs ◊ **sul momento** kaagad; **sparare sulla folla** magbarilan sa harap ng mga tao; **abito su misura** damit sa sukat; **andiamo su** pumuta tayosa itaàs.
**subàcqueo** *sm* mansisisid ◊ *agg* sa ilalim ng tubig.
**sùbdolo** *agg* mapanlinlang.
**subire** *v* danasin.
**sùbito** *avv* kaagad, kadyat.
**succèdere** *v* sumunòd ◊ (*sostituire*) pumalìt ◊ (*accadere*) mangyari.
**successione** *sf* pagkasunòd-sunod ◊ (*eredità*) pagmana.
**successivo** *agg* kasunòd.
**successo** *sm* tagumpày.

**succhiare** *v* sipsipin.
**succo** (*pl* **-chi**) *sm* katàs ◊ (*fig*) diwà ◊ **succo di frutta** katàs ng prutas.
**sùccube** *agg* alipin.
**succursale** *sf* sangày.
**sud** *sm inv* timog.
**sudamericano** *agg* sa timog ng amerika ◊ *sm* taga timog ng amerika.
**sudare** *v* magpawis.
**suddivìdere** *v* paghati-hatian.
**sudore** *sm* pawis.
**sufficiente** *agg* sapàt.
**suggerimento** *sm* payù.
**suggerire** *v* pagpayúhan.
**suggestivo** *agg* nagpápahiwatig.
**sùghero** *sm* kortso, kork.
**sugli** *prep artic* sa mga.
**sugo** (*pl* **-ghi**) *sm* katàs, salsa.
**sui** *prep artic* sa mga.
**suicidarsi** *v* magpakamatay.
**suicìdio** *sm* pagpapakamatay ◊ (*fig*) pakikipagsapalaran.
**suino** *sm* baboy.
**sul** *prep artic* sa ibabaw.
**suo** (*f* **sua** *pl* **suoi sue**) *agg poss* kanyà ◊ *pron* sa kanyà ◊ **i suoi** kanyang magulang.
**suòcera** *sf* biyanang babae.
**suòcero** *sm* biyanang lalaki.
**suola** *sf* suwelas.
**suolo** *sm* lupà.
**suonare** *v* tumugtòg ◊ (*campanello*) magtimbri ◊ (*allarme*) maghudyàt.
**suonerìa** *sf* timbrihan.
**suono** *sm* (*campanello*) timbri ◊ (*strumento*) tunòg.
**suora** *sf* madre.
**super** *agg* super ◊ **benzina super** super na gasolina.
**superare** *v* lagpasan ◊ (*veicoli*) magoberteyk ◊ (*fig*) managumpay.
**supèrbo** *agg* mayabang.
**superficiale** *agg* mababaw.
**superficie** (*pl* **-i**) *sf* lawàk.
**supèrfluo** *agg* labis.
**superiore** *agg* mataàs ◊ *sm* pinunò.
**superlativo** *agg* ubod ng.
**supermercato** *sm* supermarket.
**supèrstite** *sm/f* nakaligtàs ◊ *agg* ligtàs.
**superstizione** *sf* pamahiin.
**superstrada** *sf* superhaywey.
**supino** *agg* nakatihayâ.
**supplemento** *sm* karagdagan ◊ (*sovrapprezzo*) karagdagang presyo.
**supplente** *agg* pangpalìt ◊ *sm/f* palìt, sábstityùt.
**sùpplica** (*pl* **-che**) *sf* samò.
**supplicare** *v* pagsumamò.
**supporre** *v* ipagpalagay.
**supporto** *sm* tungkod.
**supposizione** *sf* pagpapalagay.
**supposta** *sf* supositoryo.
**supremazìa** *sf* kataás-taasan.
**supremo** *agg* supremo.
**surf** *sm inv* surf.
**surgelare** *v* maglado.
**surgelato** *agg* ilado ◊ *sm* pagkaing ilado.

**surrogato** *sm* pinalitan.
**suscettìbile** *agg* madaling kapitàn.
**suscitare** *v* buhayin.
**susina** *sf* seruwela.
**susseguirsi** *v* pagkasuòd-sunod.
**sussìdio** *sm* tulong ◊ **sussidio di disoccupazione** tulong sa mga walang trabaho.
**sussistenza** *sf* pantawí-buhay.
**sussurrare** *v* magbulong.
**sutura** *sf* pagkatahi.
**svago** (*pl* **-ghi**) *sm* paglilibàng.
**svaligiare** *v* magnakaw.
**svalutare** *v* pababain ang halagà.
**svalutazione** *sf* pagbabà ng halagà.
**svanire** *v* mawalâ.
**svantàggio** *sm* desbentahe.
**svéglia** *sf* paggising.
**svegliare** *v* gumising ◊ *v rifl* ginising.
**sveglio** *agg* gising.
**svelare** *v* ibungyàg.
**svelto** *agg* mabilìs.
**svendere** *v* ipagbili.
**svéndita** *sf* pagbili.
**svenimento** *sm* pagkahimatay.
**svenire** *v* mahimatay.
**sventolare** *v* iwagaywày.
**sventura** *sf* pakikipagsapalaran.
**svernare** *v* matulòg sa panahòn ng taglamig.
**svestire** *v* maghubad ◊ *v rifl* naghubad.
**svezzare** *v* mag-awat sa ina.
**sviare** *v* ilayô.
**sviluppare** *v* paunlarin ◊ (*progetti*) gumawa ◊ (*fot*) idebelop ◊ *v rifl* pinaunlàd.
**sviluppo** *sm* kaumlaran ◊ **sviluppo e stampa** pagdebelop.
**svìncolo** *sm* labasàn.
**svista** *sf* di-inaasahan.
**svitare** *v* distornilyuhi.
**svogliato** *agg* walang-ganà.
**svòlgere** *v* gampanàn ◊ *v rifl* ginampanàn ◊ (*avere luogo*) ginanàp.
**svolgimento** *sm* pagganàp ◊ (*testo*) paggawa.
**svolta** *sf* likô ◊ (*fig*) pangyayari.
**svuotare** *v* alisàn ang lamàn.

# T

**tabaccàio** *sm* tindero ng sigarilyo.
**tabaccherìa** *sf* tindahan ng sigarilyo.
**tabacco** (*pl* **-chi**) *sm* tabako.
**tabella** *sf* taláhanayan.
**tabellone** *sm* karátulà.
**tabernàcolo** *sm* sagraryo.
**tabù** *sm inv* bawal ◊ **questa parola è tabù** bawal na salita.
**tabulato** *sm* taláan.
**tacca** (*pl* **-che**) *sf* kutab, gatgàt ◊ **di mezza tacca** kalahating kutab.
**tacchino** *sm* pabo.
**tacco** (*pl* **-chi**) *sm* takòng ◊ **rifare i tacchi** ipagawa ang takòng; **tacchi a spillo** takòng na matulis.

**tacere** *v* tumahimik ◊ **mettere a tacere** patahimikin.
**tachicardìa** *sf* sakìt sa puso.
**tachìmetro** *sm* instrumentong panukat-tulin.
**taciturno** *agg* tahimik.
**tafano** *sm* niknìk.
**tafferùglio** *sm* murahàn.
**tàglia** *sf* sukat ◊ **taglia unica** isang sukat; **taglia forte** malalaking sukat.
**tagliando** *sm* talò.
**tagliare** *v* putulin ◊ (*spese*) bawasan ◊ *v rifl* pinutol ◊ **tagliare la corda** sumibàt; **tagliare la strada** harangan.
**tagliente** *agg* matalim.
**tagliere** *sm* sangkalan.
**tàglio** *sm* pagputol ◊ **armi da taglio** mga arnes na matatalim; **biglietti di piccolo taglio** baryang pera; **taglio cesareo** sesaryan.
**tailleur** *sm inv* terno.
**takeaway** *sm inv* take-away.
**talco** (*pl* **-chi**) *sm* pulbos.
**tale** *agg indef* ganitò, ganyàn ◊ *pron* isàng ◊ **tale (e) quale** katulad; **un tale** isàng.
**talento** *sm* talino.
**tallone** *sm* sakong.
**talmente** *avv* kaya.
**talora** *avv* paminsan-minsan.
**talpa** *sf* isang uri ng dagâ ◊ (*spia*) ispiya.
**talvolta** *avv* kung minsàn.
**tamarindo** *sm* sampalok.
**tamburello** *sm* tamburìn.
**tamburo** *sm* tambòl.
**tamponamento** *sm* pagmitsà, banggaan.
**tamponare** *v* mitsahàn ◊ (*auto*) magbanggaan.
**tampone** *sm* mitsà ◊ (*assorbente*) pasador.
**tana** *sf* lunggâ.
**tanfo** *sm* alingasaw, bahò.
**tangente** *sf* suhòl ◊ (*mat*) kota.
**tangenziale** *sf* daybérsiyon rod.
**tangìbile** *agg* nasásalàt.
**tànica** (*pl* **-che**) *sf* tangkè.
**tanto** *agg* marami ◊ *avv* labis.
**tappa** *sf* tigil.
**tappare** *v* isara ◊ **tapparsi in casa** magkulong sa bahay.
**tapparella** *sf* persiyana.
**tappeto** *sm* alpombra ◊ **mandare al tappeto** inak-awt.
**tappezzare** *v* lagyàng ng papel.
**tappezzerìa** *sf* tapesiriya.
**tappo** *sm* tapòn.
**tara** *sf* dipérensiyà ◊ (*fig*) dungis.
**tardare** *v* mahulì.
**tardi** *avv* hulì ◊ **a più tardi** kita tayo mamayà; **presto o tardi** maága o tanghalì.
**tardivo** *agg* nahuhulì.
**tardo** *agg* mabagal.
**targa** (*pl* **-ghe**) *sf* plaka ◊ **numero di targa** numero ng plaka.
**tariffa** *sf* buwìs, halagà.
**tarlo** *sm* uod ng kahoy.
**tarma** *sf* tangà.
**tarocco** (*pl* **-chi**) *sm* paghuhulà.
**tartagliare** *v* mag-ugol.

**tàrtaro** *sm* bulok ng ipin.
**tartaruga** *sf* pagong.
**tartina** *sf* kánapèy.
**tartufo** *sm* truffles.
**tasca** *sf* bulsà.
**tascàbile** *agg* naibubulsà ◊ (*libro*) librong maliit.
**tassa** *sf* buwìs ◊ **tassa di circolazione** buwìs ng sasakyan.
**tassàmetro** *sm* metro ng taksì.
**tassare** *v* magbuwìs.
**tassativo** *agg* obligado.
**tassello** *sm* borlas.
**tasso** *sm* pursiyento, tubò ◊ **tasso di natalità** pusiyento ng mga ipinanganganak.
**tastare** *v* hipuin ◊ **tastare il terreno** suriin ang lupà.
**tastiera** *sf* teklado.
**tasto** *sm* teklado ◊ (*computer*) taypan.
**tàttica** (*pl* **-che**) *sf* táktikà.
**tàttico** (*f* **-a** *pl* **-ci -che**) *agg* pangtáktikò.
**tatto** *sm* hipò ◊ (*fig*) damdamin.
**tatuàggio** *sm* tatu.
**tatuare** *v* magtatu ◊ **farsi tatuare** magpatatu.
**taverna** *sf* taberna.
**tàvola** *sf* tablà ◊ (*dipinto*) pintur ◊ **tavola calda** mainit na pagkain; **tavola fredda** mga malamig na pagkain; **apparecchiare la tavola** maghain; **sparecchiare la tavola** alisin ang pinagkainan; **da tavola** panglamesa.
**tavoletta** *sf* tablà na malaki.
**tavolino** *sm* maliit na lamesa ◊ (*da lavoro*) sulatan.
**tàvolo** *sm* lamesa.
**tavolozza** *sf* paleta.
**taxi** *sm inv* taksi.
**taxista** *sm/f* tsuper ng taksi, taksista.
**tazza** *sf* tasa ◊ (*WC*) kubeta.
**te** *pron pers* ikaw.
**tè** *sm inv* tsaà.
**teatrale** *agg* pangteyatro.
**teatro** *sm* teyatro.
**tècnica** (*pl* **-che**) *sf* pamamaraàn.
**tècnico** (*f* **-a** *pl* **-ci -che**) *agg* pantéknikò ◊ *sm* téknikò.
**tecnologìa** *sf* teknolohiya.
**tecnològico** (*f* **-a** *pl* **-ci -che**) *agg* pangteknolohiya.
**tegame** *sm* palayok.
**téglia** *sf* palayok na panghurnò.
**tégola** *sf* tisa.
**teiera** *sf* tsarera.
**tela** *sf* tela ◊ (*quadro*) tela para sa pintura.
**telàio** *sm* tsasis.
**telecàmera** *sf* kamera pangtelibisyon.
**telecomando** *sm* remòt-kontròl.
**telecrònaca** (*pl* **-che**) *sf* balita.
**telefilm** *sm inv* telenobela.
**telefonare** *v* magtelépono ◊ **ci telefoniamo domani** magtawagan tayo buks.
**telefonata** *sf* tawag sa telepono ◊ **telefonata a carico del destinatario** ang bayad ng telepono ay sa tinatawagan; **telefonata urbana** tawag panglunsòd.

**telefònico** (*f* **-a** *pl* **-ci -che**) *agg* pangtelépono ◊ **cabina telefonica** telépon bot, tawagan (telepono); **elenco telefonico** listahan ng mga taong may telépono, listahan ng numero ng telepono; **scheda telefonica** telépon kard.
**telefonino** *sm* sellular.
**telèfono** *sm* telépono ◊ **fare un colpo di telefono** tumawag sa telépono.
**telegiornale** *sm* balita, newskast.
**telegràfico** (*f* **-a** *pl* **-ci -che**) *agg* pangtelegrama.
**telegramma** (*pl* **-i**) *sm* telegrama.
**telemàtica** (*pl* **-che**) *sf* telematiko.
**telemàtico** (*f* **-a** *pl* **-ci -che**) *agg* pangtelematiko.
**teleobiettivo** *sm* telepoto lens.
**telepatìa** *sf* telepatiya.
**teleromanzo** *sm* telenobelas.
**telescòpio** *sm* teléskopyo.
**telespettatore** (**-trice**) *sm* nanonoòd.
**televìdeo** *sm inv* telebedyo.
**televisione** *sf* telebisyon ◊ **televisione via cavo** satelayt, keybel; **televisione a pagamento** may bayad ng palabas.
**televisivo** *agg* pangtelebisyon.
**televisore** *sm* telebisyon.
**tellùrico** (*f* **-a** *pl* **-ci -che**) *agg* telluriyum.
**telo** *sm* haba ng tela.
**tema** (*pl* **-i**) *sm* paksâ.
**temeràrio** *agg* matakutin.
**temere** *v* matakot.
**tèmpera** *sf* panghasà.
**temperamatite** *sm inv* panghasà ng lapis.
**temperamento** *sm* kaloòban.
**temperare** *v* magpahinahon ◊ (*appuntire*) hasahin.
**temperato** *agg* maaligamgam.
**temperatura** *sf* temperatura ◊ (*febbre*) lagnat ◊ **misurarsi la temperatura** tignan kung may lagnat; **a temperatura ambiente** katamtamang temperatura.
**temperino** *sm* lantseta, kortapluam.
**tempesta** *sf* unos ◊ (*fig*) malaking sakuna.
**tempestare** *v* mag-unos ◊ **tempestare di domande** kulitin.
**tèmpia** *sf* sintido.
**tèmpio** *sm* noò, templo.
**tempo** *sm* panahon ◊ (*meteorologico*) klima ◊ (*spettacolo, gara*) tiyempo ◊ **ai miei tempi** sa aking kapanahonan; **appena in tempo** nasa oras; **tempo libero** oras ng libangan; **previsioni del tempo** pag-uulat ng panahon.
**temporale** *agg* pansasamantalà ◊ *sm* masamang panahon.
**temporàneo** *agg* pansamantalà.
**temporeggiare** *v* ipagpaliban.
**temprare** *v* patigasin ◊ (*fig*) palakasin.
**tenace** *agg* makunat ◊ (*fig*) matatàg.
**tenàglia** *sf* sipit.

**tenda** *sf* trapàl ◊ (*da interno*) kurtina ◊ (*da sole*) payong ◊ (*da campo*) tolda ◊ (*da circo*) tolda ◊ **piantare le tende** maglagay ng tolda; **levare le tende** lumayas.

**tendàggio** *sm* pagkukurtina, pagtotolda.

**tendenza** *sf* hilig ◊ (*moda*) usò.

**tèndere** *v* banatin.

**tèndine** *sm* litid.

**tènebre** *sf pl* lagim.

**tenebroso** *agg* malagim ◊ (*fig*) madilim.

**tenente** *sm* tinyente.

**tenere** *v* hawakan ◊ *v rifl* hinawakan ◊ **tenere per mano** maghawakan sa kamay; **tener compagnia** samahan; **tenere una lezione** magturo.

**tenerezza** *sf* pagkámapágmahàl.

**tènero** *agg* malmbot ◊ (*fig*) mapágmahàl.

**tennis** *sm inv* tenis ◊ **tennis da tavolo** ping-pong; **scarpe da tennis** sapatos pang-tenis.

**tenore** *sm* paraàn ◊ (*mus*) tenòr ◊ **tenore di vita** uri ng pamumuhay.

**tensione** *sf* pagbanat ◊ (*elettrica*) tensiyòn ◊ (*fig*) kabalisáha.

**tentàcolo** *sm* galamày.

**tentare** *v* subukn ◊ (*indurre in tentazione*) tuksuhin.

**tentativo** *sm* pagsubok.

**tentazione** *sf* pagtuksô.

**tentennare** *v* nagaalanganin.

**tentoni** *avv* kapà ◊ **andare a tentoni** kumakapang lumalakad.

**tènue** *agg* payat.

**tenuta** *sf* paghawak ◊ (*possedimento*) lupàin ◊ (*abbigliamento*) kasuótan.

**teorema** (*pl* **-i**) *sm* tiyorema.

**teorìa** *sf* teyoriya ◊ (*fila*) prusisyòn.

**tepore** *sm* kainitan.

**teppismo** *sm* dahàs.

**teppista** (*pl* **-i -e**) *sm/f* marahàs.

**terapìa** *sf* gamot.

**tergicristallo** *sm* wayper.

**termale** *agg* mainit ◊ **cure termali** gamot galing sa bukal na mainit; **acque termali** tubig sa bukal.

**terme** *sf pl* páliguang bukal na mainit.

**tèrmico** (*f* **-a** *pl* **-ci -che**) *agg* pangmainit.

**terminal** *sm inv* términàl.

**terminale** *sm* pangwakàs ◊ **malato terminale** may taning ang buhay.

**terminare** *v* iwakàs.

**tèrmine** *sm* hanggahan ◊ **termine di pagamento** taning ng pagbabayad; **a breve termine** sa maikling panahon; **a lungo termine** sa matagal na panahon.

**termòmetro** *sm* termómetrò.

**termosifone** *sm* radyadòr, heter.

**termòstato** *sm* termostato.

**terna** *sf* triyo, tatlohan.

**terno** *sm* terno.

**terra** *sf* lupà ◊ (*pianeta*) planeta ◊ (*elettr*) grawn ◊ **avere una gomma**

**a terra** nabutasan ng goma; **essere a terra** nalulungkot.
**terracotta** (*pl* **terrecotte**) *sf* mga gamit na gawa sa luwad ◊ (*terreno*) luwad.
**terrazza** *sf* asotea ◊ (*terreno*) malawak na lupàin.
**terrazzo** *sm* teraso.
**terreno** *agg* panlupà ◊ *sm* lupàin.
**terrestre** *agg* panplaneta.
**terrìbile** *agg* teriblè.
**terrificante** *agg* nakakatakot.
**territòrio** *sm* sakop, teritoryo.
**terrore** *sm* malaking takot.
**terrorismo** *sm* pananakot na lubhâ.
**terrorista** *sm/f* (*pl* **-i -e**) terorista.
**terrorizzare** *v* takutin ng lubhâ.
**terso** *agg* malinis.
**terziàrio** *agg* pangatlò ◊ *sm* ikatatlò.
**tèschio** *sm* bungô.
**tesi** *sf inv* tesis ◊ **tesi di laurea** tesis sa pagtatapos.
**teso** *agg* maigtìng ◊ (*fig*) nerbiyoso ◊ **stare con le orecchie tese** nakikinig; **avere i nervi tesi** ninenerbiyos.
**tesoro** *sm* kayamanan ◊ **ministero del Tesoro** ministeryo ng kayamanang bayan.
**tèssera** *sf* kard ◊ (*di riconoscimento*) kard ng pagkikilala (ID).
**tesseramento** *sm* pagbibigay ng kard.
**tèssere** *v* maghabi ◊ (*fig*) magplano.
**tèssile** *agg* hinabi.
**tessuto** *sm* tela ◊ (*fig*) hilantsà.
**test** *sm inv* pagsulit ◊ (*laboratorio*) test ◊ (*domande*) test.
**testa** *sf* ulo ◊ (*fig*) pinuno ◊ **essere in testa** nangunguna; **perdere la testa** mahibang; **avere mal di testa** masakìt ang ulo; **fare un colpo di testa** magpa-ayos ng buhok; **essere fuori di testa** nahihibang.
**testamento** *sm* testamento.
**testardo** *agg* matigas ang ulo, tuso.
**testata** *sf* untog ◊ (*giornale*) titolo.
**teste** *sm/f* testigo.
**testìcolo** *sm* itlog-itlog ng lalaki.
**testimone** *sm/f* saksì ◊ (*dir*) testigo ◊ **testimone di nozze** saksì sa kasal; **testimone oculare** testigo.
**testimonianza** *sf* pagsasaksì, pagtestigo.
**testimoniare** *v* sumaksì, tumistigo.
**testo** *sm* teksto.
**tètano** *sm* tétanò.
**tetro** *agg* madilim.
**tetto** *sm* bubòng ◊ (*fig*) hangganan.
**tettóia** *sf* bubongan.
**tettùccio** *sm* palyo ◊ **tettuccio apribile** palyong maaring mabuksan.
**thermos** *sm inv* termos.
**tìbia** *sf* tibya, sapì-lulòd.
**tic** *sm inv* tik.
**ticchettìo** *sm* pagklik.

**tic tac** *sm inv* tik-tok.
**tièpido** *agg* maaligamgàm.
**tifo** *sm* tipos ◊ (*sport*) pagsusuporta.
**tifone** *sm* bagyò.
**tifoso** *agg* fan, tagahangà.
**tìglio** *sm* tilo.
**tigre** *sf* tigre.
**timbro** *sm* timbre.
**timer** *sm inv* palaorasan ◊ (*bomba*) timer.
**timidezza** *sf* pagkamahiyain.
**tìmido** *agg* mahiyain.
**timo** *sm* timilyo.
**timone** *sm* timòn, ugit.
**timoniere** *sm* taong nasa ugit.
**timore** *sm* panganbà.
**tìmpano** *sm* timpani ◊ (*anat*) salamin ng taingà.
**tinca** (*pl* **-che**) *sf* tinka.
**tinello** *sm* kainan.
**tìngere** *v* tinaan ◊ *v rifl* nagtina.
**tinozza** *sf* banyera.
**tinta** *sf* pantinà ◊ **in tinta unita** iisa ang kulay.
**tintorìa** *sf* palabahan.
**tintura** *sf* tintura.
**tìpico** (*f* **-a** *pl* **-ci -che**) *agg* típikò.
**tipo** *sm* urì.
**tipografìa** *sf* limbangan.
**tipògrafo** *sm* tagalimbàg.
**tirànnico** (*f* **-a** *pl* **-ci -che**) *agg* mapaghirap.
**tiranno** *sm* máninìl.
**tirapiedi** *sm/f inv* kawani.
**tirare** *v* banatin ◊ (*gettare*) ihagis ◊ **tirare le somme** buoin; **tirarsi indietro** sumuko, umatras; **tirare per le lunghe** patagalin; **tirare diritto** dumeretso; **tirare a indovinare** hulaan.
**tiratura** *sf* sirkulasyòn.
**tìrchio** *agg* kuripot.
**tiro** *sm* pagtudlâ ◊ **tiro a segno** pagpupuntirya.
**tirocìnio** *sm* pagsasanay.
**tiròide** *sf* tayroyd.
**tirrènico** (*f* **-a** *pl* **-ci -che**) *agg* tireniko.
**tisana** *sf* tisana.
**tisi** *sf inv* tibi.
**tìsico** (*f* **-a** *pl* **-ci -che**) *agg* matibi.
**titolare** *sm/f* may-ari.
**tìtolo** *sm* titolo, pamagat ◊ **titolo di studio** pinag-aralan, tinapos.
**titubante** *agg* di-sigurado.
**tìzio** *sm* isang.
**tizzone** *sm* masamang tao.
**to'** *inter* o ito na!.
**toast** *sm inv* tost ◊ **toast farcito** may palaman na tost.
**toccare** *v* hipuin ◊ (*riguardare*) mangyari ◊ (*modificare*) palitan ◊ *v rifl* hinipo ◊ **toccare con mano** hipuin ang kamay; **toccare ferro** magbakasakali; **toccare gli interessi di qualcuno** galawin ang pag-aari ng iba.
**tocco** (*pl* **-chi**) *sm* hipo.
**toga** *sf* toga.
**tògliere** *v* alisìn ◊ *v rifl* inalis ◊ **togliere di mezzo** huwag makialam; **togliersi un pensiero** lutasin.
**toilette** *sf inv* kubeta ◊ **prodotti**

**da toilette** kagamitang pangkubeta.
**tolleranza** *sf* pagpabayà.
**tollerare** *v* pabayaan.
**tomba** *sf* puntòd, nitsò.
**tombino** *sm* libingan.
**tòmbola** *sf* binggo.
**tònaca** (*pl* **-che**) *sf* bestido.
**tonalità** *sf inv* uri ng kulay ◊ (*suono*) tono.
**tondeggiante** *agg* pabilog.
**tondo** *agg* bilog ◊ **cifra tonda** eksaktong bayad; **chiaro e tondo** malinaw.
**tonfo** *sm* kalabòg.
**tónico** (*f* **-ca** *pl* **-ci -che**) *agg* tónikò.
**tonno** *sm* tulingan, tuna ◊ **tonno in scatola** tulingan sa lata.
**tono** *sm* tono ◊ (*colore*) kulay.
**tonsilla** *sf* tonsil.
**topàzio** *sm* topasyo.
**topo** *sm* dagâ.
**topografìa** *sf* topograpiya.
**topogràfico** (*f* **-a** *pl* **-ci -che**) *agg* topograpiko.
**toppa** *sf* tagpî ◊ (*serratura*) susiàn.
**torace** *sm* karibdiban.
**tórbido** *agg* malabò.
**tòrcere** *v* pilitin ◊ *v rifl* pinilit.
**torchiare** *v* idiin ◊ (*fig*) salakayin.
**tòrchio** *sm* kandela ◊ **essere sotto torchio** pinipilit.
**tòrcia** (*pl* **-ce**) *sf* sulô ◊ **torcia elettrica** plaslayt na de-koryente.
**torcicollo** *sm* paninigas na leèg.
**tordo** *sm* tordo.
**tormenta** *sf* bagyò.
**tormentare** *v* papághirapin.
**tormento** *sm* pighatî, hirap.
**tornante** *sm* paliko-likong daan.
**tornare** *v* bumalìk.
**tornèo** *sm* taneyo.
**tórnio** *sm* lalik.
**tornitore** (**-trice**) *sm* tagalalik.
**toro** *sm* toro.
**torpèdine** *sf* torpedo.
**torpore** *sm* pamamanhìd.
**torre** *sf* tore.
**torrefazione** *sf* pábrikà ng kapè ◊ (*negozio*) tindahan ng kapè.
**torrente** *sm* bugsô.
**tòrrido** *agg* nápakainit.
**torrone** *sm* torone.
**torsione** *sf* umiikot.
**tórsolo** *sm* tangkày.
**torta** *sf* keyk ◊ **torta salata** keyk na di matamis.
**tortiera** *sf* lálagyan ng keyk.
**torto** *agg* malî ◊ *sm* pagkakamalî ◊ **avertorto** nagkamalî; **non avere tutti i torti** hindî kasalanan lahat.
**tórtora** *sf* isang uri ng kalapati.
**tortuoso** *agg* mahirap.
**tortura** *sf* pagpapahirap.
**torturare** *v* pahirapan.
**tosare** *v* gupitan.
**toscano** *sm* taga Toskani ◊ (*sigaro*) isang uri ng tabako.
**tosse** *sf* ubò.
**tòssico** (*f* **-a** *pl* **-ci -che**) *agg* nakakalason.

**tossicodipendente** *sm/f* adik sa masasamang gamot.
**tossina** *sf* lason.
**tossire** *v* umubò.
**tostapane** *sm inv* toster.
**tostare** *v* magtos.
**totale** *agg* buô ◊ *sm* kabuuàn.
**totalitàrio** *agg* buô.
**totalitarismo** *sm* pagbuô.
**totalizzare** *v* buuin.
**totocàlcio** *sm* lotong pang-putbol.
**tovàglia** *sf* mantèl.
**tovagliolo** *sm* napkin.
**tozzo** *agg* pandak.
**tra** *prep* sa gitnà ng ◊ (*attraverso*) sa pamamagitan ng.
**traballare** *v* kumakalog.
**traboccare** *v* umapaw.
**trabocchetto** *sm* dayà.
**tràccia** (*pl* **-ce**) *sf* bakàs.
**tracciare** *v* hanapin.
**tracciato** *sm* plano.
**trachèa** *sf* lalagukan.
**tracolla** *sf* siyulder-bag.
**tracollo** *sm* pagtimbang.
**tradimento** *sm* pagtataksil.
**tradire** *v* pagtaksilan ◊ *v rifl* pinagtaksilan.
**traditore** (**-trice**) *sm* lapastangan.
**tradizionale** *agg* tradisyunàl.
**tradizione** *sf* trasiyò, saling-dunong.
**tradurre** *v* isalin.
**traduttore** (**-trice**) *sm* tagasalin.
**traduzione** *sf* pagsalin.
**trafelato** *agg* humahapo.
**trafficante** *sm/f* mángangálakal.
**trafficare** *v* pangangálakal ◊ (*essere affaccendato*) abalà.
**tràffico** (*pl* **-ci**) *sm* trapik ◊ (*illecito*) pagpupuslit.
**trafìggere** *v* lumagòs.
**traforo** *sm* paglagòs ◊ (*galleria*) tunel.
**trafugare** *v* pagnakaw.
**tragèdia** *sf* trahedya.
**traghetto** *sm* bangkáng-tawiràn.
**tràgico** (*f* **-a** *pl* **-ci** **-che**) *agg* paglunos-lunos.
**tragitto** *sm* landàs.
**traguardo** *sm* layon ◊ **tagliare il traguardo** umabot sa hanganang guhit.
**traiettòria** *sf* tragektori.
**trainare** *v* hilahin.
**tralasciare** *v* pabayaan.
**tram** *sm inv* trambiyà.
**trama** *sf* kuwento.
**tramare** *v* magplano.
**trambusto** *sm* gulò.
**tramezzino** *sm* sandwich.
**tràmite** *sm* sa pamamagitan ◊ **fare da tramite** maging tulay.
**tramontana** *sf* hangin mula sa silangan.
**tramontare** *v* lumubòg.
**tramonto** *sm* paglubòg ng araw.
**tramortire** *v* matulìg.
**tramortito** *agg* natulìg.
**trampolino** *sm* trampolin.
**tràncio** *sm* piraso.
**tranello** *sm* bitàg.
**trangugiare** *v* malaking lunòk.
**tranne** *prep* maliban sa, liban sa.

**tranquillante** *sm* gamot na pangpahinahon.
**tranquillità** *sf inv* kahinhunan.
**tranquillizzare** *v* pahinahunin ◊ *v rifl* pinahinahon.
**tranquillo** *agg* mahinahon ◊ (*persona*) tahimik na tao.
**transalpino** *agg* panbundok.
**transatlàntico** (*f* **-a** *pl* **-ci -che**) *agg* transatlantiko.
**transenna** *sf* harang.
**transessuale** *sm/f* tras-seksuwal.
**transìgere** *v* makompromiso.
**transitàbile** *agg* maaring daanan.
**transitare** *v* dumaan.
**trànsito** *sm* pagdaan ◊ **divieto di transito** bawal dumaan.
**tranviàrio** *agg* trambiyero.
**trapanare** *v* magbarena.
**tràpano** *sm* barena.
**trapasso** *sm* paglilipat ◊ **trapasso di proprietà** paglilipat ng mga ariarian.
**trapèzio** *sm* trapes.
**trapiantare** *v* itamin ulit.
**trapianto** *sm* paglilipat ng bahagi ng katawan sa isang katawan ◊ (*piante*) paglilipat ng halaman.
**tràppola** *sf* bitag, patibong.
**trapunta** *sf* komporter.
**trarre** *v* kunin ◊ **trarre una conclusione** magbigay ng kahulugan.
**trasandato** *agg* pabaya.
**trasbordare** *v* maglipat.
**trascinare** *v* tahakin ◊ (*fig*) hilahin ◊ *v rifl* hinatak.
**trascórrere** *v* magpalipas.
**trascuràbile** *agg* pagpapabaya.
**trascurare** *v* pabayaan ◊ *v rifl* pinabayaan.
**trascurato** *agg* pabaya.
**trasferimento** *sm* paglilipat.
**trasferire** *v* lumipat ◊ *v rifl* inilipat.
**trasferta** *sf* paglipat.
**trasformare** *v* palitan ◊ *v rifl* pinalitan.
**trasformazione** *sf* pagpapalit.
**trasfusione** *sf* pagsaslin ng dugo.
**trasgredire** *v* di-sumunod.
**trasgressione** *sf* di-pagsunod.
**traslocare** *v* lumipat ng bahay.
**trasloco** (*pl* **-chi**) *sm* paglilipat.
**trasméttere** *v* ipahiwatig ◊ (*malattie*) hawáan ◊ (*programmi radio-TV*) ibalita.
**trasmissione** *sf* pagpapahiwatig ◊ (*malattie*) paghawa ◊ (*programmi radio-TV*) pagbabalita.
**trasmittente** *sf* trasmiter.
**trasparente** *agg* naaaninag ◊ (*fig*) nakikita.
**trasparenza** *sf* pagkaaninag ◊ (*fig*) pagkita.
**traspirare** *v* magpawis.
**traspirazione** *sf* pagpawis.
**trasportare** *v* isakày.
**trasporto** *sm* pagsakày ◊ **mezzi di trasporto** sasakyan.
**trastullarsi** *v rifl* naglaro.
**trasversale** *agg* bagtasin.
**trattamento** *sm* gamot ◊ (*lavorazione*) paggawa.
**trattare** *v* pagusapan.

**trattativa** *sf* usapan.
**trattato** *sm* kasunduan.
**trattenere** *v* pigilin ◊ (*cose*) kunin ◊ *v rifl* magtagal.
**tratto** *sm* hagod ◊ (*linea*) guhit ◊ (*pezzo*) tawad ◊ **tutto a un tratto** bigla na lang.
**trattore** *sm* traktor.
**trattorìa** *sf* karenderya.
**trattrice** *sf* traktor pambukid.
**tràuma** (*pl* **-i**) *sm* taruma.
**travasare** *v* isalin.
**trave** *sf* barakilan.
**traversa** *sf* daanan.
**traversata** *sf* paglalakbay.
**traverso** *agg* pahalang.
**travestimento** *sm* pagbabalatkayo.
**travestire** *v* magbalatkayo ◊ *v rifl* nagbalatkayo.
**traviare** *v* maghirap.
**travisare** *v* baguhin.
**travòlgere** *v* guluhin.
**trazione** *sf* tensiyon.
**trebbiare** *v* gumiik.
**trebbiatrice** *sf* makinang panggiik.
**treccia** (*pl* **-ce**) *sf* trintas.
**tredicésima** *sf* tertin-mont-pey.
**trègua** *sf* pansamantalang kapayapaan ◊ (*fig*) pagtigil.
**trekking** *sm inv* trayking.
**tremare** *v* manginig.
**tremendo** *agg* kakila-kilabot.
**treno** *sm* tren ◊ **treno rapido** mabilis na tren, trenong eksprès.
**treppiede** *sm* tatlong paà.
**tréspolo** *sm* kabayo.
**triàngolo** *sm* tatlongsulok.
**tribù** *sf inv* tribù, lipì.
**tribuna** *sf* palko.
**tribunale** *sm* hukuman ◊ **tribunale internazionale** hukumang pandaigdigan.
**tributo** *sm* papuri.
**triciclo** *sm* trisiklo.
**tricolore** *agg* tatlong kulay ◊ *sm* bandeyera.
**trifòglio** *sm* tatlong dahon.
**trìglia** *sf* banak.
**trillo** *sm* pangangatal.
**trimestre** *sm* tuwing tatlong buwan.
**trincèa** *sf* trinsera.
**trincerarsi** *v rifl* nagtago.
**trinità** *sf inv* trinidad.
**trìo** *sm* triyo.
**trionfale** *agg* matagumpay.
**trionfare** *v* magtagumpay.
**trionfo** *sm* tagumpay.
**triplo** *agg* triplo.
**trippa** *sf* tripa, kalyos.
**triste** *agg* malungkot.
**tristezza** *sf* kalungkutan.
**tritare** *v* tadtarin.
**trito** *agg* tinadtad ◊ **carne trita** giniling na karne.
**trìttico** (*pl* **-ci**) *sm* isan guri ng puno.
**triviale** *agg* maliit.
**trofèo** *sm* tropeo.
**tromba** *sf* trumbon.
**trombone** *sm* malaking trumbon.
**troncare** *v* putulin.

**tronco** *sm* punò ◊ (*anat*) katawan.
**trono** *sm* trono.
**tropicale** *agg* tropikàl.
**tròpico** (*pl* **-ci**) *sm* pangtropikàl.
**troppo** *agg indef* labis, sobra ◊ *pron* marami ◊ **di troppo** kalabisan.
**trota** *sf* trota ◊ **trota salmonata** trotang-salmon.
**trottare** *v* yumagyàg.
**trotto** *sm* yagyàg.
**tròttola** *sf* magpgulong-gulong ◊ **girare come una trottola** umikot na parang turompo.
**trovare** *v* hanapin ◊ *v rifl* hinanap ◊ **andare a trovare qualcuno** dalawin, bisitahin.
**trovata** *sf* ideya.
**truccare** *v* magmeyk-ap ◊ (*falsificare*) magpekè ◊ *v rifl* nagmeyk-ap.
**trucco** (*pl* **-chi**) *sm* meyk-ap ◊ (*inganno*) dayà.
**truce** *agg* maliit na lalagyan.
**truffa** *sf* pandarayà.
**truffare** *v* dayain.
**truppa** *sf* trupa.
**tu** *pron pers* ikaw.
**tuba** *sf* tuba ◊ (*anat*) tubo.
**tubercolosi** *sf inv* tibi.
**tùbero** *sm* lamang-lupà.
**tubetto** *sm* tube.
**tubo** *sm* tubo ◊ **tubo di scappamento** labasan ng tubo; **non capire un tubo** walang-naiintindihan.
**tuffarsi** *v* sumisid.
**tuffo** *sm* pagsisid.
**tugùrio** *sm* dampâ.
**tulipano** *sm* tulipano.
**tumefatto** *agg* magâ.
**tumore** *sm* tumòr ◊ **tumore benigno** di-grabeng tumòr; **tumore maligno** grabeng tumòr.
**tumulto** *sm* kaguluhan.
**tùnica** *sf* tunika.
**tùnnel** *sm inv* tunèl.
**tuo** (*f* **tua** *pl* **tuoi tue**) *agg poss* iyò ◊ *pron* sa iyò ◊ **i tuoi** iyong magulang.
**tuonare** *v* kumulòg.
**tuono** *sm* kulòg.
**tuorlo** *sm* pula ng itlog.
**turàcciolo** *sm* pasak.
**turare** *v* tapalan ◊ *v rifl* tinapalan ◊ **turarsi il naso** suminga.
**turbare** *v* guluhin ◊ *v rifl* gumulò.
**tùrbine** *sm* ipu-ipo.
**turbodiesel** *agg* desel.
**turbolento** *agg* magulò.
**turchese** *sm* kulay turkese.
**turismo** *sm* turismo.
**turista** (*pl* **-i -e**) *sm/f* turista.
**turìstico** (*f* **-a** *pl* **-ci -che**) *agg* pangturista ◊ **menù turistico** pagkaing-panturista; **agenzia turistica** ahente ng turismo.
**turno** *sm* turno ◊ **farmacia di turno** botekang bukas sa gabi.
**tuta** *sf* kasuutang pangyàg ◊ **tuta da ginnastica** kasuutang pangehersisiyo.
**tutela** *sf* pag-aalagà.
**tutelare** *v* alagaàn.
**tutore** (**-trice**) *sm* taga-alagà.
**tuttavìa** *cong* gayunmàn.

**tutto** *agg* lahat ◊ *sm* kalahatan ◊ **tutti e due** parehong dalawa; **è tutto suo padre** kamukhâ ng tatay; **prima di tutto** bago ang lahat; **in tutto** (**e per tutto**) sa lahat; **tutto compreso** kasama lahat.
**tuttora** *avv* hanggang ngayon.
**TV** *vedi* **televisione**.

# U

**ubbidiente** *agg* masunurin.
**ubbidienza** *sf* pagkamasunurin.
**ubbidire** *v* sumunod.
**ubicazione** *sf* tirahan.
**ubriacare** *v* maglasing ◊ *v rifl* naglasing.
**ubriaco** (*f* **-a** *pl* **-chi -che**) *agg, sm* lasing ◊ **ubriaco fradicio** lasing na lasing.
**uccello** *sm* ibon.
**uccìdere** *v* patayin ◊ *v rifl* pinatay.
**udienza** *sf* paglilitis.
**udire** *v* pakinggan.
**udito** *sm* pandinig.
**uditòrio** *sm* tagpakinig.
**uffa** *inter* hay naku!.
**ufficiale** *agg* pang-opisyàl ◊ *sm/f* opisyàl ◊ **pubblico ufficiale** opisyàl ng bayan; **ufficiale giudiziario** opisyàl sa hukuman; **ufficiale di marina** opisyàl ng barko.
**uffìcio** *sm* opisina ◊ **ufficio postale** pos-opis; **ufficio informazioni** tanungan ng impormasiyòn, hingian ng impormasyòn.
**ufficioso** *agg* mapanghimasok.
**uggioso** *agg* nakakayamot.
**ùgola** *sf* lalamonan.
**uguaglianza** *sf* pagkakápareho ◊ (*giustizia*) pagkakápantày.
**uguagliare** *v* magpareho ◊ **uguagliare un record** pantayan ang rekord.
**uguale** *agg* pareho.
**uh** *inter* oy!.
**ùlcera** *sf* ulser.
**ulivo** *sm* punò ng oliba.
**ulteriore** *agg* kálayuan ◊ **per ulteriori informazioni** para sa iba pang impormasiyòn.
**ultimare** *v* tapusin.
**ultimatum** *sm inv* taning.
**ùltimo** *agg* kahulí-hulì ◊ *sm* hulì ◊ **all'ultima moda** huling uso; **fino all'ultimo** hanggang sa hulì; **in ultimo** pinkahulì.
**ultrasuono** *sm* ultra-sawn.
**ultravioletto** *agg* ultra-biolet.
**ululare** *v* humagulhol.
**umanità** *sf inv* sankatauhan ◊ (*sentimento*) pagkamabait.
**umanitàrio** *agg* pangsangkatauhan ◊ **aiuti umanitari** tulong pangsangkatauhan.
**umano** *agg* tao ◊ (*solidale*) makatao.
**umidità** *sf inv* timig.
**ùmido** *agg* mabasá-basâ ◊ ( *cuc*) sarsiado.
**ùmile** *agg* abâ, hamak.
**umiliare** *v* hiyain ◊ *v rifl* hiniyà.
**umiliazione** *sf* pagpapahiyà.

**umiltà** *sf inv* kababaang-loòb.
**umore** *sm* lagày ng kaloóban ◊ **essere di buon umore** masayahin; **essere di cattivo umore** mabugnutin.
**umorismo** *sm* umorismo.
**umorista** (*pl* **-i -e**) *sm/f* masaya.
**un** *vedi* **uno**.
**unànime** *agg* pagkaakisà.
**unanimità** *sf inv* buong pagkakaisà.
**uncinetto** *sm* gantsilyo.
**uncino** *sm* kawit.
**ùngere** *v* langisan ◊ *v rifl* linangisan.
**ùnghia** *sf* kukô ◊ **smalto per unghie** kuteks.
**unghiata** *sf* kamot ◊ **dare unghiate** kamutin.
**unguento** *sm* ungguwento.
**ùnico** (*f* **-a** *pl* **-ci -che**) *agg* kaisáisà ◊ *sm* nag-iisà ◊ **figlio unico** bugtong na anak; **atto unico** nagiisang eksena; **senso unico** one-way.
**unificare** *v* pagsamahin.
**uniformare** *v* pagpantayin ◊ *v rifl* pinagpantay.
**uniforme** *agg* pantay.
**unione** *sf* pagsasama.
**unire** *v* pagsamahin ◊ *v rifl* pinasama ◊ **unire gli sforzi** pagsamahin ang lakas; **unire in matrimonio** magbuklod sa kasal.
**unìsono** *sm* tugma-tugmâ ◊ **all'unisono** sa tugmáan.
**unità** *sf inv* pagkakaisà ◊ (*mat*) yunit ◊ **unità di misura** yunit ng sukat.
**unitàrio** *agg* pangpagkakaisà.
**unito** *agg* may-pagkakisà ◊ **tinta unita** iisa ang kulay.
**universale** *agg* pandaigdig.
**università** *sf inv* pamantasan.
**universitàrio** *agg* pang pamantasan.
**universo** *sm* pansinukuban.
**unìvoco** (*f* **-a** *pl* **-ci -che**) *agg* iisang kahulugan.
**uno** *art indet* isa ◊ **a uno a uno** isa-isa; **aiutarsi l'un l'altro** magtulungan.
**unto** *agg* mamantikâ ◊ *sm* mantikâ.
**uomo** (*pl* **uomini**) *sm* lalaki ◊ **da uomo** panlalaki; **da uomo a uomo** lalaki sa lalaki.
**uovo** (*pl* **uova** *f*) *sm* itlog ◊ **uovo sodo** nilagang itlog.
**uragano** *sm* buhawì.
**urànio** *sm* uranyo.
**urano** *sm* urano.
**urbanìstico** (*f* **-a** *pl* **-ci -che**) *agg* panglunsòd.
**urbano** *agg* lunsòd ◊ **nettezza urbana** basurero panglunsòd; **polizia urbana** pulis panglunsòd; **telefonata urbana** tawag panglunsòd.
**urgente** *agg* madalian, urhente.
**urgenza** *sf* pagmamadalî.
**urina** *sf* ihì.
**urlare** *v* sumigaw ◊ **urlare a squarciagola** sumigaw ng malakas.
**urlo** (*pl* **-i** o **-a** *f*) *sm/f* sigaw.

**urna** *sf* urna ◊ (*elezioni*) halalan.
**urtare** *v* banggain ◊ *v rifl* binangga.
**urto** *sm* bangga.
**usanza** *sf* kaugalian.
**usare** *v* gamitin ◊ **si usa** nakagawian; **usa e getta** gamitin tapos itapon.
**usato** *agg* gamit na ◊ (*non nuovo*) luma ◊ **mercato dell'usato** tindahan ng mga lumang bagay.
**usciere** *sm* pintuan.
**ùscio** *sm* pinto.
**uscire** *v* lumabas ◊ **uscire di mente** mabaliw, maloka; **uscire dagli occhi** malulà.
**uscita** *sf* labasan ◊ **uscita di sicurezza** labasan pag may peligro; **strada senza uscita** daang walang-lusutan.
**usignolo** *sm* ruwinsensor.
**uso** *sm* paggamit ◊ **istruzioni per l'uso** babala sa paggamit; **fuori uso** sirà; **fare uso** gumamit.
**ustione** *sf* pasò ◊ **ustione di 2° grado** pangalawang grado ng pagkapasò.
**usuale** *agg* karaniwan.
**usufruire** *v* pakinabangan.
**usura** *sf* labis na pagpapatubò ◊ (*logoramento*) labis na paggamit.
**usuràio** *sm* taong nagpapatubò ng labis.
**usurpare** *v* mangamkàm.
**utènsile** *sm* panggawâ.
**utente** *sm/f* tagagamit.
**ùtero** *sm* uteros.
**ùtile** *agg* paggamit ◊ *sm* (*guadagno*) kita ◊ **rendersi utile** mapagpakinabangan.
**utilità** *sf inv* gamit.
**utilizzare** *v* gamitin.
**utopìa** *sf* utopiya.
**uva** *sf* ubas.

# V

**vacanza** *sf* baksyòn ◊ **andare in vacanza** magbakasyòn; **villaggio vacanze** bakasyònan.
**vacca** (*pl* **-che**) *sf* baka.
**vaccinare** *v* magbakuna.
**vaccinazione** *sf* pagbabakuna.
**vaccino** *agg* bakuna.
**vacillare** *v* gumiwang ◊ (*fig*) sumakop.
**vagabondo** *agg* bagamundo, hampaslupà.
**vagare** *v* maglabòy.
**vagina** *sf* ari ng babae, pekpek.
**vaginale** *agg* pang-pekpek.
**vagito** *sm* umiiyak.
**vàglia** *sm inv* mani order, hiro postàl.
**vagliare** *v* mag-mani order.
**vago** (*f* **-a** *pl* **-ghi -ghe**) *agg* di-eksakto.
**vagone** *sm* karuwahe ◊ **vagone ristorante** kainan sa tren; **vagone letto** tulugan sa tren.
**vaiolo** *sm* bulutong-tubig.
**valanga** (*pl* **-ghe**) *sf* pagguhô ◊ (*fig*) pag-ulan.

**valente** *agg* magaling.
**valere** *v* magpakhalagà ◊ (*avere capacità*) mahusay ◊ (*essere valido*) magaling ◊ (*avere prezzo*) mahalaga ◊ **valere un occhio della testa** napakamahal na presyo; **l'uno vale l'altro** parehas din.
**valévole** *agg* mahalaga.
**valicare** *v* tumawid.
**vàlico** (*pl* **-chi**) *sm* paso.
**validità** *sf inv* bisà.
**vàlido** *agg* may-halagà, mabisà.
**valigerìa** *sf* mga bagahè.
**valìgia** (*pl* **-gie**) *sf* maleta ◊ **disfare le valigie** alisin sa pagkakàimpakè.
**vallata** *sf* lambàk.
**valle** *sf* lambàk ◊ **scendere a valle** bumaba sa bundok.
**valore** *sm* halagà ◊ (*morale*) katapangan.
**valoroso** *agg* matapang, magiting.
**valuta** *sf* pera ◊ **valuta estera** perang dayuhan.
**valutare** *v* tiyakin ◊ (*esaminare*) suriin.
**valutazione** *sf* pagtitiyak ◊ (*esame*) pasusuri.
**vàlvola** *sf* bálbulà.
**valzer** *sm inv* balse.
**vampata** *sf* biglang suklab ◊ (*rossore*) biglang pag-putlâ.
**vampiro** *sm* bampiro.
**vandalismo** *sm* ukol sa pagsisira ng hindî iyo.
**vàndalo** *sm* pagsisira ng hindî iyo.
**vanga** (*pl* **-ghe**) *sf* pala.
**vangare** *v* humukay.
**vangelo** *sm* Ebanghelyo.
**vanìglia** *sf* banilya.
**vanità** *sf inv* pagkahambòg.
**vanitoso** *agg* hambòg.
**vano** *agg* walang-lamàn ◊ *sm* walang-halagà.
**vantàggio** *sm* kalamangan.
**vantaggioso** *agg* may-kalamangan.
**vantare** *v* ipagmalakì ◊ *v rifl* ipinagmalakì.
**vanto** *sm* yabàng.
**vapore** *sm* singàw.
**vaporetto** *sm* pangwisìk.
**varare** *v* ibunsòd ◊ **varare una legge** magbunsòd ng batàs.
**varcare** *v* tawirìn.
**varco** (*pl* **-chi**) *sm* daanan.
**variàbile** *agg* pabagu-pago ◊ **tempo variabile** di-siguradong panahon; **tasso variabile** buwis na maaring mabago.
**variare** *v* ibahin.
**variazione** *sf* pag-iiba.
**varicella** *sf* tigdàs.
**variegato** *agg* sarisaring-kulay.
**varietà** *sf inv* makulay.
**vàrio** *agg* marami ◊ (*differenziato*) iba-iba.
**variopinto** *agg* maraming kulay.
**varo** *sm* paglulunsàd.
**vasàio** *sm* magpapasô, magpapalayòk.
**vasca** (*pl* **-sche**) *sf* batyâ, páliguáng-lubluban.

**vaselina** *sf* basilin.
**vasellame** *sm* tagagawa ng babasaging gamit.
**vaso** *sm* pasô ◊ (*per fiori*) plorera ◊ (*barattolo*) garapon ◊ **vaso capillare** mga ugàt.
**vassóio** *sm* bandeha.
**vasto** *agg* malawak.
**vecchiàia** *sf* pagtandâ.
**vècchio** *agg* matandâ ◊ **vino vecchio** matagl na alak; **amico di vecchia data** matagal na kaibigan.
**vedere** *v* makita ◊ *v rifl* nakita ◊ **non poter vedere qualcuno** hindî man lang makakita ng tao; **vederci doppio** naduduling.
**vedetta** *sf* tanod.
**védovo** *sm* biyudo.
**veduta** *sf* tánawin ◊ (*opinione*) opinyòn.
**vegetale** *agg* galing sa gulay ◊ *sm* gulay.
**vegetariano** *agg* kaing-gulay.
**vegetazione** *sf* panannìm.
**véglia** *sf* pagbabantày ◊ **veglia funebre** lamayan.
**vegliare** *v* lamayàn.
**veglione** *sm* sáyawang maskerada ◊ **veglione di San Silvestro** bisperas ng bagoong taon.
**veìcolo** *sm* sasakyàn.
**vela** *sf* layag ◊ **barca a vela** bankang may layag; **a gonfie vele** maunlad.
**velare** *v* maglayag.
**veleno** *sm* kamandà, lason.
**velenoso** *agg* makamandàg.
**veliero** *sm* barkong may layàg.
**velìvolo** *sm* eruplano.
**velleità** *sf inv* magarà.
**velluto** *sm* pelùs ◊ **velluto a coste** kuldoroy.
**velo** *sm* belo ◊ **zucchero a velo** asukal na pulbos.
**veloce** *agg* matulin, mabilis.
**velocità** *sf inv* tulin, bilis.
**velòdromo** *sm* karerahan ng bisikleta.
**vena** *sf* ugàt ◊ **essere in vena** nasa mod.
**venale** *agg* nagpapásuhol ◊ (*persona*) mukhaáng-salapi ◊ (*cosa*) nakuha sa suhol.
**venatòrio** *agg* pang-ugàt.
**venatura** *sf* mga ugàt.
**vendémmia** *sf* ani ng ubas.
**vendemmiare** *v* pagaani ng ubas.
**véndere** *v* magtinda ◊ *v rifl* nagtinda.
**vendetta** *sf* paghihigantì.
**vendicare** *v* ipaghigantì ◊ *v rifl* naghigantì.
**véndita** *sf* pagtitindà ◊ **vendita al dettaglio** pira-pirsong pagtitinda; **vendita all'ingrosso** pamamakyaw.
**venditore** (**-trice**) *sm* tindero.
**venerare** *v* sambahin.
**venerdì** *sm inv* biyernes.
**vènere** *sf* benus.
**veneziana** *sf* tagabenis ◊ (*tapparella*) persiyana.
**venire** *v* dumating ◊ (*giungere*) puntahan ◊ (*provenire*) manggaling

◊ **venire al mondo** ipanganak; **venir meno** pumanaw; **venire in mente** maalala, maisip; **venire voglia** magustuhan.
**ventàglio** *sm* pamaypay.
**ventata** *sf* malakas na hangin.
**ventilare** *v* magpahangin.
**ventilatore** *sm* bentilador.
**vento** *sm* hangin ◊ **giacca a vento** diyaket na panghangin; **gettare al vento** itapon.
**ventosa** *sf* panipisp ◊ (*zool*) bentosa.
**ventoso** *agg* mahangin.
**ventre** *sm* tiyàn.
**ventrìcolo** *sm* bentrikolo.
**venturo** *agg* pagdating ◊ **l'anno venturo** sa susunod na taon.
**venuta** *sf* dumating.
**veranda** *sf* balkonahe.
**verbale** *agg* pasalitâ ◊ *sm* katitikan.
**verbo** *sm* pandiwâ.
**verde** *agg* luntian, berde ◊ *sm* kulay berde ◊ **benzina verde** unleaded; **carta verde** gren kard; **essere al verde** kapos sa pera.
**verdetto** *sm* pasiyà.
**verdura** *sf* gulay.
**vérgine** *agg* birhèn, dalaga ◊ *sf* (*astr*) bergin ◊ **olio extra vergine** purong langis ng oliba; **la Vergine con gli angeli** ang Birhèn kasama ang mga anghel.
**vergogna** *sf* kahihiyan ◊ **è una vergogna** isang kahihiyan.
**vergognarsi** *v rifl* mahiyâ.
**vergognoso** *agg* nakakahiyâ ◊ (*timido*) mahiyain.
**verìfica** (*pl* **-che**) *sf* pagpapatunay.
**verificare** *v* patunayan ◊ *v rifl* pinatunayan.
**verità** *sf inv* katutuhanan.
**verme** *sm* uod ◊ **verme solitario** bulate.
**vermut** *sm inv* bermut.
**vernice** *sf* pintura.
**verniciare** *v* pinturahan.
**vero** *agg* totoò ◊ *sm* katotohanan ◊ **a dire il vero** sabihin ang totoò; **non mi pare vero!** parang hindî tunay.
**verruca** (*pl* **-che**) *sf* butlig.
**versamento** *sm* pagbubuhos ◊ (*denaro*) pagtatapon ng per.
**versante** *sm* alibìs.
**versare** *v* ibuhos ◊ (*denaro*) magtapon ngpera ◊ *v rifl* ibinuhos.
**versione** *sf* salin.
**verso** *sm* papunta sa ◊ (*poesia*) taludtòd ◊ (*animale*) ingay ng hayop ◊ *prep* (*spazio*) dako; (*tempo*) mga bandang.
**vèrtebra** *sf* isà sa butò ng gulugòd.
**vertebrale** *agg* pangulugòd ◊ **colonna vertebrale** gulugòd.
**verticale** *agg* patayô.
**vèrtice** *sm* taluktòk ◊ **incontro al vertice** tipunan ng mga taong may kapangyarihan.
**vertìgine** *sf* pagkahilo ◊ **soffrire di vertigini** madaling mahilo.

**verza** *sf* repolyo.
**vescica** (*pl* **-che**) *sf* pantòg.
**véscovo** *sm* obispo.
**vespa** *sf* putaktì.
**vespàio** *sm* bahay ng putaktì.
**vestàglia** *sf* bata.
**veste** *sf* kasuotan ◊ (*incarico*) katungkulan.
**vestiàrio** *sm* mga damit.
**vestire** *v* magdamit ◊ (*indossare*) isuot ◊ *v rifl* nagdamit ◊ **vestire a lutto** magluksâ.
**vestito** *sm* damit.
**veterano** *sm* biterano.
**veterinàrio** *sm* biterinaryo.
**veto** *sm* beto ◊ **mettere il veto** ibeto.
**vetràio** *sm* tindero ng salamin.
**vetrata** *sf* pintuang salamin.
**vetrina** *sf* iskaparate.
**vetrinista** (*pl* **-i -e**) *sm/f* tagagawa ng salamin.
**vetro** *sm* salamin ◊ **doppio vetro** dobleng salamin.
**vetta** *sf* tuktòk, taàs.
**vettovàglie** *sf pl* baon.
**vettura** *sf* sasakyan ◊ (*automobile*) kotse.
**vezzo** *sm* kaugalian, bisyo.
**vi** *pron pers* kayo ◊ **vi seguo** susundan ko kayo; **vi mando un telegramma** padadalhan ko kayo ng telegrama.
**via** *sf* kalye, daan ◊ **pervia orale** inumin sa bungangà; **foglio di via** papeles pang-patalsik sa ibang bansa; **via mare** sa dagat; **dare il via** magsignal; **buttar via** itapon; **andarvia** umalis.
**viabilità** *sf inv* sitwasyò ng trapik sa daan.
**viacard** *sf inv* kard na pang tol.
**viadotto** *sm* tulay.
**viaggiare** *v* maglakbay.
**viaggiatore** (**-trice**) *sm* mánlalakbay.
**viàggio** *sm* paglalakbay ◊ **mettersi in viaggio** maglakbay.
**viale** *sm* malaking daanan.
**viavài** *sm inv* pagalis at pagdaong.
**vibrare** *v* mayanig ◊ (*fig*) mangatàl.
**vibrazione** *sf* pagyanig ◊ (*fig*) pangangatàl.
**vice** *sm/f inv* gato.
**vicenda** *sf* gawain.
**viceversa** *avv* bays bersa.
**vicinanza** *sf* pagkamalapit ◊ **nelle vicinanze** sa kalapitan.
**vicinato** *sm* kapit-bayanan ◊ (*dintorni*) sa paligid.
**vicino** *agg* malapit ◊ *sm* kapitbahay ◊ **da vicino** sa malapit; **vicino a** malapit sa.
**vìcolo** *sm* daanan ◊ **vicolo cieco** walang labasang daan.
**vìdeo** *sm inv* bidyo.
**videocàmera** *sf* bidyu kamera.
**videocassetta** *sf* bidyu teyp.
**videogioco** (**-chi**) *sm* bidyo geym.
**videonoléggio** *sm* paupahan ng teypp.
**videoregistratore** *sm* bidyo rekorder.

**vidimare** *v* timbrihàn.
**vietare** *v* ipagbawal.
**vietato** *agg* bawal ◊ **sosta vietata** bawal magparada; **vietato fumare** bawal manigarilyo.
**vigente** *agg* kasalukuyan ◊ **a norma della vigente legge** batàs pangkasalukuyan.
**vigilanza** *sf* pagbabantày ◊ **vigilanza urbana** tanod ng bayan.
**vigilare** *v* bantayàn.
**vìgile** *sm/f* maasikaso ◊ **vigile urbano** trapik pulis; **vigile del fuoco** bombero.
**vigìlia** *sf* bisperas ◊ **vigilia di Natale** bisperas ng pasko.
**vigliaccherìa** *sf* kaduwágan.
**vigliacco** (*f* **-a** *pl* **-chi -che**) *agg* duwàg.
**vigna** *sf* binya.
**vignetta** *sf* binyeta.
**vigogna** *sf* bikunya.
**vigore** *sm* lakas ◊ **legge in vigore** isinagagawang batàs.
**vigoroso** *agg* malakas.
**vile** *agg* duwàg.
**villa** *sf* bilya.
**villàggio** *sm* nayon, baryo ◊ **villaggio turistico** bakasyunan.
**villano** *agg* walang-galang.
**villeggiante** *sm/f* nagbabakasyòn.
**villeggiatura** *sf* bakasyunan.
**viltà** *sf inv* pagka-maduwagin.
**vìncere** *v* manalo ◊ **vincere la partita** manalo sa mats; **vincere il premio** panalunan ang premyo.
**vìncita** *sf* pinanalunan.
**vincitore** (**-trice**) *agg* nanalo.
**vìncolo** *sm* buklòd.
**vino** *sm* alak ◊ **vino da tavola** alak na pangkain; **vino novello** batang alak; **vino invecchiato** pintagal na alak; **vino bianco** puting alak; **vino rosso** pulang alak, red wine.
**viola** *sf* murado ◊ (*mus*) biyula ◊ *agg* kulay murado.
**violare** *v* lumabag sa batàs.
**violazione** *sf* paglabag sa batàs.
**violentare** *v* gasahain ◊ (*fig*) saktan.
**violento** *agg* marahàs ◊ **morte violenta** masamang kamatayan.
**violenza** *sf* dahàs ◊ **violenza sessuale** panggagahasa.
**violinista** (*pl* **-i -e**) *sm/f* biyulinista.
**violino** *sm* biyulin.
**violoncello** *sm* biyulonselo.
**violoncellista** *sm/f* biyuliselinista.
**viottolo** *sm* eskinita.
**vìpera** *sf* borà ◊ (*fig*) taongmasam.
**virale** *agg* pangbayral ◊ **epatite virale** epatits na bayral.
**virare** *v* bumatak ◊ **virare di bordo** isagawa.
**vìrgola** *sf* kuwit.
**virgolette** *sf pl* kuwit.
**virile** *agg* kakisigan.
**virilità** *sf inv* pagkamalalki.
**virtù** *sf inv* kalinisang-budhî.
**virtuale** *agg* virtual ◊ **realtà virtuale** virtual reality.

**virtuoso** *agg* mabuti, mabait.
**virus** *sm inv* birus.
**viscerale** *agg* nakakasukà.
**vìscere** *sm* lamán-loòb ◊ **i visceri** mga lamán-loòb; **nelle viscere della terra** sa kailaliman ng lupa.
**vìschio** *sm* míseltò.
**vìscido** *agg* malagkit.
**visibilità** *sf inv* pagkita.
**visiera** *sf* tuktok.
**visionàrio** *agg* di-mánggagawa.
**visione** *sf* pagtingin ◊ (*soprannaturale*) panghuhulà ◊ **film di prima visione** unang palabas ng isang pelikula.
**vìsita** *sf* pagdalaw ◊ **visita medica** pagpapatingin sa doktor.
**visitare** *v* dumalaw ◊ (*luogo*) magdaan ◊ (*paziente*) magpatingin.
**visitatore (-trice)** *sm* panauhin, bisita.
**visivo** *agg* pantingin.
**viso** *sm* mukhâ.
**visone** *sm* mink ◊ (*pelliccia*) balahibo ng mink.
**vispo** *agg* masiglà.
**vista** *sf* paningin ◊ **a vista d'occhio** nakikita; **essere in vista** nakikita; **punto di vista** sariling palagay; **conoscere di vista** kilala sa personal. .
**visto** *sm* bisa, tulot-pasok.
**vistoso** *agg* makatakaw-pansin.
**visuale** *agg* pangmatà.
**vita** *sf* buhay ◊ (*cintura*) baywang ◊ **essere in vita** buhay; **essere in fin di vita** namamatay; **perdere la vita** mamatay; **fare la bella vita** maglibang sa buhay; **salvare la vita a qualcuno** iligtàs ang buhay ng isang tao.
**vitale** *agg* importante.
**vitalità** *sf inv* pagkamasigláin.
**vitamina** *sf* bitamina.
**vite** *sf* ubasan ◊ (*mecc*) tornilyo.
**vitello** *sm* guyà ◊ **fettina di vitello** karne ng guyà.
**vìttima** *sf* biktimà.
**vitto** *sm* pagkain ◊ **vitto e alloggio** pagkain at tirahan.
**vittòria** *sf* tagumpay ◊ (*sport*) pagkapanalo.
**vittorioso** *agg* matagumpay.
**viva** *inter* mabuhay!.
**vivace** *agg* masaya, masiglà ◊ (*colore*) makulay ◊ (*cosa*) buhay.
**vivàio** *sm* taniman na artipisyàl, lawàng artipisyàl.
**vivanda** *sf* inumin at pagkain.
**vìvere** *v* mabuhay, tumira.
**viveri** *sm pl* mga pagkain.
**vivisezione** *sf* lugar kung saan kinakatay ang mga hayop.
**vivo** *agg* buhay ◊ (*vivace*) masiglà ◊ **dal vivo** sa tunay na buhay.
**viziare** *v* palayawin.
**vìzio** *sm* bisyò.
**vizioso** *agg* mabisyo ◊ **circolo vizioso** masamang lugar.
**vocabolàrio** *sm* talátinigàn.
**vocàbolo** *sm* salitâ.
**vocale** *agg* pantinig ◊ *sf* patinig.
**vocazione** *sf* hilig.
**voce** *sf* boses, tinig ◊ **dire a voce** sabihin sa harapan; **parlare ad alta**

**voce** magsalità ng malakas; **alzare la voce** lakasan ang boses; **corre voce** sabi-sabi.
**vodka** *sf inv* bodka.
**voga** *sf* usò ◊ (*remare*) gumaod ◊ **essere in voga** nasa usò.
**vogare** *v* mag-gaod.
**vòglia** *sf* pagnanais ◊ (*macchia sulla pelle*) bakas ng pinalihian ◊ **contro voglia** ayaw; **aver voglia** gustò.
**voi** *pron pers pl* kayo.
**volante** *agg* lumilipàd ◊ *sm* manibela.
**volantino** *sm* manibela.
**volare** *v* lumipàd ◊ (*essere sbalzato*) hinagis ◊ (*andare veloce*) humagibis.
**volata** *sf* paglipàd ◊ (*sport*) paglukso ◊ **di volata** kaagad.
**volàtile** *sm* madalì sumingàw.
**volentieri** *avv* buóng-lugòd.
**volere** *v* gustuhin ◊ *sm* gustò ◊ **voler bene** mahalin; **senza volere** hindî sinasadyà; **voler dire** ibig sabihin; **ci vuole** kinakailangan; **non ci vuole molto** di-gaanong matagal; **vuol favorire?** gusto mo?; **vuole altro?** gusto mo pa ng iba?.
**volgare** *agg* mahalay, bulgar ◊ (*sconcio*) masagwâ.
**vòlgere** *v* magtalikod ◊ *v rifl* tinalikuran.
**volo** *sm* lipà ◊ **prendere il volo** huwag palampasin; **volo di linea** eruplano ng pambayan; **capire al volo** intindihin agad.
**volontà** *sf inv* kalooban, kusang-loòb ◊ **a volontà** marami; **forza di volontà** pagkukusang-loòb.
**volontariato** *sm* pagkukusà.
**volontàrio** *agg* kusà ◊ *sm* taong makusa.
**volpe** *sf* sora ◊ (*fig*) taong tusò.
**volt** *sm inv* bolt.
**volta** *sf* dako, bandà ◊ (*arch*) bolta ◊ **una cosa per volta** isa-isa lang; **una volta per tutte** isang beses lamang; **una volta** isang beses; **una volta tanto** paminsan-minsan; **dare di volta il cervello** maloko.
**voltafàccia** *sm inv* tumalikod.
**voltàggio** *sm* boltahe.
**voltare** *v* ibaling ◊ *v rifl* ibinaling ◊ **voltare l'angolo** lumiko; **voltare a destra** kumanan; **voltare a sinistra** kumaliwa; **voltare pagina** kilimutan.
**volto** *sm* mukhâ.
**volùbile** *agg* salawahàn.
**volume** *sm* laki ◊ (*libro*) aklàt, tomo.
**voluminoso** *agg* malaki.
**vomitare** *v* sumukà, dumuwal.
**vòmito** *sm* pagsusukà.
**vóngola** *sf* tulyà.
**vorace** *agg* masiba, matakaw.
**voràgine** *sf* bangìn.
**vòrtice** *sm* ípu-ipo.
**vostro** *agg poss* inyo ◊ *pron* sa inyo ◊ **vincono i vostri** malapit sa inyo.
**votare** *v* magbotohàn ◊ *v rifl* nagbotohàn.
**votazione** *sf* pagboboto, halalan.

**voto** *sm* panatà ◊ (*politico*) boto ◊ (*scol*) markà, grado.
**vulcànico** (*f* **-a** *pl* **-ci -che**) *agg* pambulkàn.
**vulcano** *sm* bulkàn ◊ **vulcano in eruzione** pagbugà ng bulkàn; **vulcano attivo** buhay na bulkàn; **vulcano spento** tulog na bulkàn; **essere un vulcano** taong malakas.
**vuotare** *v* alisàn ng lamàn ◊ *v rifl* inalisàn ng lamàn ◊ **vuotare il sacco** ilabas ang katotohanan.
**vuoto** *agg* bakante, walang-lamàn ◊ **assegno a vuoto** talbog na tseke; **a stomaco vuoto** walang-lamàn na tiyan; **cadere nel vuoto** mahulog sa bangin.

# W

**wafer** *sm inv* biskuwit-apà.
**walkman** *sm inv* walkman.
**water** *sm inv* kubeta.
**watt** *sm inv* batyo.
**week end** *sm inv* sabdo't linggo.
**western** *agg* pangkoboy ◊ *sm inv* koboy.
**whisky** *sm inv* whisky.
**würstel** *sm inv* hot-dog.

# X

**xenofobìa** *sf* senopobiya.
**xenòfobo** *agg* senopobo.
**xerocòpia** *sf* serks-kopi.
**xilòfono** *sm* silipono.
**xilografìa** *sf* silograpiya.

# Y

**yacht** *sm inv* yate.
**yankee** *agg inv* pala-amerikano ◊ *sm inv* amerikano.
**yiddish** *agg inv* pangyidis ◊ *sm inv* yidis.
**yoga** *agg, sm inv* yoga.
**yogurt** *sm inv* yogort.
**yogurtiera** *sf* pagawaan ng yogort.
**yo-yo** *sm inv* yoyo.

# Z

**zabaione** *sm* matamis.
**zaffata** *sf* malansàng amoy.
**zafferano** *sm* sapron.
**zaffiro** *sm* sapiro.
**zainetto** *sm* maliit na kabalyas.
**zàino** *sm* kabalyas.
**zampa** *sf* paa ng hayop ◊ **a quattro zampe** apat ang paa; **giù le zampe!** huwag galawin!.
**zampillare** *v* pumulandìt.
**zampillo** *sm* bulwak.
**zampogna** *sf* gatya.
**zampone** *sm* kukod ng baboy.
**zanna** *sf* pangil.
**zanzara** *sf* lamok.
**zanzariera** *sf* kulambo.
**zappa** *sf* asarol.

**zappare** *v* asarulin.
**zar** *sm inv* sar.
**zàttera** *sf* balsà ◊ **zattera di salvataggio** balsang panligtas.
**zavorra** *sf* tulakbahalà.
**zebra** *sf* sebra.
**zecca** (*pl* **-che**) *sf* pulgas ◊ (*fabbrica di moneta*) pagawaan ng pera ◊ **nuovo di zecca** bagong-bago.
**zenit** *sm inv* kaítaasan ◊ **il sole è allo zenit** ang araw ay nasa taluktòk.
**zénzero** *sm* luyà.
**zeppa** *sf* kunyàs ◊ (*fig*) sumiksik.
**zeppo** *agg* sisìk ◊ **pieno zeppo** siksikan.
**zerbino** *sm* punasan ng sapatos.
**zero** *sm* sero ◊ **tagliare a zero** awasan hanggang sero; **a zero gradi** sero grado; **sopra zero** sa taàs ng sero; **sotto zero** sa ibaba ng sero; **ricominciare da zero** magumpisa mula sero.
**zeta** *sf* zay ◊ **dalla a alla zeta** mula a hanggan zay.
**zia** *sf* tiya, tita.
**zìgomo** *sm* pisngì.
**zigzag** *sm inv* sigsàg ◊ **a zigzag** pasigsàg.
**zinco** (*pl* **-chi**) *sm* zink.
**zìngaro** *sm* hitano.
**zio** *sm* tiyo, tito.
**zip** *sf inv* siper ◊ *sm inv* (*inform*) zip.
**zippare** *v* lagyan ng siper.
**zittire** *v* patahimikin.
**zitto** *agg* tahimik ◊ **zitti!** tumahimik.
**zòccolo** *sm* bakyâ ◊ (*zool*) kukò ◊ (*battiscopa*) beisbord.
**zodìaco** (*pl* **-ci**) *sm* sodyako.
**zolfo** *sm* asupre.
**zolla** *sf* tigkàl.
**zolletta** *sf* tipàk ◊ **zolletta di zucchero** tipàk ng asukal.
**zona** *sf* sona, poòk ◊ **zona pedonale** daanan ng tao; **zona disco** paradahan na may oras.
**zonzo** *sf* gumalâ ◊ **andare a zonzo** magpaikot-ikot.
**zoo** *sm inv* soo.
**zoologìa** *sf* solohiya.
**zoològico** (*f* **-a** *pl* **-ci -che**) *agg* pangsoolohiya ◊ **giardino zoologico** harding pangsoolohiya.
**zoppicare** *v* umikâ ◊ (*fig*) magkamali.
**zoppo** *agg* pilay.
**zucca** (*pl* **-che**) *sf* kalbasa ◊ (*fig fam*) ulo ◊ **zucca vuota** walang alam; **non avere sale in zucca** maloko.
**zuccherare** *v* mag-asukal.
**zuccheriera** *sf* asukalan.
**zuccherino** *sm* asukal.
**zùcchero** *sm* asukal ◊ **zucchero di canna** asukal na pulà; **zucchero a velo** asukal na pulbos; **zolletta di zucchero** tipàk ng asukal.
**zucchina** *sf* sukini.
**zuccone** *sm* malaking kalabasa.
**zuppa** *sf* sopas ◊ (*fig*) haló-halo ◊ **zuppa di pesce** sopas ng isdâ.
**zuppiera** *sf* sopera.
**zuppo** *agg* pilay.

## NOTE